HISTOIRE DE L'EUROPE DES INVASIONS AU XVIE SIÈCLE

HENRI PIRENNE

ALICIA EDITIONS

TABLE DES MATIÈRES

Préface — vii
Avant-propos — xv

LA FIN DU MONDE ROMAIN EN OCCIDENT

1. LES ROYAUMES BARBARES DANS L'EMPIRE ROMAIN — 3
2. JUSTINIEN. — LES LOMBARDS — 14
3. L'INVASION MUSULMANE — 20

L'ÉPOQUE CAROLINGIENNE

1. L'ÉGLISE — 31
2. LE ROYAUME FRANC — 40
3. LA RESTAURATION DE L'EMPIRE EN OCCIDENT — 50
4. L'ORGANISATION ÉCONOMIQUE ET SOCIALE — 61

L'EUROPE FÉODALE

1. LA DISSOLUTION DE L'EMPIRE — 75
2. LA DIVISION DE L'EUROPE — 90
3. LA FÉODALITÉ — 103

LA GUERRE DES INVESTITURES ET LA CROISADE

1. L'ÉGLISE — 119
2. LA GUERRE DES INVESTITURES — 127
3. LA CROISADE — 139

LA FORMATION DE LA BOURGEOISIE

1. LA RENAISSANCE DU COMMERCE — 151
2. LA FORMATION DES VILLES — 162
3. L'EXPANSION DES VILLES ET SES CONSÉQUENCES — 172

LES DÉBUTS DES ÉTATS OCCIDENTAUX

1. L'ANGLETERRE — 189
2. LA FRANCE — 200
3. L'EMPIRE — 210

L'HÉGÉMONIE DE LA PAPAUTÉ ET DE LA FRANCE AU XIIIE SIÈCLE

1. LA PAPAUTÉ ET L'ÉGLISE — 227
2. LA PAPAUTÉ, L'ITALIE ET L'ALLEMAGNE — 238
3. LA FRANCE — 260
4. PHILIPPE LE BEL ET BONIFACE VIII — 276

LA CRISE EUROPÉENNE (1300-1450)

1. CARACTÈRES GÉNÉRAUX DE LA PÉRIODE — 299
2. LA GUERRE DE CENT ANS — 328
3. L'EMPIRE. — LES ÉTATS SLAVES ET LA HONGRIE — 351
4. L'ESPAGNE. — LE PORTUGAL. — LES TURCS — 379

LA RENAISSANCE ET LA RÉFORME

1. TRANSFORMATION DE LA VIE SOCIALE DEPUIS LE MILIEU DU XVe SIÈCLE — 397
2. LA RÉFORME — 430
3. LES ÉTATS EUROPÉENS DEPUIS LE MILIEU DU XVe SIÈCLE JUSQU'AU MILIEU DU XVIe SIÈCLE — 459

Le septième centenaire d'une grande victoire française
PHILIPPE-AUGUSTE A BOUVINES

PRÉFACE

Le 18 mars 1916, vers 9 heures du matin, un officier de l'armée d'occupation allemande se présentait chez mon père, M. Henri Pirenne, qui habitait alors, rue Neuve Saint-Pierre à Gand, et le priait de le suivre à la « Kommandantur ». Il y fut reçu par un major qui lui annonça son départ immédiat pour l'Allemagne ; et comme il s'enquérait de la raison de son arrestation, l'officier se borna à lui répondre : « Je l'ignore, c'est une ordre. » Ma mère fut autorisée à venir prendre congé de son mari en présence d'un officier ; quant à son fils Robert qui était à ce moment à l'école, il ne put venir embrasser son père qui, une heure après son arrestation, prenait le chemin du camp de Crefeld.

Brusquement séparé de sa famille et de ses amis, obligé de laisser seule en pays occupé ma mère, dont la santé avait été ébranlée par la mort de son fils Pierre, tué à l'Yser le 3 novembre 1914, mon père, dès son arrivée au camp d'officiers de Crefeld, décidé à ne pas se laisser abattre, s'était mis au travail. De nombreux officiers russes étaient internés au camp, il entreprit avec l'un d'eux l'étude de la langue russe.

Mon père n'avait été installé à Crefeld, comme son collègue et ami Paul Fredericq, déporté le même jour n'avait été envoyé à Gütersloh, que provisoirement. L'autorité allemande, en les arrêtant, avait espéré intimider les professeurs de l'Université de Gand et les amener ainsi à reprendre leurs cours, comme elle les en sommait. Son attente fut déçue. L'Université refusa de rouvrir les portes sous l'occupation étrangère. Le résultat de cette résistance ne devait pas se faire attendre. Le 12 mai 1916 l'ordre arriva à

Crefeld de faire transporter mon père au camp de Holzminden. Le séjour qu'il y fit exerça sur lui une action profonde.

Le camp comprenait alors, ainsi le décrit-il dans ses « Souvenirs de captivité », de 8 à 10.000 prisonniers répartis dans 84 grandes baraques de bois alignées en files sur un espace d'environ quatre hectares. L'avenue centrale, l'avenue Joffre, comme l'appelaient les prisonniers, grouillait du matin au soir d'une cohue bigarrée où se rencontraient tous les types nationaux, toutes les classes sociales, et où l'on parlait toutes les langues, sauf l'anglais, car pas un seul Anglais ne se trouvait à Holzminden.

Au centre du camp, une dizaine de baraques, entourées d'un treillis en fil de fer, renfermaient les femmes et les enfants. Tous les jours, de midi à trois heures, les femmes pouvaient sortir de cet enclos... Pour les enfants, dont un certain nombre étaient dans le camp, on voyait passer le matin ceux qui se rendaient aux écoles que la sollicitude de braves gens avait, tant bien que mal, aménagées pour eux.

Le fond de cette population hétérogène se composait naturellement d'hommes du peuple. Holzminden était le réceptacle où l'Allemagne versait, pêle-mêle, de tous les pays occupés, les indésirables ou les gêneurs. Une baraque proche de celle que j'occupais, abritait les pensionnaires de la prison de Loos, près Lille, parmi lesquels se trouvaient un certain nombre d'individus condamnés pour assassinat... À part quelques exceptions, tous ces hommes supportaient leur sort avec une résignation vraiment admirable. Les forces physiques de plusieurs finissaient par s'altérer ; il y avait des malades, des neurasthéniques, et l'on rencontrait des cas de folie ; mais chez presque tous le ressort mental restait intact. Et pourtant nombre d'entre eux étaient là depuis deux ans. C'étaient d'ailleurs les plus résolus. Ils avaient traversé les misères des premiers temps de la guerre, pâti de la brutalité des sentinelles, souffert du froid dans les baraques non chauffées l'hiver, assisté à l'agonie des malheureux Louvanistes versés dans le camp au mois de septembre 1914. Peu à peu on s'était organisé. Grâce aux envois des comités qui de toutes parts veillaient de loin sur les prisonniers, et grâce à ceux que l'on obtenait de sa famille et de ses amis, le régime alimentaire était devenu tolérable. On avait reçu des vêtements, des médicaments, des livres. L'initiative privée s'était ingéniée de mille manières. Des étudiants français avaient fait construire à leurs frais, une petite baraque, « l'Université », dans laquelle des professeurs, des ingénieurs faisaient des cours, et qui abritait une bibliothèque, dont un relieur bruxellois reliait les volumes. Des bureaux de bienfaisance s'étaient constitués. On avait créé des écoles pour les enfants. Des cafés et même des restaurants s'étaient ouverts. Des prêtres catholiques avaient installé une chapelle dans la baraque qu'ils habitaient. Des Belges avaient aménagé une place vide en jeu de balle ; ailleurs on rencontrait des jeux de quilles, un jeu de boules assidûment fréquenté par les Français du nord. Cependant le sport était peu pratiqué. L'espace manquait, et surtout la force physique, déprimée chez tous par la captivité et le manque d'exercice.

Peu de rapports au surplus avec les Allemands. Le général qui commandait le camp ne se montrait guère. Il laissait son subordonné, officier de réserve brutal et grossier, agir à sa place. Sous sa surveillance fonctionnait une organisation assez simple et dont les agents étaient recrutés parmi les prisonniers eux-mêmes. Il y avait un « chef de camp », des « chefs de district » et des « chefs de baraque » responsables de la discipline. C'est avec eux que les prisonniers se trouvaient en rapports. Tous les soirs paraissait un bulletin contenant les ordres et les règlements pour le lendemain. La police seule était confiée à des soldats et à des « Feldwebels ». Et ils l'exerçaient sans aménité. Constamment des perquisitions étaient opérées dans les baraques, des correspondances saisies et les « coupables » envoyés au cachot pour un ou plusieurs jours. Ces châtiments étaient monnaie courante. Bien des fois un avis fut affiché sur la porte de « l'Université » : « Le cours de M. X... ne se fera pas aujourd'hui, le professeur étant en prison »[1].

Mon père prit aussitôt sa place dans cet étrange milieu. Directeur du bureau de bienfaisance, il entrait en contact étroit avec les plus malheureux dont il cherchait à soulager les misères. Mais il se consacra surtout à soutenir moralement ses compagnons d'infortune en organisant pour eux un double enseignement. « Pour ma part, écrit-il, je faisais deux cours, l'un d'histoire économique pour deux à trois cents étudiants russes capturés à Liège au mois d'août 1914, l'autre où je racontais à mes compatriotes l'histoire de leur pays. Jamais je n'ai eu d'élèves plus attentifs et je n'ai enseigné avec un tel plaisir. L'aspect du cours d'histoire de Belgique était vraiment prenant. Les auditeurs s'écrasaient, les uns juchés sur des carrés de couchage empilés dans un coin de la baraque servant de salle de cours, les autres massés sur des bancs ou debout, le long des cloisons de planches. Quelques-uns se groupaient à l'extérieur devant les fenêtres ouvertes. Au dedans une chaleur étouffante tombait du toit de carton goudronné. Des milliers de puces jaillissaient de partout, sautillant au soleil comme les gouttelettes d'un arrosage très fin. Je m'imaginais parfois les entendre, tant le silence était profond de tous ces hommes écoutant l'un des leurs parler de la patrie absente et rappeler tant de catastrophes qu'elle avait subies et surmontées. Sans doute l'affluence du public inquiéta la « Kommandantur ». L'ordre me fut un jour intimé d'avoir à cesser mon enseignement. Je protestai naturellement contre une mesure qui, de tous les professeurs du camp, n'atteignait que moi. Je remis au général un mémoire qu'il promit d'envoyer à Berlin, et une interminable correspondance s'engagea aussitôt. Je dus fournir, durant quinze jours, des notes, des rapports, des explications de toute espèce. Bref, l'autorisation de reprendre mes leçons arriva enfin. Mais je dus m'engager à remettre la veille au bureau du camp, le sommaire de la leçon du lendemain et à subir la présence dans l'auditoire de deux ou trois soldats connaissant la langue française. »[2].

En même temps qu'il se consacrait à instruire les autres, mon père poursuivait, sous la direction d'un étudiant, l'étude de la langue russe qu'il avait entreprise à Crefeld.

Le cours d'histoire économique qu'il professait aux étudiants, le ramena vers un projet qu'il caressait depuis quelques années déjà, celui d'écrire une histoire générale de l'Europe, et, peu à peu, dans l'ambiance pourtant si déprimante du camp, privé de tout confort, de toute possibilité de recherche, il élabora sans l'écrire, le plan de la vaste synthèse à laquelle il rêvait. Il parvint à obtenir quelques ouvrages d'historiens russes dont la lecture devait lui ouvrir des horizons nouveaux et lui permettre de réaliser cette œuvre qu'aucun historien n'a jamais tenté d'entreprendre seul, une histoire générale de l'Europe exposée suivant la méthode employée pour son « Histoire de Belgique ».

L'arrestation et l'internement de mon père avait provoqué de nombreuses interventions : l'Académie d'Amsterdam avait proposé qu'il fût interné en Hollande ; des professeurs américains sollicitaient son envoi à l'Université de Princeton ; le président Wilson, le roi Alphonse XIII, le Pape, étaient intervenus auprès du Gouvernement allemand pour obtenir sa libération ; peu avant sa captivité, le 6 avril 1915, l'Académie de Suède lui avait conféré le titre de membre associé, nomination dont il n'avait reçu la notification officielle qu'au camp de Holzminden ; enfin la brochure consacrée par le professeur Chr. Nyrop de Copenhague à « L'arrestation des professeurs belges de l'Université de Gand », avait ému le monde savant dans tous les pays neutres. Le Gouvernement allemand voulut répondre à ces manifestations par une mesure de clémence. Au moins de juin, il faisait offrir à mon père de choisir sa résidence dans une ville universitaire Allemagne et, comme il se refusait à quitter le camp, on le fit transférer à Iena, le 24 août 1916.

Il y retrouva son ami M. Paul Fredericq et, pendant quelques mois, il put disposer de la bibliothèque de l'Université et s'adonner méthodiquement à la lecture des historiens russes. La « clémence » allemande ne devait être que bien éphémère. Le 24 janvier 1917 une perquisition était faite, à l'improviste, chez les deux exilés, leur correspondance et leurs papiers furent saisis. Traduit devant un colonel flanqué du bourgmestre et du « Bezirks Director », ils se virent reprocher d'avoir méconnu « l'hospitalité de l'Allemagne ». Quelques jours après, tandis que M. P. Fredericq était envoyé à Burgel, mon père était dirigé sur Creuzburg an der Werra, petite ville de Thuringe, de deux mille habitants, située à quelques douzes kilomètres d'Eisenach.

Signalé comme « très dangereux » il s'était vu refuser une chambre à la meilleur auberge du bourg. Il fut installé au « Gasthof zum Stern » où l'on consentit à lui fournir un gîte. « C'était une grande maison sur la place, en face de l'église et du « Rathaus », avec un grand toit de tuiles, une large porte cochère et, au fond, une cour bordée d'une étable, d'une grange et d'une laiterie »[3].

Mon père pouvait se promener librement mais, chaque jour, il devait se présenter devant le bourgmestre et lui remettre sa correspondance qui devait être censurée à la « Bezirks-Direktion » d'Eisenach.

C'est là que devait prendre corps l'ouvrage dont le plan avait été élaboré dans les baraques d'Holzminden. Mon père a raconté lui-même dans quelles circonstances il fut écrit : « J'avais décidé tout de suite qu'il ne me serait possible de résister à la monotonie de ma détention qu'en m'imposant strictement des occupations fixes, et en réservant à chaque heure sa tâche spéciale. Je repris l'étude du russe... L'après-midi était, de deux à cinq, consacrée à la promenade. À cinq heures je me mettais à la rédaction d'un livre auquel j'avais souvent songé avant la guerre et dont je portais le plan dans ma tête. Je gagnais ainsi l'heure du souper. Je lisais le journal et la journée finissait pour recommencer exactement de même le lendemain. Jamais je ne me suis départi de cette règle de vie quel que fût le temps ou la saison. Elle me donnait l'inappréciable avantage de savoir, dès le matin, ce que j'avais à faire jusqu'au soir. Elle mettait une barrière aux vagabondages de l'imagination, calmait les inquiétudes et chassait l'ennui. Je finis par m'intéresser vraiment à mon travail. J'y pensais durant mes promenades solitaires par les champs et les bois. Rien n'y rappelait la guerre et je m'efforçais de l'oublier. Je causais avec moi-même. N'ayant aucun devoir à accomplir, libre de toute besogne, débarrassé de toutes obligations mondaines et sociales dans mon isolement, je goûtai les charmes de la méditation, l'élaboration lente et progressive des idées que l'on porte en soi, avec lesquelles on vit et dans lesquelles on finit par s'absorber.

Bref, je compris, il me semble du moins que je comprenais la réclusion volontaire de Descartes dans son « poêle » de Hollande. Moi aussi je vivais dans un poêle et si j'y vivais malgré moi, il y avait certains moments où j'en arrivais à l'oublier... Quotidiennement, vers dix heures, j'interrompais ma besogne pour monter chez le bourgmestre au premier étage du « Rathaus ». C'était le moment pathétique de la journée. Allais-je y trouver quelques-unes de ces lettres qui étaient les seules distractions et le seul soulagement de mon exil...

Peu à peu je finis par connaître l'aristocratie de mon village, les « honoratioren », suivant l'expression consacrée. Le plus important, et aussi le plus cultivé d'entre eux, était le « superintendent » [4]. Nous échangions quelques paroles quand nous nous rencontrions. Je parvenais parfois à le faire parler de la guerre. Il parlait bien et avec plaisir. Il ne se doutait certainement pas du plaisir que j'éprouvais moi-même à l'entendre développer un thème avec lequel mes conversations d'Iena m'avaient familiarisé de longue date. La race et son influence historique revenaient continuellement dans ses discours. Romanisme, germanisme ! Pour lui tout était là. Le romanisme, c'était l'Église catholique, la forme l'emportant sur le fond, la convention et la tradition sur la liberté de la pensée et la conscience individuelle. Il ramenait d'ailleurs l'histoire du monde au protestantisme, et le protestantisme au germanisme. — Pourtant, Calvin ! lui objectai-je un jour. — Calvin, fit-il, c'est Luther adapté à l'esprit roman...

Une autre fois, la conversation tomba sur la liberté politique. Elle aussi était l'apanage des Germains. Luther en avait donné la vraie formule, formule incompréhensible, il est vrai, pour les étrangers. — Au fond, ajoutai-je, c'est que probablement cette notion de liberté est propre à un peuple qui n'est libre que d'assez fraîche date. Chez nous, le servage est aboli depuis le XIIIe siècle : il existait encore en Allemagne au commencement du XIXe. Pour des gens accoutumés à la liberté depuis six cents ans et ceux dont le grand-père a peut-être été corvéable d'un seigneur et attaché à la glèbe, les mots n'ont pas le même sens, et il est difficile de tomber d'accord. — Mon interlocuteur me regarda avec étonnement. Il se demandait sans doute si j'étais sérieux. Je l'étais extrêmement. Plus je m'initiais à l'Allemagne et plus clairement il m'apparaissait que sa discipline, son esprit d'obéissance, son militarisme, son manque d'intelligence et d'aptitudes politiques trouvent en grande partie leur explication dans cette renaissance du servage que le XVIe siècle a vu s'y accomplir. Il y a là entre elle et les pays occidentaux, une différence foncière et radicale. Sans le servage à peu près général des populations rurales à l'est de l'Elbe, le luthéranisme aurait-il pu se répandre comme il l'a fait, et l'organisation de l'État prussien serait-elle concevable ?... »[5]

C'est dans cette solitude, toute remplie cependant de ses méditations, et entrecoupée par des conversations qui lui ouvraient souvent de vastes horizons, que mon père a écrit l'« Histoire de l'Europe ».

Il n'avait à sa disposition d'autre livre qu'un petit manuel d'histoire employé à l'école de Creuzburg, lorsque, dès les premiers jours de son installation dans l'auberge thuringienne, il se mit à l'œuvre. D'abord il coucha par écrit, dans de petits cahiers d'écolier, « le plan qu'il portait dans sa tête ». Le 23 mars 1917 il commençait la rédaction. La date qu'il marquait chaque jour en marge de son manuscrit permet de suivre le progrès de l'ouvrage. Écrit d'un jet, presque sans ratures, formé de chapitres courts divisés eux-mêmes en paragraphes, on y sent l'expression d'une pensée arrivée vraiment au maximum de son développement. Au milieu du plus grand des drames, l'auteur sut conserver assez d'empire sur lui-même pour rester d'une objectivité absolue. Et pourtant il ne vivait pas en vase clos et son ouvrage le prouve. Si j'ai cité le rappel de certaines conversations qu'il souligne dans ses « Souvenirs de captivité », c'est que précisément on les sent en contact étroit avec les pages qu'il rédigeait alors ; le souci de l'érudition officielle allemande de tout expliquer par la race a amené plusieurs remarques qui montrent précisément combien est fausse cette théorie historique née des besoins de la politique, et le caractère de la population au milieu de laquelle il vivait a manifestement inspiré certaines explications sociales qui comptent parmi les pages les plus prenantes de l'œuvre. Mis dans l'impossibilité de recourir aux sources, de reprendre par le détail l'étude des faits, de contrôler les dates, mon père dut forcément se borner à l'étude des ensembles ; l'histoire sociale, l'évolution économique, les grands courants religieux et politiques ont retenu son attention, les faits ne servant, en somme, que de support à la vaste fresque qu'il brosse à larges traits, embrassant d'un seul regard l'Orient et l'Occident.

Le lecteur s'étonnera peut-être de trouver autant de dates citées entre parenthèses. Dans le manuscrit elles sont presque toutes absentes, les parenthèses ont été ouvertes pour les y placer plus tard, j'ai cru devoir, en publiant cette Histoire, les ajouter comme mon père l'eût fait lui-même.

L'« Histoire de l'Europe » s'arrête brusquement vers 1550. Et pourtant le plan que suit, pas à pas, le manuscrit, se développe jusqu'en 1914. C'est que les événements vinrent interrompre l'œuvre en pleine élaboration. L'arrivée à Creuzburg, le 8 août 1918, de ma mère et de mon jeune frère Robert qui, après plus de deux ans, avaient enfin obtenu l'autorisation de partager l'exil de mon père, ne marque qu'un arrêt de quelques jours dans la rédaction. Ce fut l'armistice qui y mit fin.

Rentré en Belgique, mon père se préoccupa avant tout de continuer l'« Histoire de Belgique », et l'« Histoire de l'Europe » sommeilla. Et pourtant « Les villes du Moyen Âge », « La civilisation occidentale au Moyen Âge », et le dernier ouvrage, dont mon père termina la première rédaction quelques mois avant sa mort, « Mahomet et Charlemagne », ne sont que des développements partiels de l'« Histoire de l'Europe ».

Bien des fois nous avons parlé de ce travail que, pour ma part, je considère comme le plus magistral de toute son œuvre ! Son intention était de le terminer un jour. Mon père m'a chargé de le publier si la vie ne lui en laissait pas le temps. En le livrant aujourd'hui au public, j'obéis à un pieux devoir.

Pourtant il faut, en lisant l'« Histoire de l'Europe », ne pas perdre de vue que l'auteur n'a pu lui donner sa forme définitive. C'est telle qu'elle est sortie de sa plume, sans même avoir été relue, qu'elle apparaît, un peu frustre parfois comme style, mais d'autant plus attachante par la vigueur et la hardiesse de la pensée qu'aucune recherche de forme n'est encore venue déflorer. Mon père a écrit l' « Histoire de l'Europe » pour lui-même. Celle qu'il eût livré au public, si la vie le lui avait permis, aurait comporté sans doute une plus grande illustration de faits, des références, des citations ; son style eût été plus châtié. Elle n'aurait pu être plus riche de vie, plus ramassée, plus débordante d'idées. L'auteur s'y est livré lui-même. Au moment où elle fut écrite, il avait déjà bâti cette vaste synthèse dont les livres qu'il publia après la guerre, n'ont été que des développements.

L'« Histoire de l'Europe » est l'aboutissement de toutes les recherches qu'avaient faites mon père pendant les trente-cinq années de travail qu'il avait consacrées à l'histoire avant 1914 ; elle est la synthèse de toutes ses connaissances, mûries dans la méditation alors que, privé de toute possibilité de se procurer des livres, il ne pouvait les confronter qu'avec sa propre pensée.

C'est cette pensée, en laquelle mon père revit tout entier, que ma mère et moi avons cru devoir apporter, dans sa spontanéité, à tous ceux qui, à travers l'histoire, recherchent l'explication profonde des grands courants dont est sorti notre temps.

Jacques PIRENNE.

---

1. Henri Pirenne, *Souvenirs de captivité en Allemagne*, Bruxelles (Lamertin), 1921, p. 31-35. Ces souvenirs ont également parus dans la *Revue des Deux Mondes*, Paris, 1er et 15 février 1920.
2. *Ibid.*, p. 38-39
3. *Ibid.*, p. 64.
4. Creuzburg est le siège d'une « super-intendance » luthérienne.
5. *Ibid.*, p. 65-68.

AVANT-PROPOS

Je me trouve ici seul avec mes pensées, et si je ne parviens pas à les dominer, elles se laisseront dominer par mon chagrin[1], mon ennui et mes soucis pour les chers miens et me conduiront à la neurasthénie ou au désespoir. Il faut absolument que je réagisse. « Il y a des gens, m'a écrit ma chère femme, qui se laissent abattre par le malheur et d'autres que le malheur trempe. Il faut vouloir être de ces derniers. » Je vais essayer pour elle et pour moi.

À Holzminden, les étudiants russes auxquels je faisais, en l'improvisant, un cours d'histoire économique, m'exprimaient le désir, et je le voyais sincère, que je publiasse mes leçons. Pourquoi n'essayerais-je pas d'esquisser ici, dans ses grandes lignes, ce qui pourrait être une « Histoire de l'Europe » ? Le manque de livres ne peut me gêner beaucoup puisqu'il ne s'agit que d'une large ébauche. J'y avais déjà pensé à Iena et je prenais des notes. Il me semble que je voyais se débrouiller certains traits. En tout cas, ce sera une occupation. Je ne sais plus penser, me semble-t-il, que bien faiblement et ma mémoire a certainement décliné. Mais peut-être l'effort me fera-t-il quelque bien. L'essentiel est de tuer le temps et de ne pas se laisser tuer par lui.

Je dédie mon travail à la mémoire de mon Pierre bien-aimé, à ma chère femme et à mes chers fils.

H. PIRENNE.
Creuzburg a. d. Werra,

Gasthof zum Stern.
31 janvier 1917.

---

1. L'auteur avait perdu son fils Pierre, engagé volontaire dans l'armée belge, tué à l'âge de dix-neuf ans, le 3 novembre 1914, au cours de la bataille de l'Yser.

LA FIN DU MONDE ROMAIN EN OCCIDENT

(JUSQU'À L'INVASION MUSULMANE)

1
LES ROYAUMES BARBARES DANS L'EMPIRE ROMAIN

I. — L'occupation de l'Empire

Ce serait une grave erreur de se figurer les Germains qui s'établissent à demeure dans l'Empire au ve siècle, sous les traits de leurs compatriotes du temps de Tacite. Leur contact avec Rome leur avait appris bien des choses. L'Empire, leur paraissant moins redoutable depuis qu'une première fois ils en avaient passé les frontières, leur devenait aussi plus familier. Ils s'accoutumaient à lui depuis qu'il avait cessé de leur être inaccessible. Et l'Empire à son tour, ne pouvant plus persister dans sa superbe à leur égard, se montrait plus accommodant. Julien avait permis aux Francs, en 368, de s'établir en Taxandrie à charge de service militaire. Que d'influences romaines ont dû passer, par ces Francs, de l'autre côté du Rhin ! À l'autre extrémité de l'Empire, aux bords du Danube, le rapprochement est plus grand encore. Le Goth Ulfila a rapporté de Byzance le christianisme et l'a répandu chez ses compatriotes. À vrai dire, ce christianisme est celui des Ariens qui dominaient alors en Orient. Mais les conséquences de ce fait n'apparaîtront que plus tard. L'essentiel est que, avant même leur entrée dans le monde romain, le plus puissant des peuples germaniques, les Goths, ait abandonné l'ancien paganisme et ait perdu avec lui la sauvegarde de son originalité nationale.

L'Empire lui-même fourmillait de barbares qui étaient venus prendre du service dans les légions et auxquels la fortune avait souri. C'est un barbare que Stilicon, c'en est un autre qu'Aétius, les deux derniers grands hommes de guerre de l'Antiquité occidentale. Et que l'on imagine ce qu'il devait y avoir de leurs compatriotes poussés par la protection de tels hommes, dans l'administration civile aussi bien que dans l'administration militaire. On rencontrait même à Rome ou à la cour impériale des fils de rois du nord, qui venaient s'y initier à la langue et à la civilisation latines. L'accoutumance se faisait donc insensiblement. On se connaissait mieux. Le péril existait toujours, mais il était moins pressant.

L'invasion des Huns en Europe (372) lui rendit brusquement toute sa gravité. Les Goths, qui s'étaient établis sur les deux rives du Dniester, les Ostrogoths, comme leur nom l'indique, à l'est du fleuve, les Wisigoths à l'ouest, ne cherchèrent pas à résister à ces cavaliers mongols, dont le seul aspect les frappait d'effroi. Devant eux, les Ostrogoths refluèrent en désordre ; les Wisigoths, pressés par leur recul, se trouvèrent jetés sur la frontière du Danube. Ils demandèrent le passage. La soudaineté de l'événement avait empêché de prendre des mesures. On n'avait rien prévu. La terreur même des Wisigoths prouvait qu'ils n'hésiteraient pas à recourir à la force si on repoussait leur prière. On leur permit de passer, et ils passèrent durant plusieurs jours sous les yeux des postes romains ébahis, hommes, femmes, enfants, bétail, sur des radeaux, dans des canots, les uns accrochés à des planches, d'autres à des outres gonflées ou à des tonneaux. C'était tout un peuple qui émigrait, conduit par son roi.

Mais en cela justement gisait le danger de la situation. Que faire de ces nouveaux venus ? Il était impossible de les éparpiller dans les provinces. On se trouvait devant une nation ayant tout entière quitté son territoire pour occuper une nouvelle patrie. Cette patrie, il allait donc falloir la lui faire dans l'Empire, admettre à vivre sous la souveraineté romaine, un peuple qui conserverait ses institutions propres et son roi particulier. C'était la première fois qu'un tel problème se présentait. On chercha à s'en tirer par une subtilité. Le roi des Wisigoths fut reconnu comme général romain, si bien que, sans cesser d'être le chef national de son peuple, il entrait dans l'administration impériale, solution bizarre et équivoque d'un état de choses qui ne l'était pas moins.

La première conséquence en fut de donner à la révolte des Wisigoths qui éclata peu après (378)[1] un caractère très déroutant. C'était en réalité le soulèvement d'un peuple étranger qui, au sein même de l'Empire, exigeait des terres et un établissement fixe. Cependant on pouvait aussi la considérer comme une mutinerie militaire, et cela permettait de négocier. Pour éviter le pillage de la Thrace, l'empereur Arcadius, régnant en Orient, chargea les Wisigoths d'occuper l'Illyrie que son frère Honorius, régnant en Occident, tenait, prétendait-il, au mépris de ses droits. Les révoltés ne demandaient qu'à profiter de cet « ordre ». Ils occupèrent consciencieusement l'Illyrie. Mais cette âpre contrée ne répondait pas à leurs désirs.

L'Italie était toute proche. Ils se mirent en route vers elle en longeant les rivages de l'Adriatique. Le péril germanique, qui avait jusqu'alors menacé les deux moitiés de l'Empire à la fois, se détournait décidément de l'Orient pour se concentrer sur l'Occident. Le monde grec ne devait plus être en contact avec les Germains[2].

Pour sauver l'Italie menacée, l'Occident réunit toutes ses forces en un effort suprême. Stilicon rappela de Gaule, de Norique, de Rhétie, les légions qui défendaient le passage du Rhin et du Danube. Il défit les barbares dans deux grandes batailles, à Pallanza et à Vérone, et les rejeta dans le Frioul. Les flatteurs ne manquèrent pas de le comparer à Marius. Un poème en son honneur, qui nous a été conservé, étonne tristement par l'enthousiasme qui s'y manifeste encore pour la grandeur romaine et par la conviction qui l'anime de l'immortalité de l'Empire.

Hélas ! l'Empire était perdu. Ses finances épuisées ne lui permettaient plus d'entretenir sur les frontières les armées solides qui eussent pu contenir partout la poussée des Germains refoulés par Attila dont les hordes continuaient à s'avancer triomphantes vers l'ouest, culbutant devant elles les peuples les uns sur les autres. Stilicon n'avait sauvé l'Italie qu'en laissant sans défense toutes les provinces situées au nord des Alpes. Le résultat ne devait pas s'en faire attendre.

Les Vandales traversent le Rhin avec des bandes de Suèves, descendent en pillant à travers la Gaule, franchissent les Pyrénées et ne s'arrêtent qu'arrivés au bord de la Méditerranée où ils s'installent au sud de l'Espagne et sur la côte d'Afrique. Les Burgondes suivent le cours du Rhône et se répandent dans son bassin jusqu'au golfe du Lion. Cependant, moins aventureux, les Alamans se contentent de coloniser l'Alsace, les Francs Ripuaires, le pays de Cologne jusqu'à la Meuse, et les Francs Saliens les plaines de l'Escaut et de la Lys.

Une seconde attaque fond en même temps sur l'Italie. Des bandes de Germains venant de Norique et de Rhétie traversent les Alpes sous la conduite de Radagaise, ravagent la Cisalpine et marchent vers Rome en demandant des terres. Une seconde fois Stilicon barre le passage au flot. Les envahisseurs sont taillés en pièces et massacrés sous les murs de Florence (405). Puis, le vainqueur lui-même périt assassiné (408). Ce furent les Wisigoths qui se chargèrent de venger Stilicon. Sous prétexte de châtier ses assassins, ils reprennent la route de Rome. L'armée de Stilicon existait encore ; mais en vraie armée de mercenaires elle n'avait garde de s'opposer aux vengeurs de son chef. Il n'y eut pas de résistance. Honorius s'enferma dans Ravenne pendant qu'Alaric entrait à Rome. C'était la première fois, depuis l'invasion des Gaulois en 380 avant Jésus-Christ, que des barbares franchissaient les portes de la ville éternelle. Ils se contentèrent, en vrais barbares, d'en arracher les ornements d'or et de métal précieux qui brillaient au forum et aux frontons des monuments publics. Ils ne lui voulaient pas de mal et ne maltraitèrent pas la population. Ce qu'ils cherchaient, c'étaient des terres ; la séduction du pays, toujours plus grande à mesure qu'ils avançaient vers le sud, leur fit continuer leur route à travers les enchantements de la Campanie. Alaric voulait les conduire en Sicile, quand il mourut subitement non loin de Cosenza (410). Ses compagnons lui firent des funérailles épiques. Dans le lit du Busento, dont les eaux furent détournées de leur cours, on creusa la tombe du guerrier. Puis les flots furent ramenés sur sa dernière demeure et l'on égorgea les esclaves chargés des travaux afin de conserver à jamais secret l'emplacement d'une sépulture qui est encore inviolée.

Les Wisigoths reconnurent comme successeur d'Alaric son frère Athaulf. On peut se faire une idée des progrès de la romanisation chez les barbares en le voyant désirer passionnément son entrée dans la famille impériale. Pour se débarrasser de lui, Honorius se résigna à lui donner en mariage sa sœur Galla Placidia. Les noces furent célébrées en grande pompe, avec l'accompagnement obligé d'épithalames conviant Vénus et l'Amour à combler de leurs dons les nouveaux époux. Athaulf cherchait visiblement à se faire pardonner son origine, tant par sa femme que par les Romains. Il ne demandait, disait-il, qu'à mettre les forces de ses barbares au service de l'Empire. On le chargea de les employer à expulser les Vandales qui infestaient encore le sud de la Gaule. Il les conduisit en Aquitaine où ils s'établirent à demeure ainsi qu'au nord de l'Espagne.

Mais l'Empire allait-il rester aux Germains ? Ou plutôt Germains et Romains n'allaient-ils pas partager le même sort et tomber sous le joug tartare ? Le péril jaune, pour la première fois, menaçait toute l'Europe. Attila continuait sa marche en avant, asservissant au passage ou chassant devant lui les populations germaniques. Déjà il franchissait le Rhin et ses hordes, se dirigeant vers le sud-ouest, envahissaient le nord de la Gaule. C'est là que, près de Châlons-sur-Marne, le dernier homme de guerre de l'Antiquité, Aétius, vint lui offrir la bataille décisive. Les Francs, les Burgondes, les Wisigoths lui avaient envoyé des renforts et l'armée qu'il commandait était vraiment l'image de cet Empire qui, submergé de Germains, ne consentait pourtant pas à disparaître. Avant de mourir, il rendit encore au monde le service suprême de refouler l'invasion hunnique. La tactique supérieure qu'Aétius devait à la civilisation pour laquelle il combattait sauva celle-ci de la ruée des barbares. Après deux journées de lutte, Attila décampa et reprit le chemin de la Germanie. Cette retraite n'était pas encore une déroute, et l'année suivante le « Fléau de

Dieu » ravagea la Haute-Italie. Mais il se retira encore, et, l'an 453, mourait subitement au milieu d'une orgie.

L'Empire de ce prédécesseur de Ghengis-Khan s'effondra aussi rapidement que devait le faire huit siècles plus tard celui de son émule, sans laisser de son passage sur le monde autre chose que des ruines et qu'un long souvenir d'effroi dans les traditions populaires. Aétius, son vainqueur, fut assassiné sur l'ordre de l'empereur Valentinien III. Avec lui disparut, dit un chroniqueur contemporain, le « salut de l'État occidental ». Rome fut prise et pillée par les Vandales en 455 ; le noble Majorien faillit venger cette injure. Mais de plus en plus, le pouvoir passait à des chefs germains : Ricimer, Oreste, Odoacre se mirent successivement à la tête des soldats et des aventuriers germains qui, depuis la catastrophe des Huns, affluaient en Italie, avides de terres.

Les derniers empereurs sont déposés ; le tout dernier, Romulus Augustule, fils d'Oreste, est relégué en Campanie et le barbare Odoacre, n'osant se donner le nom d'empereur, se fait attribuer le seul titre dont les Germains disposent, celui de roi.

C'est au milieu de ce lamentable désordre que descend des Alpes un autre roi, conduisant derrière lui tout un peuple, Théodoric. Les Ostrogoths qui le suivent, après avoir été repoussé du Dniester vers le Haut-Danube par Attila, puis soumis par lui, ont profité aussi de leur affranchissement pour réclamer leur part d'Italie. Entre eux et la cohue désorganisée qui reconnaît Odoacre, la fortune ne balance pas longtemps. L'aventurier hérule, vaincu en rase campagne (488), se réfugie dans Ravenne. Ne parvenant pas à achever le siège, Théodoric l'invite, sous la foi du serment, à une entrevue et le tue de sa main (493). Désormais l'Italie lui appartient. C'est la dernière vague de l'invasion qui s'étale. Tout l'Empire, en Occident, est maintenant englouti sous elle. Une bigarrure de royaumes couvre toutes ses provinces : royaumes anglo-saxons en Bretagne, royaume franc au nord de la Gaule, royaume burgonde en Provence, royaume wisigoth en Aquitaine et en Espagne, royaume vandale en Afrique et dans les îles de la Méditerranée, royaume ostrogoth enfin en Italie. À vrai dire, cet Empire dont le territoire est ainsi dépecé, n'a pas cédé un pouce de son sol à ses envahisseurs. En droit, ils ne sont que des occupants et leur titre royal ne compte que pour les peuples qu'ils ont amenés avec eux. Cela est si vrai que, quoique chacun d'eux règne sur un bien plus grand nombre de Romains que de Germains, ils ne s'intitulent ni roi de Gaule, ni roi d'Italie, mais roi des Francs, roi des Ostrogoths, etc. Mais quoi ? Il n'y a plus d'empereur. Et l'Empire disparaît, peut-on dire, en vertu de cet adage du droit romain, qu'« en matière de possession, occupation vaut titre ».

II. — Les nouveaux États

Si l'on compare une carte de l'Empire romain en Occident avec une carte linguistique de l'Europe moderne, on constate que le domaine des langues germaniques ne s'est agrandi que très faiblement dans cet Empire pourtant tout entier aux mains des Germains.

Cinq provinces frontières seulement, en tout ou en partie, sont devenues de langue germanique, sans compter la Bretagne insulaire : la Belgique seconde où l'on parle flamand, les deux Germanies (province rhénane, Alsace), la Rhétie et le Norique (Suisse, Bâle, Wurtemberg, Bavière méridionale, Autriche) où l'on parle allemand. Partout ailleurs le latin s'est conservé jusqu'à nos jours sous la forme qu'il a prise dans les diverses langues romanes : français, provençal, espagnol, portugais, romanche, italien. Ce n'est que sur l'extrême frontière de l'Empire que les Germains ont glissé en masse et ont noyé au milieu d'eux la population latinisée, qui devait d'ailleurs, dans ces territoires si menacés, s'être singulièrement raréfiée. Partout ailleurs le phénomène contraire s'est opéré. Les Germains, qui ont pénétré plus profondément dans l'Empire, s'y trouvant en minorité, ont eux-mêmes été absorbés par les provinciaux. Au bout de deux ou trois générations leur langue a disparu ; les croisements par mariage ont fait le reste. Le nombre des mots français ou provençaux d'origine germanique ne s'élève guère au delà de 500. On chercherait vainement aujourd'hui parmi les populations de Provence, d'Espagne et d'Italie, les cheveux blonds et les yeux bleus des envahisseurs du ve siècle (et si l'on en trouve, ne s'agira-t-il pas de Gaulois ?). Les mœurs et les coutumes n'ont pas mieux résisté. Les monuments que nous avons conservés du droit wisigothique, par exemple, nous le montrent dès le vi[e] siècle, complètement romanisé. Ceci prouve combien à voir les choses au vrai, la germanisation de l'Empire dans son ensemble a été superficielle. Il n'est donc pas exact de dire que le monde romain se soit germanisé. Il s'est barbarisé, ce qui n'est pas la même chose.

À l'exception des Anglo-Saxons de Bretagne, les peuples germaniques n'ont pas transporté leurs institutions politiques dans l'Empire. Et l'exception confirme la règle : en Bretagne, en effet, les provinciaux se retirèrent devant les envahisseurs, et ceux-ci, se trouvant seuls, continuèrent naturellement à se gouverner comme ils l'avaient fait dans leur ancienne patrie. Mais partout ailleurs la population romaine, non seulement resta sur place, mais y resta à peu de chose près dans les mêmes conditions d'existence où elle s'y trouvait avant la conquête. Il y eut évidemment, et en très grand nombre, des pillages, des massacres, des violences individuelles ; il n'y eut pas de spoliation systématique et moins encore d'asservissement. Il n'y eût pas plus de résistance nationale (sauf d'honorables exceptions en Gaule et en Bretagne), chez les provinciaux, que d'hostilité pour eux chez les Germains. Un peu de mépris peut-être et un peu de respect. D'ailleurs on ne savait pas trop si les Germains n'étaient pas des soldats de l'Empire.

Et puis, les Germains, comme les Romains, étaient chrétiens.

Et, s'ils pénétraient en vainqueurs dans l'Empire, ils s'y soumettaient à l'Église, qui confondit, sous son autorité, Germains et Romains.

Le christianisme qu'ils professaient fut certes une des causes essentielles de leur rapprochement immédiat avec les populations des pays conquis, et il paraît certain que, si les barbares abandonnèrent aussi facilement leurs langues nationales, c'est que la langue de l'Église était le latin.

Les Germains ne cherchèrent pas d'ailleurs à se superposer aux Romains ; ils se juxtaposèrent à eux. Dans le sud de la Gaule, les Wisigoths s'établirent suivant les principes appliqués pour le logement des armées romaines (la *tertia*), d'après lesquels le tiers de la demeure de l'habitant devait être mis à la disposition du soldat. On étendit la mesure aux terres, l'occupation étant désormais permanente, et il se fit paisiblement une espèce d'expropriation sur laquelle on est d'ailleurs fort mal renseigné. Dans le nord de la Gaule, les nouveaux venus furent casés sur les domaines du fisc ou sur des terrains non occupés. Quant à la condition juridique des personnes, elle resta de part et d'autre ce qu'elle était. Germains et Romains continuèrent à vivre conformément à leur droit national, conservant chacun leurs coutumes spéciales en matière de propriété, de famille, d'héritage. La « personnalité » du droit se substitua à la « territorialité » qui ne reparut, la fusion des deux peuples étant complète, que dans le courant du ixe siècle.

Cet entrelacement de deux nationalités distinctes mais égales excluait évidemment la possibilité d'appliquer à la plus nombreuse et à la plus civilisée les institutions politiques de l'autre. Aussi bien, ces institutions, applicables à la vie barbare, ne l'étaient plus au nouvel état de choses dans lequel les Germains venaient d'entrer. Elles tombèrent d'elles-mêmes sans que personne songeât à les relever.

Rien ne montre mieux la transformation qui s'opère à cet égard, dans le courant du ve et du vi^e siècle, qu'un coup d'œil sur la situation de la royauté.

Les Germains, on le sait, avaient des rois. Mais le pouvoir royal était chez eux complètement subordonné à l'assemblée du peuple qui d'ailleurs en disposait, puisqu'il était électif. Plus rien de tel après la conquête. Mis hors de pair désormais par la puissance qu'elle lui a donnée, le roi possède en fait une autorité absolue. Il n'y a plus qu'un pouvoir dans l'État, le sien ; la constitution se réduit au simple exercice du gouvernement personnel. De son origine primitive, le roi ne conserve rien. En réalité, ce n'est plus à ses ancêtres germaniques qu'il ressemble, c'est à l'empereur romain. Du moins, en possède-t-il l'irresponsabilité et l'autocratie.

Il se donne volontiers d'ailleurs comme son lieutenant. Si vis-à-vis de ses sujets germaniques, il apparaît comme un roi national, il n'est, pour les Romains, qu'un général de l'Empire, et les titres dont il se pare, ou qu'il réclame de l'empereur, permettent à ce dernier de le considérer comme le représentant de l'autorité impériale.

Installé à Ravenne, après la fixation des Goths dans l'Italie du nord, Théodoric continue la tradition romaine et est reconnu par la population et par l'Église comme le représentant de la légalité. Genséric lui-même, après qu'il eut conquis, à la tête des Vandales, l'Afrique, la plus riche et la plus prospère des provinces d'Occident, et malgré sa rupture avec Rome, apparaît comme un roi romanisé, dont l'absolutisme se manifeste par la répression sanglante des velléités d'indépendance de l'aristocratie germanique, et dans le cadre des institutions romaines. La cour des Wisigoths, à Toulouse d'abord, à Tolède ensuite, est, elle aussi, toute romaine. La population des anciennes provinces conquises conserve ses institutions, ses fonctionnaires romains adoptés par le pouvoir nouveau, ses juges, et reste soumise à l'impôt. L'armée germanique installée suivant le principe de « l'hospitalité » au milieu de la population conquise, après moins d'un siècle, est mélangée avec elle au point d'avoir perdu toutes ses anciennes institutions nationales, sa langue et jusqu'à son organisation militaire.

L'éphémère royaume burgonde, qui devait dès 534 se fondre dans la Francia mérovingienne, réalisa d'emblée la fusion des vainqueurs et des vaincus sous l'absolutisme d'un roi barbare plein de respect pour l'Empire romain, dont il se réclamait, et dont il respectait, à Lyon comme à Vienne, les institutions municipales.

Seuls les Francs devaient conserver dans le nord de la Gaule leurs mœurs, leur langue et leurs institutions. Mais, éloignés de la capitale de leurs rois brusquement maîtres d'un immense royaume gallo-romain, ils ne devaient exercer sur les destinées de la Francia aucune influence avant l'époque carolingienne. De tous les rois barbares, ce sont les rois francs qui sont les plus éloignés de la conception romaine du pouvoir. Ils considèrent le royaume comme leur terre patrimoniale et appliquent à la succession au trône les principes qui, d'après la loi salique, règlent la succession aux immeubles : à la mort du roi, ses fils se partagent le royaume en parts équivalentes. On surprend là une idée grossière de la royauté despotique, qui s'écarte aussi complètement des coutumes germaniques que de l'absolutisme impérial. Pourtant le roi est, comme l'empereur, le chef militaire suprême, il est le souverain justicier du royaume, c'est à lui qu'il incombe d'y faire régner la paix.

Les rois francs devaient d'ailleurs se romaniser rapidement. Ils devaient en effet, dès leur installation dans l'Empire, prendre, vis-à-vis de la Germanie, une attitude nettement défensive, qui leur fit oublier leur peuple cantonné sur l'extrême frontière du nord, au point de le laisser conserver, jusqu'en plein viie siècle, sa religion païenne. L'ancienne administration impériale, qu'ils trouvèrent en Gaule, devait, d'autre part, leur imposer la conception romaine.

Le roi franc se sert, il est vrai, pour administrer ses biens et ses royaumes, du personnel de sa cour. Elle se compose de quelques dignitaires dont les noms indiquent qu'ils descendent d'anciens esclaves, tel que l'on en trouvait auprès de tous les grands d'origine germanique : le maréchal (l'esclave des chevaux), le sénéchal (l'ancien esclave), le bouteiller (l'esclave de la cave), le majordome (le chef de la domesticité). Mais ces serviteurs à fonctions ménagères participèrent à la fortune de leur maître et, tout naturellement, ce qui est royal étant public, ils devinrent ses ministres. À côté d'eux d'ailleurs, un fonctionnaire du type romain, le référendaire, placé à la tête des scribes repris à la bureaucratie impériale, expédiait les préceptes ou diplômes royaux.

Si l'administration du pays tombe en décadence du fait qu'elle se trouve séparée de Rome, c'est-à-dire du gouvernement central, dont tous les rouages dépendaient, elle se maintient cependant tant bien que mal.

Le roi confie le gouvernement des provinces, qui presque partout coïncident avec les anciennes « cités » romaines, à des comtes, (*comites*), des ducs (*duces*), des préfets (*praefecti*) rétribués, en grande majorité gallo-romains, mais ce sont, en général, des favoris du roi, et parfois de la plus basse extraction. Aucune surveillance, aucun contrôle ne s'exerce sur eux. Il suffit qu'ils fournissent annuellement au trésor quelques sommes d'argent ; pour le reste ils peuvent à l'aise pressurer le peuple, et ils ne s'en font pas faute. Il faut avoir lu Grégoire de Tours pour se représenter la brutalité et la cruauté des comtes mérovingiens. Leur arbitraire et leur démoralisation trouvaient d'ailleurs à se justifier par l'exemple de la cour.

On n'a peut-être jamais assisté à un spectacle plus désolant que celui qu'offrit le monde pendant les deux siècles qui suivirent l'invasion germanique. Au contact trop brusque de la civilisation, les barbares, pressés d'en jouir, en ont pris les vices, et les Romains, n'étant plus réfrénés par la main de l'État, ont pris la brutalité des barbares. C'est un déchaînement général des passions les plus grossières et des appétits les plus bas, avec leur accompagnement obligatoire de perfidies et de cruautés.

Mais toute décadente, toute barbarisée qu'elle soit, l'administration n'en reste pas moins romaine. On ne trouvera que dans le nord des agents royaux à noms germaniques : *grafio*, *tunginus* ou *rachimburgi*.

Les finances, elles aussi, restent romaines. La fortune privée du roi est nettement séparée du fisc. Le système monétaire et l'impôt sont toujours à la base de la puissance royale. Le sou d'or est maintenu partout en usage. Bien plus, la frappe de la monnaie d'or continue. L'État, il est vrai, ne sait plus ni la régler, ni en garantir le titre. Le roi franc en abandonne même la fabrication à des particuliers, sans s'inquiéter de l'altération des coins qui en est la conséquence même.

Ainsi tous les royaumes barbares qui se partagent l'Empire d'Occident présentent une série de caractères communs, qui font d'eux, non pas des États barbares, mais des royaumes romains barbarisés. Tous ont abandonné leur langue nationale et leur culte païen. Chrétiens, ils sont par le fait même devenus les fidèles sujets de l'Église toute imprégnée de la civilisation romaine. Pourtant, comme l'Empire, ces royaumes sont essentiellement laïques. Les évêques, nommés théoriquement par le clergé, sont en fait désignés par le roi ; leur influence, pour grande qu'elle soit, reste du domaine religieux : aucun évêque ne remplit de fonctions publiques avant l'avènement des Carolingiens. Le roi, d'ailleurs, ne tient son pouvoir que de lui-même sans aucune intervention de l'Église. Il est, comme l'empereur, un souverain absolu, dégagé de toute tutelle populaire, car si les armées germaniques se sont réunies parfois en *conventus*, rien cependant ne rappelle l'ancienne Assemblée du peuple.

Enfin, les États nouveaux – et c'est là un point essentiel – conservent une organisation fiscale et un trésor considérable. Le fisc possède des ressources immenses : le domaine impérial avec ses villas, ses forêts, ses mines, ses ports et ses routes, son trésor d'or monnayé, le rendement des impôts qui, quoique diminuant de jour en jour, demeure longtemps encore considérable.

L'administration financière, avec ses bureaux et ses livres, reste savante et trouve toujours pour se recruter – quoique de plus en plus difficilement – des laïcs instruits à la romaine.

Les disponibilités financières des rois barbares furent, jusqu'à la décadence mérovingienne, beaucoup plus considérables que ne le seront celles d'aucun État occidental jusqu'à la fin du xiiie siècle.

Ces royaumes ne sont pas seulement romains parce que la civilisation romaine leur a donné des cadres dans lesquels, et grâce auxquels, ils ont pu se former, mais aussi parce qu'ils veulent être romains. Le roi parle de son *palatium*, de son *fiscus*, donne à ses fonctionnaires des titres empruntés à la hiérarchie constantinienne, fait imiter par sa chancellerie le formulaire et le style des édits impériaux. En Italie, Théodoric prend Cassiodore comme premier ministre, protège longtemps Boèce, relève les aqueducs dans la campagne de Rome, donne des jeux dans le cirque et construit à Ravenne, en pur style byzantin, Saint-Apollinaire et Saint-Vital. Les rois vandales, les rois wisigoths l'imitent de leur mieux, et il n'est pas jusqu'aux fils de Clovis qui ne se fassent gloire de protéger le pauvre poète Venantius Fortunatus, qui est venu chercher fortune à leur cour.

Il subsiste, d'autre part, une classe cultivée et ce sont des juristes romains qui codifient, pour les rois barbares, les lois germaniques et romaines de leurs sujets. Certes le niveau des écoles laïques tombe très bas, et sauf en Italie, on n'en compte plus que quelques rares qui végètent. Elles sont en partie compensées par les écoles religieuses qui se créent à côté des églises et, bientôt, des monastères.

Quoiqu'il en soit, quelque décadence grave que subissent la culture et l'instruction sous les rois mérovingiens, ceux-ci disposent toujours de fonctionnaires lettrés.

Le monde civilisé, tel qu'il apparaît après les invasions, ne présente donc pas le spectacle de la jeunesse, mais celui de la déchéance de la civilisation impériale, et Grégoire de Tours, qui a vécu au milieu d'elle et en a été épouvanté, a mélancoliquement résumé son impression dans ces paroles découragées : *Mundus senescit* (le monde vieillit).

---

1. Le 9 août 379, Valens est battu à Andrinople. En 382, la paix de Théodose permet aux Goths de s'établir en Mésie. Nouvelle révolte sous Alaric en 395.
2. Trois quarts de siècle plus tard, Byzance subira de nouveau la pression des deux Théodoric et des Ostrogoths, mais, cette fois encore elle saura les détourner vers l'Italie.

2
JUSTINIEN. — LES LOMBARDS

I. — Justinien

Le péril wisigothique écarté, les provinces orientales de l'Empire n'avaient plus rien à craindre des Germains. Attila, en poussant ces derniers vers l'Occident, les avait, momentanément du moins, refoulés loin de ses frontières. Ce sont d'autres barbares, les Slaves qui commencent, dès le vi[e] siècle, à paraître sur la rive gauche du Danube. Beaucoup plus rapprochés de Constantinople que les Germains ne l'étaient de Rome, ils éprouvent directement l'attraction de la grande ville. Ils y viennent de plus en plus nombreux, prendre du service, soit comme travailleurs, soit comme soldats, et plus d'un y arrive à la fortune.

L'usage courant fait dater du règne de Justinien cette dernière période de l'histoire de l'Empire romain que l'on désigne très exactement sous le nom de « byzantine ». Pourtant, c'est Constantin, imitant Dioclétien dont la résidence était Nicomédie, qui a fait de Byzance la capitale du gouvernement impérial d'Orient. Depuis lors, tandis que Rome était abandonnée par les successeurs de Théodose pour Milan ou pour Ravenne, elle n'a pas cessé d'être, jusqu'au jour où, en 1453, elle est tombée aux mains des Turcs, la résidence des empereurs, la ville des tsars, le *Tsaragrad* des Russes. Déjà favorisée par son incomparable situation géographique, le privilège de posséder la Cour et avec elle le gouvernement central, a eu bientôt pour résultat d'en faire la ville principale de l'Orient. On peut même dire qu'à partir des conquêtes musulmanes, elle sera la seule grande ville du monde chrétien. Tandis que, depuis les invasions, tous les centres urbains de l'Occident se dépeuplent et tombent en ruines, elle conserve une population de plusieurs centaines de milliers d'habitants, dont les besoins de l'alimentation mettent en réquisition tous les territoires qui bordent la Mer Noire, la Mer Egée, la Mer Adriatique. C'est elle qui anime le commerce et la navigation, et c'est l'attraction qu'elle exerce sur tout l'Empire qui est la plus forte garantie de son unité. Par elle, l'Empire byzantin présente un caractère urbain, si l'on peut ainsi dire, beaucoup plus marqué que l'ancien Empire romain. Car Rome ne faisait qu'attirer vers elle l'exportation des provinces sans rien leur rendre en retour ; elle se bornait au rôle de consommateur. Byzance, au contraire, consomme et produit. Elle n'est pas seulement une résidence, elle est encore une place de commerce de premier ordre où affluent les produits d'Europe et d'Asie, et une ville d'industrie très active.

Par la langue, elle reste une ville grecque, mais c'est une ville grecque plus qu'à demi orientalisée. Incomparablement plus riches, plus prospères, plus peuplées que la Thrace ou la Grèce propre, les provinces d'Asie Mineure exercent sur elle un ascendant irrésistible. La Syrie, la plus active d'entre elles, y jouit d'une influence prépondérante. L'art byzantin n'est en somme qu'une transformation de l'art hellénique par l'intermédiaire de l'art syriaque.

Pour la pensée et la science grecques, il ne subsiste que ce que le christianisme a bien voulu en laisser subsister, c'est-à-dire pas grand chose. Justinien, on le sait, a fait fermer l'École d'Athènes où se conservait encore un écho assourdi des philosophies de l'Antiquité. Mais les dogmes et les mystères de la religion fournissaient matière assez abondante à cette passion de dialectique qui, depuis des siècles, caractérisait la pensée hellénique. Depuis l'apparition du christianisme, c'est en Orient un pullulement d'hérésies, provoquant des batailles dans les grandes villes, ameutant des conciles les uns contre les autres et mettant aux prises les trois patriarches de Byzance, d'Antioche et d'Alexandrie. Toutes, naturellement, ont leur répercussion dans la capitale, et dans toutes l'empereur doit prendre parti, car la conception antique qui fait de lui le chef de la religion comme le chef de l'État se perpétue à Constantinople. Tout débat théologique devient ici affaire de gouvernement. Les partis travaillent la cour et cherchent à s'assurer l'appui tout puissant du souverain. Aussi l'orthodoxie et l'hérésie, suivant le choix qu'il fait entre elles, sont-elles tour à tour la religion d'État.

Avec tout cela, l'Empire confiné en Orient n'en est pas moins considéré, et en réalité n'en constitue pas moins, l'Empire romain. Le titre de βασιλεὺς τῶν Ῥωμαίων est même, à partir du ixe siècle, le titre officiel de l'empereur byzantin. Depuis Dioclétien, le gouvernement de l'Empire est souvent réparti entre deux empereurs, mais ce partage du pouvoir n'a pas mis fin à l'unité de l'Empire.

Parler, comme on le fait pour la facilité du langage, d'Empire d'Occident et d'Empire d'Orient, c'est employer des termes inexacts. En fait, quoique administrativement séparé en partie orientale et partie occidentale, l'Empire n'en forme pas moins un seul corps. Si le régent de l'une de ces deux moitiés vient à disparaître, elle se trouve placée, par cela même, sous le pouvoir de l'autre. Or c'est précisément ce qui arrive à l'époque des invasions. L'empereur d'Occident, ayant disparu, c'est l'empereur d'Orient qui se trouve seul désormais à la tête du monde. Aussi bien, nous l'avons vu, n'en a-t-il cédé aucune partie et son droit demeure-t-il intact à la possession de l'ensemble. Même après la conquête, le souvenir de sa suprématie n'a pas disparu. Les rois germaniques lui reconnaissent sur eux une sorte de primauté mal avouée, mais qu'ils trahissent par le respect qu'ils lui témoignent. Pour le pape, il reste le souverain légitime et la chancellerie pontificale continue à dater les bulles de l'année du consulat, c'est-à-dire de l'avènement de l'empereur byzantin. Dans l'Église d'ailleurs, la tradition se maintient de la nécessité et de l'éternité de l'Empire. Tertullien et Saint Augustin ne le proclament-ils pas d'ordre providentiel ?

Il est enfin un dernier motif pour lequel les Romains regrettent l'Empire. Leurs nouveaux maîtres, les rois germaniques, ne sont pas orthodoxes. Sauf celui des Francs, converti au catholicisme dès le début de la conquête de la Gaule par Clovis, les autres, Wisigoths, Ostrogoths et Vandales, professent l'arianisme. Cette hérésie, formidable au ive siècle et qui a fait couler des flots de sang en Orient, a beau y avoir cédé la place depuis longtemps, les Germains la conservent obstinément. À vrai dire, elle n'est pas très dangereuse. L'église arienne ne fait pas de prosélytes parmi la population romaine et l'on peut même croire qu'à mesure que les barbares se laissent absorber par celle-ci, le nombre de ses fidèles va sans cesse décroissant. Mais, enragée justement de son impuissance et sûre de la faveur des rois, elle se montre agressive et intolérante à l'égard du clergé catholique. Querelle de prêtres si l'on veut, mais qui aigrit et irrite la masse orthodoxe. En Italie, le conflit est même devenu si aigu que le pape, en désespoir de cause, ayant invoqué l'intervention de l'empereur, Théodoric le fait emprisonner, au grand scandale des fidèles.

On sait tout cela à Byzance, et l'on y sait aussi que la force des nouveaux royaumes n'est pas bien inquiétante. Dans tous, la dynastie se détruit elle-même par des querelles intestines et des meurtres de famille.

Chez les Wisigoths et chez les Vandales, les divers compétiteurs de la couronne prient l'Empereur de leur venir en aide. Chez les Ostrogoths, après la mort de Théodoric, Théodat vient de faire assassiner, pour régner seul, sa femme Amalasonthe, fille du roi défunt. Persécution religieuse, scandales politiques, que de prétextes d'intervention !

Justinien (527-565) ne manqua pas d'en profiter. Il avait rétabli la paix dans ses États, réorganisé les finances, refait l'armée et la flotte : il les consacra à reconstituer l'Empire romain. Ce fut sur les Vandales que porta le premier coup. En 533, 500 navires débarquaient en Afrique 15.000 hommes conduits par Bélisaire. La campagne fut aussi courte que brillante. En quelques mois, le royaume était entièrement conquis et son roi envoyé à Byzance pour servir au triomphe de l'empereur. Les Wisigoths qui avaient assisté indifférents à la ruine de leur voisin, subirent bientôt le même sort. Toute la région maritime fut occupée et soumise sans difficultés ; on ne se donna pas la peine de poursuivre la dynastie réfugiée dans les montagnes. L'État ostrogothique résista plus longtemps. Ce n'est qu'après dix-huit ans de guerre que son sort fut décidé par la sanglante défaite de ses dernières troupes sur les pentes du Vésuve (553).

La Méditerranée était redevenue un lac romain, ou devenait, si l'on veut, un lac byzantin. Partout des exarques et des ducs prenaient en main l'administration des provinces reconquises. Rome faisait de nouveau partie de l'Empire et, comme au beau temps, les ordres de l'empereur se transmettaient jusqu'aux Colonnes d'Hercule.

Il pouvait sembler que la civilisation byzantine, après de si brillants services, allait devenir la civilisation européenne, et que Constantinople, où Justinien érigeait en guise d'arc de triomphe, la basilique de Sainte-Sophie, était destinée à attirer dans son orbite l'Occident tout entier.

II. — Les Lombards

Mais ces succès étaient plus brillants que durables. En mourant (565), Justinien laissait l'Empire accablé d'impôts écrasants et incapable de nouveaux efforts. Pourtant, la tâche n'était pas achevée. Il restait, si l'on voulait s'assurer la maîtrise de la Méditerranée, à combattre le seul État indépendant qui touchât ses rives, le royaume franc. La côte de Provence, en effet, a été épargnée par les armes de Justinien. C'est une lacune à combler pour achever l'œuvre entreprise et pour la consolider. Mais la Provence soumise, il faudra évidemment pousser plus loin, et afin d'en assurer la conquête, reprendre la politique de César et annexer la Gaule. Alors, appuyé de nouveau aux Alpes et au Rhin, le monde romain groupé autour de la Méditerranée se trouvera, comme jadis, à l'abri de toute invasion. Mais aborder les Francs, c'est se mesurer avec un ennemi autrement redoutable que les précédents.

Comment le successeur de Justinien, son neveu Justin II, aurait-il pu y songer (565-578) ? Non seulement ses finances sont en désordre, mais de nouveaux ennemis viennent d'apparaître sur le Danube. À l'est s'avancent, venant des steppes de la Russie d'où elles ont rejeté les Slaves sur les Carpathes et vers le sud, les hordes furieuses des Avars ; à l'ouest, deux peuples germaniques, les Gépides et les Lombards, occupent le cours moyen du fleuve. À l'autre bout de l'Empire, en Asie Mineure, les Perses prennent sur la frontière une attitude menaçante. Loin de préparer de lointaines entreprises, il importe donc de se consacrer à la défense. Justin crut faire un coup de maître en excitant les Lombards et les Avars contre les Gépides. Le malheureux peuple fut anéanti, mais les Avars occupèrent immédiatement son territoire et les Lombards se sentant les plus faibles leur cédèrent la place. Comme cent ans plus tôt les Ostrogoths, ils prirent leur route vers l'Italie et envahirent la Gaule cisalpine qui depuis lors porte leur nom (568). Les conquêtes lombardes durèrent jusqu'à Rotharis (636-652) qui conquit Gênes et la côte ligure.

Les Byzantins, surpris par l'attaque, ne cherchèrent pas à résister et se réfugièrent dans les villes ; elles tombèrent l'une après l'autre. Ils ne parvinrent à conserver que la côte d'Istrie, la région de Ravenne, le Pentapole, la région de Rome, ainsi que la partie de la Péninsule qui s'étend au sud de Spolète et de Bénévent.

Cet épilogue des invasions germaniques que constitue la descente des Lombards en Italie a une importance considérable.

Les nouveaux venus, en s'intercalant entre l'Empire byzantin et le royaume franc, rendirent impossible le conflit qui eût évidemment éclaté entre ces États s'ils fussent restés en contact. D'autre part, leur arrivée au delà des Alpes déterminera jusqu'au xixe siècle le sort de l'Italie. C'en fut fait, en effet, depuis lors, de l'unité du pays qui avait fait celle du monde. La lutte des Lombards et des Byzantins pour sa possession n'est que le premier chapitre de cette histoire douloureuse qui nous le montrera, dans le cours des temps, envahi, occupé et déchiré par les Allemands, les Normands, les Espagnols, les Français et les Autrichiens, jusqu'au jour où, secouant enfin le joug étranger, il réalisera le vœu séculaire de ses patriotes et accomplira son *risorgimento*. La question italienne, qui s'est posée à toutes les époques de l'histoire de l'Europe sous des formes diverses, s'ouvre donc avec l'invasion lombarde. Au moment où nous sommes arrivés, la solution que lui a donnée le succès des envahisseurs peut encore passer pour très précaire. Byzance a reculé, mais elle n'a pas renoncé à la lutte et peut espérer un retour offensif. Malgré tout, sa position en Occident où elle possède une bonne partie de l'Italie, la Sicile, l'Afrique et les côtes d'Espagne lui permet de compter sur l'avenir. Un nouveau bouleversement, le plus profond et le plus brusque qu'ait jamais subi l'Europe, allait en décider autrement.

3
L'INVASION MUSULMANE

I. — L'invasion

Il n'y a pas, dans l'histoire du monde, un fait comparable pour l'universalité et la soudaineté des conséquences, à l'expansion de l'Islam au viie siècle.

La rapidité foudroyante de sa propagation n'est pas moins surprenante que l'immensité de ses conquêtes. Il ne lui a fallu, depuis la mort de Mahomet (632), que soixante-dix ans pour se répandre de la Mer de Chine à l'Océan Atlantique. Rien ne résiste devant lui. Du premier choc, il renverse l'Empire perse (637-644), puis il enlève successivement à l'Empire byzantin chacune de ses provinces qu'il attaque : la Syrie (634-636), l'Égypte (640-642), l'Afrique (698), l'Espagne (711). Les Wisigoths avaient repris l'Espagne aux Byzantins. Leur dernier roi Roderich disparaît à la bataille de Cadix (711).

La marche envahissante ne prendra fin qu'au commencement du viiie siècle, quand le grand mouvement par lequel il menace l'Europe des deux côtés à la fois aura échoué sous les murs de Constantinople (717) et devant les soldats de Charles Martel dans la plaine de Poitiers (732). Alors il s'arrête. Sa première force d'expansion est épuisée, mais elle a suffi à changer la face de la terre. Partout où il a passé, les vieux États qui poussaient leurs racines au plus profond des siècles ont été arrachés comme par un cyclone ; l'ordre traditionnel de l'histoire est bouleversé. C'en est fait de ce vieil Empire perse, héritier de l'Assyrie et de Babylone ; de ces régions hellénisées de l'Asie qui ont constitué l'Empire d'Alexandre le Grand et ont continué depuis à graviter dans l'orbite de l'Europe ; de cette antique Égypte dont le passé se conservait encore sous la couche grecque qui le recouvrait depuis les Ptolémées ; de ces provinces africaines conquises jadis par Rome sur Carthage. Tout cela désormais est soumis à l'obédience religieuse et politique du potentat le plus puissant qui ait jamais existé, le khalife de Bagdad.

Et tout cela est l'œuvre d'un peuple de nomades, resté jusqu'alors à peu près inconnu dans des déserts pierreux, méprisé par tous les conquérants et comptant infiniment moins d'habitants que la Germanie. Mais ce peuple vient d'être converti par un prophète sorti de son sein. Il vient de briser ses vieilles idoles pour passer brusquement au monothéisme le plus pur qui soit, et il a de ses devoirs envers Dieu une conception d'une simplicité redoutable : obéir à Allah et contraindre les infidèles à lui obéir. La guerre sainte devient pour lui une obligation morale qui porte en elle-même sa récompense. Les guerriers tombés les armes à la main jouiront des béatitudes du paradis. Pour les autres, le butin des riches courtiers, qui de toutes parts entourent la pauvre Arabie, sera le prix légitime de l'apostolat militaire. On ne peut douter que le fanatisme, ou si l'on préfère l'enthousiasme religieux, n'ait été le ressort qui a lancé les Musulmans sur le monde. Entre les invasions de ces sectaires qui se mettent en mouvement en invoquant Allah et celles des Germains qui ne sortent de chez eux que pour acquérir des terres plus fertiles, l'opposition morale est éclatante. Il est certain pourtant que la constitution sociale des Arabes les appropriait merveilleusement à leur rôle. Nomades et pauvres, ils étaient tout préparés à obéir à l'ordre de Dieu. Il leur suffisait de seller leurs chevaux et de se lancer. Ils ne sont pas, comme les Germains, des émigrants traînant derrière eux femmes, enfants, esclaves et bétail ; ils sont des cavaliers habitués depuis l'enfance aux razzias de troupeaux et auxquels Allah fait un devoir de se lancer en son nom à la razzia de l'Univers.

Il faut reconnaître d'ailleurs que la faiblesse de leurs adversaires a prodigieusement facilité leur tâche. Ni l'Empire byzantin, ni l'Empire perse, surpris l'un et l'autre par l'imprévu de l'attaque, n'étaient en mesure de lui résister. Après Justin II, le gouvernement de Constantinople n'avait cessé de s'affaiblir, et nulle part, de la Syrie à l'Espagne, les envahisseurs ne trouvèrent d'armées à combattre. Leur fougue ne rencontra devant elle que le désarroi. Des conquêtes de Justinien il ne subsistait plus, dès 698, que l'Italie. Le christianisme qui avait régné sur toutes les côtes de la Méditerranée ne conservait plus que celles du nord. Sur les trois quarts de son étendue, les rivages de cette mer, qui avait été jusqu'alors le centre commun de la civilisation européenne, appartenaient à l'Islam.

Et ils ne lui appartenaient pas seulement par l'occupation, mais aussi par l'absorption religieuse et politique. Les Arabes n'ont pas, comme les Germains, respecté l'état de choses qu'ils ont trouvé établi chez les vaincus. Il ne pouvait en être autrement. Tandis, en effet, que les Germains, en abandonnant leur religion pour le christianisme, fraternisèrent tout de suite avec les Romains, les Musulmans apparaissaient en propagateurs d'une foi nouvelle, exclusive, intolérante, à qui tout devait céder. La religion, partout où ils dominèrent, fut la base de la société politique, ou, pour mieux dire, l'organisation religieuse et l'organisation publique sont pour eux identiques ; l'Église et l'État forment une seule et même unité. Les infidèles ne peuvent continuer à pratiquer leur culte qu'en qualité de simples sujets, privés de toute espèce de droits. Tout fut changé de fond en comble conformément aux principes du koran. De l'administration tout entière, justice, finances, armée, il ne resta rien. Des kâdis et émirs remplacèrent les exarques de la contrée. Le droit musulman se substitua partout au droit romain et la langue arabe expulsa à son tour la langue grecque et la langue latine, devant lesquelles avaient disparu depuis si longtemps les vieux idiomes nationaux des côtes de Syrie, d'Afrique et d'Espagne.

C'est en ces deux éléments, la religion et la langue, que consiste l'apport arabe dans la civilisation musulmane. Pour le reste, si brillante qu'elle ait été pendant les premiers siècles de l'Islam, elle est, à tout prendre, peu originale. Les peuples vaincus étaient tous plus policés que leurs vainqueurs nomades et ceux-ci leur empruntèrent de toutes mains. Ils traduisirent les œuvres de leurs savants et de leurs philosophes, s'inspirèrent de leur art, s'assimilèrent leurs procédés agricoles, commerciaux et industriels. L'étendue et la diversité des pays et des nations sur lesquels ils dominaient les ouvrirent à quantité d'influences qui se mélangèrent les unes aux autres et firent de la civilisation musulmane quelque chose de très nuancé, mais sans grande profondeur. De ces influences, celle de l'hellénisme rivalisa avec celle de la Perse. On ne peut s'en étonner si l'on songe que les Arabes occupaient justement les parties les plus riches et les plus peuplées du monde grec d'alors, l'Égypte et la Syrie. Leur architecture donne une idée assez exacte de la variété et de l'importance relative de leurs emprunts. On y rencontre dans la décoration des caractères venant évidemment de la Perse ou de l'Inde, mais la conception générale et les membres essentiels du monument n'en trahissent pas moins une parenté évidente avec l'architecture byzantine. La prédominance grecque se manifeste davantage encore dans le domaine de la pensée. Aristote est le maître des philosophes arabes, qui d'ailleurs n'y ont rien ajouté d'essentiel. En somme, dans l'ordre intellectuel, la civilisation musulmane n'a pas exercé d'influence profonde sur les peuples européens et cela s'explique très simplement et par ce qu'il y a chez elle d'artificiel, et par le fait que les sources auxquelles elle a surtout puisé étaient pour la plupart des sources européennes.

Il n'en va pas de même si on l'envisage du côté économique. Ici, les Arabes ont été, grâce à leur contact tout à la fois avec l'Occident et l'Extrême-Orient, des intermédiaires précieux. De l'Inde, ils ont transporté la canne à sucre en Sicile et en Afrique, le riz en Sicile et en Espagne (d'où les Espagnols l'apporteront en Italie aux xve-xvie siècles), le coton en Sicile et en Afrique ; ils ont acclimaté en Asie la fabrication de la soie que les Chinois leur ont apprise ; c'est d'eux encore qu'ils ont connu et répandu le papier, sans lequel l'invention de l'imprimerie serait restée inutile ou plutôt ne se serait pas faite ; qu'ils ont importé la boussole. Au reste, ces innovations et bien d'autres ne devaient passer que beaucoup plus tard aux peuples chrétiens. Au début, elles n'ont servi qu'à faire de l'Islam, pour ses voisins d'Europe, un ennemi d'autant plus redoutable qu'il était plus riche et mieux outillé. Du viie au xie siècle, c'est lui qui sera sans conteste le maître de la Méditerranée. Les ports qu'il y construit, Le Caire qui succède à Alexandrie, Tunis, Kaïrouan, sont les étapes du commerce qui circule du Détroit de Gibraltar à la Mer de Chine par les ports d'Égypte qui communiquent avec la Mer Rouge, par ceux de Syrie où aboutit la route de Bagdad et du Golfe Persique. La navigation chrétienne se borne à un timide cabotage le long des côtes de l'Adriatique, de l'Italie du Sud et parmi les îles de l'Archipel.

Toutes les grandes voies de mer sont aux Musulmans.

II. — Les conséquences

Un événement imprévu entraîne toujours une catastrophe proportionnée à son importance. Il se jette pour ainsi dire au travers du courant de la vie historique, interrompt les séries de causes et de conséquences qui la constituent, les fait refluer en quelque sorte, et par leurs répercussions inattendues, bouleverse l'ordre naturel des choses. C'est ce qui se passa lors de l'invasion musulmane. Depuis des siècles, l'Europe gravitait autour de la Méditerranée. C'est par elle que s'était propagée la civilisation, par elle que ses diverses parties communiquaient les unes avec les autres. Sur tous les rivages l'existence sociale, dans ses caractères fondamentaux, était la même, la religion la même, les mœurs et les idées les mêmes ou très proches de l'être. L'invasion germanique n'avait rien modifié d'essentiel à cette situation. Malgré tout, au milieu du viie siècle, on peut dire que l'Europe constituait encore, comme au temps de l'Empire romain, une unité méditerranéenne.

Or, sous la poussée soudaine de l'Islam, cette unité se rompt tout à coup. Dans la plus grande partie de son étendue, cette mer familière et presque familiale, cette mer, que les Romains appelaient « notre mer » (*mare nostrum*), devient étrangère et hostile. L'intercourse qui s'était jusqu'alors opérée par elle entre l'Occident et l'Orient est interrompue. Ils sont brusquement séparés l'un de l'autre. La communauté dans laquelle ils avaient vécu durant si longtemps cesse pour de longs siècles, et l'Europe d'aujourd'hui s'en ressent encore.

Obligé de faire front à l'est, l'Empire ne peut plus tenir sur le Danube. Les Bulgares, les Serbes, les Croates se répandent dans les Balcans et les villes seules restent grecques. Ils ne se mélangent pas à la population comme les Germains. L'Empire byzantin cesse d'être universel pour devenir un État grec.

Les Bulgares, en 677, soumettent les tribus slaves et se fondent avec elles, en Mésie. Au milieu du ixe siècle, leur prince Boris est converti par Methôdius et prend le nom de Michel.

L'Empire byzantin, désormais confiné entre la côte d'Illyrie et le Haut-Euphrate, consacrera le meilleur de ses forces à résister à la pression de l'Islam. Sa longue histoire, jusqu'au jour où il succombera enfin, au milieu du xve siècle, sous les coups des Turcs, aura encore des moments de splendeur et verra se développer une civilisation dont l'originalité consiste dans le mélange des traditions antiques avec le christianisme orthodoxe et une orientalisation croissante. Mais la plupart du temps, cette histoire sera étrangère à celle de l'Europe occidentale. Venise conservera seule le contact avec Byzance et trouvera, dans son rôle d'intermédiaire entre l'Occident et l'Orient, le point de départ de sa future grandeur. Au reste, si Byzance cesse d'intervenir en Occident, elle n'en exercera pas moins une influence qui lui survivra à travers les siècles. C'est elle qui a christianisé les Slaves du sud et de l'est ; Serbes, Bulgares et Russes, et c'est son peuple, qui, après avoir subi le joug turc pendant 400 ans, a reconstitué au xxe siècle la nationalité grecque.

Pour l'Occident, sa séparation d'avec Byzance le mettait dans une situation toute nouvelle. Elle semblait le reléguer à l'écart de la civilisation, car dès l'origine des âges, c'est de l'Orient que lui étaient venues toutes les formes de la vie policée et tous les progrès sociaux. Avec les Arabes, établis en Espagne et sur la côte d'Afrique, l'Orient, il est vrai, se rapprochait de lui. Mais entre son peuple chrétien et cet Orient musulman, la différence des confessions religieuses empêchait, en dépit du contact matériel, le contact moral. Pour la première fois, depuis la formation de l'Empire romain, l'Europe occidentale se trouvait isolée du reste du monde. La Méditerranée, par laquelle elle avait correspondu jusqu'alors avec la civilisation, se fermait devant elle. Ce fut là peut-être le résultat le plus important pour l'histoire universelle de l'expansion de l'Islam[1]. Car le christianisme d'Occident, coupé dans ses communications traditionnelles, devenu un monde à part ne pouvant plus compter que sur lui-même, sera forcé de se développer par ses propres forces. Détourné de la Méditerranée, il portera son effort vers les régions encore barbares d'au delà du Rhin et les rives de la Mer du Nord. La société européenne va s'agrandir et dépasser enfin les anciennes frontières de l'Empire romain. Une Europe nouvelle se constitue avec l'Empire franc, dans laquelle s'élaborera cette civilisation occidentale appelée à devenir celle du monde entier.

---

1. On verra à ce sujet : Henri Pirenne, *Mahomet et Charlemagne*.

L'ÉPOQUE CAROLINGIENNE

1
L'ÉGLISE

I. — L'atonie du vᵉ au viiᵉ siècle

Pendant ces trois siècles de remous où l'Europe est ballottée entre les Germains, l'Empire et l'Islam, que devient l'Église catholique, la grande force du prochain avenir ? Elle se contente de vivre, ou pour mieux dire, de vivoter. Son action sur la marche des événements est nulle ou presque nulle ; son influence morale sur la société, imperceptible. Pourtant, au milieu des ruines de l'Empire, elle s'est conservée intacte. Elle a sauvegardé son organisation, sa hiérarchie, son incalculable fortune foncière. Et elle n'a pas d'ennemis. Les Germains sont à son égard des fils aussi soumis que les Romains. L'hérésie arienne, on l'a vu, n'a pas duré et d'ailleurs, n'a jamais été inquiétante. L'apathie de l'Église s'explique cependant très simplement. Il en est d'elle, dans une moindre mesure, mais tout de même il en est d'elle, après les invasions, comme de la société tout entière ; elle se barbarise. La littérature latine chrétienne, encore si vivante au ivᵉ siècle, le siècle de Saint Augustin, ne présente plus au vᵉ siècle que des épigones du genre de Salvien. Au delà, la vie de la pensée cesse et la veine ouverte par les pères de l'Église est épuisée. Quelques clercs écrivent bien encore des récits biographiques ou historiques, mais il faudra attendre jusqu'à Grégoire le Grand pour voir se ranimer, dans un esprit d'ailleurs tout nouveau, l'étude de la théologie et de la morale religieuse. Plus frappante encore est l'inertie de l'Église en face de ces barbares païens ou grossièrement hérétiques qui viennent de pénétrer dans l'Empire et vivent à ses côtés. S'ils se convertissent, c'est, comme les

Francs après le baptême de Clovis, à l'exemple de leurs rois qui, par intérêt politique et imitation des mœurs romaines, passent au christianisme : l'Église n'y est pour rien. Quant aux Germains qui, au nord de la Gaule et de l'autre côté du Rhin, conservent leur vieux culte national, elle ne prend vis-à-vis d'eux aucune mesure d'évangélisation. Les apôtres des Francs Saliens, Saint Amand et Saint Remacle agissent par enthousiasme personnel. Les rois ont soutenu leurs efforts, mais on ne voit pas qu'il en ait été de même des autorités ecclésiastiques. Le désintéressement de celles-ci est tel en matière d'apostolat qu'elles ont laissé aux étrangers l'œuvre qui leur incombait. Introduit en Irlande au ive siècle, le christianisme s'y était rapidement développé. Il s'était donné, dans cette île lointaine et sans rapports avec le continent, une organisation originale dans laquelle de grandes colonies monastiques constituaient les foyers d'une vie religieuse très ardente. On y trouvait en quantité des ascètes et des prosélytes qui, dès le vi^e siècle, allèrent chercher loin de leur patrie, les uns des solitudes inaccessibles, les autres des âmes à convertir. Lorsque les Normands découvrirent l'Islande au ixe siècle, ils furent étonnés de n'y trouver comme habitants, sur ses rivages brumeux, que des moines venus d'Irlande. Ce furent encore des Irlandais qui s'adonnèrent avec enthousiasme à la conversion de la Gaule du nord et de la Germanie. L'hagiographie des temps mérovingiens fourmille de saints auxquels se rapporte la fondation d'une foule de monastères de la France du nord et de la Belgique. Saint Colomban et Saint Gall sont les représentants les plus célèbres de ces missionnaires dont la culture intellectuelle, le désintéressement et l'enthousiasme contrastent tristement avec la grossièreté du clergé mérovingien. Ils ne purent, au reste, le tirer de son apathie. Les évêques, nommés par les clercs des diocèses, mais en réalité imposés par les rois, ne devaient presque toujours leur siège qu'à la faveur du souverain. Il faut avoir lu les portraits que retrace Grégoire de Tours de plusieurs de ses collègues pour se faire une idée de leur savoir et de leurs mœurs. Bon nombre d'entre eux savaient à peine lire et s'adonnaient publiquement à l'ivrognerie ou à la débauche. L'honnête Grégoire s'en indigne, mais on ne sent que trop à son langage que son indignation ne rencontrait guère d'écho. Lui-même, d'ailleurs, bien supérieur certainement à la majorité de ses collègues, quel exemple ne nous fournit-il pas de la décadence de l'Église !

Le latin qu'il écrit, et il s'en rend compte, n'est plus qu'un idiome barbare brutalisant la grammaire, la syntaxe et le vocabulaire ; sa morale, et malheureusement il ne s'en rend pas compte, a des indulgences bien singulières et des jugements bien surprenants. Et après lui, ce sera pis encore. A la fin du viie siècle et au commencement du viiie, ce n'est plus seulement la langue, mais la pensée elle-même qui semble être celle de paralytiques. La chronique dite de Frédégaire et certaines vies de saints de cette époque sont des monuments incomparables de l'incapacité d'exprimer les choses les plus simples.

Néanmoins, si atteinte qu'elle soit, l'Église est la grande force, ou disons mieux la seule force civilisatrice de ce temps-là. C'est par elle, en effet, que la tradition romaine s'est perpétuée, et partant c'est elle qui a empêché l'Europe de retomber dans la barbarie. Le pouvoir laïque, abandonné à ses seules forces, eut été incapable de sauvegarder ce précieux héritage. Malgré la bonne volonté des rois, leur administration maladroite et grossière était trop inférieure à la tâche qu'ils eussent voulu accomplir. Or l'Église possédait le personnel qui faisait défaut à l'État. Telle qu'elle s'était formée et développée dans l'Empire, telle elle subsistait encore après les invasions. La hiérarchie demeurait intacte, et, copiée sur l'organisation administrative de Rome, elle en conservait au milieu du désordre grandissant les assises simples et fermes. Les sièges métropolitains établis au chef-lieu de chaque province, les sièges épiscopaux institués au chef-lieu de chaque cité, ne disparurent momentanément que dans les régions du nord. Partout ailleurs ils furent épargnés ou respectés par les conquérants. Tandis que l'administration civile tombait en décadence, l'administration ecclésiastique restait inébranlable, avec les mêmes cadres, les mêmes dignitaires, les mêmes principes, le même droit, la même langue qu'elle possédait du temps de l'Empire. Au milieu de l'anarchie ambiante et en dépit de l'action dissolvante que celle-ci exerça sur elle, l'Église demeura debout malgré sa décadence momentanée ; le clergé fut protégé par le puissant édifice qui l'abritait et par la discipline qui, malgré tout, s'imposait à lui. Si ignorants, si négligents, si immoraux que fussent certains évêques, il leur était impossible de s'affranchir des devoirs essentiels de leurs fonctions. Il fallait bien qu'ils entretinssent, à côté de leur cathédrale, une école pour la formation des jeunes élèves. Pendant que l'instruction laïque disparaissait et que l'État en était réduit à n'avoir plus à son service que des agents illettrés, l'Église continua donc, par une nécessité inhérente à son existence même, de former un corps dont chaque membre savait au moins lire et écrire le latin. Par cela seul, elle exerça sur la société séculière une prépondérance irrésistible ; posséda, sans l'avoir voulu ni cherché, le monopole de la science. Ses écoles, sauf de rares exceptions, furent les seules écoles, ses livres les seuls livres. L'écriture, sans laquelle il n'est pas de civilisation possible, lui appartint si exclusivement, depuis la fin de l'époque mérovingienne, que ce sont aujourd'hui dans nos langues les mots qui désignent l'homme d'église, qui désignent aussi le scribe : clerc en français, *clerk* en anglais, *klerk* en flamand et en ancien allemand, *diaca* en ancien russe. Au cours du viiie siècle la culture intellectuelle se confina dans une classe sacerdotale. Le clergé catholique acquit par là une situation qui, avant lui, n'était échue à aucun autre clergé. Il ne fut pas seulement vénéré à cause de son caractère religieux, il ne jouit pas seulement auprès des laïques de ce prestige que la science exerce sur les ignorants, il devint encore pour la société civile un auxiliaire indispensable. L'État ne put se passer de ses services. À l'époque carolingienne, lorsqu'auront disparu les dernières traces de l'enseignement laïque, c'est au clergé que l'État sera forcé d'emprunter le personnel de ses scribes, les chefs de sa chancellerie et tous ceux de ses agents ou de ses conseillers pour lesquels un certain degré de culture intellectuelle est indispensable. Il se cléricalisera, parce qu'il ne pourra faire autrement sous peine de retomber dans la barbarie, parce qu'il ne pourra trouver ailleurs que dans l'Église des hommes capables de comprendre et d'accomplir les taches politiques qui lui incombent. Et s'il ne les trouve que chez elle, ce n'est pas que leur caractère d'apôtres du Christ les approprie particulièrement bien à son service. Les serviteurs de Celui qui a dit que son royaume n'était pas de ce monde, n'ont pas appris de lui le maniement des affaires séculières. Si cependant ils le possèdent, c'est qu'ils le tiennent de Rome, c'est que l'Église à laquelle ils appartiennent a survécu à la ruine du monde antique et que celui-ci se perpétue en elle pour l'éducation du monde nouveau. Bref, ce n'est pas parce que chrétienne, mais parce que romaine, que l'Église a reçu et conservé pendant des siècles la maîtrise de la société ou, si l'on veut, elle n'a exercé si longtemps sur la civilisation moderne une influence prépondérante que parce qu'elle était la dépositaire d'une civilisation plus ancienne et plus avancée.

Il va de soi d'ailleurs qu'elle a profité de cette situation pour réaliser son idéal religieux et pour plier à sa volonté l'État qui l'appelait comme auxiliaire. La collaboration nécessaire qui s'établit bientôt entre elle et lui porte le germe de conflits formidables que personne, au début, n'a pu prévoir.

En entrant au service de l'État, l'Église ne se soumettra donc pas à lui. Quelles que soient les concessions qu'elle lui ait faites de gré ou de force à certains moments, elle est toujours restée, en face de lui, une puissance indépendante. Elle a revendiqué et possédé à son égard, dans l'Europe occidentale, une liberté dont elle ne jouissait pas dans l'Empire romain et dont elle n'a pas joui non plus dans celui de Byzance. S'il en fut ainsi, c'est moins encore parce que les souverains d'Occident n'atteignirent jamais à une puissance comparable à celle des empereurs, que parce que l'Église se trouva, dès l'abord, dans une situation économique lui permettant de vivre et de se développer par ses propres ressources. Et ici encore on retrouve en elle l'héritière de Rome. L'immense fortune foncière dont elle dispose, c'est à Constantin et à ses successeurs qui lui ont transporté les biens des temples païens, qu'elle en est redevable. Et ils n'ont pas fait d'elle seulement le plus grand propriétaire qui existe, ils en ont fait encore un propriétaire privilégié, en exemptant ses membres de l'impôt personnel, et ses biens de l'impôt foncier. Tout cela, propriété et privilèges, les rois barbares l'ont respecté, de sorte qu'au moment où s'ouvre l'histoire des peuples modernes, l'Église se trouve en possession d'une richesse domaniale incomparable. C'est ce qui explique comment elle a pu sans faiblir traverser la crise des invasions et, en plein bouleversement politique et social, sauvegarder son organisation, recruter et entretenir son clergé.

Ainsi, de quelque côté qu'on l'examine, on aperçoit très bien que, malgré sa décadence des ve-viie siècles, elle est pleine de force et d'avenir. Son déclin n'a pas sa cause en elle-même, mais dans les circonstances du moment. Et encore, en parlant de sa décadence, ne songe-t-on qu'à l'Église officielle, au clergé séculier, le seul que l'on voit, mais à côté duquel se répand lentement le clergé qu'on ne voit pas encore, mais qui peu à peu se fait sa place et prélude obscurément au rôle qu'il va jouer bientôt : le clergé régulier, le monachisme.

II. — Les moines et l'entrée en scène de la papauté

L'ascétisme qui découle nécessairement d'une conception exclusive du christianisme, s'était rapidement développé, dès le iie siècle, dans les provinces orientales de l'Empire romain. Durant longtemps ses adeptes furent de simples laïques renonçant aux affaires et aux biens de ce monde, pour se consacrer dans la solitude au salut de leur âme. Ces solitaires furent les premiers moines ($\mu o\nu\alpha\chi o\varsigma$, $\mu o\nu o\varsigma$). Saint Pacôme (348) eut l'idée de leur imposer une règle et, à cette fin, de les organiser en communauté. Les moines qui adoptèrent ce nouveau genre de vie, se groupèrent dans des enclos formés de cellules construites autour d'une chapelle centrale. Pour les distinguer des solitaires, on donna aux habitants de ces pieuses colonies le nom de cénobites. C'est à l'institution cénobitique que se rattachent les monastères occidentaux dont le premier fut fondé au vi^e siècle, dans les environs de Naples, sur le Mont Cassin, par Saint Benoît. L'originalité et en même temps la portée de l'œuvre de Benoît († c. 543), est d'enlever le moine à la vie laïque, d'en faire un religieux lié à sa vocation par les trois vœux perpétuels d'obéissance, de pauvreté et de chasteté, et de lui imposer l'obligation de la prêtrise. À côté du clergé séculier, dont les origines remontent à la constitution de l'Église primitive, apparaît ainsi un clergé nouveau, sorti de l'ascétisme et s'ouvrant à ceux qui veulent réaliser en ce monde l'idéal de la vie chrétienne. La règle — à laquelle il doit son nom — n'est pas seulement une règle de prières et d'exercices de piété, elle l'oblige encore à honorer Dieu par le travail, soit le travail manuel, soit l'étude.

La diffusion des monastères ne s'accomplit tout d'abord qu'assez lentement. Ils se répandirent peu à peu en Italie, gagnèrent le sud de la Gaule, puis, grâce à l'apostolat des Irlandais, se propagèrent en assez grand nombre dans le nord du royaume franc au cours du viie et du viiie siècle[1]. Au reste, ils étaient sans rapports les uns avec les autres, sans action au dehors et assez mal vus, semble-t-il, des évêques diocésains qui ne savaient trop que faire de ces nouveaux venus.

Il était réservé à la papauté d'utiliser cette grande force qui s'ignorait, de la mettre au service de l'Église, d'en constituer pour ainsi dire une armée permanente de réserve à la disposition de celle-ci. C'est justement au premier des grands papes, Grégoire le Grand (590-604) qu'est due cette mesure de génie.

Jusqu'à lui, la prééminence de la papauté est mal définie et ne ressort guère que de la double qualité du pape, successeur de Saint Pierre et évêque de Rome. Elle se manifeste plutôt par le respect qu'on lui porte que par l'autorité qu'il exerce. Dans les divers royaumes, les évêques nommés par les rois n'ont tout au plus avec lui que des relations de déférence. Lui-même n'est considéré par les patriarches d'Alexandrie, d'Antioche, de Jérusalem et de Constantinople que comme un égal. Enfin, comme il le fait pour eux, l'empereur de Byzance se réserve le droit de ratifier sa nomination ou, après Justinien, de la faire ratifier en son nom par l'exarque de Ravenne. La situation de l'Italie, et particulièrement la situation de Rome, depuis les troubles des invasions entrave, au surplus, ou absorbe en des besognes qui n'ont rien de commun avec le gouvernement de l'Église, l'activité des papes. Depuis que l'empereur ne réside plus dans la « Ville », c'est le pape qui en est devenu, en fait, le personnage principal. C'est à lui qu'il incombe, à défaut des autorités laïques, de négocier avec les envahisseurs, de veiller à l'administration, au ravitaillement, à la fortification de la cité qui, à mesure qu'elle se dépeuple et s'appauvrit, rend de plus en plus ardue la tâche d'entretenir en état son immense enceinte et ses monuments. Depuis l'invasion des Lombards surtout, les papes ont à lutter contre des difficultés et des périls auxquels ils ne parviennent à parer qu'à force d'énergie. Car l'empereur, absorbé par la défense des frontières de Syrie et du Danube, leur laisse le soin de résister à ces nouveaux ennemis qui s'acharnent à la conquête de Rome. Tout au plus envoie-t-il de temps en temps quelques troupes et quelques subsides également insuffisants. L'exarque de Ravenne, menacé lui-même, n'est pas en état de fournir une collaboration effective. Au moment où Grégoire le Grand, en 590, monte sur le trône de Saint Pierre, il désespère visiblement de l'avenir et compare Rome à un navire battu par la tempête et sur le point de sombrer.

Grégoire, le Grand peut être considéré comme le premier interprète de la pensée religieuse après les pères de l'Église. Mais il ne les continue pas. Ce ne sont pas les questions dogmatiques qui l'intéressent : pour lui, elles sont résolues définitivement. Ce qui importe c'est d'en tirer les conséquences morales, d'organiser la vie chrétienne en vue de son but, les fins dernières, qui se résument dans l'effroyable dilemme du paradis ou de l'enfer. Ses yeux sont, pour ainsi dire, fixés sur l'au delà et les tableaux qu'il en a tracés ont puissamment contribué à donner à la religiosité médiévale cette tournure sombre et angoissée, cette terreur et cette obsession des peines éternelles qui ont trouvé dans la *Divine Comédie* leur immortelle expression. L'Église étant l'instrument du salut éternel, il faut augmenter son action sur les âmes pour les sauver de l'abîme. Et ici se révèle chez Grégoire, comme chez d'autres grands mystiques, un Saint Bernard par exemple ou un Loyola, ce génie pratique qui, pour atteindre le but supraterrestre qu'il se propose, excelle à organiser les choses de ce monde passager qu'il dédaigne. Peut-être son origine – il appartenait à une vieille famille patricienne de Rome traditionnellement mêlée à l'administration de la ville – n'a-t-elle pas été sans action sur ce côté de son caractère. On a peine à croire en lisant ses lettres qu'elles sont de l'auteur des *Moralia* et du *Dialogus miraculorum*. Elles nous le montrent appliqué à restaurer le patrimoine de Saint Pierre, c'est-à-dire l'immense domaine foncier de l'Église de Rome, éparpillé à travers l'Italie, les côtes d'Illyrie et la Sicile, et que les désordres des invasions avaient démembré, ruiné et désorganisé. On l'y voit revendiquer les terres aliénées ou envahies, nommer des intendants, leur tracer les règles à suivre, leur imposer les mesures nécessaires pour la perception et la centralisation des revenus. Il mérite ainsi le double et singulier honneur d'être à la fois le plus ancien mystique et le plus ancien économe du Moyen Âge. Au reste, son activité économique est tout entière pénétrée de pratiques romaines et il a contribué largement à conserver par l'intermédiaire de l'Église et à répandre par elle les institutions domaniales de l'Empire. En quelques années, la besogne entreprise par lui fut achevée. La papauté se trouvait en possession d'un revenu régulier et de ressources abondantes. Elle était devenue la première puissance financière de son temps.

À cette première force, Grégoire en ajoute une seconde en s'associant les moines, vers qui se portaient à la fois ses tendances ascétiques et sa lucide intelligence des réalités. Il vit très bien quel ascendant la papauté recevrait de ces monastères éparpillés partout en se faisant leur protecteur. Il ne se borna pas à en fonder de nouveaux dans la ville éternelle, il octroya encore à quantité d'entre eux des privilèges d'exemption qui les plaçaient directement sous l'autorité du Saint-Siège. Depuis Saint Benoît, les moines faisaient partie de l'Église. On peut dire que depuis Grégoire le Grand ils furent associés à son action.

C'est à des moines, en effet, dirigés et formés par lui, qu'il confia la grande œuvre de son pontificat, l'évangélisation des Anglo-Saxons[2]. Elle eût d'ailleurs été impossible s'il n'avait disposé des fonds nécessaires à sa réalisation, et c'est ainsi que les deux grandes réformes de son règne, la reconstitution du patrimoine de Pierre et l'alliance avec le monachisme, ont harmonieusement contribué à une entreprise qui répond elle-même si complètement à l'idéal religieux et aux aptitudes pratiques de son initiateur.

La conversion de l'Angleterre est un chef-d'œuvre de tact, de raison et de méthode. Longuement préparés par le pape à leur tâche, Saint Augustin (de Canterbury) et ses compagnons procédèrent suivant des instructions mûrement méditées et toutes pénétrées de charité, d'indulgence, de tolérance et de bon sens. Rien n'est plus différent de l'allure primesautière et enthousiaste des missionnaires celtiques, que la conduite patiente et prudente des missionnaires de Grégoire. Ils n'arrivent dans le pays qu'après en avoir étudié la langue, les mœurs et la religion. Ils se gardent de heurter les préjugés, de rechercher des succès trop rapides, d'ambitionner même le martyre. Ils gagnent la confiance avant de gagner les âmes, aussi les gagnent-ils complètement. Au bout de soixante ans, les Anglo-Saxons non seulement étaient chrétiens, mais ils l'étaient au point de fournir eux-mêmes à l'Église des missionnaires dignes de ceux qui les avaient convertis. Cent-vingt ans après le débarquement de Saint Augustin sur la grève de Hastings (596), Saint Boniface entreprenait l'évangélisation de la Germanie païenne d'au delà du Rhin (716).

La conversion de l'Angleterre marque une étape décisive dans l'histoire de la papauté. Fondation directe du pape, l'Église anglo-saxonne se trouve placée, dès le début, sous l'obédience immédiate et la direction de Rome. Elle n'a rien d'une Église nationale ; elle est apostolique dans toute la force du terme. Et l'Église d'outre-Rhin, qu'elle va organiser, recevra d'elle le même caractère. On comprend combien le prestige et l'influence de la papauté en acquirent de force et d'éclat. Tandis qu'à Rome même les papes continuent à être considérés par l'empereur de Byzance et par l'exarque de Ravenne comme des patriarches de l'Empire, et restent soumis à l'obligation de leur demander la ratification de leur élection, les nouveaux chrétiens du nord révèrent en eux les vicaires de Jésus-Christ, les représentants de Dieu sur cette terre. La papauté s'est donc créée une situation désormais incompatible avec la subordination où elle a vécu jusqu'alors à l'égard de l'empereur. Tôt ou tard, elle brisera le lien traditionnel qui subsiste entre elle et lui, et qui, depuis qu'il n'y a plus d'Empire en Occident ne fait plus que peser sur elle, l'humilie et la gêne. Si encore l'empereur se montrait un protecteur efficace ou, faute de mieux, témoignait au moins de sa bienveillance ! Mais il fait plus que de se désintéresser de Rome et de l'abandonner sans défense aux entreprises des Lombards, il devient pour elle un adversaire[3].

Dans ce milieu byzantin qu'agite les passions théologiques, une nouvelle hérésie vient de paraître : l'Iconoclasme. L'empereur Léon III l'Isaurien la professe (726) et prétend l'imposer à Rome. Cette fois c'en est trop. Le pape ne se soumettra pas aux volontés d'un maître qui estime sa complaisance à la mesure de celle des patriarches de Constantinople ou d'Antioche. Déjà Grégoire II (715-731) fait entendre des paroles menaçantes. Si la rupture ne s'accomplit pas dès lors, c'est que la tradition impériale reste si puissante que l'on hésite à franchir le pas décisif. Et puis, abandonner l'empereur, c'est se lancer dans l'inconnu et s'exposer à des représailles qui peuvent faire courir à l'Église les plus graves périls. Pour accomplir un acte aussi décisif et prendre en face de l'empereur non pas seulement l'attitude d'un égal mais celle d'un supérieur, pour briser avec l'Orient hérétique et établir en Occident les bases de la chrétienté universelle, pour cesser d'être romain dans le sens ancien du mot et devenir catholique, pour débarrasser le pouvoir spirituel des entraves que le césarisme lui impose, il faut trouver un protecteur puissant et fidèle. Qui peut se charger de ce rôle dans l'Europe d'alors ? Un seul homme, qui lui-même cherche un allié capable de lui transmettre légitimement la couronne, le maire du palais des rois mérovingiens.

---

1. Les monastères d'Irlande étaient très différents des monastères bénédictins. Mais c'est conformément à l'organisation de ceux-ci que les missionnaires irlandais instituèrent ceux qu'ils fondèrent sur le continent.
2. Débarquement de Saint Augustin, 596, christianisation achevée, 655.
3. En 653, Constant II envoie en exil Martin Ier. En 692, Justinien II aurait agi de même pour Serge Ier sans une révolte de Rome.

2
LE ROYAUME FRANC

I. — La dislocation de l'État

De tous les royaumes fondés par les barbares sur le sol de l'Empire romain, celui des Francs était le seul dont les frontières englobaient un bloc compact de population germanique. Dès avant les conquêtes de Clovis en Gaule, les Francs Saliens, les Francs Ripuaires et les Alamans avaient colonisé en masse toute la rive gauche du Rhin, et s'étaient avancés assez profondément dans les vallées de la Moselle, de la Meuse et de l'Escaut. Clovis n'était lui-même à l'origine qu'un des nombreux petits rois sous le gouvernement desquels se répartissaient les Francs Saliens. Son royaume, qui devait correspondre à peu près à l'étendue de l'ancienne cité romaine de Tournai, ne lui fournissant pas les forces nécessaires pour mener à bien l'attaque qu'il méditait contre Syagrius, officier romain auquel obéissaient encore, au milieu de la Gaule envahie, la région d'entre Loire et Seine, il associa à son entreprise ses parents, les rois de Térouanne et de Cambrai. Mais il profita seul de la victoire. Syagrius défait, il s'appropria son territoire et employa la suprématie écrasante dont il jouissait désormais sur ses anciens égaux, pour se débarrasser d'eux. Soit par violence, soit par ruse, il les renversa ou les fit périr, fut reconnu par leurs peuples et en quelques années étendit son pouvoir à toute la région que le Rhin encercle de Cologne à la mer. Les Alamans qui, établis en Alsace et en Eifel, menaçaient d'une attaque de flanc le nouveau royaume, furent battus et annexés. S'étant ainsi assuré la possession de toute la Gaule septentrionale du Rhin à la Loire, le roi des

Francs put se consacrer à la conquête de la riche Aquitaine. Elle appartenait aux Wisigoths. Converti au catholicisme depuis 496, Clovis prétexta de leur hérésie pour leur faire la guerre, les battit à Vouillé (507) et porta la frontière jusqu'aux Pyrénées. La Provence le séparait encore de la Méditerranée. Mais Théodoric n'entendait pas laisser le royaume Franc s'étendre jusqu'aux portes de l'Italie, et Clovis dut renoncer à la Provence que Théodoric, pour plus de sûreté, annexa à ses États. Ses fils achevèrent l'œuvre si bien commencée, s'emparèrent du royaume que les Burgondes avaient érigé dans la vallée du Rhône (533), se mirent en possession de la Provence, du Golfe de Lion jusqu'au Rhône : toute l'ancienne Gaule se trouva désormais soumise à la dynastie mérovingienne.

Conformément au caractère méditerranéen que l'Europe occidentale conserva jusqu'à la fin du viie siècle, c'est vers le sud qu'elle chercha tout d'abord à s'agrandir. Des armées franques disputèrent quelque temps aux Lombards l'Italie septentrionale. Mais l'invasion musulmane, on l'a vu plus haut, devait mettre fin brusquement à l'orientation traditionnelle des contrées du nord vers celles du midi. Le dernier conquérant mérovingien, Dagobert Ier, tourna son effort vers la Germanie, et s'avança même jusqu'au Danube. Puis l'expansion cesse et la décadence commence.

La fermeture de la Méditerranée par les Musulmans ne marque pas seulement une nouvelle orientation politique de l'Europe, mais aussi, si l'on peut dire, la fin du monde antique.

Jusqu'au régime de Dagobert Ier en effet, l'État mérovingien ne s'est pas séparé de la tradition romaine. L'état social du pays, après le trouble profond que lui font subir les invasions, reprend son ancien caractère romain. Les terres du fisc impérial avaient, il est vrai, passé au roi, mais les grands propriétaires gallo-romains, sauf de rares exceptions, avaient conservé leurs domaines, organisés comme ils l'étaient sous l'Empire. Il est frappant, à ce sujet, de constater que le pape Grégoire le Grand, pour restaurer l'administration des énormes propriétés foncières de l'Église, ne fait que reconstruire le système domanial romain.

Le commerce, le calme une fois rétabli, avait repris son activité. Marseille, centre du grand commerce maritime avec l'Orient, recevait ces marchands syriens que l'on retrouve d'ailleurs dans les villes importantes du sud de la Gaule et qui, avec les Juifs, sont les principaux trafiquants du pays. Les villes de l'intérieur conservent une bourgeoisie de commerçants parmi lesquels il en est qui, en plein vi[e] siècle, nous sont connus comme des notables riches et influents.

Et grâce à ce commerce régulier qui maintient dans la population une importante circulation de marchandises et d'argent, le trésor du roi, alimenté par les tonlieux, ne cesse de disposer de ressources importantes, aussi considérables, si pas d'avantage, que celles qu'il retire du revenu des domaines royaux et du butin de guerre.

Certes cette civilisation de l'Empire qui se survit est tombée dans une profonde décadence, mais elle a conservé ses traits essentiels.

Évidemment les fonctionnaires importants, choisis parmi les grands, font preuve vis-à-vis du pouvoir, d'une singulière indépendance et l'impôt, sans doute, n'est bien souvent perçu par le comte qu'à son profit personnel, ce qui explique le nom d' « exaction » qu'il commence à prendre dans la langue du temps.

L'affaiblissement de l'ancienne administration romaine, coupée de Rome, et dont le roi maintient avec peine les derniers vestiges, permet à l'aristocratie des grands propriétaires de prendre, en face du roi et dans la société, une position de plus en plus forte. C'est surtout dans le nord, en Austrasie, où la romanisation s'est presqu'entièrement effacée, qu'elle s'assure, dès le viie siècle, une prépondérance absolue.

Cette aristocratie, dont l'action grandit sans cesse, n'a rien d'une noblesse. Elle ne se distingue pas du reste de la nation par sa condition juridique, mais seulement par sa condition sociale. Ceux qui la composent sont, pour parler comme leurs contemporains, des grands (*majores*), des magnats (*magnates*), des puissants (*potentes*), et leur puissance dérive de leur fortune. Tous sont de grands propriétaires fonciers : les uns descendent de riches familles gallo-romaines antérieures à la conquête franque, les autres, sont des favoris que les rois ont largement pourvus de terres, ou des comtes qui ont profité de leur situation pour se constituer de spacieux domaines. Qu'ils soient d'ailleurs romains ou germaniques de naissance, les membres de cette aristocratie forment un groupe lié par la communauté des intérêts, et chez lequel n'a pas tardé à disparaître et à se fondre dans l'identité des mœurs, la variété des origines. À mesure que l'État, auquel ils fournissent les plus importants de ses agents, se montre plus incapable de remplir sa tâche essentielle et primordiale, autrement dit de garantir la personne et les biens de ses sujets, leur prépondérance s'affirme davantage. Leur situation personnelle profite des progrès de l'anarchie générale et l'insécurité publique augmente sans cesse leur influence privée. En tant qu'officiers du roi, les comtes traquent et rançonnent les pauvres gens qu'ils devraient protéger mais du jour où ces pauvres gens, n'en pouvant plus, leur auront cédé leurs terres et leurs personnes et seront venus s'annexer à leurs domaines, ces mêmes comtes, en tant que grands propriétaires, étendront sur eux leur puissante sauvegarde. Ainsi les fonctionnaires mêmes de l'État travaillent contre l'État, et en étendant sans cesse sur les hommes et sur les terres leur clientèle et leur propriété privée, ils enlèvent au roi, avec une rapidité surprenante, ses sujets directs et ses contribuables.

Car le rapport qui s'établit entre les puissants et les faibles n'est pas le simple rapport économique qui existe entre un propriétaire et son tenancier. Né du besoin d'une protection effective au sein d'une société livrée à l'anarchie, il crée entre eux un lien de subordination qui s'étend à la personne tout entière et qui rappelle par son intimité et son étroitesse le lien familial. Le contrat de recommandation, qui apparaît dès le vi^e siècle, donne au protégé le nom de vassal (*vassus*) ou de serviteur, au protecteur le nom d'ancien ou de seigneur (*senior*). Le seigneur est tenu non seulement de pourvoir à la subsistance de son vassal, mais de lui fournir d'une manière permanente secours et assistance et de le représenter en justice. L'homme libre qui se recommande a beau conserver les apparences de la liberté, en fait il est devenu un client, un *sperans* du *senior*.

Ce protectorat que le seigneur exerce sur les hommes libres en vertu de la recommandation, il l'exerce naturellement aussi et avec plus d'intensité sur les hommes qui appartiennent à son domaine, anciens colons romains attachés à la glèbe ou serfs descendant d'esclaves romains ou germaniques dont la personne même, en vertu de la naissance, est sa propriété privée. Sur toute cette population dépendante, il possède une autorité à la fois patriarcale et patrimoniale qui tient tout ensemble de la justice de paix et de la justice foncière. Il n'y a là, au début, qu'une simple situation de fait. Mais rien n'illustre mieux l'impuissance de l'État que l'obligation dans laquelle il s'est trouvé de la reconnaître. À partir du vi^e siècle, le roi accorde, en nombre toujours croissant, des privilèges d'immunité. Il faut entendre par là des privilèges concédant à un grand propriétaire l'exemption du droit d'intervention des fonctionnaires publics dans son domaine. L'immuniste est donc substitué sur sa terre à l'agent de l'État. Sa compétence, d'origine purement privée, reçoit une consécration légale. Bref, l'État capitule devant lui. Et à mesure que l'immunité se répand, le royaume se couvre de plus en plus de territoires où le roi s'interdit d'intervenir, si bien qu'il ne se trouve plus finalement sous son pouvoir direct, que les minces et rares régions que la grande propriété n'a pas encore absorbées.

Et la situation est d'autant plus grave que des propriétés du roi lui-même, qui avaient compris à l'origine tout le domaine foncier de l'État romain, il ne subsiste plus, à la fin de la période mérovingienne, que d'insignifiants débris. Lambeau par lambeau, en effet, elles ont été cédées à l'aristocratie en vue d'acheter sa fidélité. Les partages continuels de la monarchie entre les descendants de Clovis, la séparation et la réunion alternatives des royaumes de Neustrie, d'Austrasie et de Bourgogne, le remaniement continuel des frontières et les guerres civiles qui en étaient la suite, furent pour les grands une occasion excellente de marchander leur dévouement aux princes que le hasard des héritages appelaient à régner sur eux et qui, pour s'assurer la couronne, étaient tout prêts à sacrifier le patrimoine de la dynastie.

Pour la première fois une opposition va se manifester entre l'aristocratie romanisée de Neustrie, et les grands d'Austrasie, restés beaucoup plus proches des mœurs et des institutions germaniques. L'avènement de l'aristocratie amène tout naturellement les influences locales à se manifester ; la diversité se substitue ainsi à l'unité royale.

La conquête de la Méditerranée par les Musulmans devait précipiter l'évolution politique et sociale qui s'annonçait. Jusqu'alors, au milieu d'une société qui glissait vers le régime de la propriété seigneuriale, les villes s'étaient maintenues, vivantes par le commerce, et avec elles une bourgeoisie libre.

Dans la seconde moitié du viie siècle, tout commerce cesse sur les côtes de la Méditerranée occidentale, Marseille, privée de navires, meurt asphyxiée, et toutes les villes du midi, en moins d'un demi-siècle, tombent dans la plus totale décadence. À travers tout le pays, le commerce que n'alimente plus la mer, s'éteint ; la bourgeoisie disparaît avec lui ; il n'existe plus de marchands de profession, plus de circulation commerciale, et, par contre coup, les tonlieux cessent d'alimenter le trésor royal, incapable de faire face désormais aux dépenses du gouvernement.

L'aristocratie foncière représente, dès lors, la seule force sociale. En face du roi ruiné, elle possède, avec la terre, la richesse et l'autorité ; il ne lui reste plus qu'à s'emparer du pouvoir.

II. — Les maires du palais

On désigne traditionnellement les derniers Mérovingiens sous le nom de rois fainéants ; on aurait, mieux fait de les appeler rois impotents, car leur inaction ne s'explique ni par leur paresse, ni par leur apathie, mais par leur faiblesse et leur impuissance. À partir du milieu du viie siècle, ils règnent encore, mais ce sont les grands qui gouvernent sur les ruines du pouvoir royal qu'ils ont abattu, dont ils se partagent les sujets et occupent les fonctions. Dans chacune des trois parties, Neustrie, Austrasie et Bourgogne, entre lesquelles se divise la monarchie, suivant le jeu des successions royales, le maire du palais s'est transformé de ministre du roi, en représentant de l'aristocratie auprès de sa personne. En fait, c'est lui qui, appuyé par elle, exerce désormais le gouvernement. Des trois maires du palais, celui de Bourgogne disparut assez tôt, puis la lutte s'engagea entre les deux autres. L'aristocratie foncière d'Austrasie, plus puissante que les grands propriétaires de Neustrie, parce que restée plus éloignée du roi et de l'ancienne administration romaine, devait nécessairement l'emporter dans un État exclusivement basé sur la richesse foncière. Entre le maire d'Austrasie, Pépin, qui représentait les grands, et le maire de Neustrie, Ebroïn, resté fidèle à l'ancienne conception royale, la lutte n'était plus égale : Pépin triompha. Depuis lors, il n'y eut plus qu'un maire du palais pour toute la monarchie et ce fut la famille carolingienne qui le fournit.

Depuis longtemps déjà elle jouissait dans le nord du royaume d'une situation qu'elle devait à sa richesse foncière. Ses domaines étaient nombreux, surtout dans cette région mi-romane mi-germanique dont Liége, alors un simple village, forme le centre, et se répandaient, des deux côtés de la frontière linguistique, dans la Hesbaye, le Condroz et l'Ardenne ; Andenne et Herstal étaient ses résidences favorites. De riches mariages augmentèrent encore son ascendant. De l'union de la fille de Pépin de Landen et du fils d'Anségise de Metz naquit Pépin de Herstal, le premier de la race qui ait joué un rôle qu'il soit possible de discerner. On sait qu'il combattit avec succès les Frisons païens qui harcelaient de leurs incursions les parties septentrionales du royaume, et il dut en rejaillir sur lui et les siens une popularité qui les mit tout à fait en évidence. Tandis qu'il envoyait son fils bâtard Charles Martel continuer la lutte contre les barbares, il tourna contre Ebroïn ses vassaux et ses fidèles, aguerris par ces rudes campagnes de frontières, le vainquit et exerça désormais la régence dans toute la monarchie. Ce fut un bonheur pour elle que d'être gouvernée par ce robuste soldat au moment même où les Arabes d'Abderramman franchissaient les Pyrénées et envahissaient l'Aquitaine. Charles vint leur offrir la bataille dans les plaines de Poitiers et l'élan de la cavalerie musulmane se brisa contre les lignes de ses lourds piétons. La décadence littéraire de ce temps est si profonde que nous ne possédons, de cette journée décisive, aucun récit. Il importe peu au surplus, son résultat suffit à l'immortaliser. L'invasion arrêtée reflua ; les Musulmans ne conservèrent en Gaule que les environs de Narbonne, d'où Pépin le Bref devait les expulser en 759.

Le triomphe de Poitiers acheva de faire de Charles Martel le maître du royaume. Il en profita pour lui donner une solide organisation militaire. Jusqu'à lui, l'armée ne s'était composée que des hommes libres, levés dans les comtés en temps de guerre. C'était une simple milice de fantassins, s'équipant à leurs frais, difficile à réunir, lente dans ses mouvements. Après Poitiers, Charles résolut de créer, à l'exemple des Arabes, une cavalerie qui pût se porter rapidement au devant de l'ennemi et remplacer l'avantage du nombre par celui de la mobilité. Une telle nouveauté supposait une transformation radicale des usages antérieurs. On ne pouvait imposer aux hommes libres ni l'entretien d'un cheval de guerre, ni l'acquisition du coûteux équipement du cavalier, ni le long et difficile apprentissage du combat à cheval.

Pour atteindre ce but, il fallait donc créer une classe de guerriers possédant des ressources correspondant au rôle qu'on attendait d'eux[1]. Une large distribution de terres fut faite aux vassaux les plus robustes du maire du palais, qui n'hésita pas à séculariser, à cette fin, bon nombre de biens d'Église. Chaque homme d'armes gratiné d'une tenure, ou, pour employer le terme technique, d'un bénéfice, fut tenu d'y élever un cheval de guerre et de fournir le service militaire à toute réquisition. Un serment de fidélité corrobora encore ces obligations. Le vassal qui primitivement n'était qu'un serviteur devint ainsi un soldat dont l'existence fut assurée par la possession d'un fonds de terre. L'institution se répandit très rapidement, par tout le royaume. Les immenses domaines de l'aristocratie permettaient à chacun de ses membres de se constituer une troupe de cavaliers, et ils n'y manquèrent pas. Le nom primitif de bénéfice disparut un peu plus tard devant celui de fief. Mais l'organisation féodale elle-même, en tous ses traits essentiels, se trouve dans les mesures prises par Charles Martel. Ce fut la plus grande réforme militaire que l'Europe ait connue avant l'apparition des armées permanentes. Elle devait d'ailleurs exercer plus encore que celle-ci, comme on le verra plus loin, une répercussion profonde sur la société et sur l'État. Dans son fond, elle n'était qu'une adaptation de l'armée à une époque où le grand domaine dominait toute la vie économique et elle eût pour conséquence de donner à l'aristocratie foncière la puissance militaire avec la puissance politique. La vieille armée des hommes libres ne disparut pas, mais elle ne constitua plus qu'une réserve à laquelle on recourut de moins en moins.

La royauté laissa s'accomplir cette transformation qui plaçait l'armée en dehors d'elle et ne lui laissait plus que la vaine apparence du pouvoir. Depuis lors, les rois s'effacent si complètement dans l'ombre de leur puissant maire du palais qu'on les distingue à peine les uns des autres, et que les érudits discutent sur leurs noms. Eginhard répond sans doute bien exactement aux sentiments que l'on éprouvait à leur égard dans l'entourage des Carolingiens, quand il s'amuse à les caricaturer sous les traits de monarques stupides et rustiques portant, comme les paysans de leurs derniers domaines, la barbe inculte et les vêtements négligés, et se faisant voiturer comme eux dans un simple char à bœufs. Il n'est pas jusqu'à leurs longs cheveux, ancien symbole germanique du pouvoir royal, dont il se moque sans pitié, ni respect[2].

III. — La royauté nouvelle

Le service rendu par Charles Martel à la chrétienté sous les murs de Poitiers n'a pas empêché l'Église de lui conserver un souvenir peu sympathique. Elle lui a gardé rancune de ses sécularisations. Elle n'a pas oublié non plus qu'il a refusé de venir au secours de la papauté, toujours pressée par les Lombards, alors même que Jean lui eût fait l'honneur d'une ambassade spéciale chargée de lui remettre solennellement les clefs du tombeau des apôtres. Moins absorbé par la guerre, son fils Pépin le Bref, qui lui succéda en 741 à la mairie du palais et au gouvernement du royaume se trouva au contraire, de très bonne heure, en relations suivies avec Rome.

Au moment où il prit le pouvoir, les missions anglo-saxonnes chez les Germains païens d'au delà du Rhin venaient de commencer sous la direction de Saint Boniface (719, † 755 en Frise). Pépin lui montra tout de suite un zèle et une bienveillance auxquels les apôtres du christianisme n'étaient pas accoutumés. Les motifs lui en étaient d'ailleurs inspirés par l'intérêt politique. Il comprenait que le moyen le plus efficace d'atténuer la barbarie des Frisons, des Thuringiens, des Bavarois, des Saxons, partant d'en faire des voisins moins dangereux pour le royaume et d'en préparer l'annexion future, était de commencer par les convertir. De là l'intérêt qu'il prit aux projets de Boniface, l'appui qu'il lui accorda, ses faveurs à l'égard du siège de Mayence qui, érigé en métropole de la nouvelle Église germanique, rattachait celle-ci, dès sa naissance, à l'Église franque.

Boniface cependant, fils soumis de la papauté en sa qualité d'Anglo-Saxon, ne s'était mis à l'œuvre qu'après avoir demandé et reçu l'assentiment et les instructions de Rome. Il se trouva ainsi, grâce aux rapports intimes qu'il entretenait avec le maire du palais, l'intermédiaire naturel entre lui et le pape. Or les circonstances faisaient que chacun d'eux, ayant besoin de l'autre, ne demandait qu'à se rapprocher de lui. Pépin, déjà roi de fait, aspirait à l'être de droit. Mais il hésitait à enlever la couronne à son possesseur légitime, en qui vivait encore une si longue tradition dynastique. Afin d'accomplir sans scrupule le coup d'État devenu inévitable, il fallait pouvoir s'abriter sous la plus haute autorité morale qui fût, en obtenant publiquement l'approbation du pontife romain. Pour le pape, une situation aussi intenable exigeait également une solution. Le moment était venu pour lui de rompre avec l'empereur, dont le césarisme hérétique devenait de plus en plus arrogant, et qui laissait, par impuissance ou mauvaise volonté, les Lombards s'avancer jusqu'aux portes de Rome. (Le roi Lombard Aistulf venait un peu après 744, de s'emparer de l'exarchat.) Ici aussi un coup d'État était imminent pour l'accomplissement duquel le secours refusé quelques années auparavant par Charles Martel serait demandé à son fils.

Ainsi préparée, l'alliance se noua d'elle-même. En 751, des députés de Pépin allèrent gravement demander au pape Zacharie s'il ne convenait pas que le titre royal appartînt plutôt à celui qui exerçait l'autorité suprême qu'à celui qui n'en possédait que l'apparence. Non moins gravement, le pape corrobora leur opinion sur ce point de morale politique. Quelques semaines plus tard Pépin se faisait proclamer roi par une assemblée de grands. Le dernier descendant de Clovis, Childéric, fut envoyé dans un monastère où il finit ses jours. On ignore la date de sa mort. Jamais aucune dynastie ne disparut au milieu d'une telle indifférence et à la suite d'un coup d'État plus aisé et plus nécessaire.

Monté sur le trône grâce à l'appui du pape, le premier roi Carolingien ne tarda pas à payer la dette qu'il avait contractée. Étienne II vint en personne l'année suivante réclamer son secours contre les Lombards. C'était, depuis l'origine de l'Église, la première fois qu'un pape paraissait au nord des Alpes ; le sort en était jeté : Rome brisait avec Constantinople et associait sa fortune à celle de la dynastie qu'elle venait de consacrer. Pépin promit solennellement de marcher contre les Lombards et après les avoir vaincus, de donner à l'Église romaine les territoires qui entouraient la ville éternelle. Ni lui, ni Étienne ne s'arrêtèrent un moment à l'idée qu'ils disposaient ainsi d'une région dont le propriétaire légitime était l'Empereur. La campagne, qui eût lieu en 754, fut victorieuse pour les Francs[3]. Le pape reçut les terres convenues : l'État de l'Église était fondé. La capitale du monde antique, devenue la capitale du monde chrétien, ne relevait plus que du successeur de Saint Pierre. Mais en même temps s'ouvrait cette question de la souveraineté temporelle du pape, grosse de complications et de conflits. Le peu d'étendue et la faiblesse de l'État pontifical le destinaient à succomber prochainement à de nouvelles attaques des Lombards, s'il ne pouvait compter sur la protection du conquérant qui venait de le donner à l'Église. Comment concilier l'indépendance de la papauté avec le besoin pressant d'une tutelle militaire ? En attendant une solution plus satisfaisante, Étienne para au plus pressé en décernant à Pépin un titre vague, que l'on pouvait interpréter dans tous les sens, suivant les circonstances, mais qui entre lui et Rome établissait un lien permanent, celui de *patricius Romanorum*, patrice des Romains.

La première guerre de la royauté nouvelle fut donc entreprise dans l'intérêt de l'Église, et ceci répond bien au caractère qui lui fut imprimé dès l'origine. Le pouvoir royal des Mérovingiens avait été purement laïque ; celui des Carolingiens présente une profonde empreinte religieuse. La cérémonie du sacre, qui apparaît pour la première fois lors du couronnement de Pépin, fait du souverain dans une certaine mesure, un personnage sacerdotal. Lui-même affirme sa soumission aux ordres de Dieu et sa volonté de le servir, non seulement en faisant figurer la croix parmi les emblèmes, mais en s'intitulant par humilité chrétienne « roi par la grâce de Dieu ». Désormais – et en ceci la royauté carolingienne inaugure la tradition qui se continuera après elle durant des siècles – l'idéal du roi ne sera plus d'être un César, un potentat ne puisant sa force et son autorité qu'à des sources terrestres, il consistera à faire régner sur cette terre les préceptes divins, à gouverner suivant la morale chrétienne, c'est-à-dire d'accord avec l'Église. C'est là évidemment l'idée que Saint Boniface et Étienne II ont dû communiquer à Pépin et qu'il a léguée à Charlemagne[4]. On la trouve exprimée dans tous les traités du ixe siècle sur le pouvoir royal, dans le *Via Regia* de Smaragde, comme dans le *De rectoribus christianis* de Sedulius. En réalité, elle fait de la religion une affaire d'État. Ceux-là seuls qui appartiennent à la société chrétienne peuvent appartenir à la société publique, et l'excommunication équivaut à la mise hors la loi.

---

1. Il est curieux de constater qu'en Russie, au xve siècle, Ivan III constitue une cavalerie de la même façon. Il donne même des terres à des serfs (Milioukov, *Histoire de Russie*, t. Ier, p. 117).
2. Il est amusant de constater que des érudits ont pris cela au sérieux.
3. Aistulf recommença bientôt et Pépin revint en 756.
4. L'idéal antique ou romain du pouvoir monarchique est remplacé par l'idéal chrétien, en attendant sa réapparition au xiie siècle.

3
LA RESTAURATION DE L'EMPIRE EN OCCIDENT

I. – Charlemagne (768-814)

Charlemagne s'est décerné lui-même le nom de grand, et la postérité a si complètement ratifié ce titre que, par un phénomène unique, elle l'a indissolublement uni à son nom (Charlemagne, *Carolus magnus*). César et Napoléon seuls jouissent d'une gloire aussi universelle que la sienne. De même que dans les langues germaniques, « César » (*kaiser*) est devenu synonyme d'empereur, de même Charles (*carol, kiral, kral*) a pris en hongrois et dans les langues slaves la signification de roi. La légende carolingienne est au Moyen Âge l'une des sources les plus abondantes de la littérature en langue vulgaire. C'est d'elle que sort directement le plus ancien poème épique français : la *Chanson de Roland*. Et elle inspire encore, en pleine Renaissance, le Tasse et Arioste.

À y regarder de près cependant, on aperçoit bientôt que le règne de Charlemagne n'est, à quelque point de vue qu'on l'envisage, que la continuation et comme le prolongement de celui de son père. Aucune originalité n'y apparaît : alliance avec l'Église, lutte contre les païens, les Lombards et les Musulmans, transformations gouvernementales, souci de réveiller les études de leur torpeur, tout cela se rencontre en germe déjà sous Pépin. Comme tous les grands remueurs d'histoire, Charles n'a fait qu'activer l'évolution que les besoins sociaux et politiques imposaient à son temps. Son rôle s'adapte si complètement aux tendances nouvelles de son époque qu'il en paraît être l'instrument et qu'il est bien difficile de distinguer dans son œuvre ce qui lui est personnel et ce qu'elle doit au jeu même des circonstances.

Au moment où il succéda à son père (768), la question religieuse, ou si l'on veut et ce qui revient au même à cette époque, la question ecclésiastique dominait toutes les autres et demandait une solution. Ni l'évangélisation de la Germanie païenne n'était achevée, ni un *modus vivendi* définitif ne réglait les rapports du roi des Francs avec la papauté toujours menacée par les Lombards. On peut dire que c'est à mener à bien cette double tâche que Charles employa le meilleur de ses forces durant la première partie de son règne.

Au delà du Rhin, un puissant peuple conservait encore, avec son indépendance, la fidélité au vieux culte national : les Saxons, établis entre l'Ems et l'Elbe, depuis les côtes de la Mer du Nord jusqu'aux montagnes du Harz. Seuls de tous les Germains, c'est par mer qu'à l'époque du grand ébranlement des invasions, ils avaient été chercher des terres nouvelles. Durant tout le v{e}} siècle, leurs barques avaient inquiété les côtes de Gaule aussi bien que celles de Bretagne. Il y eût des établissements Saxons, encore reconnaissables aujourd'hui à la forme des noms de lieux, à l'embouchure de la Canche et à celle de la Loire. Mais c'est seulement en Bretagne que des Saxons et des Angles, peuple du sud du Jutland étroitement apparenté à eux, fondèrent un état de choses durable. Ils refoulèrent la population celtique de l'île dans les districts montagneux de l'ouest, Cornouailles et pays de Galles d'où, se trouvant trop à l'étroit, elle émigra au vi^e siècle en Armorique, qui prit dès lors le nom de Bretagne, comme la Bretagne elle-même reçut de ses envahisseurs le nom d'Angleterre. Sept petits royaumes anglo-saxons, dont les noms survivent de nos jours dans ceux d'autant de comtés anglais, s'installèrent sur le territoire abandonné par ses anciens habitants. Au reste, ces Saxons insulaires ne conservèrent pas de rapports avec leurs compatriotes du continent. Ils les avaient si bien oubliés qu'à l'époque où, après avoir été évangélisés par Grégoire le Grand, ils entreprirent la conversion des Germains, ce n'est pas vers eux, mais vers la Haute-Allemagne que leurs missionnaires dirigèrent leurs efforts.

Au milieu du viiie siècle, les Saxons continentaux se trouvaient donc n'avoir subi, par une fortune singulière, ni influence romaine, ni influence chrétienne. Pendant que leurs voisins se romanisaient ou se convertissaient, ils restaient purement germains, et durant les longs siècles de leur isolement, leurs institutions primitives comme leur culte national s'étaient développés et affermis. Le royaume franc, auquel ils touchaient, n'était pas en mesure d'exercer sur eux le prestige et l'attraction dont l'Empire romain avait jadis été l'objet de la part des barbares. À côté de lui, ils conservaient leur indépendance à laquelle ils tenaient d'autant plus qu'elle leur permettait, sous prétexte de guerre, d'en piller les provinces limitrophes. Ils étaient attachés à leur religion comme à la marque et à la garantie de cette indépendance.

On peut considérer les campagnes que Charles mena contre eux de 780 à 804, comme les premières guerres de religion de l'Europe. Jusqu'alors le christianisme s'était répandu paisiblement chez les Germains. Aux Saxons il fut imposé par la force. Le peuple fut contraint de recevoir le baptême, et la peine de mort fut décrétée contre tous ceux qui sacrifieraient encore aux « idoles ». Il est certain que cette nouveauté n'est qu'une conséquence du caractère ecclésiastique que venait de recevoir la royauté. Tenant son pouvoir de Dieu, le roi ne pouvait plus tolérer parmi ses sujets des dissidences en matière de culte ou de foi. Refuser le baptême ou, l'ayant reçu, en violer les promesses, c'était en même temps que sortir de la communion de l'Église, se mettre hors la loi ; c'était commettre une double infidélité envers l'Église et envers l'État. De là les violences et les massacres des guerres contre les Saxons et de là aussi l'acharnement qu'ils mirent à défendre leurs dieux devenus les protecteurs de leur liberté. Pour la première fois, le christianisme se heurta chez les païens à une résistance nationale, parce que pour la première fois il leur fut apporté par la conquête. Les Anglo-Saxons s'étaient convertis à la voix de quelques moines. Les Saxons du continent luttèrent désespérément pour le maintien de leur culte et leur lutte ouvre la série des sanglants conflits que devait provoquer, dans la suite des âges, la doctrine de la religion d'État.

Il faut reconnaître, d'ailleurs, que la sécurité du royaume franc imposait la conquête de ce peuple qui était pour lui, dans le nord, une menace permanente. L'annexion et la conversion de la Saxe firent entrer toute l'ancienne Germanie dans la communauté de la civilisation européenne. Lorsqu'elles furent achevées, la frontière orientale de l'Empire carolingien atteignit à l'Elbe et à la Saale. Elle se dirigeait de là jusqu'au fond de l'Adriatique par les montagnes de Bohême et le Danube, englobant le pays des Bavarois, dont le duc Tassilo fut déposé en 787. Au delà c'était le domaine de la barbarie, Slaves à l'est, Avars au sud.

Il fallut tout de suite combattre les Avars. Ce peuple de cavaliers, d'origine finnoise, que nous avons vu au vi^e siècle anéantir les Gépides de compte à demi avec les Lombards, s'était depuis lors établi dans la vallée du Danube d'où il harcelait à la fois l'Empire byzantin et la Bavière. Plusieurs expéditions furent nécessaires pour en venir à bout. Ce furent des campagnes d'extermination. Les Avars furent massacrés au point de disparaître comme peuple, et de nos jours encore le proverbe russe : « Il a disparu comme les Avars », rappelle l'impression que dut produire dans l'Europe orientale l'anéantissement de ces pillards sauvages et cruels qui avaient fait peser durant un siècle sur les Slaves des Carpathes une insupportable tyrannie. L'opération terminée, Charles pour parer à de nouvelles agressions, jeta en travers de la vallée du Danube une *marche*, c'est-à-dire un territoire de garde soumis à une administration militaire. Ce fut la « marche » orientale (*marca orientalis*), point de départ de l'Autriche moderne qui en a conservé é le nom.

Dès avant la fin du viie siècle les Slaves s'étaient avancés en Europe centrale. Ils avaient pris possession du pays abandonné par les Germains entre la Vistule et l'Elbe, par les Lombards et les Gépides en Bohême et Moravie. De là ils avaient franchi le Danube et s'étaient introduits en Thrace où ils s'étaient répandus jusque sur les côtes de l'Adriatique.

De ce côté encore, il fallait assurer la sécurité de l'Empire. Depuis 807 d'autres « marches » furent établies le long de l'Elbe et de la Saale, barrant le passage aux tribus slaves des Wendes, des Sorabes, des Obodrites.

Cette frontière fut en même temps, comme le Rhin l'avait été au ive et au ve siècle, la frontière entre l'Europe chrétienne et le paganisme. Il est intéressant pour l'appréciation des idées religieuses de ce temps, de constater qu'il y eût là momentanément un renouveau de l'esclavage. Le paganisme des Slaves les mettant en dehors de l'humanité, ceux d'entre eux qui étaient faits prisonniers étaient vendus comme un simple bétail. Aussi le mot qui dans toutes les langues occidentales désigne l'esclave (*esclave, sklave, slaaf*) n'est-il autre que le nom même du peuple slave. Le « slave » fut pour les gens du ixe et du xe siècle, ce que fut le « noir » pour ceux du xviie, du xviiie et du xixe siècle. La constitution économique de l'époque n'avait d'ailleurs que faire, on le verra plus loin, du travail servile, et c'est sans doute à cette circonstance qu'est dû le faible développement du commerce des esclaves et par là de l'esclavage lui-même.

À l'autre bout de l'Europe, le long des Pyrénées, ce n'étaient pas avec les barbares païens, mais avec les Musulmans que le royaume était en contact. Depuis leur défaite de Poitiers, ils n'avaient plus menacé la Gaule. L'arrière-garde qu'ils avaient laissée dans le pays de Narbonne en avait été refoulée par Pépin le Bref. L'Espagne, où venait de s'installer le khalifat de Cordoue, ne regardait plus vers le nord, et la civilisation brillante, qui s'y répandit sous les premiers Ommiades, dirigeait toute son activité vers les établissements islamiques des bords de la Méditerranée. La rapidité des progrès de l'Islam dans les sciences, les arts, l'industrie, le commerce et tous les raffinements de la société policée, est presque aussi étonnante que la rapidité de ses conquêtes. Mais ces progrès eurent naturellement pour conséquence de détourner ses énergies des grandes entreprises de prosélytisme, pour les concentrer sur lui-même. En même temps que la science se développa et que l'art s'épanouit, surgirent des querelles religieuses et des querelles politiques. L'Espagne n'en était pas plus épargnée que le reste du monde musulman. C'est l'une d'elles qui provoqua l'expédition de Charles au delà des Pyrénées. En lutte avec le khalife de Cordoue, trois émirs arabes d'Espagne lui avaient demandé des secours. Il apparut lui-même, en 778, à la tête d'une armée, refoula les Musulmans au delà de l'Èbre, mais échoua au siège de Saragosse[1] et repassa les monts après une campagne peu glorieuse. Le seul résultat en fut l'érection de la « marche » d'Espagne entre l'Èbre et les Pyrénées, laquelle servit dans la suite aux petits royaumes chrétiens, qui s'étaient constitués dans les montagnes des Asturies, de poste avancé contre les Arabes dans la longue lutte qui devait aboutir, au XVe siècle, à l'affranchissement de la Péninsule[2]. Pour les contemporains, l'expédition passa à peu près inaperçue. Le souvenir du comte Roland, tué pendant une escarmouche contre des Basques qui, dans le col de Ronceveaux, s'étaient jetés sur les bagages de l'armée, ne se perpétua tout d'abord que parmi les gens de sa province, dans le pays de Coutances. Il fallut l'enthousiasme religieux et guerrier, qui s'empara de l'Europe, à l'époque de la première Croisade, pour faire de Roland le plus héroïque des preux de l'épopée française et chrétienne et transformer la campagne dans laquelle il trouva la mort en une lutte gigantesque entreprise contre l'Islam par « Carles li reis nostre emperere magne ».

De toutes les guerres de Charlemagne, celles qu'il entreprit contre les Lombards sont les plus importantes par leurs conséquences politiques et celles aussi où se montre le plus clairement le lien qui rattache intimement la conduite de Charles à celle de son père. L'alliance avec la papauté les imposait, non seulement dans l'intérêt du pays, mais dans celui même du roi des Francs. Pépin avait espéré, à la fin de son règne, un arrangement pacifique avec les Lombards. Charles épousa donc la fille de leur roi Didier. Mais il en fut de ce mariage comme de toutes les unions princières avec lesquelles ne coïncide ni l'union des vues, ni l'union des intérêts ; il ne servit à rien. Les Lombards continuèrent à menacer Rome et leur roi noua même contre son gendre de dangereuses intrigues avec le duc des Bavarois et avec la propre belle-sœur de Charles. Celui-ci répudia sa femme et franchit les Alpes en 773. La dynastie fut détrônée et Charles se proclama lui-même roi des Lombards. Didier, après une longue résistance dans Pavie, fut envoyé dans un monastère.

Ainsi l'État lombard, dont la naissance avait mis fin à l'unité politique de l'Italie, attira sur elle, en mourant, la conquête étrangère. Elle n'était plus désormais qu'un appendice de la monarchie franque et elle ne devait s'en détacher, à la fin du IXe siècle, que pour tomber bientôt après sous la domination allemande. Par un renversement complet du cours de l'histoire, elle qui s'était jadis annexé le nord de l'Europe, était maintenant annexée par lui et cette destinée n'est en un certain sens qu'une conséquence des bouleversements politiques qui avaient transporté de la Méditerranée au nord de la Gaule le centre de gravité du monde occidental.

Et pourtant, c'est Rome, mais la Rome des papes, qui a décidé de son sort. On ne voit pas quel intérêt aurait poussé les Carolingiens à attaquer et à conquérir le royaume lombard, si leur alliance avec la papauté ne les y avait contraints. L'influence que l'Église, débarrassée de la tutelle de Byzance, va désormais exercer sur la politique de l'Europe, apparaît ici pour la première fois en pleine lumière. L'État ne peut désormais se passer de l'Église ; entre elle et lui se forme une association de services mutuels qui, les mêlant sans cesse l'un à l'autre, mêle aussi continuellement les questions spirituelles aux questions temporelles et fait de la religion un facteur essentiel de l'ordre politique. La reconstitution de l'Empire romain, en 800, est la manifestation définitive de cette situation nouvelle et le gage de sa durée dans l'avenir.

II. — L'Empire

Élargi par la conquête à l'est jusqu'à l'Elbe et au Danube, au sud jusqu'à Bénévent et jusqu'à l'Èbre, la monarchie franque, à la fin du viiie siècle, renferme à peu près tout l'Occident chrétien. Les petits royaumes anglo-saxons et espagnols, qu'elle n'a pas absorbés, ne sont qu'une quantité négligeable et ils lui prodiguent d'ailleurs les témoignages d'une déférence qui, pratiquement, équivaut à la reconnaissance de son protectorat. En fait, la puissance de Charles s'étend à tous les pays et à tous les hommes qui reconnaissent dans le pape de Rome le vicaire du Christ et le chef de l'Église. En dehors d'elle, ou c'est le monde barbare du paganisme, ou le monde ennemi de l'Islam, ou enfin le vieil Empire byzantin, chrétien sans doute, mais d'une orthodoxie bien capricieuse et de plus en plus se groupant autour du patriarche de Constantinople et laissant le pape à l'écart. De plus, le souverain de cette immense monarchie est tout à la fois l'obligé et le protecteur de l'Église. Sa foi est aussi solide que son zèle pour la religion est ardent. Peut-on s'étonner, dans de semblables conditions, que l'idée se soit présentée d'elle-même, aux délibérations de la papauté, de profiter d'un moment si favorable pour reconstituer l'Empire romain, mais un Empire romain dont le chef, couronné par le pape au nom de Dieu, ne devra son pouvoir qu'à l'Église, et n'existera que pour l'aider dans sa mission, un Empire qui, n'ayant pas d'origine laïque, ne devant rien aux hommes, ne formera pas à proprement parler un État, mais se confondra avec la communauté des fidèles dont il sera l'organisation temporelle, dirigée et inspirée par l'autorité spirituelle du successeur de Saint Pierre ? Ainsi, la société chrétienne recevra sa forme définitive. L'autorité du pape et celle de l'empereur, tout en restant distinctes l'une de l'autre, seront pourtant aussi étroitement associées que, dans le corps de l'homme, l'âme l'est à la chair. Le vœu de Saint Augustin sera accompli. La cité terrestre ne sera que la préparation de l'acheminement à la cité céleste. Conception grandiose, mais exclusivement ecclésiastique, dont Charles n'a jamais saisi exactement, semble-t-il, toute la portée et toutes les conséquences. Son génie simple et positif n'a pu comprendre que le rôle qui lui était assigné allait bien au delà de celui d'un simple protecteur du pape et de la religion. Peut-être cependant, s'en est-il douté et, avant de franchir le Rubicon en faveur de l'Église, a-t-il manifesté quelques hésitations et demandé des éclaircissements. Pour y couper court, le pape, sûr de lui, a brusqué les choses.

En l'an 800, dans la basilique du Latran, à la fin de la messe de Noël, Léon III s'approchant du roi des Francs au milieu des acclamations du peuple, lui plaça la couronne sur la tête et, l'ayant salué du nom d'empereur, se prosterna devant lui et l' « adora » suivant le cérémonial byzantin. Le pas décisif était franchi, l'Empire romain était reconstitué, et il l'était par les mains du successeur de Saint Pierre.

Charles en manifesta quelque humeur. Il dut trouver étrange, lui qui n'était venu à Rome que pour apaiser une révolte et qui, quelques jours auparavant, avait siégé comme juge entre le pape et les grands de la ville, de recevoir la couronne impériale de celui qu'il regardait comme son protégé. En 813, il fit changer, en faveur de son fils Louis, le cérémonial qui l'avait froissé : la couronne fut posée sur l'autel et Louis la plaça lui-même sur sa tête, sans l'intervention du pape. Cette nouveauté, qui disparut dans la suite, ne changeait rien, au surplus, au caractère de l'Empire. Bon gré, mal gré, il restait une création de l'Église, quelque chose d'extérieur et de supérieur au monarque et à la dynastie. C'était à Rome qu'en était l'origine et c'était le pape seul qui en disposait.

Il en disposait, bien entendu, non comme prince de Rome, mais comme successeur et représentant de Saint Pierre. De même qu'il tenait son autorité de l'apôtre, c'est au nom de l'apôtre qu'il conférait le pouvoir impérial. L'une et l'autre découlaient directement de la même source divine, et la mosaïque de Saint Jean de Latran représentant Léon III et Charlemagne agenouillés aux pieds de Saint Pierre et recevant de lui, l'un les clefs, l'autre la bannière, symbolise très exactement la nature de leurs pouvoirs, confondus dans leur origine, distincts dans leur exercice[3].

Mais pour que la pratique corresponde à la théorie, pour que le pouvoir spirituel et le pouvoir temporel n'empiètent pas l'un sur l'autre, ou plutôt pour que leurs empiétements inévitables n'amènent pas de conflits et n'ébranlent pas le majestueux édifice qui s'appuie sur eux, il faut qu'ils soient associés et, pour ainsi dire, rythmés par la réciprocité d'une confiance intime et absolue. Préposés l'un et l'autre, en effet, celui-ci au gouvernement des âmes, celui-là au gouvernement des corps, qui leur indiquera la limite exacte de leurs compétences ? Il est d'autant plus impossible de la tracer que l'autorité du pape sur la hiérarchie catholique est encore mal définie. L'empereur nomme des évêques, convoque des synodes, légifère en matière de discipline ecclésiastique et d'instruction religieuse. De la part d'un Charlemagne, cela ne soulève aucun inconvénient. Mais après lui ! Comment garantir le pape contre les intentions de ses successeurs ? Et comment, d'autre part, garantir ces successeurs contre les intentions du pape ? Car si la conception impériale introduit l'État dans l'Église, elle introduit l'Église dans l'État. Et qu'arrivera-t-il le jour où le successeur de Saint Pierre se croira obligé d'intervenir dans le gouvernement civil pour le redresser ou pour le diriger ?

En attendant que l'avenir voie se poser et se débattre ces questions redoutables, la restauration de l'Empire tourne évidemment au commun profit de la société religieuse et de la société civile. Grâce au zèle et à la vigilance de l'empereur, l'Église jouit d'une sérénité, d'une autorité, d'une influence et d'un prestige qu'elle n'avait plus connus, depuis Constantin. Charles étend sa sollicitude aux besoins matériels du clergé, à son état moral et à son apostolat. Il comble de donations les évêchés et les monastères et les place sous la protection d'« avoués » nommés par lui ; il rend la dîme obligatoire dans toute l'étendue de l'Empire. Il prend soin de ne préposer aux diocèses que des hommes aussi recommandables par la pureté de leurs mœurs que par leur dévouement ; il seconde sur les frontières l'évangélisation des Slaves, surtout il excite les évêques à améliorer l'instruction des clercs et, fidèlement secondé par Alcuin, impose aux écoles cathédrales et monastiques le souci des règles exactes du chant et cette réforme de l'écriture, d'où est sortie la minuscule caroline, si pure et si claire de formes que les imprimeurs italiens de la Renaissance lui ont emprunté les caractères de la typographie moderne. L'étude des Livres saints comme celle des lettres antiques sont remises en honneur, et dans les écoles se forme une génération de clercs qui professe pour la barbarie du latin mérovingien le même mépris que les humanistes devaient témoigner, sept siècles plus tard, au jargon scolastique des *magistri nostri*. Il en est qui vont jusqu'à s'initier aux rythmes les plus variés de la prosodie, si bien que les érudits de nos jours ont pu constituer un recueil des poètes du ixe siècle qui ne manque, par endroits, ni d'agrément ni de saveur. Mais ce n'étaient là que les délassements de travailleurs dont l'inspiration et les tendances sont essentiellement religieuses. La soi-disant renaissance carolingienne est aux antipodes de la Renaissance proprement dite. Entre elles il n'y a rien de commun, si ce n'est un renouveau d'activité intellectuelle. Celle-ci, purement laïque, retourne à la pensée antique pour s'en pénétrer. Celle-là, exclusivement ecclésiastique et chrétienne ne voit dans les anciens que des modèles de style. Pour elle, l'étude ne se justifie que par ses fins religieuses. Les trois doigts qui tiennent la plume sont, dit-on, le symbole des trois personnes de la trinité divine. Comme les Jésuites du xvie siècle, les clercs carolingiens n'écrivent qu'à la gloire de Dieu et, à condition de ne pas forcer le rapprochement, on peut trouver que la position qu'ils prirent à l'égard de l'Antiquité est assez analogue à celle que devait adopter la célèbre compagnie.

Charles n'a pas uniquement favorisé les études par sollicitude pour l'Église ; le souci du gouvernement a contribué aussi aux mesures qu'il a prises dans leur intérêt. Depuis que l'instruction laïque avait disparu, l'État devait forcément recruter parmi les clercs, sous peine de retomber dans la barbarie, l'élite de son personnel. Déjà sous Pépin le Bref, la chancellerie ne se compose plus que d'ecclésiastiques et l'on peut croire que Charles, en ordonnant de perfectionner l'enseignement de la grammaire et de réformer l'écriture, a eu tout autant en vue la correction linguistique et calligraphique des diplômes expédiés en son nom ou des capitulaires promulgués par lui, que celle des missels et des antiphonaires. Mais il a été plus loin et a visé plus haut. On surprend chez lui, et très visiblement, l'idée de faire pénétrer l'instruction parmi les fonctionnaires laïques en les mettant à l'école de l'Église ou, pour mieux dire, en les faisant élever dans les écoles de l'Église. De même que les Mérovingiens avaient cherché à calquer leur administration sur l'administration romaine, il a voulu imiter, dans la mesure du possible, pour la formation des agents de l'État, les méthodes employées par l'Église pour la formation du clergé. Son idéal a été, sans nul doute, d'organiser l'Empire sur le modèle de l'Église, c'est-à-dire de le pourvoir d'un personnel d'hommes instruits, dressés de la même façon, se servant entre eux et avec le souverain de la langue latine qui, de l'Elbe aux Pyrénées, servirait de langue administrative comme elle était déjà langue religieuse. Il était impossible que son génie pratique ne se rendît pas compte de l'impossibilité de maintenir l'unité d'administration de son immense empire où se parlaient tant de dialectes, au moyen de fonctionnaires illettrés et, par cela même, ne connaissant chacun que la langue de sa province. L'inconvénient n'eût pas existé dans un État national où la langue vulgaire eût pu devenir, comme elle l'était dans les petits royaumes anglo-saxons, la langue de l'État. Mais dans cette bigarrure de peuples qu'était l'Empire, l'organisation politique devait revêtir le même caractère universel que l'organisation religieuse, et se superposer également à tous les sujets, de même que celle-ci embrassait également tous les croyants. L'alliance intime de l'Église et de l'État achevait, au surplus, de recommander le latin comme langue de l'administration laïque. À quelque point de vue que l'on se place, il apparaît évident qu'il ne pouvait y avoir, en dehors de lui, nulle administration écrite. Le besoin de l'État l'imposait ; il devint, et il devait rester durant des siècles, la langue de la politique et des affaires, comme celle de la science.

Il s'en faut de beaucoup d'ailleurs que Charles ait réussi à créer ce fonctionnarisme instruit, latinisé, qu'il eût voulu léguer à ses successeurs. La tâche était trop lourde et trop vaste. Mais il y déploya une bonne volonté et une sincérité touchantes. Lui-même, payant de sa personne, apprit à écrire dans sa vieillesse, et rien peut-être ne fait mieux ressortir l'énergie et la persévérance de ce grand homme, que le passage d'Eginhard nous le montrant occupé à employer, la nuit, ses heures d'insomnie, en traçant des lettres sur une ardoise. À sa cour, une espèce de petite académie, dirigée par Alcuin, formait aux lettres des jeunes gens appartenant aux plus grandes familles de l'Empire et destinés à faire carrière plus tard soit dans l'Église, comme évêques, soit dans l'administration, comme comtes, avoués ou *missi*. Ses enfants reçurent tous cette instruction grammaticale et rhétorique en laquelle consistait l'enseignement littéraire, et il n'est pas douteux que l'exemple parti de si haut n'ait trouvé dans l'aristocratie bon nombre d'imitateurs[4]. Les quelques laïques, hommes ou femmes qui, sous Louis le Pieux et ses fils, ont écrit, comme Nithard et comme Duodha, des œuvres latines, ou, comme le comte Eberhard de Frioul et le comte Robert de Namur, eurent quelque sympathie pour les lettrés, montrent que tous ces efforts ne furent pas perdus. Au surplus cette tentative d'étendre aux classes supérieures l'enseignement ecclésiastique, née du désir de perfectionner l'organisation de l'Empire, ne devait pas survivre à celle-ci.

Les institutions de l'Église ont inspiré à Charles bien d'autres réformes. Ses capitulaires, rédigés sur le modèle des décisions promulguées par les conciles et les synodes, fourmillent d'essais de réformes, de tentatives d'amélioration, de velléités de perfectionner ou d'innover dans tous les domaines de la vie civile et de l'administration. Il introduisit au tribunal du palais, à la place de la procédure barbare et formaliste du droit germanique, la procédure par enquête qu'il emprunta aux tribunaux ecclésiastiques. L'idée du contrôle administratif qui fut réalisée par la création des *missi dominici*, commissaires itinérants chargés de surveiller la conduite des fonctionnaires, est très probablement aussi un emprunt fait à l'Église et adapté aux nécessités de l'État.

Le besoin d'amélioration et de réformes qui caractérise toute l'œuvre législative de Charles n'est d'ailleurs que la continuation ou, pour mieux dire, que l'efflorescence de tentatives que l'on surprend déjà chez Pépin le Bref. Celui-ci avait songé à remédier au chaos dans lequel était tombée l'organisation monétaire. Charles réalisa l'œuvre commencée. Il abandonna définitivement la frappe de l'or devenu trop rare en Occident pour pouvoir alimenter les ateliers monétaires. Il n'y eût plus depuis lors que des monnaies d'argent ; le rapport qu'il fixa entre elles est resté en usage dans toute l'Europe jusqu'à l'adoption du système métrique et continue à exister dans l'Empire anglais. L'unité en est la livre, divisée en 20 sous comprenant chacun 12 deniers. Seuls les deniers sont des monnaies réelles : le sou et la livre ne servent que comme monnaies de compte, et il en devait être ainsi jusqu'aux grandes réformes monétaires du xiiie siècle.

Il est naturellement impossible de songer à donner ici ne fût-ce qu'une idée approximative du contenu des capitulaires. Pour la plus grande partie, ils indiquent plutôt un programme que des réformes effectives, et on se tromperait fort en croyant que leurs innombrables décisions aient pu être réalisées. Celles même qui l'ont été, comme par exemple l'institution des tribunaux d'échevins, sont bien loin d'avoir pénétré dans toutes les parties de l'Empire. Tels qu'ils sont, les capitulaires restent le plus beau monument que nous ait conservé l'époque carolingienne. Mais évidemment les forces de la monarchie ne répondaient pas à ses intentions. Le personnel dont elle disposait était insuffisant et, surtout, elle trouvait dans la puissance de l'aristocratie, une limite qu'elle ne pouvait ni franchir, ni supprimer. L'accomplissement de l'idéal politico-religieux du carolingien requérait une puissance, une autorité et des ressources dont la constitution sociale et économique de l'époque ne lui permettait pas de disposer.

---

1. Cette ville s'était d'ailleurs déclarée indépendante du khalifat Ommiade.
2. Barcelone fut prise en 801 par Louis qui gouvernait l'Aquitaine et la marche érigée alors.
3. Dans son titre officiel, Charles se dit *Deo coronatus*, ce qui correspond tout à fait à la conception que nous cherchons à exposer.
4. Les filles de Charles le Chauve furent élevées par Hugbald, de l'abbaye de Saint-Amand.

4
L'ORGANISATION ÉCONOMIQUE ET SOCIALE

I. — La disparition des villes et du commerce

Le fait le plus important au point de vue social, de la période qui s'écoule des invasions musulmanes à l'époque carolingienne, est l'extinction rapide puis la disparition à peu près complète de la population urbaine. Dans l'Empire romain les villes constituent, dès l'origine, la base même de l'État. L'organisation politique est essentiellement municipale. La campagne n'est que le territoire de la cité, n'existe pas indépendamment d'elle, ne produit que pour elle et n'est régie que par elle. Partout où l'État romain s'est établi, il a fondé des villes et en fait les centres de l'administration. Dans l'Empire romain, les provinces sont si intimement liées à la ville dont elles dépendent que c'est le même mot, *civitas*, qui désigne la ville et la province. Et ce caractère subsiste jusqu'à la fin de l'Empire byzantin.

C'est donc une nouveauté très surprenante et inconnue jusqu'alors dans le monde occidental, que la constitution d'États dont l'organisation administrative comme l'organisation sociale cesse de correspondre au type urbain de l'État romain. Elle est due, tout au moins pour ce qui concerne le rôle administratif des villes, à l'impossibilité où se sont trouvés les conquérants de l'Empire d'en conserver intégralement les institutions. Car ce sont les institutions de l'Empire qui, dans les provinces occupées par les envahisseurs, Gaule, Espagne, Italie, Afrique, Bretagne, assuraient l'existence des cités. Sans doute quelques-unes d'entre elles, le long des côtes, Marseille, Narbonne, Naples, Carthagène, pratiquaient un commerce maritime plus ou moins important et, presque toutes les villes, dans l'intérieur du pays avaient une activité commerciale régulière ; aussi la majeure partie de leur population se composait-elle d'une bourgeoisie de gens de métiers et de boutiquiers. Mais aucune d'elles n'était comparable aux grands ports ou aux grands centres industriels de l'Orient : Alexandrie, Constantinople ou Antioche. Elles se maintenaient beaucoup moins par leurs propres forces que par le fonctionnement général de activité politique et économique du monde romain. Ce qui faisait leur importance, c'est la place qu'elles occupaient dans l'État, leur qualité de centres administratifs, la présence chez elles d'un personnel nombreux de fonctionnaires et les rapports que la population provinciale entretenaient nécessairement avec elles. Bref, leur situation était assez analogue à celle de ces villes des temps modernes qui ne font figure que grâce à la résidence d'une cour princière ou à l'avantage de posséder le siège de quelque grande institution d'État. Rome même ne différait à cet égard des cités provinciales que par l'éclat et l'importance qu'elle devait à la présence de l'empereur et du gouvernement central. L'histoire de sa décadence à partir du moment où Constantin la priva du rang et des profits de capitale du monde, se répète, en de moindres proportions dans toutes les villes de l'Occident, à mesure qu'au milieu des troubles de l'invasion, puis sous le gouvernement des rois germaniques, les fonctionnaires les abandonnent, que les bureaux, les tribunaux, les écoles se ferment, que la poste ne fonctionne plus, que l'inertie et l'incapacité de l'administration laisse tomber en ruines les ponts et les aqueducs, et disparaître la police et le ravitaillement.

Le commerce maritime avait conservé encore aux villes de la côte, jusqu'à l'époque des conquêtes musulmanes, une activité dont avaient bénéficié les régions voisines de l'intérieur. Il avait perdu, il est vrai, son principal marché d'exportation depuis que Rome appauvrie et dépeuplée ne requérait plus pour sa subsistance le blé des provinces. Pourtant, jusqu'au milieu du viie siècle, des marchands syriens et juifs avaient fréquenté encore assidûment les ports occidentaux et la Méditerranée. Au temps de Grégoire de Tours, une colonie juive de quelque importance subsistait à Clermont-Ferrand. Le papyrus employé par la chancellerie mérovingienne était importé de Sicile, ce qui prouve que la navigation fournissait encore des objets de consommation courante. Mais ces relations avec le monde byzantin cessèrent à partir du jour où la prépondérance de l'Islam ne permit plus aux commerçants chrétiens de se risquer au delà des eaux grecques et de l'Italie méridionale. Depuis lors, la mer ne fut plus, pour les pays d'Occident, la grande excitatrice de l'esprit d'entreprise. On ne la regarda plus qu'avec la terreur d'y voir poindre à l'horizon des voiles d'ennemis. Et de même que la Méditerranée était au pouvoir des Musulmans, la Mer du Nord n'était parcourue que par les barques des Scandinaves. Baigné par les flots au sud, au nord et à l'ouest, l'Empire carolingien ne présente plus la moindre trace d'activité maritime. Ses seuls ports, Quentovic, à l'embouchure de la Canche, et Duurstede, conserveront encore une certaine activité commerciale jusqu'au ixe siècle, puis dévastés par les Normands, ils tomberont dans une décadence complète. À partir du viiie siècle, l'Europe occidentale vécut pendant trois cents ans, coupée de tous pays d'outremer.

Il devait en résulter un arrêt presque total du commerce et, à part quelques industries locales, comme celles du tissage des draps qui se maintint encore en Flandre, une disparition presque complète de l'activité industrielle et de la circulation monétaire.

Dès lors, dans les cités dépeuplées, les quartiers déserts tombent en ruine et servent de carrières de pierres aux rares habitants qui, groupés en un coin de l'ancienne enceinte, s'y retranchent et s'y abritent, en utilisant les matériaux que leur fournissent les monuments abandonnés. À Nîmes, les murs du cirque romain servent de remparts à la bourgade qui niche au milieu des décombres. À Trèves, une fenêtre de l'ancien palais impérial, accommodée tant bien que mal à la défense, devient une des portes de la ville, et la *porta nigra*, dont les blocs de pierre sont trop lourds pour être emportés, est dépouillée, pour servir au forgeron local, des crampons de fer qui les rattachent les uns aux autres. Même en Italie, où pourtant la décadence est moins profonde, elle ne laisse pas d'être lamentable. Rome est comme perdue au milieu de l'immense circuit que dessine, autour de ce qui reste d'elle, le mur d'Aurélien. Il faut que le pape Léon, pour la mettre à l'abri d'un coup de main, fasse enclore en 848 (cité Léonine) les parties habitées de la rive gauche du Tibre, et transforme en forteresse le tombeau de l'empereur Adrien.

En Gaule, la vie urbaine s'éteint si complètement que les rois cessent de résider dans les villes où le manque absolu de transit ne leur permet plus de trouver les approvisionnements suffisants à l'entretien de leur cour. Ils passent désormais l'année dans leurs domaines, allant de l'un à l'autre au fur et à mesure qu'ils en ont vidé les granges et les greniers. Et comme les rois, les fonctionnaires des provinces vivent aussi à la campagne sur leurs terres ou sur celles de leurs administrés auxquels ils imposent à leur profit le droit de gîte. Par un curieux phénomène de régression, l'administration, en perdant son caractère urbain, de sédentaire qu'elle était, devient nomade.

Si ruinées, si dépeuplées qu'elles soient, les villes n'ont point pourtant perdu toute importance. Abandonnées par l'administration civile, elles restent les centres de l'organisation religieuse. Le siège épiscopal, établi sous l'Empire au chef-lieu de chaque cité, demeure debout et la forte armature romaine de l'Église continue à se dresser au milieu des ruines de l'État. Au sein de la société devenue purement agricole, quelque chose du caractère municipal de l'État antique se conserve donc grâce à l'Église. C'est à elle que les villes doivent de n'avoir pas disparu tout à fait, en attendant le jour, encore lointain, où elles deviendront les berceaux d'une nouvelle bourgeoisie.

De même que le pape, après l'abandon de Rome par les empereurs, prend sur lui de protéger et d'administrer les habitants de la Ville éternelle, de même dans chaque cité l'évêque étend son autorité sur les quelques habitants qui se groupent autour de la cathédrale et pourvoyent à la subsistance du clergé. La vie et l'organisation religieuses entretiennent ainsi, au milieu des décombres des villes antiques, une petite clientèle laïque chez laquelle se perpétue, tant bien que mal, l'exercice des métiers et de la technique romaine, mais qui ne présente plus rien de commun, ni par l'esprit qui l'anime, ni par l'administration qui la régit, avec les populations municipales d'autrefois.

II. — Les grands domaines

La disparition des villes entraîna une transformation profonde de l'économie rurale. Les produits du sol, qui s'écoulaient sur les marchés urbains, perdirent peu à peu leurs acheteurs. La division du travail social qui, dans toutes les sociétés avancées, met les villes et les campagnes en rapports de production et de consommation réciproques venant à cesser, il se fit que la population agricole ne produisit plus désormais que pour ses propres besoins, ou si l'on veut, que, constituant désormais à elle seule toute la nation, elle se trouva être, tout ensemble, le producteur et le consommateur des biens de la terre. Il n'y eut plus qu'une seule espèce de richesse, la richesse foncière, qu'une seule espèce de travailleurs, les travailleurs de la glèbe, et les seules relations économiques qui existèrent entre les hommes furent conditionnées par leur qualité de propriétaires ou de tenanciers.

On ne peut se faire aucune idée précise, faute de renseignements, de la crise agricole que durent provoquer la restriction puis le dépérissement complet des marchés urbains. Il est fort probable qu'elle acheva de ruiner ce qui subsistait encore de petits propriétaires. Quant aux grands domaines, elle eut certainement pour résultat et d'accroître leur étendue et de modifier leur organisation. Elle accrut leur étendue en poussant les petits cultivateurs, privés de débouchés et par conséquent de ressources, à s'agréger au domaine voisin en lui cédant leur terre sous condition d'en conserver la jouissance à titre de tenure. Elle modifia leur organisation par la nécessité qu'elle leur imposa de s'adapter à un régime dans lequel la production en vue de la vente a disparu. La transformation a dû commencer dès le ve siècle ; elle est achevée complètement à la fin du viiie siècle. Son aboutissement est le grand domaine de l'époque carolingienne tel que le montre en traits précis le polyptique de l'abbé Irminon et le *Capitulare de villis*.

Le modèle fut le grand domaine ecclésiastique, mieux organisé parce que l'Église n'avait pas abandonné l'usage de l'écriture. Et l'on peut être sûr que ce sont les domaines de l'Église qui, au delà du Rhin, ont été les premiers types de l'organisation domaniale.

Le domaine est un phénomène économique tout à fait original ; l'antiquité gréco-romaine, à aucune de ses périodes, ne présente rien de semblable. Sans doute il se rattache par une filiation directe à la grande propriété des derniers temps de l'Empire romain ; il conserve dans ses traits essentiels l'organisation de la villa romaine, dont il garde le nom, et l'influence du colonat apparaît prépondérante sur la condition de ses tenanciers. Mais son activité dans son principe, comme dans ses manifestations, est bien chose nouvelle. On pourrait le caractériser en disant qu'elle est complètement étrangère à l'idée de profit. Et cela se comprend tout de suite si l'on s'avise que, ne pouvant régler la production en vue de l'exportation et de la réalisation au dehors, elle la règle en vue de la répartition et de la consommation au dedans. Son but est que le domaine se suffise et se conserve par ses propres ressources, sans rien vendre et sans rien acheter. On la désigne habituellement sous le nom d'« économie fermée » ; il serait plus exact de dire « économie sans débouchés ».

Car c'est le manque de débouchés qui produit ce repliement sur soi-même de la constitution domaniale. Et de là plusieurs conséquences très importantes et qui ont dominé toute la vie économique du Moyen Âge jusqu'au xiie siècle. En réalité, la vie économique du Moyen Âge commence avec eux. Tout d'abord, la régression des procédés de culture est évidente. Il devient inutile, en effet, de faire produire au sol plus que n'exigent les besoins du cultivateur, puisque le surplus ne pouvant être écoulé, ne servirait ni à améliorer la condition du travailleur, ni à augmenter la rente de la terre. On se contentera donc d'un minimum de soins et d'efforts et on laissera s'oublier la science agronomique jusqu'au jour où la possibilité de vendre les récoltes incitera les détenteurs du sol à adopter des méthodes plus perfectionnées et par conséquent plus lucratives. Mais c'est qu'alors la terre commencera à être appréciée comme une valeur et non comme un simple moyen de subsistance.

Un autre caractère de l'exploitation domaniale est la substitution presque complète des prestations en nature aux paiements en argent. Il va de soi que c'est là une suite naturelle et nécessaire de l'absence de vente à l'extérieur. Le propriétaire dont la subsistance dépend de son domaine, fixe en produits naturels, parfois même en matières premières travaillées par le paysan, la quote part de chaque tenure dans ce que l'on pourrait appeler son revenu alimentaire. À des époques déterminées, et conformément à une répartition permanente, elles auront à lui livrer des grains, des œufs, du fromage, des viandes fumées, des aunes de toile. On se tromperait fort en croyant que l'on se trouve ici en présence d'un retour aux âges antérieurs à l'invention de la monnaie, et l'expression assez malheureuse d'économie naturelle (*natural wirtschaft*) par laquelle on désigne habituellement ce système n'en rend que très imparfaitement la nature. En réalité la monnaie ne cesse point d'exister comme instrument d'échange et mesure des valeurs. On ne voit pas que, du ixe au xiie siècle, des produits naturels quelconques se soient substitués à elle et en aient rempli les fonctions. Il est vrai seulement de dire que, dans l'intérieur du domaine, elle a cédé tout naturellement la place à la pratique imposée par la nécessité, des fournitures en objets de consommation. Au dehors, elle reprend ses droits, et c'est en deniers et en oboles que se payent les quelques denrées, œufs et volailles, apportées chaque semaine par les paysans aux petits marchés locaux dont aucune société ne peut se passer complètement.

Il faut considérer encore que la prestation de chaque tenure est invariable et que, moyennant qu'il la fournisse, le tenancier jouit d'un droit héréditaire à la terre qu'il occupe. Et cela aussi est la conséquence rigoureuse d'une constitution économique étrangère à l'idée du profit. Ce qui importe au propriétaire, c'est la régularité annuelle de son alimentation et il n'est pas de meilleur moyen de la garantir que de lui donner le caractère d'un impôt permanent. Entre le seigneur du domaine et ses paysans, aucun rapport n'existe qui soit comparable à celui qui subordonne les travailleurs à un capitaliste. Le domaine ne constitue en rien une exploitation, ni une exploitation du sol, ni une exploitation des hommes. Il est une institution sociale, non une entreprise économique. Les obligations n'y découlent point de contrats personnels, mais reposent sur le droit et la coutume. Chaque domaine a sa loi spéciale, fixée par des usages traditionnels. Le seigneur est à la fois moins et plus qu'un propriétaire foncier suivant la conception romaine ou moderne du mot : moins, car son droit de propriété est limité par les droits héréditaires de ses tenanciers à leur tenure ; plus, car son action sur ces tenanciers dépasse de beaucoup celle d'un simple propriétaire du sol.

En effet, il est leur seigneur, et ils sont ses hommes. Beaucoup d'entre eux, descendants d'esclaves affranchis ou serfs de corps, font partie de son patrimoine. D'autres, héritiers des colons de l'époque romaine, sont attachés à la glèbe. D'autres encore, qui se sont liés à lui par la recommandation, vivent sous sa protection. Sur tous, à des degrés divers, il exerce une autorité patriarcale et étend sa juridiction privée. C'est par ce groupe familial, qu'il protège et qu'il domine, qu'il est puissant. Car, à cette époque de population faible, les hommes sont bien plus importants que la terre ; celle-ci surabonde, ceux-là sont rares, et la grande affaire est de conserver soigneusement ceux qu'on possède. Aussi, les entraves qui empêchent l'homme de quitter le domaine se multiplient. Le seigneur possède sur ses serfs un droit de poursuite ; ils ne peuvent, sans son consentement, épouser des femmes étrangères à la communauté domaniale. La servitude de la glèbe, primitivement restreinte aux descendants des esclaves et des colons, s'étend peu à peu aux hommes libres vivant sous le seigneur. Cette extension graduelle de la servitude à toute la population agricole est le phénomène social le plus remarquable que présente le ixe siècle et les deux cents années qui le suivent. En règle générale le paysan de cette époque est un non-libre ; il l'est au point que, dans la langue des documents, les mots qui désignent le paysan (*villanus, rusticus*) deviennent synonymes de serf (*servus*).

Il ne faudrait pas croire que cette servitude ait pesé aux hommes. Au contraire, elle s'adapte si complètement à leur condition de tenanciers héréditaires et de protégés d'un puissant, qu'ils la considèrent comme leur condition naturelle et s'y soumettent spontanément. L'organisation domaniale l'entraîne nécessairement à sa suite ; elle en est la conséquence juridique inévitable. Comment la liberté aurait-elle quelque prix pour des hommes dont l'existence n'est garantie que par la place qu'ils occupent sur la terre et sous la juridiction du seigneur, et dont la sécurité est dès lors d'autant plus grande qu'ils sont plus intimement incorporés au domaine ?

Qu'elle soit laïque ou ecclésiastique, la grande propriété des premiers siècles du Moyen Âge (antérieurement au xiiie siècle) n'a rien de commun avec la grande exploitation. Déjà à la fin de l'Empire romain les *latifundia* à esclaves avaient disparu et il semble bien que les propriétaires fonciers se détournaient de plus en plus de la grande culture et divisaient leurs terres en tenures. La cessation complète du commerce des produits agricoles a naturellement favorisé encore cette tendance. Le grand domaine de l'époque carolingienne et des siècles suivants nous en montre le triomphe à peu près complet. Il se divise en deux parties d'importance bien inégale : la terre seigneuriale (*terra indominicata*) et la terre mansionnaire (*mansionaria*). La première, de beaucoup la moins étendue, est exploitée directement et tout entière au profit du seigneur. Le travail y est exécuté soit par des serfs domestiques ne possédant pas de tenures et analogues à nos ouvriers agricoles, soit par des tenanciers astreints aux corvées. À ceux-ci est réservée la terre mansionnaire. Elle est divisée en unités d'exploitation, d'étendue variable suivant la qualité du sol et les régions, mais dont chacune suffit à la subsistance d'une famille : ce sont les manses (*mansus*) possédés héréditairement, à charge, on l'a vu, de prestations en nature et en travail. Tout cet ensemble forme une ville (*villa*) rurale. Le centre commun est la cour seigneuriale (*hof, curtis*) dans laquelle réside l'intendant du seigneur, le maire (*meyer, major, villicus*), préposé à la surveillance et à la juridiction des vilains (*villani*). La Cour, entourée d'un fossé et d'une palissade, sert à l'habitation du maître, quand il réside sur sa terre, et renferme des granges et des magasins où sont conservés les récoltes et les autres revenus. C'est là aussi que s'assemble le tribunal domanial composé de tenanciers et présidé par le maire ou le seigneur. Ça et là, déjà au ixe siècle et de plus en plus fréquemment dans la suite, une chapelle, bâtie par le seigneur et dont il choisit et nomme le desservant, pourvoit aux besoins du culte. Quantité de paroisses rurales doivent leur origine à ces chapelles domaniales, et c'est par elles aussi que s'explique le droit de présentation des curés que bien des seigneurs locaux ont conservé jusqu'à la fin de l'Ancien Régime, et dont il subsiste encore des traces dans certains pays.

Autour des terres cultivables, les bois, les prairies et les marais sont, proportionnellement à la part de sol qu'ils exploitent, livrés à la jouissance du seigneur et des vilains. Souvent si un cours d'eau les traverse, le seigneur y construit un moulin à son usage et à celui des habitants. Une part de farine est prélevée sur chaque sac par le meunier, pour son entretien ; c'est là le point de départ de ces droits de vassalité qui n'ont disparu qu'à la Révolution française.

Partout, quelles que soient les différences locales, se rencontrent les traits généraux de l'organisation qu'on vient de décrire, plus parfaite seulement, dans les propriétés ecclésiastiques que dans celles de l'aristocratie laïque. Elle a agi si profondément sur la société que dans toutes les langues le vocabulaire géographique et l'onomatologie en conservent la trace profonde. Il suffit de penser aux noms de lieux terminés, en France, par *ville* ou par *court*, et dans les langues germaniques, par *hof*, et à l'abondance des noms de famille Lemaire, Mayer, De Meyer, Le Mayeur, etc.

Ordinairement, un grand domaine se compose de plusieurs *villes*. Celui de Saint-Germain des Prés, à l'époque de Charlemagne, en comprenait une série éparpillées de la Bretagne aux bords de la Moselle. Presque toujours les monastères des régions septentrionales cherchaient a acquérir dans les pays à vignobles aux bords du Rhin, de la Moselle ou de la Seine, une *ville* qui pût leur fournir le vin qu'il était impossible de se procurer par le commerce[1].

Ce dernier trait achève de caractériser l'économie rurale sans débouchés dont le domaine des premiers temps du Moyen Âge est l'organe, comme la corporation de métier sera plus tard, celui de l'économie industrielle urbaine. Malgré les différences profondes de leur nature, tous deux se ressemblent en un point. L'un et l'autre, en effet, sont fondés sur la petite exploitation et ont eu également pour résultat de conserver intacte à travers les siècles, celui-ci le petit bourgeois artisan, celui-là le petit cultivateur. Si paradoxal que cela paraisse, il est vrai de dire que la grande propriété du Moyen Âge a sauvegardé la classe des paysans. La servitude a été pour eux un bienfait. À une époque où l'État est impuissant et où la terre subvient seule aux besoins des hommes, elle leur a assuré un protecteur et garanti la possession d'une part du sol. N'étant point organisée en vue du profit, la constitution domaniale ne leur a imposé que des prestations minimes en retour d'avantages considérables. Comme ils font partie de la propriété du seigneur, celui-ci est intéressé à leur conservation : il les défend en cas de guerre et les soutient de ses réserves en temps de famine. La guerre et la famine sont, en effet, les deux fléaux qui, tour à tour, s'abattent sur eux, la première, suite de la faiblesse croissante de l'État, la seconde, conséquence inévitable de la stagnation commerciale. Une mauvaise récolte est une catastrophe sans remède en un temps où un pays ne peut compenser son déficit par le surplus d'un pays voisin. La période qui s'écoule du ixe au xiie siècle est par excellence, dans l'histoire économique de l'Europe, la période des crises alimentaires. Elles reparaissent périodiquement au bout de quelques années avec la régularité d'un phénomène naturel.

Mais si elles ont été beaucoup plus nombreuses que celles des siècles suivants, ces famines ont été aussi moins cruelles. Et cela s'explique tout à la fois par l'absence de population urbaine, et par le chiffre très minime de la population rurale. L'organisation domaniale telle qu'on vient de la décrire, avec sa faible production et sa classe paysanne composée presque exclusivement de tenanciers, suppose évidemment un nombre très restreint d'habitants. Sans doute il ne manquait pas de gens sans terre, des « pauvres » comme disent les textes du temps, gens de vie errante, mendiant de monastère en monastère, se louant aux vilains au temps de la moisson. Mais ces déshérités d'un ordre social qui reposait sur la possession de la glèbe n'étaient ni une charge, ni un danger et cela prouve justement leur petit nombre.

Quant à apprécier avec quelque exactitude la densité de la population, il y faut renoncer faute de toute base solide d'appréciation.

Tout ce que l'on peut affirmer, c'est qu'à l'époque carolingienne, le chiffre de la population était très bas, plus bas sans doute qu'il ne le fut à aucune époque antérieure, à cause de l'extinction de la population municipale. Et il semble être resté à peu près stationnaire jusque vers le commencement du xie siècle, l'excédant naturel des naissances ne servant qu'à combler les vides constamment ouverts par la famine, la guerre, les troubles et catastrophes de toute espèce qui s'abattirent sur l'Occident à partir du milieu du ixe siècle.

---

1. L'abbaye de Saint-Trond, par exemple, possédait des vignobles à Briedel et Pommeren sur la Moselle.

L'EUROPE FÉODALE

1
LA DISSOLUTION DE L'EMPIRE

I. — Les causes internes

La gloire de Charlemagne ne doit pas faire illusion sur la solidité de son œuvre politique. En réalité, rien n'était plus fragile que l'Empire. La faiblesse de Louis le Pieux, les querelles de ses fils, les incursions des Normands, des Slaves et des Sarrasins n'ont fait que précipiter une dissolution dont les causes sont internes, et d'ailleurs tellement évidentes qu'elles s'imposent d'elles-mêmes à l'observation.

L'immense territoire étendu des marches de l'Elbe et du Danube à la marche de l'Èbre en Espagne et aux possessions du pape en Italie, est dépourvu des caractères essentiels qui constituent un État. Le Royaume mérovingien avait au moins cherché à se constituer sur la base des institutions romaines. Si grossièrement qu'il fût organisé, son absolutisme administratif était à tout prendre un système politique. On cherche vainement quelque chose d'analogue dans la monarchie carolingienne. Tout y paraît incohérent. Le pouvoir du souverain qui devrait donner le mouvement à l'ensemble ne parvient pas à lui imposer son action. Obligés de compter avec l'aristocratie à laquelle ils devaient leur couronne, Pépin le Bref et Charlemagne n'ont pu lui refuser une place dans le gouvernement. Les grands du Royaume délibèrent avec eux et un *conventus* les réunit habituellement à la cour aux fêtes de Noël et à celles de Pâques. Mais quelle est la compétence, quelles sont les attributions de ces conseillers ? Elles sont aussi vagues et aussi flottantes que la composition même de leurs assemblées, agrégations d'ecclésiastiques et de laïques qui, sans titre ni mandat, sont censés représenter le peuple. *Lex fit consensu populi et consitutione regis*, dit un capitulaire : la loi se fait par l'assentiment du peuple et la constitution du roi. Belle formule mais qui, au vrai, ne signifie rien. En fait, quantité de capitulaires n'ont pas été soumis aux assemblées, et pour ceux qui l'ont été, on ignore quelle part d'intervention elles y ont prise. Rien d'ailleurs ne mérite moins le nom de lois que ces capitulaires, ensemble hétérogène de décisions administratives, de règlements, de déclarations de principes, de mesures de circonstance ou d'édits perpétuels, dont on ne sait, la plupart du temps, ni s'ils ont été appliqués, ni s'ils visaient tout l'Empire ou seulement quelqu'une de ses régions. Au surplus, les contradictions y abondent sans qu'on sache jamais si les textes postérieurs abrogent les précédents ou si, tant bien que mal, il faut chercher à les concilier. L'impression générale qui se dégage de ce fouillis, est celle d'une volonté royale, ardente à vouloir le bien, avide de progrès, d'ordre et de justice, et qui s'efforce, sans y réussir, à les réaliser. Tel qu'il s'y manifeste et s'y exprime presque toujours, le pouvoir royal y apparaît celui d'un souverain absolu, mais dont l'absolutisme est doublement limité. Il l'est tout d'abord par la morale chrétienne, et il l'accepte. Il l'est ensuite par la nécessité de ne pas mécontenter l'aristocratie, et il la subit. Il est évident, qu'au fond de sa conscience, l'empereur carolingien ne se sent responsable que vis-à-vis de Dieu et que s'il tolère l'intervention des grands dans son pouvoir, c'est parce qu'il ne peut faire autrement. Entre lui et les grands avec lesquels il délibère, la confiance mutuelle fait défaut dès l'origine et bientôt ce sera le manque de bonne foi qui viciera leurs rapports. Bref, on peut dire que la constitution carolingienne repose sur un malentendu. Les deux forces qui semblent s'y allier sont en réalité deux adversaires.

La plus puissante des deux, sous Charlemagne, paré de l'éclat de ses victoires et dans la fraîche nouveauté de sa dignité d'empereur, c'est celle du souverain. Mais la plus vigoureuse et la plus avantagée par les circonstances et par l'organisation sociale, c'est celle de l'aristocratie. Cette aristocratie se déclare le peuple et dans une certaine mesure elle a raison, car le peuple a disparu en elle. Elle l'absorbe dans ses domaines, et pour tous ceux qui dépendent d'elle, c'est-à-dire pour la plus grande partie de la population, elle substitue un pouvoir privé de protection et de juridiction au pouvoir public de l'État. Ce qui reste au souverain de sujets directs, en dehors d'elle, se réduit à bien peu de chose, et va décroissant d'année en année. Charles a vu le péril et a cherché à y parer. Il a essayé, en diminuant les charges que le service militaire et le service judiciaire imposaient aux hommes libres, de sauvegarder ceux qui avaient conservé cette liberté, devenue de plus en plus rare. Ses mesures ont eu le sort commun de toutes les tentatives faites pour arrêter l'évolution sociale sur la pente où l'entraînent les intérêts et les besoins : elles n'ont rien changé à l'inévitable. Les paysans n'ont point cessé de céder leurs terres aux grands et de s'agréger à leurs domaines.

Et ici encore on reconnaît le malentendu qui est à la base de l'organisation carolingienne. Sur cette question du maintien des hommes libres, l'intérêt de l'empereur et l'intérêt de l'aristocratie sont en conflit direct. Or c'est à cette aristocratie que l'empereur doit confier la réalisation de ses desseins, puisque c'est parmi elle qu'il recrute ses fonctionnaires. Les autres doivent donc opter entre leur avantage et l'avantage du souverain. Ils ne peuvent servir celui-ci qu'à leur propre détriment. Quel espoir y a-t-il qu'ils s'y décident ?

Et contre leur inertie ou leur mauvais vouloir il n'est pas de remède. En droit, sans doute, l'empereur peut destituer les comtes, puisqu'il les nomme. En fait, il est impuissant devant eux. Car ils ne sont pas de simples instruments de son pouvoir, de simples agents choisis en pleine indépendance, étrangers aux hommes qu'ils administrent et passant, sur l'ordre du maître d'une circonscription à une autre. Chacun d'eux appartient au contraire à la région qu'il gouverne ; il en est, et souvent depuis plusieurs générations, le plus grand propriétaire, l'homme le plus influent ; ses biens de famille sont éparpillés par tout son comté ; les habitants, de père en fils, sont ses serfs ou ses tenanciers ; il est né au milieu d'eux et il y mourra s'il ne périt au loin sur un champ de bataille, et il en a été ainsi de son père, auquel, presque toujours il succède dans la dignité de comte. Aussi apparaît-il dans la région à laquelle il préside, bien plus comme un seigneur que comme un représentant de l'empereur. Dès lors, impossible de songer à le déplacer ou à le destituer sans faire passer son successeur, aux yeux du peuple, pour un usurpateur et un intrus.

Cette impuissance de l'État à l'égard de ses agents s'explique par la situation financière. Ce qui restait de l'impôt romain a disparu à la fin de la période mérovingienne ou s'est transformé en redevances usurpées par les grands. Deux sources alimentent encore le trésor impérial : l'une intermittente et capricieuse : le butin de guerre ; l'autre permanente et régulière : le revenu des domaines appartenant à la dynastie. Cette dernière seule est susceptible de fournir aux besoins courants les ressources nécessaires. Charles s'en est occupé avec soin et le fameux *Capitulare de villis* prouve, par la minutie de ses détails, l'importance qu'il attachait à la bonne administration de ses terres. Mais ce qu'elles lui rapportaient, c'étaient des prestations en nature tout juste suffisantes au ravitaillement de la cour. À vrai dire, l'Empire carolingien n'a pas de finances publiques et il suffit de constater ce fait pour apprécier à quel point son organisation est rudimentaire si on la compare à celle de l'Empire byzantin et de l'Empire des khalifes avec leurs impôts levés en argent, leur contrôle financier et leur centralisation fiscale pourvoyant aux traitements des fonctionnaires, aux travaux publics, à l'entretien de l'armée et de la flotte.

Réduit aux ressources de ses domaines privés, l'empereur ne pouvait subvenir aux frais d'une administration digne de ce nom. Or pour que le fonctionnaire dépende de l'État, il faut que l'État non seulement le nomme, mais le paye. Ici, faute d'argent, l'État est obligé de recourir aux services gratuits de l'aristocratie, ce qui le place dans cette situation paradoxale de prendre justement comme collaborateurs les membres d'une classe sociale dont la puissance ne peut grandir que pour autant qu'il s'affaiblisse. Le danger est trop évident pour que l'on n'ait point cherché à y parer. Depuis la fin du viiie, un serment spécial de fidélité, analogue à celui des vassaux, est exigé des comtes au moment de leur entrée en charge. Mais le remède est pire que le mal. Car le lien vassalique, en rattachant le fonctionnaire à la personne du souverain, affaiblit, ou même annule, son caractère d'officier public. Il lui fait, en outre, considérer sa fonction comme un fief, c'est-à-dire comme un bien de jouissance et non plus comme un pouvoir délégué par la couronne et exercé en son nom. De plus, ce système, a chaque changement de règne, produit une crise des plus périlleuses. Le nouveau prince se trouve placé devant l'alternative ou de conserver en place les fidèles de son devancier ou de les remplacer par ses fidèles à lui. Dans le premier cas, il se condamne à gouverner avec un personnel qu'il ne connaît pas, dans le second, il est inévitable qu'il fasse naître, dès le premier jour, des mécontentements redoutables.

À quelque point de vue qu'on l'envisage, l'organisation administrative de l'Empire manque donc des caractères essentiels de toute administration d'État : la subordination et la discipline. Comparée à celle de l'Église, où la hiérarchie fixe à chacun son rôle et sa responsabilité, elle paraît plongée dans une anarchie grossière. L'institution des *missi dominici* a eu évidemment pour but de la perfectionner par le contrôle. L'initiative personnelle de Charlemagne et sa tendance à améliorer les institutions laïques en s'inspirant de l'exemple de l'Église apparaît ici en pleine lumière. De même que l'Église était divisée en archevêchés, comprenant chacun un certain nombre de diocèses, il a réparti l'Empire en vastes circonscriptions (*missatica*) enfermant chacune plusieurs comtés. Dans chacune de ces circonscriptions, deux envoyés impériaux (*missi dominici*), un ecclésiastique et un laïque, sont chargés de surveiller les fonctionnaires, de noter les abus, d'interroger le peuple et de faire chaque année rapport sur leur mission. Rien de mieux, rien de plus utile, rien de plus salutaire qu'une telle institution, pourvu toutefois qu'elle ait une sanction. Or, en fait, elle n'en a aucune, puisque les soi-disant fonctionnaires, on l'a vu, sont pratiquement inamovibles. On ne découvre nulle part que les *missi dominici* aient réussi à redresser les défauts qu'ils ont dû partout noter en quantité ; la réalité a été plus forte que la bonne volonté de l'empereur.

La création des *missi* suffit à prouver que Charlemagne, sous l'influence sans doute de ses conseillers ecclésiastiques, se rendait nettement compte de l'imperfection de ses moyens de gouvernement. Son idéal eût été, mais il n'eut pas la puissance de le réaliser, de les réformer sur le modèle de l'administration de l'Église. On peut dire que l'esprit qui l'anime est tout romain. C'est une illusion énorme de voir en lui, comme on l'a fait souvent, l'adepte de je ne sais quel germanisme indéfinissable et dont on cherche vainement les traces dans son œuvre. La légende a vu ici plus juste que de nombreux historiens. Dans les souvenirs populaires de l'Allemagne, Charles est resté le législateur par excellence, le vainqueur de la barbarie, le fondateur de l'ordre social. Pour les peuples païens ou à demi-païens, il a été tout cela en effet, mais il l'a été par son gouvernement ecclésiastique. L'établissement définitif de l'Église de Germanie et la subordination du peuple à ses dogmes et à sa morale est à ce point son œuvre personnelle, qu'il apparaît dans la tradition comme un personnage presque sacré. C'est d'elle sans doute que s'inspirait l'imagination d'Albert Durer, lorsqu'il lui donna cette étrange et majestueuse apparence qui fait plutôt penser à un pape laïque qu'à un empereur. L'alliance intime de l'État avec l'Église, l'identification de la société politique avec la société chrétienne, et sa conséquence nécessaire, la religion d'État, voilà l'essentiel de l'œuvre carolingienne, ce qui en a survécu et ce qui, durant des siècles, a déterminé le développement de la société européenne.

II. — Le Pape et l'Empereur

La mort de Charles (28 janvier 814) ne provoqua pas la moindre crise. En 813 il avait fait prendre, par cinq synodes provinciaux, une série de dispositions concernant l'organisation de l'Empire. Elles avaient été ratifiées, la même année, par une Assemblée générale convoquée à Aix-la-Chapelle, au cours de laquelle il avait pris la précaution de poser lui-même la couronne impériale sur la tête de Louis, l'unique survivant de ses fils. Sa succession s'accomplit au milieu de l'adhésion générale. L'Empire jouissait d'une paix profonde : rien à l'extérieur ne trahissait le déchaînement prochain des troubles au milieu desquels il allait s'effondrer. L'idéal essentiellement ecclésiastique que Charles se formait du pouvoir impérial, se marque dans l'éducation qu'il fit donner à son fils. Elle fut toute latine et cléricale, et c'est à juste titre que le second empereur carolingien porte dans la tradition le surnom de « Pieux ». Mais sa piété, si l'on peut ainsi dire, fut avant tout une piété politique. Elle se confond avec une conception du pouvoir laïque qui lui donne pour raison d'être le maintien et la protection de l'Église. Ce que Charles, devenu empereur sur le tard, a conservé jusqu'au bout de son indépendance de souverain et de son caractère primitif de roi des Francs, disparaît chez son fils. Louis, dès son avènement, renonce à s'intituler encore roi des Francs et des Lombards ; le seul titre qu'il porte est celui d'empereur, indiquant par là que son autorité est aussi universelle que celle du pape et s'étend comme elle à tous les chrétiens. Et c'est bien à cela que devait aboutir l'orientation de la politique carolingienne depuis le couronnement de l'an 800. Entre Charles et Louis il n'y a pas la moindre opposition de tendances, s'il y a une différence éclatante de puissance et de génie personnels. Le pouvoir impérial tel que l'a compris le second, n'est que le développement logique et complet de l'idée qui domine le premier dans toute la dernière partie de sa carrière, et le grand empereur a voulu et préparé lui-même l'esprit dans lequel devait régner son faible successeur.

Louis se trouva tout de suite en présence d'une question qui avait été épargnée à son père et qui allait permettre d'éprouver la solidité de l'Empire. Il avait trois fils : Lothaire, Louis (le Germanique) et Pépin. Comment fallait-il régler sa succession ? L'idée du partage égal entre les fils du souverain avait toujours été appliquée depuis l'origine de la monarchie franque. D'autre part, le pouvoir impérial était, par sa nature même, aussi indivisible que le pouvoir du pape. Fallait-il donc considérer l'Empire comme si indissolublement confondu avec l'État que la succession à celui-ci serait régie par le même principe que la succession à celui-là ou bien, distinguant entre l'un et l'autre, procéder au partage de l'État, en réservant à l'un des héritiers l'autorité impériale ? Louis s'arrêta à une mesure qui, sans rompre entièrement avec la coutume du partage, la sacrifiait cependant au principe de l'unité. En 817, il s'associait, comme co-régent de l'Empire, Lothaire, son fils aîné, et le désignait comme son héritier ; toutefois les deux fils cadets recevaient chacun une sorte d'apanage avec le titre de roi ; Pépin, l'Aquitaine, Louis, la Bavière. En agissant ainsi, Louis se prononçait donc contre la vieille conception de la monarchie laïque telle que l'avaient pratiquée les Mérovingiens, et en faveur de la nouvelle conception ecclésiastique de l'Empire, et l'on ne peut guère douter qu'il n'ait pris ces dispositions de commun accord avec le pape. Mais les cadets sacrifiés se considéraient comme victimes d'une injustice et n'attendaient que l'occasion de prendre leur revanche. Elle se présenta sans qu'ils eussent besoin de la faire naître. Veuf, Louis avait épousé pour sa beauté, en 819, Judith, fille du duc des Alamans. De tempérament amoureux et sensuel, comme le furent presque tous les premiers Carolingiens, il tomba bientôt sous la domination de cette femme et quand, en 823, elle l'eût rendu père d'un quatrième fils, Charles (le Chauve), il n'eut pas l'énergie de résister à l'ardeur passionnée de sa femme et de couper court aux intrigues qu'elle mit en œuvre pour assurer à cet enfant la plus grande part possible de l'héritage paternel. Il ne fut pas difficile à Judith de gagner à ses vues Louis (le Germanique) et Pépin et de les exciter contre Lothaire, et il lui fut plus aisé encore de s'assurer, par des promesses, le concours d'une partie de l'aristocratie. Deux partis ou plutôt deux factions se formèrent ainsi dans l'Empire : l'une prenant comme programme le partage de la succession entre tous les fils de l'empereur, l'autre restant fidèle à l'idée de l'unité[1]. La première l'emporta tout d'abord : Lothaire, privé de son titre de régent, s'en fut en Italie soumettre sa querelle au pape, cependant que Louis, obéissant à Judith, procédait à une nouvelle répartition de la monarchie entre ses quatre fils. Les avantages qu'il y fit à Charles le brouillèrent bientôt avec Louis (le Germanique) et Pépin, qui se rapprochèrent de Lothaire. En 833, celui-ci, à la tête d'une armée, franchissait les Alpes, accompagné du pape Grégoire IV, rejoignait ses frères et marchait avec eux contre leur père. La rencontre eut lieu dans la plaine du Rhin, près de Colmar. Le vainqueur de la journée fut en apparence Lothaire, en réalité le pape. Au nom de la paix de l'Église, dont l'Empire n'était que la forme temporelle, il revendiqua le droit d'intervenir, rétablit Lothaire dans sa dignité primitive, et imposa au vieil empereur, coupable d'avoir troublé le repos de la chrétienté, une pénitence humiliante. Avec une impitoyable logique se manifestait la première conséquence de la conjonction intime du pape et de l'empereur : celui-ci fléchissant, celui-là se haussait et l'alliance primitive des deux pouvoirs faisait place à la subordination du second au premier.

Mais ce n'était pas là ce qu'avaient voulu Louis (le Germanique) et Pépin. Ils reprirent les armes et la lutte continua avec une obstination confuse entre les ambitions rivales et les intérêts personnels. Ni la mort de Pépin (838), ni celle de l'empereur (840) ne l'interrompirent. Elle aboutit finalement en 843, grâce à l'épuisement de tous, au Traité de Verdun.

Ce fut un compromis, mais un compromis qui amoindrissait singulièrement la portée de l'idée impériale. La monarchie était divisée tout entière en trois parts égales. Celle du milieu, coupant en travers l'Europe, et s'étendant, sans tenir compte des frontières naturelles ni de la nature des peuples, de la Frise jusqu'aux États du pape, était attribuée à Lothaire. Il conservait en outre le titre d'empereur et exerçait sur ses deux frères Louis et Charles, qui régnaient respectivement sur les régions de l'est et de l'ouest, une primauté mal définie. Ainsi, l'identité qui avait existé sous Charlemagne et Louis le Pieux entre l'Empire et l'État franc disparaissait. L'unité impériale ne subsistait plus qu'en théorie ; son universalité cessait de correspondre à la réalité des choses puisque l'empereur ne gouvernait plus, en fait, que le tiers de la chrétienté occidentale. Ce fut bien pis encore après la mort de Lothaire (855). Il laissait trois fils qui, à leur tour, se partagèrent ses pays. L'aîné, Louis II, prit pour son lot l'Italie et le titre impérial. Sous Lothaire, l'empereur avait été au moins encore aussi puissant que les deux rois ses frères. Sous Louis II, il n'était plus qu'un souverain secondaire, infiniment moins influent que ses oncles Louis le Germanique et Charles le Chauve. Le contraste allait s'agrandissant sans cesse entre ce qu'aurait dû être l'empereur et ce qu'il était. On peut dire que, s'il y avait encore un empereur, il n'y avait plus d'Empire.

À ce déclin continu du pouvoir impérial correspond la montée corrélative et simultanée du pouvoir du pape. L'équilibre des deux forces préposées à la chrétienté se rompant, l'une d'elles doit nécessairement profiter de ce que l'autre perd. Déjà les circonstances ont amené Grégoire IV à juger entre Louis le Pieux et ses fils. Sous Louis II, Nicolas Ier (858-867) revendique et impose la supériorité du pouvoir pontifical sur le pouvoir impérial. Avec lui cesse la politique d'alliance qui a débuté sous Charlemagne. Le chef de l'Église, en vertu de l'origine divine de son pouvoir, se considère désormais comme l'arbitre et le directeur des dépositaires de la puissance temporelle, rois ou empereur. Relevant de lui comme chrétiens, passibles de sa juridiction morale comme pécheurs, il importe qu'ils soient soumis à une sanction qui garantisse leur obéissance. Dès lors, le pape peut et doit, s'il le juge nécessaire au service de Dieu et de l'Église, intervenir dans les affaires des princes, et Nicolas s'engage sans hésiter dans cette voie que suivront après lui les Grégoire VII et les Alexandre II et qui conduira Innocent III et Innocent IV à cette hégémonie théocratique à laquelle mettra fin la catastrophe de Boniface VIII. Il n'eut pas l'occasion au surplus d'intervenir dans la grande politique. L'excommunication qu'il fulmina contre le roi de Lotharingie, Lothaire II, à l'occasion de son divorce, et qui aboutit à l'humiliation du coupable, ne fut qu'une manifestation morale mais dont le retentissement se répandit à travers toute l'Europe.

Les « fausses décrétales » qui se répandirent au milieu du ixe siècle dans la France du nord, et dont les textes aprocryphes forgés avec assez d'habileté donnent au pape sur le corps entier de l'épiscopat une puissance qu'il n'avait jamais exercée en fait jusqu'alors, contribuèrent encore à affermir la primauté de Rome. Nicolas voulut même la faire reconnaître par l'Église orientale et lança l'excommunication contre le patriarche Photius, sans autre résultat que d'aggraver encore le conflit qui allait s'envenimant sans cesse entre les deux moitiés de la chrétienté, la grecque et la latine.

La mort de Louis II (875) fournit à la papauté une nouvelle occasion d'affirmer sa supériorité sur l'Empire et de montrer qu'il dépendait d'elle et non de la dynastie. Louis n'ayant pas d'enfant, son plus proche parent mâle était Carloman, fils de Louis le Germanique et il l'avait désigné comme son héritier. Jean VIII (872-882) en décida autrement, appela Charles le Chauve à Rome et le couronna.

Depuis le milieu du ixe siècle, l'ascendant du pape n'avait donc cessé de l'emporter sur celui de l'empereur. Mais cet ascendant n'avait pu s'exercer que parce que les empereurs y avaient consenti. Par lui-même, le pape réduit à la possession de son petit État romain, eût été absolument incapable de résister à la moindre agression. Bien plus, l'autorité dont il jouissait et dont il venait de donner des preuves si éclatantes, il la devait en somme à ces Carolingiens qu'il couronnait et qui, en retour, lui accordaient leur protection. Situation paradoxale s'il en fût que celle qui ne permettait au pape de dominer l'empereur que pour autant que l'empereur garantissait sa liberté, qui ne laissait la puissance spirituelle l'emporter sur le pouvoir laïque que grâce à l'appui qu'elle en recevait. Or l'anarchie politique dans laquelle l'Europe glisse de plus en plus rapidement à la fin du ixe siècle, enlève tout à coup au pape ce protecteur indispensable. Charles le Chauve est le dernier empereur qui ait encore joui d'un prestige et d'une force réels. Après lui, sous la poussée irrésistible de la féodalité, sous les coups des Normands, des Sarrasins, des Slaves et des Hongrois, sous l'influence du particularisme régional, sous l'action des ambitions, des intrigues et des rivalités personnelles, ce qui subsistait encore de l'ordre carolingien s'effondra et les princes, qu'ils s'appellent rois ou empereurs, sont également impuissants. Dès lors, Rome est abandonnée à son sort et la papauté se voit tout à coup en présence de périls bien plus grands que ceux qui l'avaient menacée jadis au temps des Lombards. Car si les Lombards s'obstinaient à la conquête de Rome, ils n'en voulaient pas au pape. Maintenant au contraire, c'est la liberté même de la papauté qui est menacée. Puisque le pape dispose de la couronne impériale, il suffira désormais pour l'obtenir de lui faire violence et de contraindre sa faiblesse à exercer, sous la menace, le droit qu'on revendique. Déjà, après la mort de Charles le Chauve, Charles le Gros, en s'approchant de Rome à la tête d'une armée, a forcé Jean VIII à le couronner (881). Puis, bientôt après, on assiste au triste spectacle de l'avilissement simultané du pape et de l'empereur. Après la déposition de Charles le Gros et la rupture définitive de l'unité carolingienne, deux magnats italiens, le marquis de Frioul, Bérenger, et le duc de Spolète, Gui, se disputent l'ancienne couronne lombarde et se font tous deux couronner rois à Pavie. La dignité impénale était vacante. Gui résolut de s'en emparer. Il n'eût qu'à entrer dans Rome avec ses soldats pour l'obtenir du pape Étienne VI (891) et quelque temps après il obligea le successeur de celui-ci, Formose, à la conférer également à son fils Lambert. Jusqu'où l'Empire et la papauté étaient-ils tombés en quelques années ! Formose sentit que pour les relever l'un et l'autre, il fallait faire appel à la force. Arnould, duc de Carinthie, venait de remporter une éclatante victoire sur les Normands et semblait promettre un règne glorieux. Le pape sollicita son appui contre l'odieuse tyrannie qu'il subissait. Arnould passa les Alpes, prit d'assaut Rome défendue par les Spolétains, reçut la couronne impériale (896) puis repartit pour l'Allemagne. Lambert pouvait prendre sa revanche ; elle fut répugnante et tragique comme l'étaient devenues les mœurs politiques et religieuses. Formose étant mort, il le fit exhumer et un synode procéda, en présence du cadavre, à un simulacre de jugement après lequel le corps du pape fut livré à la populace qui s'en fut le jeter dans le Tibre. Arnould ne repassa pas les Alpes et la papauté fut plus que jamais le jouet des intrigants ambitieux qui se disputaient l'Empire comme tant d'autres se disputaient ailleurs un fief ou une province, et sans que le monde y prît plus d'attention. Lambert, mort, Bérenger de Frioul reprit le dessus en Italie. Louis, roi de Bourgogne, lui fit la guerre, le vainquit et profita de l'occasion pour se faire couronner empereur par Benoît IV (900). Cinq ans plus tard, Bérenger s'emparait de lui à Vérone, lui faisait crever les yeux et le chassait de la péninsule. Puis en 919, il se faisait à son tour sacrer empereur par Jean X. Il était difficile de dégrader davantage le titre qu'avait inauguré Charlemagne et, en fait, il ne roula pas plus bas dans l'abjection. Après l'assassinat de Bérenger de Frioul (924), il ne devait plus y avoir d'empereur jusqu'au couronnement d'Othon Ier (962).

III. — Les ennemis du dehors

Les ennemis, Normands et Arabes, dont l'Empire eût si cruellement à souffrir au IXe siècle, ne l'attaquèrent point à cause de sa faiblesse et ne dirigèrent pas, de propos délibéré, leurs coups contre lui. Le champ d'action des premiers dans les mers du Nord, des seconds dans la Méditerranée, dépassait de beaucoup les rivages de l'État carolingien ; les agressions dont il fut l'objet ne constituent en somme qu'un épisode dans l'histoire d'incursions maritimes auxquelles il ne put échapper mais dont il ne fut ni le but unique, ni même, du moins au début, le but principal.

Les progrès des Arabes dans la Méditerranée occidentale, au commencement du ixe siècle, ne se rattachent plus au grand mouvement d'expansion religieuse qui avait suivi la mort de Mahomet. L'unité politique de l'Islam était brisée depuis que le khalife de Bagdad n'était plus reconnu par tous les croyants. En Espagne, dès la fin du viiie siècle, un nouveau khalifat s'était érigé sous les Ommiades. En Afrique, les Berbères du Maroc, de l'Algérie et de la Tunisie étaient en fait indépendants. Définitivement établis dans leurs nouvelles conquêtes, ces Musulmans d'Espagne et d'Afrique tournèrent leur activité vers la mer. Tunis, fondé à côté des ruines de Carthage, regardait comme elle la Sicile et, de même que les Carthaginois dans l'Antiquité, les Tunisiens cherchèrent bientôt à s'emparer de cette belle île dont, au cours de l'histoire, l'Europe et l'Afrique se sont toujours disputé la possession. Les Byzantins ne purent défendre énergiquement cette province trop lointaine. De 837 à 878, ils furent peu à peu refoulés vers le détroit de Messines et enfin obligés de se replier sur la côte italienne. Déjà en possession des Baléares, de la Corse et de la Sardaigne, les Musulmans détenaient maintenant toutes les îles de la Méditerranée. Elles leurs servirent de stations navales et de bases d'attaque contre les côtes continentales. De la Sicile des expéditions furent dirigées vers la Calabre et aboutirent à la conquête de Bari et de Tarente. D'autres flottes harcelèrent les rivages d'Italie centrale. Le pape Léon IV fut obligé de mettre ce qui restait de Rome à l'abri des pirates qui débarquaient, sans avoir rien à craindre, à l'embouchure du Tibre. Les bouches du Rhône, aussi mal défendues, étaient plus exposées encore. Des postes militaires furent érigés par les Arabes le long de la Corniche où leurs abris subsistent encore. Il n'y eut pas d'ailleurs de tentative d'établissement à l'intérieur. Seule la maîtrise des côtes importait aux nouveaux maîtres de la Méditerranée et comme le commerce chrétien n'existait plus, on ne fit pas d'efforts sérieux pour les en déloger et on leur abandonna les rivages. La population chrétienne se retira plus loin et les débris des villes de la région de Nîmes se remparèrent de leur mieux[2].

Les invasions normandes furent autrement dévastatrices et eurent des résultats d'une portée bien plus considérable. Elles font apparaître tout à coup sur la scène un peuple jusqu'alors tellement inconnu qu'aucun nom n'existait pour le désigner et que, fait de mieux, les habitants des côtes du nord qui furent les premiers en contact avec lui, l'appelèrent du nom de la région même d'où il arrivait : Noord-mannen, Normands. On ne peut expliquer que par des hypothèses, d'ailleurs plausibles, les razzias maritimes des Scandinaves. La condition première en est évidemment le besoin éprouvé par une partie de la population de chercher au dehors les moyens d'existence que le sol ingrat et pauvre de la patrie ne dispensait plus suffisamment au gré d'hommes énergiques et hardis. Que l'on ajoute à cela, coïncidant avec ce malaise économique, des luttes intestines entre les chefs locaux, la fierté de vaincus refusant de se soumettre aux vainqueurs et entraînant avec eux leurs compagnons de guerre, l'espoir d'un retour triomphal après des aventures profitables, et l'on se fera une idée des motifs qui, depuis la fin du viiie siècle, ont poussé à l'envi sur la Mer du Nord, la Baltique, les plaines glauques de l'Atlantique du nord et jusque sur les flots bleus de la Méditerranée, Danois, Norvégiens et Suédois. Ces derniers furent attirés au dehors par un motif qui n'agit pas sur les peuples scandinaves de l'Ouest. Jusqu'à ces froides extrémités du mondes qu'ils habitaient, les deux grands Empires du sud, celui de Byzance et celui des Khalifes, jetaient du fonds des espaces comme un rayonnement d'or. Depuis la fin du viie siècle, les routes commerciales que forment, d'un côté, entre la Mer Baltique et la Mer Caspienne, le golfe de Finlande, la Neva, les lacs Ladoga et Onega, puis le cours de la Wolga, et d'un autre côté la Mer Baltique et la Mer Noire, la Duna aboutissant au bassin supérieur du Dniepr, avait commencé à s'animer. Les fouilles ont fait découvrir dans le sol de la Suède plus de 200.000 monnaies arabes et byzantines dont les plus anciennes datent de 698. Il est certain que les Suédois ne tardèrent pas à s'aventurer sur les chemins qui conduisaient vers les pays du soleil et de la fortune. Les Slaves désignaient ces étrangers sous le nom de *Rus* que leur avaient donné les Finnois, voisins des uns et des autres. Ces Russes scandinaves s'établirent bientôt en assez grand nombre dans les *pogostes* (marchés) où les marchands arabes ou khazars venaient, à époques fixes, acheter aux habitants leur miel et leurs fourrures. Ils y supplantèrent en assez peu de temps les autres étrangers. Ils dominèrent à ce point sur le cours du Dniepr, que les cascades du fleuve ont durant des siècles conservé les noms suédois qu'ils leur donnèrent. Vers le milieu du ixe siècle, ils s'imposèrent en maîtres à la population voisine des *pogostes*. D'après la tradition, Rurik aurait fondé Novgorod, et deux de ses compagnons, Askod et Dir, auraient, dès avant 862, pris possession de Kiev, la place de commerce la plus importante de toute la plaine du sud. En 892, le successeur de Rurik, Olaf, s'établit lui-même à Kiev qui commence depuis lors à étendre sa domination politique sur tous les pays voisins. On peut dater de ce moment la naissance d'un État russe, c'est-à-dire suédois, dans le bassin du Dniepr. Les princes et leurs compagnons de commerce et de guerre, vers lesquels affluaient jusqu'au commencement du xie siècle des renforts de la patrie, conservèrent jusque vers cette époque leur langue et leurs mœurs scandinaves[3]. Mais ils devaient finalement se laisser absorber par la population qu'ils gouvernaient et exploitaient, et c'est ainsi que le nom de ces hardis aventuriers du ixe siècle, par une extraordinaire fortune, a passé à travers les vicissitudes de l'histoire au plus grand des peuples slaves et à l'empire le plus étendu qui soit au monde. Par la situation de leur pays, les Norvégiens et les Danois étaient orientés vers l'ouest. Les pays qui s'offraient à leurs entreprises n'étaient pas, comme l'Empire byzantin ou l'Empire arabe, des États florissants, couverts de villes et promettant de fructueux profits commerciaux, mais des régions purement agricoles n'ayant rien à vendre ni à acheter. Aussi, tandis que les Suédois se trouvant en rapports avec des sociétés économiquement très avancées, cherchent avant tout à trafiquer avec elles, les Danois et les Norvégiens apparaissent-ils, soit comme des pirates et des pillards, soit comme des coureurs de la mer[4].

En même temps qu'ils assaillent les côtes du sud et de l'ouest, leurs bateaux explorent les eaux du nord. Des Norvégiens s'installent de bonne heure aux îles Feroë, découvrent l'Irlande en 874, la colonisent et, un siècle plus tard, s'avanceront de là jusqu'à la côte du Groenland. Mais c'est naturellement vers les régions européennes qu'ils sont surtout attirés par l'espoir du butin. L'Angleterre fut la première à supporter leurs attaques. Dès 783, un débarquement a lieu dans le Northumberland où les monastères de Lindisfarne et de Jarrow sont pillés et brûlés. Depuis lors, les incursions se succèdent, de plus en plus nombreuses et vigoureuses. Les rois anglo-saxons ne parviennent pas à repousser les envahisseurs. Au milieu du ixe siècle, la plus grande partie de la région orientale de l'île leur appartient, et en 878 Alfred le Grand est obligé de leur abandonner par traité le pays situé à l'est d'une ligne tirée de Londres à Chester, et qui fut longtemps désigné depuis lors sous le nom de Danelaw. L'Irlande n'échappe pas davantage à l'envahissement scandinave. Dublin fut, depuis le milieu du ixe siècle, et resta jusqu'au commencement du xie, une espèce de colonie normande. De ces postes insulaires, les hardis aventuriers se lançaient audacieusement vers le sud. Ils infestèrent les côtes du Portugal et de l'Espagne où ils attaquèrent Lisbonne et Séville (844), passèrent le détroit de Gibraltar, pillant Algésiras et les Baléares, s'avancèrent jusqu'aux bouches du Rhône, et débarquèrent parfois, rivaux lointains des pirates musulmans, sur les côtes italiennes. L'Empire franc par son voisinage, l'étendue de son littoral et le grand nombre de fleuves profonds qui y débouchent, devait avoir, et eut en réalité, le plus à souffrir des Normands. Depuis le règne de Louis le Pieux jusqu'au commencement du xe siècle, leurs incursions furent incessantes. Tout d'abord, elle apparurent tantôt sur un point, tantôt sur un autre, déroutant la défense par leur soudaineté et leur imprévu. Le Rhin, l'Escaut, la Meuse, la Seine, la Loire furent successivement remontés aussi loin que leurs eaux pouvaient porter les barques, et leurs rives dévastées à fond. Puis, le pays étant mieux connu par l'ennemi, il procéda avec plus de méthode et s'en tint surtout à la région qui, du nord de la Seine, s'avance jusqu'à la Frise. Le port de Duurstede, pillé quatre fois de suite (834-837), n'est plus qu'un amas de ruines ; Utrecht est détruit en 857. Il semble qu'un État scandinave et païen soit sur le point de se fonder en Frise, car en 890 l'empereur Lothaire, impuissant à repousser le viking Rurik lui donne en fief les rives du Waal et, en 882, Charles le Gros renouvelle cette concession en faveur de Godefroid, un autre barbare. L'année 879 marque l'apogée de la crise. Une véritable armée débarque sur les bords du Rhin et de l'Escaut qui, appuyée successivement sur ces camps retranchés établis à Gand et à Courtrai, puis à Elsloo, près de Maestricht, et enfin à Louvain, met durant plusieurs années toute la région en coupe réglée. Charles le Gros en 844 ne put la détourner de l'Allemagne rhénane que par un traité humiliant. Elle se dirige alors vers la Seine et s'obstine durant un an au siège de Paris qu'elle ne parvient pas à enlever (885). Après avoir promené la dévastation dans toute la France du nord, elle reparut en 891 à Louvain. Ce fut pour y être attaquée et anéantie enfin par Arnould de Carinthie. Depuis lors, les Normands ne risquèrent plus que quelques coups de main sur le territoire des Pays-Bas. Mais la Seine demeura longtemps encore leur objectif. Enfin en 911, Charles le Simple, ne pouvant les repousser, céda en fief à leur chef Rollon, la région d'entre Seine et Epte qui constitue depuis lors le duché de Normandie. Ce fut la fin des invasions. La Scandinavie, épuisée d'ailleurs par son effort et pourvue de conquêtes suffisantes, cessa d'épancher son trop plein sur le continent.

Le succès de ces agressions ne s'explique que par la faiblesse de l'État carolingien et par sa décomposition croissante. Pour résister aux Barbares, il eut fallu une flotte. Sans finances, comment en constituer une ? Et comment construire des forteresses pour la protection des côtes ? Comment, au milieu des luttes des rois entre eux et de la dissolution de la monarchie, concentrer les efforts et mener les armées à l'ennemi ? En réalité, les rois abandonnèrent la partie et laissèrent l'aristocratie tenir tête, comme elle put, par des efforts locaux et décousus, à l'invasion harcelante. Les chroniqueurs de l'époque ont conservé le souvenir de l'héroïsme de bon nombre de féodaux qui, comme les comtes de Paris, Robert le Fort et Eudes (le futur roi), établirent dans ces luttes, leur réputation. Mais d'autres n'y virent qu'un moyen de chantage pour s'assurer un accroissement de fortune en effrayant la faiblesse des rois par la menace de s'allier aux barbares. Sans les invasions normandes ce grand échafaudage carolingien serait tombé tout de même. Les secousses auxquelles il fut soumis ne firent que hâter sa chute.

La cession de la Normandie à Rollon n'est que de quelques années postérieure à la conquête de Kiev par Oleg[5]. La comparaison entre les deux États est intéressante. En Russie, les Normands furent et restèrent les maîtres du pays et y instituèrent, suivant leurs coutumes nationales, le gouvernement des Slaves qu'ils traitèrent en sujets. En France, en contact avec une civilisation supérieure, leur attitude fut toute différente. Rollon et les siens passent au christianisme et se mettent aussitôt à s'assimiler avec une rapidité surprenante. Vingt-cinq ans après leur arrivée, on ne parle plus scandinave qu'à Bayeux et sans doute sur la côte où les noms de lieux en *beuf* rappellent qu'il y a eu là une population de langue germanique. La francisation est si complète qu'il n'y a pas un seul mot scandinave dans le dialecte normand. Il n'y a pas plus de scandinavisme dans les institutions du duché. Elles s'adaptèrent tout de suite au milieu et ne diffèrent, en rien d'essentiel, de celles des autres grands fiefs. Cinquante ans après Rollon, la Normandie est une province aussi française que la Bourgogne ou la Champagne. Il ne faut pas oublier que c'est sur son territoire qu'est née la *Chanson de Roland* et que s'élevèrent quelques-uns des plus beaux spécimens de l'architecture romane, tels les grandes églises de Caen et de Bayeux. De germanisme il n'y a pas trace. Il y en a si peu que quand les Normands envahiront la Sicile et ensuite l'Angleterre (1066), ils y apparaîtront comme des conquérants français. Ce qui leur est resté, c'est l'esprit d'aventure qui, dès le commencement du xie siècle, en fait partir des masses pour l'Italie où quarante d'entre eux revenant d'un pèlerinage ayant été retenus en solde, ont fait savoir ce qu'il y avait à y gagner. Sans doute, faut-il y voir aussi, comme dans les migrations flamandes et brabançonnes de l'époque, la conséquence d'une surpopulation.

---

1. Ce sont là les étiquettes des partis. Au fond les ecclésiastiques seuls ont pu avoir un programme ; les laïcs se groupèrent suivant leur sympathies et leurs intérêts.
2. En 916, le pape Jean X, avec le roi Bérenger et des secours byzantins, s'emparèrent du camp retranché des Musulmans sur le Garigliano. Depuis lors, l'Italie centrale en fut débarrassée
3. Ce sont ces nouveaux venus qui s'appellent en russe, d'un vieux mot suédois signifiant : « étranger » (vaering). De là les $βαραγγοι$ de la garde de Constantinople composée surtout, au début, de Scandinaves.
4. Les Russes attaquèrent d'ailleurs Constantinople en 865, 907, 941, 944, 1043.
5. Ce n'est que dans le courant du xie siècle que les Scandinaves s'assimilent aux Slaves. En 1018 Kiev est encore toute scandinave.

2
LA DIVISION DE L'EUROPE

I. – Le Traité de Verdun

À l'unité romaine s'étaient substitués, à l'époque des Invasions, des États indépendants les uns des autres, conquis par des peuples différents et gouvernés par des dynasties appartenant à ces peuples. L'Europe d'alors, au point de vue de la division politique, était beaucoup plus proche de l'Europe des Temps Modernes qu'elle ne le fut longtemps après. Tous ces États – sauf les anglos-saxons et les wisigoths d'Espagne – vinrent se fondre dans la conquête carolingienne et s'absorber dans la grande unité politico-religieuse de l'Empire. C'est sur ses ruines que se constituèrent les États de l'Europe continentale. Mais le processus de leur formation fut cette fois bien différent de ce qu'il avait été à la fin de l'Empire romain. Rien de national n'apparaît dans les partages de la monarchie sous les fils de Louis le Pieux. La question ne se pose pas entre les peuples. Et comment d'ailleurs se serait-elle posée ? Puisque le gouvernement auquel ils étaient soumis avait un caractère universel et ecclésiastique, les partages politiques n'avaient en rien pour conséquence de les subordonner à l'un d'entre eux. Les Carolingiens étaient fongibles ; ils pouvaient gouverner n'importe où, leur nationalité n'importait pas plus que la nationalité du pape importe à l'Église. La différence, très réelle mais dont les peuples n'avaient pas conscience, entre Romains et non Romans, n'a donc joué aucun rôle. La querelle de Lothaire et de ses frères, l'un voulant maintenir l'unité à son profit, les autres voulant le partage, aboutit au compromis de Verdun (843).

C'est le premier des grands traités de l'histoire européenne et celui dont les conséquences ont été les plus durables. Aujourd'hui encore, la trace en reste visible dans l'Europe occidentale, où, entre la France et l'Allemagne, la Hollande, la Belgique, la Suisse et l'Italie représentent la part de Lothaire.

Mais hâtons-nous de dire que c'est l'histoire qui a donné au traité cette signification et non pas ses négociateurs. Ceux-ci voulurent tout simplement faire trois parts égales. Le point de vue auquel il se placèrent leur fut imposé par la constitution économique du temps. La société était purement agricole ; le commerce n'existait pas ; il n'y avait plus de villes. Dès lors, on ne pouvait chercher qu'à donner à chaque co-partageant, une région de revenu à peu près égal, et on n'avait à tenir compte ni des voies de communications, ni de l'étendue des côtes, ni de toutes ces considérations qui eussent rendu le découpage de l'Europe, tel qu'il y fut procédé alors, impossible, s'il avait eu lieu seulement plus tard. Tout le destin dépendit de la part à donner à Lothaire, l'aîné et le titulaire du titre impérial qui lui conférait à l'égard de ses frères une primauté tout au moins morale. Il devait évidemment avoir la part centrale. Elle fut constituée par l'Italie puis, en gros, à l'est par le cours du Rhin, à l'ouest par celui du Rhône et de la Saône, de la Meuse, puis par une ligne allant de Mézières à Valenciennes, et enfin par le cours de l'Escaut.

Cette part centrale étant constituée, le reste alla à ses frères : Charles le Chauve eut tout ce qui était à l'ouest jusqu'à la mer ; Louis tout ce qui était à l'est jusqu'aux confins des marches dressées contre les Slaves. C'est le hasard qui a voulu que la part de Louis fût purement composée de peuples germaniques et celle de Charles, de peuples presque entièrement romains. Mais il suffit de considérer le lot de Lothaire pour voir combien peu les différences nationales furent prises en considération. Il est constitué aussi complètement qu'il est possible à rebours des conditions géographiques et ethnographiques. Coupé par les Alpes et par le Jura, il comprend, du nord au sud, des Frisons, des Flamands, des Wallons, des Allemands, des Provençaux et des Italiens. On ne s'est évidemment pas plus inquiété des populations que les États modernes ne s'occupent des tribus nègres quand ils se partagent l'Afrique. Et c'était très bien ainsi : personne ne pouvait se plaindre, puisque les peuples ne sentaient que le gouvernement de l'aristocratie et que partout l'aristocratie était locale. Il n'existait pas de nations au IXe siècle. Il n'existait que la chrétienté. On pouvait découper l'Europe en État comme en diocèses sans que personne en souffrît. C'était une répartition pour la dynastie, qui passait par dessus les peuples et ne gênait personne. Le Traité de Verdun s'adapte donc parfaitement à une Europe dans laquelle la politique est universelle et l'économie domaniale sans débouchés. Sans ces deux conditions essentielles, il eût été impossible dans la forme qu'il prit.

Ainsi le premier pas fait dans la voie qui devait mener l'Europe, à travers tant de sang, à sa répartition en États nationaux, fut fait sans la moindre préoccupation des nationalités, et même à vrai dire à rebours d'elles. Le même esprit devait se manifester durant toute la décadence carolingienne.

À la mort de Lothaire (855), ses trois fils se partagèrent son Empire. L'aîné Louis eut l'Italie avec la dignité impériale, le second, Charles, le pays du Jura à la Méditerranée, le troisième, Lothaire, les territoires au nord du Jura. Le partage semble, cette fois, déterminé par des considérations géographiques, mais les nationalités furent à nouveau, complètement oubliées. Le royaume de Lothaire II est disparate et c'est pourquoi, faute de pouvoir lui donner un nom national, on l'appela de son nom : Lotharingia, Lotharingie. Lorsque Charles mourut sans enfant (863), ses deux frères se partagèrent très naturellement sa part, Louis prenant le sud et Lothaire le nord. Mais il n'en alla plus aussi régulièrement quand Lothaire II disparut à son tour, lui aussi sans héritiers légitimes (869). Si l'on avait procédé suivant la règle, Louis II aurait dû être son héritier. Mais le malheureux étant trop faible, ses deux oncles, Charles et Louis ambitionnèrent l'un et l'autre sa succession. Ils se rencontrèrent à Meersen et, au lieu de combattre, traitèrent. La Lotharingie fut divisée en deux, cette fois à peu près suivant la frontière linguistique, non par principe mais parce qu'elle se répartissait en deux moitiés sensiblement égales. Charles le Chauve, à la mort de son frère Louis (876), cherche à reprendre ses États. Il fut battu par son neveu Louis III, alors roi de Germanie, à Andernach. C'est la première bataille dans laquelle une armée française et une armée allemande se soient disputé la Lotharingie, quoiqu'il ne soit encore question ni de France, ni d'Allemagne. Il l'est si peu, que les contemporains appellent du même nom de France le royaume de l'est et celui de l'ouest, ajoutent seulement occidentale et orientale. La mort (6 octobre 877) ne laissa pas à Charles le temps de renouveler sa tentative. Son fils Louis le Bègue qui lui avait succédé, mourut peu après (10 août 879). Louis III profita habilement de troubles qui éclatèrent à ce moment parmi les vassaux de celui-ci, pour se faire céder tout le territoire que Charles le Chauve avait acquis. Cette fois, la Lotharingie se trouva tout entière rattachée au royaume oriental.

Pendant que cette partie septentrionale des pays de Lothaire Ier était ainsi disputée, un autre de leurs fragments, en la même année 879, s'érigeait spontanément en royaume ; le comte Boson de Vienne, gendre de l'empereur Louis II (875), se fit élire, par quelques évêques et quelques grands, roi de Basse-Bourgogne ou de Provence : de plus en plus l'aristocratie mène les choses. Cependant, c'est encore là une simple manifestation locale. En 885, la famille des Carolingiens, étant presque éteinte[1], tout l'Empire, à l'exception de la Bourgogne, adopte Charles le Gros comme souverain. Et ceci encore prouve à quel point les questions nationales sont absentes dans tous ces événements. Car Charles est le dernier fils de Louis le Germanique et pourtant la France tout entière le reconnaît.

Mais son incapacité et les honteux traités qu'il consentit aux Normands, lassèrent la patience de l'aristocratie. Arnould, qui gouvernait la Carinthie, se révolta contre lui. Il fut déposé par les Orientaux en 887 et s'en alla mourir dans un monastère, tandis qu'Arnould de Carinthie se voyait conférer la couronne par les grands. Arnould appartient encore à la famille carolingienne, mais il n'est que le bâtard de Carloman, fils de Louis le Germanique. L'héritier légitime des Carolingiens était le petit Charles le Simple ; mais c'était encore un enfant, personne ne le reconnut. Les grands du Royaume occidental firent comme les Bourguignons, ils se donnèrent un roi, et désignèrent comme tel Eudes, comte de Paris qui avait défendu la ville contre les Normands en 886 et dont le père, Robert de Paris, était mort en les combattant. Enfin, en 888, un nouveau royaume, œuvre encore de l'aristocratie, apparaît en Haute-Bourgogne (du Jura aux Alpes Pennines) au profit du comte Raoul. Quant à la Lotharingie qui avait reconnu Arnould, elle fut, en 895, érigée par lui en royaume pour son fils Zwentibold. Les grands du pays l'avaient vraisemblablement exigé.

Cependant Eudes étant mort en 898, Charles le Simple, alors majeur, fut proclamé roi de France ; l'idée dynastique subsistait donc toujours. Arnould mourut l'année suivante (899) et Zwentibold fut tué par les grands en 900. Comme jadis Charles le Gros, Charles le Simple eût pu reconstituer l'unité carolingienne. Il n'en fit rien cependant. Les grands de la Francia Orientalis reconnurent pour roi le fils d'Arnould, Louis l'Enfant, à peine âgé de sept ans et qui se rattachait encore aux Carolingiens.

Y a-t-il dans ces faits un commencement de division nationale ? Les Français n'ont pas reconnu Arnould en 887, ni les Allemands, Charles le Simple, en 899. Il est impossible cependant d'y voir une division nationale. Les Français, en 883, avaient reconnu Charles le Gros parce qu'il était empereur depuis 881. Charles le SImple ne l'était pas et Louis l'Enfant était Carolingien. Il y avait là une continuation du partage de la monarchie dans la dynastie. Mais la dynastie était très ébranlée et l'Empire était disputé par les principicules italiens. Évidemment l'unité européenne se rompait. L'aristocratie disposait des couronnes à sa guise. D'autre part, à la périphérie de l'ancien Empire, on avait perdu tout intérêt pour ce qui se passait au centre, dans le vieux pays historique d'entre-Seine et Rhin, ainsi que le prouvent les séparations de la Bourgogne et de l'Italie. Or les princes qui reconnurent Louis l'Enfant étaient surtout des transrhénans. L'idée nationale était à ce point absente dans l'aristocratie qu'après la mort de Louis l'Enfant, survenue en 911, les grands de Franconie, Souabe, Bavière et Saxe, les quatre duchés allemands, nommèrent roi le duc Conrad de Franconie, tandis que les grands de Lotharingie, Allemands contre Romans, se détachant de la Francia Orientalis à laquelle ils avaient été rattachés depuis le règne d'Arnould de Carinthie, reconnurent pour leur souverain, après la mort de leur roi Zwentibold, le roi de la Francia Occidentalis, Charles le Simple, qui leur laissa, sous Regnier au Long Col, leur autonomie. Les transrhénans, en nommant Conrad, avaient nettement rompu avec la dystanie carolingienne. Désormais, celle-ci ne fut plus qu'une dynastique locale, elle avait perdu son caractère universel. On peut dater de l'élection de Conrad la dissolution définitive de l'unité carolingienne ; elle était fatale du moment que la dynastie ne ceignait plus la couronne impériale. La grande Francia n'existe plus. Son nom se restreint dès lors, chose intéressante, au pays où règne encore un Carolingien. Mais il n'est plus qu'un nom spécial. Il faut parler désormais de royaume de France et de royaume d'Allemagne. Ils se sont séparés et vont suivre leurs destinées sans que les nationalités distinctes y aient poussé le moins du monde ou en aient eu conscience. De cette unité carolingienne disparue, ils conservent d'ailleurs, l'un et l'autre, le même commun héritage qui a survécu à tout, même à l'Empire : l'indissoluble union du pouvoir royal avec l'Église, tant à cause de la supériorité intellectuelle de celle-ci, qu'en vertu même de la conception, qui subsiste, des devoirs de la royauté.

II. — Les nouveaux États

Entre ces deux États distincts qui viennent de sortir de l'unité carolingienne, France et Allemagne, il n'y a aucun motif d'hostilité nécessaire et interne. Les nationalités sont différentes, mais pas plus différentes de l'une à l'autre que ne l'est dans chacun des États, le contraste, par exemple des Bavarois et des Saxons, ou des Flamands et des Provençaux. Aucune tradition d'antagonisme. Au contraire, les deux pays ont vécu ensemble, ont eu les mêmes institutions. Leur constitution économique ne les pousse pas à empiéter l'un sur l'autre. Et pourtant entre eux s'élève tout de suite cette question belge que l'on pourrait appeler la question d'Occident et qui depuis lors, périodiquement et sous des formes diverses, se retrouvera dans tout le cours de la politique européenne. Elle apparaît alors comme une question lotharingienne.

L'aristocratie lohtaringienne se rappelle que la Lotharingie a formé un royaume. Elle a beau appartenir à des nationalités diverses par la langue, elle forme un même groupe social. Sur cette frontière où sont nés les Carolingiens, dans cet extrême nord romain où les influences romaines et germaniques se croisent, un sentiment d'autonomie s'est formé chez les grands. Ils ont eu des rois à eux, Lothaire II, Zwentibold ; ils veulent continuer la tradition. Ils n'ont pas reconnu Conrad de Franconie, élu par les duchés allemands et se sont placés sous la royauté de Charle le Simple qui les a laissés sous l'autorité de leur duc Regnier ; celui-ci prend une attitude si indépendante que déjà son fils Gislebert vise à obtenir le titre royal. Conrad n'a pu l'en empêcher. Mais dès qu'avec Henri l'Oiseleur, l'Allemagne possède un roi fort, elle intervient. Pour les Carolingiens, la Lotharingie est une partie de la France depuis Charles le Simple. Pour les rois d'Allemagne, elle fait nécessairement partie du royaume d'Allemagne. Elle appartiendra au plus fort et le plus fort est l'Allemagne. Désormais il n'y a plus d'intermédiaire, dans le nord, entre les deux grands royaumes occidentaux. La frontière franco-allemande est la frontière lotharingienne Escaut-Meuse. Elle le restera pendant des siècles. La situation nouvelle, qui s'est réalisée malgré la volonté du pays, est un ferment de discorde pour l'avenir. L'aristocratie mécontente a derrière elle une puissance pour la soutenir. Ses mœurs l'attirent plus à l'ouest qu'à l'est. Il y a là un danger futur. Dans ce territoire se répercuteront à travers l'histoire les oscillations de la prépondérance politique.

La Lotharingie est devenue un duché d'Allemagne malgré elle, parce que l'Allemagne était plus forte que la France.

Cette puissance plus grande ne lui vient ni de ce qu'elle est plus riche, ni de ce qu'elle est plus peuplée. Elle est plus puissante parce que le roi est plus fort. Pourquoi l'est-il ? Pour un double motif : tout d'abord parce que l'évolution sociale y est moins avancée, ensuite parce que la frontière de l'est est attaqué par la barbarie.

L'évolution sociale est moins avancée en ce sens que l'aristocratie locale compte moins de familles puissantes ; plus on s'écarte du Rhin, en effet, moins l'organisation domaniale est développée. Les habitants, beaucoup plus proches encore de leur ancien régime tribal, vivent sous le protectorat provincial d'une dynastie locale. En Saxe et en Bavière surtout, loin des centres, le sentiment de tribu se maintient. Les ducs héréditaires sont reconnus comme de vrais chefs nationaux. Plus proche du Rhin, en Souabe et en Franconie, une situation déjà plus compliquée et plus avancée rend le pouvoir ducal moins national. Au delà, en Lotharingie, il n'en est plus du tout ainsi. Le duc n'est là que le chef de l'aristocratie, sans racines populaires, puisqu'il n'y a pas à proprement parler de nation lotharingienne. Ainsi la situation de l'Allemagne est assez simple. Au lieu d'une multitude de grands, quatre ducs, cinq au plus, disposent du pouvoir. S'ils reconnaissent la nécessité de s'allier au prince qu'ils acceptent comme roi, ils peuvent grouper tout le pays autour de lui.

Et ils le reconnaissent bientôt. Car la situation de l'Allemagne est très périlleuse, non à l'ouest où la question lotharingienne est plutôt dynastique, mais à l'est où elle est nationale. C'est de ce côté, en effet, qu'elle touche à la barbarie, et la décadence carolingienne a fait beau jeu à celle-ci. Les Wendes, le long de l'Elbe et de la Saale, les Tchèques plus au sud, se mettent à assaillir les frontières et bientôt apparaît un plus terrible ennemi, le dernier venu des peuples européens : les Magyars ou Hongrois.

C'est le dernier flot de cette inondation finnoise qui, depuis Attila, n'a cessé de battre le long de l'Europe, y envoyant les Avars, et enfin ces Magyars qui, eux aussi, après avoir traversé la steppe russe, se sont enfoncés dans le couloir du Danube, poussés par les Petchénègues. Leurs premières razzias se sont exercées dès la fin du ixe siècle et déjà Arnould de Corinthie a dû combattre contre eux. Leur arrivée en Europe est de la plus grande importance pour les Slaves occidentaux qu'ils coupent en deux. Ils détruisent le royaume de Moravie fondé par les Tchèques de Bohême. Ceux-ci sont désormais séparés des Croates et des Serbes, ainsi que les Polonais et, par là, coupés de l'influence byzantine qui venait de se manifester en Bohême par l'envoi des évangélisateurs Méthode et Cyrille que le prince de Moravie Rathislaw avait fait venir pour échapper à l'influence franque. Du Danube, les Hongrois se lancent sur l'Allemagne et l'Italie, aussi terribles que les Normands et aussi aventureux. Un de leurs raids a pénétré jusqu'au Rhin, d'où il revint en ravageant la Bourgogne.

Contre ces dangers, Conrad n'a rien pu faire. Mais il en va autrement après l'élection du duc de Saxe Henri Ier (l'Oiseleur), en 919. Il aurait pu sembler que le pouvoir royal allait s'affaiblissant toujours, puisque, après un Carolingien et après Conrad, on élisait un roi Saxon[2]. Mais c'était le plus puissant duc d'Allemagne et son règne tout militaire rehaussa la royauté par les services qu'il rendit. Avec ses Saxons, Henri repousse les Slaves, impose un serment au duc des Bohémiens, bat les Hongrois qui ont pénétré jusqu'à Merseburg (933). Il a si bien consolidé le pouvoir que les princes ont reconnu de son vivant, son fils Othon, comme son successeur.

Henri a surtout agi par son duché de Saxe. Othon apparaît comme roi d'Allemagne. Les ducs le servent à table à son inauguration. Malgré leurs révoltes, il a pu les associer à son œuvre militaire. Elle est la continuation de celle de son père. Comme lui, il affermit le régime allemand en Lotharingie. Mais son importance est surtout à l'est. Les Hongrois sont définitivement vaincus à Augsbourg (955). Désormais ils se fixent et deviennent chrétiens, et par là, en dépit de leur origine finnoise, ils entrent pour toujours dans la communauté européenne, ce qui prouve que les différences de races ne font rien, et l'ambiance historique tout. Chez les Slaves, sont fondés des évêchés à Meissen, Mersebourg, Zeitz, Brandebourg, Havelberg, Oldenbourg, qui sont rattachés à l'archevêché de Magdebourg fondé en 968. Une expédition est envoyée jusqu'en Pologne où le duc Mesko Ier prête serment, paye tribut et devient chrétien (966), fait d'une importance considérable en ce qu'il rattache la Pologne à Rome. De même au nord, le roi de Danemark Harold à la dent bleue, est forcé de fonder des évêchés et de se convertir au christianisme.

Le rôle de l'Allemagne se dessine ainsi vers l'est. Elle commence à reconquérir sur les Slaves les pays de la rive droite de l'Elbe que les Germains avaient abandonnés lors des grandes invasions. Au reste, il n'y a pas encore là de colonisation germanique, car il n'y a pas trop d'habitants en Allemagne. Ce que veut Othon, c'est fixer les barbares, et les christianiser. Il se rapproche d'ailleurs de l'Église comme l'ont fait les Carolingiens, mais dans un mode assez différent. Chez les Carolingiens, le chef de l'État est étroitement en rapport avec le chef même de l'Église. Pour Othon pareille situation ne peut exister, et parce que la papauté de son temps est complètement dégradée, et parce qu'il n'est pas empereur. C'est auprès des évêques — non du pape — qu'il cherche son appui. Par eux, il pourra opposer un personnel politique aux grands laïques, et c'est parmi les prélats qu'il recrutera ses conseillers. Son frère Brunon est archevêque de Cologne, il en fait le duc des Lotharingiens. Cet exemple est caractéristique : les évêques vont devenir des gouverneurs. Othon les envisage plus à ce point de vue laïque qu'au point de vue spirituel. On pourrait dire que ce qui distingua sa politique de celle des Carolingiens, c'est que ceux-ci cléricalisèrent l'État, tandis qu'il laïcisa l'Église. Mais pour que l'Église lui fournisse un appui solide, il faut qu'elle soit puissante. De là des donations en masse aux évêques, de terres et de comtés. Le roi le peut, alors que ne l'eût pu le roi de France, parce que beaucoup de comtés dépendent encore de lui et qu'il procède à la confiscation des terres des grands qui prétendent lui résister. C'est parce que l'évolution de l'Allemagne est moins avancée dans le sens de la féodalité, que sa politique royale fut possible, et qu'il put faire des évêques des princes d'Empire. Toute l'Allemagne et la Lotharingie se couvrent de principautés épiscopales : féodalité d'un type spécial dont le monarque dispose à son gré. Les princes évêques sont formés dans sa chapelle, comme des espèces de pages ecclésiastiques. Ils lui doivent tout et partout où ils pénètrent, sous Othon et ses successeurs, ils se distinguent des laïques par l'idée qu'ils se font de ses droits souverains. Leur formation savante et la culture de leur esprit les élève à l'idée de discipline. Par eux, le roi est plus fort, non pas l'État, puisqu'ils en reçoivent une partie. L'évêque Gérard de Cambrai (1012-1031) refuse d'introduire la paix de Dieu dans son diocèse parce qu'il appartient au souverain seul de maintenir la paix publique. Par eux, dès le Xe siècle, les Lotharingiens admirent la discipline germanique.

Et ils sont d'autant meilleurs serviteurs qu'ils sont plus instruits. Plusieurs d'entre eux entretiennent des écoles très remarquables. Celles de Liège surtout sont célèbres. La tradition carolingienne ici encore est reprise. Au reste, Othon ni ses successeurs ne se mêlent de questions dogmatiques. Il leur suffit d'avoir l'Église bien en mains. Leur *Reichskirche* ressemble un peu aux *Landenkirchen* luthériennes de l'avenir.

Le pape, absolument impuissant, laisse le champ libre à cette grande politique épiscopale du roi d'Allemagne. Loin de chercher à affirmer sur lui sa primauté, il s'en fera un protecteur ; Jean XII l'appelle à son aide et, le 2 février 962, reconstitue pour lui la dignité impériale. Elle ne devait que mettre l'Église davantage dans les mains d'Othon, en attendant qu'elle fît éclater sur l'Allemagne la guerre des investitures.

L'acquisition de l'Empire par Othon n'est qu'une conséquence de sa puissance personnelle. Déjà, le marquis d'Ivrie, Bérenger fuyant devant le roi Hugues d'Italie, s'était déclaré son vassal et, en 951, Othon avait franchi les Alpes et pris le titre de roi d'Italie. La péninsule, qui avait un moment été abandonnée à elle-même et n'en avait profité que pour se déchirer, était pour des siècles rattachée à l'Allemagne.

L'intervention d'Othon ne s'y explique pas du tout comme celle des Carolingiens par l'intérêt de la papauté. C'est pour lui une question dynastique, absolument étrangère aussi à l'intérêt allemand. Rien n'attirait l'Allemagne au sud des Alpes. Son intervention dans ce pays est même en contradiction avec son mouvement d'expansion à l'Est. Othon songeait-il déjà à l'Empire quand il a fait cette première expédition ? En tous cas, l'ayant faite, il devait aller à Rome et devenir empereur. Tout pouvoir fort reparaissant en Europe, devait nécessairement graviter vers Rome.

L'Empire reconstitué au profit du roi Othon, Rome et l'Italie allaient prendre, dans la politique des souverains allemands, une place de plus en plus grande. Pourraient-ils en porter le faix ? Déjà, après le règne d'Othon (973), Othon II a été obligé de marcher contre les Sarrasins du Sud, s'est fait battre par eux en Calabre et est mort peu après à Rome (983). Othon III, son fils, perdu dans des rêveries impériales, devait s'y établir, y oublier l'Allemagne et y mourir en 1002. Cependant, en Pologne, Boleslas Chrobry se rendait indépendant, l'Église polonaise et l'Église hongroise, sous les archevêques de Gnesen et de Gratz, se détachaient de l'Église allemande ; les Wendes sous Othon II s'étaient révoltés et avaient secoué le joug, et le paganisme sous Svend Gabelbart reparaissait en Danemark. Henri II, le dernier Saxon, négligea de rétablir son autorité sur les confins de son royaume pour ne s'occuper que de l'Italie, où le marquis Ardoin d'Ivrie (1014) s'était proclamé roi. Il était évident que l'idée impériale l'emportait sur l'idée royale. A vrai dire, il n'y a pas de roi d'Allemagne ; le roi s'appellera *Rex Romanorum* comme l'empereur : *Imperator Romanorum*. Il n'y a pas de mots pour désigner l'Allemagne. On la confond avec l'Empire. Ses rois s'épuiseront à maintenir celui-ci. Ils sont tous Allemands mais ils n'ont pas de politique allemande. Ils n'ont de force qu'au nord des Alpes et ils sont continuellement attirés en Italie. Ils s'useront à cette politique. L'Allemagne a été la victime de l'Empire, mais son histoire se confond avec la sienne. Les rois d'Allemagne ont évidemment entrepris une tâche trop lourde pour leurs forces. On peut se demander quel eût été le destin de l'Europe si, au lieu de s'épuiser au sud des Alpes, ils avaient continuellement poussé vers l'est. Quant au peuple allemand, qu'on ne dise pas qu'ils l'ont abandonné. Le peuple ne voulait rien. Aucun besoin, sauf la défense des frontières, ne le poussait à l'est. Les expéditions en Italie, grâce au système économique du temps, ne l'épuisaient pas. Les souverains du XIe siècle ne pouvaient pas se faire un autre idéal de leur mission qu'un idéal religieux ou si l'on veut ecclésiastique. La tradition carolingienne dominait complètement. On comprend très bien qu'Othon ne s'y soit pas dérobé. Il n'y a pas encore de politique nationale possible. La seule conception qu'un monarque fort puisse se faire de son pouvoir, est la conception de l'universalité chrétienne. En l'absence de conscience nationale, plus l'état économique est primitif, plus l'idéalisme universel est permis aux gouvernements ou, pour mieux dire, la politique ne pouvant s'inspirer d'intérêts, se meut dans la sphère des idées.

Éteinte en Allemagne avec Louis l'Enfant en 911, la dynastie carolingienne se maintient encore en France jusqu'en 987. A la mort d'Eudes de Paris (878), les grands du royaume étaient revenus à la famille royale traditionnelle et avaient reconnu Charles le Simple, dont ils ne s'étaient écartés d'ailleurs, à la mort de Charles le Gros, que parce qu'il était mineur. De Carolingien d'ailleurs, Charles le Simple et ses successeurs n'ont plus guère que leurs noms : Charles, Lothaire, Louis. Aucun d'eux n'a porté le titre impérial, aucun d'eux n'a songé à le revendiquer. Le petit-fils de Charles le Simple, Lothaire, a laissé sans mot dire s'accomplir à Rome le couronnement d'Othon. La seule idée qui les rattache encore à leurs traditions de famille, c'est la ténacité avec laquelle ils ont prétendu recouvrer la Lotharingie. Lothaire a encore eu la satisfaction de s'avancer jusqu'à Aix-la-Chapelle où il a failli surprendre Othon II, et de tourner face à l'est l'aigle qui surmontait le toit du palais. Mais ses forces n'étaient pas proportionnées à son entreprise. La même année, 978, Othon II conduisait par représailles une armée jusque sous les murs de Paris. La Lotharingie, un moment conquise, fut perdue pour la France ; seul l'évêché de Verdun lui restait acquis.

Le fils de Lothaire, Louis V, ne régna qu'un an. A sa mort un seul Carolingien subsistait, son oncle Charles, frère de Lothaire, qu'Othon II avait fait duc de Lotharingie. Il essaya vainement de conquérir la couronne, appuyé par quelques grands de son duché, mais il fut fait prisonnier par Hugues Capet en 991. Son fils Othon, dont le nom prouve qu'il était devenu étranger à sa race, lui succéda comme duc de Lotharingie. Avec lui s'éteignit obscurément, on ne sait au juste en quelle année (de 1005 à 1012), la glorieuse dynastie carolingienne.

L'impuissance de ses derniers représentants, qui contraste si fort avec les succès et les entreprises des rois allemands, ne s'explique pas du tout par leur incapacité. Louis, le fils de Charles le Simple, et Lothaire furent des hommes énergiques et entreprenants. Mais le sol se dérobait sous eux. L'aristocratie avait achevé de prendre, dans les pays sur lesquels ils régnaient, un ascendant irrésistible. Le roi n'avait plus que le pouvoir qu'elle voulait bien lui laisser et elle ne voulait lui en laisser que le moins possible afin de pouvoir mieux absorber les comtés et constituer, par leur agglomération, ses principautés féodales. Peut-être, s'il avait fallu résister à une invasion, se fût-elle groupée autour de la couronne. Mais depuis l'établissement des Normands sur la côte en 911, la France n'a pas d'ennemis extérieurs. Les grands se désintéressent tout à fait de la Lotharingie, dont la possession n'est qu'une question dynastique. Le roi y tient surtout pour accroître sa puissance, laquelle ne s'exerce plus, en fait, que sur ses derniers domaines et sur ses derniers vassaux du pays de Laon. Il ne peut plus rien par lui-même à l'intérieur. Veut-il diriger une entreprise contre un de ses vassaux, il est obligé, pour le pouvoir, de s'allier à un autre[3]. Lothaire essaye vainement d'empêcher le comte de Flandre, Arnould, de s'avancer au sud de la Lys. La fidélité de ses vassaux se fait de plus en plus douteuse. En 922, une partie d'entre eux, abandonnant Charles le Simple, nomme roi Robert de Paris, tué l'année suivante. On le remplace par le duc Raoul de Bourgogne et Charles le Simple meurt en captivité. Sous Louis V, Hugues le Grand, fils de Robert, est tout puissant. C'est à lui que le roi a dû son élection. Aussi prétend-il le mettre en tutelle. Bientôt il se révolte ouvertement contre son autorité, et il faut qu'Othon Ier d'Allemagne vienne au secours du roi légitime pour lui conserver sa couronne (946). Tout naturellement le roi de France a donc dû chercher à se refaire une puissance en tournant ses efforts vers l'extérieur. A l'intérieur s'il parvient à se maintenir, c'est non à cause de sa force, comme le roi d'Allemagne, mais à cause de sa faiblesse. On recourt toujours à lui parce qu'il n'est pas dangereux et le plus puissant vassal à intérêt à s'appuyer sur lui pour empêcher d'autres féodaux de se dresser en concurrents de son autorité.

A la mort de Louis V, et en l'absence d'un héritier carolingien possible — le duc de Lotharingie Charles, dernier représentant de la dynastie, n'étant pas accepté par l'aristocratie de la France — l'élection de Hugues Capet (Ier juin 987) s'imposait par les traditions de sa famille ; deux de ses ancêtres avaient été rois et l'archevêque de Reims Adalbéron le soutenait. Avec son accession au trône une nouvelle dynastie commençait qui allait durer sept cents ans et prendre l'hégémonie en Europe. Rien ne l'indiquait. La nomination de Hugues Capet est une grande date, mais ce n'est pas un grand fait. Rien ou presque rien n'était changé. On avait déjà nommé des rois Capétiens, le fait n'était donc pas nouveau. La conception de la royauté ne s'en trouvait point modifiée. Il serait tout à fait faux de croire que Hugues et ses successeurs se soient fait du pouvoir royal une autre idée que les derniers Carolingiens. Rien n'est changé, ni dans le titre, ni dans les emblèmes royaux, ni dans l'organisation de la Cour. Le roi est toujours l'oint de l'Église, il se considère toujours comme le gardien temporel de l'ordre et le protecteur de l'Eglise. L'idéal carolingien est l'idéal royal, il n'y en a pas d'autre. Bien plus, le pouvoir royal n'a que des limites de fait. Personne, sauf l'Église, ne pourrait dire où il doit s'arrêter. Tout dépend de la force du roi et de l'aristocratie. C'est une question de doigté de savoir jusqu'où peut aller la puissance royale. Et les Capétiens ont accepté la situation. Ce ne sont pas du tout des rois féodaux en ce sens qu'ils auraient considéré leur pouvoir comme légalement restreint par celui de l'aristocratie. Non. Ils sont seulement des opportunistes qui sentent jusqu'où ils peuvent aller. Ils le sentent mieux que les Carolingiens pour deux motifs. Le premier c'est qu'avec eux la royauté est devenue purement élective. Elle l'était devenue déjà sous les Carolingiens, il est vrai, mais tout de même ils formaient une dynastie. Les Capétiens, au contraire, doivent en créer une. C'est ce qui leur dicte leur politique : ils veillent à ne pas mécontenter les grands, à ne pas les rendre méfiants. Ils évitent toute difficulté à l'intérieur et aussi à l'extérieur. C'est pourquoi les Capétiens laissent tomber la question lotharingienne. Ils se contentent de vivre et de laisser chaque fois, par bonheur, un héritier qu'ils font élire de leur vivant. Pour eux comme pour les premiers Othons, l'hérédité s'établit ainsi en fait ; mais si en Allemagne, elle s'impose par le prestige de la force, en France elle s'insinue par la faiblesse.

Les premiers Capétiens se terrent, sans aucun amour-propre. Philippe Ier, battu par le comte de Flandre, Robert le Frison (1071), se réconcilie avec lui et épouse sa belle-fille. Les rois ne s'appuient que sur leur propre domaine de Paris, d'Amiens, d'Orléans et de Bourges. Ils ne peuvent constituer de principautés ecclésiastiques comme les Othons ; les grands laïques ont tout absorbé. Ils laissent faire. Et c'est l'Église, et non le roi, qui organise les « paix de Dieu ». Ils se contentent de prendre part aux fêtes et assemblées des grands, de donner des diplômes aux abbayes. Ils sont si modestes qu'ils n'ont pas d'historiens. Ils épousent de simples princesses. Ils ne sortent pas de chez eux. On ne les voit pas. Ils ne reçoivent ni n'envoient d'ambassades. Robert le Pieux, le fils d'Hugues (946-1031) refuse la couronne d'Italie que lui offrent les grands de Lombardie. Henri Ier (1031-1060) laisse l'empereur Conrad II s'approprier le Royaume de Bourgogne. Philippe Ier (1060-1108) ne fait pas davantage parler de lui. Mais ils durent et ils s'implantent. En même temps leur résidence, Paris, qu'ils ne quittent guère, devient peu à peu une capitale. C'est la première que l'Europe ait connue. Jusque-là les rois ont été errants. Ceux-ci, princes territoriaux, se fixent et donnent un centre au pays. Il n'y avait aucun motif pour que Paris fût la capitale de la France. Elle l'a été parce qu'elle était la résidence des Capétiens.

Aussi, tandis que les rois allemands, fortifiés par la robustesse d'une société primitive, dépensent et usent leurs forces dans les entreprises grandioses et emplissent la chrétienté de leur nom, mais sans s'attacher au sol, les rois de France, au milieu d'une société plus avancée qui restreint leur pouvoir, humbles et modestes, bâtissent tranquillement et obscurément pour l'avenir. Comparés à leurs contemporains d'Allemagne, démesurés et poétiques, ils sont prosaïques et pratiques. Ce sont des gens de bon sens, qui connaissent leurs forces et qui se fortifient insensiblement. Et lorsque, sous Louis VI, fils de Philippe Ier, une ère de périls va s'ouvrir avec la conquête de l'Angleterre par Guillaume le Conquérant (1066), la royauté se révélera comme déjà suffisamment affermie, pour affronter la lutte qui, désormais, va dominer l'histoire à toutes les époques.

---

1. Il n'existait plus que Charles, fils de Louis le Germanique et un fils mineur de Louis le Bègue.
2. Conrad est Franconien et donc d'un pays avancé et plus évolué. Henri, Saxon, est plus arriéré et plus fort. C'est déjà le contraste que l'on trouvera plus tard quand la Prusse prendra le pas sur les autres États allemands.
3. Par exemple à la Flandre contre les Normands.

3
LA FÉODALITÉ

I. – La désagrégation de l'État

On désigne habituellement sous le nom de « féodal » le système politique qui a régné en Europe après la disparition de l'État carolingien. Cette habitude remonte à la Révolution française qui a indistinctement mis à charge de la féodalité tous les droits, privilèges, usages et traditions qui s'opposaient à la constitution de l'État et de la société modernes. Pourtant, à prendre les mots dans leur sens exact, on ne peut entendre sous les noms de féodalité et de système féodal, que les rapports juridiques naissant du fief ou du lien vassalique[1], et c'est un abus de langage que d'élargir leur sens jusqu'à y faire entrer tout un ordre politique dans lequel l'élément féodal n'est à tout prendre que secondaire et, si l'on peut ainsi dire, plus formel que substantiel. Conservons l'usage adopté mais faisons observer que ce dont il est question avant tout, dans le système dit féodal, c'est de la désagrégation de l'État.

Tout poussait à cette désagrégation depuis que l'impossibilité matérielle s'était démontrée, dès l'établissement des royaumes fondés par l'invasion germanique, de continuer l'État romain. Elle était en train de se faire à la fin de la période mérovingienne quand la royauté, sur laquelle tout reposait reçut momentanément un renouveau d'influence et par les grandes conquêtes et par son alliance avec la papauté. Mais ces conquêtes, et cette influence n'avaient pu que retarder momentanément la désagrégation commencée, car les causes de celle-ci étaient impliquées dans l'ordre social lui-même. Le roi seul pouvait maintenir l'organisation politique.

Théoriquement l'État était un État monarchique et administratif mais on a vu combien, même sous Charlemagne, il était faible. C'est que sa constitution politique ne répondait pas à sa nature économique. Depuis que le commerce et les villes ont disparu l'on est entré dans une période où les grands domaines absorbent à la fois les terres et les hommes et mettent les revenus de la première et les bras des seconds à la disposition d'une classe de magnats. Ceux-ci sont d'autant plus indépendants que leur existence économique n'est soumise à aucune perturbation, toute la production domaniale, en effet, ne sert qu'à l'entretien du domaine. Ils n'ont donc rien à attendre ni rien à craindre de l'État. Le sort de la royauté s'en trouve décidé. Tôt ou tard, suivant que l'évolution sociale est plus ou moins avancée, elle est condamnée à laisser ses droits et ses prérogatives passer à ces « puissants » qui sont maintenant à peu près ses seuls sujets, puisqu'ils s'intercalent entre elle et le peuple, et qu'elle est obligée de gouverner par eux. De plus en plus, son seul pouvoir effectif est celui qu'elle tire de ses propres domaines. Là où elle est réduite à l'exercice de la pure souveraineté politique, elle ne règne plus bientôt que pour la forme. Privée d'impôts, privée de la possibilité de payer des fonctionnaires, comment se maintiendrait-elle ? En se rejetant sur l'Église comme elle le fit en Allemagne ? Mais cela n'y était possible que parce que l'aristocratie laïque n'avait pas encore atteint son développement à l'époque des Othons. Et encore, les principautés épiscopales elles-mêmes détruisent l'État. Le monarque seul est fort par elles au point de vue militaire. Mais son action gouvernementale n'en vaut pas mieux et l'État n'en est pas moins détruit. Dans les conditions économiques du moment, la puissance du roi doit donc fatalement décliner dès qu'il n'aura plus, pour se soutenir son action militaire et le prestige personnel. En fait sa décadence se précipite depuis Charlemagne. Devant les grands, la situation du roi s'affaiblit sans cesse. Il en arrive, à la fin du ix}e siècle, à être purement électif. Il aurait pu disparaître. Il ne l'a pas fait et ceci est caractéristique[2]. Les grands n'ont pas songé qu'ils pussent se passer de roi. Il reste encore chez eux un dernier sentiment de l'unité de l'État. L'Église surtout a dû ici intervenir. Car elle ne reconnaît pas les grands, c'est le roi qui est pour elle le gardien de l'ordre providentiel terrestre. Et, de son côté, il la protège, il lui garantit ses biens. Pour les grands eux-mêmes d'ailleurs, il faut qu'il y ait un roi comme juge et arbitre, de même que dans les tribunaux, il faut un « juge » qui préside et fasse appliquer la sentence. Le roi est indispensable à l'ordre social, à la « paix » publique. Mais il est bien entendu que le roi règne et ne gouverne pas.

Et pourtant, en droit, rien ne limite son pouvoir. Il ne jure pas de capitulation. Il ne renonce à aucune prérogative. Théoriquement, il est absolu.

Mais il est paralysé. Les membres n'obéissent plus à la tête. En apparence, rien n'est changé. Les rois continuent à employer toutes les vieilles formules, à recevoir dans le langage officiel toutes les marques de respect. Mais ils ont laissé passer à l'aristocratie la réalité du pouvoir. Les juristes modernes font de très belles constructions sur l'État au haut Moyen Age et sur les droits du roi : tout cela est théorique. La réalité est tout autre. L'État se désagrège, se morcelle, pour se reconstituer sous une autre forme, dans ses débris. Après Charles le Chauve, il n'y a plus de capitulaires et il faudra attendre le xiie siècle pour retrouver une nouvelle période d'activité législative du roi.

Ce qui s'est passé, c'est un glissement spontané du pouvoir des mains du roi dans celles de l'aristocratie qui comprend à la fois ses fonctionnaires. On peut donc dire, avec vérité, que le fonctionnaire usurpe les fonctions qu'il remplit. Cela se fait tout naturellement, sans résolution, sans mouvement violent, parce que le fonctionnaire est le seigneur d'une quantité de ses administrés et le propriétaire d'une bonne partie de sa circonscription.

Remarquons d'ailleurs que la distinction se maintient très nette entre les pouvoirs privés qu'il possède sur ses terres et sur ses hommes, et le pouvoir public, les droits régaliens qu'il exerce au nom du roi, mais désormais à son profit. Il possède les premiers en nom propre, comme une partie de son patrimoine. Les seconds, il ne les tient que d'une délégation royale. Si le comte, dans son comté, est justicier suprême, chef militaire, percepteur de ce qui reste du vieux *census* romain, bénéficiaire du droit de gîte et percepteur du tonlieu, c'est parce qu'il est fonctionnaire. Seulement, tous ces pouvoirs qu'il exerce au nom du roi, il les exerce pour lui et le roi ne peut l'en empêcher.

En outre la puissance de l'aristocratie brise et réforme à son profit les circonscriptions de l'État. Celui-ci, depuis l'époque mérovingienne, est divisé en comtés. Ces comtés sont très petits, les comtes fonctionnaires peuvent parcourir assez facilement leurs comtés en un jour. Mais, dès le viiie siècle, les plus puissants d'entre eux se mettent à usurper le pouvoir dans plusieurs comtés voisins des leurs. D'heureux mariages, des arrangements à l'amiable, la violence, la faveur ou la crainte qu'ils inspirent au roi, les font bientôt agglomérer, en une seule masse territoriale, un nombre plus ou moins grand d'anciennes circonscriptions. Le nouveau comté, tel qu'il se forme alors par cet empiétement, devient une principauté, de même que le comte devient un prince. Le nom emprunté à la bureaucratie romaine lui reste, mais cet ancien agent du pouvoir central ayant absorbé le pouvoir qui lui était délégué, et agrandi la circonscription où il l'exerce, est maintenant, et va rester pendant des siècles, un petit souverain local.

Tout cela s'est accompli au milieu de violences et de perfidies inouïes. Le xe siècle est, avec le xve, l'époque de l'assassinat politique. La puissance territoriale des princes féodaux n'a pas été plus scrupuleuse dans le choix des moyens que celle des monarques absolutistes ou les tyrans de la Renaissance ; elle est seulement plus brutale. Chacun cherche à s'augmenter au détriment de son voisin et toute arme lui est bonne. La passion de la terre domine tous ces féodaux, et comme il n'est personne pour leur résister, ils se heurtent les uns contre les autres avec toute la brutalité de leurs instincts. Le roi est impuissant ; et s'il prétend quelquefois intervenir, son fonctionnaire lui fait la guerre. C'est ainsi que Charles le Simple est mort dans la prison du comte de Vermandois.

Pourtant, et c'est ici qu'apparaît l'élément féodal, les princes sont liés au roi par le serment. C'est en cela que s'est transformée l'ancienne subordination du fonctionnaire. Ils sont les fidèles, les hommes du roi. En théorie, c'est le roi qui reste le détenteur suprême des pouvoirs qui lui ont été usurpés, et le serment féodal le reconnaît. Il ne faut donc pas dire que la féodalité a brisé l'État, c'est le contraire qui est vrai. Elle maintient encore un lien, au moins formel, entre le roi et les morceaux du royaume dont se sont emparés les grands fonctionnaires devenus des princes, et dont le serment féodal fait des vassaux. Il y aura là plus tard, quand il redeviendra fort, un principe qu'exploiteront les juristes. Pour le moment, le roi se laisse faire et reconnaît des usurpations qu'il ne peut empêcher. L'hérédité des féodaux est de règle. Au père succède le fils et dès le xie siècle, l'hérédité est étendue aux femmes.

Ce roi, qui se considère toujours comme le détenteur de la toute puissance, les princes, ses grands vassaux, ne l'envisagent plus que sous l'angle féodal. Il n'est plus pour eux qu'un grand auquel ils sont liés par un lien contractuel. Ils lui doivent aide et conseil, et le roi leur doit protection ; s'il les attaque, se plaçant à son point de vue de roi, ils se croient justifiés à marcher contre lui. Les princes envisagent la royauté autrement que le roi lui-même. Mais les suites ne s'en feront sentir que plus tard et jusqu'au xiie siècle, sauf de rares exceptions, les rois laisseront faire.

Ainsi, dès la fin du ixe siècle et le commencement du xe, l'État se réduit à une forme vide. Les provinces sont devenues des principautés et les fonctionnaires, des princes. Le roi, sauf dans sa terre propre, n'est plus que le « souverain fieffeux » de son royaume. Une multiplicité de souverainetés locales a remplacé l'ancienne unité administrative issue de l'Empire romain. Mais il faut reconnaître aussitôt que c'est là la situation normale et saine et qui correspond à l'état social, donc aux besoins de la société. La constitution agraire et domaniale de l'époque rendait impossible le maintien de l'unité administrative qu'un Charlemagne lui-même n'a pu transformer en réalité vivante. Comment la puissance politique eût-elle pu rester centralisée aux mains du roi, à une époque où les hommes entraient en masse dans les cadres de la grande propriété et de la clientèle seigneuriale ? Elle devait évidemment se transporter là où était la puissance effective et se cristalliser, si l'on peut ainsi dire, autour de ses véritables détenteurs. La protection des hommes n'est pas seulement la fonction primordiale de l'État ; elle en est aussi l'origine. Or le roi ne protégeait plus ses sujets ; les grands les protégeaient. Il était donc nécessaire et bienfaisant qu'ils démembrassent l'État à leur profit. Ils eurent certainement pour eux ce que l'on pourrait appeler l'opinion publique, disons le sentiment des peuples. Nulle part, on ne voit que les petites gens aient cherché à sauver la royauté. Elles ne la connaissaient plus.

C'est dans les centres étroits de principautés territoriales que s'est, pour la première fois organisé, un système de gouvernement et d'administration agissant sur les hommes. Le royaume était trop étendu. Il se bornait fatalement à une administration incontrôlable et n'atteignait pas les masses. Il en va autrement ici. Les princes territoriaux sont en contact avec la réalité, leur fonction privée les met en mesure de gouverner effectivement leur pays d'étendue médiocre, le nombre de leurs clients et de leurs vassaux y est proportionné et leur fournit un personnel. Chacun, sous des traits variés dans le détail mais partout les mêmes dans leurs grandes lignes, se met à la tâche. C'est ce travail obscur qui, au point de vue de la formation de la société, est ce qu'il y a alors de plus important et c'est là où il s'est accompli tout d'abord, dans les Pays-Bas et en France, que la société a été la plus avancée. Les rois par dessus cela occupent la scène ; les empereurs font de la grande politique. Mais ce sont les princes qui constituent le premier type d'organisation politique originale que l'Europe ait connu depuis l'Empire romain.

Nulle théorie naturellement, nulle conception consciente. La pratique se met d'elle-même d'accord avec la réalité.

L'armature de l'organisation territoriale, c'est la fortune foncière du prince, puisque c'est d'elle qu'il tient sa force. Les « cours » principales ou les mieux situées de ses domaines sont pourvues de travaux de défense et deviennent les châteaux (bourgs), centres de l'organisation militaire, financière et judiciaire. Ce sont habituellement d'assez vastes enceintes emmuraillées avec bâtiments d'habitation, magasins de vivres, logements pour la garnison des chevaliers. Un châtelain, que le prince choisit parmi ses hommes, le remplace dans la circonscription qui porte le nom de châtellenie. C'est ce châtelain qui commande la forteresse, surveille le pays et préside la cour de justice locale. Pour le faire vivre, lui ainsi que les chevaliers du château, des prestations en nature sont imposées à la population ;

c'est le principe du traitement qui apparaît et que les rois n'ont pas connu sous la forme d'une redevance fixe due au pouvoir public. Dès le xie siècle, on trouve de plus les traces d'un impôt comtal (*petitio, bede*), et c'est un nouveau progrès, quelle que soit la forme encore primitive de sa perception et de son assiette. Ainsi, alors que le roi n'a pas de finances en dehors de ses domaines, le prince en organise. De plus, il bat monnaie, car il a usurpé le droit de monnayage comme les autres droits régaliens, et il en tire de beaux bénéfices en altérant les monnaies. Il a aussi le tonlieu et il continue naturellement à participer aux amendes.

A tous les points de vue, son pouvoir est beaucoup plus fort que celui du roi. Car tandis que le roi devient électif, il est strictement héréditaire, et de bonne heure, déjà au xe siècle, le droit de succession unique s'établit, si bien que les principautés ne se démembrent pas. Il est curieux de voir comme elles sont restées fixes depuis lors jusqu'à la fin de l'Ancien Régime qui les a conservées comme provinces. Le prince, dès le xe siècle, a une historiographie. Il a une cour calquée sur celle du roi : chancelier, maréchal, sénéchal, échanson. Il a ses vassaux, qui lui sont plus fidèles qu'il ne l'est au roi, à cause de la proximité et de la disproportion plus grande des forces. Il est avoué de tous les monastères de sa terre et leur impose à son profit des redevances ou des services. Les textes l'appellent *princeps, monarcha, advocatus patriae, post Deum princeps.*

Il est vraiment le chef de la terre, de la *patria* et il faut remarquer que dans le latin du Moyen Age, ce beau mot a commencé à être appliqué à ces petites patries locales. C'est là que s'est formé, pour la première fois, le patriotisme qui, chez les modernes, remplace le sentiment civique de l'Antiquité. Il tient du sentiment de famille et s'incorpore dans l'homme qui est le chef et le protecteur du groupe, de père en fils. Ses armoiries deviennent celles de la population. On se rassemble dans la fidélité commune qu'on a pour lui. Il n'a rien existé de semblable sous les Mérovingiens et les Carolingiens et on ne reverra plus tard le même sentiment que pour les rois. Le patriotisme moderne, né du sentiment dynastique, s'est formé tout d'abord dans les principautés.

Le prince est, en effet, le protecteur de ses hommes. Il paye de sa personne et rien n'est plus actif que sa vie et que son rôle social. Non seulement il conduit lui-même ses hommes à la guerre et se jette avec eux sur l'ennemi, mais il préside ses tribunaux, compte lui-même avec ses receveurs, décide personnellement de toutes les questions importantes, et surtout, il veille à assurer la « paix » publique. Il assure la sécurité des routes, étend sa protection sur les pauvres, les orphelins, les veuves, les pèlerins, court sus aux détrousseurs des grands chemins et les fait pendre. Il est le suprême justicier de sa terre, le gardien et le garant de l'ordre public, et c'est en cela que son rôle est essentiellement un rôle social. Quand on parle de féodalité « sanguinaire » il faut s'entendre. Elle l'a été au dehors, chez l'ennemi, non chez elle. Et il est certain que la société a commencé son éducation politique, dans le cadre des principautés féodales. Le grand État dont elles sont les démembrements n'a pas touché les hommes, son action a passe au-dessus d'eux. La monarchie a tracé les cadres de la vie politique et fait pénétrer le christianisme, s'est alliée à l'Église et a constitué un idéal de royauté qui subsiste et qui dans l'avenir sera une idée force. Mais elle manquait de prise sur les hommes. Il a fallu, pour les atteindre et les gouverner, le pouvoir proche, solide et actif des princes locaux. Et ils méritent, tous ces gendarmes princiers aux noms bizarres, ces rudes batailleurs, malgré leurs perfidies, leurs assassinats, leurs rapines chez le voisin, d'avoir leur place parmi les civilisateur, de l'Europe. Dans la vie politique et sociale, ils ont été les premiers instituteurs.

II. — La noblesse et la chevalerie

Il s'est constitué au xe siècle, dans les États européens, une classe juridique nouvelle, la noblesse. Pour apprécier son importance il suffit de remarquer qu'au point de vue politique, seule dans la société laïque, elle possède des droits politiques. Plus tard, la bourgeoisie se fera sa place à côté d'elle, une place de plus en plus grande, mais qui pourtant, jusqu'à la fin de l'Ancien Régime, n'en sera pas moins regardée comme une place de second ordre. Dans l'histoire d'Europe, la noblesse joue à peu près — quoique dans des conditions très différentes — le rôle des patriciens dans l'histoire romaine, et la bourgeoisie celui des plébéiens. Ce n'est que dans l'État moderne qu'elles se sont fondues dans la masse des citoyens, à peu près comme dans l'Empire la généralisation des droits de cité a fait disparaître la vieille différence du patriciat et de la plèbe.

La noblesse a exercé sur l'histoire de l'Europe une influence si considérable et si générale que l'on ne s'avise guère qu'elle constitue un phénomène original appartenant en propre à la société chrétienne occidentale. Ni l'Empire romain, ni l'Empire byzantin, ni le monde musulman n'ont connu rien de semblable. Sans doute, toutes les sociétés primitives connaissent une noblesse d'origine mythologique. Mais ces noblesses-là disparaissent avec la civilisation, il en a été ainsi de la vieille noblesse germanique qui ne survécut pas aux invasions. Celle du Moyen Age, séparée d'elle par cinq siècles, est une formation toute nouvelle et fort différente.

Elle a été précédée par cette aristocratie puissante, en partie romaine, en partie constituée de parvenus et de fonctionnaires dont on a vu l'apparition et le rôle de plus en plus important depuis la formation des nouveaux royaumes. Mais cette aristocratie n'est pas une noblesse, en ce sens qu'elle n'est pas une classe juridique à laquelle on appartient par la naissance. Elle est une simple classe sociale constituée par le groupe des hommes puissants. De plus, quelle que soit sa puissance en fait, elle ne possède en droit aucun privilège. Le plus grand propriétaire du temps de Charlemagne n'a pas devant la justice une situation différente de celle du simple homme libre.

Deux causes ont contribué à la formation de la noblesse : la diminution constante du nombre des hommes libres, et le service militaire sous la forme féodale et de ces deux causes, la seconde est beaucoup plus importante que la première et peut même se passer d'elle.

Le système domanial, en se répandant, a dégradé juridiquement la population rurale et l'a réduite à une servitude plus ou moins complète. Ceux qui ont conservé la liberté se sont trouvés dans une situation privilégiée et dès le xe siècle, le mot *liber* prend la signification de *nobilis*. Les vieilles coutumes juridiques sur la famille, sur l'héritage, ne s'appliquent plus qu'à ceux-ci. Le droit commun des libres se raréfie pour eux en un droit d'exception. Le *connubium* dans le droit romain s'est élargi. Au commencement du Moyen Age, il s'est restreint. Le droit de famille finit par n'être plus que l'apanage d'un petit nombre d'hommes comme la propriété libre héréditaire (alleu, *allodium*).

Ces libres-là, dont il est impossible d'apprécier le nombre, conservaient naturellement le droit de porter les armes. Leur propriété leur permettait d'entretenir un cheval de guerre. Ils sont avant tout guerriers.

Mais à côté d'eux, et beaucoup plus nombreux, du moins en France, est une autre classe de libres : les vassaux. Ceux-ci vivent non pas de leur propriété personnelle, de leur alleu, mais du fief qui, à cette époque agricole, leur sert de solde. Comme les autres, plus que les autres encore, ce sont des gens d'armes. A la différence des premiers, ils ne sont pas héréditaires, car le fief ne se transmet du père au fils que si le fils est apte à la guerre. Le père ne laisse-t-il que des filles ou des fils impropres au service, le fief fait retour au seigneur. Mais le cas est rare. En France, dès Charles le Chauve, les fiefs sont héréditaires et si la même chose n'a été reconnue formellement en Allemagne que sous Conrad II, en fait, il en allait certainement ainsi déjà avant cette date.

A côté de ces soldats libres, les uns propriétaires d'alleux, les autres détenteurs de fiefs, il y en a de non-libres. Ce sont des serfs robustes et fidèles que les seigneurs prennent en guerre comme gardes de corps, et placent, en temps de paix, à des postes de confiance, des *ministeriales*, *dienstmannen*, dont le nombre est surtout grand en Allemagne, et qui forment l'aristocratie de la servitude. Tous, libres ou non, sont unis par la communauté d'une même profession, celle des armes, et jouit auprès du reste de la population d'une considération particulière. Car toutes les fonctions intellectuelles étant au clergé, il n'y a que le métier des armes qui puisse donner au laïc une place privilégiée dans la société.

On n'entre dans la classe militaire qu'à l'âge de la majorité. Pour y être admis, une cérémonie spéciale est nécessaire : la remise des armes par le seigneur ou par un compagnon. C'est cette cérémonie qui sacre le jeune homme chevalier, c'est-à-dire tout simplement soldat à cheval. Elle donne à celui qui la reçoit les avantages et le prestige de sa position. Au début, si le fils d'un chevalier ne se fait pas lui-même adouber, il est un simple vilain, et ses filles ne pouvant pas être adoubées, ne jouissent d'aucune situation spéciale. Mais c'est là évidemment un état transitoire. Le fait d'ailleurs prépare le droit. En règle générale, le fils d'un chevalier sera chevalier. Et dès lors, ce fils, dès sa naissance, est censé faire partie de la caste militaire, et les filles elles aussi, nées d'un père chevalier, participeront à sa situation. Dès qu'on en est là, et on y est, du moins en France, à la fin du xe siècle, la noblesse est née ; c'est-à-dire une classe héréditaire conférant un rang particulier dans l'État indépendamment de la condition sociale. Sont *nobiles* tous ceux qui appartiennent par eux-mêmes ou par leurs ancêtres à la *milicia*. La liberté n'est même pas absolument essentielle, puisque des *ministeriales* n'en sont pas moins considérés, à la longue, comme des nobles[3].

Ainsi la classe des vassaux se confond pratiquement avec la noblesse. Toutefois, la noblesse ne vient pas du fief. On peut en somme faire un chevalier de quelqu'un qui n'a pas de fief et ce n'est qu'assez tard (xiiie siècle) qu'il a été généralement interdit à un roturier de posséder un fief. C'est donc la fonction sociale qui a fait la noblesse mais une fonction sociale qui suppose l'indépendance économique, grâce à la propriété propre (alleu) ou féodale (fief). La noblesse, en réalité, c'est l'armée, une armée héréditaire. Et de là ses privilèges. Ils s'expliquent et ils s'imposent comme contre-partie du service rendu. Le noble ne payera pas au comte d'impôt pour sa terre, parce qu'il lui fournit le service militaire. C'est là le seul privilège proprement dit de la noblesse : elle n'en a pas d'autres. Sa situation juridique spéciale, son statut particulier en matière de famille, la procédure particulière dont elle jouit devant les tribunaux, ne sont que la survivance du droit commun des hommes libres qui s'est altéré pour les vilains.

L'importance de la noblesse gît dans son rôle social. Élevée par ses fonctions militaires au-dessus du reste de la population, en rapports constants avec les princes, c'est elle et elle seule qui fournit le personnel administratif, comme c'est elle seule qui constitue l'armée. C'est de son sein que sortent les châtelains, les maires, tous les agents quelconques de l'administration territoriale. Elle apparaît donc non seulement comme caste militaire, mais aussi comme caste politique. A côté d'elle, il y a le clergé. Sous eux, la masse des roturiers, dont le travail les fait vivre et dont ils s'occupent en retour, l'un à diriger les âmes, l'autre à protéger les corps. Ce n'est pas là une vue théorique a posteriori.

Les écrivains du temps l'ont parfaitement remarqué et noté en très bons termes.

Cette noblesse est extrêmement nombreuse, elle fourmille, là surtout où l'institution domaniale étant largement développée, la faculté de constituer des fiefs peut se développer facilement. On peut dire que l'évolution sociale est en proportion de la quantité ou plutôt de la densité de la chevalerie, qui va décroissant à mesure que l'on s'avance de la France vers l'Elbe. En France et dans les Pays-Bas, on peut admettre qu'il se rencontrait plusieurs chevaliers dans chaque ville rurale, et l'on ne sera sans doute pas loin de la réalité en estimant qu'ils représentaient au moins dans ces pays un dixième de la population totale.

Aussi, ne faut-il pas se représenter leur genre de vie comme très raffiné. Leurs fiefs et leurs petits domaines leur permettent tout juste de vivre. Leur équipement militaire se compose d'une lance, d'un casque de fer, d'un bouclier et d'un vêtement de toile. Les plus riches seulement ont une cote de mailles. Rudes soldats d'ailleurs, ils s'exercent, quand la guerre leur en laisse le temps, dans des tournois qui ressemblent à de véritables batailles. Ils s'y rendent par centaines, groupés par régions, et se chargent lourdement jusqu'à ce que plus d'un d'entre eux reste sur le terrain. Ils sont d'ailleurs les plus turbulents des hommes et se détruisent eux-mêmes avec fureur dans ces guerres privées, vendettas familiales dans lesquelles ils sont continuellement impliqués. L'Église a eu beau, dès la fin du xe siècle, en France d'abord, puis plus tard en Allemagne, restreindre les jours de bataille par la paix de Dieu, la coutume a été la plus forte. A la fin du xie siècle, le chroniqueur Lambert de Waterloo raconte que dix frères de son père furent tués le même jour par leurs ennemis dans une rencontre près de Tournai ; et vers la même époque, le comte de Flandre Robert le Frison faisant la liste des meurtres commis dans les environs de Bruges, constate qu'il faudrait plus de 10.000 marcs d'argent pour en payer les « compositions ». Naturellement, dans un tel milieu, aucune culture intellectuelle. Chez les plus riches seulement, un clerc enseigne à lire aux jeunes filles de la famille. Pour les garçons, à cheval dès qu'ils peuvent monter en selle, ils ne savent que se battre. Des chansons militaires, comme celle que chantait Taillefer à la bataille de Hastings, voilà leur littérature. Ils sont violents, grossiers, superstitieux, mais excellents soldats. Voyez à ce propos les exploits des Normands en Sicile, la conquête de l'Angleterre, l'étonnement de l'empereur Alexis devant les chevaliers flamands passant par Constantinople, et surtout l'extraordinaire entreprise des Croisades. Ces qualités qui font des chevaliers de la France et des Pays-Bas, les meilleurs guerriers de leur temps n'ont rien de commun avec la race, elles sont le fruit du dressage. Il a été meilleur en Occident parce que la chevalerie y a été plus nombreuse, et elle l'a été à cause de l'extension plus grande du système domanial.

A la fin du xie siècle, la chevalerie est extrêmement répandue. Mais les mœurs chevaleresques, je veux dire ce code de courtoisie et de loyauté qui distingue le gentilhomme d'après les Croisades, n'existe pas encore. Il faudra plus de raffinement pour le produire. Toutefois, les deux sentiments sur lesquels il repose sont déjà répandus parmi la chevalerie : la dévotion et l'honneur. Rien de plus pieux, malgré leurs superstitions et leurs brutalités que ces soldats. Ils respectent scrupuleusement le droit d'asile, ils s'arrêtent dans leur poursuite d'un ennemi dès qu'ils voient pointer au loin les tours d'un monastère. Ils suivent les reliques que les moines promènent par leur pays, avec une piété exemplaire. Ils vont au loin en pèlerinage, à Rome, à Jérusalem. C'est sur les routes de pèlerins que semblent même s'être développées les chansons de l'époque féodale. Quant à l'honneur, ce sentiment que les modernes ont hérité d'eux, il est tout militaire. Ce n'est pas à proprement parler l'honneur moderne, qui est plus raffiné. C'est avant tout le sentiment de la fidélité, la loyauté. Ces chevaliers pratiquent communément la perfidie, mais ils ne reprennent pas la parole donnée. Le mot d'hommage (*homagium*), qui s'est peu à peu affaibli dans la langue, est pour eux dans toute sa force et répond à l'offre complète de leur personne qu'ils font à leur seigneur. La félonie est pour eux le pire des crimes[4]. Ils envisagent tout du point de vue personnel, et d'homme à homme. Le sentiment de l'obéissance et de la discipline leur est absolument étranger. Dès qu'ils se croient lésés, ils se révoltent et leur franc parler est quelque chose de tout à fait extraordinaire. Leur indépendance économique a naturellement généralisé parmi eux des dispositions morales qui ont persisté après, dans d'autres conditions, et ont pris des formes plus raffinées. La base normale, sur laquelle s'édifiera la noblesse dans la suite des temps, est donc constituée dès lors. Elle est très compréhensible et tout à fait différente de ce que sera celle de la bourgeoisie.

Jusqu'au bout, dans sa grande masse, la noblesse conservera toujours la trace de la descendance d'une classe d'hommes étrangers à toute idée de profit, à tout travail productif. Dans un certain sens, l'idée antique du travail indigne de l'homme libre se retrouve dans la chevalerie. Mais l'homme libre dans l'Antiquité, consacre le loisir, qu'il doit au travail de ses esclaves, à la chose publique ; le chevalier du Moyen Age profite de celui que lui donne sa terre, pour s'adonner à la profession militaire et au service de son seigneur. Il faudra que des siècles se passent et que la noblesse soit peu à peu repoussée du rang qu'elle occupait jadis, pour que l'expression de « vivre noblement » finisse par devenir synonyme de « vivre sans rien faire ».

---

1. Les anciens feudistes, jusqu'à la fin du xviiie siècle, ne s'y sont pas trompés. C'est un brocart admis par eux tous que « fief et justice n'ont rien de commun ensemble ». En réalité, le droit féodal est un droit spécial, comme le droit commercial.
2. L'élection du roi est un progrès en ce sens qu'elle assure l'unité monarchique ; il n'y aura, plus de partages.
3. Il n'en sera définitivement ainsi qu'au xive siècle.
4. Voyez Ganelon dans la *Chanson de Roland*.

LA GUERRE DES INVESTITURES ET LA CROISADE

1
L'ÉGLISE

I. – La papauté

L'Empire déclinant, la papauté, on l'a vu plus haut, avait profité de ce qu'il avait perdu de vigueur et d'éclat. Mais elle ne pouvait se maintenir par ses propres forces à la hauteur à laquelle elle était montée. Elle reposait sur l'Empire, elle s'était, si l'on peut ainsi dire, hissée sur lui. Quand il s'effondra, elle fut précipitée à sa suite. Tout d'abord, violentée par les rois de fortune qui se disputent l'Italie et la couronne impériale, elle devient la proie, au commencement du xe siècle, de la féodalité romaine. Les seigneurs de la campagne de Rome luttent entre eux à qui la fera entrer dans leur famille. Sans doute, le pape continue à être nommé par le clergé et le peuple de la ville, mais il est trop facile d'en imposer par la force aux électeurs, ou de renverser l'élu qui n'agrée pas au parti le plus puissant. L'élection du pape par la communauté du clergé et des fidèles s'était faite régulièrement aussi longtemps qu'il y avait eu à côté de la papauté un pouvoir fort. Elle avait d'abord été contrôlée par l'exarque, puis par les *missi*. Mais depuis la décadence de l'Empire, la désignation du pape se fait sous la pression des féodaux. Les papes de ce temps paraissent et disparaissent au gré des factions féodales ; il en est qui meurent assassinés, d'autres finissent leur vie en prison. Dans ce milieu romain où la démoralisation des mœurs semble aller de pair avec leur brutalité, des intrigues de femmes ont disposé plus d'une fois de la tiare. Marozia et Theodora, par leurs amants ou leurs maris successifs, la font attribuer à leurs fils ; la légende de la papesse Jeanne n'est que l'exagération, poussée jusqu'à la caricature, des scandales trop réels de cette époque. Un fils de Marozia, Albéric de Tusculum, finit par devenir le seigneur de Rome et le faiseur de papes. Il avait eu soin de faire reconnaître par les Romains son fils Octavien comme son successeur et comme pape futur. Albéric mort, ce fils lui succéda comme maître de la ville et, en 955, à l'âge de 18 ans, il reçut le souverain pontificat comme on reçoit un fief, sous le nom de Jean XII. Et pourtant, c'est ce pape féodal qui devait être l'instrument de la restauration de l'Empire. Est-il besoin de dire qu'aucune autre considération ne l'y poussa que celle de son intérêt personnel et qu'il ne vit dans le grand acte qu'il accomplit alors, qu'un simple expédient. S'il appela en 962 Othon Ier à Rome, et lui plaça sur la tête la couronne impériale, c'est qu'il sollicitait en ce moment son appui contre le marquis Bérenger d'Ivrie, soi-disant roi d'Italie, son mortel ennemi. Les traditions du temps de Léon Ier et de Charlemagne étaient si dégradées que Jean XII n'a sans doute pas cru qu'Othon se ferait de l'Empire une idée plus haute que celle qu'il avait lui-même de la papauté. Personne ne comprenait plus à Rome les grands mots qui avaient jadis dominé l'histoire. Quand il s'aperçut que le nouvel empereur prenait son pouvoir au sérieux et que sa seigneurie romaine était menacée, il s'empressa de le trahir et d'intriguer contre lui. Othon revint à Rome, convoqua un synode auquel il fit déposer Jean XII, imposa aux Romains le serment de ne plus nommer de papes à l'avenir sans son consentement ou celui de son fils. Léon VIII fut élu en sa présence, puis il s'en alla. Mais les Romains n'avaient cédé qu'à la force. À peine Othon parti, ils chassèrent Léon, rappelèrent Jean XII et, après sa mort, lui substituèrent, sans s'inquiéter de leur serment, Benoît V. Othon dut revenir assiéger la ville, s'empara de Benoît qu'il envoya en exil à Hambourg et rétablit Léon. À la mort de celui-ci, Jean XIII nommé sous l'influence allemande, fut bientôt chassé par une révolte et l'empereur, en 961, dut repasser les Alpes pour le remettre sur le trône.

Vis-à-vis de l'empereur, on le voit, le pape, dans tous ces conflits n'apparaît qu'en seigneur de Rome, presque en vassal désobéissant. Le contraste éclate entre les grands souvenirs qu'évoque le nom qu'il porte et le rôle local où il est confiné. Grâce à son éloignement d'Allemagne, la féodalité romaine se relève toujours après avoir plié. Sous Othon II, les Crescenzi sont aussi puissants à Rome qu'Alberto l'a été avant eux, et la défaite de Rossano n'a pas été pour diminuer leur influence.

Othon III fit le rêve confus de reconstituer l'alliance du pape et de l'empereur, suivant la théorie, non suivant la réalité carolingienne. Il rêva de faire de Rome le centre du double pouvoir qui de là gouvernerait la chrétienté dans une indissoluble union. À l'âge de 25 ans, il arrive dans la ville, fait élire son cousin Brunon sous le nom de Grégoire V (996) et reçoit de lui la couronne impériale. Puis à sa mort, il choisit pour monter sur le trône de Saint Pierre, le plus savant homme de son temps, Gerbert, archevêque de Reims, puis de Ravenne, qui prend le nom de Silvestre II, rappelant ainsi ce Silvestre Ier dont la légende veut qu'il ait baptisé Constantin. L'empereur s'installe à côté de lui sur l'Aventin, dans un palais dont la pompe rappelle celle de Byzance et dont l'étiquette emprunte son austérité aux règles monastiques. Perdu dans les rêveries idéalistes où se retrouvent l'influence de sa mère Théophano et des évêques qui l'ont élevé, il semble avoir cru possible de faire à nouveau de Rome mais d'une Rome où le pape partagera le pouvoir de l'empereur, le centre du monde. Ni lui, ni Gerbert, perdus dans leurs rêves, n'ont vu la réalité. Elle s'est cruellement vengée. Une révolte des Romains l'obligea à fuir ; il mourut le 23 janvier 1002, à Paterno, au pied du Mont Soracte, de son rêve brisé.

Et de nouveau les factions se disputent la ville, les Crescenzi d'un côté, les comtes de Tusculum de l'autre. Benoît VIII, qui est la créature de ceux-ci se maintient en appelant à l'aide Henri II, comme Jean XII avait appelé Othon. Son successeur est son frère Jean XIX (1024-1033), un laïque, qui en un jour a reçu tous les grades de la cléricature. Il couronne Conrad II. Après lui, un troisième membre de la famille de Tusculum est élu : Benoît IX. Les Crescenzi le chassent et le remplacent par Sylvestre III, qui au bout de peu de temps est expulsé à son tour par son adversaire, rentrant à la tête de son parti. Sylvestre vend alors son titre à Grégoire VI. Il y a trois papes à la fois !

Le rétablissement de l'Empire n'a donc pas servi à renforcer la papauté. Sauf Othon III, les nouveaux empereurs ne reprennent pas la tradition carolingienne. Ils gouvernent avec l'Église, c'est-à-dire avec les évêques mais pas avec le pape. Il ne leur sert qu'à les couronner.

Pour le reste, ils ne parviennent pas à établir l'ordre à Rome et cela les préoccupe peu. D'ailleurs, le pape ne peut les gêner, n'exerçant aucune autorité sur l'Église. Et à Rome, le clergé, aux mains des factions, ne proteste pas et ne fait aucun effort pour rendre au siège de Saint Pierre son ancien éclat ni même sa dignité. C'est du dehors que devait venir la réforme qui allait le relever et, par une conséquence nécessaire, le mettre en conflit avec l'empereur.

II. — La réforme de Cluny

La discipline, la morale, la science et la richesse de l'Église s'étaient relevées ou accrues sous les Carolingiens. Elles dépendaient de leur appui et par conséquent de leur puissance. Le déclin de celle-ci devait leur faire traverser et les fit traverser, en effet, une crise qui fut d'ailleurs comme la crise de la constitution politique, le point de départ d'un renouveau d'activité. En Allemagne, où dès Othon, l'Église impériale fut assise sur des bases solides, cette crise dura peu et, sous la direction des évêques, la tradition carolingienne fut vite reprise et la culture intellectuelle du clergé suivit de nouveau la voie tracée par Charlemagne et par Alcuin. Mais il n'en fut pas de même à l'occident de l'Europe. La féodalité en se répandant et en détruisant l'État atteignit l'Église par contrecoup. En France, en Lotharingie, en Italie, la situation des évêques est à peu près la même que celle du pape à Rome. Ils ont à se défendre contre les féodaux des environs ou ils sont imposés par eux au clergé, chassés s'ils ne plaisent pas au parti le plus fort, assassinés parfois s'ils le bravent trop ouvertement. Le pape ne peut rien pour eux ; en France, le roi ne peut protéger que ceux de son domaine, que d'ailleurs il nomme. La situation des monastères est encore plus lamentable. Les seigneurs laïques qui s'imposent à eux comme avoués, quand ils ne prennent pas tout simplement le titre d'abbés, mettent leurs terres aux pillages, constituent des fiefs à leurs hommes au détriment de domaines monastiques, leur imposent l'entretien de leurs serviteurs, de leurs meutes, bref les mettent au pillage sans que personne puisse intervenir.

Le pouvoir laïque faiblissant, l'Église traverse momentanément une crise d'où elle doit sortir plus forte puisqu'elle sera seule. Elle était capable de vivre par elle-même et d'appliquer, à elle seule, les forces qui s'étaient un moment détournées au service de l'État. La rénovation devait venir nécessairement de cette partie du clergé la plus dégagée d'allégeances laïques, c'est-à-dire des moines.

A la différence de ce qui se passe pour l'État, le mal pour l'Église n'est qu'à la surface. Elle ressent le contre-coup de l'expansion féodale, mais sa constitution, puisqu'elle est en dehors de la société politique, n'en peut être atteinte. Si grand que soit son désordre, il ne détruit rien d'essentiel. L'organisation épiscopale subsiste comme subsistent les monastères ; et la piété aussi, car si la science et la discipline diminuent, elle augmente en ce sens qu'elle s'élargit. Les paroisses s'étendent sur le pays au xe siècle. Des églises rurales parsèment maintenant les campagnes. Les domaines monastiques, mieux organisés que ceux des laïcs attirent les hommes en masse. Quantité d'entre eux deviennent *cerocensuales* (c'est-à-dire serfs de l'église), appartiennent au saint patron du monastère, lui font une clientèle qui propage son culte et vante ses miracles. On est en pleine période de saints locaux comme de gouvernement local : Saint Lambert, Saint Hubert, Saint Bavon, Saint Trond. Ils sont comme les grands vassaux de Dieu sous la protection desquels on se place. Leurs reliques exercent une influence magique. Les moines les promènent dans le pays. Elles servent à détourner les chevaliers des guerres privées. Et la puissance miraculeuse qu'elles possèdent rejaillit sur les moines qui les gardent. Car les saints se trouvent en général dans les monastères, non dans les évêchés. L'influence des abbayes grandit aussi du fait que beaucoup d'églises rurales leur appartiennent ou en dépendent et ont des moines pour desservants. L'idéal que l'on a de la sainteté, c'est l'idéal monastique : le renoncement au siècle pour sauver son âme, abstraction faite de toute activité sociale, et même de tout autre vertu que celle du renoncement, de l'humilité, de la chasteté. Et c'est de là que devait venir le renouveau de l'Église, non des évêques qu'ils fussent à demi-féodaux comme en France ou fidèles à la tradition carolingienne comme en Allemagne. Leur science ne fait aucun effet sur ce public inculte. Il lui faut des saints et des thaumaturges.

En ceci, la féodalité pense d'autant plus comme le peuple, que les évêques sont pour elle des adversaires. Elle pille les monastères, mais elle les respecte et, à leur lit de mort, les princes qui les ont le plus pillés, leur font de larges donations. Tous vénèrent la sainteté et ils déplorent le désordre où sont tombés les monastères, encore qu'ils en soient la cause.

On voit bien leurs sentiments par l'appui qu'ils accordent à l'ascétisme dès qu'il se manifeste avec quelque éclat. En Lotharingie, Gérard de Brogne, chevalier entré en religion et bientôt célèbre par la discipline qu'il fait régner dans le petit monastère qu'il a fondé sur ses terres, est chargé par les comtes de Hainaut et de Flandre, de réformer les abbayes de leur pays. Ce mouvement local est significatif et montre combien le terrain était préparé pour la réforme décisive partie de Cluny. Ce monastère, fondé en 910 par le duc Guillaume d'Auvergne, sous la direction d'hommes comme Odon († 943) ou Odilon de Mercœur († 1049), joua un rôle qu'on pourrait comparer pour son importance à celui des Jésuites au xvie siècle. Ici, il n'est naturellement pas question de combattre l'hérésie. Ce dont il s'agit, c'est d'une orientation de la pensée et du sentiment religieux. On peut dire, je crois, qu'avec Cluny, le monachisme imprime pour des siècles son empreinte au christianisme occidental. Sans doute, les moines, déjà auparavant, ont joué un grand rôle, notamment par la conversion de l'Angleterre. Mais c'est le clergé séculier qui est le plus important ; c'est par lui que se manifeste l'alliance de l'Église et de l'État. Les évêques sont, à demi, des fonctionnaires royaux, à l'époque carolingienne ; ils deviennent des princes en Allemagne. Or, c'est là justement ce que condamnent les Clunisiens. Pour eux, le siècle est le vestibule de l'éternité. Tout doit être sacrifié aux fins supra-terrestres. Le salut de l'âme est tout, et il ne peut se faire que par l'Église, qui doit être, pour remplir sa mission, absolument pure d'ingérence temporelle. Il ne s'agit plus ici d'alliance de l'Église et de l'État mais de la subordination complète de l'homme et de la société à l'Église, intermédiaire entre lui et Dieu, dans le domaine spirituel. Il faut donc considérer comme simoniaque quiconque se prête à l'immixtion du pouvoir laïque dans les affaires religieuses. Le prêtre n'appartient qu'à l'Église. Pas plus qu'il ne doit avoir de seigneur, pas plus il ne doit avoir de famille. Le mariage des prêtres, toléré en pratique, est une abomination qui doit disparaître. Spiritualisation complète de l'Église, observation absolue du droit canonique, voilà, sinon le programme proprement dit, du moins la tendance de Cluny. Dans le domaine de la piété, c'est l'ascétisme ; dans le domaine politique, c'est la liberté complète de l'Église, la rupture des liens qui l'attachent à la société civile. Dans ce sens, Cluny peut-on dire est anti-carolingien. Mais il est papiste, car il est évident que l'Église, pour être indépendante, doit se grouper sous son chef, qui est à Rome.

Ces conséquences politiques, impliquées dans la réforme, ne se sont pas manifestées tout de suite. Dès l'abord, on n'a vu dans Cluny qu'un renouveau de la vie ascétique et de toutes parts, princes et évêques lui ont demandé des moines pour régénérer les abbayes de leurs régions. Depuis le milieu du xe siècle, la réforme se répand par toute la France, en Italie, en Flandre, gagne la Lotharingie d'où, au commencement du xie siècle, elle se répand en Allemagne. Et partout où elle s'introduit, elle augmente la piété, piété extérieure qui consiste avant tout à se plier au culte, à en respecter les fêtes, à s'en remettre pour tout et en tout à l'Église, fiancée de Jésus-Christ, son représentant sur la terre, source mystique de grâce et de salut. Le nombre augmente des chevaliers entrant en religion[1], des princes mourant en costume de moine[2]; les fondations de monastères nouveaux se multiplient. Il y en a une quantité au xe et au xie siècle. L'Église apparaît tout à fait comme une institution surhumaine. On vit dans le merveilleux. Les miracles sont courants. Toute épidémie en provoque. Toute peste, toute famine donne lieu à des manifestations extraordinaires comme la grande procession de Tournai (xie siècle). A Saint-Trond, le produit annuel des offrandes des fidèles surpasse tous les autres revenus du monastère. La construction d'une nouvelle église y ayant été décidée, le peuple charrie spontanément depuis Cologne les pierres et les colonnes amenées par le Rhin. La paix de Dieu, qui interrompt les guerres privées aux grandes fêtes de l'année, est une des conséquences de cette action extraordinaire de l'Église sur les sentiments et les idées. Mais les troubles aussi qui se déchaînent au xie siècle contre les prêtres mariés en viennent directement.

Il n'a pas manqué de conservateurs pour s'alarmer de ces nouvelles dispositions. Egbert de Liège, Sigebert de Gembloux trouvent que ces moines vont trop loin ; ils s'effrayent de la hauteur et de l'absolu de leurs vues. Et cette disposition d'esprit est au début, générale dans le clergé impérial. Gérard de Cambrai ne veut pas introduire la paix de Dieu dans son diocèse. Et pourtant, tous les esprits les plus nobles et les cœurs les plus purs vont à la nouvelle source comme à un idéal. Et personne n'ose la combattre, car ce serait combattre Dieu lui-même. La puissance du mouvement a laissé des traces qui parent encore notre sol. C'est alors, pour la première fois, que s'élèvent de grandes églises et que l'art religieux commence à faire des temples trop grands pour le peuple, mais toujours trop petits pour la Majesté Divine[3] Le xie siècle est une époque extraordinaire de constructions religieuses, le point de départ vraiment de la grande architecture occidentale, jusqu'alors dominée toujours par Byzance et Ravenne. C'est aussi une preuve de l'augmentation énorme de la fortune de l'Église. Pour les monastères, surtout, le x^es et le xi^es siècles sont par excellence l'époque des donations. Leur fortune leur permet naturellement d'augmenter leur influence sociale : aumônes, protection des pauvres, etc.

Il faut remarquer encore que si l'Église est une caste sacerdotale et, de plus en plus, comme la noblesse, une classe militaire, elle s'ouvre d'autre part à tout le monde. Un serf ne peut entrer dans la noblesse, mais il peut entrer dans l'Église. Il suffit pour cela d'aller à l'école et d'apprendre le latin. Dès qu'il a la tonsure, il est clericus et, dans l'éclat qui entoure sa classe, le souvenir de son origine disparaît. Chacun, si pauvre qu'il soit, a dans son sac une crosse d'évêque, pourrait-on dire. Si fermé, si hermétique que le clergé soit par en haut, son recrutement par en bas est tout ce qu'il y a de plus démocratique. N'oublions pas que Grégoire VII est le fils d'un paysan. Cela changera plus tard. Mais chaque fois qu'il se produira dans l'Église un renouveau de foi se manifestant par une réforme, on verra reparaître cette régénération par le peuple. Elle fut sûrement très puissante parmi les Clunisiens, et c'est encore une des causes de leur succès.

Enfin, c'est au xe et au xie siècle que l'Église conquiert définitivement la situation privilégiée qu'elle conservera dans la société jusqu'à la fin de l'Ancien Régime. Les clercs sont alors, en toute matière, affranchis des tribunaux civils, et les tribunaux ecclésiastiques (officiaux) ont étendu leur compétence à toutes les affaires civiles qui touchent à la vie religieuse, soit parce que, comme le mariage, elles sont essentiellement dominées par le sacrement soit parce que, comme les contrats, elles se doublent d'un serment qui en fait des actes religieux.

Ainsi donc, en s'affaiblissant, l'État carolingien a cessé de tenir la main de l'Église, son alliée. Celle-ci en a souffert momentanément, et la situation de son haut personnel, depuis le pape jusqu'aux évêques, s'en est trouvée ébranlée, sauf en Allemagne. Mais l'affaiblissement qui en est résulté pour elle, a été compensé par une liberté plus complète et par une orientation du sentiment religieux qui, sans plus s'embarrasser du siècle, se tourne exclusivement vers le ciel. Les moines, les moines clunisiens surtout, sont les propagateurs de ces tendances nouvelles. Elles ont un double résultat ; d'une part, l'Église étant l'intermédiaire nécessaire du salut, en se dirigeant exclusivement vers les fins dernières, lui donnent un ascendant qu'elle n'a jamais eu auparavant sur les âmes. D'autre part elles lui confèrent une force extraordinaire en lui faisant rejeter toute tutelle, toute immixtion laïque dans ses affaires, comme une atteinte à sa pureté. Enfin, son prestige lui vaut une immense richesse, en terres, en aumônes, en privilèges.

Tout ce mouvement s'est développé en dehors de Rome et de la papauté. Mais il devait forcément y arriver et rendre tout à coup au successeur de Saint Pierre, dégradé dans les intrigues féodales et les conflits des partis, protégé impuissant de l'empereur, le gouvernement de cette force immense qui travaillait pour lui et attendait le moment d'agir sous son ordre.

---

1. Poppon, devenu abbé de Stavelot.
2. Godefroid le Barbu, duc d'Ardenne.
3. L'Abbaye aux Hommes et l'Abbaye aux Dames à Caen ; cathédrale de Tournai, de Spire, etc.

2
LA GUERRE DES INVESTITURES

I. — L'Empire et la papauté depuis Henri III

(1039)

En relevant en 962 l'Empire tombé, avili par ses derniers titulaires et qui, depuis 915, n'avait même plus de titulaire du tout, Othon voulut sans aucun doute renouer la tradition carolingienne. En recevant la, couronne des mains de Jean XII et en prenant le titre d'empereur des Romains (*Romanorum imperator*), il s'attribuait donc ce rôle de chef temporel de la chrétienté en quoi consistait l'essence même de la dignité impériale. Le pouvoir qu'il assumait était un pouvoir universel, aussi universel que l'obédience même de l'Église. Mais quelle contraste entre ce qui était et ce qui aurait dû être ! Sous Charlemagne, sous Louis le Pieux, sous Charles le Gros lui-même, l'Empire s'était en effet étendu à tout l'Occident, à très peu de chose près. Son étendue réelle coïncidait, si l'on peut ainsi dire, avec son universalité. Othon, au contraire, ne règne que sur l'Allemagne et sur l'Italie. En réalité, l'Empire tel qu'il l'a fondé et tel qu'il s'est continué après lui, ne consiste plus qu'en un groupement d'États auquel, à partir de Conrad II, vient s'adjoindre le royaume de Bourgogne acquis par cession de son dernier roi Rodolphe III (1033). S'il conserve le titre, il n'a plus la réalité de l'universalité chrétienne.

Il ne conserve pas davantage cette union intime avec la papauté, cette collaboration du pouvoir spirituel et du pouvoir temporel dans le gouvernement du monde qui est à la base de la conception carolingienne, et qui en fait la grandeur. Sous les nouveaux empereurs, le pape, ou est en révolte ouverte contre celui qui devrait être son allié, ou en est une créature sans influence et sans prestige. Le rêve d'Othon, de renouveler le mariage mystique de la papauté et de l'Empire, s'est dissipé cruellement. La mosaïque de Saint-Jean de Latran est devenue un mensonge. Le pape, dans le nouvel ordre des choses, joue un rôle si subordonné que le roi d'Allemagne, avant même son couronnement à Rome, prend le titre de roi des Romains, indiquant ainsi son droit à la couronne que le pape, comme une sorte de maître de cérémonies, lui posera sur le front, mais qu'il ne peut songer à lui refuser.

En fait, la dignité impériale n'est plus désormais qu'un appendice, qu'une conséquence, de la royauté allemande. C'est le roi d'Allemagne, le roi reconnu et accepté par les princes allemands seuls, car ceux d'Italie et de Bourgogne n'ont jamais coopéré aux élections royales, qui porte le titre d'empereur. Mais, et on se retrouve ici en présence de la tradition, l'Empire, pour appartenir au roi d'Allemagne, n'est en rien un Empire allemand. Si altérée qu'elle soit, son universalité l'empêche de se nationaliser. Il ne peut appartenir en propre, étant romain, à aucun peuple. Pas plus que Charlemagne et ses successeurs n'ont été empereurs des Francs, pas plus Othon et ses successeurs ne sont empereurs des Allemands. Au lieu que l'Allemagne ait, si l'on peut dire, nationalisé l'Empire à son profit, il est arrivé que ses rois, par là même qu'ils se savent tous empereurs désignés, se sont dénationalisés à son détriment. Leur mission, dès le premier jour de leur règne, se trouve disproportionnée à leur pays ; elle le dépasse, elle le réduit à n'être qu'une partie de l'ensemble sur lequel ils règnent. Bref, les nouveaux empereurs sont condamnés à cette situation insolite de n'être ni des souverains universels, ni des souverains allemands. La réalité les empêche d'être l'un et la tradition d'être l'autre.

Jusqu'à la fin du xiie siècle, ils ont été incontestablement les plus puissants des monarques continentaux, et pourtant, à y regarder de près, on s'aperçoit très vite que leur force est plus apparente que réelle. Le territoire impérial apparaît, à première vue, comme une masse impuissante et réunissant en soi toutes les conditions d'une expansion formidable. Baigné au nord par la Mer du Nord et la Baltique, il touche au sud les côtes de l'Adriatique et semble destiné par la possession de l'Italie et des côtes de Provence qu'il a acquises avec le royaume de Bourgogne, à dominer un jour la Méditerranée. Malheureusement, il ne constitue pas et il ne peut pas constituer un État. Le pouvoir des empereurs ne s'appuie en somme que sur l'Église ou pour mieux dire que sur les principautés épiscopales dont chacun d'eux, depuis Othon, s'est occupé d'augmenter l'étendue et les ressources, et dont ils nomment les titulaires parmi leurs fidèles. C'est d'elles qu'ils tirent la meilleure partie de leurs revenus et de leurs contingents militaires. Quant aux princes laïques, à mesure que l'évolution féodale favorisée par les causes économiques qui propagent l'institution domaniale se répandent en Allemagne, ils deviennent, oomme en France, de plus en plus indépendants. Et, à la différence du roi de France, l'empereur ne possède pas un territoire dynastique, une principauté à lui, dont le sol et les hommes lui appartiennent et où il se sente sur un terrain solide. Il est errant par l'Empire ; il n'a pas de capitale. C'est un éternel voyageur, tantôt au delà de monts, tantôt en Saxe, en Souabe ou en Franconie. Ce pouvoir errant s'accorde avec l'absence de toute administration laïque. Il n'y en a pas et il ne peut y en avoir. Car les conditions économiques qui ont ruiné l'administration carolingienne subsistent toujours et continuent de sortir leurs effets. Conrad II est obligé de reconnaître formellement l'hérédité des fiefs. Le morcellement de l'Empire en principautés s'accentue de règne en règne. Plus on va, plus l'empereur ne peut vraiment compter que sur les évêques.

Il ne faut pas s'exagérer la puissance qu'ils lui donnent. En réalité elle n'est pas très grande. Elle lui suffit à se maintenir plus puissant que chaque prince particulier ; elle n'est pas assez solide pour lui permettre d'intervenir au dehors et de s'imposer à l'étranger.

Soumis en partie par Othon Ier, les Slaves se sont soulevés sous Othon III, et depuis lors, aucune tentative nouvelle n'a plus été faite pour leur imposer le christianisme et l'hégémonie allemandes. Celle-ci est également, depuis la fin du xe siècle, en décroissance dans les pays du nord. Ce ne sont pas les empereurs, mais les princes danois de l'Angleterre qui ont transmis le christianisme au Danemark (sous le règne de Canut le Grand, 1018), à la Norvège (sous Olaf le Saint, 1016), et à la Suède (sous Olaf l'Enfant, 1006). La Bohême et la Hongrie ont complètement secoué la dépendance qu'Othon Ier leur avait un instant imposée. La situation n'est pas plus brillante à l'ouest. Il n'est plus question, après la mort d'Othon II, de revendiquer sur les rois de France la moindre prééminence. L'acquisition de la Bourgogne par Conrad II prouve plutôt la faiblesse que la force de l'Empire, car elle ne lui apporte qu'un agrandissement nominal. Jamais les souverains allemands n'ont essayé d'agir sur ce pays, qu'ils ont abandonné si complètement à lui-même que les habitants n'ont pas même remarqué qu'ils étaient passés sous la souveraineté d'une dynastie allemande. Sur la frontière occidentale du royaume d'Allemagne, la Lotharingie, violemment annexée en 925, reste turbulente et mécontente et romprait sûrement ses liens, malgré la fidélité des évêques de Liège, d'Utrecht et de Cambrai, si ses princes féodaux pouvaient décider la prudence des Capétiens à seconder leurs révoltes. Les mésaventures de

Henri III qui, après des années de lutte, n'est parvenu ni à dompter le soulèvement qu'ils ont entrepris contre lui, sous la conduite du duc Godefroid le Barbu, ni même à faire déposer les armes au comte de Flandre, Baudouin V, qui le brave en face, ne permettent pas de douter que l'Empire eût succombé de bonne heure si les embarras internes s'étaient compliqués de guerres à soutenir à l'extérieur. Par bonheur, les anciens ennemis de l'est, Slaves, Danois, Bohémiens et Hongrois furent pour lui des voisins aussi bénévoles que l'étaient les rois de France. Au xie siècle, la Bohême et la Pologne sont aux prises. Les empereurs ne se mêlent à leurs luttes que par des intrigues politiques pour les exploiter à leur profit.

C'est grâce à cette sécurité dont il jouit au dehors et qu'il se garde sagement de compromettre, que l'empereur peut consacrer ce qu'il a de forces, à s'user sans relâche dans ses entreprises italiennes. Tout couronnement impérial à Rome nécessite une expédition militaire et l'empereur ne se fraye qu'en combattant le chemin jusqu'à Saint-Pierre. Ici encore, il a pour lui les évêques qu'il nomme ; mais la féodalité laïque et les factions romaines n'acceptent pas le joug tudesque et profitent de la moindre occasion pour s'insurger. L'Italie ne lui rapporte rien que des fatigues, des soucis et des dangers, mais en qualité d'empereur il ne peut y renoncer et il est condamné à traîner ce boulet qui le paralyse et l'épuise. Au premier moment, la conquête de la Péninsule tout entière avait paru indispensable. Les Byzantins et les Arabes s'en disputaient le sud. Othon II se promit de les soumettre les uns et les autres. Sa formidable défaite à Rossano (932) fut du moins une leçon salutaire pour ses successeurs. Ils ne risquèrent plus d'aussi périlleuses aventures et l'on assista à ce spectacle paradoxal de voir la Sicile, l'Apulie et la Calabre, que les empereurs renonçaient à conquérir, tomber sous leurs yeux au pouvoir des Normands.

La fondation de l'État normand au sud de l'Italie semble empruntée à une chanson de gestes. Mais plus elle est extraordinaire, et mieux elle atteste la force militaire de la chevalerie du nord qui préluda par elle à ces deux autres entreprises plus étonnantes encore : la conquête de l'Angleterre et la Croisade.

En 1016, comme les Sarrasins assiégeaient Salerne, quarante chevaliers normands qui, au retour d'un pieux pèlerinage en Terre Sainte, passaient par là en suivant la route habituelle (la route des pèlerins traversait l'Italie jusqu'à Bari d'où l'on s'embarquait pour Constantinople), profitèrent de l'occasion pour rompre une lance en l'honneur du Christ. Le pays était merveilleux et l'anarchie au milieu de laquelle il se débattait, étant à la fois attaqué par les infidèles et troublé par une révolte contre les Byzantins, promettait des aventures profitables. Le bruit s'en répandit bientôt en Normandie et, par groupes, des cadets de famille et des batailleurs en quête de profits se mirent en route pour rejoindre leurs compatriotes. Ils entrèrent sans distinction au service de tous les partis, qui se disputèrent au plus offrant le concours de ces formidables guerriers. Il leur était indifférent de combattre pour ou contre Byzance, le gain étant leur seul but. Vers 1030, l'un d'eux, Raoul s'était déjà acquis une telle situation, que le prince Pandulf de Capoue lui donna en fief le comté d'Arezzo. Les Normands avaient pris pied dans le pays, ils devaient bientôt le confisquer tout entier. Un de leurs chefs, Guillaume, était en 1042 proclamé comte d'Apulie par ses compagnons. Il était trop tard pour résister à ces auxiliaires devenus conquérants pour leur compte. Le pape Léon IX, que le prince de Bénévent avait appelé à l'aide, marcha contre eux avec un corps allemand qui se fit battre et laissa le pape prisonnier des vainqueurs (1053). Cependant, Robert Guiscard s'installait en Calabre et, en 1057, héritait du comté d'Apulie[1].

La conduite de Rome à l'égard des Normands s'était transformée du tout au tout de Léon IX à Nicolas II. Le schisme, depuis longtemps menaçant entre l'Église latine et l'Église grecque, s'était produit définitif en 1054, et le pape était désormais directement intéressé à expulser de l'Italie les quelques troupes que Byzance y conservait encore.

D'autre part, la nature des rapports qu'il entretenait avec l'empereur Henri III présageait une lutte véritable dans un avenir prochain. Rien d'étonnant donc qu'il se soit intimement lié avec ses entreprenants voisins du sud et qu'il ait favorisé leur expansion. En 1059, disposant d'ailleurs de pays qui ne lui appartenaient pas, il donnait en fief Capoue à Richard d'Arezzo, et à Robert Guiscard, l'Apulie, la Calabre et la Sicile. Deux ans après, le dernier s'était emparé de Messines, et une trentaine d'années plus tard, l'île était complètement enlevée à la domination musulmane. Il en alla de même pour les derniers postes byzantins en Italie. Bari et les duchés lombards furent annexés (1071), puis, non content d'avoir expulsé les Grecs de la Péninsule, Robert prétendit prendre pied sur la côte de l'Adriatique, s'empara de Durazzo et dirigea des expéditions en Thessalie. Sa mort en 1085 interrompit momentanément ses projets. Ils n'en prouvent pas moins la vitalité guerrière du nouvel État qui, grâce à l'étonnante énergie de ses aventureux conquérants, venait de s'installer à cette extrême pointe méridionale de l'Europe où, depuis cinq siècles, en dépit des Lombards, des Carolingiens, des Empereurs allemands et des Musulmans, Byzance avait réussi à se conserver un débouché vers l'Occident. Ce qu'aucun des possesseurs successifs de l'Italie n'avait pu faire, les Normands l'avaient accompli en moins d'un demi-siècle. L'État, qu'ils venaient de fonder au point de contact de trois civilisations différentes, allait bientôt prendre une importance politique de premier ordre et jouer dans les destinées de l'Empire, un rôle inattendu.

Rien ne montre mieux combien, dans cet Empire, les apparences étaient en contradiction avec la force réelle, que l'attitude toute passive de Henri III à l'égard de cette jeune et entreprenante puissance qui se formait sur ses frontières. Il n'avait pas assez de force pour faire surgir une question italienne. Il lui suffit d'avoir résolu provisoirement la question de la papauté.

La situation de Rome, au moment de son couronnement impérial n'avait jamais été plus déplorable. Pendant que la réforme clunisienne s'emparait des âmes et que l'Église aspirait, dans ce qu'elle avait de plus pur et de plus ardent, à assurer sa domination spirituelle par une piété plus fervente et une discipline plus stricte, le siège de Saint Pierre donnait le scandale de trois papes se disputant ou se vendant la tiare. Plein de zèle pour la réforme religieuse, Henri voulut rendre à tout jamais impossible le retour de ces conflits incessants et des intrigues féodales qui empêchaient, depuis si longtemps, la papauté de répondre à sa mission. Un synode, qu'il convoqua à Sutri, déposa les trois pontifes rivaux, puis les Romains reçurent l'ordre de nommer le candidat qui leur fut désigné par le monarque, l'évêque de Bamberg, Suidger, qui prit le titre de Clément II (1046). Les autres papes qui lui succédèrent jusqu'à la fin du règne, Damase II (1048-1049), Léon IX (1049-1054) et Victor III (1055-1057) furent, comme lui, Allemands ou du moins sujets de l'Empire et imposés aux Romains par la volonté impériale. Tous aussi furent des pontifes excellents, des Clunisiens convaincus qui rendirent à la papauté le prestige et l'influence que l'Église aspirait à lui voir reprendre. Mais elle ne les reprenait qu'en violant, par une contradiction flagrante, les principes mêmes dont elle s'inspirait désormais. Sans doute, la tyrannie des comtes de Tusculum ne faussait plus les élections pontificales au profit d'indignes favoris ; mais l'intervention de l'empereur, si favorables qu'en fussent les résultats, n'était-elle pas une ingérence directe dans le domaine du droit canonique et, pour parler franc, un acte évident de simonie ? Henri n'avait pas observé qu'en restaurant la papauté, il allait fatalement la mettre aux prises avec l'Empire. Il était évident que, plus il choisissait ses papes dans les rangs du clergé clunisien, plus il hâtait le moment où son ingérence serait considérée par ceux-là mêmes qui lui devaient la tiare, comme une usurpation insupportable et criminelle. Déjà Léon IX, après avoir été désigné par lui, pris de remords de conscience, s'était fait réélire par les Romains suivant les formes traditionnelles. Le conflit latent devait infailliblement éclater tôt ou tard. La mort inopinée de l'empereur en 1056 brusqua les choses.

II. — Le conflit

Son successeur, Henri IV, était un enfant de six ans, sous le règne de qui l'Allemagne fut longtemps paralysée, d'abord par une régence orageuse, puis par une dangereuse révolte des Saxons. Rome sut profiter des circonstances. A la mort d'Étienne IX (1058), l'aristocratie, revenant à sa tradition, s'était empressée de faire proclamer un de ses fidèles, Benoît X. Mais les temps étaient changés et la série des papes féodaux se clôtura, en même temps que celle des papes impériaux, par l'élection de Nicolas II, due au parti de la réforme. L'Église était décidée à secouer toute tutelle, celle de l'Allemagne, comme celle des barons romains. Le nom choisi par le nouveau pontife rappelait ce « Nicolas » qui, au ixe siècle, avait si énergiquement proclamé la supériorité du glaive spirituel ; on ne pouvait indiquer plus clairement la volonté d'une orientation nouvelle.

Durant les quinze années qui s'étaient écoulées depuis Clément II, la papauté, grâce aux nominations faites par Henri III, non seulement avait repris sa place à la tête de l'Église, mais était entourée d'une vénération et pourvue d'une influence qu'elle n'avait encore possédées à aucune époque. La rénovation religieuse qui s'était accomplie au dehors d'elle, tournait maintenant vers le successeur de Saint Pierre, les vœux et les dévouements de toute l'Église, clergé et fidèles. Cette immense force morale que l'ascétisme des moines avait suscitée, donnait enfin à Rome le chef qu'elle attendait et à qui son obéissance enthousiaste était assurée d'avance. Cette fidélité au Christ, qui embrasait les âmes, se confondait maintenant avec la fidélité à son vicaire. Qu'il parlât, sa parole serait entendue et révérée jusqu'au bout de la catholicité. Et la catholicité n'avait pas seulement augmenté sa ferveur, mais s'était étendue. Depuis le commencement du xie siècle, elle avait rayonné sur le Danemark, sur la Sicile, sur la Norvège, jusque sur la lointaine Islande, et ces conquêtes nouvelles, auxquelles la papauté n'avait pris aucune part, c'était vers elle aussi qu'elles gravitaient. Jamais Rome n'avait possédé ni un domaine spirituel aussi vaste, ni une autorité aussi ferme. Sa rupture définitive avec l'Église grecque en 1054 venait de montrer quelle confiance elle avait désormais dans ses forces.

Comment aurait-elle pu supporter plus longtemps la protection simoniaque de l'empereur ? Comment continuer plus longtemps à le laisser disposer de la tiare au profit d'évêques allemands ; humilier plus longtemps au profit du souverain d'une seule nation son pouvoir universel ? La minorité de Henri IV permettait de secouer le joug. En 1059, Nicolas II, pour placer désormais la nomination des papes à l'abri de toute immixtion étrangère, la confiait au collège des cardinaux. D'un seul coup, il mettait fin ainsi et aux élections tumultueuses qui avaient causé le long déclin de la papauté, et à l'immixtion de l'empereur. La désignation du Vicaire du Christ ne devait plus appartenir qu'à l'Église, se recueillant dans la paix et la liberté. Une clause spéciale dans la bulle décidait, contrairement à la tradition constamment suivie, que ce grand acte ne devait plus nécessairement s'accomplir à Rome : les cardinaux étaient libres de s'assembler n'importe où s'ils ne se croyaient pas en sécurité dans la ville au moment du consistoire.

On peut faire dater de cette réforme le conflit entre la papauté et l'Empire. Il était désormais inévitable et Nicolas II ne se faisait aucune illusion sur l'avenir. Ce n'est pas le hasard qui a placé à la même année, où les cardinaux reçurent le droit d'élection, son traité d'alliance avec les Normands.

Les mesures prises en même temps par le pape contre le mariage des prêtres et la simonie fournissent la preuve qu'il pouvait compter sur l'appui des masses. Dans l'Italie du nord, le peuple se soulève contre les évêques impériaux qui résistaient aux ordres de Rome. Ce ne sont pas d'ailleurs exclusivement des motifs religieux qui provoquèrent les troubles de la *pataria*, c'est-à-dire de la canaille, comme les princes d'Église et leurs adhérents appelaient dédaigneusement leurs ennemis. Sous l'influence du commerce renaissant, une classe sociale nouvelle, la bourgeoisie, se formait dans les villes lombardes et elle profita du motif que lui fournissait la piété, pour s'insurger contre les évêques dont l'administration ne tenait pas compte de ses besoins nouveaux.

Ce fut l'évêque de Lucques, le protecteur des patarias, qui, en 1061, succéda à Nicolas II sous le nom d'Alexandre II. La première élection faite par les cardinaux appelait ainsi, sur la chaire de Saint-Pierre, un anti-impérialiste déclaré. Henri IV n'était pas encore en mesure d'intervenir. Ses tuteurs en furent réduits à soutenir l'anti-pape Cadaloüs, que le parti féodal de Rome suscita contre Alexandre, et qui disparut presque aussitôt. Grégoire VII succéda à Alexandre en 1073, et enfin la guerre éclata.

Le nouveau pape avait été, depuis l'avènement de Nicolas II, l'inspirateur et le conseiller intime de ses précurseurs. En leur succédant, il était bien décidé à prendre, vis-à-vis de l'Empire, une attitude d'où sortirait la guerre ou la reconnaissance par le premier souverain de l'Occident, de la supériorité de Rome sur le pouvoir temporel. En 1075, il condamnait solennellement, sous peine d'excommunication, l'investiture par l'autorité laïque de toute fonction ecclésiastique.

Rien sans doute n'était plus conforme aux principes de l'Église, mais rien aussi n'était plus impossible à accorder par l'Empire. Depuis Othon Ier, et de plus en plus à mesure que les princes laïques se féodalisaient davantage, le pouvoir impérial reposait sur les évêques. De règne en règne, les monarques avaient accumulé les donations de terres autour de leurs sièges afin de les rendre toujours plus forts. Mais c'était évidemment à condition de les nommer eux-mêmes et de les investir de leur charge. En leur remettant la crosse et l'anneau, emblèmes de leurs fonctions, ils leur montraient qu'ils n'étaient évêques que par eux, que c'était d'eux qu'ils tenaient à la fois le gouvernement de leur diocèse et par cela même, la jouissance de leur principauté. Obéir au pape, en revenir aux prescriptions canoniques, permettre en conséquence aux chapitres de nommer les évêques, et devoir ensuite les investir de leurs fiefs laïques, c'eût été remettre en des mains inconnues, peut-être hostiles, cette force que l'Empire avait donnée aux prélats, non dans leur intérêt, mais dans le sien. Intimer l'ordre à l'empereur de renoncer à l'investiture, c'était lui intimer l'ordre de n'être plus rien, puisque désormais la base même de son pouvoir lui serait enlevée. Grégoire X n'a pu un instant se faire illusion sur ce point. Mais que lui importait le pouvoir de l'empereur ?

Avec les partisans les plus radicaux de la réforme religieuse, il ne voyait dans la puissance temporelle qu'une œuvre de division. L'Église seule était divine, elle seule pouvait conduire au salut, et l'Église s'unissait dans le pape « dont le nom seul doit être prononcé dans les églises et dont tous les rois doivent baiser les pieds ».

On est parti de là pour faire de Grégoire une sorte de révolutionnaire mystique, une espèce d'ultramontain s'acharnant à la ruine de l'État. C'est transporter des idées modernes dans un débat où elles n'ont rien à voir. D'ultramontanisme, tout d'abord, il ne peut être question chez Grégoire. La discipline ecclésiastique est encore très loin de dépendre de Rome. Il ne prétend pas du tout nommer les évêques. Ce qu'il veut, c'est que la pureté de l'Église ne soit plus souillée par les attouchements laïques. Quant à la lutte contre l'État, que veut-on dire ? L'Empire n'est pas un État. Ce n'est pas l'empereur qui en réalité le gouverne, ce sont les princes. Il n'y a pas, on l'a déjà vu, d'administration, de prise, de ce qu'on peut appeler faute de mieux, le pouvoir central, sur les hommes. En affaiblissant l'empereur, quel dommage en reçoit la société ? Aucun, puisqu'il lui est indifférent, puisque ce n'est pas lui qui la défend et la protège. Il ne doit résulter aucune catastrophe de la victoire du pape et il doit en résulter un bien pour l'Église. Il faut bien se placer à ce point de vue si on veut comprendre. Il ne faut pas oublier que l'on est en pleine époque féodale et que l'évolution sociale et politique favorise ces princes, dans lesquels nous avons reconnu plus haut les vrais organisateurs de la société. Aussi sont-ils pour le pape. La féodalité travaille pour lui comme, sans le vouloir, il travaille pour elle. Tout à l'heure, c'était la bourgeoisie naissante qui prenait parti pour Rome, maintenant, ce sont les féodaux. Ce qu'on appelle État ici, ce n'est pas du tout la société laïque, mais le pouvoir royal s'asservissant l'Église et la détournant de sa mission en faveur de son maintien.

Dans les origines premières, cette exploitation de l'Église par l'État remonte à la tradition carolingienne. Othon Ier n'a fait que corser un peu la politique ecclésiastique de Charlemagne. En réalité, ce que Grégoire attaque, c'est la conception politique qui fait de l'empereur, l'égal du pape. A l'alliance des deux pouvoirs, il substitue dans les choses de l'Église, la subordination de l'un à l'autre. Encore une fois, qu'on ne dise pas qu'il attaque l'État. Il serait plus exact de dire qu'il lui enlève son caractère clérical. En somme, en retirant à l'empereur l'investiture des évêques, il pousse à la laïcisation de l'État, et en fait elle grandira après lui. Qu'on suppose l'Empire triomphant, c'est la théocratie qui l'emporte, un ordre de choses dans lequel des prêtres gouvernent au nom du prince. Au contraire, Grégoire enlève le prêtre du gouvernement. En fait, il pousse l'État dans les voies de la laïcisation.

Il le fait sans s'en douter, ou plutôt il le fait, si l'on veut, par mépris pour les laïques qu'il ne veut pas voir s'ingérer dans les choses de l'Église. Mais il sait bien que les laïques sont dans l'Église et veulent y rester. Henri IV lui-même est un catholique convaincu. Et c'est là justement ce qui fait la force du pape et la faiblesse de son adversaire. Contre le pape, il ne peut employer aucun moyen que des moyens d'Église. Il ne lui vient pas et il ne peut lui venir l'idée de s'opposer à lui en face, au nom des droits qu'il tient — de qui ? — de Dieu. Mais le pape représente Dieu sur la terre. Il le représente tellement que l'empereur ne peut se passer du pape pour son couronnement. Il n'y a qu'un moyen de résister au pape dans l'Église, c'est de faire déclarer par l'Église que le pape est indigne.

Et c'est ce que fait Henri. Il venait enfin de triompher de la révolte des Saxons. Il était libre. Il y avait encore en Allemagne assez d'évêques dévoués au souverain et mécontents, pour agir. Il les réunit à Worms et, le 24 janvier 1076, leur fait déclarer Grégoire indigne de la papauté. Vingt ans seulement s'étaient écoulés depuis que Henri III nommait les papes, mais quelle transformation radicale dans la situation des deux pouvoirs s'était accomplie depuis lors !

Les conservateurs, quand ils n'ont pas de génie, s'imaginent qu'il suffit de restaurer le passé sans tenir compte du présent. Faire déposer un pape par quelques évêques allemands, après un Nicolas II et un Alexandre II, témoignait d'une ignorance complète de l'esprit du temps. Rien ne pouvait mieux servir la cause de Grégoire que cette prétention du roi d'Allemagne de disposer en maître du chef de la catholicité. Il y répondit en excommuniant Henri et en déliant de leur serment tous ceux qui lui avaient juré fidélité. On put alors s'apercevoir que la décision du Synode de Worms n'était pas même acceptée par les princes d'Allemagne. Car, s'ils l'avaient jugée valable, ils n'avaient pas à tenir compte de l'excommunication du roi. Or, tous, à la sentence venue de Rome, répondirent en abandonnant Henri. Pour éviter une révolte générale, le roi n'hésita pas à désavouer lui-même le jugement de ses évêques et à s'humilier devant ce pape qu'il venait de faire déclarer indigne. Le 28 janvier 1077, il paraissait devant lui, vêtu en pénitent, dans la forteresse de Canossa et obtenait son pardon. Mais Grégoire se réservait d'intervenir entre lui et les princes. Comme Henri, sans attendre qu'il se fut mis en rapport avec eux, avait repris son titre royal, une partie de ceux-ci donnèrent la couronne à Rodolphe de Souabe. La guerre civile éclata. Henri se sentant plus fort que son adversaire, reprit confiance et brava Grégoire en face en reprenant, incorrigible dans son obstination, le moyen qui lui avait une fois déjà si mal réussi. Un synode, réuni sur son ordre à Brixen, donna la papauté à l'archevêque Guibert de Ravenne. Une seconde excommunication plus solennelle répondit à cette nouvelle proclamation. Mais Rodolphe venait d'être tué dans un combat près de Merseburg (Grona) et Henri, prenant son pape avec lui, marcha sur Rome. Ç'avait été jusqu'alors le sûr moyen de faire courber la tête aux papes féodaux et turbulents d'avant Henri III. Cette fois, les Allemands n'entrèrent à Rome que pour y trouver une nouvelle humiliation. Grégoire, retiré dans le fort Saint-Ange, resta inébranlable. Il fallut se hâter de faire sacrer Guibert qui, sous le nom de Clément III, mit la couronne impériale sur le front de Henri. Puis, le successeur de Charlemagne s'empressa de battre en retraite, car Robert Guiscard et les Normands approchaient de la ville. Grégoire accepta leur hospitalité et se retira à Salerne. Il y mourut le 25 mai 1085, en prononçant les fameuses paroles qui ont depuis lors réconforté tant d'exilés : *Dilexi justiciam et odivi iniquitatum, propterea quod morior in exilio.*

Clément III occupait le palais du Latran. Mais qu'importait au monde cet intrus que reconnaissaient, seuls par devoir, quelques évêques allemands ? Pour l'Église, Rome était là où était le vrai pape, l'élu des cardinaux, le successeur de Grégoire. Jamais la papauté ne fut aussi puissante que pendant ces années d'exil, non puissante par l'autorité reconnue, acceptée et redoutée comme sous un Innocent III, mais puissante par la vénération enthousiaste et le dévouement des fidèles. C'est un pape errant loin de sa capitale, Urbain II, qui, en 1095, lançait l'Europe frémissante d'amour pour le Christ, à la conquête de Jérusalem. Et cependant que le pape groupait ainsi l'Europe autour de lui, l'empereur traînait tantôt en Italie, tantôt en Allemagne, un règne cahoté de révoltes, de trahisons, de fuites, de retours de fortune, s'usant et usant ce qui restait de prestige au pouvoir, au milieu de cette guerre civile que, après son fils Conrad, son fils Henri V dirigea contre lui et qui enfin l'obligea à mourir, lui aussi, en exil à Liège, en 1106, où l'évêque Otbert, un de ses derniers fidèles, veilla sur les derniers jours de sa tragique carrière. Mais sa mort ne tranchait pas la question des investitures qui avait provoqué le conflit. Henri V ne prétendit plus disposer de la tiare et ne s'enhardit plus à nommer d'antipapes. On en revenait à la discussion d'une question précise qui, le pape étant reconnu maintenant par l'empereur comme chef de l'Église, — et comment aurait-il pu en être autrement à l'époque des Croisades — trouva enfin sa solution dans le premier de ces concordats que la papauté conclut avec une puissance laïque, le Concordat de Worms en 1122. L'empereur renonçait à l'investiture par la crosse et l'anneau et acceptait la liberté des élections ecclésiastiques. En Allemagne, l'élu recevrait par le sceptre l'investiture de ses fiefs (régales) avant d'être consacré, dans les autres parties de l'Empire (Italie et Bourgogne), après la consécration. On distinguait donc dans l'évêque le pouvoir spirituel, à propos duquel l'empereur renonçait à intervenir, et le pouvoir temporel qu'il continuait à conférer, mais qu'il ne pouvait refuser sans conflit. Quant aux élections des évêques par les chapitres, ce devaient être les princes voisins et non l'empereur qui allaient peser sur elles. En réalité, l'Église impériale s'écroulait. Il ne restait qu'une église féodale. L'Empire en pâtissait. La papauté y gagnait en prestige, mais elle n'améliorait pas, bien au contraire, la discipline ecclésiastique. Chaque élection allait devenir une lutte d'influence et s'il n'y avait plus simonie du fait de l'empereur, il y avait pression et intimidation par les grands. La vraie solution aurait été celle de Pascal II, les évêques abandonnant leurs fiefs ; mais l'empereur n'en avait pas voulu, car cette immense fortune foncière de l'Église aurait passé aux princes. En somme, la querelle des investitures aboutissait au triomphe de la féodalité sur l'Église. C'en est fait de ces évêques de l'Empire savants et instruits, des Notger, des Wazon, des Bernhard de Worms. Sortant des chapitres où dominent les cadets de noblesse, ils sont maintenant tout féodaux et ce qui domine chez eux, c'est le temporel. L'Église, en voulant débarrasser le clergé de l'emprise laïque, l'y a plus subordonné que jamais.

---

1. L'histoire de ces Normands prouve admirablement que l'Italie du sud était économiquement plus avancée que l'Europe du nord. Les princes du pays les prennent à leur solde comme mercenaires et, dans ce pays divisé en vingt parties, ils agiront comme les grandes compagnies ont essayé de le faire au xive siècle. Ce sont de purs mercenaires qui se taillent des principautés. C'est parce qu'il y a là de l'argent qu'ils reçoivent tout de suite des renforts de leurs compatriotes.

3
LA CROISADE

I. — Les causes et les conditions

La conquête de la Sicile au ixe siècle (achevée en 902 par la prise de Taormina), marque la dernière poussée de l'Islam en Occident. Depuis lors, il renonce aux conquêtes. L'Espagne, comme les États qui se forment sur la côte africaine, Maroc, Alger, Kairouan, Barka, jusqu'à l'Égypte, ont perdu la force d'expansion des premiers temps. Ils n'attaquent plus les chrétiens, ils vivent à côté deux, dans une civilisation plus avancée, plus raffinée et devenue plus molle aussi. Ils ne demandent qu'une chose : être laissés en paix et naturellement en possession de cette Méditerranée dont ils occupent toutes les côtes du sud et de l'est.

C'était malheureusement pour eux impossible. S'ils avaient voulu vivre en sécurité, ils auraient dû faire ce que les Romains avaient fait jadis et se donner des frontières défendables. Ils ont l'Espagne, mais ils ne l'ont pas jusqu'aux Pyrénées. Ils ont toutes les îles de la Mer Tyrrhénienne, mais ils n'ont ni la Provence, ni l'Italie. Et comment conserver la Sicile sans l'Italie ? On peut dire qu'ils se sont arrêtés trop tôt, comme fatigués. Leur domaine présente quelque chose d'inachevé. Leurs positions avancées en Europe se prêtaient aussi mal que possible à la défense. Comment leurs voisins plus pauvres et chez lesquels, depuis le Xe siècle, l'enthousiasme religieux grandit sans cesse, ne les auraient-ils pas attaqués ?

C'est par l'Espagne que commença le contre-coup. Les petites principautés chrétiennes du nord, dont le sol est pauvre et inculte, cherchent naturellement à s'étendre devant elles en l'absence de frontières naturelles.

L'ancienne marche d'Espagne s'était rendue indépendante durant la dislocation carolingienne, sous le nom de comté de Barcelone, puis de Catalogne. Dans la montagne s'étaient constitués les petits royaumes de Navarre, des Asturies, celui de Léon, puis ceux de Castille et d'Aragon. Le Portugal, dépendance de la Castille, se forma en royaume indépendant à l'époque de la première Croisade, sous le gouvernement du prince bourguignon Henri († 1112). Entre ces petits États et les Musulmans, c'était une guerre continuelle de frontières où les chrétiens ne furent pas toujours heureux. A la fin du xe siècle, sous le khalife Hischam II, Barcelone fut détruite en 984 et Santiago aussi, d'où les chrétiens furent obligés d'apporter les cloches à Cordoue. Mais, après l'extinction de la dynastie des Ommiades (1031), le xie siècle marque l'avance chrétienne. En 1057, Ferdinand de Castille, pousse jusqu'à Coïmbre et force plusieurs émirs, même celui de Séville à lui payer tribut. Son fils Alphonse VI (1072-1109) s'empare de Tolède, de Valence et assiège Saragosse. Battu par les Almoravides du Maroc, que l'émir de Séville appelle à la rescousse en 1086, il est arrêté dans sa conquête après s'être un instant avancé avec son armée jusqu'au détroit de Gibraltar. Mais les progrès des chrétiens sont déjà assez marqués ; du moment qu'on n'a pu les débusquer de leurs montagnes, ils iront à Gibraltar.

En Italie, les événements sont plus décisifs. Les Byzantins, qui n'avaient pas défendu la Sicile, tenaient encore le sud de la Péninsule, quand l'arrivée des Normands substitua, tant à leur domination qu'à celle de l'Islam, celle d'un nouvel État guerrier et plein de vie. La conquête de la Sicile et bientôt celle de Malte jetaient deux citadelles chrétiennes en pleine Méditerranée musulmane. Au surplus, les Pisans avaient pris part à la guerre. Depuis quelque temps, ils luttaient sur mer contre les Maures de Sardaigne qu'ils expulsèrent en 1016. Ils prirent une part active à la conquête de la Sicile. Le dôme de Pise est une espèce d'arc de triomphe en l'honneur du forcement du port de Palerme en 1067. Gênes aussi commençait ses expéditions et harcelait la côte d'Afrique. Ce n'était pas encore du commerce : c'était de la course, de la piraterie, de la guerre, l'idée chrétienne se mêlant chez ces marins à celle de profit.

En somme donc, depuis le milieu du xie siècle, l'Occident chrétien prend, par efforts détachés, l'offensive contre l'Islam. Mais il n'y a rien là de commun avec une guerre religieuse. Ce sont des guerres de conquêtes qui se feraient même entre des gens de même religion si les circonstances et la situation géographique s'y prêtaient. Les Normands attaquent d'ailleurs impartialement Byzantins et Musulmans.

À l'envisager d'une manière générale, dans l'ensemble de l'histoire universelle, la Croisade se rattache évidemment à ces événements comme la continuation de l'offensive contre l'islamisme. Mais elle n'a avec eux qu'un seul trait commun : elle est dirigée contre l'Islam. Pour le reste, dans ses origines, son but, ses tendances et son organisation, elle en diffère du tout au tout.

Elle est tout d'abord purement et exclusivement religieuse. Elle se rattache intimement à cet égard, quant à l'esprit qui l'anime, au grand mouvement de ferveur chrétienne dont la guerre des investitures est une autre manifestation. Elle s'y rattache encore par ceci que le pape, qui a conduit cette guerre et l'a déchaînée, déchaîne aussi et organise la Croisade.

Son objectif, à vrai dire, n'est pas l'Islam. Si on avait voulu le faire reculer, il fallait seconder les Espagnols et les Normands. Ce sont les lieux saints, le tombeau du Christ à Jérusalem. Il appartenait aux Musulmans depuis le ixe siècle et on ne s'en était pas autrement occupé. C'est qu'à cette époque, sous le gouvernement arabe, on ne molestait pas les chrétiens et que la piété de ceux-ci n'était pas encore aussi susceptible. Mais justement, quand elle le devient, au xie siècle, les Turcs Seidjoucides s'emparent de la Syrie et leur fanatisme moleste les pèlerins qui répandent partout leur indignation de l'opprobre fait au Christ. Or, parmi les pèlerins figuraient de nombreux princes, tel Robert le Frison. Ce ne sont évidemment pas les rapports de petites gens (qui n'ont guère dû être nombreux à Jérusalem) mais ceux des chevaliers et des princes, qui auront soulevé l'opinion.

A leurs excitations s'ajoutent bientôt les avances de l'empereur de Byzance. La situation de l'Empire, depuis l'apparition des Seldjoucides en Asie antérieure, est des plus précaires. Au xe siècle, les empereurs macédoniens, Nicéphore Phocas, Jean Tzimiscès, Basile II, avaient fait largement reculer l'Islam et reporté la frontière sur le Tigre. Mais les Seldjoucides, au xie siècle, reprennent l'Arménie et l'Asie Mineure. Au moment où Alexis Comnène monte sur le trône (1081), seules les côtes sont encore grecques. Il n'y a plus de flottes. L'armée est insuffisante. Alexis pense à l'Occident. A qui s'adresser, sinon au pape ? Lui seul y exerce une influence universelle. Mais on ne peut le prendre que par la religion. En 1095, il envoie une ambassade à Urbain II, au Concile de Plaisance, laissant entrevoir la possibilité de rentrer dans la communion catholique. Quelques mois plus tard, le 27 novembre 1095, à Clermont, la Croisade était proclamée d'enthousiasme par la foule accourue autour du souverain pontife.

La Croisade est essentiellement l'œuvre de la papauté. Elle l'est par son caractère universel et par son caractère religieux. Ce ne sont point des États, non même des peuples qui l'entreprennent, mais la papauté. La cause en est toute spirituelle, dégagée de toute préoccupation temporelle :

la conquête des Lieux Saints. Ceux-là seuls qui partent sans esprit de lucre ont part aux indulgences. Il faudra attendre jusqu'aux premières guerres de la Révolution française pour trouver des combattants aussi dégagés de toute autre considération que le dévouement à une idée.

L'enthousiasme religieux et l'autorité du pape n'auraient cependant pas suffi à promouvoir une entreprise aussi gigantesque, si la condition sociale de l'Europe ne l'avait rendue possible. Il fallut que coïncidassent, à la fin du xie siècle, cette ardeur de foi, cette prépondérance de la papauté, et ces conditions sociales. Un siècle plus tôt, c'eût été impossible, et aussi un siècle plus tard. L'idée réalisée au xie siècle s'est prolongée après comme une idée-force dans des conditions très différentes et d'ailleurs allant toujours en s'affaiblissant. Elle a même survécu à la Renaissance puisque les papes y songent encore, au xvie siècle, contre les Turcs. Mais la vraie Croisade, la mère de toutes les autres, c'est la première et elle est vraiment la fille de son temps.

D'abord, il n'y a pas encore d'États. Les nations n'ont pas de gouvernements ayant prise sur elles. La politique ne divise pas la chrétienté qui peut se grouper tout entière autour du pape. Puis il y a une classe militaire toute prête à partir : la chevalerie. L'armée existe, il suffit de la convoquer. Ce qu'elle peut faire, elle l'a prouvé par les conquêtes des Normands en Italie et en Angleterre. Et c'est une armée qui ne coûte rien, puisqu'elle est dotée, de père en fils, par les fiefs. Il est inutile de réunir de l'argent pour la guerre sacrée. Il suffit de désigner les chefs, les routes à suivre. À ce point de vue, la Croisade est essentiellement la grande guerre féodale, celle où la féodalité occidentale a agi en corps, et si l'on peut dire, par elle-même. Aucun roi n'y prend part. Le curieux est qu'on n'ait même pas songé a eux, pour ne rien dire de l'empereur, qui est l'ennemi du pape.

Et rien d'étonnant dès lors que ce soit dans les pays où la féodalité est la plus avancée que la Croisade ait surtout recruté ses troupes, en France, en Angleterre, aux Pays-Bas, dans l'Italie normande. C'est surtout, à ce point de vue, une expédition, ne disons pas de peuples romans, mais de la chevalerie romane.

Sans la chevalerie, elle était impossible, car elle fut surtout une entreprise de chevaliers, de nobles. Il ne faut pas se la figurer comme une espèce de ruée des chrétiens en masse vers Jérusalem. Ce fut avant tout une expédition d'hommes d'armes, sans quoi elle n'aurait fait que fournir de la chair à massacre aux Turcs. Il en résulte encore qu'elle ne fut pas aussi nombreuse qu'on le croit. Tout au plus, quelques dizaines de milliers d'hommes, chiffre énorme relativement, mais qui n'a rien de commun avec ce qu'aurait fourni une espèce d'émigration en masse.

II. La prise de Jérusalem

L'expédition fut soigneusement préparée sous la direction du pape. Des propagandistes monacaux furent envoyés partout. Mais on ne négligea pas des moyens plus terrestres. Si grand que fût l'amour du Christ, c'était à des hommes que l'on avait à faire et on ne craignit pas, pour « les exciter », de s'adresser chez eux à des passions mystiques et autres. Les *excitatoria* qui furent alors répandus dans la chrétienté vantent pêle-mêle la quantité de reliques que renferme l'Asie Mineure, le charme et le luxe de ses mœurs, et la beauté de ses femmes. Des mesures furent prises en faveur de ceux qui partaient : leurs biens étaient sous la garde de l'Église, ils étaient sûrs de les retrouver au retour. Pour le plan de guerre, il ne devait pas être si difficile à faire, étant donné le grand nombre d'Occidentaux qui avaient fait le voyage de Jérusalem. La route, en l'absence de flotte suffisante, devait être la route de terre. Seuls les Normands d'Italie et les contingents du nord de l'Italie passèrent l'Adriatique pour débarquer à Durazzo et marcher de là sur Constantinople, où était le rendez-vous général. Il y avait trois armées : les Lotharingiens sous Godefroid de Bouillon qui prirent par l'Allemagne et la Hongrie ; les Français du nord, avec Robert de Normandie, frère de Guillaume II d'Angleterre, Étienne de Blois, Hugues de Vermandois, frère du roi de France, Philippe Ier, Robert de Flandre, qui descendirent par l'Italie où ils se joignirent aux Normands sous Bohémond de Tarente, fils de Robert Guiscard, et son neveu Tancrède ; enfin les Français du midi, sous Raimond de Toulouse accompagné du légat, l'évêque Adhémar du Puy, qui se dirigèrent par l'Italie du nord et la côte de l'Adriatique. Tous se réunirent à Constantinople où ils arrivèrent par groupes en 1096.

Des bandes enthousiastes soulevées à la voix de Pierre l'Ermite, sans chefs, sans discipline, étaient parties déjà, au début de 1096, pillant et massacrant les Juifs. Ce qui en était arrivé à Constantinople avait été passé au plus vite par les Grecs de l'autre côté du Bosphore et taillé en pièces par les Turcs.

Si le pape avait espéré ramener l'Église grecque par les Croisades, il fut assurément désillusionné. Le contact des Occidentaux avec les Grecs augmenta l'antipathie entre eux et le fossé s'approfondit. Mais le but mystique, celui qui avait fait prendre les armes fut atteint. A travers des combats, des fatigues, des périls qui sont comparables à ceux de la retraite de Russie et durent être aussi meurtriers, ce qui restait de l'armée parut enfin devant les murailles de Jérusalem le 7 juin 1099. Le 15 juillet, la ville fut prise d'assaut et des torrents de sang furent répandus au nom du Dieu d'amour et de paix, dont on venait conquérir le tombeau.

Le résultat fut l'établissement de petits États chrétiens : royaume de Jérusalem dont Godefroid de Bouillon fut élu souverain sous le nom d'Avoué du Saint-Sépulcre, principauté d'Édesse dont, au passage, les habitants avaient donné le titre de comte à Baudouin, frère de Godefroid, principauté d'Antioche, dont Bohémond de Tarente s'était fait prince après la prise de la ville en 1098. Tout cela organisé suivant le droit féodal, loin de l'Europe, menacé par l'Islam, à peine entamé, de tous côtés. C'étaient des colonies qui ne répondaient à aucun des besoins auxquels répondent les colonies. Il n'y avait ni besoin de caser si loin une population surabondante, ni besoin d'organiser des comptoirs commerciaux. Si l'esprit de lucre fut loin d'être absent chez tous ceux qui partirent pour la Croisade, pas un seul d'entre eux n'était guidé par l'idée de commerce. L'idée religieuse était seule dominante. Mais le résultat fut tout de suite un résultat commercial. Il fallait ravitailler cette base militaire chrétienne qui venait de se fonder là-bas en Orient. Venise, Pise et Gênes s'en chargèrent aussitôt. Les principautés croisées furent un but pour leurs flottes. L'est de la Méditerranée était maintenant rattaché à l'Occident. La navigation chrétienne allait se développer depuis lors continuellement. Ce furent les bourgeoisies des villes maritimes italiennes qui retirèrent en somme le plus grand fruit des Croisades. Mais ce n'était pas là leur but. Leurs manifestations les plus vraies furent l'alliance de l'esprit militaire et de l'esprit religieux qui se trouve dans les ordres des Templiers et des Hospitaliers.

Comme établissements chrétiens, les possessions des croisés étaient bien difficilement défendables. Déjà, en 1143, Édesse tombe et il faut faire une nouvelle Croisade qui échoue (2ᵉ Croisade). En 1187, Saladin, sultan d'Égypte, conquiert Jérusalem qui ne devait jamais être repris.

De ce grand mouvement des Croisades, il n'est donc guère sorti qu'une activité plus grande et plus rapide du mouvement commercial dans la Méditerranée. Elles n'ont servi en rien, ou bien peu, à faire connaître les progrès économiques et scientifiques de l'Islam à l'Occident. Ceux-ci furent connus par l'intermédiaire de la Sicile et de l'Espagne. Elles auraient pu du moins ouvrir le monde grec ; il n'en fut rien. Il était trop tôt pour que les Occidentaux pussent s'intéresser aux trésors qui dormaient dans les bibliothèques byzantines. Il fallut attendre le moment où les réfugiés du xvᵉ siècle les apporteraient en Italie. Il en fut comme pour l'Amérique découverte par les Normands, puis reperdue parce que l'on n'en avait pas encore besoin au xiᵉ siècle.

En somme, l'immense effort des Croisades eût peu de conséquences directes. Il ne repoussa pas l'Islam, ne rattacha pas l'Église grecque, ne conserva pas même Jérusalem, ni Constantinople. En revanche, son importance fut considérable dans un domaine, tout à fait opposé à l'esprit qui l'avait inspirée : son vrai résultat fut le développement du commerce maritime italien et, à partir de la quatrième Croisade, la constitution de l'empire colonial de Venise et de Gênes dans le Levant. C'est une chose très caractéristique que l'on puisse expliquer toute la formation de l'Europe sans avoir besoin, une seule fois, de faire intervenir la Croisade, sauf cette exception de l'Italie.

Elle eût encore une conséquence d'ordre religieux. La guerre sainte se substitue depuis la première Croisade à l'évangélisation des non chrétiens. Elle sera employée aussi contre les hérétiques. L'hérésie des Albigeois et, plus tard, celle des Hussites, furent extirpées par la guerre sainte. Quant aux païens, les méthodes employées contre les Wendes, les Prussiens et les Lithaniens sont caractéristiques : il ne s'agit plus de convertir l'infidèle, mais de l'exterminer.

LA FORMATION DE LA BOURGEOISIE

1
LA RENAISSANCE DU COMMERCE

I. — Le commerce méditerranéen

L'organisation économique, qui s'est imposée à l'Europe occidentale au cours de l'époque carolingienne et qui s'y est conservée dans ses traits essentiels jusqu'à la fin du xie siècle, était, on l'a vu, purement agricole. Non seulement elle ne connaissait pas le commerce, mais on peut dire qu'en réglant la production selon les besoins des producteurs, elle excluait même la possibilité de toute activité commerciale professionnelle. La recherche et jusqu'à l'idée du profit lui étaient étrangères. Le travail de la terre servait à assurer l'existence des familles ; on ne cherchait pas à lui faire produire un surplus dont on n'eût su que faire.

Ce n'est pas à dire qu'il n'ait existé alors aucune espèce d'échange. Chaque domaine avait beau chercher à produire tout ce qui lui était nécessaire, il n'en était pas moins impossible de se passer complètement de toute importation. Dans les pays du nord, le vin devait être nécessairement amené des régions méridionales. Puis les famines locales étaient nombreuses et, en cas de disette, la province affamée s'efforçait de tirer quelques ressources des provinces voisines. Il y avait enfin, de distance en distance, de petits marchés hebdomadaires destinés à subvenir aux besoins courants de la population des alentours. Mais tout cela n'avait qu'une importance tout à fait accessoire. On faisait du commerce à l'occasion, on n'en faisait pas par profession. Une classe de marchands n'existait pas plus qu'une classe d'industriels.

L'industrie se bornait à quelques artisans indispensables, serfs travaillant dans la cour domaniale pour les besoins du domaine, charrons éparpillés dans les villages, tisserands de lin ou de laine produisant pour la consommation familiale. Dans certaines régions, comme sur la côte de Flandre, la qualité de la laine et la conservation des procédés de la technique romaine donnaient une qualité supérieure aux étoffes des tisserands paysans et les faisaient rechercher dans les contrées voisines. C'était une spécialité comme l'étaient les bonnes pierres et les beaux arbres pour les constructions. Il résultait de là sur les fleuves un petit batelage, dont se servaient aussi les voyageurs et les pèlerins. De petits ports, au nord de la France et dans les Pays-Bas, servaient aux rares voyageurs venant d'Angleterre ou y allant. Mais tout cela n'eût pas existé, que rien d'essentiel n'eût été changé à l'ordre des choses. Les rudiments de vie commerciale que connut l'époque carolingienne n'y répondaient à aucun besoin permanent, à aucune nécessité primordiale. La meilleure preuve qu'il en fût ainsi est le sort subi par l'unification des poids, des mesures et des monnaies établie par Charlemagne. A la fin du ixe siècle, la diversité a remplacé l'unité. Chaque territoire a ses poids, ses mesures et ses monnaies propres. Cette régression n'aurait pu s'accomplir si le commerce avait eu quelque importance. Mais s'il en allait ainsi dans l'Empire carolingien, il n'en était pas de même dans les deux seuls points de l'Europe occidentale qui appartinssent encore à l'Empire byzantin : Venise et l'Italie méridionale. Les ports de Campanie, d'Apulie, de Calabre et de Sicile continuaient à entretenir des relations régulières avec Constantinople. La grande ville exerçait jusqu'à eux son attraction. Bari, Tarente, Amalfi et, aussi longtemps que la Sicile ne fut pas conquise par les Musulmans, Messine, Palerme et Syracuse envoyaient régulièrement vers la Corne d'or leurs bateaux chargés de blé et de vins et en ramenaient les produits des manufactures orientales. Leur commerce ne tarda pas à être dépassé par celui de Venise. Fondée dans les lagunes par des fuyards à l'époque des invasions lombardes, refuge des patriarches d'Aquilée, la ville ne fut d'abord qu'une agglomération de petites îles séparées les unes des autres par des bras de mer et dont la principale était celle de Rialto. Tout cet ensemble reçut le nom de Venetia, qui avait jusqu'alors été celui de la côte. L'arrivée des reliques de Saint Marc d'Alexandrie, en 826, lui donna un patron national. La pêche et le raffinage du sel marin furent d'abord les premières ressources des habitants. Le marché en fut naturellement non l'Italie toute proche qui, figée dans l'organisation agricole et domaniale, n'avait pas de besoins, mais la lointaine et dévorante Byzance. Et rien n'atteste mieux le contraste des deux civilisations que cette orientation de Venise vers l'Orient. Les progrès de l'Islam dans la Méditerranée, en restreignant le nombre de ports qui alimentaient la grande ville, profitèrent aux marins des lagunes. Leur commerce l'emporta bientôt, aux rives du Bosphore, sur celui de tous leurs concurrents. Leur ville sans terres, et uniquement tournée vers les flots, ramena dans le monde quelque chose qui ressemble à l'ancienne Tyr. Avec la richesse, elle gagna l'indépendance, secoua, sans rupture, la domination byzantine et constitua sous un doge (duc) une république marchande, d'un type unique au monde. Elle eût, dès le xe siècle, une politique dirigée exclusivement par l'intérêt commercial. On peut se faire une idée de sa richesse par sa force. La navigation lui imposait la domination de l'Adriatique troublée par des pirates dalmates. En 1000, le doge Pierre II Urseolo (991-1009) conquit la côte de Raguse à Venise et prit le titre de duc de Dalmatie. Elle ne pouvait permettre que les Normands, après la conquête de l'Italie du sud, s'établissent sur la côte grecque. Aussi la flotte coopéra-t-elle avec l'empereur Alexis pour repousser Robert Guiscard de Durazzo. Elle sut d'ailleurs se faire largement payer sa collaboration. En 1082, les Vénitiens reçurent le privilège de vendre et d'acheter dans tout l'Empire byzantin sans payer de droits, et ils obtinrent comme résidence un quartier spécial à Constantinople. Purement commerçants, ils n'hésitent pas à entrer en rapports avec les ennemis. Mais, à cette époque déjà leurs vaisseaux rencontraient dans la Méditerranée orientale de nouveaux concurrents. Les Pisans et les Génois avaient commencé, au cours du xe siècle, à combattre dans la Mer Tyrrhénienne les pirates musulmans. Ils avaient fini par s'emparer de la Corse et de la Sardaigne, et les Pisans, après avoir bataillé sur les côtes de Sicile, s'enhardissaient, déjà, au milieu du xie siècle, à insulter celles d'Afrique. Tandis que les Vénitiens furent marchands dès le début, Pisans et Génois font plutôt penser aux chrétiens d'Espagne. Comme eux, ils se consacrent avec passion à la guerre contre l'infidèle, guerre sainte, mais aussi guerre profitable, car l'infidèle est riche et fertile en butin. Le sentiment religieux et l'appétit du lucre se confondent chez eux en un même esprit d'entreprise dont on trouve la curieuse et énergique expression dans leurs anciennes chroniques. Le succès aidant, ils s'enhardissent et finissent par pénétrer au delà du détroit de Messine et par faire la course dans l'Archipel. Mais les Vénitiens s'intéressaient fort peu au conflit de la Croix et du Croissant. Ils entendaient se réserver le marché de Constantinople et la navigation du Levant. Et leurs flottes n'hésitèrent même pas à assaillir les navires pisans qui ravitaillaient les croisés.

Il était impossible, après l'établissement des chrétiens en Palestine, de persister dans une telle attitude. Bon gré, mal gré, il fallut bien laisser les bateaux de Pise et de Gênes collaborer au trafic maritime entre les États croisés de la côte syrienne et l'Occident. Le transport continuel des pèlerins, des renforts militaires, des vivres et approvisionnements de toute sorte, fit de cette navigation une source si abondante de profits, que l'esprit religieux qui avait animé d'abord les marins des deux villes se subordonna à l'esprit commercial. Bientôt ce ne fut plus seulement vers les ports chrétiens mais aussi vers les ports musulmans que se dirigèrent les navires. Dès le xiie siècle, ils fréquentent assidûment Kaïrouan, Tunis, Alexandrie. Les Pisans, en 1111, et les Génois, en 1155, obtiennent des privilèges commerciaux à Constantinople. Des colonies vénitiennes, pisanes, génoises s'établissent dans les centres commerciaux du Levant, groupées chacune sous la juridiction de consuls nationaux. Et le mouvement ne tarde pas à gagner de proche en proche. Marseille et Barcelone se mettent en branle à leur tour ; les Provençaux et les Catalans s'aventurent sur les routes ouvertes par les Italiens. Dès la fin du xie siècle, on peut dire que la Méditerranée est reconquise à la navigation chrétienne. Si les Musulmans et les Byzantins font le cabotage sur leurs côtes, la navigation au long cours est tout entière livrée aux Occidentaux. Leurs navires sont partout dans les ports d'Asie et d'Afrique, tandis qu'on ne voit pas de navires grecs ou musulmans dans les ports d'Italie, de Catalogne et de Provence. La deuxième Croisade s'est encore faite par terre, mais la troisième et toutes les suivantes se font par mer. Ce sont de fructueuses entreprises de transports. La quatrième a été bien autre chose encore : elle a été détournée par Venise à son profit et indirectement au profit des autres villes maritimes.

Le plan consistait à attaquer les Musulmans en Égypte, et de là, à reprendre la côte de Palestine. Les croisés s'étaient arrangés avec le doge, Henri Dandolo : la flotte vénitienne devait porter les 30.000 hommes de l'armée des croisés, moyennant le paiement de 85.000 marcs d'argent. Mais les croisés ne purent verser la somme fixée. Venise alors leur proposa de s'acquitter en s'emparant pour elle de Zara, port chrétien mais rival de Venise. Zara fut prise et la flotte s'apprêtait à cingler vers l'Église, lorsque le prince grec Alexis, dont le père, l'empereur Isaac, avait été détrôné peu auparavant (1195), proposa aux croisés de le rétablir sur le trône de Constantinople. Malgré le pape Innocent III, qui alla jusqu'à excommunier les Vénitiens, les croisés acceptèrent. Le 6 juillet 1203, la flotte forçait le port, les croisés occupaient Constantinople et faisaient couronner Alexis. Puis, des difficultés ayant surgi avec le nouvel empereur, la ville était prise de nouveau, le 12 avril 1204, et l'Empire latin fondé. Venise en reçut pour sa part tout ce qui pouvait favoriser son commerce maritime : une partie de Constantinople, Andrinople, Gallipoli, l'île d'Eubée et une foule d'autres îles, les côtes sud et ouest du Péloponnèse et toute la côte de la mer du golfe de Corinthe à Durazzo. La Mer Noire fut ouverte au commerce italien et aussitôt des établissements vénitiens, génois et pisans y furent fondés.

On ne peut pas dire que la Méditerranée soit redevenue, comme elle l'était dans l'Antiquité, un lac européen. Mais elle n'est plus une barrière pour l'Europe. Elle est de nouveau le grand chemin qui la met en contact avec l'Orient. Tout son commerce se dirige vers le Levant. Les caravanes qui, de Bagdad et de la Chine, acheminent les épices et la soie vers les côtes de Syrie, aboutissent maintenant aux bateaux chrétiens qui attendent au bas des « échelles ».

II. — Le commerce du Nord

Cette puissante expansion, dont les conséquences furent incalculables pour la civilisation européenne, a sa cause en dehors de l'Europe, ou du moins de l'Europe occidentale. Sans l'attraction exercée sur elle par Byzance, sans la nécessité de combattre les Musulmans, elle eût sans doute persisté de longs siècles encore dans sa civilisation purement agricole. Aucune nécessité interne ne lui faisait un besoin de se projeter au dehors. Son commerce n'est pas une manifestation spontanée de développement naturel de sa vie économique. On peut dire que, grâce aux excitations venues de l'extérieur, il a devancé le moment où il aurait dû s'épanouir naturellement.

Et, si bizarre que cela paraisse à première vue, il en a été ainsi non seulement dans la Méditerranée, mais aussi dans la Mer du Nord et dans la Baltique. Leurs eaux, dans l'Antiquité, avaient fermé le monde romain aussi complètement que celles de l'Atlantique. Au delà de la Manche qu'animent les bateaux reliant la Gaule à la Bretagne, il n'y avait plus de navigation, du moins plus de navigation commerciale. La situation resta la même jusqu'au ixe siècle. A part Quentovic (qui se substitua à Boulogne) et Duurstede, qui entretenaient quelques relations avec les Anglo-Saxons de Bretagne, toute la longue côte de l'Empire franc, jusqu'à l'embouchure de l'Elbe, était une côte morte, à peu près déserte. Plus loin, dans la Baltique, on entrait dans le domaine inconnu de la barbarie païenne. Ici la situation était donc exactement le contraire de celle qui existait aux bords de la Méditerranée. Au lieu de voisiner avec des civilisations plus avancées, l'Occident chrétien était en contact avec des peuples encore dans l'enfance. C'est pourtant sous l'influence de ces peuples que l'activité commerciale s'éveilla sur les eaux septentrionales. Chose curieuse, en effet, son foyer se trouve, non comme on pourrait le croire, sur les côtes de Flandre et d'Angleterre, mais dans le golfe de Bothnie et dans celui de Finlande. Et s'il en fut ainsi, c'est que l'attraction orientale et l'attraction byzantine se firent sentir jusqu'à ces lointaines contrées, si bien que cette même excitation du dehors, qui provoqua l'essor de la navigation italienne, fut aussi la bienfaisante initiatrice de celle du nord.

Nous avons déjà signalé ce fait en parlant des invasions scandinaves ; nous avons vu comment les Suédois, mi-conquérants et mi-marchands, apparurent, depuis le milieu du ixe siècle, sur les eaux du Dniepr et comment ils y fondèrent les premiers centres politiques autour desquels se cristallisa la masse encore amorphe de ces Slaves orientaux qui leur emprunta leur nom de « Russes ». Ces établissements restèrent, jusqu'à la fin du xie siècle, en rapports avec la patrie et en reçurent jusqu'alors un afflux de forces fraîches. Ils entretenaient, et très activement, des relations commerciales avec Byzance et les pays musulmans des bords de la Caspienne, au moins jusqu'à l'invasion des Petchénègues[1]. Constantinople était le grand centre des affaires. On y vendait des esclaves, des pelleteries, du miel et de la cire. Constantin Porphyrogénète décrit curieusement ce commerce russe, vers 950. Il montre comment au mois de juin, les barques de Novgorod, Smolensk, Lubetch, Tchernigow et Vychegrad se réunissent à Kiev. Tous ensemble, armés, descendent ensuite le fleuve, tirant leurs bateaux quand des chutes le coupent, tout en se défendant contre les Petchénègues, puis longeant la côte jusqu'à l'embouchure du Danube et, de là, vers Constantinople. Ce commerce, armé et dirigé par le prince, ressemblait beaucoup à celui des marchands d'esclaves de l'Afrique d'aujourd'hui. Mais, déjà au xe siècle, des marchands proprement dits se mêlaient à l'expédition. Les Russes sont encore païens à cette époque. Ils ne connaissent pas encore la propriété foncière et déjà, à cause de Constantinople, ils ont des marchands et fondent des villes : ce sont des palissades (*gorod*) ou *pagost*, c'est-à-dire des lieux habités par des étrangers (*gostj*). Kiev a, déjà au commencement du xie siècle, une importance que ne présente encore aucune ville du nord de l'Europe. En 1018, Thietmar de Merseburg nous la décrit avec ses 40 églises (le texte dit 400, sans doute par erreur) et ses huit marchés. La population en est encore en grande partie composée de Scandinaves. Ils étaient plus nombreux encore à Novgorod où les hommes de Gotland, au xiie siècle, avaient une *Gildhalle*. Le mouvement, venu de là, se répandit naturellement dans la Baltique. L'île de Bornholm (Danemark) est, dit Adam de Brême, *celeberrimus Daniae portus et fida statia navium, quae a barbaris in Graeciam dirigi solent*. Déjà au Xe siècle, d'ailleurs, les Scandinaves initiés au commerce par Byzance se lancent vers l'ouest. Les monnaies flamandes, du xe et du xie siècle, trouvées dans le pays, prouvent qu'ils fréquentaient les côtes de la Mer du Nord. La domination danoise en Angleterre dut encore intensifier cette navigation. Au xe siècle, un nouveau port, Tiel, sur le Waal, remplace en

Hollande celui de Duurstede, et Bruges commence à s'animer par la navigation au fond du golfe du Zwin. La conquête de l'Angleterre par les Normands, en rattachant ce pays au continent, fut encore un ferment d'activité pour la navigation de la Mer du Nord et de la Manche.

L'impulsion vint donc de Byzance par l'intermédiaire des Suédois. La navigation scandinave, d'ailleurs, commence à décliner au XIe siècle : d'une part l'invasion des Coumans, au sud de la Russie, coupe la route de Constantinople, et d'autre part le commerce vénitien et italien lui fait dans le sud une concurrence trop forte. Mais à ce moment, les Allemands se répandent dans la Baltique. Et justement le commerce maintenant est devenu si puissant qu'il remonte vers le nord.

De Venise, par le Brenner, il se répand peu à peu dans l'Allemagne du sud, ou plutôt l'attire vers elle, car les Vénitiens ne voyagent pas par terre. Mais le mouvement est beaucoup plus intense du côté de la France. Sous l'impulsion du commerce des côtes, l'industrie et le négoce se sont répandus dans la plaine lombarde qui, dès le milieu du xie siècle, commence à se transformer sous leur action. Ses marchands, par le Saint-Gothard ou par le Mont Cenis, se dirigent vers le nord. Et dans le nord, ce qui les attire, c'est la Flandre où aboutit le mouvement commercial de la Mer du Nord. Dès le commencement du xiie siècle, ces Lombards fréquentent les foires d'Ypres, Lille, Messines, Bruges et Thourout. Puis, le centre des relations commerciales se déplace à mi-chemin et les grands marchés des xiie et xiiie siècles furent ces fameuses foires de Champagne : Troyes, Bar, Provins, Lagny, Bar-sur-Aube.

C'est là que, par l'intermédiaire des Flamands et des Lombards, se touchent et se pénètrent les deux mondes commerciaux, celui du nord et celui du midi. Des deux, le plus avancé, le plus perfectionné, le plus progressif est le dernier. Et cela n'est pas étonnant. En rapports constants avec des civilisations très développées, les Italiens se sont initiés de bonne heure à leurs pratiques commerciales, à ces grands trafics, plus intenses et plus compliqués que ceux du nord. C'est pourquoi les premiers moyens d'échange, qui apparaissent à la fin du xiie siècle, sont italiens. On peut dire que l'organisation du crédit européen est toute romane. Banque, lettre de change, prêt à intérêt, sociétés commerciales, tout cela vient exclusivement d'Italie et s'est probablement généralisé par l'intermédiaire des foires de Champagne. Ce que la Renaissance du commerce a surtout provoqué, c'est le réveil de l'argent, le retour à la circulation monétaire. Le stock de métal précieux n'augmente pas en fait, mais les monnaies se remettent à rouler. L'échange se généralisant, elles apparaissent partout où il se pratique. Des choses qui n'avaient jamais été appréciées en monnaie, commencent à l'être. L'idée de la richesse se transforme.

III. Les marchands

Il reste à voir — et c'est une question essentielle — comment s'est formée la classe marchande qui a été l'instrument de ce commerce. La question est très difficile à cause du petit nombre de documents et ne sera sans doute jamais complètement éclaircie.

Constatons tout d'abord que les marchands (*mercatores*) sont des hommes nouveaux. Ils apparaissent comme créateurs d'une fortune nouvelle à côté des détenteurs de l'ancienne fortune foncière, de la classe desquels ils ne sortent pas.

Ils en sortent si peu qu'entre l'idéal de la noblesse et la vie du marchand le contraste a subsisté durant des siècles et n'est pas complètement dissipé. Ce sont deux mondes imperméables. De l'Église, il est encore moins question. Elle est hostile à la vie commerciale. Elle y voit un danger pour l'âme. *Homo mercator nunquam aut vix potest Deo placere*. Elle interdit le commerce au clergé. Toute son inspiration ascétique est en opposition flagrante avec lui. Elle ne condamne pas la richesse, elle condamne l'amour et la recherche de la richesse. Ce n'est donc pas d'elle non plus qu'a pu venir à cet égard le moindre encouragement.

Les marchands sortiraient-ils de la classe des vilains, de ces gens ayant leur cellule marquée dans les grands domaines, vivant sur leur *mansus* et menant une existence assurée et protégée ? On ne le voit pas et tout semble indiquer le contraire.

Si étrange que cela puisse paraître, il ne reste donc qu'une solution : les marchands ont pour ancêtres les pauvres, c'est-à-dire les gens sans terre, la masse flottante battant le pays, se louant à la moisson et courant les aventures, les pèlerinages. Il faut faire exception pour les Vénitiens, dont leurs lagunes ont fait dès le début, des pêcheurs et des raffineurs de sel qui approvisionnent le marché byzantin. Gens sans terre sont gens qui n'ont rien à perdre, et gens qui n'ont rien à perdre ont tout à gagner. Gens sans terre sont gens d'aventure, ne comptant que sur eux-mêmes et que rien ne gêne. Ce sont aussi gens de savoir et de ressources, qui ont vu du pays, savent des langues, connaissent des mœurs diverses et que la pauvreté rend ingénieux. C'est dans cette écume, n'en doutons pas, que se sont rencontrés les premiers équipages de course des Pisans et des Génois. Et au nord de l'Europe, ces Scandinaves qui partaient pour Constantinople, qu'étaient-ils sinon des gens sans avoir et cherchant fortune ?

Cherchant fortune, c'est l'expression. Combien ne l'ont pas trouvée et ont disparu dans les combats ou ont été rongés par la misère. Mais d'autres ont réussi. Avec rien, c'est-à-dire avec rien d'autre que leur courage, leur intelligence, leur hardiesse, ils ont fait fortune…

Cela semble facile aujourd'hui. Un homme intelligent sans autre avoir que son esprit, trouve des capitaux. Mais réfléchissons bien que ceux-ci n'ont pas de capitaux à espérer. Il faut qu'ils les créent de rien. C'est l'époque héroïque des origines et il vaut de s'arrêter à ces pauvres diables qui sont les créateurs de la fortune mobilière.

Un cas est très simple et a dû se présenter souvent. On a réussi dans une expédition de course, pillé un port musulman, capturé un bon bateau bien chargé. On revient et, tout de suite, on peut embaucher de pauvres hères pour son compte et recommencer, ou acheter quelque part du blé à bon marché et le porter là où règne la famine, pour le revendre très cher. Car là est une des causes de la formation de ces premières richesses marchandes. Tout est local. A quelques lieux de distance, on trouve le contraste de l'abondance et de la pauvreté et, comme conséquence, les fluctuations de prix les plus étonnantes. Avec très peu, on peut gagner beaucoup.

Un batelier du Rhin, de l'Escaut ou du Rhône, avec de l'intelligence, a pu faire de bons bénéfices en temps de famine. Plus d'un qui a commencé comme petit colporteur dans les marchés, vendeur de chandelles aux pèlerinages, a pu tout à coup arriver à posséder un bel argent liquide et à prendre la mer.

Et il ne faut pas oublier que l'improbité aura été très grande au début, comme la violence. L'honnêteté commerciale est une vertu qui n'arrive que très tard.

Ainsi, dans cette société agricole où les capitaux dorment, un groupe d'*outlaws*, de vagabonds, de miséreux, a fourni les premiers artisans de la fortune nouvelle, détachée du sol. Ayant gagné, ils veulent gagner plus. L'esprit du profit n'existe pas dans la société établie ; eux qui sont en dehors d'elle, il les anime. Ils vendent, ils achètent, non pour vivre, non qu'ils aient besoin de leurs achats pour leur existence, mais pour gagner. Ils ne produisent rien : ils transportent. Ils sont errants, ils sont des hôtes, des *gosty* où ils arrivent. Et ils sont aussi des tentateurs, apportant des parures aux femmes, des ornements d'autel et des draps d'or aux églises. Nulle spécialité : ce sont tout à la fois des brocanteurs, des rouliers, des aigrefins, des chevaliers d'industrie. Ce ne sont pas encore des marchands professionnels, mais ils le deviennent.

Ils le deviennent quand décidément chez eux, le commerce est devenu un genre de vie en soi, détaché de la vie hasardeuse et au jour le jour. Et alors ils se fixent. Il leur faut une résidence dès que vraiment ils sont entrés dans l'exercice normal du trafic. Ils s'établissent en un point favorable à leur genre de vie : auprès d'un port, à un endroit de relâche pour les bateaux, dans une cité épiscopale favorablement située. Et là ils se trouvent en compagnie de leurs semblables, et à mesure que leur nombre devient plus grand, d'autres arrivent. Et alors l'association tout naturellement s'établit entre eux. S'ils veulent jouir de quelque sécurité, ils doivent voyager en bandes, en caravanes. Ils se groupent en gildes, en sociétés religieuses, en confréries. Tout le commerce du Moyen Age jusque vers la fin du xiie siècle est un commerce de caravanes armées (hanses). Cela n'en augmente pas seulement la sécurité, mais aussi l'efficacité, car si les compagnons se protègent les uns les autres sur les grand'routes, ils achètent aussi en commun sur les marchés. Grâce à l'accumulation de leurs petits capitaux, ils entreprennent des affaires assez importantes. Dès le commencement du xiie siècle, il est question d'accaparement de grains. À cette époque, plusieurs d'entre eux ont déjà réalisé des fortunes qui leur permettent des achats d'immeubles importants[2]. Ailleurs, c'est leur gilde qui, dans la ville où ils habitent, subvient aux travaux de fortification. Il est absolument sûr qu'il y a chez eux un esprit de gain très âpre. Il ne faut pas croire qu'on ait à faire à de braves gens cherchant tout simplement à nouer les deux bouts. Leur but, c'est l'accumulation de la fortune. Dans ce sens, ils sont animés de l'esprit capitaliste que la psychologie rudimentaire des économistes modernes s'efforce à faire prendre pour quelque chose de très mystérieux, né dans la pénurie ou dans le calvinisme. Ils calculent et ils spéculent ; ils apparaissent à leurs contemporains comme assez effrayants pour que l'on ne soit pas étonné qu'ils aient fait un pacte avec le diable. La plupart d'entre eux ne savent sans doute pas lire. On n'en a pas besoin pour faire de grandes fortunes. Leur refuser l'esprit commercial est aussi naïf que le serait de refuser l'esprit politique aux princes, leurs contemporains. En réalité, l'esprit capitaliste apparaît avec le commerce.

Bref, l'histoire du commerce européen ne nous présente pas du tout, comme on aimerait à le croire, le spectacle d'une belle croissance organique faite à plaisir pour les amateurs d'évolutions. Elle ne commence pas par de toutes petites affaires locales se développant peu à peu en importance et en extension. Elle débute au contraire, conformément à l'excitation qu'elle reçoit du dehors, par le commerce lointain et par l'esprit des grandes affaires — grandes dans le sens relatif. L'esprit capitaliste le domine, et il est même beaucoup plus fort à ses débuts qu'il ne le sera plus tard. Ce qui a provoqué, dirigé et fait pénétrer le commerce en Europe, c'est une classe de marchands aventuriers[3]. C'est elle qui a ranimé la vie urbaine et, dans ce sens, c'est à elle que se rattache la naissance de la bourgeoisie, un peu comme le prolétariat moderne se rattache aux grands industriels.

1. C'est ce qui explique que l'on ait trouvé 20.000 pièces de monnaies arabes en Suède et une quantité en Russie.
2. Pour comprendre ces grands bénéfices commerciaux dans une situation où les guerres et les famines sont continuelles, il suffit de voir ce qui se passe en ce moment pendant la guerre.
3. Je crois que ce mot de marchands aventuriers est bien celui qui convient pour ces précurseurs qu'on ne peut encore appeler de grands marchands.

2
LA FORMATION DES VILLES

I. — Les cités et les bourgs

Une société dans laquelle la population vit du sol qu'elle exploite et en consomme sur place les produits, ne peut donner naissance à des agglomérations d'hommes de quelque importance, chacun y étant lié, par la nécessité de vivre, à la terre qu'il travaille. Au contraire, le commerce entraîne nécessairement la formation de centres auxquels il s'approvisionne et d'où il rayonne au dehors. Le jeu de l'importation et de l'exportation a pour résultat la formation, dans le corps social, de ce que l'on pourrait appeler des nœuds de transit. Dans l'Europe occidentale, au xe et au xie siècle, leur apparition va de pair avec le renouveau de la vie urbaine.

Ce sont naturellement les conditions géographiques, le relief du sol, la direction et la navigabilité des cours d'eau, la configuration des côtes marines, qui, par la direction qu'elles ont imposée à la circulation des hommes et des choses, ont en même temps déterminé l'emplacement des premiers établissements commerciaux. Mais, presque toujours, ces emplacements se trouvaient déjà habités à l'époque où l'afflux des marchands les anima d'une activité nouvelle. Les uns, et c'est là le cas en Italie, en Espagne et en Gaule, étaient occupés par une « cité » épiscopale ; les autres, et c'est ce que l'on rencontre dans les Pays-Bas et dans les régions à l'est du Rhin ainsi qu'au nord du Danube, servaient de siège à un bourg, c'est-à-dire à une forteresse. Rien de plus facile à comprendre que cette rencontre.

Dans le territoire de l'ancien Empire romain les « cités » épiscopales, en effet, s'élevaient aux endroits les plus favorablement situés, puisque les centres diocésains avaient été établis, dès l'origine, dans ces villes principales, et que ces villes n'avaient dû elles-mêmes leur importance qu'aux avantages de leur position. Quant aux bourgs, construits dans les contrées du nord et de l'est pour servir d'abri aux populations en cas de guerre ou pour contenir les incursions des barbares, la plupart d'entre eux se trouvaient ainsi aux points que la facilité même de leur accès désignaient comme lieux de refuge ou de défense[1]. Ni les cités, ni les bourgs ne présentaient d'ailleurs la moindre trace de vie urbaine. Ceux-ci, tels que par exemple les châteaux élevés par les comtes de Flandre contre les Normands, ou les forteresses construites par Charlemagne et Henri l'Oiseleur le long de l'Elbe et de la Saale pour contenir les Slaves, étaient essentiellement des postes militaires, occupés par une garnison d'hommes d'armes et par les gens nécessaires à leur entretien, le tout sous le commandement et la surveillance d'un châtelain. Les cités, au contraire, se distinguaient par un caractère tout ecclésiastique. A côté de la cathédrale et de l'enclos des chanoines, on y rencontrait habituellement plusieurs monastères, et les principaux vassaux laïques de l'évêque y avaient également leur résidence. Que l'on ajoute à cela les maîtres et les élèves des écoles, les plaideurs cités devant le tribunal de l'official, le concours des fidèles affluant de toutes parts aux nombreuses fêtes religieuses, et l'on se fera une idée de l'activité qui devait régner dans ces petites capitales religieuses. Elles étaient incontestablement plus peuplées et plus vivantes que les « bourgs » mais, pas plus qu'eux, elles ne possédaient rien qui ressemblât à une bourgeoisie. Dans la cité comme dans le bourg, à côté des prêtres, des chevaliers ou des moines, il n'y avait guère que des serfs employés au service de la classe dominante et cultivant pour elle le sol des alentours. Cités et bourgs n'étaient que les centres administratifs d'une société encore toute agricole.

C'est dans les « cités » de l'Italie septentrionale et de la Provence, d'une part, de l'autre dans les « bourgs » de la région flamande, que se sont formées les premières colonies marchandes. Par cela même qu'ils ont devancé le reste de l'Europe dans l'histoire du commerce, ces deux territoires connurent les premières manifestations de la vie urbaine. Les marchands y fondent çà et là, au xe siècle, des établissements sur lesquels on sait d'ailleurs très peu de chose ; au xie s siècle, ils se sont multipliés, agrandis et consolidés. Déjà, dans la cité comme dans le bourg, c'est eux qui jouent désormais le rôle principal. Les immigrants l'emportent sur les anciens habitants, la vie commerciale sur la vie agricole, et leur opposition fait surgir des conflits et nécessite des expédients par lesquels s'élabore, à travers une foule d'essais locaux, un nouvel ordre de choses.

Il faut chercher à se bien représenter, si l'on veut comprendre ce phénomène aux conséquences si fécondes qu'a été la formation des bourgeoisies, toute l'ampleur du contraste qui se révéla dès l'abord entre l'ancienne population et la nouvelle. La première, composée de clercs, de chevaliers et de serfs, vit de la terre, la classe inférieure travaillant pour les classes supérieures qui, au point de vue économique, consomment sans rien produire. Il importe peu que l'on rencontre dans la plupart des « cités » quelques artisans pourvoyant aux besoins de la clientèle locale et un petit marché hebdomadaire fréquenté par les paysans des alentours. Ces artisans et ce marché, en effet, n'ont aucune importance par eux-mêmes ; ils sont étroitement subordonnés aux besoins de l'agglomération qui les renferme, et ils n'existent que pour elle. Il leur est impossible de se développer, puisque cette agglomération elle-même, dont la subsistance est limitée par les revenus du sol qui l'environne, n'a aucune possibilité de s'accroître.

Dans ce petit monde immobile, l'arrivée des marchands renverse brusquement toutes les habitudes et produit, dans tous les domaines, une véritable révolution. A vrai dire, ils y sont des intrus auxquels l'ordre traditionnel ne fait aucune place. Au milieu de ces gens vivant de la terre et dont les familles subsistent d'un travail toujours le même et de revenus toujours égaux, ils font scandale par leur qualité de déracinés et par l'agitation et l'étrangeté de leur genre de vie. Avec eux apparaît non seulement l'esprit de gain et d'entreprise, mais encore le travail libre, la profession indépendante, également détachée du sol et de l'autorité seigneuriale, et, surtout, la circulation de l'argent.

Et ce n'est pas seulement le travail du marchand qui est libre : sa personne, par une nouveauté non moins étonnante, est libre aussi. Comment, en effet, connaître la condition juridique de ces nouveaux venus que personne n'a jamais vu ? Probablement la plupart d'entre eux sont nés de parents serfs, mais nul ne le sait et comme le servage ne se présume pas, force est bien de les traiter en hommes libres. Par une curieuse conséquence de leur condition sociale, ces ancêtres de la bourgeoisie future n'ont pas eu à revendiquer la liberté. Elle leur est venue tout naturellement ; elle a commencé par être un fait avant d'être reconnue comme un droit.

À ces caractères, déjà si surprenants, de la colonie marchande, s'en ajoute un autre encore : la rapidité de sa croissance. Elle exerce bientôt autour d'elle une attraction comparable à celle que les fabriques modernes exercent sur la population des campagnes. Elle suscite, en effet, par l'appât du gain, l'esprit d'entreprise et d'aventure qui sommeillait dans les âmes des serfs domaniaux et, de toutes parts, elle attire vers elle de nouvelles recrues. Elle est d'ailleurs essentiellement ouverte et extensible. Plus son activité commerciale se développe, et plus elle fournit d'emploi à une foule de gens, bateliers, charretiers, débardeurs, etc. Des artisans de toute sorte viennent en même temps se fixer en ville. Les uns, boulangers, brasseurs, cordonniers, y trouvent, grâce à l'augmentation constante de la population, des ressources assurées. D'autres travaillent les matières premières importées par les marchands, et les produits qu'ils élaborent alimentent à leur tour l'exportation. L'industrie prend ainsi sa place à côté du commerce. Dès la fin du xie siècle, en Flandre, les tisserands de laine commencent à affluer des campagnes dans les villes et la draperie flamande, en se centralisant sous la direction des marchands, devient ce qu'elle devait rester jusqu'à la fin du Moyen Age, l'industrie la plus florissante de l'Europe.

Naturellement, ni la vieille « cité », ni le vieux « bourg » ne pourront renfermer, dans l'étroit périmètre de leurs murailles, l'affluence croissante de ces nouveaux venus. Ils sont forcés de s'installer en dehors des portes, et bientôt leurs maisons entourent de toutes parts et noient dans leur masse le noyau ancien autour duquel elles se sont agglomérées. Au reste, le premier soin de la ville nouvelle est de s'entourer, contre les pillards de l'extérieur, d'un fossé et d'une palissade qu'elle remplacera plus tard par un rempart de pierres. Comme la cité ou le bourg primitif, elle est donc elle-même une forteresse ; on l'appelle nouveau-bourg, ou faubourg, c'est-à-dire bourg extérieur ; et c'est à cette particularité que ses habitants doivent d'avoir été désignés depuis le commencement du xie siècle sous le nom de bourgeois.

Il en a été de la bourgeoisie comme de la noblesse dans cette société du Moyen Age, à laquelle l'abstention de l'État laisse une plasticité complète. Sa fonction sociale n'a pas tardé à la transformer en classe juridique. Il est évident que le droit et l'administration en vigueur, nés au milieu d'une société purement agricole, ne suffisent plus aux besoins d'une population marchande. L'appareil formaliste de la procédure, avec ses moyens primitifs de preuve, de gage, de saisie, doivent faire place à des règles plus simples et plus rapides. Le duel judiciaire, cette *ultima ratio* des plaideurs, paraît à des commerçants la négation même de la justice. Pour faire régner l'ordre au sein de leur faubourg où abondent des aventuriers de toutes sortes, gens de sac et de corde, inconnus jusqu'alors dans le milieu tranquille de la vieille cité ou du vieux bourg, ils exigent le remplacement de l'antique système des amendes et des « compositions » par des châtiments capables d'inspirer une salutaire terreur : pendaison, mutilations de toutes sortes, arrachement des yeux. Ils protestent contre les prestations en nature que les percepteurs du tonlieu exigent pour laisser passer les marchandises qu'ils importent ou exportent. S'il arrive que l'un d'entre eux soit reconnu comme serf, ils ne souffrent pas que son seigneur le réclame. Quant à leurs enfants, dont la mère est nécessairement presque toujours de condition servile, ils ne peuvent admettre qu'ils soient considérés comme non-libres. Ainsi, de toutes parts, de la rencontre de ces hommes nouveaux avec la société ancienne, se produisent des heurts et des conflits amenés par l'opposition du droit domanial et du droit commercial, des échanges en nature et des échanges en argent, de la servitude et de la liberté.

Naturellement, les autorités sociales n'ont pas accepté sans résistance les revendications de la bourgeoisie naissante. Comme toujours, elles ont cherché tout d'abord à conserver l'ordre de choses établi, c'est-à-dire à l'imposer à ces marchands quoiqu'il fût en opposition absolue avec leurs conditions d'existence et comme toujours aussi, leur conduite s'explique autant par la bonne foi que par l'intérêt personnel. Il est certain que les princes n'ont pu comprendre qu'à la longue, la nécessité de modifier pour la population marchande le régime autoritaire et patriarcal qu'ils avaient jusqu'alors appliqué à leurs serfs. Les princes ecclésiastiques surtout montrèrent, au début, une hostilité très marquée. Le commerce leur apparaissait comme dangereux pour le salut des âmes et ils considéraient avec défiance, et comme une atteinte condamnable à l'obéissance, toutes ces nouveautés dont la contagion s'étendait davantage de jour en jour. Leur résistance devait naturellement entraîner des révoltes. En Italie, dans les Pays-Bas, au bord du Rhin, la guerre des investitures fournit aux bourgeois une occasion ou un prétexte pour se soulever contre leurs évêques, ici au nom du pape, là, au nom de l'empereur. La première commune dont l'histoire fasse mention, celle de Cambrai, en 1077, a été jurée par le peuple, conduit par les marchands, contre le prélat impérialiste de la ville.

II. — Les villes

Les résistances des princes ont pu gêner le mouvement, elles ne l'ont pas arrêté. Il se précipite vers la fin du xie siècle, s'élargit et s'impose. Les princes s'aperçoivent maintenant qu'ils ont plus à perdre qu'à gagner en persistant à le combattre. Car s'il ébranle leur autorité locale et met en péril quelques-uns de leurs revenus domaniaux, il compense largement ces inconvénients par le supplément de recettes qu'il procure au tonlieu et par l'inestimable avantage d'un afflux constant de blés, de marchandises de toutes sortes, et de monnaies. Déjà, au commencement du xiie siècle, certains princes entrent franchement dans la voie du progrès et cherchent à attirer les marchands par la promesse de franchises et de privilèges. Bref, soit de bon gré, soit de force, les revendications de la bourgeoisie triomphent partout, comme le régime parlementaire triomphera partout, dans l'Europe du xixe siècle. Et, si différentes l'une de l'autre que soient d'ailleurs ces deux transformations, elles présentent d'autre part une ressemblance assez frappante par le caractère de leur diffusion. De même que le parlementarisme continental est une adaptation d'institutions anglaises et belges aux conditions spéciales de chaque pays, de même les institutions urbaines, si elles nous apparaissent dans chaque ville avec des particularités dues à la constitution du milieu local, ne s'en rattachent pas moins dans leur ensemble à deux types dominants, celui des villes de l'Italie du nord, d'une part, de l'autre, celui des villes des Pays-Bas et du nord de la France. L'Allemagne et les autres régions de l'Europe centrale n'ont fait ici, comme pour le régime domanial, la féodalité, la réforme de Cluny et la chevalerie, que suivre l'impulsion venue de l'ouest.

En dépit d'innombrables divergences de détail, les villes du Moyen Age présentent partout les mêmes traits essentiels, et la même définition peut s'appliquer à chacune d'elles. On la formulera en disant que la ville est une agglomération fortifiée, habitée par une population libre adonnée au commerce et à l'industrie, possédant un droit spécial et pourvue d'une juridiction et d'une autonomie communale plus ou moins développées. La ville forme une immunité dans le plat pays ; cela revient à dire qu'elle forme une personne morale privilégiée. C'est sur la base du privilège, en effet, qu'elle est constituée. Le bourgeois, comme le noble, possède une condition juridique spéciale : l'un et l'autre, dans des directions différentes, sont également éloignés du vilain, du paysan, qui continuera, jusqu'à la fin de l'Ancien Régime, dans la plus grande partie de l'Europe, à demeurer en dehors de la société politique.

Par sa nature, la condition privilégiée du bourgeois est d'ailleurs très différente de celle du noble. Le noble est, en réalité, l'ancien homme libre propriétaire. Son privilège, en quelque sorte négatif, vient de ce que la masse du peuple a descendu sous lui dans la servitude. Il n'a pas monté ; il fait seulement partie d'une minorité restée en place au milieu de l'affaissement général. Le bourgeois, au contraire, est très positivement privilégié. C'est un parvenu, qui, de force, s'est fait dans la société une place que le droit a fini par lui reconnaître et par lui garantir. Le régime domanial qui superpose le noble au paysan, les lie en même temps l'un à l'autre d'un lien si fort, qu'aujourd'hui encore, après tant de siècles, il en subsiste quelque chose. Le bourgeois, en revanche, est étranger à l'un et à l'autre ; tous deux éprouvent à son égard une défiance et une hostilité dont les traces, elles aussi, n'ont pas entièrement disparu. Il se meut dans une sphère toute différente. Entre lui et eux, se révèle le contraste de la vie agricole et de la vie commerciale et industrielle. A côté d'eux, qui produisent directement tout ce qui est indispensable à la vie, il est l'élément mobile, actif, l'agent de transmission et de transformation. Il n'est pas indispensable à l'existence ; on peut vivre sans lui. Il est essentiellement un agent de progrès social et de civilisation.

Une autre différence encore sépare la bourgeoisie du Moyen Age de la noblesse et du clergé. Ceux-ci forment des classes homogènes, dont tous les membres participent au même esprit de corps et ont conscience de la solidarité qui les lie les uns aux autres. Il en est tout autrement des bourgeois. Groupés en villes, l'esprit de classe fait place chez eux à l'esprit local, ou du moins s'y subordonne. Chaque ville constitue un petit monde à part soi ; son exclusivisme et son protectionnisme sont sans limites. Chacune fait tout pour favoriser son commerce et son industrie, et pour écarter d'elle ceux des autres villes. Chacune cherche à se suffire et à produire tout ce qui lui est indispensable. Chacune s'efforce d'étendre son autorité sur la campagne environnante pour assurer son ravitaillement. S'il leur arrive d'agir ensemble, de conclure des ligues momentanées ou permanentes, comme la Hanse de Londres, et plus tard la Hanse allemande, c'est contre l'ennemi commun ou dans une utilité commune, mais dans le sein de ses murailles, chacune ne fait de place qu'à ses bourgeois ; l'étranger n'y peut commercer que par l'aide de ses courtiers et peut toujours être expulsé. Pour y habiter et pour y vivre, il faut y acquérir la bourgeoisie. Et il n'y a là rien qui ne se comprenne très bien. C'est du mercantilisme local. Les États, jusqu'aujourd'hui, n'en sont-ils pas encore là ? N'élèvent-ils pas des barrières douanières pour favoriser chez eux la naissance d'industries qu'ils ne possèdent pas ? L'exclusivisme urbain ne cessera que quand les villes seront réunies dans l'unité plus haute de l'État, comme l'exclusivisme de l'État cessera peut-être un jour dans une société humaine.

Le résultat moral de cet exclusivisme a été une solidarité extraordinaire entre les bourgeois. Corps et âme, ils appartiennent à leur petite patrie locale et pour la première fois avec eux réapparaît, depuis l'Antiquité, dans l'histoire de l'Europe, un sentiment Civique.

Chacun d'eux est appelé, et le sait, à la défense de la ville, à prendre les armes pour elle, à lui donner sa vie. Les chevaliers de Frédéric Barberousse ont vu avec stupeur les boutiquiers et les marchands des villes lombardes leur tenir tête. Il y a, dans cette campagne, des exemples de civisme qui font penser à la Grèce antique. D'autres donnent leur fortune à leur ville, rachètent des tonlieux, fondent des hôpitaux. Les riches donnent sans compter et autant par charité sans doute que par orgueil.

Car ce sont eux qui gouvernent. Dans les villes, les bourgeois ont l'égalité civile et la liberté, mais ils n'ont ni l'égalité sociale ni l'égalité politique. La bourgeoisie, née du commerce, est restée sous l'influence et la conduite des plus riches. Sous le nom de « grands », de « patriciens », ils ont en mains l'administration, la juridiction. Le gouvernement urbain est un gouvernement ploutocratique, et il finira même, au xiiie siècle, par devenir oligarchique, les mêmes familles se perpétuant au pouvoir. Rien d'ailleurs de plus remarquable que ces gouvernements. Ce sont eux qui ont créé l'administration urbaine, c'est-à-dire la première administration civile et laïque que l'Europe ait connue. Ils instituent tout de toutes pièces. On ne fait pas assez attention à ceci : qu'ils n'ont aucun modèle et doivent tout inventer : système financier, comptabilité, écoles, règlements commerciaux et industriels, premiers rudiments d'une police de l'hygiène, travaux publics : halles, canaux, postes, enceintes urbaines, distribution d'eau, tout cela vient d'eux. Et c'est eux encore qui ont élevé les bâtiments qui font encore aujourd'hui la parure de tant de villes.

Sous eux, le reste de la population urbaine se compose d'artisans et ce sont eux qui en forment, dans chaque ville, la plus grande partie. En règle générale, ce sont de petits chefs d'ateliers, des maîtres, employant un à deux compagnons, et constituant une bourgeoisie active et indépendante. Tandis que le commerce en gros est libre, il se développe en revanche, pour la protection des artisans, une politique sociale qui est un chef-d'œuvre, aussi intéressant dans son genre que les cathédrales gothiques, et dont les dernières traces n'ont disparu que de nos jours. Le but est de maintenir toutes ces petites existences qui font la force de la ville et assurent son ravitaillement régulier. Chacun est producteur et consommateur et, à ce double point de vue, la réglementation intervient. Le pouvoir municipal se charge de protéger le consommateur. En cela, il renoue la vieille réglementation municipale dont quelques traces se sont conservées peut-être en Italie. Rien de plus admirable que les précautions prises contre le produit « déloyal », la fraude, la falsification. Protection des consommateurs dans le double intérêt de la bourgeoisie locale et du bon renom de la ville au dehors.

Quant au producteur, il se protège lui-même par les corporations de métiers qui apparaissent dès le xiie siècle. Leur but essentiel est d'empêcher la concurrence et c'est là ce qui les a rendues si odieuses à l'économie libérale du xixe siècle. Il faut que chacun puisse vivre et donc qu'il conserve sa clientèle. Pour cela, il faut qu'il vende au même prix que les compagnons, qu'il fabrique comme eux. Le métier est primitivement une association volontaire comme nos syndicats. Mais il boycotte les « jaunes » qui n'y entrent pas et il finit par être reconnu par le pouvoir public. Remarquons qu'il n'a rien d'ailleurs d'une association d'ouvriers en face de patrons. C'est un syndicat obligatoire de petits bourgeois. Il est fait essentiellement pour des petits producteurs indépendants. Dans la plupart des villes du Moyen Age, il n'y a pas de prolétariat. Les artisans travaillent pour le marché local et se le réservent. Ils maintiennent leur nombre proportionnel à celui de leurs clients. Ils dominent complètement la situation. Dans ce sens là, ils ont résolu la question sociale. Mais ils ne l'ont résolue que là où la ville est un « État fermé », situation qui n'a pas été aussi générale qu'on le pense. Car il a existé pour une industrie au moins, la draperie en Flandre et à Florence, une production qui n'alimente pas le marché local, mais le marché européen. Pour elle, il n'y a ni production limitée, ni possibilité pour le petit patron d'acquérir lui-même la matière première. Il tombe donc sous la coupe du grand marchand et il se produit là une division entre le capital et le travail qu'on ne rencontre pas ailleurs. Le régime industriel est celui du petit atelier. Mais au lieu que le « maître » soit ici un entrepreneur indépendant, il est un salarié à façon et l'on trouve quelque chose qui se rapproche très sensiblement de l'industrie à domicile des Temps Modernes. Le métier existe, mais il est loin ici de protéger l'artisan avec efficacité, parce qu'il ne peut s'en prendre aux conditions du marché ni du capital. De là grèves, luttes de salaires, exode des ouvriers à Gand, crises industrielles. De là aussi un esprit inquiet, turbulent, utopique qui caractérise les tisserands depuis le xiie siècle, et qui fera d'eux les adeptes d'un communisme naïf lié à des idées mystiques ou hérétiques. Il est donc faux de dire que le Moyen Age n'ait connu que de petites industries indépendantes et corporatives. Dans les milieux les plus avancés, les luttes du travail ne lui ont pas été épargnées, ni les conflits sociaux. On en retrouvera l'influence au xive siècle.

Avec l'apparition des villes et la constitution de la bourgeoise, la société européenne est achevée telle qu'elle restera jusqu'à la fin de l'Ancien Régime. Clergé, noblesse, bourgeoisie, telle est la trinité qui en dirigera les destinées et participera à la politique. Le peuple agricole, au dessous des privilégiés, restera réduit au rôle de nourrisseur jusqu'au jour où l'égalité civile, et dans quelque mesure l'égalité politique, deviendront le lien commun de tous. Car, on ne peut trop insister sur ce point, la bourgeoisie est une classe exclusive et privilégiée. C'est par là que les villes du Moyen Age diffèrent essentiellement des villes de l'Empire romain dont les habitants, quelque puisse être leur genre de vie social, ne diffèrent pas des autres par leurs droits. Le monde romain n'a rien connu d'analogue à la bourgeoisie européenne, ni le nouveau monde non plus. Quand ont été fondées les villes américaines, le moment était passé où le droit accompagnait la profession sociale ; il n'y a plus eu que des hommes libres. De nos jours, le mot bourgeoisie, que l'on continue à employer, est tout à fait détourné de son sens primitif. Il désigne une classe sociale de toute origine n'ayant de commun que le fait qu'elle est détentrice de la richesse. De la bourgeoisie, comme de la noblesse du Moyen Age, il ne subsiste plus rien.

---

1. Il y a naturellement des exceptions, par exemple Thérouanne.

3
L'EXPANSION DES VILLES ET SES CONSÉQUENCES

I. – L'expansion

Si, dans ses origines les plus lointaines, la renaissance de la vie urbaine en Occident remonte aux premiers établissements marchands du xe siècle, ce n'est pourtant qu'à la fin du xie siècle et au commencement du xiie siècle qu'elle est arrivée à son épanouissement complet et que les premières villes, dans la pleine acception du mot, apparaissent dans l'histoire. C'est, comme nous l'avons déjà dit, dans les deux régions où l'activité commerciale est la plus intense qu'apparaissent les premiers exemplaires de la floraison : au sud, dans l'Italie septentrionale ; au nord, dans les Pays-Bas. Des deux côtés, le parallélisme des situations est frappant. En Italie, comme en Flandre, le commerce maritime et le commerce de terre par lequel il se prolonge, ont pour conséquence l'activité de ports : Venise, Pise et Gênes ici ; Bruges là-bas. Puis, derrière eux se développent les villes industrielles : les communes lombardes et Florence, d'une part ; de l'autre Gand, Ypres, Lille, Douai et plus loin Valenciennes, Bruxelles. C'est évidemment la proximité de ports qui a donné à l'industrie des villes l'élan extraordinaire qu'elles ont eu et qui est unique en Europe. Ports italiens et ports de Flandre, avec leur hinterland, ont une importance internationale, et seuls ils l'ont.

Par là, ils sont nécessairement en rapports les uns avec les autres. L'initiative de ces rapports part d'ailleurs du plus développé des deux foyers, c'est-à-dire de l'Italie. Ses marchands fréquentent la Flandre dès le commencement du xiie siècle. Mais bientôt, ce sont les foires de Champagne qui deviennent le point de contact et comme la bourse du commerce italo-flamand. Situées sur la route qui, de la Lombardie par le Gothard, le lac de Genève, le Jura, unit le nord au midi, elles tiennent toute l'année en contact les marchands des deux pays. Mais ce ne sont que des rendez-vous d'affaires et il ne s'y est pas fondé de villes vraiment importantes. Troies même n'a jamais eu un très grand développement. Lagny, Provins, Bar-sur-Aube sont restées des localités secondaires.

Le sud de la France a suivi de peu l'Italie. Marseille, Montpellier, Aigues-Mortes participent au commerce méditerranéen. Et derrière elles, Albi, Cahors, Toulouse gravitent vers elles et développent une prospérité ininterrompue jusqu'à la guerre des Albigeois. En Espagne, le port de Barcelone acquiert aussi une grande importance, mais sans produire dans l'arrière pays des centres urbains fort actifs.

Le Rhône est le seul fleuve méditerranéen de la France et le seul qui, de ce fait, ait de bonne heure donné l'essor à des villes importantes : Avignon, Lyon. Les autres se jettent dans l'Atlantique et la Manche, et il n'y a là que des ports de cabotage et de pêche dont le plus important est Bayonne, ou des ports de trafic local avec l'Angleterre comme Rouen et Bordeaux. De même, en Angleterre, la navigation est restreinte à la côte d'en face et les villes sont peu importantes. Londres même ne prend une importance assez grande qu'au xiiie siècle. Une seule ville dans l'intérieur de la France se développe à l'égard des plus grandes, mais pour des causes politiques : Paris. C'est la seule ville de ce genre que présente l'Europe, la vraie capitale, s'agrandissant de chaque mouvement en avant de la royauté. A part cela, il n'y a guère que des villes locales, dont aucune n'est comparable à celles de Languedoc ou de Flandre.

L'Allemagne ne possède aucun centre de commerce international. Elle se rattache à l'Italie par le Rhin et le Danube où apparaissent Cologne, Strasbourg, d'une part, Ratisbonne et Vienne de l'autre. Le plus important de ces centres est Cologne, où l'Allemagne de l'ouest et du sud entre en contact avec l'Allemagne du nord, et où toutes deux rejoignent les Pays-Bas. L'Allemagne du nord n'a pas d'autre communication directe avec le sud. Elle est orientée vers les deux mers intérieures. Hambourg et Brême sur la Mer du Nord, et surtout Lubeck, fondation de Henri le Lion, sur la Baltique. Nous entrons ici dans le pays colonial et les villes nouvelles, où il n'y eut jamais d'influence romaine. Les ports de la côte sont des établissements nouveaux, favorisés par les princes du pays. Ils s'égrènent le long de la côte jusqu'aux pays lithuaniens : Dantzig, Reval, Memel, Riga, Dorpat. La Baltique est un lac allemand depuis que la route russe est délaissée d'une part à cause de l'aspiration du commerce par l'Italie, et d'autre part parce que l'avant-garde des Mongols, les Coumans, rendent, depuis le milieu du XIIe siècle, le pays du Kiev trop dangereux. Alors les Scandinaves perdent leur importance qui passe aux Allemands. Whisby, dans l'île de Gotland, est une station teutonique et les « Niemetz »[1] s'avancent jusqu'à Novgorod où ils ont une halle au xiie siècle. Seul le Danemark essaie de leur tenir tête, mais est battu à Bornhôved sous Waldemar II (1227), et cède la place.

A l'intérieur de l'Allemagne, entre le Rhin et le Danube, aucune grande ville. Munster, Magdebourg sont des places de second ordre, de même Francfort et Nurnberg. Berlin n'est rien du tout, ni Munich, ni Leipzig. Au point de vue de la différence de la vie urbaine, le pays est évidemment en retard. Frédéric Barberousse n'a rien compris aux bourgeoisies. La vie urbaine n'est qu'à la périphérie, et, sauf aux bords du Rhin, ne commence à prendre d'importance qu'au xiiie siècle. Ainsi, le spectacle général est celui de deux grands foyers, Italie et Pays-Bas, c'est-à-dire Belgique, où les plus grandes villes se trouvent et avec lesquelles tous les centres importants sont en communication. Le mouvement de la Baltique gravite vers Bruges, comme celui de l'Allemagne du sud vers l'Italie.

Mais, entre les grands centres commerciaux, qu'ils soient d'importance locale ou générale, se constituent une foule de petites villes secondaires à l'exemple des grandes, et qui vivent sous le même droit qu'elles. Il est indispensable que chaque région ait maintenant son petit centre urbain. La désorganisation du système domanial et l'apparition de paysans libres appellent nécessairement, pour remplacer les cours où se fournissait la population servile, de petits bourgs, asiles d'artisans et centres de commerce de la région. La vie urbaine leur est spontanément donnée par les grandes villes. Il se fonde des villes neuves. En Allemagne, les deux Fribourg sont devenus des centres importants. Une foule d'autres ont vécu doucement d'une vie mi-urbaine, mi-agricole ; Creuzburg, où j'écris ceci, a reçu sa charte en 1213. Ce sont des villes de seconde formation, appartenant à une époque où la bourgeoisie s'est imposée, et où les princes, poussés par l'intérêt qu'ils y trouvent, l'implantent partout. Jadis le voyageur allait de monastère en monastère ; il va maintenant de ville en ville ; il y en a sur toutes les routes, à quelques lieux de distance, formant la transition entre les grosses villes, comme les petits grains du chapelet entre ceux des dizaines.

L'apparition des villes a provoqué une augmentation de population relativement comparable à celle du xixe siècle, moins encore pour la population des villes que par ses effets sur celle de la campagne. En gros, on peut estimer que, comparée à la population carolingienne, elle a doublé. Le maximum est atteint au commencement du xive siècle. Depuis lors, jusqu'au xviiie siècle, il n'y aura plus de changement essentiel.

Il serait de la plus haute importance de pouvoir se faire une idée de l'importance relative de la population urbaine par rapport à la population rurale. C'est malheureusement impossible. Ce qui est sûr, c'est que dans tous les centres favorisés par le commerce, la population bourgeoise n'a cessé d'augmenter jusque vers le milieu du xive siècle. Partout il faut élargir les enceintes devenues trop étroites, englober dans les murs les faubourgs qui se sont constitués en dehors des portes. Il y a de grandes villes, de très grandes villes, relativement. Mais que peut être une grande ville au commencement du xiiie siècle ? Leurs enceintes sont encore relativement toutes petites. Les chiffres transmis par les contemporains n'ont aucune portée, parce qu'ils ne reposent pas sur des dénombrements ; les plus anciens que nous possédons ne remontent qu'au xve siècle. Leurs contradictions permettent d'ailleurs de leur refuser toute valeur. A dix ans de distance, la population d'Ypres est évaluée à 50.000 et 200.000 habitants. Tout ce que l'on peut affirmer, c'est qu'aucune ville européenne jusqu'à la fin du Moyen Age, n'a atteint le chiffre de 100.000 habitants. Les plus grandes d'entre elles, Milan, Florence, Paris, Gand, devaient osciller autour de 50.000. Les villes moyennes, de 20 à 50.000 ; les petites, de 2 à 5.000. Mais cela ne doit pas empêcher de parler de grandes villes, la grandeur étant chose toute relative. Si l'on tient compte, en effet, du peu de densité de la population rurale, une agglomération de 50.000 hommes apparaît toute différente de ce qu'elle est aujourd'hui.

II. — Conséquences pour la population rurale

Il faut avoir grand soin, au surplus, de ne pas envisager les rapports des villes et de la campagne au Moyen Age, tels qu'ils existent aujourd'hui. De nos jours, la ville n'est pas séparée de la campagne. Il y a des industries dans les villages, et une partie de la population urbaine habite aux champs où elle se déverse tous les soirs. Il en est tout autrement au Moyen Age. La ville se distingue absolument du plat pays. Matériellement déjà elle se sépare de lui derrière l'abri de son fossé et de ses portes. Juridiquement, elle est un autre monde. Dès qu'on a franchi son enceinte, on entre dans un droit nouveau, comme aujourd'hui en passant d'un État à un autre. Économiquement, le contraste est le même. Non seulement la ville est un endroit de commerce et d'industrie, mais il n'y a de commerce et d'industrie que chez elle. Partout leur exercice est interdit à la campagne. Aussi chaque ville cherche-t-elle à dominer ses alentours, à se les soumettre. Il faut qu'ils soient son marché et, en même temps, la garantie de sa subsistance. Il n'y a pas, comme aujourd'hui, des échanges constants et une interpénétration ; il y a contraste et subordination d'un élément à l'autre.

Cette subordination a été plus ou moins grande suivant le nombre et la puissance des villes. Elle atteint son maximum en Italie et son minimum dans les pays scandinaves et slaves. Le résultat en a été partout une perturbation plus ou moins profonde du régime économique rural et une transformation correspondante de la condition des classes agricoles.

L'apparition des villes, en effet, rendait impossible la conservation du régime domanial. Celui-ci, on l'a vu, se caractérise essentiellement comme une économie sans débouchés. Ne disposant d'aucun marché pour l'écoulement de ses produits, le domaine restreint sa production aux besoins de sa propre consommation et toute sa structure interne, procédés de culture, formes de tenures, prestations des hommes et rapports entre eux et le propriétaire, s'explique par cette situation spéciale. Or elle cesse d'exister du jour où les villes se forment, partout où se fait sentir leur action. Car, faute de marchands et d'artisans, la population urbaine est, peut-on dire en reprenant une formule chère aux physiocrates du xviiie siècle, une population stérile. Elle ne peut vivre qu'en faisant venir ses moyens de subsistance du dehors, c'est-à-dire en les achetant aux agriculteurs. Elle leur fournit donc les débouchés qui leur avaient manqué jusqu'alors. Partant, elle éveille chez eux l'idée du profit, puisque la production désormais est rémunératrice. Ainsi disparaissent à la fois les conditions morales et les conditions économiques auxquelles correspondait l'organisation domaniale. Le paysan, dont l'activité est maintenant sollicitée par l'extérieur, ne la considère plus que comme une entrave gênante. Et, par une conséquence nécessaire du nouvel état des choses, le seigneur lui-même éprouve davantage encore le besoin d'une réforme. Car les prestations de ses tenanciers, en vertu de la coutume, étant immuables, il s'aperçoit bientôt d'une fâcheuse décroissance de ses ressources. Ses revenus restent toujours les mêmes, tandis que ses dépenses grandissent sans cesse. Les gildes, en effet, par leurs achats, activent dans les campagnes la circulation monétaire ; l'argent y devient de plus en plus abondant et sa valeur diminue en proportion. Le prix de la vie est en hausse continuelle et les propriétaires, réduits à des recettes fixes, se voient entraînés sur la pente de la ruine. Pour la petite noblesse militaire, ne possédant en règle générale que des fiefs d'étendue médiocre lui permettant tout juste de vivre, la crise fut une véritable catastrophe. Une grande partie de la chevalerie, si nombreuse au xie siècle, a sombré dans la misère à la fin du xiie.

Il est difficile de dire si l'augmentation de la population des campagnes qui se manifeste à la même époque où ses conditions d'existence commencent à se modifier si profondément, se rattache aussi à l'apparition des villes. Après les dévastations des Normands, des Sarrasins et des Hongrois, l'Europe a connu une période de tranquillité relative pendant laquelle l'excédant naturel des naissances sur les décès a dû relever insensiblement le chiffre des habitants. Mais ce n'est que dans la seconde moitié du xie siècle que l'on constate, dans certaines parties de l'Europe, les traces d'un malaise causé par le trop grand nombre d'hommes, et on ne peut guère s'empêcher de croire qu'en apportant aux paysans de nouveaux moyens d'existence, les villes ont contribué, par cela même, non sans doute à augmenter chez eux la fécondité des mariages[2], mais à en augmenter le nombre. Quoiqu'il en soit, il est certain que, dans les Pays-Bas par exemple, la terre cultivée, vers 1050, commence à ne plus suffire aux besoins des habitants. Des événements comme la conquête de l'Angleterre, en 1066, et la Croisade supposent évidemment aussi quelque excès de population, au moins dans le nord de la France.

Il en est de même de l'augmentation rapide du nombre des habitants des villes, et aussi des bandes d'aventuriers mercenaires qui se forment vers la même époque en Italie, à Gênes par exemple, et, sous le nom de Brabançons et de Cotereaux, dans la région française. Depuis le commencement du xiie siècle, on a mieux que des présomptions. Le peuplement des régions d'au delà de l'Elbe par des gens des bords du Rhin, de la Hollande, de la Flandre, ne peut évidemment s'expliquer que par la surabondance du peuple rural de ces contrées.

Ainsi, au moment où l'ancien système domanial a fait son temps et ne répond plus aux besoins d'une société économiquement plus avancée, les hommes s'offrent nombreux à qui voudra leur confier des terres. Les grands propriétaires et surtout les princes territoriaux n'ont pas manqué de mettre à profit une situation si favorable. Ils disposaient en quantité de terrains incultes, car il semble bien que, à l'ouest du Rhin et au sud du Danube au moins, les grands domaines ne se soient guère étendus que sur les bonnes terres déjà cultivées à l'époque romaine. Le reste était laissé aux bois, aux bruyères, aux marécages. Le temps de les mettre en culture était arrivé. Ce grand travail, qui pour la première fois depuis la disparition de l'Empire romain augmenta la richesse foncière de l'Europe, débute vers le milieu du xie siècle, atteint son apogée dans le courant du xiie siècle et s'achève, en se ralentissant, jusque vers la fin du xiiie siècle. Depuis lors, jusqu'à la fin du xviiie siècle, le sol cultivable n'a plus sensiblement augmenté en Occident, et cela suffit à montrer l'importance des progrès accomplis par la colonisation intérieure au Moyen Age. Les défrichements eussent sans doute été moins étendus si l'agriculture avait été plus avancée. L'ampleur des espaces qu'elle occupa, afin d'augmenter sa production, fut la conséquence des pratiques rudimentaires d'une culture encore toute extensive. La crise de l'organisation domaniale eût pu être évitée s'il avait été possible d'augmenter, par des procédés plus rationnels, la fécondité du sol.

Le système suivi dans le peuplement et la mise en culture des terres vierges contraste, par ce que l'on pourrait appeler son caractère libéral, avec les pratiques de l'époque précédente. Le paysan n'a plus avec le propriétaire du fonds d'autres rapports que ceux qui naissent nécessairement de la qualité de tenancier. Il paye une redevance pour la terre qu'il occupe, mais sa personne reste libre. Un des moyens les plus employés par les seigneurs pour attirer les colons, ou les hôtes comme les appelle la langue du temps, est la fondation de « villes neuves », véritables colonies agricoles. L'aire de la « ville neuve » est répartie en un certain nombre d'unités d'exploitation toutes égales entre elles et qui, moyennant un cens foncier, sont cédées à titre héréditaire. Une charte habituellement imitée de celle de la ville voisine, reconnaît la liberté personnelle des habitants, fixe les pouvoirs et la compétence du maire et de la cour qui sont chargés de l'administration et de la justice, règle les droits respectifs du seigneur et des paysans quant aux usages forestiers, etc. Ainsi apparaît un nouveau type de village, le « village à loi ». Avec l'ancienne organisation domaniale, il n'a plus qu'un caractère commun : comme elle, il suppose à la fois la grande propriété et la petite exploitation. Pour le reste tout est nouveau. Non seulement le paysan y est un homme libre, mais les prestations qu'il doit au seigneur, au lieu de consister encore en produits naturels, sont habituellement payables en argent.

Rien d'étonnant si le besoin de terres, qui devenait de plus en plus pressant à mesure que la population augmentait, a fait affluer les « hôtes » vers les villes neuves. De toutes parts, elles font reculer autour d'elles les limites de la sauvagerie, colonisent les grands bois, dérodent les bruyères, dessèchent les marais. Il pousse par toute l'Europe une nouvelle floraison de villages que la forme même de leurs noms terminés en *sart*, dans les pays de langue française, en *kerk*, *kirche*, *rode*, *rath*, dans les pays de langue germanique, nous permet encore de distinguer de leurs voisins des vieilles terres.

L'Église a pris une part considérable à la grande œuvre de culture du xiie siècle. Elle le dut aux ordres nouveaux de Cîteaux et de Prémontré. La vitalité extraordinaire manifestée par les moines lors de la réforme clunisienne n'avait pas survécu au triomphe de celle-ci. Le but atteint, l'élan s'était arrêté. A la crise succède l'affaissement et, dès la fin du xie siècle, les monastères bénédictins dont, par une singulière mais inévitable ironie des choses, les donations des fidèles, gagnées par eux au mépris des biens terrestres, avaient encore augmenté la fortune, commencent à entrer dans une période d'assoupissement dont ils ne sortiront plus avant leur renaissance du xviie siècle. Leur rôle religieux et social prend fin et ils ne sont plus guère que de grands propriétaires fonciers. Les Cisterciens et les Prémontrés, ceux-ci fondés par Saint Bernard en 1113[3], ceux-là par Saint Norbert en 1119, reprennent la propagande ascétique abandonnée par eux. Pour appliquer dans toute sa rigueur la prescription du travail manuel, ils s'établissent de préférence les uns et les autres dans des endroits incultes qu'ils puissent défricher ou dessécher. Les princes se hâtèrent de faire œuvre pieuse en leur cédant les landes et des marécages. Les deux ordres ont pris une grande part au dessèchement des polders de Flandre et à la mise en culture de l'Allemagne orientale. Les domaines qu'ils y constituèrent présentent un type tout nouveau et dans lequel se révèle, pour la première fois au Moyen Age, le principe de la grande exploitation agricole. Au lieu d'être morcelées en tenures familiales, les terres défrichées sont organisées en grandes fermes, dont le personnel, placé sous la direction d'un moine, consiste en « frères convers » ou en paysans libres. On y pratique la culture des céréales ou l'élevage du bétail, non plus comme jadis en vue de la consommation directe du couvent, mais en vue de la vente sur les marchés. Le travail y est affranchi des corvées et n'a à acquitter d'autres prestations que celles de la dîme. Les bénéfices réalisés servent à acquérir de nouvelles terres et à pousser plus loin les défrichements.

Les propriétaires de vieux domaines, ne pouvant disposer de leurs terres à cause des droits héréditaires que leurs tenanciers exerçaient sur elles, ne s'affranchirent que péniblement de la tradition. Accablés de dettes et poussés à bout par la diminution ininterrompue de leurs revenus, il fallut pourtant, à partir de la fin du xie siècle, prendre des mesures décisives. Les « cours » domaniales, jadis cultivées par les serfs, furent réparties en parcelles et données à cens ou à métayage, ou transformées en grandes fermes. On permit aux paysans de se libérer à prix d'argent non seulement des corvées, mais aussi du cens-capital, du droit de mariage, du droit de morte-main, bref de toutes ces survivances d'une époque passée, qui avaient perdu leur utilité. Ce n'est guère que dans les régions difficilement accessibles ou fort éloignées des grands courants commerciaux, que le servage conserva sa forme primitive. Partout ailleurs, s'il ne disparaît pas, il s'atténue. On peut dire qu'à partir du commencement du xiiie siècle, la classe rurale dans l'Europe occidentale et centrale est devenue ou est en passe de devenir une population de paysans libres. Et cette grande transformation s'est accomplie sans revendications violentes, sans le concours de principes ou de théories, comme une conséquence inévitable de la renaissance du commerce et de l'apparition des villes qui, en fournissant à l'agriculture les débouchés dont elle avait été privée jusqu'alors, l'ont obligée à modifier son organisation traditionnelle et à adopter des formes plus libres et plus souples d'exploitation. Le progrès économique détruit le patronage social que le seigneur avait jusqu'alors exercé sur ses hommes. A mesure que la liberté se substitue au servage, le propriétaire dépouille de plus en plus son ancien caractère familial et l'intérêt matériel tend à devenir la seule norme de ses rapports avec ses tenanciers.

III. Autres conséquences

L'apparition des villes, dans le courant du xie siècle, en modifiant si profondément l'état social de l'Europe, n'a pas manqué d'agir aussi sur la vie politique et religieuse. En enlevant à l'État son caractère essentiellement agricole, en y soumettant la population rurale à l'attraction et à l'influence des centres urbains, elle lui a fait regagner tout le chemin que les invasions des barbares lui avaient fait perdre. Comme dans l'Empire romain, quoique dans des conditions bien différentes, la ville reprend sa place dans la société politique. D'errante qu'elle était, l'administration commence, grâce a elle, à redevenir sédentaire. Bien plus — et c'est la le progrès le plus considérable qui se soit accompli dans l'ordre civil depuis l'époque carolingienne — elle commence en même temps à disposer d'un personnel laïque et lettré. Jusqu'ici l'État avait été forcé d'emprunter à l'Église tous ceux de ses agents pour lesquels un certain degré d'instruction était indispensable. Désormais, il va les emprunter, et de plus en plus largement, à la bourgeoisie. Car, à la différence du noble dont la profession militaire ne requiert d'autre apprentissage que celui des armes, le bourgeois par suite des nécessités du commerce éprouve le besoin d'un enseignement au moins rudimentaire. Il est indispensable au marchand de savoir lire et écrire et, dès le xiie siècle, il n'est pas une ville de quelque importance qui ne possède son école. Au début, l'enseignement y est encore tout latin, et c'est en effet en latin que sont rédigés les plus anciens actes de l'administration urbaine et les plus anciens documents commerciaux que nous possédions. Mais ce n'est là qu'un stade intermédiaire par lequel il a fallu nécessairement passer au début, dans l'impossibilité où l'on était de trouver des maîtres en dehors de l'Église. Il était évident que la population bourgeoise ne pouvait persister longtemps à employer, pour la pratique journalière des affaires, une langue qui ne fut pas celle qu'elle parlait. Dès le commencement du xiie siècle, ce qui devait arriver arrive, la langue vulgaire est employée par les scribes urbains, et il est caractéristique que cette nouveauté se présente tout d'abord dans le pays où la vie municipale est la plus développée, c'est-à-dire en Flandre. Le premier acte que l'on possède en ce genre est une charte de l'échevinage douaisien, de l'année 1204, en dialecte picard. A mesure que l'administration urbaine se complique, que le magistrat entretient une correspondance plus étendue et doit juger des litiges plus importants, que la tenue des comptes communaux exige plus de soin et de connaissances, le degré d'instruction requis des clercs employés par la ville, des notaires et des avocats auxquels recourent les particuliers, augmente en proportion, et il se forme ainsi au sein de la bourgeoisie une classe de praticiens laïques bien plus adaptés, par leur connaissance du monde et des affaires, aux exigences de l'administration civile, que ne l'étaient les ecclésiastiques auxquels il avait fallu recourir jusqu'alors. A partir de la fin du xiie siècle, le nombre augmentera sans cesse de ceux d'entre eux qui entreront au service des princes ou des rois et consacreront leur intelligence au service de l'État. On peut affirmer que le premier personnel laïque que l'Europe ait connu depuis la disparition de la bureaucratie impériale romaine, lui a été fourni par la bourgeoisie.

Et, en même temps que les villes contribuent puissamment à laïciser l'État, elles exercent sur sa constitution même une influence qui, au cours des siècles, ira toujours croissant. Partout elles prennent dans la vie politique une place de plus en plus grande, soit que, comme en France, elles servent au roi à combattre les prétentions de la haute féodalité, soit que, comme en Angleterre, elles s'unissent aux barons pour arracher à la couronne les premières libertés nationales, soit que, comme en Italie et en Allemagne, elles se transforment en républiques indépendantes. L'absence de bourgeoisie dans les États slaves montre ce que les Occidentaux lui ont dû.

L'Église ne pouvait pas plus que la société civile échapper à leur action. Avec la renaissance de la vie urbaine, s'ouvre pour elle une période où la piété et la charité prennent un élan nouveau, mais où se posent aussi des questions redoutables et qu'agitent de sanglants conflits. Rien de plus ardent et de plus profond que la religion des bourgeoisies. Il n'en faut d'autre preuve que le pullulement extraordinaire des confréries, des gildes, des associations de toutes sortes, qui, dans chaque ville, se consacrent à la prière, ou au soin des malades, des pauvres, des veuves, des vieillards ou des orphelins. Dès la fin du xiie siècle, les béguines et les bégards, qui associent l'ascétisme à la vie laïque, se répandent de ville en ville. Sans la bourgeoisie, la fondation des ordres nouveaux : Franciscains (1208) et Dominicains (1215), dont l'esprit anime tout le mysticisme orthodoxe du xiiie siècle, aurait été impossible. Avec ces moines mendiants, le monachisme abandonne pour la première fois la campagne pour le milieu urbain. Ce sont les aumônes de la bourgeoisie qui les font vivre ; c'est parmi elle qu'ils se recrutent, c'est pour elle qu'ils exercent leur apostolat dont la multitude de frères du Tiers-Ordre, qui parmi les marchands comme parmi les artisans s'associent aux Franciscains, prouvent suffisamment le succès.

La piété urbaine, on le voit, est une piété active. Chez elle, et c'est là encore un phénomène nouveau, les laïques collaborent directement à la vie religieuse et, à côté du clergé, y prétendent jouer un rôle. De là pour l'Église un double danger. Le premier et le plus grave menace l'orthodoxie. Plus les bourgeois s'intéressent aux choses religieuses, plus ils sont exposés à s'éprendre des doctrines manichéennes qui, au courant, du xie siècle, s'infiltrent de l'Orient en Europe, ou à s'enthousiasmer pour les rêveries mystiques des « Apostoliques » ou des « Frères du libre Esprit ». Il est très caractéristique que l'Occident n'ait pas été troublé par l'hérésie avant la renaissance des villes. La première et la plus formidable qu'il ait connue avant le protestantisme, celle des Cathares, commence précisément à se répandre au xie siècle et est donc strictement contemporaine du mouvement urbain. Et il ne faut pas oublier que la secte des Vaudois a pour fondateur un marchand de Lyon. Même après les formidables massacres des Albigeois, les populations urbaines ne cesseront plus, tantôt sur un point de l'Europe, tantôt sur un autre, de recéler des sectes suspectes, chez lesquelles les aspirations du prolétariat contribuent à orienter le mysticisme vers des visions confuses de transformations sociales qui rêvent d'instituer sur les ruines de l'Église et de l'État, dans le communisme, le règne des justes.

Ce ne sont là sans doute que des exceptions. Mais ce qui est commun à toutes les villes, ce qui constitue un des caractères les plus frappants de leur esprit, c'est leur attitude à l'égard du pouvoir ecclésiastique. Avec elles, les rapports de l'autorité laïque et de l'autorité spirituelle entrent dans une phase nouvelle. Depuis l'époque carolingienne, les conflits qui avaient éclaté entre elles, avaient eu pour cause les efforts des rois pour se soumettre l'Église et la faire servir à leur politique. Ils n'étaient que la conséquence de l'alliance des deux pouvoirs ; la question était de savoir lequel des deux dans la société devait l'emporter. Mais ni l'un ni l'autre ne cherchait à priver son rival de ses prérogatives ou de ses privilèges. C'était le rapport des forces mais non leur nature qui était en jeu. Il en est tout autrement dans les villes. Chez elles, c'est la situation même dont l'Église jouit comme corporation privilégiée qui est en péril. Elles attaquent franchement en face ses tribunaux, ses exemptions en matière financière, le monopole qu'elle prétend exercer en matière d'instruction. Dès la fin du xiie siècle, des conflits perpétuels mettent aux prises les régences communales avec les chapitres et les monastères renfermés dans l'enceinte urbaine, voire même avec l'Évêque diocésain. On a beau fulminer contre elles l'excommunication ou l'interdit, elles n'en persistent pas moins dans leur attitude. Au besoin, elles n'hésitent pas à contraindre les prêtres à chanter la messe et à administrer les sacrements. Si religieuses, si orthodoxes qu'elles soient, elles prétendent empêcher l'Église d'intervenir dans le domaine propre des intérêts temporels. Leur esprit est purement laïque et c'est en cela qu'il faut le considérer comme la cause première et lointaine de la Renaissance.

On peut donc dire qu'à partir de l'apparition des villes et de la formation de la bourgeoisie, on se trouve en présence d'une Europe nouvelle. Toute la vie sociale est transformée : la population doublée, la liberté se généralise, le commerce et l'industrie, la circulation de l'argent, le travail de l'esprit se font une place de plus en plus grande et donnent de nouvelles possibilités au développement de l'État et de la Société. Il n'y a jamais eu, avant la fin du xviie siècle, de révolution sociale — je ne dis pas intellectuelle — aussi profonde. Jusque là, les hommes ont surtout vécu dans des rapports de clientèle ; ils se subordonnent de plus en plus maintenant à des rapports politiques. La seule circulation qui existait en Europe était celle de l'Église vers Rome et vers les centres religieux. Une circulation laïque apparaît à côté d'elle. La vie se porte vers les côtes, vers les grands fleuves, vers les routes naturelles. La civilisation était purement continentale ; elle devient maritime.

Sans doute, il ne faut pas exagérer. L'Église continue à dominer le monde des idées, et la terre reste la base qui soutient la noblesse et même l'État. Mais les racines de l'arbre qui vient de se planter sur le mur, sans le vouloir, par le fait de sa seule croissance, en descellera peu à peu les pierres. Les villes n'ont pas voulu détruire ce qui existait, mais s'y faire leur place. Et peu à peu cette place deviendra de plus en plus grande, si grande qu'elle suffira bientôt à un ordre de choses nouveau. Elles ont été essentiellement, dans la civilisation européenne, l'élément de progrès, non sans doute que tout sorte d'elles, mais en ce sens qu'elles ont fourni les conditions indispensables à tous ces renouveaux. Depuis l'apparition de la bourgeoisie, la civilisation semble s'éveiller, se secouer ; elle est plus mobile, plus nerveuse. Du viie au xie siècle, c'est partout un mouvement analogue. Quelle variété au contraire depuis le xie siècle ! Le dosage des bourgeoisies diffère de pays à pays, et donne à chacun d'eux un caractère national original, inconnu auparavant. Tous les centres d'activité du monde sont là où la population urbaine se presse : Paris, Lombardie, Toscane, Venise, la Flandre, le Rhin.

Il y a une espèce de contradiction dans l'enthousiasme des villes au xiiie siècle pour les ordres mendiants et leur activité capitaliste. Elles s'enthousiasment pour l'idéal de la pauvreté, mais elles recherchent la richesse.

---

1. Nom que les Russes donnent aux Allemands.
2. La fécondité des mariages était très grande tant chez les paysans comme on peut le voir par le polyptique d'Irminon et les chartes monastiques, que chez la noblesse (on verra à ce sujet Gislebert). On ne trouve quelques traces de pré-malthusianisme que chez les princes.
3. Citeaux (non loin de Dijon) fut fondé en 1098 par Robert de Molesmes, mais il ne devint un centre de mouvement que quand Saint Bernard y fut entré en 1113.

jus conuber morto ipius uel ex latere coniugis egetur. & quasi pro-
cul dubio fortunaberis. nec obliuisceris filios spirituales et cotidie
fluo cum illis pietate, sed discretis no totaliter alterabis, ceteris in
eo.)

ve rex bonitate 7 uirtute 7 op[er]ib[us] sanctis qui apparebit fru[ctus] tibi
prosperitate. & operibus uirtuosis .).

LES DÉBUTS DES ÉTATS OCCIDENTAUX

1
L'ANGLETERRE

I. — Avant la conquête

Les royaumes barbares, échafaudés sur les ruines de l'Empire romain, avaient vainement essayé de s'approprier, en même temps que la terre, le système de gouvernement de l'État. On a vu pourquoi et comment leurs efforts échouèrent. Pépin le Bref et Charlemagne réussissent à relever le pouvoir royal grâce à l'aide de l'Église et s'attachèrent, de commun accord avec elle, à instituer la société chrétienne. Les circonstances sociales ne leur permirent pas d'accomplir cette mission. Ils leur eût été impossible de créer une administration royale, à une époque où la grande propriété imposait de toutes parts aux hommes le protectorat de seigneurs fonciers. L'unité politique fit place au morcellement de l'État en principautés territoriales. Les sujets du roi passèrent sous l'autorité de princes féodaux et ce sont eux qui, en réalité, à partir de la fin du ixe siècle, s'acquittent de la tâche trop lourde qui a échappé des mains du souverain. Mais si le roi laisse gouverner les princes à sa place, il continue pourtant à régner par dessus eux et, fidèle à l'idéal carolingien, il attend le moment où il pourra exercer la magistrature suprême à laquelle il n'a pas renoncé. Aussi est-il la grande force politique de l'avenir. Sans exception, tous les États européens sont l'œuvre de la royauté, et chez tous la rapidité et l'ampleur du développement sont en proportion de la puissance royale.

C'est à la fin du xie siècle, c'est-à-dire à l'époque où l'apparition des bourgeoisies achève la constitution sociale de l'Europe, que la royauté commence à jeter les bases des premiers États dignes de ce nom. Ici encore, le progrès a commencé par l'Occident, ou pour parler plus exactement, par la France. De même que la féodalité, la chevalerie et la réforme clunisienne se sont répandues de France sur les autres peuples ; c'est en France aussi qu'agissent, ou c'est de France que viennent, les forces qui vont créer les États nouveaux. C'est un vassal du roi de France qui est le fondateur de l'État anglais et c'est le royaume de France qui est le premier en date des États continentaux. Le vassal d'ailleurs a précédé le suzerain, et il importe donc de commencer par l'Angleterre l'esquisse de l'œuvre politique de la royauté.

De toutes les provinces romaines, la Bretagne avait été la seule, à l'époque des invasions, dont les habitants avaient refusé d'accepter la domination des barbares. Après une lutte violente, ils furent refoulés à l'ouest, dans le pays de Galles et en Cornouailles, où leur idiome celtique s'est conservé jusqu'à nos jours, tandis que d'autres émigraient en Armorique qui prit depuis lors le nom de Bretagne. Les Anglo-Saxons, se trouvant seuls dans leur nouvelle patrie, y purent donc conserver intactes leurs institutions nationales. Les sept petits royaumes qu'ils y fondèrent, ne présentent pas la moindre trace de cette romanisation qui, de l'autre côté du canal, s'imposa si complètement aux rois germaniques. Le peu d'étendue de ces royaumes les appropriait d'ailleurs parfaitement à des institutions nées au sein de tribus, et qui n'auraient pu s'adapter à un grand État. L'État germanique, dont la conquête franque arrêta l'évolution en Allemagne, continua donc à se développer librement en Angleterre. L'assemblée du peuple, le *witenagemot*, se conserva à côté du roi, et des magistrats populaires, les *ealderman*, subsistèrent à côté des fonctionnaires royaux, les *sherifs*. La christianisation du pays, à la fin du VIe siècle, ne changea rien d'essentiel à cet état de choses. Sans doute l'Église importa sa langue, le latin, dans sa nouvelle conquête, mais le développement national était trop étranger aux traditions romaines et la situation géographique rendait trop difficile le contact permanent avec l'Église franque, pour que cette langue y pût devenir, comme sur le continent, la langue de l'État. L'Église latine se conduisit en Angleterre comme l'Église grecque, pour les mêmes motifs, devait se conduire chez les Slaves au Xe siècle. Elle accepta la langue de ses ouailles, s'y initia tout de suite pour les nécessités de l'évangélisation et, forcée de recruter son clergé parmi les nouveaux convertis, elle apprit à ceux-ci à lire et à écrire leur idiome national. Il se développa ainsi, à côté d'une littérature savante en langue latine, une littérature populaire en langue anglo-saxonne et c'est naturellement cette langue qui servit à la rédaction des lois et des coutumes qui, sur le continent, fut exclusivement abandonnée au latin. L'Église n'exerça pas non plus sur l'organisation politique cette influence prépondérante que lui donnèrent les Carolingiens. La conversion n'altéra en rien le caractère germanique du pays.

La réunion de tous les petits royaumes anglo-saxons sous le roi de Mercie, Offa († 796) allait sans doute ouvrir une nouvelle phase dans leur histoire, quand les Normands s'abattirent sur l'Angleterre. Depuis 839, leurs invasions se suivirent presque sans interruption et eurent pour résultat l'établissement, sur la côte orientale de l'île, d'une nombreuse population d'origine danoise. Le roi Alfred le Grand († 901) parvint à arrêter les envahisseurs auxquels il céda le Danelagh, c'est-à-dire la région située au nord d'une ligne allant de Londres à Chester. Ses successeurs finirent même par reconquérir ce pays. Mais, à la fin du xe siècle, Svend, roi de Danemark († 1014) vient au secours de ses compatriotes, conquiert la Mercie, l'Estanglie et le Wessex, et force le roi Ethelbred à se réfugier en Normandie. L'Angleterre se trouvait ainsi rattachée politiquement à la Scandinavie et ses liens avec elle s'affermirent encore sous le fils de Svend, Canut (1035) qui, comme son père, fut à la fois roi d'Angleterre et de Danemark. Ce sont des missionnaires anglo-saxons qui ont porté à cette époque le christianisme en Suède et en Norvège.

Mais cet état de choses ne pouvait durer. Les forces de la Scandinavie n'ont jamais été assez grandes pour pouvoir s'imposer au dehors. Il en fut de l'expansion danoise au xie siècle comme il en devait être de l'expansion suédoise au xvie siècle avec Gustave-Adolphe, et au xviiie avec Charles XII. La puissance militaire sur laquelle elle s'appuyait s'épuisa bientôt. Sous les successeurs de Canut, Harold et Harthacnut, la dynastie danoise tombe en décadence. Un prince anglo-saxon, Edouard le Confesseur, remonte sur le trône. Sa mort, sans enfant, en 1066, fut l'occasion qui décida du sort de l'Angleterre et la fit entrer dans la communauté européenne, à l'égard de laquelle elle avait persisté jusqu'alors dans un isolement qui ne pouvait pas se prolonger plus longtemps.

Car la grande île se rattache naturellement aux Pays-Bas et au nord de la France dont ne la sépare que la faible largeur du Pas de Calais. C'est par là que lui était venue, avec les légions de César, la civilisation, avec les moines de Grégoire le Grand, le christianisme. Il avait fallu la perturbation de l'équilibre du monde causée par le cataclysme de l'Empire romain pour que les Anglo-Saxons pussent s'en emparer et s'y maintenir. La stagnation économique de l'Europe, après la période des invasions et la disparition à peu près complète du commerce, explique très simplement qu'ils n'aient entretenu depuis lors avec l'Europe chrétienne que des rapports exclusivement religieux. Charlemagne ne songea pas à les réunir à l'Empire et, après lui, la faiblesse de ses successeurs fut un nouveau motif de durée pour leur isolement. Cependant, à la même époque où les invasions danoises les menaçaient d'une domination scandinave, le réveil de la navigation commençait à rétablir entre eux et leurs voisins des côtes prochaines de Flandre et de Normandie, les relations qu'imposait la proximité géographique. Bruges et Rouen entretiennent avec l'Angleterre, depuis la fin du Xe siècle, une navigation de plus en plus active. Avec le retour d'une civilisation plus avancée, l'ordre des choses, qu'avait interrompu durant si longtemps la poussée barbare, reprenait la direction naturelle.

La conquête normande n'est que la conséquence et la consécration définitive de ce que l'on pourrait appeler l'européanisation de l'Angleterre. Si les faits qui la provoquèrent furent dus à des circonstances fortuites, si l'orientation de l'île vers le continent eût pu sans doute se produire d'une manière très différente de celle que nous connaissons, cette orientation elle-même répondait trop profondément à la nature pour ne pas devoir s'accomplir tôt ou tard.

La maison ducale de Normandie était étroitement apparentée à Édouard le Confesseur, dont la mère Bertha était une princesse normande. Se voyant sans enfants, Édouard avait promis sa succession au duc Guillaume, disposant ainsi du pouvoir royal dont, suivant la coutume anglo-saxonne, l'assemblée du peuple seule pouvait décider. Elle ne tint aucun compte de la résolution du roi. A sa mort (1066), elle élit Harold, fils de Godwin qui, du vivant du faible Édouard, avait joué auprès de lui le rôle d'un maire du palais. La guerre était inévitable et l'issue n'en était pas douteuse.

En réalité, le Royaume anglo-saxon était très faible. La vieille constitution germanique qui s'y conservait dans ses traits essentiels garantissait en face du roi les droits des hommes libres, mais condamnait ceux-ci comme celui-là à une égale impuissance. Sur le continent, la haute aristocratie féodale n'avait diminué la situation du roi que pour augmenter la sienne ; la force avait passé du souverain aux princes territoriaux. En Angleterre, au contraire, elle ne se rencontrait nulle part. L'aristocratie qui constituait l'assemblée nationale empêchait la naissance d'un gouvernement monarchique, sans pouvoir gouverner elle-même. Fidèle aux vieilles coutumes germaniques elle était essentiellement conservatrice. Elle se composait de propriétaires fonciers, d'importance médiocre, vivant du travail de leurs serfs et de leurs clients. Le système féodal, la chevalerie, étaient inconnus. Les *earls* et les *thanes* anglo-saxons, armés de la hache d'armes et du glaive, combattaient à pied.

Politiquement et militairement, la Normandie l'emportait sur elle à tous égards. Dans sa terre, de la Canche à la Seine, le duc n'avait à compter avec aucun rival. Comme protecteur de la paix, il s'imposait au peuple, comme associé au clergé, comme suzerain, à la chevalerie et aux barons qui relevaient de lui leurs fiefs. Les domaines dont les receveurs rendaient chaque année leurs comptes à son « échiquier », étaient un modèle de bonne organisation. Les deux grands monastères qu'il fit élever à Caen, l'abbaye aux hommes et l'abbaye aux dames, ne prouvent pas seulement la prospérité de ses finances, la beauté de leur architecture témoigne aussi d'un progrès social qui paraît plus frappant si l'on songe à l'état primitif où en était encore à cette époque l'architecture anglo-saxonne. Tandis qu'en Angleterre la culture littéraire avait disparu de l'Église au milieu des troubles des invasions scandinaves, le clergé normand se distinguait par des écrivains comme Saint Anselme et Orderic Vital. Enfin, la puissance militaire du duc était redoutable. La chevalerie normande était incontestablement la première du temps. Il suffit de se rappeler ses exploits extraordinaires en Italie pour se rendre compte de sa valeur. Elle devait se lancer avec enthousiasme dans une conquête qui lui permettrait, de l'autre côté de la Manche, des aventures et des profits aussi brillants que ceux que Robert Guiscard et ses compagnons avaient trouvés en Sicile. D'ailleurs, Guillaume ne fit pas appel seulement à ses vassaux. Des chevaliers et des aventuriers français et flamands vinrent en grand nombre se joindre à eux.

L'envoi d'une bannière par le pape donnait à l'expédition une couleur de guerre sainte qui contribuait à augmenter l'ardeur de l'armée.

N'ayant pas de flotte, les Anglo-Saxons ne purent s'opposer à son débarquement. Elle prit terre sur la place d'Hastings le 13 octobre 1066 et marcha le lendemain à l'ennemi. Harold s'était établi sur la colline de Senlac, retranché derrière des palissades qui obligèrent les Normands à combattre à pied. Après un rude choc corps à corps, leur victoire fut complète. Harold resta parmi les morts ; ceux qui ne périrent pas dans le combat comprirent qu'une plus longue résistance était inutile. La journée avait donné l'Angleterre à Guillaume. Quelques semaines plus tard, il se faisait couronner dans l'abbaye de Westminster et, pour prendre possession du reste du royaume, il n'eût qu'à le parcourir. Les Anglo-Saxons, qui avaient si longtemps lutté contre l'invasion scandinave, se courbèrent du premier coup sous l'invasion normande.

II. L'invasion

L'invasion fut, en effet, la conséquence de la conquête, et il n'en pouvait être autrement. Pour garder son royaume auquel il était complètement étranger et dont il ne connaissait pas même la langue, Guillaume était obligé d'y maintenir des Normands en garnison permanente, ce qui, dans les circonstances économiques de l'époque, ne pouvait se faire qu'en les éparpillant au milieu de la population conquise, en qualité de gendarmes de la couronne. Cet éparpillement des vainqueurs au milieu des vaincus ressemble de très près à la colonisation de la Gaule du sud, de l'Espagne et de la vallée du Rhône par les Wisigoths et les Burgondes du Ve siècle. Mais le résultat en fut bien différent. Tandis que les barbares au contact d'une population infiniment plus policée qu'ils ne l'étaient eux-mêmes, se romanisèrent tout de suite, les Normands ne se fondirent qu'à grand'peine dans la masse anglo-saxonne qui les entourait. La cause principale en est évidemment la supériorité de leur civilisation. A cela s'ajoute l'afflux constant de forces fraîches qui, jusqu'à la fin du xiie siècle, leur vint non seulement de la mère patrie, mais aussi, à partir de la dynastie des Plantagenêts, du Poitou et de la Guyenne. L'influence de la cour qui, jusqu'à la fin du xve siècle, resta toute française de langue sinon de mœurs, ne fut pas non plus sans exercer une action considérable. Pour les immigrés, l'anglo-saxon n'était qu'un patois barbare qu'ils ne se donnèrent pas la peine d'apprendre. A l'exemple du continent, il fut remplacé comme langue administrative par le latin, puis par le français. On cessa de l'écrire et sa littérature tomba dans l'oubli. Mais il ne disparut pas devant la langue des vainqueurs comme les idiomes des provinces conquises par Rome avaient jadis disparu devant le latin ou comme en Normandie même le Scandinave avait cédé la place au français. Le peuple continua de s'en servir. Rien d'ailleurs ne serait plus faux que d'expliquer sa fidélité à la langue nationale par son antipathie pour la langue des vainqueurs. Il emprunta au contraire à celle-ci tout ce qu'il put. Insensiblement, l'anglo-saxon se transforma en anglais, c'est-à-dire en une langue moitié romane pour le vocabulaire, mais qui par la grammaire et la syntaxe reste germanique.

Le moment était encore bien éloigné, à la fin du xie siècle, où cette langue, à la formation de laquelle les vainqueurs ont collaboré avec les vaincus, deviendrait l'idiome des uns et des autres. De longs siècles ont été nécessaires pour unir en un même corps le peuple conquérant et le peuple conquis et faire de la constitution de l'Angleterre la plus nationale des constitutions du monde. Au début, sous Guillaume le Conquérant et ses premiers successeurs, le régime politique qui s'installe est un régime d'occupation étrangère.

Jamais la conquête d'un pays n'a été accompagnée d'une perturbation plus complète des institutions politiques et de toute l'organisation de l'État[1]. Ne tenant son royaume que de son épée, ne régnant sur ses nouveaux sujets que par la force, comment Guillaume eût-il pu songer à maintenir un système de gouvernement qui laissait l'assemblée du peuple régner avec le roi ? La condition indispensable du succès était de tout soumettre au pouvoir royal, de le rendre si fort qu'il fût inébranlable. La constitution devait être et fut en effet essentiellement monarchique. Il était réservé à un grand vassal du roi de France de créer la souveraineté la plus vigoureuse de toute l'Europe.

Et qu'on le remarque tout de suite, c'est justement parce qu'il conçut sa royauté en prince féodal qu'il la rendit si puissante.

Tous les rois du continent étaient élus par leurs grands vassaux, mais les grands vassaux eux-mêmes étaient héréditaires. Guillaume l'était comme duc de Normandie, il le reste comme roi d'Angleterre, si bien que, tandis que les autres rois recevaient leur couronne et n'en disposaient pas, il fut dès l'abord propriétaire de la sienne. Mais il est en même temps, en vertu de la conquête, propriétaire de son royaume. Toute la terre anglaise est sa terre ; il exerce sur elle un droit analogue à celui que le seigneur d'un grand domaine exerce sur son fonds ; à son égard, tous les occupants particuliers ne sont que des tenanciers, aussi un de ses premiers soins a-t-il été de se faire rendre un compte exact de ces occupants : nous lui devons le *Domesday book* dressé de 1080 à 1086, que l'on peut très exactement comparer à un polyptyque, mais à un polyptyque renfermant la statistique foncière d'un État tout entier[2] Son énorme richesse foncière le met à même de créer une organisation féodale importée du continent, mais infiniment plus systématique et surtout plus pure d'éléments étrangers. La féodalité en soi, on l'a vu plus haut, n'avait rien d'incompatible avec la souveraineté de l'État. Si elle l'est devenue très rapidement, c'est que les grands vassaux ayant usurpé les droits régaliens les ont confondus avec leurs fiefs et en ont ainsi obtenu l'investiture en même temps que celle de leur terre. Guillaume se garda soigneusement d'introduire en Angleterre cette confusion de l'élément politique et de l'élément féodal. Les fiefs qu'il distribua à ses chevaliers normands ne leur donnèrent aucune autorité financière ou judiciaire. Ce furent, conformément au principe même de la féodalité, de simples tenures militaires conférées par le suzerain. De grands vassaux, ayant eux-mêmes des arrière-vassaux en grand nombre, formèrent l'armée de la couronne mais à aucun d'eux elle ne céda la moindre de ses prérogatives. Les droits de la royauté ne s'éparpillèrent pas dans les mains de la haute noblesse. Guillaume savait, comme duc de Normandie, ce qu'il en coûte à un roi de laisser s'établir autour de lui des princes territoriaux. Il eut soin d'empêcher que personne ne put devenir dans son royaume ce qu'il était lui-même dans le royaume de France. Ni sous lui, ni à aucune époque, la féodalité anglaise ne fut autre chose, si l'on peut ainsi dire, qu'une féodalité purement féodale. Elle posséda des terres, mais elle ne posséda pas de principautés ; elle eut des tenanciers, mais elle n'eut pas de sujets.

Ainsi, par une exception unique, le roi possède en Angleterre un pouvoir intact ; il n'aura pas comme le roi de France à combattre longuement et péniblement contre ses vassaux, pour reconquérir sur eux ses prérogatives. Dès l'origine, l'État est tout entier à lui, et de là la différence de l'évolution politique en deçà et au delà de la Manche. En France, le roi, très faible à l'origine et n'ayant en face de lui que des princes particuliers, élève peu à peu son pouvoir sur les ruines des leurs, s'augmente de tout ce qu'il leur reprend et, se fortifiant dans la même mesure où il rétablit l'unité du royaume, tend de plus en plus à mesure qu'elle s'achève, à la monarchie pure. En Angleterre, au contraire, où dès le début l'unité politique est aussi complète que l'autorité royale est solide, la nation forme corps en face du roi et le jour où elle sentira trop lourdement peser sur elle le pouvoir monarchique, elle se trouvera, par l'union de ses forces, capable de lui imposer sa participation au gouvernement et de lui arracher des garanties.

III. — La Grande Charte

Ni sous Guillaume le Conquérant (1087), ni sous ses deux successeurs de la maison de Normandie, Guillaume II (1100) et Henri Ier (1135), elle n'eut à se plaindre d'aucun grief. Fidèles à la tradition féodale, les rois prenaient le conseil de leurs grands vassaux et ils se gardèrent de tout conflit avec eux. Les premières difficultés éclatèrent à la mort de Henri Ier, qui ne laissait pas d'enfants. Étienne de Blois, fils d'une fille du Conquérant, revendiqua la couronne et s'en empara. Son règne ne fut que la transition agitée vers une nouvelle époque. Elle s'ouvre à l'avènement, en 1154, du premier Plantagenêt, Henri II (1154-1189).

Les premiers rois d'Angleterre n'avaient possédé sur le continent que leur duché de Normandie. Henri Plantagenêt y ajouta celui d'Anjou qu'il tenait de ses ancêtres, et celui de Guyenne, dont en politique « réaliste » il s'était empressé d'épouser l'héritière Éléonore d'Aquitaine que le roi de France, Louis VII, époux moins complaisant et moins pratique, venait de répudier. Ainsi toutes les côtes de France, à l'exception de la sauvage Bretagne, appartenaient au roi d'Angleterre. Les territoires qu'il possédait sur le continent étaient plus étendus que son royaume insulaire. Mais sa puissance lui permettait d'entreprendre sur la frontière de celui-ci des conquêtes que la situation géographique rendait tôt ou tard inévitable. Il s'emparait en 1171 d'une partie de l'Irlande, et en 1174 forçait le roi d'Écosse à lui prêter serment de fidélité. On peut dater de son règne les premiers débuts de l'expansion de l'Angleterre. Mais il faut y faire remonter aussi l'origine de ce conflit avec la France qui, depuis lors jusqu'au commencement du xixe siècle, se retrouvera, sous des formes et une ampleur diverses, à travers toute l'histoire de l'Europe. A vrai dire, déjà sous la dynastie normande, une hostilité plus ou moins ouverte n'avait cessé d'imprégner les rapports du roi de France avec son vassal normand devenu roi à son tour. Mais Philippe Ier et Louis VI se sachant faibles, étaient trop prudents pour risquer une guerre ouverte contre leurs voisins ; ils se bornèrent à les chicaner, et à leur témoigner en toute occasion une irréductible malveillance. Louis VII sut prendre parti plus énergiquement. Le domaine continental de Henri II était trop menaçant pour que la royauté française ne consacrât pas désormais toutes ses forces à contenir un adversaire qui semblait destiné à l'écraser. La guerre qui ne tarda pas à éclater fut la première des guerres politiques européennes. Les rois n'avaient combattu jusqu'alors que pour faire des conquêtes. Ici, le point de départ du conflit fut la nécessité de maintenir les droits et la souveraineté de l'État contre les empiétements de l'étranger. La partie semblait inégale. Ni pour la puissance, ni pour l'intelligence et l'énergie, Louis VII n'était comparable à son adversaire. Heureusement, le gouvernement de Henri II lui suscita, en Angleterre même, des auxiliaires inattendus.

Avec le premier Plantagenêt, le pouvoir monarchique déjà si fort, tend nettement à l'absolutisme. Les formes féodales dont les rois normands avaient imprégné leur gouvernement disparaissent. Excellent administrateur, excellent nuancier, le nouveau prince fait de son royaume un modèle d'organisation. Mais ses réformes ont pour condition et pour résultat la toute puissance de la couronne. Il irrite la noblesse en la soumettant à un impôt destiné à solder des bandes de mercenaires brabançons. Il irrite l'Église en lui imposant les constitutions de Clarendon qui subordonnent la juridiction ecclésiastique au contrôle des agents royaux. L'archevêque de Canterbury, Thomas Becket, réfugié en France, ou Louis VII le couvre de sa protection, attise un mécontentement d'autant plus redoutable qu'il le justifie par des motifs religieux.

Et bientôt les fils mêmes du roi, appuyés par une partie des barons et des chevaliers, se révoltent contre leur père et, renforcés par des auxiliaires français, guerroyent contre lui en Guyenne et en Normandie. Henri sut tenir tête aux révoltés et n'abandonna rien de ses prétentions. Il aurait fallu, pour comprimer le mécontentement qu'elles avaient fait naître, que ses successeurs fussent dignes de lui. L'incapacité brouillonne et téméraire de Richard Cœur de Lion (1189-1199), l'indignité et la lâcheté de Jean sans Terre (1200-1216), ruinèrent d'autant plus rapidement l'œuvre de leur père qu'ils eurent à combattre, en Philippe Auguste, le premier politique de son temps et le premier grand roi qu'ait eu la France. La lutte des deux États occidentaux se complique et s'étend en devenant plus ardente. Chaque parti cherche des alliés à l'extérieur. Les rois d'Angleterre s'unissent aux Guelfes d'Allemagne tandis que les rois de France soutiennent les Hohenstaufen. La victoire de Bouvines, la première des grandes batailles européennes, fut un coup aussi terrible pour Othon IV que pour Jean sans Terre. Elle décida en même temps du conflit politique qui, depuis la mort d'Henri II, était pendant en Angleterre.

L'opposition féodale qu'avait fait naître les tendances absolutistes de Henri II, un instant assoupie pendant le règne tout militaire de Richard, se réveilla plus active sous Jean sans Terre. Pour soutenir la guerre contre Philippe Auguste, le roi avait frappé de nouveaux impôts et contracté des dettes écrasantes. D'éclatantes victoires eussent pu les faire oublier. La confiscation puis l'occupation de la Normandie et du Poitou par la France, couronnées par l'humiliation de Bouvines, déchaînèrent la révolte. Les barons la dirigèrent, mais le clergé et la bourgeoisie soutinrent leur cause qui se confondait avec la leur. Également opprimées par le despotisme, les trois classes privilégiées agirent, d'une extrémité du pays à l'autre, de commun accord. Plus forte et plus centralisée était la royauté anglaise, plus générale et plus unanime fut la résistance qu'elle souleva contre elle. Le gouvernement royal avait fait une nation de ce peuple où se parlaient deux langues ; cette nation aujourd'hui d'un même mouvement se redressait contre lui et l'unité qu'il lui avait donnée, le laissait isolé en face d'elle. La lutte fut courte. Vaincu, Jean capitula et se laissa dicter la Grande Charte (1214).

On pourrait l'appeler la première déclaration des droits de la nation anglaise. Car elle est aussi nationale que la révolte d'où elle sortit. Les barons qui l'imposèrent au roi n'oublièrent pas leurs alliés et ils y stipulèrent non seulement pour eux, mais pour le clergé et les bourgeois. A première vue, rien ne paraît plus incohérent que cette charte où s'accumulent, sans ordre et au hasard, la confirmation d'usages féodaux, de franchises cléricales, de libertés urbaines. Et c'est en cela justement que réside sa force et sa nouveauté. Car en arrachant pêle-mêle au roi tant de droits différents, en confondant dans un même texte les revendications de toutes les classes, elle établit entre elles une solidarité qui ne disparaîtra plus et qui, seule, a rendu possible le développement de la constitution anglaise. La noblesse, le clergé et la bourgeoisie n'y sont pas, comme sur le continent, des corporations isolées agissant chacune pour soi et ne poursuivant que leur avantage. Le péril commun, l'oppression commune, a ici rapproché et réuni en un faisceau solide des intérêts qui sans doute s'opposent en bien des points les uns aux autres, mais que la force de leur adversaire oblige à s'entendre et à s'accouder. Ailleurs, les rois ne se trouveront que devant des « États » différents avec lesquels ils délibèrent et s'arrangent à part. En Angleterre, la couronne a directement affaire à la nation et traite avec le pays.

Et ceci encore est remarquable que les barons de 1214 n'aient pas cherché à démembrer le pouvoir royal. L'État monarchique fondé par la conquête subsiste intact. Les vainqueurs ne songent pas à le dépecer et à lui arracher, pour les exercer à sa place, les droits de souveraineté. Ce qu'ils veulent, et ce qu'ils obtiennent, ce n'est pas tant une limitation de ces droits que la garantie de concourir à leur exercice quand il s'agira, pour le bien du royaume, de frapper la fortune des sujets du roi. Le principe du vote de l'impôt par la nation constitue le fonds essentiel de la Grande Charte, et c'est à ce titre qu'elle est la base du premier gouvernement libre que l'Europe ait connu. Ce principe ne fut d'ailleurs définitivement reconnu que sous Édouard Ier, après la bataille de Falkirk (contre l'Écosse) en 1298.

Jean sans Terre comprit bien tout ce qu'elle lui imposait et, a peine l'avait-il jurée, qu'il rompit son serment et s'en fit délier par Innocent IX. Les barons reprirent les armes et Philippe Auguste s'empressa d'envoyer son fils Louis combattre avec eux. La lutte dura jusqu'à la mort du roi en 1216. Son fils Henri III, en montant sur le trône, ratifia la Charte pour avoir la paix. Elle ne devait plus disparaître du droit public de l'Angleterre.

---

1. Évidemment, je ne parle que de la conquête d'un État chrétien par un autre État chrétien. Il est évident que l'invasion musulmane a introduit avec elle des perturbations plus profondes.
2. Dans l'État où nous le possédons, le « Domesday » ne comprend pourtant pas le relevé de tous les occupants du royaume. Il y manque un certain nombre de comtés.

2
LA FRANCE

I. — Le roi et les grands vassaux

De Hugues Capet à Philippe Ier, la royauté française s'est contentée de vivre. Elle est si modeste qu'au milieu de ses grands vassaux on l'aperçoit à peine. Les noms de cette époque dont la postérité a gardé le souvenir ne sont pas ceux des rois, ce sont ceux de princes féodaux comme le comte de Flandre Robert le Frison, comme le duc de Normandie Guillaume le Conquérant, ou comme les héros de la première Croisade, un Godefroid de Bouillon, un Robert de Flandre, un Robert de Normandie un Raymond de Toulouse. Au milieu de cette épopée de la Croisade où les princes se chargent de gloire, le roi, resté au logis, paraît en fâcheuse posture. Les chansons de geste, qui commencent alors à prendre de l'essor, ont pour héros des barons et donnent souvent à la royauté un rôle assez peu brillant.

Vers la fin du xie siècle, les trois quarts du royaume sont occupés par quelques grands fiefs qui sont en fait autant de principautés ne dépendant que nominalement du suzerain. Au nord entre l'Escaut et la mer, c'est le comté de Flandre ; plus bas, s'allongeant le long de la côte jusqu'à la Bretagne, le duché de Normandie, plus bas encore, de l'autre côté de la Bretagne, le comté d'Anjou, et enfin s'étendant jusqu'aux Pyrénées, le duché de Guyenne (Aquitaine). Le comté de Toulouse occupe la plaine du Languedoc ; le duché de Bourgogne s'étend dans le bassin de la Saône et confine au comté de Champagne qu'arrosent la Marne et la haute Seine. Au centre de ces territoires, enserré par eux, le domaine royal, l'île de

France s'arrondissant autour de Paris et ne touchant, en aucun point, ni la mer, ni les frontières extérieures du royaume. Équivalent en étendue à la plupart des principautés des grands vassaux il le cède en richesse à plusieurs d'entre elles. Les villes du midi et de la vallée du Rhône, animées par le commerce de la Méditerranée, celles de la Flandre où aboutit la grande voie qui relie le nord à l'Italie et le long de laquelle s'échelonnent les foires de Champagne, ont sur les siennes une avance incontestable. Laon, Orléans, Senlis n'ont qu'un trafic local et, à Paris même, les marchands les plus importants ne sont que de gros bateliers dont le transit s'alimente au port normand de Rouen. Ainsi, ni sa position géographique, ni ses ressources économiques ne donnent à l'île de France une situation privilégiée. Mais elle est en revanche placée à souhait pour aider la politique royale. Grâce à la position centrale qu'elle occupe, elle touche les diverses régions du pays, et est tout à la fois en rapports avec la Flandre à demi germanique au nord, et, au sud, avec les terres de la langue d'Oc. Elle s'interpose entre les contrastes nationaux comme entre les principautés féodales, elle permet ainsi au roi de garder le contact avec l'ensemble de la France et d'entamer, le moment venu, son œuvre séculaire d'unification et de centralisation.

C'est au début du xiie siècle que commence cette œuvre, et il est caractéristique de constater qu'à partir de la même époque, la prédominance du dialecte de l'île de France sur les parlers provinciaux devient de plus en plus sensible, si bien que la langue française s'est harmonieusement développée de concert avec les progrès du pouvoir royal et que, par une fortune unique dans l'histoire, la formation de l'État a marché de pair en France avec la formation de la nation. Qui sait si les qualités de clarté, de simplicité et de logique que l'on s'accorde généralement à trouver dans le génie français, n'ont pas, dans cet heureux phénomène, leur explication profonde ?

Si faible que la royauté entourée de ses grands vassaux et végétant dans leur ombre fut devenue, elle conservait pourtant en elle le principe de sa future puissance. Car, si la féodalité paralysait en fait le pouvoir royal, elle le laissait intact en droit. Les princes qui nommaient le roi et qui, chacun dans sa terre, avaient usurpé son autorité, n'avaient remplacé la vieille conception monarchique carolingienne par aucune autre. L'idée ne leur vint pas que le roi tenait d'eux son pouvoir et que sa compétence était limitée par leur volonté. Il en était de l'élection du roi comme de l'élection du pape et des évêques : elle ne portait que sur la personne, elle ne pouvait lui conférer une autorité dont il n'était pas au pouvoir des hommes de disposer, parce qu'elle venait de Dieu. Sur ce point, tout le monde était d'accord. Le roi était le serviteur, le ministre de Dieu et la cérémonie du sacre, pieusement conservée par les Capétiens, attestait et confirmait à la fois son caractère quasi sacerdotal. Il en tirait un ascendant moral qui le mettait hors de pair, qui faisait de lui un personnage unique, d'une nature sans seconde. Rien ne serait plus faux que de le comparer, au milieu de ses vassaux, à une sorte de président, de *primus inter pares*. Entre lui et eux, il n'y avait pas de commune mesure ; il était placé au-dessus de leurs atteintes et leur échappait.

De cette situation spéciale ne découlait, il est vrai, aucune autorité bien déterminée. Elle inspirait au roi l'obligation de régner suivant la morale chrétienne sans qu'il en résultât pour lui aucun droit formel, si ce n'est celui de défenseur de l'Église. Mais cela déjà était considérable. Car l'Église contribuait à maintenir son ascendant par tout le royaume. C'est par lui que, du fond des grands fiefs les plus lointains, les monastères se faisaient confirmer leurs possessions, à lui que s'adressaient les évêques en lutte avec leurs vassaux ou les barons de leur voisinage. Il importe peu qu'il fût impuissant à les secourir, ces prêtres et ces moines qui l'invoquaient, empêchaient qu'on l'oubliât et lui réservaient l'avenir.

Sauvegardée par la tradition carolingienne, la prééminence du roi s'imposait, d'autre part, aux grands vassaux. Si indépendants qu'ils fussent en réalité, ils n'en tenaient pas moins leurs fiefs de la couronne et étaient tenus de lui prêter un serment de fidélité avec les obligations précises qu'il entraînait : service militaire et service de conseil. Ils étaient les « hommes du roi » et s'ils ne se le rappelaient guère que pour intervenir dans ses affaires et lui donner à sa cour des avis qu'il eut souvent préféré ne pas recevoir, il en résultait pourtant qu'ils lui reconnaissaient sur eux un droit de seigneurie dont devait sortir un jour un droit de souveraineté.

Pour exploiter les ressources qui étaient en lui et faire passer ses droits de la théorie à la pratique, il fallait au roi la force, et il s'appliquait sourdement à l'acquérir. La première condition d'une royauté solide est l'hérédité. Il ne pouvait être question pour les Capétiens de l'imposer à leurs électeurs qui étaient plus puissants qu'eux. Ils se contentèrent de faire nommer a tour de rôle leur successeur de leur vivant. Le bonheur voulut que chacun d'eux eut un fils, de sorte que, de Hugues Capet à Philippe Auguste, les dangers d'un interrègne furent épargnés au royaume. Durant environ 200 ans, tous les rois se passèrent donc la couronne les uns aux autres et cette longue possession d'État aboutit à leur en donner la propriété. Déjà, au xiie siècle, l'élection par les grands vassaux n'est plus guère qu'une cérémonie. Philippe Auguste se sentit assez puissant pour s'en affranchir. Son fils Louis VIII lui succéda et fut universellement reconnu sans aucune intervention des princes.

La longue patience de la dynastie était arrivée au but qu'elle avait obstinément poursuivi. La monarchie française était devenue héréditaire, sans bouleversement ni coup d'État, par simple prescription.

Elle avait, en même temps, soigneusement et sagement administré son domaine. S'il n'était ni très riche, ni très étendu, il jouit, grâce à la politique pacifique des rois, d'une période de repos ininterrompue, de Hugues Capet à Louis VII. Paris, où la dynastie mène une existence casanière qui contraste si vivement avec l'existence voyageuse des empereurs toujours errant à travers l'Allemagne et l'Italie, ou des rois d'Angleterre passant continuellement de leur île à la Normandie, devient peu à peu le centre administratif de l'île de France, prétendant à son rôle futur de capitale du royaume. L'archevêque de Sens vient s'y fixer. Les prévôts de tous les domaines du roi y rendent leurs comptes. La présence permanente de la cour y entretient une activité politique et administrative dont on chercherait vainement l'analogue dans toute l'Europe. De même que Rome est la cité du pape, Paris est la cité du roi et elle tient de là une vie plus nuancée, un caractère moins bourgeois que les autres villes. Déjà au xiie siècle, l'attraction qu'elle exerce autour d'elle communique aux écoles de ses monastères une importance toujours croissante. Sous Philippe Auguste, la corporation de leurs maîtres et de leurs écoliers donnera naissance à la première « université » de l'Europe. Rien d'étonnant si, dans un milieu aussi actif, l'art se développe vigoureusement. L'abbé Suger de Saint-Denys, le ministre de Louis VII, attire à son abbaye des artisans des régions voisines, et Notre-Dame de Paris, commencée en 1163, est la première en date des grandes cathédrales gothiques. Le prestige de Paris sur la France a contribué fortement à l'unité du royaume et, depuis le xiie siècle, s'est augmenté dans la même mesure que celle-ci. L'action sociale de la capitale et l'action politique de la royauté n'ont pas moins contribué l'une que l'autre à former la nation.

II. – Les progrès de la royauté

Depuis l'avènement de Hugues Capet, la royauté n'avait pas eu de politique extérieure. Le seul voisin de la France avec lequel elle eût pu entrer en conflit, était l'Empire qui la bordait d'un bout à l'autre de sa frontière orientale : le long de l'Escaut et de la Meuse par la Lotharingie, le long du Rhône par le royaume de Bourgogne. Mais en succédant aux derniers Carolingiens, la nouvelle dynastie avait abandonné leurs prétentions sur la Lotharingie ; et de son côté, les empereurs n'ayant rien à redouter de sa faiblesse et de sa prudence, absorbés d'ailleurs par leurs expéditions d'Italie, ne lui avaient donné aucun motif d'inquiétude. La situation changea brusquement lorsque, en 1066, le duc de Normandie fut devenu roi d'Angleterre. Une puissance formidable naissait ainsi sur la frontière occidentale qui, baignée par les flots de la mer, avait semblé, depuis la fin des invasions scandinaves, mise à l'abri de tout péril par la nature elle-même. Il était impossible de vivre avec cette puissance dans les mêmes relations d'indifférence et de sécurité qu'avec l'Empire. Car, vassal du roi de France pour son duché normand, le nouveau roi se trouvait lié à son suzerain et sa subordination féodale contrastait trop violemment avec la puissance dont il disposait de l'autre côté de la Manche, pour ne pas être une cause permanente de mésintelligence, de soupçon et d'hostilités. Désormais, les Capétiens ne pouvaient persister dans cette attitude d'abstention où ils s'étaient confinés jusqu'alors. Le souci et la dignité de leur couronne les obligeaient à faire face au danger du dehors, et la nécessité où ils se trouvaient d'avoir maintenant une politique extérieure, allait leur donner l'occasion, en France même, d'avoir enfin une politique royale.

Elle fut inaugurée par Louis VI (1108-1137) et débuta naturellement d'une manière très modeste. Trop faible pour agir seul, le roi associa à sa cause le comté de Flandre, vieil ennemi de la Normandie. C'est à sa politique anglaise que se rattache le projet qu'il conçut en 1126 de profiter de l'assassinat du comte Charles le Bon pour investir de la Flandre un prince normand, ennemi mortel du roi d'Angleterre. Si l'entreprise échoua, elle n'en mérite pas moins d'être notée : elle est en effet la première tentative faite par la couronne pour attirer un grand fief sous son influence. Le péril extérieur auquel le roi avait à faire face, l'acculait à la nécessité de s'imposer à l'intérieur à ses grands vassaux pour absorber leurs forces dans la sienne.

Louis VII (1137-1180) continua la lutte entamée par son père. Son adversaire Henri Plantagenêt était bien plus redoutable que les rois normands ; on a vu plus haut grâce à quelles circonstances il put lui tenir tête. La longue guerre qu'il lui fit le long des frontières d'Anjou ne fut qu'une succession de petites entreprises sans éclat, pendant lesquelles les grands vassaux conservèrent une neutralité indifférente. Louis VII n'avait rien de remarquable ni comme militaire, ni comme politique. L'augmentation du prestige royal sous un tel prince n'en est que plus caractéristique. C'est de son règne que datent les débuts de l'historiographie royale et c'est sous lui qu'apparaît le premier ministre de la couronne dont l'histoire de France ait gardé le souvenir : l'abbé de Saint-Denys, Suger. Il est d'ailleurs en même temps le dernier ministre que la royauté ait emprunté à l'Église. Après lui, l'État se sentira assez fort, aura assez nettement conscience de sa tâche, se trouvera obligé de résoudre des questions trop nombreuses et trop difficiles, pour ne pas exiger chez ses conseillers une formation qui réponde directement à leur mission. Ses progrès l'obligent à rompre avec la tradition carolingienne et il ne pourra plus se contenter de collaborateurs sortis du clergé. Il lui faudra des gens d'affaires, des juristes, des hommes d'action qu'il recrutera parmi les laïques formés à son service, sortis des rangs de ces bourgeois instruits dont le nombre va croissant sans cesse. Suger se trouve à un tournant de l'évolution politique. Jusqu'à lui, l'État est si simple, ou pour mieux dire, si primitif, qu'un prélat, sans apprentissage préalable, peut être chargé de sa direction ; après lui, sa complexité croissante exigera des hommes spéciaux et son personnel cessera d'appartenir à l'Église, ou ne lui appartiendra plus que de nom[1].

Du règne de Louis VII à celui de Philippe Auguste, les progrès du pouvoir royal sont tels qu'il est impossible de les expliquer uniquement par le génie du roi. Ils se rattachent, en grande partie, aux transformations économiques et sociales causées par le développement des bourgeoisies. Durant la seconde moitié du xiie siècle, toutes les villes de la France du nord se sont constituées en communes jurées. Presque partout, dans les cités épiscopales, à Arras, Noyon, Senlis, Laon, Reims, etc. elles ont eu à lutter contre la résistance ou le mauvais vouloir de leurs évêques et contre eux ont imploré du roi un appui qu'il s'est empressé de leur accorder. Entre la couronne et les bourgeoisies s'établit ainsi une entente qui assure à la politique royale le concours de la classe la plus jeune, la plus active et la plus riche de la société.

On distingue sous Louis VII les premiers symptômes de cette alliance dont la clairvoyance de Philippe Auguste a reconnu toute la portée et qu'il a systématiquement fortifiée et étendue. L'augmentation rapide de la circulation monétaire, conséquence du commerce urbain, n'a pas été moins profitable à la royauté. En lui permettant de transformer les prestations et les droits féodaux qu'elle avait jusqu'alors perçus en nature, en redevances payables en argent, et en achevant la frappe et par conséquent les bénéfices de ses ateliers monétaires, elle l'a mise à même de se procurer l'instrument indispensable de toute puissance politique : des finances. Le trésor royal, jusqu'alors confondu dans l'ensemble de la fortune privée du roi, devient une branche spéciale d'administration. Les plus anciens comptes que l'on en possède datent du règne de Philippe Auguste. Non seulement le roi est désormais à même de louer en temps de guerre, des bandes de mercenaires, mais il peut surtout attacher à son service de véritables fonctionnaires, c'est-à-dire des agents payés et par cela même révocables. Tels sont les baillis dont la plus ancienne mention remonte à l'année 1173, et qui se répandent bientôt à travers tout le domaine royal. Capable désormais de solder ses serviteurs, le prince n'est plus obligé de leur abandonner leurs charges à titre héréditaire et de renoncer ainsi à disposer d'eux à son gré. La substitution à l'ancienne économie agricole d'une économie monétaire a enlevé l'obstacle qui, depuis l'époque franque, était invinciblement opposé au développement de l'État.

Les réformes qui s'introduisent sous Philippe Auguste dans l'organisation de la cour royale l'approprient aux nécessités du gouvernement central. L'assemblée des grands laïques et ecclésiastiques qui, depuis l'époque carolingienne se réunissait à époques fixes autour du roi et constituait à la fois un conseil et une cour de justice, sans attributions précises, sans compétence définie, et dont l'action se bornait le plus souvent à entraver, au profit des grands vassaux, l'action de la couronne, se scinde en deux collèges permanents : le Conseil du roi d'une part, pour les affaires politiques, le Parlement de l'autre, pour les affaires judiciaires. L'un et l'autre se composent encore, pour la plus grande partie, de membres de la haute noblesse et du haut clergé. Mais déjà, à côté d'eux, le roi y introduit des hommes à lui et son influence ira y grandissant toujours et y refoulant de plus en plus l'influence féodale. Les grands officiers de la couronne, tous pris dans la grande noblesse, et qui avaient été jusqu'alors de vrais tuteurs de rois, disparaissent ou sont réduits à des fonctions purement honorifiques. L'administration de la chancellerie rompt avec les usages surannés et la phraséologie inutile du temps carolingien, pour adopter des procédés plus pratiques. Un dépôt d'archives est constitué au Louvre et l'on surprend dans les mesures adoptées pour la reddition des comptes annuels des baillis, comme une première ébauche de la future Chambre des comptes.

On peut donc considérer Philippe Auguste comme le véritable créateur du pouvoir monarchique, non seulement en France, mais sur le continent[2]. Le surnom d'Auguste lui a été donné par Rigord : *quia rem publicam augmentabat*[3].

Avant lui, les rois les plus puissants, les empereurs et jusqu'à Charlemagne lui-même, n'ont pu gouverner que grâce au prestige et à la force qu'ils tenaient de leurs victoires ou de l'appui de l'Église. Leur pouvoir dépendait essentiellement d'eux-mêmes et se confondait pour ainsi dire avec leur personne. Sans finances et sans fonctionnaires, ils étaient réduits à n'agir que dans la mesure où ils étaient soutenus par l'Église et obéis par l'aristocratie, celle-ci devenant de plus en plus indépendante et celle-là de plus en plus hostile. Désormais, au contraire, le roi dispose d'une administration permanente à laquelle il donne le mouvement et qui est tout à la fois indépendante de l'Église et de la féodalité. Les droits que la tradition lui reconnaît peuvent devenir une réalité et, en se réalisant, constituer l'État. De la vieille monarchie carolingienne, la jeune monarchie française conserve le principe fondamental : le caractère religieux du pouvoir royal. Depuis la fin du ixe siècle, il l'avait comme embaumée, conservée intacte malgré sa faiblesse au milieu des usurpations féodales. On vient de voir comment elle avait repris une vigueur nouvelle et comment, à côté de l'État anglais, elle avait constitué en France, dans des conditions bien différentes et bien plus difficiles, un État rival.

Les comtes de Flandre qui, sous Louis VI, avaient lutté avec la royauté contre l'Angleterre, prirent sous Philippe Auguste le parti de l'Angleterre contre la royauté. Il était tout naturel que, menacés par les progrès de leur suzerain, ils cherchassent leur appui dans la grande île dont ils étaient les proches voisins et où les villes industrielles de leur pays s'approvisionnaient de laine. Les villes, qui en France soutenaient la couronne, se rangèrent en Flandre du côté de leur prince, non point comme une vue superficielle des choses pourrait le faire croire, par un prétendu sentiment de race, mais tout simplement en raison de leurs intérêts économiques. On ne remarque aucune différence entre leur attitude, qu'elles soient wallonnes de langue comme Lille et Douai, ou germaniques comme Bruges et Gand. La politique des princes flamands prit donc, dès le commencement du xiiie siècle, une ampleur qui ne permet plus de la considérer comme une simple politique de résistance féodale. D'une part, elle inaugure avec l'Angleterre une alliance qui, fondée sur l'intérêt réciproque, devait se perpétuer à travers les siècles et devenir un des facteurs les plus importants de l'indépendance future des Pays-Bas (Hollande et Belgique), de l'autre, en s'appuyant sur les bourgeoisies, elle se colore d'une apparence nationale en identifiant la cause de la dynastie avec la leur.

La longue guerre de Philippe Auguste contre Philippe d'Alsace (1180-1185) ne mit encore en présence que le roi et le comte de Flandre et finit, après des alternatives de succès et de revers, par un traité à l'avantage du premier. Mais dès 1196, Baudouin IX s'alliait à Richard Cœur de Lion et, quatre ans plus tard, parvenait à se faire restituer par le roi la région septentrionale de l'Artois, cédée par son prédécesseur. La Croisade qui périodiquement venait traverser et interrompre le cours de la politique européenne et à laquelle Philippe Auguste, Richard et Philippe d'Alsace avaient pris part en même temps quelques années plus tôt, attira en 1202 le comte Baudouin vers l'Orient. L'année suivante, il recevait à Sainte-Sophie la couronne de l'éphémère Empire latin de Constantinople et mourait mystérieusement peu de temps après (1205) au cours d'une expédition contre les Bulgares. Il laissait deux filles en bas âge que Philippe Auguste se fit livrer par leur oncle Philippe de Namur. Il donna l'aînée, Jeanne, en mariage à un prince de son choix, Ferrand de Portugal, après avoir pris la précaution de lui faire prêter un serment spécial de fidélité qui fut ratifié par les villes et les barons de Flandre. Il comptait pouvoir tout se permettre avec ce nouveau vassal qui lui devait la fortune. Il avait fait occuper par ses gens Aire et Saint-Omer, et par l'octroi de fiefs et de pensions s'était acquis la connivence de la plupart des membres de la noblesse flamande. Poussé à bout, Ferrand ne tarda pas longtemps à prêter l'oreille aux avances du roi d'Angleterre, Jean sans Terre. En 1213 il concluait avec lui un traité d'alliance.

Le conflit dans lequel la Flandre était de nouveau entraînée, était cette fois un conflit européen. La politique de Philippe Auguste se développant avec le succès et le génie du roi, s'étendait maintenant à tout l'Occident et c'était une guerre générale qui allait décider du sort de la monarchie française.

La lutte de la France et de l'Angleterre, interrompue durant les dernières années de Henri II, avait repris dès le retour de Richard Cœur de Lion de la captivité où l'avait retenu le duc d'Antioche aux mains duquel il était tombé en revenant de la troisième Croisade (1194). Elle n'avait abouti à rien de décisif. Mais à peine Richard était-il mort et son frère Jean sans Terre monté sur le trône, Philippe se décidait à un éclat. Profitant du mécontentement qui avait accueilli le nouveau règne, il faisait assigner Jean à comparaître devant lui en qualité de duc de Normandie, pour se justifier du meurtre d'Arthur de Bretagne[4]. Jean n'ayant pas daigné répondre, le roi de France, agissant dans toute la rigueur de ses droits de suzerain, confisquait tous les fiefs tenus en France par la couronne d'Angleterre et, à l'exception de la Guyenne, les faisait occuper, doublant ainsi d'un seul coup l'étendue des terres de la couronne et lui donnant de Bordeaux Boulogne toutes les côtes de la mer. Les fautes accumulées par son rival qui, déjà aux prises avec les barons anglais s'attirait par surcroît, en 1209, l'excommunication du pape, secondaient à plaisir une politique aussi audacieuse. Philippe se faisait charger par Innocent III d'exécuter la sentence lancée contre lui et préparait activement une expédition contre l'Angleterre. Il était prêt au moment où Jean, s'humiliant devant le pape et reconnaissant son royaume comme fief du Saint-Siège, obtenait sa réconciliation. Philippe employa son armée et sa flotte contre la Flandre, s'avança jusqu'à Damme où les Anglais surprirent ses vaisseaux et les brûlèrent, puis rentra en France pendant que, derrière lui, Ferrand de Portugal reprenait possession de sa terre. Cependant, le conflit des États occidentaux s'était étendu à l'Allemagne. Des deux partis qui s'y combattaient, Guelfes et Gibelins, le premier était allié à l'Angleterre, depuis le mariage de Henri le Lion avec Mathilde, fille de Henri II. Dès lors, un rapprochement s'imposait entre les Gibelins et la France. Philippe Auguste sut brillamment tirer parti de la situation. L'empereur Othon de Brunswick, chef des Guelfes et complètement gagné à Jean sans Terre, venait en 1210 d'être excommunié par Innocent III. Le roi de France s'empara de l'occasion pour exhorter le jeune Frédéric de Hohenstaufen, confiné en Sicile sous la tutelle du pape, à payer d'audace et à venir se mettre en Allemagne à la tête des partisans de sa maison. L'aventure semblait romanesque : en réalité rien n'était plus prosaïque. Le trésor du roi était venu en aide à sa politique et il avait acheté les princes allemands nécessaires au succès. Le 9 décembre 1212, ils élisaient Frédéric roi des Romains[5]. Ainsi la lutte de la France et de l'Angleterre séparait toute l'Europe en deux camps et son issue devait décider du sort de l'Occident. Les ennemis de Philippe Auguste se décidèrent, en 1214, à un effort décisif. Pendant que Jean sans Terre devait l'attaquer par la Guyenne, Othon de Brunswik marchait sur Paris par les Pays-Bas, ralliant au passage les troupes de Ferrand de Portugal. L'armée que Philippe amena à sa rencontre répondit bien par sa composition aux progrès du pouvoir royal. Vingt ans plus tôt, elle eut été formée tout entière de milices féodales. Cette fois, on y remarquait, à côté de la chevalerie des vassaux de la couronne, des bandes de mercenaires et des compagnies de bourgeois envoyées par les villes. Le choc eut lieu à Bouvines près de Tournai, le 27 juillet, et le triomphe de Philippe Auguste fut éclatant. Ce fut la première des grandes batailles européennes et, si on en excepte Waterloo où six siècles plus tard devaient se retrouver en présence le même groupement d'adversaires, aucune d'elles n'eût de conséquences aussi vastes et aussi immédiates. En Allemagne, Othon de Brunswick s'effondrait devant Frédéric II. En Angleterre, Jean sans Terre, humilié, voyait les barons se soulever contre lui et lui imposer la Grande Charte ; en France, les conquêtes territoriales étaient assurées (Traité de Chinon) ; la féodalité était vaincue dans la personne de Ferrand de Portugal et le pouvoir royal, qui venait de prouver ses forces en terrassant l'ennemi de l'extérieur, se parait aux yeux du peuple d'un prestige national qui doublait sa vigueur.

---

1. Cette restriction est indispensable car, depuis Suger jusqu'à Talleyrand et Fouché, l'Église n'a cessé de fournir à l'État des ministres et des conseillers. Mais ce ne sont plus des ecclésiastiques au vrai et plein sens du mot, ce sont des politiques n'ayant guère conservé de leur profession cléricale que l'habit et les bénéfices.
2. Sauf en Sicile, dont les fondements de l'État sont byzantins.
3. Cf. le titre de l'empereur : « Mehrer des Reiches ».
4. Fils de Godefroid, le fils aîné de Henri II, que reconnaissait la Bretagne au lieu de Jean.
5. Voir à ce sujet le chapitre suivant.

3
L'EMPIRE

I. — Frédéric Barberousse

Le Concordat de Worms n'avait pas terminé la lutte entre l'Empire et la Papauté. Posée dans toute son ampleur sous Grégoire VII, la question du rapport des deux pouvoirs universels s'était ensuite, par l'épuisement des deux parties, restreinte à la querelle des investitures et sur ce terrain même n'avait abouti qu'à une transaction. L'empereur y avait perdu autant que le pape y avait gagné, mais ni l'un ni l'autre ne pouvait se contenter d'un état de choses qui laissait sans solution le conflit de principes qui les avait mis aux prises.

Il fallait savoir si la conception carolingienne continuerait à subsister, c'est-à-dire si l'Église, considérée la fois comme ensemble des fidèles et société politique, conserverait à sa tête deux chefs indépendants l'un de l'autre, le premier préposé aux âmes et le second aux corps, ou bien au contraire s'il appartenait au pape de disposer de la couronne impériale, s'il possédait à la fois, pour employer la langue du temps, le glaive spirituel et le glaive temporel et si l'empereur ne recevait de lui ce dernier que comme un vassal reçoit un fief de son suzerain. Seule une nouvelle guerre pouvait donner la réponse à cette question, aucun compromis n'étant possible entre les affirmations contradictoires des deux adversaires.

Cette guerre, qui devait éclater sous Frédéric Barberousse, était perdue d'avance pour l'Empire. Si la société européenne reconnaissait l'autorité universelle du pape dans l'Église, elle ne pouvait concéder la même portée à celle de l'empereur. C'eût été, en effet, lui subordonner dans l'ordre temporel et réduire au rôle de clients tous les États occidentaux. Depuis Othon Ier, la théorie impérialiste ne répondait plus à la réalité des choses parce que l'Empire ne renfermait plus, comme au temps de Charlemagne, tous les chrétiens d'Occident. Aucune protestation formelle ne s'était encore élevée contre elle parce qu'aucun prince n'était assez puissant pour rompre en visière avec les souverains allemands. Mais quelle apparence y avait-il qu'au milieu du xiie siècle, les jeunes et robustes monarchies de France et d'Angleterre acceptassent bénévolement la tutelle impériale ? De même que la féodalité grandissante avait travaillé pour Grégoire VI contre Henri IV, de même les États nationaux en formation devaient travailler pour Adrien IV et Alexandre III contre Frédéric Barberousse. Ce fut le malheur de la politique impériale, chaque fois qu'elle prétendit s'imposer à la papauté, que de susciter contre elle les forces les plus actives de l'Europe et de les orienter vers Rome.

A cela s'ajoute l'affaiblissement constant de l'empereur dans l'Empire lui-même. Depuis le Concordat de Worms, il ne nomme plus les évêques, et le droit qu'il conserve de les investir de leurs principautés est la plupart du temps illusoire. En fait, les élections épiscopales sont le plus souvent déterminées par les princes laïques qui imposent aux chapitres des parents ou des alliés de leurs maisons. Ainsi, cette Église impériale que depuis Othon Ier les souverains allemands ont comblée de droits et de territoires, leur échappe et, si l'on peut ainsi dire, se féodalise. Les grands vassaux dont elle avait jusqu'alors contrebalancé la puissance, n'ont plus rien à craindre d'elle, et les principautés ecclésiastiques, cessant d'être à la disposition de l'empereur, ne sont plus que de nouveaux éléments de désagrégation politique. Au moment même où en France le roi commence à faire reculer devant lui la féodalité, en Allemagne la féodalité s'impose à la couronne. Rien de plus frappant que de comparer à cet égard, dans les deux pays, l'influence des princes sur le pouvoir royal. Tandis qu'au cours du xiie siècle, le roi de France n'est plus électif qu'en théorie et à partir de Philippe Auguste redevient héréditaire, les princes allemands accentuent sans cesse leurs droits de disposer du trône. A la mort de Henri V, ils le refusent à son plus proche parent, le duc Frédéric de Souabe, pour le donner à Lothaire de Saxe (1125) ; puis, à la mort de Lothaire, ils reviennent à la maison de Souabe et nomment Conrad III (1137). Bien entendu, ce qui détermine leur choix, ce sont les promesses et les concessions des candidats, si bien que le pouvoir royal s'affaiblit à mesure qu'il se transmet.

Comment penser, dans de semblables conditions, à reprendre la querelle avec Rome ? Au lieu de traiter le pape d'égal à égal, Lothaire n'obtient la couronne impériale qu'au prix d'une révision défavorable du

Concordat de Worms et de son acquiescement à la prétention du pape de n'accorder le couronnement à l'empereur que s'il en a approuvé l'élection. Conrad III fut plus faible encore.

Sa nomination avait été combattue par le duc de Bavière qui prit les armes contre lui, inaugurant ainsi ce conflit des Guelfes et des Gibelins qui devait troubler, durant si longtemps, l'Allemagne et l'Italie. La lutte fut continuée à sa mort par son fils Henri le Lion, à qui il fallut, en 1142, donner le duché de Saxe en remplacement de la Bavière dont la maison de Babenberg s'était fait inféoder. Le pauvre Conrad n'eut pas le temps d'aller se faire couronner au delà des Alpes ; il espéra relever son prestige en prenant part à la deuxième Croisade et n'y trouva que la mortification d'un échec. Il mourut en 1152 et son neveu Frédéric, après un arrangement préalable avec l'adversaire de sa maison, Henri le Lion, obtint la voix des princes.

Avec Frédéric Barberousse s'ouvre un règne dont l'éclat paraît d'autant plus grand que ceux qui l'ont précédé ont été plus obscurs. Le jeune roi, nature ardente et ambitieuse, était décidé à relever aux yeux du monde la majesté impériale et c'est à atteindre ce but inaccessible, qu'il se consacra fougueusement, pour n'aboutir à la longue qu'à une retentissante défaite et au gaspillage des dernières forces et des ultimes ressources de la royauté allemande.

A première vue, la politique de Frédéric se rattache à la tradition carolingienne, et la canonisation de Charlemagne en 1165 par un synode allemand semble confirmer cette filiation. En réalité, entre le Carolingien et le Hohenstaufen, il n'y a plus rien de commun si ce n'est l'universalité de leurs tendances. Tel que le conçoit Barberousse, l'Empire n'est plus cet Empire chrétien, né en 800 à Saint-Pierre de Rome, si intimement lié au gouvernement de l'Église et si étroitement uni à la papauté qu'il en est indissoluble. Il est dans toute la force du terme l'Empire romain, mais l'Empire romain des Augustes, tel qu'il existait avant les invasions. C'est de lui qu'il tient ses droits au gouvernement du monde et, dès lors, son origine remontant au delà de la naissance du Christ, comment pourrait-il rien avoir de commun avec la papauté ! Plus ancien qu'elle, il en est donc aussi indépendant que l'empereur de Byzance. Au lieu que l'Empire soit dans l'Église, c'est l'Église qui est dans l'Empire et, en dépit de son caractère sacré, le pape n'est en définitive qu'un sujet de l'empereur. Au mysticisme religieux qui se trouve au fond de la conception carolingienne se substitue ici une sorte de mysticisme politique, remontant hardiment par delà les siècles à cette Rome éternelle et maîtresse de l'univers, et en faisant découler, comme de l'unique source de toute puissance temporelle, les prétentions impériales. Déjà au xie siècle, Othon III s'était bercé de l'espoir de restaurer dans sa splendeur première cette Rome dorée (*aurea Roma*) dont l'antique gloire continuait à rayonner comme l'idéal de toute grandeur terrestre. Mais ce qui n'était chez lui que rêveries confuses et aspirations sentimentales, devient chez Frédéric une théorie précise.

Au commencement du xiie siècle, l'étude du droit romain avait pris en Italie, particulièrement à Bologne, autour d'Irnerius et de ses élèves, un développement considérable. Le Code de Justinien était, pour ces juristes, une manière d'écriture sainte, la révélation de la loi et de l'ordre civil. De là leur vénération pour le pouvoir impérial considéré par eux comme la condition première du maintien de la société temporelle. On ne peut guère douter que ces doctrines de l'école n'aient exercé leur action sur Barberousse. Par elles, sa conception politique repose, à la différence de celle des Carolingiens et de leurs successeurs, sur une base laïque ; ce ne sont plus des théologiens mais des juristes qui seront chargés de la défendre. Pour la première fois, dans la lutte de l'empereur et du pape se dessine l'opposition du pouvoir temporel et du pouvoir spirituel.

Plusieurs évêques, sans doute, restaient fidèles à Frédéric, et il mit tous ses soins à obtenir de « bonnes élections » des chapitres. Mais il ne pouvait cependant plus s'appuyer sur l'Église allemande dont la situation depuis le Concordat de Worms était si profondément transformée. Il chercha une compensation dans la féodalité laïque. Jusqu'à Henri V, les empereurs pouvant compter sur les évêques, avaient témoigné vis-à-vis de la noblesse féodale, d'une méfiance plus ou moins accentuée. Aussi avait-elle pris parti contre eux en faveur du pape ; depuis le règne de Lothaire de Saxe elle n'avait cessé d'augmenter ainsi son influence qu'elle était même parvenue à imposer aux principautés épiscopales. Frédéric accepta franchement ce nouvel état de choses. Par une singulière contradiction avec la puissance illimitée dont il rêvait comme empereur, il laissa comme roi d'Allemagne, les princes laïques se mettre en possession d'une indépendance politique complète. Au lieu de prétendre s'imposer à eux comme souverain, il chercha plutôt, en intervenant dans leurs querelles ou en flattant leurs ambitions, à se constituer parmi eux une clientèle personnelle. Il agit à leur égard en chef de parti plus qu'en roi et sa politique monarchique consista, au fond, à constituer une faction gibeline en face de laquelle les opposants ou les mécontents se groupèrent à leur tour en une faction guelfe. Il ne se borna point pourtant à agir sur les princes. Par dessous eux, il s'efforça de se rallier la petite noblesse et de s'en faire à la fois un instrument politique et une force militaire. Les mœurs chevaleresques commençaient à cette époque à se répandre de France et de Lotharingie sur la rive droite du Rhin. Il mit tous ses efforts à favoriser cette diffusion, à imposer son prestige à la chevalerie et à l'attirer à sa cour par l'éclat des fêtes et des tournois. Quantité de *ministeriales* furent élevés par lui au rang de chevaliers et il constitua en fiefs pour ces clients militaires ce qui subsistait encore des domaines impériaux. C'est sous son règne que les montagnes de la Souabe, de la Franconie et de la Thuringe ont commencé à recevoir cette parure de « bourgs féodaux » dont les ruines subsistent encore en si grand nombre.

On peut donc dire que Frédéric sacrifia en Allemagne, à la nécessité de se constituer une forte armée féodale, les droits politiques de la royauté. Il ne pouvait d'ailleurs en être autrement. Le développement social des contrées allemandes, en retard sur celui des États occidentaux, ne lui permettait pas de se créer les ressources financières qui lui eussent permis de lever des bandes de mercenaires. L'état économique de l'Allemagne, en dehors de la vallée du Rhin, en était toujours à la vieille constitution domaniale et la circulation monétaire y restait extrêmement restreinte. De villes de quelque importance, on ne pouvait guère encore citer que Cologne, seul centre commercial comparable à ceux de Flandre ; les ports de la Baltique commençaient à peine à se faire connaître ; dans le sud, Augsbourg, Vienne, Nuremburg n'étaient encore que des localités de troisième ordre.

Au surplus, dans les projets de Frédéric, l'Allemagne ne jouait qu'un rôle tout à fait secondaire ; il n'y voyait qu'un instrument destiné à lui ouvrir le chemin de l'Italie et de l'Empire. Foncièrement allemand de mœurs, de sentiment et de caractère, il l'était en politique aussi peu qu'il est possible de l'être. L'idée impériale l'emplissait tout entier. Au moment où, en France et en Angleterre, la monarchie jetait la base de solides États nationaux, il allait rouvrir une lutte qui devait jeter finalement son pays dans l'anarchie du grand interrègne et le livrer pour de longs siècles au morcellement féodal.

Cette lutte à laquelle il courait, il n'en appréciait ni les difficultés ni la portée. Ce n'était plus seulement le pape qu'il allait avoir à combattre. Depuis la fin du xie siècle, la plaine lombarde s'était couverte d'une végétation serrée de communes urbaines à travers lesquelles il lui faudrait se frayer passage pour arriver à Rome. Dans toutes les cités du bassin du Pô, la bourgeoisie, enrichie par le commerce et l'industrie, avait arraché le gouvernement aux évêques et fondé des républiques municipales ne tenant plus aucun compte des droits de l'Empire et se considérant comme indépendantes à son égard. Mais Frédéric avait pour ces bourgeois, dans son ignorance de la civilisation urbaine, le même dédain que la noblesse allemande, et pour leurs constitutions républicaines le mépris du successeur de Constantin et de Justinien. Il le fit bien voir quand, en 1154, il passa pour la première fois les Alpes. Après avoir convoqué dans la plaine de Roncaglia (près de Plaisance), les princes et les villes de la Haute Italie, il prétendit leur imposer un serment de fidélité et leur fit connaître les devoirs qu'ils avaient à remplir envers lui. Il y eut des résistances. Frédéric crut en venir à bout par la terreur, assiégea Tortone et la rasa. Puis, après avoir ceint à Pavie la couronne de roi des Lombards, il marcha vers Rome où l'attendait la couronne impériale.

La « ville » était alors en pleine révolte. Rien de commun d'ailleurs entre le mouvement de son peuple entretenu par l'Église comme il avait jadis été entretenu par les empereurs, et ceux de l'active et énergique bourgeoisie lombarde. L'Antiquité a laissé à Rome des traces trop profondes pour que les hommes qui l'habitent puissent s'affranchir des souvenirs et des grandeurs qui les entourent et dont ils vivent. Périodiquement, il leur est arrivé de s'en griser, de se croire encore les maîtres de la terre et les descendants du peuple roi. La seule organisation municipale que Rome ait jamais eue, est celle qui a conquis le monde et qui est morte de sa conquête. Devenue le centre de la politique universelle, puis de l'Église universelle, cette ville appartenait trop à l'Europe chrétienne pour pouvoir s'appartenir à elle-même. Un simple conseil communal ne pouvait prendre la place du Sénat, et aussi bien, est-ce le Sénat que les Romains ont cru rétablir à chacune des crises de leur histoire si agitée, le Sénat antique, législateur et administrateur suprême des choses humaines.

On était au plus fort de l'une de ces crises au moment où Barberousse s'approchait du Tibre. Le pape avait fui ; Arnould de Brescia dominait dans la ville et rêvait de réformer à la fois et l'Église et l'Empire. Le mysticisme religieux s'alliait chez lui au mysticisme politique. Il voulait ramener l'Église à la pureté et à la pauvreté évangélique, tandis que l'empereur, recevant du peuple romain le gouvernement du monde, serait l'organisateur de la société temporelle et réduirait le pape au rang d'un simple prêtre. Ainsi, par une curieuse rencontre, l'Antiquité inspirait également le roi d'Allemagne et le révolutionnaire italien. Mais comment auraient-ils pu s'entendre ? Le premier faisait dériver du peuple les droits de l'empereur et attendait de lui une rénovation du monde. Le second ne voyait dans le pouvoir impérial que la domination sur le monde tel qu'il était ou plutôt tel qu'il apparaissait à ses yeux de guerrier et de féodal. Pour Frédéric comme pour le pape, Arnould n'était qu'un dangereux hérétique. Il le livra à Adrien IV, qui le fit périr sur le bûcher.

Rentré dans Rome au milieu des chevaliers allemands, le pape semblait l'obligé de Frédéric et celui-ci put croire lorsqu'il reçut à Saint-Pierre la couronne impériale (18 juin 1155), qu'elle serait désormais à l'abri des atteintes de la papauté. Mais Adrien n'avait rien abandonné des prétentions du Saint-Siège. Frédéric était à peine de retour en Allemagne qu'il s'en aperçut avec indignation. Le légat Rolandi allait jusqu'à se permettre de traiter l'Empire, en sa présence de « bénéfice » (fief) du Saint Père. En même temps les communes lombardes accentuaient leur indépendance et, sous la conduite de Milan, se préparaient manifestement à la guerre. Cette fois, l'empereur était décidé à frapper un grand coup et à terrasser ses adversaires. En 1158, il était de nouveau en Lombardie, faisait proclamer derechef et dans les formes les plus solennelles ses droits souverains (*regalia*), condamnait comme une rébellion frivole et criminelle la liberté des villes, ordonnait la démolition de leurs murailles et les soumettait, à la juridiction de « podestats » nommés par lui. La hauteur méprisante de son langage et de son attitude ne fit qu'enflammer la résistance. La chevalerie allemande voyait, avec autant de surprise que de colère, de simples bourgeois l'affronter en rase campagne et s'exaspérait de ne pouvoir emporter d'assaut les remparts que défendait victorieusement cette canaille. Le contraste des nationalités ajoutait encore à la haine des combattants, mais ce qui était en jeu, c'étaient deux formes sociales incompatibles : d'une part l'absolutisme soutenu par une aristocratie militaire, de l'autre, l'autonomie politique et la liberté municipale pour lesquels étaient prêts à mourir ceux qui les proclamaient. A six siècles de distance et dans un cadre plus étroit, la résistance des bourgeoisies lombardes A Frédéric Barberousse, c'est la résistance en 1790 de la Révolution française aux armées de la Prusse et de l'Autriche.

Crème fut livrée aux flammes après un siège de sept mois (1160). Milan se défendit héroïquement, pendant neuf mois et ne se rendit enfin (mars 1162) que sous l'étreinte de la famine et de la peste. Elle n'avait pas de pardon à attendre. Frédéric ne comprenait rien à la civilisation supérieure de ses ennemis. Il leur appliqua dans sa brutalité naïve le châtiment dont il eût frappé un « bourg » féodal qui se serait permis de lui tenir tête. Il fit raser la ville, comme s'il suffisait de raser une ville pour l'empêcher de renaître.

Cette victoire dut lui paraître d'autant plus décisive, qu'il venait d'en remporter, croyait-il, une autre sur la papauté. Adrien IV était mort (1er septembre 1159) et les cardinaux n'ayant pu s'accorder sur l'élection de son successeur, Alexandre III et Victor III s'attribuaient chacun la tiare et s'excommuniaient mutuellement. Admirable occasion pour l'empereur de s'imposer à l'Église en décidant, comme Henri III l'avait fait jadis, entre les compétiteurs. Il assembla un synode à Pavie et les évêques allemands et italiens qui s'y rendirent se prononcèrent naturellement pour Victor, Alexandre n'étant autre que l'insolent Rolandi (février 1160) et la majorité du conclave ayant voulu affirmer en l'élisant sa politique anti-impériale. Mais Frédéric put s'apercevoir aussitôt que l'Europe n'était pas plus disposée que les villes lombardes à se plier à ses volontés. Toute la catholicité se groupa autour d'Alexandre et, malgré les prières que l'empereur daigna leur adresser, les rois de France et d'Angleterre restèrent inébranlables. Pourtant l'empereur s'obstina. Victor IV étant mort, il fit élire Pascal III (20 avril 1164), prolongeant ainsi par orgueil un schisme dont il ne pouvait plus rien espérer.

Il eut du moins la satisfaction de conduire son pape à Rome, pendant qu'Alexandre était réfugié en France (1167) et de proclamer la souveraineté de l'Empire sur la ville. Puis il fallut repasser les Alpes au plus tôt, la peste s'étant mise dans l'armée.

L'état de l'Italie était plus menaçant que jamais. La terreur employée contre les villes lombardes n'avait fait que les enflammer d'une passion plus âpre. Elles s'étaient étroitement unies au pape et avaient donné non nom à Alexandrie. Milan se relevait de ses ruines et reconstruisait son enceinte. Tout était à recommencer. Une nouvelle campagne s'ouvrit en 1174, qui se traîna d'abord dans des sièges et se termina brusquement, le 29 mai 1176, par la bataille de Legnano où l'armée impériale fut taillée en pièces et dispersée par les Milanais et leurs alliés. La catastrophe était sans remède, comme l'humiliation. Du même coup, Alexandre III et les bourgeois lombards triomphèrent de cet empereur, si arrogant tant qu'il s'était cru fort. De la brutalité, il passa subitement à la déférence et à l'humilité. Il sacrifia le nouveau pape, Calixte III, qu'il avait fait nommer à la mort de Pascal, reconnut Alexandre et, à Venise où il se réconcilia avec lui, dépouilla ses allures d'Auguste, se prosterna et lui baisa les pieds. Les députés des villes lombardes, que le pape avait promis de réconcilier avec l'empereur, assistèrent à cette cérémonie. Une trêve de six ans, transformée plus tard à Constance (juin 1183) en traité définitif, fut conclue : elle fixe pour la forme les droits de l'Empire à leurs subsides et à leurs contingents militaires, qui ne furent jamais fournis.

Frédéric ne rentra en Allemagne que pour y trouver Henri le Lion et ses partisans guelfes en pleine révolte. Il réussit à le vaincre sans que d'ailleurs sa victoire assurât plus fermement le pouvoir monarchique. Obligé de se concilier les princes, il se vit forcé de partager entre eux les dépouilles du vaincu. Son duché de Bavière fut donné à Othon de Wittelsbach ; son duché de Saxe fut partagé entre l'archevêque de Cologne qui reçut la Westphalie, et Bernard d'Anhalt. La chute de Henri le Lion fit disparaître un dangereux ennemi de l'empereur, mais elle fut un malheur pour l'Allemagne. Dominant des Alpes à la Baltique et ayant conquis et colonisé au delà de l'Elbe de vastes territoires slaves, Henri possédait une puissance qui, si elle eût duré, eût pu s'imposer à l'ensemble du pays et en souder les unes aux autres les régions si différentes entre lesquelles il se divisait. Il fut renversé par la coalition des intérêts dynastiques avec ceux de la féodalité, et le triomphe de ses ennemis n'eut d'autre résultat que d'augmenter encore le morcellement féodal qui allait croissant en Allemagne de règne en règne. Il était déjà poussé si loin, à la fin du xiie siècle, que Frédéric comprit qu'il était indispensable pour assurer l'avenir de sa dynastie de lui chercher au dehors une base territoriale. De là, le mariage en 1186 de son fils Henri avec Constance, l'héritière du Royaume de Sicile. Pour durer, la maison de Hohenstaufen était obligée de se dénationaliser et de se détourner de l'Allemagne vers l'Italie.

Ce fut là le seul résultat durable — mais à quel prix ! — de la carrière si bruyante et si stérile de Frédéric Barberousse. La troisième Croisade lui fit-elle espérer une revanche de ses déboires, et cet esprit chimérique crut-il l'occasion bonne de relever la majesté impériale en la mettant à la tête de la chrétienté pour reconquérir le tombeau du Christ ? Il prit la croix en 1183. Le 10 juin 1190, un vulgaire accident de cheval lui faisait trouver la mort dans les eaux de Cydnus.

II. — Jusqu'à Bouvines

Frédéric Barberousse laissait à son fils Henri VI, une Allemagne ingouvernable. Au lieu d'améliorer la situation de la dynastie, la défaite de Henri le Lion l'avait aggravée. Retiré en Angleterre, celui-ci avait attiré l'attention et l'ambition des Plantagenêts sur les affaires d'Allemagne et assuré leur appui à ses partisans. Aussi le nouveau règne fut-il salué par une révolte des Guelfes qu'il fallut apaiser par des concessions et des promesses. Plus encore que son père, Henri VI négligea l'Allemagne pour l'Italie. L'universalité de la politique impériale ne la liant à aucune nation, son siège devait naturellement se trouver là où elle trouvait la force. L'héritage du royaume de Sicile, que Henri avait recueilli en 1189 à la mort de son beau-père Guillaume le Bon, le fixa au sud de la Péninsule et décida de sa carrière.

Élevé au rang de royaume en faveur de Roger II, en 1130, par le pape Innocent II, l'État normand de Sicile était sans contredit le plus riche et, au point de vue du développement économique, le plus avancé des États occidentaux. Byzantin dans sa partie continentale, musulman dans sa partie insulaire, favorisé par l'énorme développement de ses côtes et par la navigation qu'il entretenait à la fois avec les Mahométans de la côte d'Afrique, les Grecs des îles de la Mer Égée et du Bosphore ainsi qu'avec les établissements des croisés en Syrie, il frappait autant par son absence de caractère national que par la variété de sa civilisation dans laquelle venaient se confondre et s'amalgamer celle de Byzance et celle de l'Islam. Par dessus le mélange hybride de leurs peuples, les souverains normands avaient établi une constitution féodale par ses formes mais absolutiste en réalité et qui avait su s'approprier les pratiques de l'administration byzantine. Malgré leur dévouement à la papauté, ces princes, par clair esprit politique, laissaient leurs sujets musulmans comme leurs sujets orthodoxes pratiquer leur religion. Leurs finances étaient admirables. La culture du riz et du coton introduite par les Musulmans en Sicile, les industries orientales pratiquées dans les grandes villes, Palerme, Messine, Syracuse, fournissaient au trésor des revenus plus abondants que partout ailleurs et perçus suivant des formes plus savantes. Accoutumé depuis toujours à l'administration perfectionnée, soit de Byzance, soit de l'Islam, la population se laissait régir docilement. Seule la noblesse normande était à craindre. Si elle avait rapidement perdu sa force première et s'était amollie dans les délices de mœurs à demi-orientales, elle n'en restait pas moins avide et remuante.

L'acquisition d'un pareil royaume mettait Henri VI en possession de ressources qui, comparées aux misérables revenus que l'Allemagne fournissait encore à la royauté, pouvaient passer pour inépuisables. Il se hâta de se faire couronner par le pape, puis rompit avec lui, brisa le lien de suzeraineté qui rattachait la Sicile au Saint-Siège, et renouvela les prétentions de Frédéric sur la ville de Rome et les États de Saint-Pierre. Ses plans allaient bien au delà. Ils ne tendaient à rien moins qu'à reconstituer l'Empire romain, mais cette fois dans ce bassin de la Méditerranée jadis conquis par Rome et que Byzance et l'Islam se partageaient aujourd'hui. Byzance, surtout à ce moment, livrée à l'anarchie au milieu d'intrigues dynastiques, de révolutions de palais et de révoltes militaires, paraît bien avoir tenté l'ambition de l'empereur. Avant lui déjà, elle avait excité les convoitises des princes normands. Le roi Roger II n'avait-il pas profité de la deuxième Croisade pour ravager la Dalmatie, l'Épire et la Grèce, et s'emparer des îles de Zante et de Corfou ? Aussi entreprenant et aussi chimérique que son père, Henri nouait des relations avec les États des croisés en Syrie, avec les princes musulmans de la côte d'Afrique, préparait une grande expédition contre Constantinople, quand sa mort inopinée (27 novembre 1198) dispersa tous ces beaux projets et lui épargna d'ailleurs une guerre, inévitable avec la papauté, qui en eût, même s'il eut vécu, rendu l'exécution impossible.

Grâce à ses richesses siciliennes, il avait réussi à faire élire roi des Romains, par les princes allemands, son fils Frédéric II. L'enfant avait deux ans. Les princes oublièrent aussitôt son existence et s'occupèrent de faire un autre roi. Mais ils n'étaient plus capables de s'entendre. Les deux partis entre lesquels ils se partageaient, le guelfe et le gibelin, n'étaient que deux factions féodales, faisant aussi bon marché l'une que l'autre des intérêts de la royauté et ne cherchant qu'à amener au pouvoir un chef qui laisserait ses électeurs s'agrandir tant au détriment de ses adversaires que de l'État lui-même. L'argent de l'étranger qui devait si souvent dans la suite déterminer en Allemagne l'issue des élections royales, intervint ouvertement pour la première fois dans celles-ci. Les livres sterlings de Richard Cœur de Lion furent largement prodiguées en faveur de son candidat, le duc Othon de Brunswick, fils d'Henri le Lion, élevé en Angleterre et n'ayant guère d'allemand que sa passion guelfe contre les Hohenstaufen. Les partisans de ceux-ci lui opposèrent le frère d'Henri VI, Philippe le Souabe, qui acheta l'alliance de Philippe Auguste en lui cédant la Flandre impériale. Il donna en outre la couronne royale au duc de Bohême pour se l'attacher. Et la guerre civile éclata des Alpes à la Mer du Nord et de l'Elbe au Rhin, tous les princes se ruant les uns sur les autres sous prétexte de défendre le roi légitime (1198).

Cette guerre venait à souhait pour le pape. S'appuyant sur la vieille prétention du Saint-Siège d'avoir à approuver l'élection du roi des Romains, il intervînt entre les concurrents. Philippe ne pouvait renoncer aux traditions de sa maison et sacrifier les droits de l'Empire. Si faible qu'il fût, il se considérait à ce point comme le successeur des Augustes, qu'il s'était fait appeler Philippe II, se rappelant qu'au iie siècle, Philippe l'Arabe avait gouverné l'Empire romain. Quant à Othon IV, il promettait tout ce qu'on voulait : abstention dans les élections épiscopales, abandon de toute suzeraineté sur Rome, renonciation au royaume de Sicile. Innocent se prononça pour lui sans que, d'ailleurs, sa sentence et l'excommunication prononcée contre Philippe et ses adhérents affaiblissent suffisamment les partisans de Philippe pour les obliger à poser les armes (1201). La lutte ne prit fin qu'après son assassinat en 1208. Débarrassé de son rival, Othon partit pour Rome et reçut l'année suivante la couronne impériale. Quelques mois plus tard, il était excommunié. A peine couronné, en effet, le Guelfe s'était fait Gibelin et s'était mis à revendiquer, exactement comme les Hohenstaufen, tous les pouvoirs et prétentions auxquels il avait renoncés quelques années auparavant.

L'arme destinée à l'abattre se trouvait dans les mains du pape. Le fils de Henri VI, le prince Frédéric, dont la mère en mourant quelques mois après son mari, avait confié la tutelle à Innocent III, en reconnaissant la Sicile comme fief du Saint-Siège, venait d'atteindre sa quatorzième année et de prendre le gouvernement de son royaume de Sicile. Quoi de plus habile que de l'envoyer en Allemagne, de l'y faire reconnaître pour roi, et d'exciter grâce à lui contre le Guelfe infidèle une nouvelle levée de Gibelins qui, cette fois, agiraient pour le Saint-Siège ? Pour exécuter un plan aussi hardi, il fallait un allié. La lutte qui venait d'éclater entre la France et l'Angleterre l'indiquait au pape : c'était Philippe-Auguste. Philippe savait en effet qu'Othon avait promis son appui à Jean sans Terre et rien ne pouvait lui venir plus à point qu'un soulèvement en Allemagne contre l'auxiliaire de son ennemi. De même que le trésor anglais avait acheté jadis des électeurs à Othon, de même le trésor français en acheta cette fois à Frédéric II. A peine le jeune prince se fut-il montré en Souabe, que quantité de princes se prononcèrent pour lui (1212). Deux ans plus tard, le coup de massue de Bouvines terrassait avec Othon le dernier représentant de la politique impériale telle que l'avait comprise depuis Frédéric Barberousse tous les empereurs allemands. Le 19 novembre 1212, Frédéric avait conclu un traité avec la France contre Othon et l'Angleterre. Le 12 juillet 1213, à Eger, il reconnaissait tous les biens du pape en Italie, et renonçait au droit de surveiller les élections épiscopales, conformément au Concordat de Worms. La lutte venait de décider en même temps entre lui et Othon, entre l'Empire et l'Église, entre la France et l'Angleterre.

C'en était fait pour toujours de la chimère que ces empereurs avaient poursuivie en rêvant de la reconstitution de l'Empire romain. Le pape triomphait : il ne pouvait douter, en 1214, que son pupille allait bientôt devenir le plus persévérant des ennemis du Saint-Siège. Mais la lutte qui devait s'ouvrir avec lui inaugure dans les rapports de la papauté et de l'Empire une phase toute nouvelle. À cette lutte d'ailleurs, l'Allemagne ne prendra aucune part. Frédéric l'abandonnera pour l'Italie et, livrée à elle-même, elle achèvera de tomber dans la décomposition politique avant de s'effondrer dans l'anarchie du grand interrègne.

PHILIPPE-AUGUSTE A LA BATAILLE DE BOUVINES (1214).

L'HÉGÉMONIE DE LA PAPAUTÉ ET DE LA FRANCE AU XIIIE SIÈCLE

1
LA PAPAUTÉ ET L'ÉGLISE

I. — Situation de la papauté au xiiie siècle

Entre la bataille de Bouvines qui l'ouvre et le conflit de Philippe le Bel et de Boniface VIII qui le ferme, le xiiie siècle se détache comme une époque caractérisée par la double hégémonie de la papauté et de la France. Soit à part, soit de commun accord, elles déterminent le cours de la politique, tandis que l'une par l'Église qu'elle dirige, et l'autre par la supériorité de sa civilisation, influent profondément sur la vie intellectuelle, morale et sociale. Autant le triomphe de la papauté sur l'Empire a été fatal à l'Allemagne, autant il a été favorable à la France que les circonstances y ont associée.

Il faut encore le redire : ce qui, durant deux siècles et demi a mis aux prises les empereurs avec la papauté, ce n'est pas du tout le souci de défendre le pouvoir temporel contre les empiétements de l'Église. Envisager ainsi la question, c'est transporter en plein Moyen Age des idées et des problèmes qui n'apparaissent qu'aux temps modernes. Ni l'humiliation d'Henri IV à Canossa, ni celle de Frédéric Barberousse à Venise, ni celle d'Othon IV à Bouvines, ne furent l'humiliation de la puissance civile devant l'arrogance sacerdotale. En réalité, le conflit n'était pas un conflit de l'État contre l'Église ; il était une lutte intestine dans l'Église même. Ce que les empereurs voulaient, c'était forcer les papes à les reconnaître comme gouvernant l'Église universelle, qu'ils se réclamassent de l'Empire carolingien comme les Othon et les Henri ou de l'Empire romain comme les Hohenstaufen. Leurs prétentions mettaient donc en péril chez tous les peuples cette indépendance temporelle dont on les fait les défenseurs par la plus étrange des confusions. La cause du pape était la cause des nations et la liberté de l'Église était solidaire de celle des États européens ; elle l'était tellement que la victoire de Philippe Auguste à Bouvines décide de l'une et de l'autre.

L'effondrement d'Othon IV ne mit d'ailleurs pas fin à l'Empire. Il continua de subsister jusqu'au seuil des Temps Contemporains. Napoléon Ier, qui brisa tant de choses en Europe, abolit en 1806 ce vénérable souvenir, par la création de la Confédération du Rhin (juillet 1806). Mais on peut dire cependant qu'à partir du commencement du xiiie siècle, le rôle historique de l'Empire est accompli. Il cesse d'exister comme pouvoir universel, comme autorité européenne. Si les empereurs continuent à s'intituler « empereurs romains toujours augustes », s'ils conservent parmi leurs emblèmes le globe du monde et si, jusqu'à Charles V, ils persistent à se faire couronner à Rome, en fait ils ne sont plus que les souverains, ou pour mieux dire, les suzerains de la bigarrure de principautés et de républiques municipales que constitue l'Allemagne de la fin du Moyen Age et des Temps Modernes, et que l'on désigne depuis le xive siècle sous le nom de « Saint-Empire romain des nations germaniques ».

Depuis la chute de l'Empire, un seul pouvoir universel reste debout en Europe, celui du pape, et son isolement le fait paraître d'autant plus grand. Tout le gouvernement de l'Église aboutit à lui : c'est une monarchie, vraiment universelle celle-ci, et dont la centralisation augmente sans cesse. Tous les évêques prêtent maintenant serment au pape, aucun ordre religieux ne peut se fonder sans son autorisation ; la cour de Rome reçoit les appels de tout le monde chrétien et ses légats veillent en tous pays à l'exécution de ses ordres et au maintien de la discipline. Pour régir un tel corps et pour en diriger l'action, deux choses sont indispensables : un droit et des finances. Le droit canon, dont le plus ancien monument, le décret de Gratien, est publié à Rome en 1150, s'augmente rapidement sous ces grands juristes qu'ont été Innocent III et Innocent IV. Dès la fin du xiiie siècle, il est complet et ne se modifiera plus guère dans la suite. Quant aux finances pontificales, qu'il faut soigneusement distinguer des finances du pape en tant que souverain de Rome, elles s'alimentent et par le denier de Saint-Pierre auquel sont soumis l'Angleterre et l'Aragon, et de taxes de plus en plus nombreuses frappées sur les dignitaires de l'Église : annates, réservats, droits de pallium, d'indult, etc. C'est cet ensemble de taxes qui constitue le trésor du Saint-Siège et le met à même de jouer le rôle universel qui lui appartient, de subsidier des Croisades, d'entretenir des missions, d'ajouter à son influence spirituelle l'influence toute terrestre de l'or. Il est impossible de se représenter l'immense ascendant d'un pontife tel qu'Innocent III, si on néglige de le considérer comme une puissance financière. Et il faut observer, d'autre part, que cette puissance financière qu'alimente et entretient de tous les points de l'Europe la hiérarchie catholique, n'a été possible que grâce aux progrès économiques provoqués par la renaissance du commerce. Tant que l'Occident est demeuré au stade de la civilisation agricole, le pape n'a pu avoir et n'a eu d'autres ressources que celles des domaines du patrimoine de Saint-Pierre. De là ses efforts pour s'augmenter en Italie, s'assurer les biens de la comtesse Mathilde en Toscane et sa résistance, au début, à l'expansion de l'État normand. Mais quand la circulation monétaire s'achève et de plus en plus se substitue au système des revenus en nature, la fiscalité pontificale peut se développer jusqu'aux extrêmes limites de l'autorité pontificale. Alors apparaît cette nouveauté : les taxes pontificales. Elles auraient été impossibles auparavant. Elles sont, dans l'histoire de l'organisation ecclésiastique le contrecoup de la transformation économique qui, à la même époque commence à rendre possible dans les États, un véritable système d'impôts. Et il est curieux de voir combien le pape profite, pour leur perception, de l'organisation capitaliste qui commence à se développer dans les grandes communes italiennes. Ce sont des marchands, banquiers de Sienne, puis plus tard de Florence, qu'il charge de toucher et de lui faire parvenir ses revenus. Plus tôt que les souverains laïques, les papes ont été en rapports intimes avec les gens de finance et la nécessité pour ceux-ci de collecter leurs revenus dans toute l'Europe, de les convertir par le change en monnaie italienne ou en monnaie internationale, de les mettre à la disposition du pape sans devoir s'astreindre à la transporter à grands frais et à grands risques au delà des monts, a singulièrement contribué à la naissance des premières opérations de banque et des premiers papiers de crédits, ancêtres lointains de la lettre de change.

Il est certain que, comparés à leurs prédécesseurs du xie siècle, un Grégoire VII, un Innocent IV, et même aux contemporains de Saint Bernard, les grands papes du xiiie siècle présentent un caractère plus terrestre. On dirait qu'ils ont fait descendre Dieu et le ciel dans l'Église. Ils ont donné à celle-ci une force et une majesté incomparable, mais tout de même on y sent trop l'œuvre humaine. C'est un effort admirable pour constituer sur la terre une société parfaite. On pense à une cathédrale gothique, élancée vers le ciel, et qui ne contient tout de même pas le ciel si hautes que soient ses voûtes, ni toute l'humanité si nombreuses que soient ses sculptures où, à côté de Dieu, des saints et des démons, sont représentés les hommes et les rois. De même que le droit ecclésiastique, la théologie est essentiellement une construction du xiii^{e}siècle. Toute la scolastique antérieure aboutit à la *Somme de Saint Thomas* (1274) où la morale et les dogmes chrétiens sont exposés suivant la méthode aristotélicienne.

Le point de départ est naturellement la révélation. La foi fournit la base inébranlable d'une construction théologique rationnelle qui enveloppe toute la société et toute la vie. Le but sans doute reste ce qu'il était et ce qu'il a toujours été : le salut éternel. Mais on ne cherche plus à y arriver par le mysticisme, par le contact direct avec Dieu. L'Église s'interpose partout. Un Saint Bernard ne se, comprendrait plus au xiiie siècle comme conseiller de papes qui se montrent défiants envers Saint François d'Assise. Ce que l'on cherche maintenant, c'est le gouvernement des âmes par l'Église, gouvernée elle-même par le vicaire de Jésus-Christ. Et ces âmes, on les accepte dans les corps qu'elles animent, c'est-à-dire qu'on accepte la société : on ne lui demande pas l'héroïsme, ni d'abandonner le monde. Qu'elle obéisse seulement à l'Église et se laisse mener par elle au salut. Toute créature, toute profession est soumise à l'Église, donc au pontife romain. Il y a des péchés de politique (guerre injuste), il y a des péchés de commerce (juste prix) que le droit ecclésiastique définit et châtie. Toute la vie est ainsi placée sous le contrôle perpétuel de l'Église, la vie laïque comme la vie religieuse. Les tribunaux ecclésiastiques par leur *forum mixtum* sont l'instance ordinaire non seulement pour les gens d'église, mais pour une foule de matières purement laïques : testaments, état civil, mariages, usure, etc. Tous ceux qui ont reçu le baptême appartiennent à l'Église et doivent se plier à ses enseignements, sous peine de pénitence, d'excommunication et, s'il le faut, de Croisade.

Il y a là une unité grandiose, une doctrine complète s'imposant à un monde de croyants qui l'accepte, si complète qu'elle a fourni le seul poème vraiment universel de la littérature européenne : la *Divine Comédie* de Dante, toute imprégnée de l'esprit de Saint Thomas. Toute la vie intellectuelle est naturellement soumise de la même manière à l'autorité de l'Église. Tous les savants du temps sont des théologiens ou des juristes. La philosophie, *ancilla theologiae*, les universités, toutes modelées sur celle de Paris, sont directement placées sous l'autorité du pape. Tous leurs maîtres sont clercs des monastères et des écoles cathédrales ; c'est là que l'enseignement maintenant se rencontre. Il s'imprègne tout entier de l'esprit dialectique qui inspire la science nouvelle. Il rompt ses derniers liens avec l'Antiquité, si ce n'est avec Aristote et ce qu'on sait de Platon par les Juifs et les Arabes. Un nouveau latin se forme, le vrai latin du Moyen Age qui durera jusqu'à la Renaissance, clair, analytique, le même partout, langue des juristes et des théologiens. Les belles lettres latines disparaissent. C'est un latin qu'on devrait appeler le latin gothique car quoiqu'il sorte de l'Antiquité comme l'architecture gothique, il est devenu aussi indépendant de sa littérature que celle-ci l'est de son art.

Au moment où l'Église ayant abattu l'Empire est arrivée à cette haute puissance qui lui donne l'hégémonie du monde occidental, un nouvel adversaire se dresse contre elle : l'hérésie. Depuis l'arianisme, que les Goths y avaient apporté d'Orient au ive siècle, la catholicité latine, durant de longs siècles, avait unanimement professé la même foi et reconnu les mêmes dogmes, contrastant par la permanence de son orthodoxie avec les disputes religieuses qui, jusqu'au xe siècle, ne cessent de troubler l'Église grecque. Cette tranquillité s'explique sans peine. Il n'y avait en Occident, à la différence de l'Empire byzantin, ni tradition philosophique, ni enseignement en dehors du clergé, ni contact avec les civilisations professant des religions différentes, ni état social susceptible de pousser les esprits vers des nouveautés dangereuses. Comment la foi aurait-elle pu être discutée, dans une société vivant dans l'isolement, accoutumée par sa civilisation purement agricole à respecter la tradition et l'autorité, et dans laquelle l'Église, la seule lettrée au milieu de l'ignorance universelle, ne connaissait d'autre littérature que la littérature latine, c'est-à-dire une littérature complètement orthodoxe ? Le xie siècle, qui vit se réveiller le commerce, se développer la navigation et se former les premières villes, vit apparaître aussi, dans la vie religieuse, les premiers symptômes d'inquiétude. Par des voies inconnues, mais qui sont sans doute les voies du commerce, des doctrines manichéennes s'infiltrent d'Orient en Lombardie, de Lombardie en France et dans l'Allemagne rhénane. Peu nombreux au début, leurs adeptes se multiplièrent au cours du xiie siècle et, pour des raisons que l'on connaît mal, se répandirent surtout dans le comté de Toulouse et dans la région d'Albi, d'où leur nom d' « Albigeois ». Plus mystiques et plus ascétiques encore que leurs contemporains orthodoxes, ils vont jusqu'à rejeter au nom de l'esprit, seul principe de vie et de vérité, non seulement la société, mais l'Église elle-même, corrompue par la richesse et la puissance. Pour arriver au Christ, dont ils se déclarent les seuls disciples, il faut se dépouiller de toute nature terrestre, arriver à un état de pureté parfaite. De là leur nom de Cathares (Καθαροί), aussi redouté et aussi abhorré au xiie siècle que devait l'être au xive celui des Anabaptistes, et d'où vient le mot qui dans les langues germaniques désigne l'hérétique (ketzer, ketter). Comme les Anabaptistes d'ailleurs, ces visionnaires menacent à la fois l'ordre social et l'ordre religieux. Ils prêchent la communauté des biens en même temps que l'anéantissement de l'Église, et l'on ne peut s'étonner que les barons français aient répondu avec enthousiasme à l'appel d'Innocent III prêchant contre eux la Croisade. De 1208 à 1235, ils furent traqués et exterminés dans tout le Languedoc, au milieu d'horreurs qui ne se retrouveront heureusement plus dans l'histoire avant les guerres de religion du xvie siècle. On ne parvint pas cependant à les massacrer tous et comme toujours la persécution en tuant les corps, ne tua pas l'esprit, justifiant ainsi leur doctrine. Jusqu'à l'apparition de Wyclef, presque toutes les sectes hérétiques, apostoliques, Frères du libre Esprit, Begards, etc. — les Vaudois seuls exceptés – semblent bien se rattacher en leur fond au mysticisme cathare. Et c'est pour cela qu'en somme aucune d'elles ne fut très dangereuse. Le radicalisme de leurs aspirations fut toujours irréalisable en pratique et leur valut partout l'hostilité des autorités sociales. C'est surtout parmi le prolétariat des villes qu'elles recrutèrent leurs adhérents. Et c'est là ce qui explique à la fois la naïveté de leurs rêves communistes et, sauf à certains moments de crise, le champ assez restreint de leur diffusion. Sauf dans quelques grandes villes industrielles, le prolétariat ouvrier ne constituait dans la bourgeoisie qu'une infime minorité. La masse des bourgeois se composait de petits entrepreneurs, de maîtres artisans, bref de cette classe moyenne aussi hostile au capitalisme qu'au communisme.

D'ailleurs, l'Église apporta tous ses soins, depuis la fin du xiie siècle, à poursuivre et à combattre l'hérésie. Elle tolérait les Juifs parce qu'ils étaient en dehors d'elle ; elle ne tolérait pas les hérétiques, dans lesquels elle voyait, si l'on peut employer cette expression, des coupables de lèse-majesté spirituelle. S'ils refusaient d'abjurer leurs doctrines, elle les retranchait de sa communion, puis, les ayant ainsi frappés quant à l'âme de la peine capitale, les livrait au pouvoir séculier qui se chargeait d'anéantir leur corps. Cette division du travail répondait parfaitement à la conception qui alliait l'Église à l'État, tout en réservant à chacun son domaine, les âmes à la première, les corps au second. Avant le xiie siècle, on surprend çà et là dans le haut clergé, l'expression de doutes sur la légitimité de la peine de mort appliquée aux hérétiques. On ne trouve plus rien de tel depuis que l'Église est arrivée sous le pontificat d'Innocent III à sa majestueuse et puissante unité. Ici encore se manifeste l'esprit juridique et gouvernemental dont s'imprègne la constitution ecclésiastique. L'orthodoxie, devenue un corps de doctrine qui s'impose à tous les hommes et à toutes leurs actions, ne peut plus permettre de dissidences et toute opinion singulière, toute déviation de la norme devient un crime. L'ordre des Dominicains, fondé en 1216, se livre particulièrement à la poursuite et à l'examen des hérétiques. A côté de l'antique inquisition épiscopale apparaît l'inquisition pontificale créée par Grégoire IX en 1233, espèce de police universelle appliquée à la sécurité du dogme. Et l'autorité laïque lui apporte avec empressement son concours. Le principe de la religion d'État lui fait considérer comme criminel quiconque se met en dehors de l'Église. Les rois d'ailleurs ne tiennent-ils pas leur pouvoir de Dieu et ne sont-ils pas les protecteurs de celle-ci ? C'est tout au plus si dans les villes le sentiment civique s'oppose inconsciemment non sans doute à la foi, mais aux conséquences que son abandon entraîne. Çà, et là seulement, se manifestent bien faiblement les premiers symptômes de l'indépendance de la société laïque à l'égard de la société religieuse.

II. — La politique des papes

On dit souvent que le xiiie siècle a été une théocratie. Il se faut entendre. Si on appelle théocratie un état de choses dans lequel Église jouit d'un prestige incomparable et où personne n'échappe à son ascendant moral, sans doute le xiiie siècle a été une théocratie. Mais il ne l'a pas été si la théocratie consiste à remettre à l'Église elle-même la direction et le gouvernement des intérêts politiques[1].

Ce n'est que là où un souverain s'est trouvé donner sur lui barre au pape, comme l'a été Frédéric II, que le pape l'a privé de son pouvoir. Mais il ne faut voir en cela qu'une ultime conséquence des rapports de la papauté et de l'Empire et de la vassalité de la Sicile. Partout ailleurs, si les rois sont des fils soumis de l'Église, ils veillent très soigneusement à l'empêcher d'intervenir dans leurs propres affaires. Sans doute, il y a peu d'événements politiques entre la fin du xiie siècle et le commencement du xive siècle où les papes ne soient intervenus. Seulement ils n'y interviennent pas en maîtres ; ils s'y associent ou s'y opposent à titre de puissance particulière et pour autant qu'ils y trouvent intérêt pour leur propre politique. Ils ont, il est vrai, une arme terrible : l'excommunication, mais elle s'émousse par ses abus.

Car les papes ont leur politique propre, tout à la fois en tant que chefs de la catholicité et en tant que souverains italiens. Elles se confondent souvent ; pourtant elles sont distinctes.

La vraie politique pontificale, c'est la politique de l'Église telle qu'elle résulte de la mission universelle de celle-ci. Elle se résume en une double action : la Croisade et l'union de l'Église grecque, si souvent confondues l'une avec l'autre qu'il n'est pas toujours facile de les séparer. Déjà, Urbain II avait pensé à mettre fin au schisme à la faveur de la première Croisade. Elle n'aboutit au contraire qu'à le rendre plus tenace par l'antipathie qu'elle suscita entre les Grecs et les Latins. La situation de ceux-ci en Orient était d'ailleurs si précaire qu'elle rendait nécessaire, en 1143, la seconde Croisade qui, prêchée par Saint Bernard, provoqua un élan de mysticisme comparable à celui de la première. Cependant, quoique provoquée par le pape, elle n'obéit pas aussi complètement à sa direction que l'avait fait l'expédition toute féodale de 1098. Le roi de France, Louis VII, et le roi d'Allemagne, Conrad III, y prennent part et, si effacé qu'y ait été leur rôle, il indique pourtant que Rome doit compter désormais avec les puissances politiques de l'Occident. Au reste, le but poursuivi ne fut pas atteint. Les établissements des croisés en Syrie ne furent pas sauvés des dangers qui les menaçaient. Quelques années plus tard, Saladin s'emparait de Jérusalem et il fallut appeler de nouveau l'Occident vers le tombeau du Christ. La troisième Croisade mit en scène trois chefs d'État : Frédéric Barberousse, Philippe Auguste et Richard Cœur de Lion. Le premier y mourut sans avoir réussi à relever comme il l'espérait le prestige de l'Empire, les deux autres se contrecarrèrent, se quittèrent pleins de rancune et sans avoir abouti à rien. L'expérience était concluante. Il était sûr désormais que la Terre Sainte ne serait pas reconquise et que les ambitions terrestres se mêlaient de plus en plus fâcheusement à la guerre sainte ou « guerre sacrée ». Henri VI, pendant son court règne en Sicile, n'avait-il pas pensé à une croisade, si l'on peut ainsi dire, toute temporelle et dans laquelle il ne voyait que l'extension de son pouvoir dans la Méditerranée. Innocent III conservait pourtant l'idéalisme chrétien et préparait une nouvelle expédition qu'il destinait à attaquer l'Égypte, base de la puissance des Fatimides. Cette fois, les rois en avaient assez. Leurs affaires les retenaient chez eux. Ce furent des princes des Pays-Bas, de Champagne, de Blois, qui marchèrent. Mais les Vénitiens qui tenaient la flotte et dont les services n'avaient pas été entièrement payés (les expéditions deviennent plus coûteuses et la noblesse est ruinée) détournèrent les croisés contre Zara, ville chrétienne qui gênait leur commerce dans l'Adriatique. Le pape les excommunia, mais en vain. A Zara, Alexis l'Ange, beau-frère de Philippe de Souabe, ennemi du pape, fils d'Isaac Angelos, que venait d'aveugler et de détrôner son frère Alexis III, les pria de marcher sur Constantinople promettant l'union de l'Église grecque. Le pape s'opposa à ce détour, se défiant d'un parent des Hobenstaufen. Pourtant, on passa outre ! Ainsi Rome ne gouverne plus. Le 23 juin 1203, la flotte est devant Constantinople et remet Isaac sur le trône. Mais la haine des Grecs pour les croisés qui ont rétabli l'empereur provoque une révolte. Le peuple nomme le vaillant Alexis Ducas Mourtzouphlos empereur. Il rompt avec les Latins qui alors s'emparent de la ville (12 avril 1204). Le 16 mai, Baudouin, qui a amené le plus de soldats, est élu empereur et couronné par un légat du pape. La politique d'Innocent III se retourne subitement. Son confident, le Vénitien Thomas Morosini est fait patriarche de Constantinople. Pourtant ce n'est pas l'Église qui devait retirer le profit de l'expédition, mais surtout Venise qui fonda, dans les anciennes provinces byzantines, un magnifique empire colonial.

Quant à l'Empire latin, création improvisée née des ambitions commerciales de Venise, des querelles dynastiques byzantines et de la fougue des chevaliers occidentaux, quel avenir peut-il avoir ? Quand on pense aux conséquences qu'a eue, et qu'a encore, la prise de Constantinople par les Turcs deux siècles et demi plus tard, on mesure du regard la perspective qu'avait devant elle une Constantinople latine au commencement du xiiie siècle. Mais rien ne s'improvise en histoire et on peut voir ici combien il est faux que de petites causes entraînent de grands effets. Les événements restèrent petits et aussi leurs résultats. Les Occidentaux pouvaient bien par un coup de main entrer à Constantinople, ils ne pouvaient pas la garder. Pour conserver et tenir une ville pareille, contre la volonté de son peuple, il aurait fallu des ressources en hommes et en argent dont l'Europe d'alors ne disposait pas. Il aurait fallu posséder et tenir la Thrace et l'Asie Mineure. Quel État était capable d'un tel effort ? Il aurait fallu des armées permanentes, un afflux de population nouvelle. Constantinople ne pouvait être prise et gardée que par un peuple guerrier et barbare comme les Turcs, encore à la période des invasions, ou par une civilisation qui eut été au point de vue militaire et administratif ce que devaient être les grands États des Temps Modernes. Tel qu'il fut, l'événement de 1204 fut une simple échauffourée. Il suffit de lire Villehardouin pour se rendre compte que les vainqueurs ne se doutaient point des conséquences énormes qu'eût pu avoir la prise de Constantinople. Ils firent ce qu'ils pouvaient faire : créèrent un empereur, constituèrent sur les côtes des fiefs, des principautés et des colonies, et ce fut tout. Dès 1205, Baudouin tombait aux mains de Bulgares. Son frère Henri (1206-1216) eut un règne somme toute glorieux malgré d'immenses difficultés ; il est vrai que les Grecs de Nicée avaient eux-mêmes fort à faire avec les Seldjoucides et différents concurrents grecs. Puis, l'Empire latin devient lamentable : Pierre de Courtenay (1217-1219) vend ses biens en France pour se maintenir. Robert, son fils, ne parvient pas à repousser les Grecs et est réduit à la possession de la ville. Baudouin II va mendier de l'argent en Europe, vend la couronne d'épines à Saint Louis, engage son comté de Namur. Rien n'y fait. L'État grec de Nicée est maintenant sûr de lui. En 1261, Michel Paléologue, avec l'aide des Génois, jaloux des Vénitiens, reprend Constantinople et rétablit l'Empire. De l'union de l'Église grecque, il ne reste rien. Le seul résultat a été d'augmenter l'empire colonial vénitien an détriment de Byzance qui ne reprend pas les îles, ni les établissements fondés en Grèce. L'Empire est plus faible qu'il n'était, moins capable de résister aux Turcs. C'est à ce résultat qu'a abouti la Croisade !

Et pourtant la papauté conserve des illusions. Urbain IV et Clément IV traitèrent avec Michel Paléologue pour l'union et le Concile de Lyon en 1274 la proclamera. Mais il faudra bien vite se rendre à la réalité et constater que Michel n'a recherché, en négociant l'union, que la possibilité d'obtenir des secours militaires. Martin IV prononcera la rupture et favorisera les plans de Charles d'Anjou contre Constantinople.

Les choses ne marchent pas mieux à la Croisade. La cinquième, pour laquelle Honorius III se passionne (1218-1221), n'est qu'une expédition conduite par le roi titulaire de Jérusalem, Jean de Brienne, contre Damiette, avec des bandes amenées de Hongrie, du nord, de France, d'Allemagne. Elle échoue parce que le légat la conduit en dépit du bon sens et que Frédéric II, dont on attendait le secours promis à son couronnement en 1220, ne vient pas.

Les trois dernières Croisades, dont il sera question plus loin, n'ont plus guère de la Croisade que le nom.

Pourquoi ce decrescendo de l'œuvre de la Croisade, si grandiosement inaugurée ? La réponse n'est pas difficile. La Croisade en soi, et comme le veut le pape, ne répond à aucun but temporel et en cela justement est sa grandeur et sa faiblesse. L'Europe n'avait pas besoin de la Syrie et de Jérusalem. Elle les avait pris dans un soulèvement d'enthousiasme et n'avait pas la force de les garder. Il eût fallu pour cela la Croisade en permanence, l'Europe se transformant en ordre militaire. C'était impossible. Mais, en outre, la civilisation agricole qui avait permis la levée en masse de gens, à mesure qu'elle disparaît, rend de nouvelles Croisades plus difficiles. Les populations urbaines et les populations rurales qui les font vivre, ne peuvent plus se déplacer. La chevalerie se ruine et il faut la payer. Pourtant l'esprit croisé se conserve chez elle encore longtemps. Dans les villes maritimes, au contraire, qui tirent de trop beaux bénéfices de la Croisade depuis que l'on prend la voie de mer, il disparaît très tôt. Et enfin, il y a la politique. Il y a celle des rois du nord qui ne peuvent plus se lancer dans de pareilles aventures, sans motifs, et il y a la politique sicilienne de Frédéric II et de Charles d'Anjou, qui vise à des conquêtes. La foi reste vive, mais la Croisade n'est plus possible. Le pape seul restera fidèle à l'entreprise. Ce sera sa pensée constante. Elle survivra à tout : au transplantement des Teutoniques en Prusse, au supplice des Templiers. Les chevaliers de Saint-Jean de Jérusalem seront en somme tout ce qui restera de l'état d'esprit primitif. Pour le reste, dans le sens chrétien, dans le sens où l'ont entendue et voulue les papes, la Croisade a échoué et avec elle la politique pontificale. Elle s'est brisée contre les réalités d'une Europe dont les conditions d'existence politique et sociale avaient évolué pendant qu'elle restait fidèle à son idéal. Elle s'est brisée contre l'impossible. En somme, la politique universelle a réussi aussi peu dans le spirituel avec les papes, qu'avec les empereurs dans le temporel[2].

1. Théoriquement les papes visent à la théocratie, quoique, en fait, ils n'y soient pas arrivés, mais on leur reconnaît et en tous cas ils s'attribuent une sorte de pouvoir arbitral suprême, contre lequel il y a d'ailleurs des résistances, sans conflit ouvert.
2. L'esprit de la Croisade pur subsiste cependant en Espagne, parce que là il s'associe à la nécessité même pour le peuple de se maintenir. Ailleurs le contact avec l'Islam a enrichi le commerce ; en Espagne, il continue à nourrir la guerre.

2

LA PAPAUTÉ, L'ITALIE ET L'ALLEMAGNE

I. — L'Italie

Comparée au reste de l'Europe occidentale, l'Italie se caractérise, depuis le xie siècle, comme le pays des villes. Nulle part elles ne sont aussi abondantes et aussi actives, et nulle part elles ne jouent un rôle aussi prépondérant. Au nord des Alpes, même dans les régions où elles sont le plus développées, comme en Flandre et dans les Pays-Bas, elles sont bien loin de dominer tout le mouvement social ; la noblesse et les classes rurales conservent à côté d'elles leur existence indépendante et leurs intérêts différents.

En Italie, tout subit leur action ou y contribue. La population rurale est soumise et ne travaille que pour elles ; la noblesse y possède ses « palais » crénelés et surmontés de tours, dont l'aspect contraste aussi violemment avec les châteaux des barons du nord éparpillés dans la campagne, que l'existence de leurs habitants avec celle de la chevalerie septentrionale.

Il faut sans doute attribuer cette concentration sociale vers les villes à la persistance de la tradition antique. L'organisation municipale romaine s'était trop profondément imprimée sur l'Italie, y avait trop ramassé et aggloméré le peuple autour des villes pour qu'au moment où celles-ci se réveillèrent sous l'excitation du commerce, elles ne reprissent pas aussitôt une situation tout à fait dominante. La vie municipale redevint donc aussi prépondérante en Lombardie et en Toscane qu'elle l'avait été dans l'Antiquité. Mais si ses conditions matérielles se retrouvent à peu près les mêmes, l'esprit a changé. Le municipe romain ne jouissait que d'une autonomie locale subordonnée à la puissance formidable de l'État. La ville italienne du Moyen Age, dans le nord et le centre de la Péninsule tout au moins, est une république[1].

Dès le xie siècle, la classe marchande et industrielle qui commence à se constituer profite, on l'a vu, du conflit du pape et de l'empereur, pour se soulever contre les évêques et leur arracher l'administration des villes. Les premières communes italiennes ont été jurées par les « patarins »[2] au milieu des troubles de la guerre des investitures et de l'exaltation mystique. Leur origine est purement révolutionnaire et, dès leur naissance, elles ont contracté les habitudes de violence qui les caractérisent jusqu'au bout. De gré ou de force, la commune s'impose dans chaque ville à l'ensemble de la population et ses consuls électifs, comme les échevins des villes belges, possèdent à la fois le pouvoir judiciaire et l'administration. Mais, à mesure que la bourgeoisie se développe, les contrastes sociaux s'accentuent dans son sein, et les partis se forment suivant les intérêts divergents qui se trouvent aux prises. Les noms qui les désignent font suffisamment connaître leur nature. Celui des *grands* se compose de la noblesse urbaine à laquelle s'associent bon nombre de marchands enrichis ; celui des *petits* comprend les corporations d'artisans de toute sorte dont le nombre se multiplie à mesure que la prospérité augmente. L'absence d'un pouvoir princier supérieur aux partis et capable de modérer leurs querelles donne aux luttes que suscitent entre les deux groupes la question des impôts et l'organisation du pouvoir municipal une âpreté et un acharnement qu'elles ne présentent nulle part ailleurs. A partir du milieu du xiie siècle, la guerre civile devient une épidémie chronique. Les grands l'emportent-ils, les petits sont impitoyablement massacrés ; s'ils succombent, on les chasse de la ville, on détruit leurs maisons ou leurs palais et, en attendant l'heure de la revanche, ils tiennent la campagne aux environs, pillant et harcelant leurs compatriotes.

Habituellement ces bannis trouvent protection et alliance dans une ville voisine. Car si la guerre règne en permanence au sein des bourgeoisies, c'est elle aussi qui, en général, domine les rapports des villes entre elles. Constituant autant de centres économiques indépendants, chacune d'elles ne songe qu'à soi, s'efforce d'assujettir les paysans et les populations des alentours à l'obligation de la ravitailler, s'ingénie à forcer le transit des environs à confluer vers elle, à exclure ses rivales de son marché et à leur enlever, s'il se peut, leurs débouchés. Ainsi le choc des intérêts est aussi violent au dehors qu'au dedans. Le commerce et l'industrie se développent au milieu de combats. Dans tous ces petits mondes fermés et emmuraillés qui se guettent du haut de leurs tours, l'énergie se dépense avec une égale vigueur à produire et à détruire. Chaque ville se figure que sa prospérité dépend de la ruine de ses rivales. Aux progrès de l'économie urbaine correspond une politique de particularisme municipal de plus en plus étroit et féroce. Les haines ne font trêve que sous l'impression du péril commun. Il a fallu les menaces et les brutalités de Frédéric Barberousse pour réunir contre lui la ligue lombarde et amener la victoire de Tagliacozzo.

Si les Hohenstaufen n'ont pas réussi à imposer leur césarisme aux bourgeoisies italiennes, il leur ont fourni en revanche un nouvel élément de discorde. Ayant cessé d'être dangereux après Tagliacozzo, l'empereur pouvait servir d'auxiliaire dans les luttes civiles, à ceux qui se réclameraient de lui ; ce furent ordinairement les grands. D'Allemagne, les noms de Guelfes et de Gibelins passèrent donc en Italie et ils s'y acclimatèrent si bien qu'ils y restèrent en usage jusqu'à la fin du xve siècle, le premier désignant les adversaires, le second les alliés de l'intervention impériale alors même que l'empereur n'appartient plus à la maison des Hohenstaufen. Aucun des deux partis qui se ruaient l'un sur l'autre ne connaissait au surplus l'origine de noms qu'ils avaient adoptés et qui, transportés au sein des querelles urbaines ne correspondaient plus en rien à leur appellation primitive. Guelfes et Gibelins étaient également républicains ; la seule différence entre eux était que ceux-ci espéraient l'appui de l'empereur contre leurs adversaires et que ceux-là, pour se maintenir au pouvoir, tendaient naturellement la main aux ennemis de l'empereur.

L'acharnement des partis à se détruire ne les empêchait pas de songer aux moyens d'affermir le gouvernement municipal. Dès la seconde moitié du xiie siècle, on cherche à le rendre indépendant des luttes civiles en le confiant à un podestat. Le podestat est pour ainsi dire un prince temporaire que la commune se donne à elle-même et que, pour garantir son impartialité et son indépendance à l'égard des partis, elle se choisit dans le sein d'une commune étrangère. Au reste l'institution ne donna pas les résultats qu'on en avait attendus. Presque toujours les podestats furent obligés, pour faire respecter leur pouvoir, de s'appuyer sur l'une des factions ennemies. Dans quelques villes, ils réussirent, dès le xiiie siècle, à s'emparer soit par ruse, soit par violence, grâce à la lassitude générale, de l'autorité suprême, et à fonder les premières de ces tyrannies qui devaient, à l'époque de la Renaissance, jouer un rôle considérable. Je pense ici aux Scaliger de Vérone et aux Visconti de Milan.

La fermentation politique et sociale des villes italiennes ne laissa pas d'influer sur leur vie religieuse. Le mysticisme et l'hérésie s'y répandent en même temps et donnent un nouvel aliment à la fièvre qui les brûle. Saint François d'Assise est le fils d'un marchand, et l'ordre des Franciscains trouva dans les bourgeoisies son véritable champ d'action. Mais elles fourmillaient aussi de Cathares, de Frères du libre Esprit, de Vaudois. En 1245, les Dominicains provoquent un soulèvement à Florence contre le podestat qu'ils accusent de favoriser les hérétiques. Les lois atroces édictées par Frédéric II contre ces derniers prouvent d'ailleurs que, dans les grandes villes du moins, leur nombre devait être considérable et qu'ils durent y jouer un rôle qu'il est malheureusement impossible d'apprécier avec quelque exactitude.

On ne peut guère douter qu'ils n'aient recruté la plupart de leurs partisans parmi les ouvriers occupés par l'industrie d'exportation.

Comme en Flandre, celle-ci est déjà puissamment développée dans l'Italie du xiiie siècle et, comme en Flandre aussi, elle a pour conséquence la formation d'un véritable prolétariat ouvrier. Les tisserands de Florence, la grande ville drapière du midi, ne répondent pas plus que ceux de Gand, d'Ypres ou de Douai, au type usuel de l'artisan urbain. Loin de travailler pour leur propre compte, ils se composent de simples salariés, employés par les marchands. Le capitalisme naissant les soumet à son influence, et sa force comme son action augmentent à mesure que le commerce étend davantage l'exportation urbaine. Dès la première moitié du xiiie siècle, les draps florentins sont répandus dans tout l'Orient et les marchands de la ville l'approvisionnent de laine d'Angleterre. Une semblable activité manufacturière suppose évidemment un degré déjà considérable de développement capitaliste. Les fortunes accumulées par le commerce des marchandises s'augmentent encore par le commerce de l'argent. Les changeurs (banquiers) siennois et florentins se répandent au cours du xiiie siècle dans tout l'Occident, où on les désigne sous ce nom de Lombard qui, dans l'anglais moderne, reste encore attaché à certaines opérations de prêt. On a déjà vu les services qu'ils ont rendus à la papauté comme agents de finances. Mais en Angleterre, dans les Pays-Bas, en France, ils avancent des sommes de plus en plus considérables aux villes, aux princes, aux rois, sont employés comme receveurs, argentiers, gardes des monnaies. Sous Philippe le Bel, les Siennois Mouche (Musciatto) et Biche (Albizo) Guidi jouent à la fois le rôle de banquiers et de ministres des finances de la couronne, sans cesser pour cela d'être employés par le pape et par le roi de Sicile et de s'intéresser dans les affaires de diverses compagnies commerciales comme celle des Peruzzi. La Compagnie siennoise des Bonsignori était plus importante encore. Elle était, dit un texte relatif à sa faillite en 1298, la plus célèbre du monde et avait rendu des services sans nombre aux papes, aux empereurs, aux rois, aux villes et aux marchands. Elle avait déjà remboursé, cette même année, 200.000 florins d'or à ses créanciers et on lui laissa du temps pour s'acquitter du reste, une partie de son capital étant engagé en prêts faits dans diverses parties du monde et qu'il était impossible de réaliser tout de suite. Sa disparition eut pour résultat de faire de Florence le centre du commerce de l'argent et de la banque jusqu'au xve siècle. Les relations de la ville avec l'Orient avaient dû, de bonne heure, attirer l'attention de ses hommes d'affaires sur le commerce des métaux. Les bas prix de l'or dans le Levant leur permettait d'en acquérir facilement de grandes quantités sur lesquelles ils réalisaient au retour des bénéfices considérables. On sait d'ailleurs que c'est par les florins de Florence, frappés dès 1252[3] et imités bientôt à Venise (ducats) puis en France, que la monnaie d'or, abandonnée depuis l'époque mérovingienne, réapparut dans le commerce international, lui fournissant l'instrument d'échange devenu indispensable à ses progrès. La cessation du commerce avait donné à l'Europe la monnaie d'argent ; sa renaissance lui rendit la monnaie d'or.

La situation sociale des banquiers et des marchands italiens eut pour conséquence de les rapprocher de la noblesse au point de les confondre parfois avec elle. Ce processus fut d'autant plus rapide que la noblesse italienne au lieu de résider à la campagne comme celle de l'Europe du nord, tenait sa résidence dans les villes. Déjà, à la fin du xiie siècle, on voit des nobles s'intéresser à des opérations commerciales. Les marchands, d'autre part, sont anoblis. Bref, sous l'influence du capital, la démarcation qui ailleurs reste si tranchée entre les classes juridiques, s'atténue au point de disparaître presque en Italie dans le courant du xiiie siècle. Il se forme une aristocratie pour laquelle la condition sociale a plus d'importance que le sang et chez laquelle aussi la valeur individuelle l'emporte sur le préjugé de la naissance. La vie sociale est plus nuancée, la vie politique plus individuelle, l'ambition de chacun a des perspectives plus illimitées ; il y a moins de conventions, moins de castes, plus d'humanité et aussi plus de passions. Florence, ici encore, a pris les devants sur toutes les autres villes. Et c'est l'honneur immortel de son peuple que d'avoir produit et formé le génie à qui le monde doit ce que le Moyen Age a produit de plus grand avec les cathédrales gothiques de France : la *Divine Comédie*.

Ni pour la richesse, ni pour l'activité politique, sociale ou intellectuelle, les États de la papauté ne peuvent soutenir la comparaison avec la Lombardie ou la Toscane. Ils ont présenté dès l'origine et conservé jusqu'au bout le caractère artificiel d'une création purement politique destinée à assurer à Rome l'indépendance du Saint-Siège. Jetés en travers de l'Italie entre le royaume de Sicile et la Toscane, coupés en deux par l'Appenin, manquant de bons ports aussi bien sur la Méditerranée que sur l'Adriatique, leur situation est aussi défavorable qu'il se peut. Jamais d'ailleurs le gouvernement du pape n'a pu s'y faire respecter. Les grandes familles nobles, depuis qu'elles ont cessé de se disputer la tiare, n'en conservent pas moins une puissance considérable tant à Rome même que dans la banlieue, et leurs guerres privées sont incessantes. Ajoutez à cela l'état d'insécurité auquel les prétentions impériales condamnent le pays, et à Rome même la difficulté de tenir en paix un peuple vaniteux, orgueilleux et désœuvré, toujours prêt à suivre les tribuns qui le grisent des grands souvenirs de l'Antiquité. Il est caractéristique de constater que les plus grands papes, ceux qui déposaient ou excommuniaient des rois, un Innocent III, un Innocent IV n'ont jamais vécu en repos dans leur capitale, et se sont trouvés exposés sans défense aux soulèvements de la rue. Quoique le peuple romain vive de la papauté, la papauté est comme campée au milieu de lui. Rome est le centre de l'Église universelle, le siège de la politique ecclésiastique, mais ce n'est pas dans ses murs que se concentre la vie de l'Église. Elle n'y possède aucun grand établissement d'enseignement et aucun des docteurs de l'époque, ni un Albert le Grand, ni un Thomas d'Aquin n'y a vécu. Le mouvement artistique n'y est pas moins insignifiant que le mouvement intellectuel. Aucune source de nouvelles tendances religieuses n'est partie de Rome. Saint François vient d'Assise, et Saint Dominique, d'Espagne. On dirait que dans l'air où s'est développé le gouvernement de l'Église, ni l'art, ni la foi, ni la science n'ont pu prospérer.

C'est un autre monde que présente à l'extrémité de la Péninsule le royaume de Sicile. S'il est aussi riche que l'Italie du nord, il est en revanche aussi apathique en politique qu'elle est fiévreuse et exubérante. L'administration byzantine et l'administration arabe y ont plié le peuple à la discipline de l'État. Aucune autonomie, pas de communes, de grandes villes gouvernées administrativement, un peuple accoutumé à payer l'impôt et à obéir, des fonctionnaires salariés et amovibles, un souverain tout puissant, voilà le spectacle que présente le pays dont le développement agricole laisse en arrière le reste de l'Europe. Sa population est la plus dense qui existe. On l'estime au xiiie siècle à 1.200.000 habitants (1275), c'est-à-dire à plus que celle de l'Angleterre. Henri VI, puis Frédéric II y ont développé l'administration dans le sens du despotisme pur. Il y a là une administration des domaines, des monopoles et des magasins d'État, une organisation fiscale ignorant le privilège, qui fait penser, avant la lettre, au mercantilisme, tandis que la création de l'Université de Naples et la tolérance laissée aux Musulmans reporte la pensée vers le despotisme éclairé. Il y a entre le Frédéric II du xiiie siècle et celui du xviiie siècle plus d'un point de contact qui s'explique facilement si l'on pense que tous deux peuvent tout se permettre avec le peuple qu'ils gouvernent. Les constitutions promulguées par Frédéric en 1231 complètent les institutions normandes dans le sens de ce que l'on pourrait appeler une bureaucratie. Dans l'Europe du xiiie siècle, le royaume de Sicile est quelque chose d'unique avec ses constitutions savantes et despotiques, empruntées à ce monde byzantin et à ce monde musulman qui s'y rencontraient quand les Normands s'y établirent. Les États européens n'arriveront guère qu'aux Temps Modernes à une administration aussi parfaite. Mais on a ici la preuve qu'une constitution qui ne sort pas du peuple, n'influe pas sur sa civilisation et que l'organisation n'est pas tout. Cette Sicile prussianisée est bien supérieure par son gouvernement à tout le reste de l'Europe. Mais elle n'a pas produit Dante, ni l'art gothique et elle ne participera. pas plus tard à l'éclosion de la Renaissance.

II. — Frédéric II

La destinée des Hohenstaufen les avait poussés de plus en plus à faire de l'Italie la base de leur politique. Leur caractère allemand s'affaiblit sans cesse de Conrad IV à Frédéric Barberousse, et de celui-ci à Henri VI. Avec Frédéric II l'évolution est achevée. Né d'une mère sicilienne et élevé en Sicile, il est lui-même un pur Sicilien. Ses cheveux blonds, comme plus tard les cheveux blonds de ce pur Espagnol qu'a été Philippe II, ne peuvent prouver qu'une chose, si l'on veut toutefois les considérer comme un indice de « race » germanique, c'est que la race n'exerce aucune action sur les tendances morales et la tournure d'esprit.

Grégoire IX et Innocent IV ont accusé Frédéric non seulement d'hérésie, mais de blasphème, et ses ennemis l'ont tenu pour l'auteur d'un célèbre pamphlet où Moïse, Jésus et Mahomet sont également traités d'imposteurs. Il ne croyait pas en Dieu (fidem Dei non habuit) dit Salimbeni, qui l'a connu personnellement, et il faut évidemment entendre par là qu'il ne croyait pas en l'Église. Ses mœurs plus qu'à demi orientales, son harem de femmes musulmanes, l'incrédulité de son gendre Ezzelmo da Romano qui, en mourant (1259) refusa les sacrements, permettent de croire qu'il fut en réalité un « libertin » en matière de foi. Il s'en est d'ailleurs toujours défendu. Bien plus ! il a promulgué contre les hérétiques les lois les plus cruelles qui aient été lancées contre eux avant Charles-Quint. C'est qu'il en attendait de bons effets pour sa politique et que pour lui, comme pour les tyrans italiens du xve siècle auxquels il ressemble d'une manière frappante, tous moyens sont bons pour arriver au but. Le mensonge, le parjure et la cruauté furent ses armes favorites ; elles devaient être plus tard celles d'un Sforza ou d'un Visconti et, pour rendre l'analogie plus complète, il a eu comme eux l'amour de l'art et le respect de la science. On l'a appelé le premier homme moderne sur le trône, mais cela n'est vrai que si l'on entend par homme moderne « le pur despote que rien n'arrête dans la recherche de la puissance ».

Ce Frédéric que les papes devaient traiter plus tard de bête de l'Apocalypse, de serviteur de Satan, de prophète de l'Antéchrist, commença sa carrière sous les auspices d'Innocent III et en qualité d'instrument de l'Église. On a vu plus haut comment Rome le suscita contre Othon de Brunswick et comment la bataille de Bouvines lui valut le trône d'Allemagne. Il lui restait à s'assurer la couronne impériale et, pour l'obtenir du pape, il prodigua les promesses avec une libéralité d'autant plus grande qu'il était décidé à n'en accomplir aucune. Il renonça à tout contrôle sur les élections épiscopales, à toute prétention sur les territoires du Saint-Siège, reconnut le royaume de Sicile comme fief de la papauté, s'engagea à ne jamais le réunir à l'Empire, et prêta serment de se croiser l'année suivante. Comment le pacifique Honorius III, qui venait de succéder à Innocent III, aurait-il résisté à tant de bon vouloir ? Frédéric fut couronné à Rome le 22 novembre 1220.

Depuis lors son long règne se passa presque tout entier en Italie. A l'Allemagne, il ne demanda qu'une chose : ne point lui créer de soucis. En 1233, par le fameux statut *in favorem principum*, il renonça à l'ombre de pouvoir qu'y conservait encore la royauté, et abandonna aux princes une indépendance complète sous le gouvernement nominal de ses fils, Henri puis Conrad. Ce politique réaliste comprit très bien que c'était là le seul moyen de résoudre la question. En réalité l'Allemagne était devenue ingouvernable. Chercher à y relever le prestige royal, c'eût été se condamner à une lutte interminable et stérile contre les princes, ressusciter le conflit des Guelfes et des Gibelins, provoquer de nouvelles interventions de la France et de l'Angleterre et retomber sous l'arbitrage du pape. Le plus simple était d'en finir une bonne fois avec une situation sans issue et de jeter en pâture aux princes les lambeaux d'un pouvoir qui ne valait vraiment pas la peine d'être défendu. D'ailleurs qu'importait l'Allemagne à Frédéric ? Il n'en savait pas même la langue. Elle n'avait été pour lui que le chemin qu'il faut prendre pour arriver à l'Empire. La base de sa force était en Sicile. Là, grâce à l'absolutisme se trouvaient les ressources financières et militaires nécessaires à l'accomplissement de ses desseins.

Il est toujours difficile de déceler exactement les projets d'une politique qui a échoué. Celle de Frédéric semble avoir visé tout d'abord à imposer à l'Italie entière l'administration despotique de la Sicile, puis, ce but étant atteint, de chercher à son tour, comme son père et son grand-père, à restaurer l'Empire romain. Au reste, n'ayant pas même pu accomplir la première partie de ce programme, il n'a guère abordé la seconde. Sa politique est exclusivement italienne ; elle est à peine impériale.

Elle devait cependant, et plus encore que celle de ses prédécesseurs, le mettre aux prises avec la papauté. Celle-ci l'a considéré comme son plus constant et son plus dangereux ennemi, et il ne manque pas d'historiens qui voient dans le conflit de Frédéric avec Grégoire IX et Innocent IV une lutte de principes et qui revendiquent pour lui l'honneur d'avoir, pour la première fois, défendu l'indépendance du pouvoir temporel vis-à-vis des prétentions de l'Église. La question n'est pourtant pas aussi simple qu'il y paraît à première vue. Frédéric personnellement était, si l'on veut, un libre penseur, mais il fut le contraire d'un anticlérical. De théorie politique, il n'en a pas d'autre que ses contemporains. Avec eux, il reconnaît, au moins en paroles, la divinité de l'institution ecclésiastique, le devoir qu'ont les princes de la défendre et de persécuter les hérétiques, et l'obligation qui s'impose à eux de professer les dogmes catholiques. Sa conduite vis-à-vis de l'Église s'inspire, non d'un principe, mais uniquement de ses intérêts personnels. Pourvu qu'elle n'entrave point sa politique, il est prêt à lui faire toutes les concessions. Mais justement, cette politique heurte en face celle du Saint-Siège. En réalité, c'est plus par considération temporelle que par considération religieuse que les papes l'ont combattu. Le différend entre lui et eux se dévoile dans ce qu'il a d'essentiel comme un différend entre deux puissances italiennes. Ce n'est que sur la fin qu'il a pris plus d'ampleur et poussé Frédéric, excommunié et déposé par Innocent IV, à se donner comme le représentant de la cause des rois en face des prétentions de l'Église.

Mais, dès le principe, sa situation vis-à-vis de l'Église fut très mauvaise. Pour justifier ses prétentions sur l'Italie, il avait besoin d'être empereur et, pour le devenir, il s'était lié les mains. Les promesses de son couronnement donnaient barre sur lui à la papauté. En se reconnaissant vassal du Saint-Siège pour la Sicile, il s'était mis dans la position la plus fausse. Car la suzeraineté du pape sur le royaume était incompatible avec le pouvoir absolu qu'il y exerçait. Aussi était-il bien décidé à ne tenir aucun compte de ses engagements. La longanimité d'Honorius III empêcha le conflit d'éclater tout de suite. Mais à peine Grégoire IX était-il monté sur le trône de Saint Pierre (1227), Frédéric se vit sommé de s'acquitter de ses obligations et tout d'abord de partir pour la Croisade. Il essaya de gagner du temps, s'embarqua, puis revint. Aussitôt l'excommunication s'abattit sur lui. Il essaya de rétablir les choses en s'exécutant. En juillet 1228, il mit à la voile pour la Terre Sainte et un traité avec le Sultan lui permit d'entrer sans coup férir à Jérusalem et d'y stipuler la liberté pour les chrétiens de visiter le tombeau du Christ. Le pape resta inexorable. L'interdit fut jeté sur tous les lieux où il passait et la prière qu'il vint faire au Saint Sépulcre apparut comme une profanation. Aucun prêtre ne se trouva qui consentit à le couronner roi de Jérusalem et il en fut réduit à se placer lui-même la couronne sur la tête.

Cependant Grégoire IX reformait l'alliance de la papauté avec les villes lombardes et envahissait la Sicile. Frédéric revint en Italie pour combattre. La paix fut enfin conclue le 28 août 1230. Une fois de plus l'empereur accepta les conditions de la papauté, garantit la liberté la plus complète à l'Église sicilienne, qu'il avait soumise aux impôts et à la juridiction de l'État, et fut à ce prix relevé de l'excommunication qui pesait sur lui depuis trois ans.

Réconcilié avec Rome, il tourna tous ses efforts contre les Lombards. La lutte fut longue et acharnée. Ce n'est qu'en 1238 que la fortune se prononça enfin pour Frédéric et qu'il crut le moment venu d'étendre à l'Italie du nord l'administration sicilienne en étouffant sous le despotisme l'autonomie et l'esprit républicains de ses villes. Enorgueilli par ses succès, il se croit désormais le maître de l'Italie, y institue des « vicaires » et des « capitaines » ; fait épouser à son bâtard Enzio l'héritière de Sardaigne et lui donne le titre de roi. De ses promesses à la papauté, rien ne subsiste plus. Il a oublié que la Sardaigne est comme la Sicile un fief de Rome, et l'Église sicilienne est plus que jamais soumise au pouvoir laïque. D'ailleurs les États de Saint-Pierre enserrés désormais au sud et au nord entre les possessions impériales sont menacés de tomber sous leur dépendance. Grégoire IX agit cette fois comme souverain en même temps que comme chef de l'Église. De nouveau l'excommunication est lancée contre Frédéric (1239), en même temps que ses sujets sont déliés de leur devoir d'obéissance à son égard. Une furieuse lutte de pamphlets s'engage, l'empereur reprochant au pape sa perfidie et son ingratitude, le pape taxant l'empereur de parjure et d'hérésie. Frédéric en appelle au jugement d'un concile entre lui et son adversaire, et quand celui-ci le prend au mot et convoque à Rome les évêques, il fait attaquer les vaisseaux qui les portent, s'en empare et retient les prélats en captivité. La mort empêcha Grégoire IX (1241) de prendre sa revanche et la longue vacance du Saint-Siège laissa quelque répit à Frédéric. Mais Innocent IV, à peine élu (1243), réunit le Concile à Lyon et, après avoir fait instruire devant l'assemblée le procès de l'empereur, le déposa solennellement et fulmina l'excommunication contre ses adhérents.

Jadis, les empereurs excommuniés par les papes, les faisaient déposer par un synode allemand et remplacer par un anti-pape. Ces temps étaient passés sans retour. L'Église tout entière obéissait à Rome. Déjà en Allemagne les archevêques de Mayence et de Cologne proclamaient roi le Landgrave de Thuringe, Henri Raspon (mai 1246), qui mourut quelques mois plus tard et auquel succéda un second anti-roi, comme lui simple instrument d'Innocent IV, le comte Guillaume de Hollande (octobre 1247). Il ne restait à Frédéric que de chercher à solidariser sa cause à celle des autres rois. Il n'y manqua point. Tout en recommençant à combattre contre les villes lombardes de nouveau soulevées, il exhortait les souverains à le soutenir, et dans leur propre intérêt, à ne pas permettre que le pape disposât à son gré de la puissance temporelle. Ses protestations n'eurent pas d'écho et ne pouvaient en avoir. Quoiqu'il dît, sa cause ne se confondait pas du tout avec celle des monarques nationaux et héréditaires qui régnaient en Angleterre et en France. Ceux-ci sentaient bien que le pape n'avait aucune prise sur leurs couronnes, et que leur droit dynastique n'était en rien compromis dans la querelle des Hohenstaufen. Frédéric oubliait que le pape avait doublement barre sur lui. Comme roi de Sicile, n'était-il pas vassal du Saint-Siège ; comme empereur n'en recevait-il pas la couronne ? Il avait beau comparer la cérémonie du couronnement à celle de l'onction des rois, personne ne pouvait admettre ce rapprochement. Car l'onction ne créait pas le roi, tandis que le couronnement créait l'empereur. En somme, cet Empire qui avait lutté si longtemps contre la papauté se montrait, au moment décisif, dans toute sa faiblesse et incapable de défendre l'indépendance du pouvoir temporel dont il se déclarait le champion. Son origine religieuse le condamnait à rester attaché à la papauté. En revendiquant son autonomie, il faussait l'histoire et ne reposait plus sur rien. Il fallait pour trancher la question un roi sur la couronne duquel le pape ne pût formuler aucune prétention. Ce n'était pas l'empereur, mais le roi de France qui était destiné à la résoudre et là où Frédéric II échoua, Philippe le Bel, cinquante ans plus tard, devait réussir.

Le règne de Frédéric est comme l'épilogue de la tragédie commencée avec Grégoire VII et achevée à Bouvines. L'Empire n'existait plus que de nom dès Othon de Brunswick. La tentative de Frédéric de le relever au moyen de son royaume sicilien ne pouvait aboutir qu'à une catastrophe. Il s'épuisa à lutter, contre tout espoir, tenant la campagne contre la Lombardie et épuisant pour une cause perdue ses troupes et ses finances. Il mourut peu après une défaite sanglante que les Parmesans lui infligèrent, le 13 décembre 1250. Sa mort ne causa aucune impression en Allemagne ; elle eut un retentissement énorme en Italie. Des prophéties relatives à l'arrivée de l'Antéchrist furent reportées sur Frédéric et le bruit se répandit plus d'une fois qu'il était revenu sur la terre. C'est l'écho de ces rumeurs italiennes qui, se répercutant en Allemagne, y a donné naissance à la légende du sommeil de l'empereur dans la montagne de Kyffhäuser, légende que l'imagination populaire, trompée par la similitude des noms, devait bientôt d'ailleurs appliquer à Frédéric Barberousse.

Quant au royaume de Sicile, le pape se hâta de l'enlever pour toujours à cette « race de vipères » qu'étaient les Hohenstaufen. C'est à la France qu'il le destina.

III. — L'Allemagne

L'Empire n'a pas seulement été fatal à l'Allemagne parce qu'il a imposé à ses rois une politique universelle, leur a fait sacrifier la nation à l'Église et a finalement abouti à leur faire lâcher la proie pour l'ombre ; il a eu encore pour conséquence d'introduire l'intervention directe du pape dans les affaires du pays. Le roi d'Allemagne, ou pour parler plus exactement le roi des Romains, étant empereur désigné, Rome a prétendu, dès qu'elle en a eu la force, exercer un droit d'approbation sur son élection. Les Hohenstaufen avaient bien reconnu le péril et, pour y parer, avaient aspiré à rendre leur dynastie héréditaire. Mais l'hérédité, condition indispensable de tout pouvoir monarchique et partant de tout État, puisque la monarchie est au Moyen Age la seule forme possible de l'État, l'hérédité qui faisait la force du roi d'Angleterre et du roi de France, n'était plus possible en Allemagne depuis le commencement du xiie siècle. Le pays n'était plus qu'une agglomération de principautés ecclésiastiques et de principautés laïques incapables d'une action commune et plus incapables encore de supporter le gouvernement d'une autorité centrale. Expliquer cette situation par la fable convenue de l'individualisme germanique, c'est ne rien dire. Car les principautés territoriales qui ne se rencontrent ni chez les Scandinaves, ni chez les Anglo-Saxons, peuples germaniques, se rencontrent chez les Français, peuple roman. À droite comme à gauche du Rhin leur origine se trouve dans la dissolution de l'Empire carolingien coïncidant avec son état économique dominé par la grande propriété ; elles sont le produit de l'accaparement des droits royaux par des fonctionnaires devenus autonomes grâce à leur puissance domaniale. Seulement, en France, le roi lui aussi possède sa terre ; il est, comme ses grands vassaux, enraciné dans le sol et, depuis le xe siècle, il attend avec patience le moment où il pourra revendiquer sur eux les droits qu'il tient de sa couronne. Ce moment, le xiie siècle le lui offre en le désignant comme le chef de la résistance à l'Angleterre, en orientant vers lui les bourgeoisies, et en faisant de sa résidence la ville « capitale » du pays vers laquelle se concentre l'activité nationale que suscite et qu'augmente la grande transformation économique et sociale déclenchée par la renaissance du commerce et la circulation de plus en plus grande des hommes et des choses. En Allemagne, au contraire, les rois ne sont nulle part chez eux. Ils restent fidèles à la coutume carolingienne d'errer par le pays. Ils ont des Pfalz (palais) ; ils n'ont pas de résidence fixe. Rien chez eux qui ressemble à l'île de France, et moins encore à Paris. Pourtant, jusqu'à la fin du xie siècle, leur pouvoir personnel est très grand. La lenteur avec laquelle le régime féodal s'est développé sur la rive droite du Rhin leur permet de disposer de quantité de terres et de comtés qui, en France, auraient été appropriés depuis longtemps par des seigneurs. Mais l'état économique ne leur permet pas — on en a vu plus haut les raisons — de conserver ces réserves en s'en adjugeant le profit. Il était trop tôt encore pour songer à organiser administrativement la monarchie. Ils ont adopté, en somme, la meilleure solution possible, en transportant aux évêques nommés par eux et attachés à leur service, les droits et les domaines dont ils disposaient. Dès lors, leur puissance est forcément liée au maintien de cette Église impériale. Dès qu'après la guerre des investitures ce soutien vient à lui manquer, elle s'effondre. Et il est désormais trop tard pour le rétablir sur une base nouvelle. On a reproché aux Hohenstaufen de ne pas s'être appuyé sur les villes. C'est oublier que, sauf le long du Rhin, les villes allemandes, de leur temps, commençaient seulement à se développer[4]. C'est pourquoi les villes, afin d'échapper aux princes, se constituèrent comme en Italie, en républiques libres. Elles dépendent nominalement de l'empereur ; en réalité elles sont indépendantes de lui, si bien que leurs ressources lui échappent. Il fallait choisir entre elles et les princes, et Frédéric Barberousse, comme ses successeurs, ne pouvait hésiter à leur préférer ceux-ci. Ainsi, au moment où en France le roi commence à s'imposer a la haute féodalité, en Allemagne il s'y subordonne. Pour se maintenir, il doit se constituer un parti parmi les princes. Mais, obligé de payer leurs services par des avantages et des concessions de toutes sortes, il ne dure qu'en s'épuisant et, déjà sous Barberousse, il en est réduit en somme à une politique d'expédients. La lutte de Philippe de Souabe et d'Othon IV achève de ruiner ce qui restait encore au pouvoir royal, sinon d'autorité, au moins de prestige. Frédéric II en 1231 n'a fait que reconnaître en droit ce qui existait déjà en fait, en cédant aux princes les dernières prérogatives nominales de la couronne, en les reconnaissant officiellement comme seigneurs de leurs terres (*domini terrae*), et en renonçant au droit d'ériger chez eux des forteresses, de nommer des juges, de frapper monnaie, de réglementer le commerce et la circulation. Désormais l'Allemagne n'est plus qu'une fédération de souverains particuliers que l'empereur abandonne à eux-mêmes. Il a bien laissé à sa place, il est vrai, son fils Henri, un enfant élu roi des Romains en 1222, et qui, après avoir vécu sous la tutelle de l'archevêque Englebert de Cologne, se révolta contre son père qui le fit mourir en prison ; puis après lui son autre fils, Conrad IV, âgé de neuf ans quand les princes lui accordèrent en 1237 le titre royal ! Mais ni lui ni les princes ne pouvaient croire et n'ont cru, en effet, que de tels régents jouiraient de quelque influence. Au surplus, après l'excommunication et la déposition de Frédéric, Innocent IV, décidé à balayer la dynastie des Hohenstaufen, ordonne une nouvelle élection. Personne, sauf quelques villes de Souabe, ne s'intéresse à Conrad, et nous avons vu plus haut comment la couronne fut donnée d'abord au Landgrave de Thuringe, Henri Raspon, puis au comte Guillaume de Hollande. C'est à peine d'ailleurs si les princes se soucient de ces élections qui furent essentiellement l'œuvre des archevêques de Cologne. Henri et Guillaume ne servirent guère qu'à affirmer la victoire du pape. Le premier mourut après quelques mois ; le second, à peu près étranger à l'Allemagne par sa patrie, n'apparut guère que dans la vallée du Rhin. Son comté de Hollande lui tenait plus à cœur que son royaume et il ne profita guère du titre qu'il devait à la protection de Rome, que pour affirmer, au détriment des comtes de Flandre, la prétention de sa maison sur la Zélande. C'est encore la politique hollandaise qui lui fit entreprendre une expédition contre les Frisons au cours de laquelle il périt le 28 janvier 1258, dans le combat de Stavoren. Lui mort, le roi de Castille, Alphonse X, dont la mère Béatrice était fille de Philippe de Souabe, invoqua cette parenté avec un Hohenstaufen pour revendiquer la couronne d'Allemagne et arriver par elle à celle de Sicile. Cette dernière excitait aussi la convoitise du roi d'Angleterre l'ancien allié des Guelfes, qui espérait la procurer à son fils Edmond. Afin de lui assurer un appui, il excita le comte Richard de Cornouailles, son frère, à briguer la succession de Guillaume de Hollande. Les deux concurrents ne comptaient pour l'emporter que sur leur trésor et, comme Charles-Quint et François Ier devaient le faire trois siècles plus tard, ils se disputèrent au plus offrant la dignité de roi des Romains. L'idée nationale était si complètement étrangère aux princes allemands, et la monarchie leur paraissait chose si accessoire, qu'ils ne songèrent qu'à la vendre aux meilleures conditions. Les uns se laissèrent acheter par Alphonse de Castille, les autres par Richard de Cornouailles, et en 1257, tous deux reçurent la couronne, comme on reçoit livraison d'une marchandise. Sept princes avaient pris part à cette double élection. Ce fut l'origine du collège des électeurs qui resta depuis lors en possession du droit de désigner le roi des Romains

Les marchés conclus par Alphonse et par Richard ne pouvaient être profitables que si le pape s'y intéressait. Mais il suffisait à Rome d'avoir extirpé les Hohenstaufen ; aussi laissa-t-elle les deux concurrents l'accabler de leurs sollicitations sans intervenir ni pour l'un ni pour l'autre. Dans ces conditions, Alphonse ne crut pas même devoir se déranger et on ne le vit jamais en Allemagne. Richard séjourna quelque temps au bord du Rhin, se fit couronner à Aix-la-Chapelle, expédia quelques diplômes, puis fut rappelé en Angleterre par les troubles du règne de Henri III, et ne revint plus. Il mourut en 1273. Les électeurs ne se hâtèrent pas de le remplacer.

D'ailleurs Alphonse vivait encore. Mais le pape ne voulait plus entendre parler de lui, par crainte de se brouiller avec le nouveau roi de Sicile, Charles d'Anjou. D'autre part, il avait hâte de mettre fin aux instances de Charles en faveur de la candidature de son neveu, le roi de France, Philippe le Hardi, dont la nomination eût reconstitué, en faveur de la dynastie capétienne, l'Empire de Charlemagne. Il signifia aux électeurs qu'ils eussent à se presser, s'ils ne voulaient qu'il créât lui-même un nouveau roi. Ils s'exécutèrent en 1273 et donnèrent la couronne à Rodolphe de Habsbourg, dont le génie, médiocre comme la fortune, ne pouvait les inquiéter. La période du « grand interrègne » ouverte par la nomination de Henri Raspon en 1246 avait pris fin.

Absorbés par leur duel contre l'Angleterre, les rois de France ne cherchèrent pas à tirer parti de la faiblesse croissante de l'Allemagne pour rouvrir cette question lotharingienne qui avait tant occupé leurs prédécesseurs carolingiens au xe siècle. Philippe Auguste, Louis VIII et Saint Louis entretinrent même les rapports les plus cordiaux avec les Hohenstaufen, que l'alliance des Guelfes avec l'Angleterre poussait naturellement du côté de la France. Cependant, il était impossible que le déclin de la royauté allemande restât sans influence sur la frontière occidentale du pays. Tracée par le Traité de Verdun, au milieu d'une civilisation purement agricole, elle avait réparti les territoires comme on partage un domaine sous la préoccupation d'assurer à chacun des fils de Louis le Pieux des parts équivalentes et sans tenir compte, ni des populations, ni de la situation géographique. Dans l'Europe du xiiie siècle animée par la circulation commerciale et les rapports nouveaux qu'elle entraînait entre les hommes, elle n'était plus qu'un archaïsme que le respect des situations acquises ne pouvait protéger indéfiniment. Les villes nées dans les bassins de la Meuse et de l'Escaut se tournaient naturellement vers les régions de l'ouest, attirées par les deux grands foyers économiques qu'étaient, d'une part les foires de Champagne, de l'autre les ports de Flandre. Sous leur influence, les populations de langue romane, de la Lorraine, du Luxembourg, du pays de Liège, du Hainaut, aussi bien que les populations germaniques de la Hollande et du Brabant, se détachaient insensiblement de l'Allemagne qui, de plus en plus morcelée, ne faisait rien et ne pouvait rien faire pour les retenir. Le lien féodal qui rattachait les princes de la frontière à l'Empire allait se relâchant toujours davantage. Vers la fin du xiiie siècle, les ducs de Lorraine et de Brabant, les comtes de Luxembourg, de Hainaut, de Hollande, lui sont devenus à peu près complètement étrangers. Déjà sous Frédéric Barberousse, l'agent des Hohenstaufen dans les Pays-Bas, le comte Baudouin V de Hainaut, se considérait comme indépendant et croyait s'acquitter de ses devoirs envers l'empereur en se déclarant neutre entre la France et l'Allemagne. Le royaume de Bourgogne, acquis par Conrad II en 1033, se décolla plus rapidement encore du bloc impérial. Étendu le long de la Saône et du Rhône et habité par des hommes de langue romane, tout l'attirait vers la Méditerranée ou vers la France. Les rois d'Allemagne, auxquels son dernier possesseur l'avait légué à une époque où la terre seule entrait en ligne de compte, ne furent d'ailleurs jamais pour lui que des étrangers et ne tentèrent aucun effort pour s'y implanter. Marseille et Lyon ne s'aperçurent jamais qu'elles appartenaient à l'Empire et les comtes de Provence, de Dauphiné, de Franche-Comté ne se préoccupèrent à aucun moment de la suzeraineté nominale que celui-ci exerçait sur eux. Ainsi la vieille frontière dessinée sur la carte à une époque de stagnation économique s'effaçait, pour ainsi dire, sous le frottement d'une civilisation plus intense et d'intérêts plus compliqués. Personne ne cherchait à la déplacer ; on se bornait à n'en plus tenir compte et, à mesure que déclinait la puissance impériale, les contours de l'Empire se faisaient plus vagues et plus imprécis.

Les rois de France ne pouvaient manquer, et ne manquèrent pas, de profiter d'une situation qu'ils n'avaient pas créée, mais qui sollicitait de plus en plus leur attention. A mesure qu'ils oublient l'empereur, les princes de la frontière se tournent vers eux, cherchant à obtenir leur appui ou demandant leur arbitrage. Beaucoup d'entre eux en reçoivent des fiefs ou des pensions. Dans les Pays-Bas, où les constitutions territoriales sont robustes et les principautés compactes, l'influence française est purement politique. Mais il en va autrement le long des confins de la Lorraine et dans la vallée du Rhône. Ici, l'enchevêtrement des terres et des droits, le grand nombre des seigneurs qui possèdent à la fois des terres en France et dans l'Empire, font surgir des contestations incessantes dont les rois profitent pour étendre l'action de leurs baillis de l'autre côté de la frontière. Avec l'assentiment des intéressés, ils gagnent ainsi par avancées successives, par un travail lent et presque invisible, sur cette zone mitoyenne, et il se trouve que bientôt leur pouvoir s'y est substitué en fait à celui de l'empereur.

Pendant que l'Allemagne s'effrite ainsi à l'ouest sous l'action d'une civilisation supérieure à la sienne, à l'est au contraire elle se dilate largement au détriment de la barbarie. La conquête des régions slaves des bords de l'Elbe, entamée par Othon Ier puis abandonnée après lui, est reprise et avance à grands pas depuis le milieu du xiie siècle. C'est un spectacle étrange à première vue que celui de ces progrès de la colonisation allemande, augmentant à mesure qu'à l'intérieur du pays le pouvoir des empereurs va déclinant sans cesse. C'est qu'en réalité, ce grand travail d'expansion, qui devait plus tard influer si essentiellement sur les destinées du peuple allemand, ne doit rien aux empereurs. Il s'est accompli sans leur participation et sans qu'ils lui témoignassent le moindre intérêt. Ce sont les princes des bords de la Basse-Elbe, et surtout Henri le Lion et le margrave de Brandebourg Albert l'Ours (1170) qui, pendant que Frédéric Barberousse usait inutilement ses forces en Italie, ont énergiquement poussé à la germanisation des pays Wendes des bords de la Baltique. Il ne s'agit point ici d'une conquête purement politique, mais d'une véritable entreprise de colonisation grâce à laquelle, par un mouvement de reflux, les Germains se substituent aux Slaves dans les contrées qu'ils avaient abandonnées lors des grandes invasions du ive siècle. Son succès eût été impossible sans les transformations économiques qui ont été esquissées plus haut : l'augmentation de la population dans le courant du xiie siècle, l'abandon du régime domanial, l'apparition d'une classe de paysans libres et enfin la formation des bourgeoisies. Grâce à elles se rencontrèrent à point nommé la condition physique et la condition morale indispensables à toute œuvre de peuplement : la surabondance des habitants et l'esprit d'entreprise. Au fur et à mesure que les raids des chevaliers du duc de Saxe et du margrave de Brandebourg refoulaient et massacraient les Slaves, les colons, sous la direction d'entrepreneurs (*locatores*) prenaient possession des régions nettoyées. Il en venait de la Franconie, de la Thuringe, de la Saxe, des bords du Rhin et même de la Flandre et de la Hollande, ces derniers particulièrement utiles à cause de leur habilité dans les travaux d'assèchement et d'endiguement. Chacun recevait, moyennant un cens modique, un lot de terre d'un seul tenant (*hufe*) et trouvait facilement, parmi les Slaves échappés au massacre, les travailleurs nécessaires. Des moines cisterciens, entre les nouveaux villages, fondaient leurs monastères et fournissaient les desservants aux églises paroissiales. Dès avant la fin du xiie siècle, la colonisation avait déjà atteint les bords de l'Oder. Le long des rivières, des villes indispensables à l'approvisionnement des paysans et servant de marchés à leurs alentours, commençaient à se fonder : Brandebourg, Stendal, Spandau, Tangermunde, Berlin, Francfort sur l'Oder.

Les États slaves de l'est et du sud, la Pologne et la Bohême, cherchèrent bientôt à attirer vers eux ces Allemands qui apportaient au delà de l'Elbe les procédés de l'agriculture occidentale et la pratique de divers métiers urbains. Les ducs polonais de Silésie (Piastes) favorisèrent de toutes leurs forces leur établissement à Breslau et dans ses environs. Le roi de Bohême Wenceslas I^{er}(1230-1253) et son successeur Othokar II se montrèrent plus favorables encore à ces pionniers. Des villages allemands s'éparpillèrent au milieu de villages tchèques, des villes allemandes, Kuttenberg, Deutchbrod, Iglau, se développèrent par l'industrie des mines ou celle du tissage, bourgeois et paysans conservant intacts, au milieu de la population indigène, leur langue, leurs mœurs et leur droit, et léguant ainsi à l'avenir de redoutables problèmes. Les colons germaniques pénétrèrent même jusqu'en Hongrie, où ils s'établirent en Transylvanie sous la protection du roi qui leur y assura, en 1224, d'importants privilèges.

Cette expansion fait songer involontairement aux invasions du ve siècle dans l'Empire romain. Ici et là, c'est la même poussée d'hommes cherchant au dehors de la patrie de nouveaux moyens de subsistance. Seulement, tandis que les Germains du Ve siècle se fondirent très rapidement au milieu des populations romaines et en adoptèrent les mœurs et la langue, ceux du xiie siècle au contraire imposèrent par la violence leur nationalité aux Slaves, ou la conservèrent là où ils s'établirent parmi eux. Il ne suffit pas, pour expliquer ce contraste, d'invoquer l'infériorité de la civilisation germanique au ve siècle à l'égard de la civilisation romaine, et sa supériorité au xiie siècle à l'égard de la civilisation slave. Les Normands qui ont envahi l'Angleterre au xie siècle étaient bien plus civilisés que les Anglo-Saxons, et pourtant à la longue ils se sont intimement mélangés à eux et ce mélange a constitué un peuple nouveau. Et il en a été de même des Suédois qui, au ixe siècle, se sont emparés, du gouvernement de la Russie. Rien de tel n'apparaît au delà de l'Elbe. Aujourd'hui encore, entre les descendants des émigrés du xiie siècle et les populations slaves sur le sol desquels ils habitent, la différence est aussi nette et aussi tranchée qu'aux premiers jours. Il serait puéril de recourir à la « race » pour rendre compte de ce phénomène, puisque c'est chose d'expérience courante que les Allemands se dénationalisent très facilement dans les milieux étrangers. La raison de leur persistance en Bohême, en Pologne et en Hongrie doit être cherchée tout d'abord dans le fait qu'ils s'établissent en groupes compacts, à la différence des Normands d'Angleterre éparpillés parmi les Anglo-Saxons. Mais le motif principal est sans doute qu'ils furent chez les Slaves les initiateurs et durant de longs siècles les représentants par excellence de la vie urbaine. Les Allemands ont introduit la bourgeoisie chez des peuples agricoles et c'est peut-être plus encore comme classe sociale que comme groupe national qu'ils ont, dès le début, contrasté avec eux. Grâce aux paysans germaniques de leurs alentours, les villes allemandes ont pu rafraîchir constamment leur population par l'afflux de compatriotes en même temps que l'action qu'elles exerçaient sur ces paysans les empêchait de se slaviser.

Si l'expansion germanique en pays slave s'explique tout d'abord par des causes économiques, des motifs religieux n'ont pas tardé à y collaborer et à augmenter singulièrement ses progrès. Le paganisme disparu devant la colonisation allemande entre l'Elbe et l'Oder, subsistait encore dans toute l'étendue de la plaine qui s'étend aux bords de la Baltique entre ce fleuve et le Niémen. Ses habitants d'origine slave, les Prussiens, avaient résisté aux tentatives d'évangélisation entreprises chez eux à la fin du xe siècle par Saint Adalbert, évêque de Prague et, plus tard par des moines cisterciens de Pologne. Au commencement du xiiie siècle, le duc polonais de Mazovie appela contre ces infidèles obstinés les chevaliers de l'Ordre Teutonique. Fondé à Saint-Jean d'Acre, en 1198, parmi les Frères hospitaliers de nationalité allemande, cet ordre avait été invité une vingtaine d'aimées plus tard, par le roi André II de Hongrie, à combattre les hordes des Coumans païens qui inquiétaient ses frontières orientales. Mais des difficultés n'avaient pas tardé à surgir entre les Hongrois et les chevaliers et l'appel du duc polonais de Mazovie leur fournit l'occasion de déployer leur zèle pour la foi sur un champ d'action plus favorable. Les pauvres Prussiens, avec leurs arcs et leurs boucliers d'osier, ne pouvaient résister aux lourds chevaliers qui venaient à coups de glaive conquérir au catholicisme une terre nouvelle, mais non un nouveau peuple. Car de convertir les Prussiens, il ne fut pas question. On les traita comme des ennemis du Christ et du pape, qu'ils ne connaissaient ni l'un ni l'autre. Depuis les Croisades, l'évangélisation cédait le pas à la guerre sainte. Celle-ci fut une guerre d'extermination. Elle ne prit fin qu'en 1283 quand il n'y eut plus de païens à massacrer. A mesure que les Teutoniques avançaient dans le pays, ils l'organisaient. Dès châteaux-forts dont la Marienburg, non loin de Dantzig, nous a conservé un curieux spécimen, marquaient les étapes de la conquête. Des colons allemands venaient en occuper les alentours et là aussi la germanisation, comme entre l'Elbe et l'Oder, fut donc la conséquence de la guerre. Des Prussiens, il ne resta que le nom, qui continua à désigner les envahisseurs. Les chevaliers conservèrent la seigneurie du pays qu'ils prirent en fief du pape Grégoire IX, en 1234.

Pendant que les Allemands colonisaient ainsi la grande plaine au sud de la Baltique, ils essaimaient également sur les rivages de cette mer où jusqu'alors n'avaient navigué que les bateaux scandinaves. Le mouvement ici partit de Lubeck, bourgade slave détruite par Henri le Lion, puis repeuplée par des émigrants venus des régions allemandes avoisinantes. L'endroit était admirablement situé.

La proximité de Hambourg le destinait à devenir l'intermédiaire entre le commerce de la Mer du Nord et celui de la Baltique, et ses progrès s'accomplirent avec une surprenante rapidité. Dès 1163, Wisby, dans l'île de Gotland, devenait une espèce de factorerie, en rapports constants avec Lubeck et d'où la navigation allemande se dirigea bientôt vers les côtes orientales de la Baltique. L'embouchure de la Duna, laquelle offrait une excellente voie de communication vers les régions russes de l'intérieur, fut activement fréquentée. Le commerce fraya ici la voie au christianisme. En 1201, un évêché était fondé à Riga et l'évêque Albert de Bienne y créait l'ordre des Chevaliers Porte-Glaive, destiné à combattre les païens de Livonie et d'Esthonie. Quelques années plus tard, les marchands allemands entretenaient des relations commerciales avec Novgorod. Cependant, au nord, Dorpat enlevée aux Russes par les Porte-Glaive devenait, comme Riga, le centre d'un évêché.

La prépondérance allemande dans la Baltique fut tout d'abord menacée par les rois de Danemark. La guerre des investitures avait permis à ceux-ci de secouer le joug auquel ils étaient soumis depuis Othon Ier. En 1104, le pape avait détaché leur pays du diocèse de Brême, et Lund avait été érigé en métropole religieuse des royaumes du nord. Lorsque la lutte éclata entre les Hohenstaufen et les Guelfes, ils prirent naturellement parti pour ceux-ci. Waldemar Ier, sous le règne duquel commence le développement du port de Copenhague, fut allié de Henri le Lion, dont la fille épousa son fils Canut VI (1182-1202). Il s'associa à ses expéditions contre les Wendes et prit possession de l'île de Ruyen. Canut refusa le serment à Frédéric Barberousse, s'imposa à la Poméranie, au Mecklemburg et même à Lubeck et à Hambourg. Waldemar II (1202-1241) agrandit les conquêtes de son frère du Schwerin et soumit la Norvège à un tribut. Bientôt sa flotte apparut à l'est de la Baltique. En 1219 il débarquait en Esthonie et, après une grande victoire sur les Esthes (à laquelle se rattache la légende du Danebrog), fondait la ville de Reval. Il s'emparait vers la même date de l'île d'Oesel (1221) et menaçait Riga. Mais cette expansion était purement politique et c'était sur des territoires déjà en grande partie colonisés par des Allemands qu'elle s'étendait. Quand Waldemar fut tombé par surprise aux mains du comte de Schwerin (1223), une révolte générale éclata contre lui. Il chercha vainement quatre ans plus tard à rétablir ses affaires. La défaite qu'il subit à Bornhöved (22 juillet 1227) décida de l'avenir et assura aux Allemands pour longtemps la maîtrise de la Baltique.

Le commerce de cette mer entourée de pays neufs et peu peuplés ne pouvait se développer que par l'exportation des blés de l'Allemagne du nord et des fourrures de la Russie vers les régions occidentales d'où il amenait en revanche les vins, les épices et les étoffes de luxe. Bruges où venait aboutir la grande voie qui rattachait la Flandre à l'Italie était depuis longtemps déjà l'objectif des navigateurs allemands de la Mer du Nord. Ceux de la Baltique suivirent la même direction et la communauté de leurs intérêts les rapprocha tout de suite les uns des autres. De ces relations économiques naquit la Hanse, c'est-à-dire la confédération non seulement des marchands mais des villes auxquelles ils appartenaient depuis Riga jusqu'à Cologne. Elle s'étendit même à la longue à quelques villes non maritimes telles que Breslau et Munster. Lubeck, placée au milieu de la longue côte qui s'étend de l'Escaut à la Duna, en devint le centre dès le milieu du xiiiᵉ siècle. Les intérêts commerciaux de tous les membres de la ligue concordaient suffisamment pour que, malgré des différends locaux et passagers, la bonne entente se maintînt ordinairement entre eux. Grâce la Hanse, la navigation allemande resta prépondérante dans les deux mers septentrionales jusqu'au milieu du xvᵉ siècle.

On peut résumer ce que l'on vient de lire en disant que, depuis la fin du xiiᵉ siècle, l'Allemagne occupe une place de plus en plus petite dans la politique européenne et une place de plus en plus grande sur la carte de l'Europe. Aidée par une série d'entreprises de conquête et de propagande religieuse, la colonisation germanique s'étend de la Basse-Elbe au Niémen et s'interpose entre la mer et les États slaves de l'intérieur, Pologne et Russie, préparant ainsi des conflits et des guerres qui, depuis le xivᵉ siècle, ne cesseront pas de troubler périodiquement la paix de l'Europe orientale. L'absence de frontières naturelles dans ces régions où seule la différence des idiomes sépare les peuples les uns des autres, les prédestinait à devenir le théâtre d'une lutte qui devait prendre nécessairement le caractère d'une lutte nationale dans le sens le plus brutal, c'est-à-dire dans le sens ethnographique du mot. Là où le relief du sol répartit les États dans des cadres distincts et où la nature elle-même trace pour ainsi dire les limites des patries, les guerres sont purement politiques et la conquête n'entraîne pas l'asservissement du vaincu. Les divers régimes étrangers auxquels le peuple italien a été soumis du xᵉ au xixᵉ siècle n'ont en rien altéré son essence propre. Mais il en va autrement dans ces plaines indéfinies où rien ne protège contre l'agression des voisins. Dès lors la guerre y prend des allures de guerre d'extermination. Le vainqueur ne se croit en sûreté que s'il a dépecé l'État ennemi, que s'il a extirpa ses institutions, que s'il en a détruit la langue et la religion pour les remplacer par les siennes. Ainsi ont agi les colons allemands du xiiᵉ siècle envers les Slaves de Poméranie et de Prusse, ainsi les Hohenzollern en agirent plus tard à l'égard de la Pologne, et la Russie à l'égard des Allemands des provinces baltiques. Dans de telles conditions d'existence les mœurs s'endurcissent : l'énergie, l'esprit de discipline et d'organisation dominent parce qu'ils sont indispensables ; la force paraît la raison suprême et le seul soutien du droit. C'est là ce qu'on rencontre dès l'origine dans l'Allemagne à l'est de l'Elbe. Ces terres de colonisation restent bien en arrière de l'Allemagne de l'ouest et du sud pour la culture intellectuelle. On n'y pourrait guère citer avant le xviiiᵉ siècle de savants, de poètes et d'artistes. Le travail et la lutte les prennent tout entières. Parmi les margraves de Brandebourg et les Chevaliers Teutoniques du xiiiᵉ siècle, dans la petite noblesse qui les emploie et qui combat pour eux, se rencontrent dès lors les premiers caractères de ce que l'on appellera plus tard l'esprit prussien.

---

1. Exception faite pour le royaume de Sicile dont on parlera plus loin.
2. Le nom de Patarius paraît être une simple déformation de celui de Cathare.
3. Frédéric II, en 1231, avait déjà fait frapper en Sicile des Augustales d'or, mais dont la circulation semble être restée assez étroitement limitée.
4. Je ne parle pas de celles de la Baltique qui leur appartenaient à peine.

3
LA FRANCE

I. — La France et la politique européenne

En renversant à Bouvines la coalition formée contre elle, la royauté française avait prouvé sa force militaire et pris du même coup le premier rang en Europe. De l'Allemagne, où sa victoire avait assuré la couronne à Frédéric II, elle n'avait plus rien à craindre. Elle profita de la situation pour tourner ses forces contre l'Angleterre. Les circonstances la favorisaient à souhait. Révoltés contre Jean sans Terre, les barons anglais appelaient le fils de Philippe Auguste à défendre la Grande Charte et lui offraient la couronne. Pendant un moment, le futur roi de France fut roi d'Angleterre. Mais la mort de Jean (1216), en réveillant au profit de son fils Henri III le loyalisme féodal et le sentiment national, rendit impossible une union dynastique qui, d'ailleurs, n'eut certainement pas été durable. Louis revint en France où il succéda sept ans plus tard en 1223 à son père, sous le nom de Louis VIII.

Philippe Auguste, en montant sur le trône ne gouvernait encore directement que le vieux domaine royal, un peu augmenté par Louis VI et Louis VII, mais toujours sans débouchés sur la mer et menacé à l'ouest et au nord par l'alliance du comte de Flandre et du roi d'Angleterre. En mourant, il laissait son fils en possession de la Bretagne, du Poitou, de la Normandie et assuré de l'obéissance du comte de Flandre réduit au rôle de protégé de la couronne. Il n'y avait plus dans le royaume aucun prince en état de lui tenir tête. Cependant, le midi restait encore indépendant du pouvoir monarchique. Vis-à-vis du comté de Toulouse, Louis VIII se trouvait à peu près dans la même situation que Clovis, huit siècles plus tôt, vis-à-vis du royaume des Wisigoths. Ce fut, comme pour Clovis, un motif religieux qui lui donna l'occasion d'intervenir. Le conquérant, au ve siècle, attaqua les Wisigoths sous prétexte qu'ils étaient ariens ; Louis VIII fut amené à s'annexer le comté de Toulouse par suite de l'hérésie des Albigeois. Dans un cas comme dans l'autre d'ailleurs, la question religieuse ne servit qu'à hâter un événement inévitable. L'unité géographique de la France appelle nécessairement son unité politique. Le nord et le midi ne s'y opposent pas ; ils se continuent l'un dans l'autre. Ajoutez à cela l'attraction de la Méditerranée, la mer par excellence du grand commerce, le chemin de l'Orient. Elle l'était encore sous Clovis ; elle l'était redevenue au commencement du xiiie siècle. De Paris, les rois de France devaient marcher vers elle comme y avaient marché les rois des Francs. D'ailleurs leur suzeraineté s'étendait jusqu'aux Pyrénées. Il n'y avait peut-être pas en Europe, au commencement du xiiie siècle, de région plus vivante et plus brillante que le Languedoc. Grâce à la navigation méditerranéenne, les villes y étaient nombreuses et prospères. Comme Gênes et Pise, Marseille et Montpellier envoyaient leurs vaisseaux aux ports d'Égypte et de Syrie ; comme Sienne et Florence, Cahors s'adonnait au commerce de l'argent et la renommée de ses banquiers s'étendait jusque dans les Pays-Bas. Toulouse, dans la plaine de la Garonne, avait une importance analogue à celle de Milan en Lombardie. Toutefois, à la différence de l'Italie, les villes françaises du midi n'étaient pas des républiques autonomes. Comme dans le nord, elles reconnaissaient la seigneurie des principautés territoriales qui s'étaient constituées lors du démembrement de l'Empire carolingien, et dont la plus importante était le comté de Toulouse. La situation des comtes de Toulouse était assez semblable à cette extrémité du royaume à celle des comtes de Flandre à l'extrémité opposée. Riches et puissants comme eux, ils profitaient, comme eux aussi, de leur position excentrique pour conserver à l'égard du roi une liberté presque complète. Enfin, de même qu'une partie des sujets des comtes de Flandre parlait « thiois », ceux des comtes de Toulouse parlaient provençal, et cette individualité linguistique s'ajoutait en la renforçant à l'individualité politique qui distinguait le comté de Toulouse du reste de la France. Elle la renforçait d'autant plus que la littérature provençale au xiie siècle brilla d'un éclat plus vif. Ses chansons d'amour et ses chansons de guerre (*sirventes*) passionnaient toute la noblesse du midi, se faisaient entendre en Italie et pénétraient même dans le nord, favorisées par un engouement analogue à celui qui, aux xvie et xviie siècles, devaient populariser parmi les beaux esprits la lecture des écrivains italiens puis espagnols. Richard Cœur de Lion, Frédéric II et le duc de Brabant Henri II rimaient dans cette langue provençale dont le développement littéraire précéda celui de toutes les autres langues romanes. Il n'en faut pas dire davantage pour montrer que l'activité intellectuelle ne le cédait en rien dans le midi à l'activité économique. Elle était si puissante qu'en même temps qu'elle y suscitait des poètes, elle y provoquait une formidable crise religieuse.

A la fin du xiie siècle, le Languedoc fourmillait de ces mystiques qui aspiraient à ramener l'Église et le siècle à la simplicité apostolique et condamnaient à la fois la hiérarchie religieuse et l'ordre social comme amour du mal, c'est-à-dire de la chair, auxquelles il fallait substituer le règne de l'esprit. Ces « Cathares » étaient particulièrement nombreux dans le comté d'Albi, dépendant de celui de Toulouse, d'où leur nom d'Albigeois. Leur propagande leur avait gagné des adhérents non seulement dans le peuple des villes, mais chez les riches marchands et au sein de la noblesse. Malgré les objurgations du clergé et les remontrances du pape, le comte de Toulouse, Raymond VI, l'arrière-petit-fils du héros de la première Croisade, montrait à leur égard une tolérance qui le rendait suspect lui-même. En 1208, Innocent III le faisait excommunier par un légat, Pierre de Castelnau, qu'un chevalier du comte, transporté de fureur, abattit d'un coup de lance. Il n'en fallait pas tant pour que le pape mît au ban des fidèles un prince et un pays coupables d'outrage à la majesté de Rome et à la foi catholique. Du nord de la France accoururent, sous la conduite de Simon de Montfort, des bandes de chevaliers également animées par la haine des hérétiques et l'espoir du butin. La guerre fut atroce et sans merci. Béziers, Carcassonne furent mises à sac. Le roi Pierre II d'Aragon, venu au secours de Raymond VI, son parent, périt dans un combat ; Simon de Montfort eut le même sort en 1218. Il laissait à son fils Amauri les terres conquises par lui sur le comte de Toulouse. Cependant, à Raymond VI avait succédé son fils Raymond VII et Amauri implora contre lui l'aide du roi de France, Louis VIII, qui avait pris part comme prince royal à la Croisade contre les Albigeois, parut cette fois en Languedoc comme arbitre souverain, à la tête d'une armée. Amauri lui céda ses droits ; Raymond VII n'osa résister. Le midi se courbait à son tour sous la couronne. Louis VIII n'eut d'ailleurs pas le temps d'achever l'absorption commencée. Le 8 novembre 1226, au cours de la campagne, la mort l'arrêtait inopinément.

Le royaume passait à un enfant de onze ans. Une longue régence était en perspective. Le roi défunt en avait chargé la reine Blanche de Castille, lui faisant assumer un rôle qu'aucune reine de France ne devait plus jouer avant Catherine de Médicis.

Il était naturel que les grands vassaux profitassent de l'occasion pour chercher à regagner le terrain perdu par eux depuis l'avènement de Philippe Auguste. Mais rien ne montre mieux l'affermissement du pouvoir royal que l'échec de leur révolte, malgré l'appui du roi d'Angleterre, Henri III. L'ordre social avait changé. Lors de la dissolution de l'Empire carolingien, au milieu d'une civilisation agricole et sans commerce, il avait favorisé les princes et leur avait valu l'acquiescement des populations parce qu'ils étaient seuls capables de protéger l'ordre public que les rois ne pouvaient plus maintenir. Aujourd'hui, dans une société affranchie du système domanial, parcourue par les marchands et transformée par les besoins nouveaux de la bourgeoisie, les petites patries locales tendaient naturellement à se grouper sous la tutelle puissante de la couronne et se détachaient des princes dont les prétentions ne correspondaient plus aux besoins du temps. L'opposition princière ne fut d'ailleurs ni générale, ni très énergique. Comme celle de tous les partis réactionnaires, elle manquait d'enthousiasme et de confiance parce qu'elle ne s'inspirait que d'intérêts personnels. Elle s'apaisa dès qu'elle se rendit compte que le succès était impossible. Raymond de Toulouse qui, naturellement, s'y était jeté, y perdit la moitié des terres qui lui restaient et fut obligé de fiancer son héritière au frère du roi, Alphonse de Poitiers qui, en 1249, à la mort de son beau-père, hérita du comté.

Le règne de Saint Louis (Louis IX, 1226-1270) commença comme celui de Louis XIV, au milieu des troubles d'une régence tumultueuse. Il lui ressemble encore par la gloire qu'il a procurée à la France ; il ne lui ressemble d'ailleurs qu'en cela. Pour le reste, le contraste des deux politiques est aussi tranché que celui du caractère des deux princes, dont l'un et l'autre sont restés pour la postérité comme l'incarnation même de leur époque. L'État absolu du xviie siècle a trouvé dans Louis XIV, son représentant classique, de même que l'État chrétien du Moyen Age a trouvé le sien en Saint Louis. A celles des grands papes dominateurs de son temps, les esprits religieux préféreront toujours cette physionomie si douce, si simple, si pieuse qu'elle fait penser à celle d'un Saint François d'Assise couronné, et qui pourtant fut celle d'un grand roi. L'idéal chrétien de paix, de justice et de charité s'est réalisé beaucoup plus complètement dans le règne de Saint Louis que dans le pontificat d'un Innocent III ou d'un Innocent IV. Mais il faut bien remarquer que cette fleur de la royauté médiévale ne s'est épanouie avec tant de beauté que par un heureux concours de circonstances. Ce fut un bonheur pour Saint Louis d'être monté sur le trône après la Croisade des Albigeois et de n'avoir point eu à se souiller des massacres de cette sanglante chevauchée dans laquelle l'ardeur de sa foi l'eût sans doute précipité. Ce lui en fut un autre, et plus grand encore, que d'avoir hérité de son père et de son grand-père un royaume puissant et respecté. Qu'on le suppose né au xiie siècle et obligé de monter à cheval pour combattre ses vassaux et pour batailler péniblement sur la frontière de Normandie avec le roi d'Angleterre, il n'eut sans doute été qu'un Louis le Pieux quelconque, car il n'était ni grand politique, ni grand homme de guerre. Il n'était qu'un homme de bien, et les vertus qu'il n'eût pu manifester s'il avait été contraint de lutter pour le pouvoir, se déployèrent à l'aise grâce à la possession de la force qui lui permit l'accomplissement de son idéal. Il eut le bonheur de régner sur un royaume sans hérétiques et sans ennemis, et il lui fut réservé d'ennoblir, d'affirmer et de compléter dans la paix ce qu'avait fait l'épée de ses devanciers.

A l'intérieur, l'autorité royale s'imposa sans peine et grandit sans obstacles, parce que ses progrès correspondaient à autant de bienfaits. Jusqu'alors l'administration monarchique avait servi avant tout à assurer les droits de la couronne, à favoriser sa juridiction, à développer et à régulariser ses finances. Elle fut employée sous le nouveau règne à assurer l'ordre public et à améliorer la condition du peuple. Les ordonnances de Saint Louis font penser aux capitulaires de Charlemagne par le christianisme pratique qui les anime. Il n'est pas jusqu'à l'institution des *missi dominici* qui ne se retrouve dans celle des enquêteurs royaux chargés de contrôler l'action des baillis et de les empêcher d'opprimer leurs justiciables. Charlemagne, on l'a vu, ne put que réaliser bien incomplètement ses vues, faute de moyens d'exécution. Saint Louis possédait au contraire dans le Parlement et dans les fonctionnaires créés par Philippe Auguste le personnel nécessaire à l'accomplissement des siennes. Les guerres privées furent abolies, le servage personnel supprimé sur les terres royales, la juridiction perfectionnée par l'organisation de l'appel, la taille rendue plus équitable. Le Parlement soumit les cours judiciaires des provinces à son contrôle et son action contribua à l'unification du droit et à la suppression d'usages surannés comme le combat judiciaire et les ordalies. Une chambre des comptes en introduisant la régularité dans les finances contribua à soulager les contribuables. Le désordre monétaire prit fin par la grande réforme qui rendit en fait à la couronne la frappe des espèces monétaires, ou du moins obligea les princes qui continuaient à battre monnaie à se conformer aux règles en vigueur pour les monnaies royales. Dans l'administration courante, le français prit décidément la place du latin et la langue des affaires cessa d'être inintelligible aux administrés. Pour la première fois, le peuple sentait que le gouvernement n'était pas seulement une machine à le pressurer, un instrument d'exaction ; pour la première fois, le fonctionnaire cessait de lui apparaître comme un maître et se transformait en protecteur ; pour la première fois, il sentait que la force de la royauté s'alliait à la justice, que le roi de loin veillait sur lui et compatissait à ses misères. La royauté devenait populaire ; elle s'enracinait dans toutes les provinces, ralliait à elle l'opinion publique, se manifestait nécessaire, indispensable, parce que bienfaisante. C'est de Saint Louis, semble-t-il, que date en France cette forme de sentiment national qui s'exprime par le culte de la monarchie. Le royaume devient une patrie dont tous les membres sont liés entre eux par un commun amour pour le roi. Jeanne d'Arc devait être, deux siècles plus tard, l'incomparable expression de cet amour. Mais cet amour, c'est Saint Louis qui l'a inspiré le premier aux Français, si indélébile qu'il a passé à tous ses successeurs.

La paix et la justice qu'il voulut faire régner parmi ses sujets, furent aussi la règle constante de la politique de Saint Louis. Il eût pu, avec les plus grandes chances de succès, arracher au roi d'Angleterre le dernier reste de ses possessions continentales, et au roi d'Aragon les fiefs qu'il détenait en Languedoc. Il leur offrit à tous deux, malgré l'avis de ses conseillers, des arrangements amiables. Par le Traité d'Abbeville (1259), il reconnut à Henri III la propriété du Périgord et du Limousin, moyennant l'abandon des prétentions anglaises sur la Normandie, l'Anjou, la Touraine, le Maine et le Poitou réunis à la couronne par Philippe Auguste. Par celui de Corbeil, il obtint de Jayme II d'Aragon ses territoires languedociens au prix de la cession de la suzeraineté française sur la Catalogne (1258)[1]. Sa conduite, durant le furieux conflit du pape et de Frédéric II ne se départit pas d'une neutralité qui chez un fils aussi soumis de l'Église, peut passer pour un blâme discret des violences d'Innocent IV. La confiance qu'inspirait son équité lui valut au dehors un prestige politique d'autant plus solide qu'il ne le recherchait pas. Dans les Pays-Bas, les d'Avesnes et les Dampierre le prirent pour arbitre dans leur longue querelle ; en Angleterre, Henri III et les barons révoltés lui soumirent leur différend.

Mais pour lui comme pour les grands scolastiques de son temps, si la guerre entre les chrétiens est toujours un malheur et souvent un crime, elle s'impose en revanche contre l'infidèle. L'ardeur de sa foi était trop vive et sa sincérité trop entière pour qu'il ne considérât pas comme le premier de ses devoirs de tâcher de reconquérir le tombeau du Christ. Les calculs ou les intérêts qui, de plus en plus, détournaient ses contemporains de la Croisade, n'avaient aucun prix pour cet idéaliste. Pour lui, comme pour les papes, elle restait l'honneur et l'affaire essentielle de la chrétienté. Son entourage avait beau lui en représenter les dangers, les dépenses, l'inutilité et l'échec à peu près certain, leurs raisonnements ne pouvaient convaincre un roi qui estimait surtout dans sa couronne les devoirs qu'elle lui imposait à l'égard de Dieu, c'est-à-dire de l'Église. Plus son royaume était paisible et prospère, plus il lui tardait de partir. L'enthousiasme des premiers croisés revivait dans ce prince par qui s'achève l'histoire des Croisades. Sont-ce bien encore des Croisades d'ailleurs que les deux expéditions qu'il entreprit contre l'Islam, la première en 1248, la seconde en 1270 ? Oui, si l'on en considère le but, non si l'on envisage leur composition. La chrétienté dans son ensemble leur demeura complètement étrangère. Ce furent deux entreprises purement françaises et dans lesquelles la chevalerie suivit le roi beaucoup plus par dévouement, par loyalisme, par amour des aventures, que par passion religieuse. L'une et l'autre d'ailleurs échouèrent complètement. Ce n'est qu'après dix ans d'efforts (1248-1254), après s'être obstiné au siège de Damiette, après être tombé aux mains des Turcs, après avoir vu mourir ses plus chers compagnons et supporté douloureusement les reproches des autres, que le roi se résigna enfin au retour. Il aurait sans doute montré la même constance dans la seconde (1270) si, à peine débarqué sur la plage de Tunis, la maladie ne lui avait procuré la fin qu'il avait toujours rêvée : celle de mourir en combattant pour la foi. Sa mort rompit une entreprise à laquelle personne, sauf lui, n'avait pris part avec sincérité. C'était par intérêt pour son frère, le nouveau roi de Sicile, Charles d'Anjou, qui prétendait à la suzeraineté de Tunis, que Saint Louis s'était dirigé vers cette ville avant de cingler sur l'Égypte. Le saint roi venait de servir, sans s'en douter, d'instrument à la politique réaliste et conquérante que son règne avait interrompue un instant.

La question de Sicile, autour de laquelle s'était déchaînée la lutte du pape et de Frédéric II, n'avait pas été tranchée par la mort de l'empereur. Après la fin prématurée de son fils Conrad IV son bâtard Manfred, au lieu d'administrer le pays au nom de l'héritier de Conrad (qui a conservé dans l'histoire le nom de Conradino que les Italiens lui ont donné), s'en était attribué la couronne (1258). Alexandre IV, qui venait de succéder à Innocent IV, avait d'abord cédé aux propositions du roi d'Angleterre et investi de la Sicile le fils de celui-ci, Edmond, un enfant qui ne pouvait rien faire et ne fit rien. Il fallait en finir et charger un prince puissant, et sur lequel Rome pût compter, de replacer définitivement la Sicile sous la suzeraineté du Saint-Siège. Seule la France pouvait fournir un tel prince. Saint Louis ayant refusé la couronne pour son fils cadet, Urbain II se mit en rapports avec le plus jeune frère du roi, Charles d'Anjou, devenu, par mariage, en 1246, comte de Provence. Depuis longtemps déjà l'ambition de Charles suivait attentivement les affaires d'Italie, où les Guelfes voyaient en lui leur protecteur et leur chef futur. En 1266, il recevait à Rome, des mains de Clément IV, la couronne de Sicile et partait, à la tête d'une nombreuse et brillante chevalerie, excitée par l'appât des richesses du pays, se mettre en possession de son royaume. Les armes françaises soutinrent brillamment la réputation qu'elles s'étaient acquises depuis la journée de Bouvines. La bataille de Bénévent (février 1266) détruisit l'armée de Manfred, qui y perdit la vie. Quelques mois plus tard (août 1268), un sort semblable atteignit à Tagliacozzo celle que Conradin amenait d'Allemagne. Le jeune prince parvint à s'échapper, fut repris, livré au vainqueur, condamné à mort pour crime de lèse-majesté et exécuté. La dynastie des Hohenstaufen, cette « race de vipères », comme disait Innocent IV, était anéantie. Le pape ne permit pas que Conradin, qu'il avait excommunié, fut inhumé en terre bénite. Quelque temps auparavant, l'archevêque de Cosenza avait fait enlever le corps de Manfred du tombeau que les chevaliers français lui avaient élevé pour honorer son courage, et avait ordonné qu'il fut enfoui au bord du Verde. Sa femme mourut en prison. Tant d'acharnement dans la victoire de la part de la curie, suffit à expliquer le sort du pauvre Conradin. Les romantiques du xixe siècle n'ont pas manqué de pleurer en lui une victime de la France, ennemie héréditaire de l'Allemagne, et leur indignation n'a pas laissé d'attiser à son sujet, les haines nationales dont d'adroits politiques devaient si habilement se servir. Rien ne porte plus complètement à faux que ces rancunes rétrospectives. L'hostilité de la France et de l'Allemagne, que l'on a si soigneusement entretenue de nos jours, est de date très récente et l'on n'en pourrait découvrir aucune trace au xiii{{e{{ siècle. Conradin n'a été immolé qu'à la raison d'État, et la responsabilité de sa mort, après le pape et Charles d'Anjou, incombe à Frédéric II lui-même. Car c'est Frédéric II qui le premier a poussé jusqu'à ses dernières conséquences et appliqué sans pitié à ses adversaires le principe qu'aucune loi n'est supérieure à l'intérêt du prince. Le droit romain ne justifiait-il pas cette théorie qui s'accordait si admirablement avec son absence de scrupules ? Les juges de Conradin ne furent que ses disciples ; il devait en avoir d'autres plus tard, dans les tyrans italiens.

On pourrait définir la politique de Charles d'Anjou en disant qu'elle est celle des derniers Hohenstaufen, mais avec cette différence encore que la papauté l'appuie au lieu de la combattre. Comme Henri VI et Frédéric II, en effet, Charles conserve et même renforce son absolutisme en Sicile ; comme eux, il travaille à soumettre toute l'Italie à sa direction ; comme eux enfin, il rêve d'étendre sa puissance à l'Orient. Rome s'effraye des progrès de cet allié dans lequel elle avait espéré une créature et qui maintenant s'impose et l'entraîne à sa suite. Mais pour lui échapper, il faudrait pouvoir lui opposer un rival, qui forcément s'appuierait sur les Gibelins et sur les mécontents de Sicile qui se recrutent parmi ces partisans des odieux Hohenstaufen. D'ailleurs, si gênant qu'il soit, Charles est un fils zélé de l'Église ; il a rendu au clergé sicilien ses privilèges, et ses projets sur Constantinople, où l'Empire latin vient de disparaître (1261) et où les Paléologues ont ramené le schisme, peuvent servir à y rétablir l'union d'obédience qui reste un des objectifs essentiels de la politique du Saint-Siège. L'empereur Michel n'ignore pas les dangers qui le menacent. Sourdement, il entretient en Sicile la fomentation que les procédés hautains et l'arrogance des Français qui y ont suivi le nouveau roi augmentent de jour en jour. Et ses intrigues sont activement secondées par le roi d'Aragon, Pierre III, qui a épousé une fille de Manfred et convoite la succession de son beau-père.

L'Espagne, où les progrès des royaumes chrétiens sur les États musulmans n'ont cessé de grandir depuis le commencement du xiiie siècle, et où Barcelone commence à participer activement au commerce de la Méditerranée, apparaît ici pour la première fois sur la scène de la politique européenne. Sa situation géographique devait forcément lui imposer, dès qu'elle en aurait la force, une politique maritime et la faire intervenir à son tour dans le bassin de la mer intérieure que ses côtes fermaient à l'Occident. Pierre d'Aragon agit avec autant d'habileté que de vigueur. Ses excitations eurent une grande part à la révolte qui éclata à Messines en 1282 et à laquelle la postérité a conservé le nom de « Vêpres siciliennes ». Elle se répandit aussitôt dans toute l'île. Charles y envoya la flotte qu'il avait préparée pour l'attaque de Constantinople. Elle fut détruite par l'amiral d'Aragon, André Loria, devant Trapani, dans une bataille qui amorce glorieusement l'histoire de la marine espagnole. Charles mourut peu après en 1285, sans avoir pu venir à bout de l'insurrection. Son fils Charles II lui succéda et malgré ses efforts et l'appui du pape, fut enfin obligé d'abandonner la Sicile insulaire aux Espagnols. Il y eut désormais deux royaumes de Sicile, l'un appartenant à la maison d'Aragon au delà du détroit de Messines, l'autre continuant à reconnaître la dynastie angevine qui se fixa à Naples[2].

Si l'intervention de Charles d'Anjou en Italie témoigne du prestige croissant de la France, on ne peut pourtant la considérer comme une entreprise de la politique française. Saint Louis laissa les mains libres à son frère, mais ne fit rien pour l'appuyer et considéra les affaires de Sicile comme étrangères au royaume. Il n'en alla plus de même sous son successeur Philippe le Hardi (1270-1285). Jusqu'à lui, la conduite des rois de France avait été exclusivement dominée par le souci de consolider le royaume, d'en écarter les influences étrangères et d'en grouper les diverses parties sous leur pouvoir. Leur grand ennemi, leur seul ennemi avait été l'Angleterre et s'ils avaient cherché des alliés à l'extérieur, ce n'avait été que pour pouvoir mieux triompher d'elle au dedans. L'œuvre avait réussi et la France était devenue une grande puissance. Saint Louis ne s'était servi de ses forces que pour garantir la paix ; Philippe le Hardi se lança dans une politique d'expansion à laquelle le génie ambitieux et remuant de son oncle, Charles d'Anjou, ne fut sûrement pas étranger. Il se laissa entraîner par lui, en 1272, à la mort de Richard de Cornouailles, à poser, ou pour mieux dire, à permettre que l'on parlât de sa candidature à la couronne de roi des Romains qui, si elle avait réussi, eut impliqué la France, au profit du roi de Sicile, dans l'inextricable fourré des querelles d'Allemagne. L'élection de Rodolphe de Habsbourg empêcha heureusement la réalisation de ce projet. Il eut du moins pour résultat d'inspirer à Rodolphe une condescendance sans bornes à l'égard de la maison de France. Charles en profita pour lui faire renoncer à toutes prétentions sur la Sicile, Philippe, pour obtenir de lui en 1281 le protectorat de l'évêché de Toul. Tant de bonne volonté ne pouvait naturellement qu'encourager le roi à s'étendre de plus en plus au delà de la frontière de l'Empire. Déjà il s'était fait prêter serment de fidélité en 1272 par l'archevêcque de Lyon. Dans les Pays-Bas, il soutenait le comte de Flandre, Guillaume de Dampierre, dans sa lutte contre la maison d'Avesnes, lui faisait obtenir le comté de Namur et s'employait à procurer l'évêché de Liège à l'un de ses fils, introduisant par lui l'influence française partout où pénétrait l'influence flamande. Le comte de Hainaut, Jean d'Avesnes, cherchait vainement à intéresser Rodolphe à sa cause et le suppliait en termes virulents de descendre dans les Pays-Bas où son ennemi le comte de Flandre se riait insolemment du glaive émoussé de l'Empire. En fait, la suzeraineté allemande avait déjà disparu de ces riches contrées et il semblait qu'elle dut y être remplacée prochainement par celle de la France.

Cette expansion de la puissance capétienne vers le nord et vers l'est sur des territoires que leur situation géographique, leurs mœurs et, en partie, leur langue orientaient naturellement vers la France était la conséquence fatale de la faiblesse de l'Allemagne. Elle était trop naturelle pour ne pas devoir s'accomplir du moment où, derrière la frontière artificielle qu'elle traversait, ne se rencontrait plus pour la repousser un État supérieur en force et décidé à garder ce que les vieux traités carolingiens lui avaient attribué au xie siècle. Pour réussir, Philippe le Hardi n'avait qu'à profiter des circonstances et du temps qui travaillaient pour lui. Mais il n'en allait pas de même au sud du royaume. Les Pyrénées établissent ici entre les pays et les peuples une barrière dont il a toujours fallu à la longue que s'accommodent les ambitions politiques et les conquêtes. Clovis ne les avait pas dépassées, et si plus tard les Arabes les avaient franchies, ce n'avait été que pour être bientôt ramenés au delà. La marche d'Espagne, constituée par Charlemagne au delà des monts n'avait pas tardé à se détacher de la France. Tout ce qu'il en restait, c'étaient des droits de suzeraineté mal définis des rois de France sur la Catalogne, des rois d'Aragon sur le Languedoc. Saint Louis avait substitué, par amour de la paix, la clarté à cette confusion. Depuis le Traité de Corbeil, les Pyrénées délimitaient aussi nettement les droits que les pays. On se demande pourquoi Philippe le Hardi se résolut à bouleverser de nouveau une situation si satisfaisante et à se mêler des affaires de l'Espagne. Aucun péril ne le menaçait de ce côté, il n'avait à y revendiquer aucun droit, ni à y protéger aucun intérêt. Les questions dynastiques qui occasionnèrent son intervention en Navarre et en Castille dès 1275 n'étaient que des prétextes. Il s'en saisit parce qu'il voulait faire la guerre, une guerre de magnificence comme on aurait dit sous Louis XIV, une guerre d'hégémonie, comme on dirait de nos jours. Ayant la force, il s'en servit pour s'imposer, sans autre profit en vue que la gloire de sa couronne. C'est, je pense, la première guerre de pure ambition politique que signale l'histoire d'Europe. Peut-être d'ailleurs faut-il attribuer l'immixtion de Philippe le Hardi en Espagne au désir de seconder en Sicile les desseins de Charles d'Anjou, auxquels la maison de Castille n'était guère moins hostile que celle d'Aragon. En tous cas, il en fut ainsi pour la campagne d'Aragon en 1283. Après les Vêpres siciliennes, le pape ayant excommunié le roi d'Aragon, offrit son royaume, qui constituait un fief de l'Église, au roi de France pour l'un de ses fils. Philippe désigna Charles de Valois et passa les monts pour lui conquérir le trône de Pierre II. Il mourut pendant l'expédition sans avoir réussi.

L'œuvre de Saint Louis était complètement ruinée. Son fils laissait en mourant la France impliquée dans les affaires d'Italie et d'Espagne et sur le point de voir l'Angleterre, sortie des troubles du règne d'Henri III et sollicitée par ses nouveaux ennemis, reprendre les armes contre elle. Mais si sa position n'était plus aussi forte que vingt ans plus tôt, elle était plus brillante. Elle s'était largement dilatée au détriment de l'Empire, avait franchi les Pyrénées et, malgré les Vêpres siciliennes, voyait une dynastie française, par l'avènement de Charles II d'Anjou, définitivement installée à Naples et bientôt après établissant une de ses branches sur le trône de Hongrie. Dans l'Europe du xiiie siècle, elle n'avait pas de rivale. Il n'y existait nulle part un royaume aussi étendu, aussi bien situé par ses débouchés sur la Mer du Nord et la Méditerranée, aussi peuplé et, sauf l'Angleterre, jouissant d'une constitution politique aussi solide.

II. La civilisation française

L'hégémonie intellectuelle ne va pas toujours de pair avec l'hégémonie politique. L'Allemagne avait exercé la seconde, au xie siècle, sans posséder la première car il ne suffit pas de s'imposer par la force pour s'imposer en même temps par la civilisation. Il arrive que des pays insignifiants par la puissance, comme par exemple l'Italie du xve siècle, répandent au dehors leurs mœurs, leurs idées et leur art par la simple manifestation de leur supériorité. La France du xiiie siècle a eu ce bonheur d'être supérieur au reste de l'Europe, tout à la fois comme État et comme société. Sa force n'a fait que rendre plus rapide et plus irrésistible un ascendant moral qui lui est bien antérieur et qui n'a rien de commun avec les succès militaires et politiques de la royauté.

Si l'on observe, après la période carolingienne l'état général de la civilisation européenne, on remarque que presque tous ses caractères essentiels apparaissent en France plus tôt qu'ailleurs et y trouvent en même temps leur expression la plus complète. Cela est vrai de la vie religieuse comme de la vie laïque. L'ordre de Cluny, celui de Citeaux, celui de Prémontré sont nés en France, de même que s'y est formée la chevalerie et que les Croisades y ont trouvé leurs milices les plus nombreuses et les plus enthousiastes. Et c'est en France encore qu'au commencement du xiie siècle, l'art gothique jaillit tout à coup et impose sa maîtrise au monde, en même temps qu'apparaissent les premières chansons de geste. Il y a là autre chose qu'un cas fortuit. Pour que tant de personnalités éminentes se soient rencontrées, pour que tant d'efforts et tant de nouveautés se soient déployées dans le bassin de la Seine depuis le xe siècle, il faut qu'il y ait existé, comme en Grèce, dans l'Attique du ve siècle, un milieu particulièrement favorable au déploiement de l'énergie humaine. Et, en effet, les deux grandes forces sociales qui, sur les ruines de l'Empire carolingien travaillent à la constitution d'une Europe nouvelle, le monachisme et la féodalité, ne sont nulle part aussi actives et aussi dominantes que dans la France du nord. Sans doute il y a partout des moines et partout des féodaux, mais là seulement l'ancien ordre de choses a disparu assez complètement pour leur laisser le champ libre et n'entraver en rien leur liberté. De là ces ordres monastiques et cette caste chevaleresque que l'Europe, à mesure que s'y accomplit plus lentement la même évolution qui les a produites, emprunte naturellement à la France. De là cet élan extraordinaire des Français du nord pour la Croisade, c'est-à-dire pour la manifestation la plus complète d'une société dominée à la fois par l'esprit religieux et l'esprit militaire. Et de là enfin, provoquée par les mêmes idées et les mêmes sentiments, la naissance simultanée de l'art gothique, qui transforme l'architecture religieuse, et de l'épopée féodale, par laquelle débute, en France d'abord, puis, par imitation de la France, dans le reste de l'Europe, la littérature en langue vulgaire.

Ainsi, l'ascendant de la civilisation française est bien antérieur à celui de la royauté française. Il commence à l'époque où les Capétiens vivent dans l'ombre de leurs grands vassaux. Il serait très exact de dire que la civilisation comme la politique a débuté en France par la forme féodale. Il ne faut pas oublier que le monastère de Cluny a été bâti par le duc de Bourgogne, et que les comtes de Flandre et les comtes de Champagne furent parmi les plus ardents protecteurs du mouvement clunisien, comme des ordres de Citeaux et de Prémontré. Et de même ce sont les ancêtres réels ou fabuleux de ces princes bâtisseurs de monastères que chantent les chansons de geste. Leurs héros sont des barons, les sentiments qu'elles exaltent, le courage, la fidélité et la piété. Leur plus beau type, Roland, est l'idéal des chevaliers tel que l'imaginaient les enfants des guerriers de la première Croisade. Durant le cours du xiie siècle, cette civilisation féodale s'orne et s'épure. La vie de cour, avec ses mœurs raffinées et conventionnelles que le Moyen Age a désigné sous le nom très exact de « mœurs courtoises » est née, non dans l'entourage du roi encore longtemps fidèle à la tradition carolingienne, mais dans les résidences princières. C'est là que se fixent les règles et le cérémonial de la chevalerie, que s'élève le sentiment de l'honneur, qu'apparaît le culte des dames, que se développe une littérature où la « matière de Rome » et celle de Bretagne viennent enrichir celle de France, où les divers genres lyriques de la langue d'oc passent à la langue d'oïl. Et cette floraison de la vie féodale n'est déjà plus restreinte à la France. Dès la fin du xie siècle elle s'est implantée en Angleterre avec les compagnons du conquérant, et elle s'est répandue dans tous les points de l'Orient où les chrétiens se sont établis. C'est le français que l'on parle à Jérusalem, à Antioche, à Saint-Jean d'Acre. Il est dès lors et il est resté jusqu'à nos jours, dans le bassin de la Méditerranée orientale, la langue internationale des Européens.

En Europe même, ses progrès depuis le commencement du xiiie siècle sont extraordinaires, et ici la puissance politique acquise par le royaume a singulièrement aidé à la puissance d'expansion qu'il tenait déjà de son prestige social. De même qu'aux xviie et xviiie siècles, il devient dans chaque pays, pour la haute aristocratie, comme une seconde langue nationale. Dans les régions de langue « thioise », des précepteurs français sont chargés de l'enseigner aux jeunes gens de la noblesse comme le complément indispensable de la bonne éducation et de la « courtoisie ». En Italie même, Brunetto Latini lui donne le pas sur tous les autres idiomes.

Plus tôt même que la langue, la littérature de la France a fait son tour d'Europe. Par les Pays-Bas, dès le milieu du xiie siècle, elle se répand en Allemagne ; d'Allemagne, dans les pays Scandinaves. Dans toutes les langues germaniques comme dans toutes les langues romanes, on la traduit ou on l'imite. Tout ce qu'elle produit, attire l'attention et trouve des lecteurs, c'est à ce point que nous ne connaissons plus aujourd'hui l'existence de certaines branches françaises du Cycle de Charlemagne que par des traductions norvégiennes. Les plus grands poètes de l'Allemagne du xiiie siècle, un Hartmann de Strasbourg, ou un Wolfram von Eschenbach, sont tous pleins de réminiscences et de paraphrases des poèmes français. Pour retrouver dans l'histoire antérieure l'exemple d'un semblable prestige, il faut remonter, malgré la différence foncière des époques et des sociétés, à la diffusion de la littérature et de la langue grecque dans l'Empire romain à partir du IIe siècle avant Jésus-Christ.

La comparaison est d'autant plus exacte que, pour la France comme pour la Grèce, elle s'applique à l'art en même temps qu'aux mœurs et à la littérature. Il suffit de penser ici à la conquête de l'Europe par l'architecture gothique, car sous cette épithète de gothique, due au mépris des humanistes italiens, il faut entendre comme on sait, une création essentiellement française. L'invention de la croisée d'ogives au commencement du xiie siècle, quelque part sur les confins de la Normandie et de l'île de France, a en quelques années, par l'effort de constructeurs de génie, transformé de fond en comble l'ossature et le style des monuments. Jusqu'alors les procédés de l'art de bâtir étaient en somme restés dans ce qu'ils avaient d'essentiel, ceux de l'Antiquité. Brusquement tout change. Les conditions d'équilibre, le rapport des supports et des portées, des pleins et des vides, de l'horizontal et du vertical sont transformés, et de cette transformation naît la seule grande école d'architecture que l'histoire de l'art puisse citer à côté de l'architecture grecque. Notre-Dame de Paris est commencée en 1163 ; la cathédrale de Reims, en 1212 ; la nef d'Amiens date de 1220, le façade de Chartres de 1194. L'admiration que provoquèrent de tels monuments se comprend sans peine. Elle nous est attestée d'ailleurs par la vogue dont jouirent bientôt les architectes français. L'un d'eux construit le chœur de la cathédrale de Magdebourg ; un autre élève la cathédrale de Lund en Suède. Villart de Hannecourt, dont un heureux hasard nous a conservé l'album, dessine des projets de construction pour les divers pays de l'Europe. Sans doute, les élèves étrangers des architectes français ne se bornèrent pas à répéter machinalement leurs leçons. Ils adaptèrent l'art nouveau aux matériaux dont ils disposaient, le modifièrent au gré de leur génie propre, l'harmonisèrent dans une certaine mesure avec les traditions de leurs patries. Il y a un gothique anglais et un gothique allemande comme il y a un gothique espagnol et un gothique italien. Mais tous sont fils directs du gothique français et aucun d'eux n'a atteint à la maîtrise de leur père. Les cathédrales de France le cèdent à celles d'autres pays pour la grandeur des proportions, la fantaisie du décor, le luxe ou l'éclat des matériaux ; elles restent incomparables pour l'harmonie et la majesté : ce sont les Parthénons du gothique.

L'hégémonie de la France dans le domaine de la littérature et de l'art aux xiie et xiiie siècles s'explique très simplement par la, supériorité de la civilisation française. Il n'en est plus tout à fait de même pour son hégémonie scientifique qui a frappé bien davantage les contemporains. Ici, en effet, on abandonne la vie nationale pour la vie cléricale. Toute la science du Moyen Age, si l'on en excepte en partie le droit et la médecine, est ecclésiastique, et la langue dont elle se sert exclusivement est le latin. Elle est essentiellement universelle, internationale. Et pourtant, c'est en France, ou pour être plus exact, à Paris que s'en trouve le foyer central. Les deux sciences cardinales de l'époque, celles qui règnent sur toutes les autres et s'imposent à elles, la théologie et la philosophie semblent, depuis le xiie siècle, avoir élu domicile au bord de la Seine. C'est là que s'est formée la méthode scolastique qui, jusqu'à la Renaissance, a dominé aussi complètement la pensée que le style gothique dominait l'art. C'est là que les nécessités de l'enseignement ont créé un latin nouveau, empruntant sa syntaxe au français, langue sèche, impersonnelle, mais incomparablement claire et précise et à laquelle les railleries des humanistes n'ont pas enlevé la gloire d'avoir été durant trois siècles la langue, non seulement écrite, mais parlée des gens instruits dans toute l'Europe. Depuis Abélard jusqu'à Gerson, il n'est pas un penseur de marque qui n'ait, sinon enseigné, du moins étudié à Paris. L'Université qui, dès le règne de Philippe Auguste, s'y est formée par la réunion des maîtres et des élèves des diverses écoles de la ville, a exercé jusqu'aux extrémités du monde catholique une attraction irrésistible et qui est restée sans exemple. Jean d'Osnabrück, à la fin du xiiie siècle, donne à la France le monopole de la science ; le poète flamand Van Maerlant la célèbre comme le pays par excellence de la « clergie », et l'on sait d'ailleurs que l'Université de Paris a été le modèle dont s'est plus tard inspiré Charles IV pour la fondation de l'Université de Prague (1348), prototype des universités allemandes. A cet ascendant universel qu'exerce Paris, correspond, si l'on peut ainsi dire, le cosmopolitisme des maîtres qui y enseignent. Ils viennent non seulement de France, mais d'Allemagne, comme Albert le Grand, des Pays-Bas, comme Suger de Brabant, d'Écosse comme Duns Scott, d'Italie comme Thomas d'Aquin. Bref, de même que Rome est le siège du gouvernement de l'Église, Paris est celui de son activité théologique et philosophique. Il est comme la clef de voûte de son haut enseignement.

D'où lui est venue cette extraordinaire fortune ? Pourquoi la science catholique s'est-elle fixée dans cette ville du nord qu'aucune tradition littéraire ou religieuse n'appelait à la mission qui lui a été dévolue ? On ne peut l'expliquer autrement que par le caractère singulier que donnait à Paris la résidence de la cour royale. Les traditions carolingiennes de la royauté la prédisposaient admirablement à s'intéresser aux écoles ecclésiastiques et à leur accorder sa protection. Si ce sont les grands seigneurs féodaux qui ont favorisé les fondations mystiques de l'Église, les rois ont pris sous leur garde ses fondations savantes. Rien d'étonnant donc si, de très bonne heure, les écoles de Paris se sont trouvées dans une situation privilégiée. Les progrès de la royauté, en augmentant depuis le commencement du xiiie siècle l'importance et l'attraction de la capitale, ont fait le reste. Le centre national de la France est devenu le centre de la vie scientifique européenne. Ce ne sont pas seulement les Français qui auront répandu par le monde ce dicton du xiiie siècle, dû sans doute à un jeu de mots d'étudiant : « *Paris absque pare*, Paris sans pair. »

L'influence de la civilisation française, au xiie et au xiiie siècles, n'a pas été partout également intense. Elle atteint son maximum dans les pays où les Français l'ont portée eux-mêmes en s'y installant : en Angleterre et dans les établissements des croisés en Orient. Ailleurs, elle ne s'est répandue que par emprunt, imitation, mode ou contagion, et par l'exemple. Mais partout elle ne s'est communiquée qu'aux classes supérieures de la société, à la noblesse parmi les laïques, aux étudiants et aux savants parmi les clercs. A cet égard on peut la comparer à celle de la Renaissance du xve siècle ; elle ne s'est étendue comme elle qu'à l'aristocratie sociale ou à celle de l'intelligence et du savoir. On comprend facilement qu'il en ait été ainsi. La France du Moyen Age ne possédait pas, en effet, une vie économique assez intense pour imposer son action au commerce et à l'industrie. Dans ce domaine, elle le cédait de beaucoup à l'Italie et à la Flandre. En Flandre pourtant, le voisinage intime, les relations politiques et les intérêts commerciaux ont fait descendre l'influence française jusqu'à la bourgeoisie. Les patriciens des grandes villes flamandes du xiie siècle sont plus qu'à moitié français ; ils le sont au point de se servir du français comme langue administrative et langue d'affaires. Le caractère bilingue que la Belgique flamande a conservé jusqu'à nos jours date de cette époque. Il n'est dû en rien, comme par exemple celui de la Bohême, à l'occupation étrangère ; il est une conséquence naturelle et pacifique du voisinage de la France et la meilleure preuve de l'attraction exercée par sa civilisation.

---

1. L'Aragon ne conserva au nord des Pyrénées que le comté de Roussillon et Montpellier.
2. Une paix définitive fut signée en 1302 entre Frédéric d'Aragon et Robert d'Anjou.

4
PHILIPPE LE BEL ET BONIFACE VIII

I. — Les motifs de la crise

La mort et la catastrophe de Frédéric II (1250) avaient clôturé la lutte séculaire de la papauté et de l'Empire. Depuis lors, le pape n'a plus d'ennemis. Le pouvoir universel qu'il exerce sur l'Église est incontesté. Il peut se consacrer à la réalisation des grands desseins de la politique pontificale : l'union de l'Église grecque et la Croisade. Il sembla un instant que la première allait se réaliser. L'empereur de Byzance, Michel Paléologue, comptant obtenir contre les Turcs l'appui de l'Occident, se déclarait prêt à reconnaître la primauté de Rome et Grégoire X, au Concile de Lyon en 1274, put proclamer la fin du schisme qui depuis trois siècles divisait la chrétienté. Ce ne fut que le triomphe et le rêve d'un moment. L'Église grecque était trop profondément enracinée dans le sentiment religieux et les traditions nationales des chrétiens d'Orient, pour consentir à se courber sous le joug des Latins. Les démarches de l'empereur furent désavouées par elle. En 1281, Martin IV n'espérant plus rien, dut l'anathématiser de nouveau. Le but auquel on se flattait d'avoir atteint, était plus éloigné que jamais. La Croisade, solennellement annoncée au Concile en même temps que la réconciliation des Grecs, ne réussit pas mieux. Louis IX avait été le dernier croisé. Sans doute Charles d'Anjou, par ambition politique beaucoup plus que par sentiment religieux, préparait une expédition qui, si elle avait pu mettre à la voile, n'eût sans doute pas mieux réussi que celles de son frère. Mais les Vêpres siciliennes l'obligèrent à détourner sa flotte contre Messines et à s'absorber dans la défense de son royaume menacé.

Ainsi la papauté n'est arrivée à son apogée que pour voir échouer ses plans grandioses de ramener les Grecs au sein de l'unité catholique et de reprendre à l'Islam le tombeau du Christ. Bien plus ! en Occident même sa situation est ébranlée. L'heure de sa victoire est en même temps celle où commence à se manifester son déclin.

On aperçoit de cela plusieurs causes. Tout d'abord la lutte contre l'empereur ayant pris fin, la cause du pape en Italie cesse de se confondre avec celle des Guelfes, avec celle des villes lombardes surtout, que l'empereur menaçait en même temps que lui. Il n'est plus désormais qu'un souverain italien et sa puissance temporelle se réduit à la mesure de ses intérêts territoriaux. Elle est médiocre, si médiocre qu'elle ne lui permet pas de résister à Charles de Valois, dont la prépondérance s'affirme bientôt dans toute la Péninsule, jusque dans les États de l'Église, jusque dans Rome même où son titre de sénateur fait de lui le protecteur, c'est-à-dire le maître du peuple. Mais cela ne suffit pas ; elle va plus loin et s'introduit au sein même de la curie. Jadis, à l'époque où l'élection des papes se faisait par le clergé et le peuple, c'est par la violence ou la corruption que les barons romains cherchaient à rallier la foule au candidat de leur choix. La création du collège des cardinaux par Nicolas II (1059) avait mis fin à ces pratiques et assuré la liberté de l'élection en la mettant à l'abri des émeutes de la rue. En 1179, pour la garantir mieux encore, Alexandre III avait décidé qu'à défaut de l'unanimité, les deux tiers au moins des cardinaux devaient être d'accord dans leur choix. Il va de soi que plus grandissait l'ascendant de la papauté dans les affaires de l'Europe, plus aussi les considérations politiques se mêlaient aux considérations religieuses pour déterminer les votes. Pourtant, les cardinaux étant presque tous italiens, l'étranger n'avait joué durant très longtemps qu'un rôle fort secondaire dans leurs délibérations. Il n'en alla plus de même depuis l'arrivée de Charles d'Anjou. Sa constante préoccupation fut de s'assurer d'un parti dans le Sacré Collège et il travailla de toutes ses forces à y introduire des Napolitains, des Provençaux et des Français, sur lesquels il pût compter. Il y réussit. Clément IV, provençal d'origine et qui lui était tout dévoué, se prêta à ses vues et laissa une véritable faction angevine se former parmi les cardinaux. La mort de Clément (1268) fut le signal d'une lutte acharnée entre ces « angevins » et leurs adversaires. Ce n'est qu'après trois ans de conflit et d'intrigues qu'ils se résignèrent à l'élection de Grégoire X (1271). Rien d'étonnant si Grégoire voulut mettre fin à un état de choses aussi préjudiciable au bon gouvernement de l'Église. C'est à lui que remonte l'institution du conclave tel à peu près qu'il existe encore de nos jours. Il décida qu'à la mort d'un pape, les cardinaux devaient se réunir dans un local fermé et sans communication avec le dehors : défense leur était faite, sous peine d'excommunication, d'en sortir avant d'avoir achevé l'élection. Ces précautions n'empêchèrent pas Charles de Valois, en 1280, de violenter le conclave et de lui faire élire le Français Martin IV, qui soutint passionnément tous ses projets. Charles mort, le parti angevin, s'il fut moins puissant, n'en resta pas moins actif. Le conclave n'exista que pour la forme. Nicolas IV ne fut élu qu'après environ un an de démêlés entre les cardinaux (1288), et quand il mourut en 1292, les querelles recommencèrent de plus belle, si bien qu'après deux ans de stérile agitation, on résolut pour en finir, et dans l'impossibilité où l'on était de s'imposer les uns aux autres un candidat, d'élire un vieil ermite, étranger aux choses du monde, que le peuple considérait comme un saint et qui fut l'innocent jouet d'intrigues qui l'eussent révolté s'il les eût comprises : Célestin V : il savait à peine le latin, et quand il eût passé de la solitude de ses montagnes au palais du Latran, abasourdi et désorienté, il ne s'aperçut pas qu'il ne servait que d'instrument au roi de Naples, Charles II d'Anjou, qui, pour mieux disposer de lui, l'installa dans sa capitale. Il n'eut bientôt plus qu'une pensée, celle d'abdiquer. Les cardinaux ne demandaient qu'à le prendre au mot. Il leur avait donné le temps de s'accorder. Le 17 décembre 1294, ils élisaient à la place du pauvre vieillard, un noble romain, Benoît Gaetani, qui prit le nom de Boniface VIII.

Avec lui apparaît sur le trône de Saint Pierre le dernier pape de la lignée des Innocent III et des Innocent IV. Son but évident a été de rendre au Saint-Siège l'éclat, le prestige, l'autorité morale et le magistère politique universel dont il avait joui dans leur temps. La pompe dont il s'entoure dans les cérémonies publiques, les deux glaives qu'il fait porter devant lui, la couronne dont il orne la tiare pontificale, sont autant de moyens d'affirmer la primauté du successeur de Saint Pierre dans l'Église, de rappeler que la puissance temporelle lui est subordonnée puisqu'aussi bien, faisant partie de l'Église, elle ne peut prétendre à secouer l'autorité du chef de celle-ci. Il n'y a là rien de neuf, rien qui n'ait été déjà indiqué par Nicolas Ier et Grégoire VII, nettement formulé par Innocent III, et logiquement démontré par les scolastiques. Les fameuses bulles adressées à Philippe le Bel ne contiennent pas autre chose que la doctrine admise par tous les théologiens sur les rapports entre les deux pouvoirs. Boniface n'a fait que recueillir et répéter les principes de ses grands prédécesseurs, sans y rien ajouter.

D'où vient donc la tempête qu'ils ont soulevée et la catastrophe à laquelle ils l'ont conduite ? Précisément de leur immutabilité. Ils ne s'accordent plus avec les réalités politiques ; les temps ont changé, et ce que le pape, conformément à la tradition, promulgue comme la vérité même, va soulever l'opposition des nations les plus avancées de l'Europe, rois et peuples d'accord pour y voir une insupportable atteinte à leurs droits et à leurs intérêts les plus légitimes.

Qu'on y prenne garde, en effet : ce n'est pas seulement avec la France que Boniface VIII s'est trouvé aux prises. Édouard Ier ne s'est pas montré à son égard de meilleure composition que Philippe le Bel, et le Parlement d'Angleterre n'a pas moins énergiquement repoussé ses prétentions que les États généraux de Paris. Si les événements ont donné au conflit avec la France la portée d'une rupture complète, il n'en est pas moins vrai que la politique pontificale a soulevé en même temps contre elle, et pour les mêmes motifs, la résistance des deux pays qui, dès la fin du xiiie siècle, possèdent une véritable constitution d'État.

Jusqu'alors, le pape n'avait eu à combattre qu'un seul ennemi : l'Empire, ou plutôt l'empereur, et la question débattue entre eux, il faut le redire encore, ne se renfermait pas dans les limites d'une nation ; elle embrassait la chrétienté tout entière. Sans doute, en sapant le pouvoir impérial, le pape sapait en même temps le pouvoir du roi d'Allemagne. Mais loin que l'opinion allemande s'en irritât, elle voyait au contraire avec plaisir l'affaiblissement du pouvoir monarchique, et les princes qui la représentaient, au lieu de résister aux entreprises de Rome lui fournirent au contraire un appui qui facilita leur succès. Avec Frédéric II, il est vrai, les circonstances se modifient. La lutte se livre maintenant plus encore pour le royaume de Sicile que pour l'Empire, et le royaume de Sicile est un État. Mais il faut observer tout d'abord que cet État n'est pas indépendant, puisqu'il est un fief du Saint-Siège, et ensuite, et surtout, qu'il n'est pas un État national. Sa population hétérogène ballottée depuis des siècles entre des conquérants étrangers supporte le gouvernement despotique qu'ils lui infligent, et l'on ne surprend chez elle aucune velléité de confondre sa cause avec la leur. Les Siciliens ont fourni à Frédéric II des impôts et des soldats. Mais il savait très bien que sa querelle leur était indifférente. Il n'a pas songé un instant à les appeler à se prononcer sur la légitimité de ses droits. Il s'est borné à les faire défendre théoriquement par des légistes.

Quelle différence entre ce despote absolutiste, ce Hohenstaufen, auquel un mariage politique a donné la Sicile, et les rois d'Angleterre et de France. En Angleterre, depuis Jean sans Terre, les libertés consacrées par la Grande Charte se sont affirmées. Sous le long règne de Henri III (1216-1272) les barons et les bourgeoisies conduits par Simon de Montfort ont imposé à la couronne le contrôle d'un conseil d'État. Des représentants des villes apparaissent à côté de ceux de la noblesse dans l'Assemblée nationale que le roi s'engage à convoquer trois fois par an et qui prend officiellement, pour la première fois en 1258, ce nom de Parlement qui, dans l'histoire de l'Europe moderne, est appelé à de si glorieuses destinées. Ses attributions se précisent sous Édouard Ier, et son droit essentiel, point de départ de la première des constitutions libres de l'univers, celui de consentir à l'impôt, est formellement reconnu en 1297. Désormais la nation et le souverain sont associés dans le gouvernement du pays. Si des limites sont tracées au pouvoir personnel du prince, si, seul en Europe parmi ses pareils, il doit renoncer aux guerres de pure ambition dynastique et se consacrer uniquement aux entreprises qu'approuve et que subsidie son peuple, quelle force en revanche lui donne cette adhésion Dès la fin du xiiie siècle, la politique anglaise est vraiment, dans la pleine acception du mot, une politique nationale. Elle l'est à l'intérieur comme à l'extérieur. De là le contraste frappant qu'elle présentera à travers les siècles, d'agitation et de luttes intestines au dedans, coïncidant au dehors avec une continuité dans les vues, une persistance et une opiniâtreté dans l'exécution qui ne s'est jamais rencontrée ailleurs que dans ce pays où les entreprises de la couronne sont nécessairement celles de la nation[1].

Cette grande force qui communique à l'Angleterre de la fin du Moyen Age un caractère déjà si moderne, la France en est privée. Elle en possède une autre, moins profonde, mais pour le moment aussi puissante, dans l'incomparable prestige de son roi. Car ce qu'elle est devenue, elle le doit uniquement à la royauté. C'est la royauté qui l'a affranchie du particularisme féodal, qui l'a défendue contre l'ennemi extérieur, qui a protégé ses villes naissantes, qui lui a donné les institutions financières et administratives qui mettent le peuple à l'abri de la violence et de l'exaction. Contre l'oppression qu'exerçait une dynastie toute puissante, l'Angleterre a créé la garantie du Parlement ; contre les abus résultant de la suprématie féodale, la France a trouvé la protection du roi. Aussi le roi y jouit-il de la même popularité qui, dans l'État voisin, s'attache au Parlement. Dans un pays comme dans l'autre, le sentiment national s'accorde avec la constitution politique et s'est développé en même temps qu'elle. Il se distingue surtout en Angleterre par la fierté, en France par la piété monarchique. Il donne à chacun des deux peuples son caractère individuel, son tempérament collectif, si l'on peut ainsi dire, produit de son évolution historique, que l'on méconnaît étrangement quand on invoque pour se rendre compte ce mystérieux facteur de la race qui peut tout justifier parce qu'il n'explique rien.

Philippe (IV) le Bel, qui succéda à son père Philippe le Hardi en 1285, apporta en montant sur le trône un nouvel agrandissement au royaume. Sa femme était l'héritière du royaume de Navarre et, ce qui était plus important, du comté de Champagne qui fut réuni au domaine royal. Sauf la Guyenne possédée par le roi d'Angleterre, la Bretagne qui, depuis toujours, conservait une indépendance peu gênante à cause de sa position excentrique, et la Flandre, tous les grand fiefs étaient maintenant rentrés sous le pouvoir direct de la couronne. Philippe le Hardi s'était laissé entraîner par Charles d'Anjou dans une guerre de prestige contre l'Aragon. Son fils s'empressa de la terminer, et se garda de gaspiller ses forces au profit des ambitions siciliennes du roi de Naples. Il les consacra tout entières à des fins plus utiles et plus pratiques. Achever le royaume à l'intérieur en y annexant la Flandre et la Guyenne, et continuer énergiquement à l'est et au nord à le dilater au détriment de l'Empire, tel paraît bien avoir été le double but de sa politique. En cela Philippe le Bel continue la tradition de ses devanciers. Ce qui le distingue d'eux, c'est la méthode qu'il emploie. Jusqu'à lui, les rois gouvernent au milieu de leur cour, et tous les membres de leur entourage habituel sont dans la confidence de leurs affaires. Il n'en va plus de même sous Philippe le Bel. Avec lui, des allures secrètes se substituent à l'ancienne familiarité du palais ; il se cache, pour ainsi dire, derrière les ministres qu'il emploie, se dissimule à ce point qu'on s'est demandé avec quelque naïveté si sa politique n'avait pas été tout simplement celle de ses agents et s'il ne s'était pas borné à les laisser faire. On peut se poser cette question à propos de tous les souverains modernes qui n'ont pas été des hommes de génie, et le fait qu'elle occupe les historiens de Philippe le Bel, est la meilleure preuve des nouveautés qui s'introduisent avec lui dans l'exercice du pouvoir monarchique. Le roi est désormais si fort, si sûr d'être obéi, qu'il peut se permettre de confier les plus grandes affaires à des hommes de naissance obscure, sortis de la bourgeoisie ou de la petite noblesse, mais que recommandent leur science de juristes ou leurs connaissances pratiques, en même temps que la médiocrité de leur fortune et l'espoir de l'augmenter en servant le prince garantissent leur dévouement. Sans doute, avant Philippe le Bel, quelques-uns de ces hommes nouveaux s'étaient déjà glissés dans les conseils de la couronne. Sous Philippe le Hardi, Pierre de la Brosse, devenu de simple médecin du roi son conseiller intime, avait fait scandale et finalement achevé par la potence une carrière trop brillante aux yeux de la cour. Mais ce qui n'était encore qu'une exception, devient maintenant la règle. Tous les hommes qui ont été appelés au gouvernement, chargés de missions diplomatiques ou employés au maniement des finances par Philippe le Bel, sont de simples « clercs de loi », comme Pierre Flote, Enguerrand de Marigny, Guillaume de Nogaret, ou des banquiers siennois comme les deux frères Guidi (Guy). Avec eux apparaît un personnel politique complètement distinct de la cour, ne délibérant qu'avec le roi seul, possédant seul sa confiance et seuls initiés à ses desseins. Ils sont dans la main de leur maître de simples instruments qu'il peut briser quand il le voudra.

Ils savent qu'ils sont entourés de haines féroces et que le moment de leur chute pourrait bien être pour eux celui de monter au gibet. Aussi, pour conserver la faveur royale, rivalisent-ils de zèle et n'épargnent-ils personne. Sans préjugés de classe, hostiles aux privilèges de la haute noblesse qui les méprise, ils travaillent de tout cœur à fonder l'absolutisme et leur conviction est en ceci d'accord avec leurs passions et leur intérêt, car l'étude du droit romain leur a montré dans l'absolutisme la vérité politique. Ils sont secs, cassants, ironiques, impitoyables. Ce n'est pas le roi qui parle par leur bouche, mais la royauté anonyme, supérieure à tout, courbant tout sous son pouvoir, et dont ils se font les auxiliaires avec une joie triomphante, fiers de voir les plus grands seigneurs rechercher leur protection et passer publiquement pour leurs créatures. Rien d'étonnant si, maniée par eux, la politique de Philippe le Bel se caractérise par la violence froide et l'absence complète de scrupules. La considération exclusive de l'intérêt de la couronne s'est substituée à l'idéal de justice et de charité de Saint Louis. Par l'accroissement constant de sa force, le pouvoir royal en est arrivé à ne plus tolérer d'obstacles et à justifier les moyens qu'il emploie par les fins qu'il s'assigne.

On s'en aperçoit tout de suite en jetant un coup d'œil sur l'intervention de la couronne dans les Pays-Bas. Jusqu'alors, elle y avait constamment soutenu la maison de Dampierre contre la dynastie rivale des d'Avesnes, et l'avait aidée à soumettre à son influence le Namurois, le pays de Liège, la Gueldre et le Luxembourg. Par elle, elle introduisait ainsi dans ces parties de l'ancienne Lotharingie dépendant de l'Allemagne, le pouvoir d'un de ses vassaux et l'appui qu'elle donnait au comte de Flandre contre le comte de Hainaut se rattachait à son habile politique d'empiétement au détriment de l'Empire. Jean d'Avesnes avait inutilement travaillé à intéresser Rodolphe de Habsbourg à sa cause. Il n'en avait obtenu que de vains diplômes contre Guy de Dampierre. Il devenait plus évident de jour en jour pour les princes des Pays-Bas que leur suzerain traditionnel ne pouvait rien pour eux et que leur intérêt leur imposait à tous de rechercher l'amitié du roi de France, dont le comte de Flandre avait si largement profité. Jean d'Avesnes faisant volte face, s'enhardit à faire sonder la cour de Paris. Il la trouva toute disposée à accueillir ses avances. En 1293, rompant avec son passé, il entra décidément dans la clientèle capétienne. Philippe le Bel s'alliait ainsi au mortel ennemi de cette maison de Flandre dont il était le suzerain et à qui, suivant le droit féodal, il devait aide et assistance ! Mais le droit féodal n'était plus maintenant invoqué par la couronne que quand il fournissait des prétextes à ses prétentions : elle rejetait, au nom de la souveraineté les obligations qu'il lui imposait. Elle avait tiré du comte de Flandre les services qu'il pouvait lui rendre. Maintenant que les princes vassaux de l'Empire venaient à elle, il devenait inutile et même dangereux de continuer à augmenter son pouvoir en Lotharingie. Le moment était venu de lui montrer qu'il n'était rien sans l'appui du roi, et de le ramener au rôle d'un simple instrument de la couronne.

Les mouvements sociaux dont les villes flamandes étaient le théâtre depuis le milieu du xiiie siècle offraient à la politique royale une nouvelle occasion d'agir dont elle sut tirer tout de suite un merveilleux parti. Dans les grands centres industriels qu'étaient Gand, Bruges, Ypres, Lille et Douai, une véritable haine de classe excitait contre les patriciens qui exerçaient le gouvernement municipal, les masses ouvrières des travailleurs de la draperie, foulons, tondeurs, tisserands, etc. Ils reprochaient aux échevins de n'administrer qu'au profit de la haute bourgeoisie, de les sacrifier aux intérêts des riches marchands de drap et de laine, de les réduire à des salaires de famine. Des grève (*takehans*) avaient éclaté, on avait découvert des conspirations, et l'exaspération parmi le peuple allait croissant à mesure que se multipliaient les mesures de précaution ou de défense prises contre lui. En 1280, une révolte générale avait éclaté en même temps dans toutes les villes flamandes ou wallonnes provoquant dans plusieurs d'entre elles de véritables batailles de rues. Guy de Dampierre en avait profité pour intervenir. Incapable de maîtriser au moyen de ses seules forces les échevinages patriciens qui depuis longtemps méprisaient ouvertement son autorité, il s'était montré plein de bienveillance pour le peuple afin de l'intéresser à défendre les prérogatives princières. Contre l'alliance menaçante du comte et du « commun », les patriciens cherchèrent aussitôt un protecteur dans le suzerain de leur prince, le roi de France. Déjà en 1275, sous le règne du roi Philippe le Hardi, les XXXIX de Gand[2] cassés par Guy de Dampierre en avaient appelé au Parlement de Paris. La sentence avait été équitable. Le Parlement, convaincu des abus qui leur étaient reprochés, les avait déboutés de leur plainte, sans approuver pourtant la nouvelle organisation que le comte avait donnée à la ville. À cette impartialité du droit, les légiste de Philippe le Bel devaient substituer bientôt le parti pris politique. Ne se laissant guider que par l'intérêt de la couronne, la question pour eux n'est pas de juger entre le comte et les patriciens, mais de soutenir systématiquement ceux-ci contre celui-là. Rien n'est épargné pour leur montrer qu'ils peuvent en tout compter sur le roi, et la protection qui leur est accordée se manifeste d'autant plus puissante qu'elle a recours à des procédés plus humiliants pour le comte. De simples « sergents » sont envoyés dans les villes flamandes comme « gardiens » au nom de la couronne ; la bannière fleurdelisée est arborée sur leurs beffrois et leur confère une immunité qui leur permet de braver en face leur seigneur et ses baillis. La ploutocratie orgueilleuse qui domine les villes n'a plus rien à craindre depuis qu'elle se couvre de l'emblème redoutable de la puissance royale. Elle peut se rire désormais des efforts du comte et du « commun ». Elle se fait gloire de ce nom de « gens du lys », de *leliaerts*, que le peuple lui décerne par opprobre.

Aux méthodes nouvelles de la politique impitoyable qui s'acharnait contre lui, Guy de Dampierre, menacé au dehors par l'alliance de Philippe le Bel avec Jean d'Avesnes, au dedans par le protectorat du roi sur ses grandes villes, n'aurait eu rien à opposer, si la guerre qui venait de reprendre entre la France et l'Angleterre ne lui avait fourni l'espoir d'opposer la force à la force.

Depuis le commencement du xiiie siècle, la royauté anglaise absorbée par les glorieux troubles civils d'où devait sortir la constitution nationale, n'avait pu continuer l'œuvre d'expansion commencée par Henri II. Dans les montagnes de l'ouest, la principauté de Galles conservait son indépendance, et au nord, les rois d'Écosse ne se souciaient plus de la vassalité qui leur avait été imposée par le grand Plantagenêt. Un tel état de choses ne pouvait durer longtemps. L'unité géographique d'une île tend nécessairement à y introduire l'unité politique. Les Gallois et Écossais étaient d'ailleurs pour l'Angleterre les plus incommodes et les plus dangereux voisins, et lorsque Édouard Ier résolut de les soumettre, la nation seconda ses desseins avec empressement. Le pays de Galles fut réuni au royaume en 1284, en conservant une autonomie dont le nom de prince de Galles porté par l'héritier de la couronne fut depuis lors le symbole. La guerre contre l'Écosse fut plus malaisée. Malgré leur origine diverse et leur idiome différent, anglo-saxon dans le « bas pays » du sud, celtique dans les montagnes du nord, les Écossais étaient animés d'un même sentiment d'autonomie. lorsque le roi Jean Baliol eût reconnu la suzeraineté anglaise et prêté serment de fidélité à Édouard (1292), leur indignation fut telle que Baliol dut rompre les obligations qu'il venait de contracter et se décider à prendre les armes. Peut-être eut-il hésité s'il n'avait été encouragé dans son attitude par Philippe le Bel. Le roi de France avait cru, en effet, devoir saisir le moment des difficultés d'Édouard avec l'Écosse pour balayer l'Angleterre de ses dernières possessions continentales. Il avait donné ordre d'occuper la Guyenne en même temps qu'il se liait à Baliol par un traité inaugurant ainsi cette politique d'alliance de la France et de l'Écosse qui, à travers les fluctuations de l'histoire d'Europe, reparaîtra durant des siècles, unissant les deux pays contre l'ennemi commun. Le premier essai en fut d'ailleurs malheureux. Édouard se bornant à la défensive en Guyenne, tourna toutes ses forces contre Baliol, s'empara de sa personne après l'avoir vaincu à Dunbar (1296) et fit transporter la pierre sur laquelle on couronnait les rois d'Écosse à l'abbaye de Westminster, où elle se trouve encore. Le royaume d'Écosse avait momentanément cessé d'exister et n'était plus qu'une province anglaise.

Édouard pouvait maintenant se tourner contre la France. Mais l'attaquer avec ses seules forces ne présentait guère de chances de succès. Il entreprit de lui opposer une coalition comme celle que Jean sans Terre avait quatre-vingts ans plus tôt réunie contre Philippe Auguste. Si déchu que fut en Allemagne le pouvoir royal, il se mit en rapport avec Adolphe de Nassau ou, pour parler plus exactement, le prit à sa solde et lui fit déclarer la guerre sous prétexte de territoires de l'Empire annexés par la France dans les derniers temps. Mais c'est surtout sur les princes des Pays-Bas qu'il fondait son espoir. Car son plan consistait à attaquer la France par le nord, c'est-à-dire par le seul côté de son territoire où elle ne soit pas protégée par des frontières naturelles. Il s'attacha surtout à gagner le comte de Flandre et ses avances devaient trouver chez lui un terrain tout préparé par les rigueurs de Philippe le Bel. Le 9 janvier 1297, Guy de Dampierre envoyait défier son suzerain. La guerre commença au mois de juin. Adolphe de Nassau, qui n'avait voulu que toucher les livres sterlings de l'Angleterre, ne parut pas. Édouard débarqua en Flandre, mais à peine y était-il arrivé qu'une révolte générale éclatait en Écosse. Dès lors, il ne chercha plus qu'à se tirer d'une expédition qu'il lui était impossible de mener à bien. Le 9 octobre, il concluait une trêve avec le roi de France, et se hâtait de courir tenir tête à l'ennemi du nord. Le choc menaçant les deux grands États occidentaux était ajourné. Guy de Dampierre abandonné par Édouard qui, en 1299, signait sans l'y comprendre une paix définitive, restait seul pour tenir tête à l'armée française. Elle eut vite fait de conquérir le comté où les Leliaerts désorganisaient la résistance (mai 1300). Le vieux comte fut traité en vassal félon et emprisonné avec ses fils. La Flandre, confisquée, reçut un gouverneur royal. Et son annexion semblait présager à bref délai celle de tous les Pays-Bas. Le comte de Hainaut, Jean d'Avesnes, devenu l'allié intime de Philippe le Bel, héritait des comtés de Hollande et de Zélande et faisait piteusement reculer le nouveau roi d'Allemagne, Albert d'Autriche, qui s'était avancé jusqu'à Nimègue pour les occuper. Déjà, on commençait à considérer en France le cours du Rhin comme la frontière naturelle du royaume. La puissance capétienne était arrivée à son apogée !

II. — La crise

Ces événements furent l'occasion de la crise qui allait porter une atteinte mortelle à ce pouvoir arbitral assez mal défini que la papauté s'arrogeait sur les princes et les peuples, du fait de leur appartenance à l'Église.

Sur le point d'en venir aux prises, Philippe le Bel et Édouard Ier avaient rivalisé de préparatifs militaires et par conséquent de dépenses. L'un et l'autre avaient largement taxé les biens d'Église comme s'il s'était agi d'une Croisade. Des réclamations n'avaient pas manqué de se produire. Rome en avait été avertie et Boniface VIII crut devoir saisir cette occasion de rappeler solennellement aux princes les limites que la théologie assigne au pouvoir temporel. La bulle *Clericis laïcos*, (25 février 1296), défendait strictement aux laïques d'imposer le clergé sans le consentement du pape, annulait toutes dispenses qui auraient pu être accordées à cet égard, et menaçait de l'excommunication tous les contrevenants. Le texte s'adressait à la chrétienté en général ; ni le roi de France, ni le roi d'Angleterre n'y étaient cités, mais personne ne pouvait douter qu'il ne fut dirigé contre eux. Il ne contenait rien, au surplus, qui s'écartât des principes constamment proclamés par les autorités religieuses. Depuis la fin de l'Empire romain, les immunités financières du clergé n'avaient cessé de s'étendre et étaient depuis des siècles considérées comme aussi naturelles que ses immunités judiciaires.

Dans le conflit qui s'ouvrait, ce n'était pas le pape, c'étaient les rois qui violaient la tradition. Les rôles étaient répartis exactement à l'inverse de leur distribution pendant la guerre des investitures. Là, Henri IV, en face de Grégoire VII, avait agi en conservateur défendant ses droits acquis contre des prétentions révolutionnaires. Ici, les droits acquis étaient du côté de Boniface VIII, et les prétentions révolutionnaires partaient de Philippe et d'Édouard. Seulement, entre Henri IV et Grégoire VII la question se posait sur le terrain religieux et l'opinion publique s'était prononcée par cela même en faveur du pape. Entre Boniface et les deux rois, elle se portait au contraire sur le terrain politique ; elle mettait en question la souveraineté monarchique, l'existence même de l'État, les intérêts les plus évidents des nations, et cette fois le sentiment général, au lieu de soutenir Rome, devait se tourner contre elle.

Le pape ne s'est évidemment pas attendu à l'opposition qu'il allait soulever. Toute sa conduite prouve qu'il n'a pas compris qu'il y avait quelque chose de changé en Europe depuis Innocent IV et Frédéric II, et que la France et l'Angleterre de 1296 n'étaient plus ce qu'elles étaient un siècle auparavant. Il n'a pas vu que les droits de la couronne s'y appuyaient sur le consentement des peuples, et que la solidarité nationale y était devenue assez puissante, non seulement chez les laïcs mais au sein du clergé lui-même, pour repousser toute tentative d'intervenir dans les affaires du roi, de paralyser son gouvernement et de compromettre ses finances et sa force militaire, au nom des privilèges de l'Église. Que l'on suppose Philippe et Édouard abandonnés par leurs sujets, soit par motif de conscience religieuse, soit par indifférence, il ne leur restait qu'à se soumettre humblement. Ce qui les a fait triompher, c'est la conscience d'avoir pour eux l'assentiment de leurs peuples, c'est-à-dire la force morale, la seule qui leur permît de vaincre dans un conflit de ce genre.

Ni l'un ni l'autre ne jugea bon de s'expliquer. Édouard considéra la bulle comme non avenue et continua de lever l'impôt prohibé. Philippe agit de façon à montrer au pape combien il était dangereux d'intervenir dans ses affaire : menacé dans ses finances, il menaça lui-même les finances du pape. Il interdit la sortie des monnaies et des lettres de crédit hors des frontières du royaume. Du coup, tous les revenus que la papauté tirait de la France et tous ceux qu'elle y faisait passer par l'intermédiaire de ses banquiers italiens, se trouvèrent interrompus. Plus ses besoins d'argent étaient grands et sa fiscalité développée, plus ce coup qui la frappait, était sensible. Un siècle auparavant une telle riposte eût été impossible, faute des moyens pour l'exécuter. Mais la royauté française possédait maintenant un pouvoir si étendu et une administration si complète et si bien dressée que l'ordre donné fut ponctuellement accompli. L'État attaqué se défendait par ses propres moyens et l'Europe assista à ce spectacle nouveau d'un souverain résistant aux ordres de Rome en leur opposant une simple mesure administrative. L'imprévu de l'événement désorienta Boniface VIII. Son intervention dans la guerre de Sicile, et dans ses propres États la révolte des Colonna, lui imposaient un pressant besoin d'argent. Il fallait avant tout que la frontière de France se rouvrît. Pour l'obtenir, il se résigna à faire au roi des avances qui durent coûter beaucoup à son caractère altier. Sans retirer la bulle, il l'atténua au point de lui ôter toute importance pratique, et la canonisation de Saint Louis, prononcée en 1297, put paraître un hommage rendu à la maison de France.

L'incident à peine clos, il s'en ouvrait un autre. Comme ses prédécesseurs, Boniface VIII se berçait de l'espoir d'unir l'Europe en une nouvelle Croisade. La guerre entre la France et l'Angleterre, les deux plus puissants États de l'Occident, rendant une telle entreprise irréalisable, il offrit sa médiation aux belligérants. Il fut entendu, pour ménager leur susceptibilité, que ce n'était là qu'une démarche toute privée et faite en nom personnel. Pourtant, la paix ayant été solennellement promulguée dans une bulle, Philippe le Bel y vit une atteinte à ses droits souverains, l'affirmation de la suprématie temporelle de la papauté sur sa couronne, et il en manifesta aussitôt son ressentiment en accordant ouvertement son appui aux Colonna.

Au moment où la situation allait ainsi se tendant de plus en plus, s'ouvrit le grand jubilé de l'an 1300. C'était la première solennité de ce genre que voyait l'Europe, et elle fut pour le pape un triomphe incomparable. De tous les points de la chrétienté, les fidèles affluèrent à Rome par centaines de milliers (on dit 200.000), pour gagner les indulgences acquises à ceux qui visiteraient le tombeau des apôtres. Les hommages de vénération et d'amour que leurs masses enthousiastes prodiguèrent à Boniface VIII l'enivrèrent d'orgueil. Il oublia les mésaventures des dernières années ; d'avoir vu tant de pèlerins prosternés à ses pieds, il crut que les rois et les peuples étaient tout prêts à s'incliner aussi devant ses ordres. Il put bientôt s'apercevoir que la sincérité de leur ferveur religieuse et de leur dévouement à l'Église n'allait pas jusqu'au sacrifice de leur indépendance et de leur dignité.

Édouard Ier avait profité de sa paix avec Philippe le Bel pour se retourner contre des Écossais. A l'appel de ceux-ci, Boniface VIII était intervenu, l'avait accusé de violence et d'injustice et revendiqué le droit de prononcer entre les deux parties. Il ne s'adressait qu'au roi ; le roi résolut de s'adresser à la nation, et au mois de janvier 1301, le Parlement fut appelé à se prononcer sur les prétentions du pape. Ainsi, cette fameuse question de la souveraineté temporelle et de ses limites dont ne s'étaient occupés jusqu'alors que des ermites, des théologiens et des légistes, allait être abordée par les mandataires de tout un peuple. Leur réponse fut une affirmation catégorique des droits souverains de la couronne. Prélats, barons, chevaliers et bourgeois furent également indignés de l'immixtion du pape dans une guerre qui était populaire et qu'avait glorieusement terminée la bataille de Falkirk (22 juillet 1298). « Jamais », répondirent-ils, « nous ne souffrirons que notre roi se soumette à des exigences aussi inouïes. »

Boniface ne releva pas ces paroles. Au moment où elles lui parvinrent, ses relations avec la France avaient pris un tel caractère de gravité qu'elles ne lui permettaient pas de les compliquer d'une querelle avec l'Angleterre. A la demande de l'archevêque de Narbonne, se plaignant de la confiscation de certains fiefs relevant prétendument de son Église, il avait envoyé à Paris comme légat, l'évêque de Pamiers, Bernard Saisset. Le langage hautain du légat avait blessé le roi. Il n'en montra rien, le laissa rendre compte de sa mission à Rome, puis, à peine revenu dans son évêché, le fit arrêter et accuser par Pierre Flote, son chancelier, de lèse-majesté, de rébellion, d'hérésie, de blasphème et de simonie. Une assemblée de prélats et de docteurs le reconnut coupable, et demande fut faite au pape de le destituer de ses fonctions épiscopales.

À ces mesures, le pape répondit en exigeant la libération immédiate de Saisset, en remettant en vigueur la défense d'imposer les biens d'église et en convoquant à Rome le clergé de France pour délibérer avec lui sur les moyens d'amender le roi. En même temps, il adressait personnellement à celui-ci la bulle *Ausculta fili* dans laquelle il lui rappelait que Dieu avait placé le successeur de Saint Pierre au-dessus des princes et des États. « C'est pourquoi », lui disait-il, « ne crois pas ceux qui voudraient te persuader que tu n'as pas de supérieur. Qui pense ainsi se trompe, et qui persiste dans cette erreur est un infidèle ». Innocent III n'aurait pas parlé autrement, et Saint Thomas d'Aquin, au milieu du siècle, avait longuement exposé la théorie dont s'inspirent ces paroles. Elles suscitèrent cette fois, parmi les juristes et les docteurs, des contradicteurs passionnés. Pierre Dubois, Jean de Paris, l'auteur du *Dialogue entre un clerc et un chevalier*, repoussèrent avec indignation la prétention du pape d'intervenir en matière temporelle. Sa compétence ne s'étend, d'après eux, qu'aux matières purement religieuses. Ils vont jusqu'à discuter la légitimité de sa souveraineté romaine et l'un d'eux (Jean de Paris) fait remonter à la donation de Constantin la décadence de l'Église ! Frédéric II et Pierre de la Vigne avaient déjà, ou à peu près, dit tout cela. Ces discussions d'ailleurs n'agitaient que les lettrés et la crise n'eut pas été bien grave si elle se fut bornée à une bataille de pamphlets. Mais Philippe le Bel, comme Édouard Ier l'année précédente, et sans doute s'inspirant de son exemple, résolut de faire de sa querelle la querelle de son peuple. La France n'avait pas de Parlement. Jamais encore les délégués de toute la nation n'avaient été appelés à conseiller la couronne. Ce fut ce grand débat où le principe même de la souveraineté royale était en jeu qui fut l'occasion de la première réunion des États généraux, début digne de ces assemblées dont la dernière devait, cinq siècles plus tard, proclamer les droits de l'homme et ouvrir la Révolution.

Les délégués du clergé, de la noblesse et de la bourgeoisie, se réunirent à Notre-Dame de Paris, le 10 avril 1302. L'opinion avait été adroitement surexcitée par des manœuvres dans lesquelles se trahit bien l'esprit d'un gouvernement à qui tous les moyens sont bons s'ils donnent le succès. De fausses bulles outrageantes pour le roi, une fausse réponse outrageante pour le pape avaient été largement répandues, procédés encore grossiers mais caractéristiques d'une époque où la politique commençait à sentir le besoin de s'appuyer sur le sentiment populaire. Pierre Flote exposa la querelle devant les États. Tous, le clergé comme les laïcs se déclarèrent avec enthousiasme pour le roi. Le clergé fit parvenir au pape sa réponse en langue latine, les deux autres ordres adressèrent la leur en français aux cardinaux.

Dès lors, la cause du pape était perdue. Les États généraux, avec bien plus d'éclat que ne l'avait fait l'année précédente le Parlement d'Angleterre, tranchaient en faveur de la couronne, c'est-à-dire en faveur de l'État, la question de la souveraineté. Il avait suffi qu'une assemblée nationale se prononçât, et le résultat que les empereurs s'étaient épuisés à poursuivre durant deux siècles de luttes qui avaient ensanglanté l'Allemagne et l'Italie, était atteint. A la force brutale des Césars germaniques, Rome avait jadis opposé victorieusement la force morale ; sa résistance à leurs tentatives de domination universelle avait rallié les nations à sa cause et l'Italie, en s'unissant à elle contre les Hohenstaufen, avait en même temps combattu pour sa propre liberté. Aujourd'hui, ses anciens alliés l'abandonnaient parce qu'elle menaçait à son tour leur liberté et leur indépendance. L'Allemagne ne s'était pas solidarisée avec la politique des empereurs ; la France se solidarisait avec celle de son roi. Que faire contre cette déclaration de guerre de tout un peuple ! A qui s'adresser ? A l'Angleterre ? Mais la querelle de la France était, en ce point, celle même de l'Angleterre. Bien plus, elle était celle de toutes les nations. Car, à la différence des empereurs, la France ne prétendait pas violenter la papauté et l'opprimer à son profit ; elle exigeait seulement que la papauté ne s'arrogeât pas le droit d'intervenir dans son gouvernement ; elle ne menaçait personne ; elle ne revendiquait que son autonomie temporelle, et l'intérêt de chaque État devait lui faire souhaiter qu'elle réussît. Boniface VIII se trouva donc isolé devant elle. L'ironie de l'histoire voulut que, ne sachant à qui recourir, il se tournât vers le roi d'Allemagne, Albert d'Autriche, dont il avait refusé jusqu'alors de reconnaître l'élection et que, rehaussant par nécessité cette majesté impériale que ses prédécesseurs avaient si fort humiliée, il lui rappelât qu'elle possédait la primauté sur tous les royaumes « et que les Français mentaient en disant qu'ils n'avaient pas de supérieur, puisqu'ils étaient en droit subordonnés à l'empereur ». La bulle *Unam sanctam* qu'il publia le 18 novembre 1302 est la dernière affirmation solennelle que Rome ait faite de sa primauté sur le pouvoir temporel. On y retrouve longuement exposée la théorie traditionnelle des deux glaives, et la subordination de tous les princes au successeur de Saint Pierre, *ratione peccati*.

Ainsi les prétentions contradictoires de l'État et de l'Église se heurtaient de front. Les choses eussent pu en rester là. Car la déclaration de principes contenue dans la bulle n'était qu'une manifestation désormais inoffensive. Mais Philippe le Bel était décidé à renverser son adversaire. Il pouvait employer contre lui une arme terrible et sa politique n'avait pas coutume d'épargner l'ennemi.

La situation personnelle de Boniface VIII à son égard était, en effet, très mauvaise. L'orthodoxie du roi était trop complète et trop évidente pour qu'il fût possible de lancer contre lui, comme jadis contre Frédéric II, la redoutable accusation d'hérésie. Sur le terrain religieux, sa situation était inébranlable et celle du pape ne l'était pas. L'élection de Boniface, accomplie du vivant de son prédécesseur et grâce à l'abdication de celui-ci, était un fait si étrange que ses ennemis n'avaient pas manqué de l'invoquer depuis longtemps comme une cause de nullité. Les Colonna allaient répétant que le pape n'était qu'un intrus et Philippe le Bel avait trop d'intérêt à ce qu'il en fut ainsi pour ne pas croire ou feindre de croire qu'ils avaient raison. Au mois de juin 1303, une nouvelle assemblée des États généraux approuva son dessein de soumettre la question à un Concile général. L'élan était donné et fut soigneusement entretenu par les partisans de la couronne. L'Université de Paris, des monastères, des villes, se mirent à l'envi à réclamer le concile, pendant que le gouvernement travaillait les États étrangers en faveur de ce projet.

Cependant Nogaret était envoyé en Italie pour s'y mettre en rapports avec les Colonna, s'emparer de la personne du pape et essayer de lui arracher son abdication. Il le surprit le 15 août à Anagni. La violence ne put avoir raison du vieillard. Menacé de mort par les Colonna, il demeura inébranlable, opposant à leurs fureurs une majesté hautaine et restant digne de lui-même dans sa catastrophe. Mais ce dernier coup l'avait brisé. Délivré par un soulèvement populaire, il ne rentra à Rome que pour y mourir le 12 octobre 1303.

Sa mort ne tranchait rien. L'appel du roi de France au Concile allait peser comme une menace sur ses successeurs. Benoît XI (1303-1304) vécut trop peu de temps pour résoudre cet angoissant problème. Clément V (1305-1314) n'y échappa qu'en engageant la papauté dans une crise qui acheva de ruiner l'incomparable prestige dont elle avait joui au XIIIe siècle.

Son élection, à laquelle les cardinaux ne se résignèrent qu'après onze mois de délibérations, était déjà un désaveu éclatant jeté à Boniface. Car le nouveau pape était Français et en le nommant le Conclave se courbait sous la volonté de Philippe le Bel. Il allait s'apercevoir bientôt qu'il venait de placer sur le siège de Saint Pierre un pontife incapable d'oublier qu'il était né sujet du roi de France. Clément V ne se contenta pas de faire entrer en masse dans le Sacré Collège des parents et des protégés de son souverain ; imbu de la prééminence que sa patrie a acquise en Europe, il est insensible à la majesté de Rome et à la tradition douze fois séculaire qui a fait de la ville des empereurs, la ville des papes. Pour ce Français, l'*aurea Roma* n'est qu'une ville comme une autre, malsaine par son climat, peu sûre par sa population mobile, et qui lui paraît sans doute bien inférieure à Paris. La papauté n'est-elle pas où est le pape ? Et qu'importe dès lors qu'il habite au Latran et pontifie à Saint-Pierre ? Clément V s'est fixé à Avignon ; ses successeurs devaient y demeurer jusqu'en 1378. Avignon sans doute est une possession de l'Église romaine. Mais entourée de domaine du roi de France, de fait elle est en France et l'étranger ne s'y est pas trompé. En abandonnant les bords du Tibre pour ceux du Rhône, les papes descendaient de la position qu'ils avaient occupée depuis un siècle entre Dieu et les rois et se réduisaient sinon toujours en fait, du moins en apparence, au rang de protégés et d'instruments de la couronne de France. C'est à cela qu'avait conduit la politique de Boniface VIII ! Qu'importait désormais le procès fait à sa mémoire ? Philippe le Bel continua encore quelques années à effrayer le pape. Après lui avoir arraché en 1312 la condamnation des Templiers, dont il convoitait les richesses, il n'en parla plus. A quoi bon ? Que restait-il désormais des hautaines déclarations de la bulle *Unam sanctam* et quelle possibilité que les papes, en s'adressant à l'avenir aux rois de France, leur parlassent encore sur ce ton ? Il est vrai que les propositions qu'elle renfermait, continuaient à subsister. En théorie, les prétentions de la papauté étaient intactes. En réalité, elles n'étaient plus, au moins à l'égard de la France, que des déclamations inoffensives. Philippe le Bel n'en demandait pas davantage. En politique, le résultat pratique seul est à envisager et il avait été plus décisif et surtout plus rapide qu'on n'eût osé l'espérer. Dans le choc de l'Église avec l'État national, celui-ci s'était montré le plus fort. La papauté chancelait à son tour sur les ruines du pouvoir impérial qu'elle avait abattu. Il semblerait presque qu'en quittant Rome pour Avignon, elle ait voulu chercher sur un théâtre moins en vue, à dissimuler son humiliation.

Ainsi le xiiie siècle vit à la fois sa plus haute puissance et sa chute. Au moment où, triomphant de l'Empire, elle croyait pouvoir prendre la direction de l'Europe, l'unir dans un même élan contre l'Islam et placer tous les peuples sous sa tutelle, les transformations économiques comme les transformations politiques qui s'étaient accomplies sans qu'elle y eût pris garde, rendaient impossible la réalisation de ses desseins. Le haut idéal qu'elle avait conçu à une époque de civilisation agricole et de régime féodal ne correspondait plus aux réalités sociales. La foi restait aussi vive et aussi générale que jadis, la discipline ecclésiastique s'imposait même plus complètement qu'elle ne l'avait jamais fait. Mais les hommes ne voyaient plus dans la Croisade qu'une chimère irréalisable, tant les progrès du commerce et de la vie urbaine avaient profondément modifié les mœurs et le genre de vie. Et en même temps, la constitution, en France et en Angleterre, d'États nationaux, puisant dans la nécessité de se maintenir le besoin d'une administration autonome et d'une politique indépendante, devait amener nécessairement le conflit où sombra Boniface VIII. Pendant le court moment du règne de Saint Louis, la politique chrétienne a pourtant pu se réaliser. C'est aussi le plus beau moment du xiiie siècle, une accalmie dans cette tempête continuelle où les forces tumultueuses de la vie emportent l'humanité.

---

1. Il faut remarquer que Simon de Montfort et les barons ont en même temps obligé le roi à sanctionner les libertés anglaises et à renoncer à ses projets sur la Sicile.
2. Échevins, représentants du patriciat, qui gouvernaient la commune.

LA CRISE EUROPÉENNE
(1300-1450)

L'ÉPOQUE DE LA PAPAUTÉ D'AVIGNON, DU GRAND SCHISME ET DE LA GUERRE DE CENT ANS

1
CARACTÈRES GÉNÉRAUX DE LA PÉRIODE

I. — Le mouvement économique et social

Rien de plus touffu, de plus contrasté, de plus déroutant que la période qui s'étend du commencement du xive siècle jusque vers le milieu du xve siècle. Toute la société européenne, des profondeurs à la surface y paraît en fermentation. Tandis que l'Église tourmentée tout d'abord par l'exil d'Avignon, puis par le grand schisme, enfin par la lutte des papes et des conciles, est ébranlée par des convulsions dont l'hérésie de Wyclif et celle de Jean Hus sont les manifestations les plus redoutables, tandis que la France et l'Angleterre sont aux prises, que l'Empire achève de se dissoudre au milieu de la lutte de maisons rivales que se disputent l'Allemagne, que l'Italie plus morcelée que jamais réunit en elle tous les types d'État et tous les genres de politiques, que les États slaves réagissent sous la poussée germanique et la refoulent, que les Turcs, profitant des querelles intestines de l'Occident, envahissent la Péninsule des Balkans et vont s'emparer de Constantinople, les peuples sont secoués par des révoltes sociales, travaillés par d'ardentes luttes de partis ou en proie à un malaise qui se traduit tantôt par des tentatives de réformes, tantôt par l'oppression des classes les plus faibles par les plus puissantes. L'agitation est partout, dans les esprits comme dans la politique, dans la politique comme dans la religion, et cette agitation paraît bien proche du désarroi. On souffre et on se remue plus qu'on n'avance. Car le seul sentiment dont on ait nettement conscience, c'est celui de ses maux. On veut y échapper sans savoir par où, ni comment. On n'a rien à substituer à la tradition qui pèse sur soi et dont on ne parvient pas à s'affranchir. Si ébranlées qu'elles soient, les vieilles idées subsistent et on les retrouve partout, modifiées sans doute ou altérées, mais sans présenter de changements essentiels. Dans leurs traits principaux l'Église, l'État, la constitution sociale et économique restent en somme durant ces cent cinquante ans ce qu'ils étaient à la fin du xiiie siècle. Il en est d'eux comme de l'art et de la science. L'architecture gothique et la scolastique ont encore assez de force pour fournir des œuvres intéressantes, mais l'époque de leurs chefs-d'œuvre est passée. L'apparition partout du travail n'aboutit qu'à des avortements. On sent bien que le monde attend un renouveau. Mais l'aube est lente à paraître en dépit de quelques lueurs qui percent çà et là. Les hommes de ce temps-là sont inquiets, nerveux, douloureux. Aucun n'atteint à la grandeur. Que l'on compare un Jean XXII, un Clément VII à un Innocent III ou à un Boniface VIII ; un Charles V à un Saint Louis ; un Charles IV à un Frédéric II ! Personnalités curieuses ou attachantes sans doute, mais de second plan, dont aucune ne peut passer pour l'incarnation de son époque, parce que ce qui manque précisément à cette époque d'instabilité, c'est un caractère qui soit bien à elle, un idéal dont elle s'inspire et qu'elle cherche à atteindre.

Ce qu'elle apporte de neuf et ce qui frappe tout d'abord, si on l'examine d'un coup d'œil d'ensemble, ce sont ses tendances révolutionnaires. Nulle part elles ne triomphent, mais on les observe dans tous les domaines. L'État et l'Église n'en ont pas été plus garantis que la société. Toutes les autorités traditionnelles sont discutées, attaquées : les papes et les rois comme les propriétaires fonciers et les capitalistes. Les masses profondes du peuple qui, jusqu'alors ont supporté ou soutenu le pouvoir, s'insurgent contre lui. Aucune époque avant celle-ci ne fournit autant de noms de tribuns, de démagogues, d'agitateurs ou de réformateurs. Au reste, nul ensemble dans tout cela et nulle continuité ! Les crises sont nombreuses et violentes, mais courtes et dispersées, symptômes d'un malaise social qui d'ailleurs n'est pas également ressenti partout et se manifeste suivant les régions de diverses manières. Il faut, si on veut en saisir la marche et la portée, l'observer tout d'abord dans les phénomènes les plus généraux et les plus simples de la vie sociale, c'est-à-dire dans l'ordre économique.

Comparé à ce que l'ont fait la renaissance du commerce et l'apparition des villes, il ne fournit aucune nouveauté essentielle.

Le cadre de l'Europe ne s'est pas agrandi depuis les établissements italiens en Orient et la fondation de villes allemandes sur les côtes de la Baltique ; la population n'augmente plus depuis la fin du xiiie siècle et les premières années du xive.

Venise au sud, Bruges au nord, restent les deux centres d'affaires les plus actifs, celle-là, point de contact de l'Orient avec l'Occident, comme celui-ci du commerce du nord avec celui de l'Italie. Les Allemands du sud ont leur « fondaco » à Venise, de même que la « Hanse » germanique a son comptoir à Bruges.

En Italie se développe un véritable capitalisme, entravé d'ailleurs par les réclamations économiques de plus en plus étroites des villes.

La draperie flamande au nord, la draperie florentine au midi, sont toujours comme au xiiie siècle, les deux grands centres d'industrie d'exportation par excellence. Le coton commence seulement à être travaillé. Aucun progrès technique ne se manifeste. Les instruments et les procédés de travail sont toujours à peu de chose près les mêmes que dans l'ancienne Égypte. La caque du hareng, inventée en Hollande à la fin du xive siècle, paraît être la seule nouveauté de quelque importance que l'on puisse signaler.

La circulation, il est vrai, s'est développée. Si les routes de terre restent régulièrement défectueuses, la navigation prend une importance croissante : les bateaux sont plus grands et font des voyages plus longs. Depuis le commencement du xive siècle, les galères de Venise et de Gênes circulent jusqu'à Bruges et Londres. Le long de l'Atlantique, les Basques et les Bretons se livrent activement au cabotage. Les « Coggers » de la Hanse sont partout sur la Mer du Nord et la Baltique. La Hollande et l'Angleterre n'ont encore qu'un but : la navigation locale.

La circulation de l'argent est plus remarquable encore que celle des produits et des denrées. Elle explique que, dès la fin du xive siècle, la frappe de l'or est régulière en France, en Flandre, en Angleterre, en Pologne et en Hongrie. Sous l'action des marchands italiens qui l'avaient déjà perfectionnée au xiiie siècle, elle progresse encore.

La lettre de change avec acceptation, apparaît dans la première moitié du xive siècle. Pegreni écrit la *Practica della Mercatura*.

La tenue des livres en partie double remonte, semble-t-il, à 1494, mais si intéressants que soient ces faits, ils ne peuvent suffire à marquer le point de départ d'une nouvelle période de l'histoire économique. Ils trahissent irrécusablement une tendance au développement du capitalisme, du commerce et des affaires, et pourtant si on envisage l'époque dans son ensemble, on découvre sans peine qu'un de ses traits les plus apparents consiste dans son hostilité au capitalisme, sauf en Italie.

La raison doit en être cherchée dans l'évolution subie par la bourgeoisie, c'est-à-dire par la classe dans laquelle se concentre tout entière l'activité commerciale et industrielle. Sauf de très rares exception, dont Venise est la plus éclatante à partir de la fin du xiiie siècle, la prépondérance des métiers se substitue plus ou moins complètement, dans chaque ville, à celle des patriciens.

Si les artisans ne parviennent pas à s'emparer du gouvernement politique local, ils réussissent au moins à soumettre à leur influence l'organisation de l'économie municipale. Cela revient à dire que du contrôle des grands marchands, elle passe sous celui des petits producteurs et que l'esprit dont elle s'inspire désormais subit une transposition correspondante.

Tels qu'ils apparaissent à l'origine, les métiers sont des groupements libres d'artisans de la même profession, unis pour la défense de leurs intérêts communs. On peut très exactement les comparer, quant à leur but, aux syndicats volontaires de nos jours. La grande affaire pour eux est de réglementer la concurrence. Tout nouveau venu, sous peine de boycottage, doit s'affilier à leur corporation. On comprend ce qu'une semblable situation a dû produire à l'origine de troubles et de luttes entre les confrères syndiqués et les récalcitrants, qui refusaient de sacrifier leur liberté. Le pouvoir municipal était aussi intéressé que les artisans eux-mêmes à faire cesser ces désordres. Il suffisait pour cela de donner aux métiers une consécration légale, en d'autres termes, de les transformer de syndicats volontaires en syndicats obligatoires reconnus par l'autorité communale. Les exemples les plus anciens de cette transformation remontent au xiie siècle ; au commencement du xive siècle, elle est générale et, les mêmes causes produisant partout les mêmes effets, elle a accompli son tour d'Europe. Désormais, dans chaque ville, chaque profession est le monopole d'un groupe privilégié de maîtres. Ceux-là seuls peuvent l'exercer qui ont été officiellement admis comme membres du groupe. Partout, dans ses traits principaux, l'organisation est identique. Entre le métier français, l'*ambacht* flamand, le *craft* anglais, l'*arte* italien, le *zunft* allemand, il n'y a que des différences de surface provenant de la différence des mœurs ou du degré d'autonomie dont la corporation jouit vis-à-vis du pouvoir urbain. Chez les peuples de langue romane comme chez ceux de langue germanique, sa nature est la même. Ici encore, comme dans tous les phénomènes fondamentaux de la vie européenne, l'élément national se borne au décor ; l'essentiel est dû aux nécessités qui, dans les mêmes circonstances, s'imposent à la nature humaine.

Partout le métier possède des chefs (doyens, syndics, *vinders*, etc.) revêtus d'une autorité officielle : partout il élabore les règlements professionnels et veille à leur observation ; partout il jouit du droit de réunion, partout il constitue une personne morale propriétaire d'une caisse et d'un local commun, partout enfin ses membres se répartissent de la même manière. On y entre comme apprenti, on monte ensuite au rang de compagnon et on aboutit à celui de maître.

En règle générale, il faut se représenter le maître comme le chef propriétaire d'un atelier où sont employés, sous sa direction, un ou deux compagnons et un apprenti. Il nous fournit la forme la plus complète du type de l'artisan, c'est-à-dire du petit producteur indépendant travaillant à domicile. La matière première qu'il met en œuvre lui appartient et il vend à son profit exclusif les produits qu'elle lui a servi à confectionner. Les bourgeois de la ville et les paysans de la banlieue, tels sont les consommateurs qui le font vivre. La petitesse de son industrie et de son capital est donc proportionnée à l'exiguité du marché. Pour qu'il puisse subsister, il importe qu'il y soit protégé contre la concurrence, non seulement contre la concurrence externe de l'étranger, mais contre la concurrence interne de ses confrères. C'est à quoi le métier se consacre avant toutes choses. Afin d'assurer l'indépendance des maîtres, il restreint et réglemente curieusement leur liberté. La subordination économique de chacun est la garantie du salut de tous et de là les prescriptions minutieuses dont elle enserre l'artisan : défense de vendre à un prix plus bas que le taux fixé par les règlements, défense de travailler à la lumière, de se servir d'outils inusités, de modifier la technique traditionnelle, d'employer plus d'ouvriers que ne le font les voisins, de faire travailler sa femme ou ses enfants mineurs, défense enfin et défense absolue de recourir à la réclame et de vanter sa marchandise au détriment de la marchandise d'autrui. Ainsi chacun reçoit sa place au soleil, mais une place rigoureusement mesurée et dont il lui est impossible de sortir[1]. Nul n'y songe d'ailleurs. Car à la sécurité de l'existence correspond la modération des désirs. Les métiers ont fourni à la petite bourgeoisie des cadres admirablement adaptés à sa nature. Jamais sans doute, elle n'a été aussi heureuse que sous leur égide. Pour elle, mais pour elle seulement, ils ont résolu la question sociale. En la garantissant contre la concurrence, ils l'ont garanti en même temps contre l'intervention du capitalisme. Jusqu'à la Révolution française, les petits industriels sont restés obstinément fidèles à ces corporations qui sauvegardaient si bien leurs intérêts ; peu d'institutions économiques ont été aussi tenaces.

La première moitié du xive siècle est l'époque de l'apogée des métiers. Mais à mesure qu'ils se développent, les deux caractères essentiels de leur constitution, le monopole et le privilège, s'accusent naturellement de plus en plus. Chaque groupe d'artisans s'ingénie à augmenter sans cesse le protectionnisme dont il s'entoure comme d'une forteresse. L'admission de nouveaux membres se fait plus malaisée ; l'apprentissage devient plus long et plus difficile, l'acquisition de la maîtrise plus coûteuse, si bien que le compagnon pauvre ne peut plus guère espérer d'y atteindre. Une espèce de malthusianisme industriel commence à se faire jour, livrant le marché local à un petit nombre de maîtres entre lesquels l'absence de concurrence n'est plus qu'une prime à l'exploitation du consommateur. Le phénomène général, aux environs de 1350, de l'arrêt de l'accroissement des populations urbaines, est dû sans doute à l'exclusivisme corporatif qui, peu à peu, rend impossible aux gens de la campagne leur établissement en ville. Mais dans les villes mêmes, au sein de la bourgeoisie, que de plaintes ne soulève-t-il pas ! Combien n'en soulève-t-il pas de métier à métier, chacun d'eux blâmant chez les autres les excès du monopole qui ne lui paraît justifiable que pour lui-même. En même temps, la fraternité primitive fait place, parmi les artisans, à une opposition croissante entre les maîtres et les compagnons réduits de plus en plus au rôle de simples salariés. Des émeutes éclatent, des grèves, et dans plusieurs pays se fondent des « compagnonnages », associations mutuelles de travailleurs groupés pour défendre leurs intérêts contre les patrons. Bref, les abus sont si visibles que depuis le commencement du xve siècle, des voix se font entendre çà et là réclamant l'abolition des métiers et la liberté des professions.

La situation est bien plus grave dans les villes drapières qui, comme Florence en Italie, comme les villes flamandes et brabançonnes dans le nord, possèdent une véritable industrie d'exportation. L'organisation du métier, appropriée aux artisans vivant du marché local, est manifestement impuissante à satisfaire aux besoins de travailleurs produisant en masse pour un marché illimité. Il lui est impossible de protéger contre l'influence du capital, les tisserands, les foulons, les tondeurs, maîtres ou compagnons, qui s'entassent dans les ruelles de Gand, de Bruges et d'Ypres, ou dans les *vicoli* des bords de l'Arno. Ici, l'artisan est nécessairement subordonné au grand marchand qui lui fournit la laine et aux mains duquel revient, après les diverses manipulations qu'elle a subies, le produit fabriqué. Pour la forme extérieure, l'aspect est le même que dans les autres métiers : le travail à domicile domine là comme ailleurs. Mais le patron n'est plus qu'un salarié, employant lui-même d'autres salariés. Ajoutez à cela que les ouvriers de la draperie, au lieu de ne consister, comme dans les professions servant à l'entretien de la bourgeoisie, qu'en quelques dizaines d'individus, comprennent des centaines et même des milliers de travailleurs. Mais le grand commerce, qui occupe tous ces bras, est sujet à des crises. Qu'une guerre survienne, que l'exportation des laines anglaises soit interdite, et c'est le chômage avec toutes ses misères. Même en temps normal, les contestations sur les salaires sont incessantes, soit entre les marchands-entrepreneurs et les chefs d'ateliers, soit entre ceux-ci et leurs compagnons. Aussi, les travailleurs de la draperie dans les villes où celle-ci alimente une exportation considérable, se rapprochent-ils de la condition du prolétaire moderne. Et ils sont des prolétaires organisés. Car, comme les artisans proprement dits, eux aussi sont groupés en corporations, corporations que les exigences incroyables du grand commerce empêchent de dominer le marché et de réglementer les prix et les salaires, mais qui du moins leur donnent la force de s'opposer à une exploitation trop violente et de s'entr'aider aux époques de crise.

Le résultat politique de l'organisation corporative a été naturellement d'enlever le gouvernement des villes aux oligarchies patriciennes qui y avaient dominé au xiiie siècle. Il n'était plus possible que quelques « lignages » de propriétaires fonciers et de marchands, siégeant dans l'échevinage ou au conseil, restassent seuls maîtres de réglementer l'industrie et le commerce, de fixer l'impôt, les prestations personnelles, etc. Ils n'abandonnèrent pas la place sans résistance. Leur gouvernement avait été dans toute la force du terme un gouvernement de classe ; il prétendit, avec obstination, se maintenir. Tout le xive siècle est rempli des luttes que se livrèrent, pour la possession du pouvoir municipal les « grands » et les « petits ». La comparaison s'impose entre elles et celles que provoqua au xixe siècle le droit de suffrage parlementaire. Des deux côtés, la masse, exclue du droit de gérer ses propres affaires, s'acharne à le revendiquer. La cause profonde de ces deux crises est la même. Les mœurs, les sentiments, les idées ont beau être différents, au fond, ce que les patriciens défendent contre les métiers, c'est la même prépondérance pour laquelle les parlements censitaires de notre temps ont si longtemps et si obstinément combattu le suffrage universel. Le xive siècle comme le xixe siècle a été agité d'un bout à l'autre par la démocratie. Seulement la démocratie de nos jours apparaît comme un régime accordant un droit politique à tout citoyen. Dans ces petits États que sont les villes du Moyen Age, sa conception se restreint en proportion ; elle est aussi étroite que les limites de la ville. Et il n'en pouvait être autrement. La société est trop morcelée, trop heurtée, trop localisée, pour que le sentiment de la liberté générale puisse s'y faire jour. La ville est un petit monde fermé, vivant pour soi, indifférent aux sentiments et aux intérêts des classes qui lui sont étrangères. L'artisan est aussi strictement bourgeois que le patricien, aussi exclusif que lui à tout ce qui n'habite pas sa commune. Il ignore cet esprit de prosélytisme niveleur, indifférent aux groupes locaux comme aux classes juridiques, que le spectacle des démocraties modernes nous a habitués à considérer comme inhérent à tout régime populaire. Au fond, la démocratie telle qu'il la conçoit, n'est qu'une démocratie de privilégiés, puisque aussi bien la bourgeoisie est, en comparaison des gens de la campagne, une classe privilégiée.

D'ailleurs le régime démocratique pur n'a triomphé que dans peu de villes. La plupart du temps, on a abouti à des compromis. Le patriciat, volontairement ou sous la pression de l'émeute, a fait place aux métiers, et des constitutions sont entrées en vigueur dont les différences innombrables de détail n'empêchent pas qu'on puisse les caractériser pour la plupart comme organisant une espèce de représentation des intérêts. Les intérêts en présence se faisant équilibre, ces constitutions, généralement, se figent dans l'immobilité. Il est certain que la législation urbaine a été beaucoup plus active et plus novatrice au xiiie qu'au xive siècle. Ces démocraties de petits bourgeois privilégiés se caractérisent par l'égoïsme, le protectionnisme. La politique urbaine devient encore plus exclusive qu'elle ne l'était auparavant là où, comme en France et en Angleterre, elle n'est pas forcée de tenir compte de l'État. Son but est d'atteindre à la liberté politique complète, à la ville libre comme en Allemagne. Le mouvement économique s'en ressent comme le reste. Le capital, entouré d'une législation défiante et tatillonne, ne peut se développer qu'en dehors d'elle, dans le domaine du commerce interlocal qu'elle n'atteint pas. C'est là que se font encore quelques fortunes qui paraissent d'ailleurs moins nombreuses que celles du siècle précédent. Le patriciat local cesse de jouer un rôle dans le développement du capitalisme et devient une classe de rentiers. A côté de lui apparaissent des hommes nouveaux qui s'ingénient à tourner le protectionnisme réglementaire et dont il sera temps seulement d'étudier l'action dans la période suivante.

Cependant toutes les villes ne présentent pas le même type et le même esprit. Toutes ne sont pas dominées par la petite bourgeoisie, et là où l'industrie d'exportation produit un prolétariat, on trouve un autre spectacle. Les agitations de la démocratie florentine en sont en Italie l'exemple frappant. Ici, en effet, le régime des métiers ne peut s'implanter aussi simplement qu'ailleurs. Le groupe de ceux de la laine et autres industries d'exportation est trop fort. Il lui faut une place particulière. En fait, à partir de 1282, la noblesse est exclue du gouvernement de Florence par la constitution qui appelle au pouvoir les six *priori delle arte*, pris parmi les douze grands métiers, un pour chacun des six quartiers de la ville, et changeant tous les deux mois. C'est un gouvernement de marchands et de fabricants, le gouvernement du *popolo grasso*. Mais le *popolo minuto* est socialement opprimé. En 1341, il appuie Gauthier de Brienne qui renverse les ploutocrates dominants et s'impose comme tyran pour être chassé deux ans après. Le *popolo grasso* reprend alors le pouvoir. Il est violemment renversé en 1378 par la révolte démocratique des *ciompi*[2], conduite par les métiers de la laine, mais revient de nouveau au pouvoir en 1382.

De même dans les villes flamandes. Depuis le commencement du xiiie siècle, les tisserands et les foulons grondent sous le patriciat. Celui-ci s'appuie sur la France. La bataille de Courtrai est en réalité une victoire sociale des artisans. Mais son régime, appuyé sur les ouvriers de la laine, ne peut tenir. Ils retombent forcément sous les marchands. Et c'est, durant tout le xive siècle, une série de commotions et de convulsions. Les ouvriers rêvent vaguement d'un communisme impossible. Il y a des tisserands flamands parmi les révoltés de Wat Tylor. Il y en a plus tard parmi les Hussites, dans la secte des Adamites. Gand surtout, où les tisserands sont plus nombreux que partout ailleurs, se distingue par sa sombre énergie. Sous Louis de Maele, leur audace atteint au paroxisme. Durant dix ans, et à travers des péripéties étonnantes, ils tiennent tête au prince, à la noblesse, à toutes les « bonnes gens qui ont à perdre ». De toutes parts, ceux qui souffrent ont les yeux tournés vers eux. On crie « Vive Gand », à Paris, à Rouen. Il semble qu'ils menacent tout l'ordre social et il faut que le roi de France viennent leur infliger à Roosebeke (1382) une terrible défaite. Les tisserands gantois ont été sûrement les plus ardents protagonistes de la démocratie au xive siècle. Mais leur énergie ne pouvait aboutir. Il leur était impossible d'échapper au capitalisme dont ils souffraient. Ses causes étaient en dehors de leurs atteintes. Se redressant constamment, ils sont constamment abattus. Les autres métiers se tournent contre eux. Les foulons, encore plus pauvres, et qu'ils oppriment, font cause commune avec leurs ennemis. Le résultat est de tourner les marchands et gens d'affaires vers les princes et de les pousser à chercher à déplacer l'industrie des villes à la campagne.

Pendant que les villes sont ainsi agitées ou transformées à l'intérieur, elles gagnent à l'extérieur une importance politique qu'elles n'ont jamais eue à aucune autre époque, et qu'à vrai dire, elles n'ont pas cherchée. Les dépenses croissantes que la guerre, plus coûteuse à mesure que les mercenaires et les flottes y jouent un plus grand rôle, imposent à l'État ou aux princes, obligent ceux-ci à alimenter leur trésor d'une source nouvelle. Les anciens revenus ne suffisent plus. On peut emprunter aux banquiers italiens, et on ne s'en fait pas faute, mais cela entraîne à des obligations onéreuses. On peut altérer les monnaies, c'est aussi un expédient dangereux. Décréter un impôt nouveau est impossible, tout au plus peut-on créer de nouveaux tonlieux. L'État juridique du Moyen Age manque de l'absolutisme financier. Dès lors, il n'y a qu'une chose à faire, s'adresser au tiers État, c'est-à-dire aux villes, et leur demander d'ouvrir leur bourse. Elles veulent bien payer, mais elles exigent des garanties. L'État ne sait que dépenser et ne sait pas encore se créer de ressources. Il est complètement dépendant de l'impôt et d'un impôt qui l'épuise. Dès le commencement du xive siècle, la nécessité de l'impôt domine la politique du prince, et l'oblige à céder aux revendications des villes et des États qui lui arrachent des privilèges ou vont même jusqu'à prétendre partager son pouvoir ; dans le duché de Brabant la Charte de Cortenberg, la Charte wallonne, puis enfin la Joyeuse Entrée ; la Paix de Fexhe dans le Pays de Liège ; la constitution des Membres de Flandre dans le comté de Flandre, n'ont pas d'autre origine ; en France, elle provoque les troubles de l'époque d'Étienne Marcel. Les États généraux de 1355 essaient de limiter les droits de la couronne ; en 1413, l'Ordonnance cabochienne est imposée au roi par les métiers de Paris ; en Angleterre, l'influence des villes grandit sans cesse dans le Parlement. Le xve siècle est l'époque où la bourgeoisie commence à jouer un rôle politique en temps que classe. Elle se fait sa place à côté du clergé et de la noblesse[3]. En Aragon, les villes s'imposent aussi à la couronne sous Pierre IV (1336-1387). Que l'impôt vienne des villes, cela est visible en Espagne où, sous Alphonse XI de Castille (1312-1358), la guerre contre les Maures fait créer par Burgos l'*alcalaba*, ensuite étendu à tout le royaume.

Les besoins financiers des princes ont fait du xive siècle un siècle de parlementarisme ou, si l'on veut, d'États. En Belgique, dans toutes les provinces, ils sont annuels. En France, ils s'imposent malgré les répugnances de la couronne. Et toute réunion d'États est toujours en faveur du tiers État. C'est lui seul qui soutient l'institution et qui en profite, parce qu'il dispose des finances. Et c'est lui seul qui pose des conditions et exige des garanties.

Mais il n'est lui-même qu'une classe de privilégiés et sous lui, c'est la majorité de la nation, le quatrième État, dont on ne parle pas, qui supporte le fardeau. Sûrement, sa condition est beaucoup moins bonne, depuis le xive siècle, qu'elle ne l'a été durant les deux siècles antérieurs. On a vu comment l'apparition des villes en bouleversant l'état économique des campagnes y avait brisé le régime domanial et affranchi largement les terres et les hommes. Les classes rurales manifestent alors une singulière énergie. On défriche, on émigre, la population augmente rapidement. Mais tout cela s'arrête durant la première moitié du siècle. L'émigration ne fournit plus de débouchés : les places sont prises (en Allemagne orientale) et les villes se ferment. Et l'impôt est plus lourd et augmente sans cesse. De plus, il y a surabondance de bras et par conséquent la situation des paysans est plus mauvaise. La noblesse en profite pour essayer de rétablir ses droits féodaux anciens et d'une manière générale pour exploiter le paysan avec lequel elle n'a plus les rapports patriarcaux de l'époque domaniale. En Flandre maritime, une terrible révolte sévit de 1324 à 1328. Les paysans traquent les chevaliers, refusent le paiement des dîmes. Une véritable haine sociale se fait jour dans le *Kerelslied*. Cette terrible fermentation finit par le massacre de Cassel et des confiscations en grand. En France, la révolte dite des Jacques en 1357 — je veux bien qu'elle soit en partie le résultat des misères amenées par la guerre — trahit aussi entre les masses rurales et la noblesse une hostilité profonde qui doit avoir des causes plus générales. La révolte anglaise de 1381 sur laquelle on est le mieux renseigné, a sa source dans les tendances de la noblesse à en revenir aux anciennes corvées pour échapper à la hausse des salaires, conséquence de la peste noire. En Allemagne, il faudra attendre le commencement du xvie siècle pour trouver un mouvement semblable. Pourtant, depuis la fin du xive siècle, la condition des paysans empire visiblement, surtout semble-t-il, dans le sud. La noblesse profite de leurs besoins de terres pour les opprimer[4].

D'une manière générale on se met à mépriser le paysan comme un ilote en dehors de la société. On ne trouve plus de chartes de franchises rurales au xive siècle, si ce n'est dans quelques pays neufs, comme dans la Hollande du nord. Les villes aussi oppriment les campagnes en veillant soigneusement à y supprimer toute industrie. Gand organise des expéditions constantes au xive siècle pour détruire les métiers à tisser et les cuves à fouler dans les villages et les bourgs ruraux. Et les monastères n'étendent plus sur les « vilains » leur ancienne protection sociale, mais contribuent à leur misère par la perception de la dîme.

Quant à la noblesse, elle subit également une crise grave. Elle conserve les vieilles formes de la chevalerie, mais l'esprit n'y est plus. Il s'est dissipé en même temps qu'ont cessé les Croisades. De l'ancien idéalisme, je ne vois pas bien ce qui reste, si ce n'est une galanterie extérieure. La fidélité au seigneur n'est plus qu'un mot. Ce qui domine maintenant pour le chevalier, c'est son fief. L'hommage, ce beau mot, n'a plus guère pour lui que la valeur d'un enregistrement. Ce qui subsiste, c'est le caractère militaire de la classe noble. Mais il prend souvent l'aspect d'un service militaire mercenaire. Les chevaliers des bords du Rhin, de l'Autriche, de la Hesbaye, se louent aux rois de France dès le commencement du xive siècle. On voit apparaître des chevaliers errants combattant partout et pour toutes les causes, comme Froissart en a dessiné un bon nombre. Ce sont des militaires professionnels qui ne sont pas très loin des *condottiere*, chefs de bandes, routiers, pour lesquels la guerre est une profession lucrative. Duguesclin, l'un de ces chevaliers les plus typiques, est un pur soldat. La littérature de chansons de geste s'arrête ou se redit. Ce que ces gens-là lisent, ce sont des récits de campagnes, à propos de n'importe quoi, pour n'importe qui, avec des beaux profits, des fêtes, des femmes, comme Froissart les raconte. Au fond ce sont des aventuriers, pour la plupart très âpres encore que braves. Ce sont aussi des sportifs : voyez les tournois, les chasses à l'homme, l'hiver, en Lithuanie, et même une expédition comme celle de Nicopoli où ils vont se faire battre par les Turcs (1396). Ils vont aussi faire le coup de lance à Grenade.

La situation est bien pire encore là où les mœurs se sont conservées plus brutales, comme en Allemagne. C'est le *Raubritter*, espèce de *bravo* qui se sert du prétexte des *fehden* (guerres privées) pour rançonner les environs, bandit brutal aux marchands, tyran du village pour les paysans qui habitent au pied de son bourg, et qui fuit devant les Hussites ou les paysans suisses.

Car ce n'est plus cette noblesse militaire, qui gagne les batailles. L'artillerie qui commence à se faire entendre à Crécy, ne joue encore qu'un rôle secondaire en campagne, mais l'infanterie reprend peu à peu la place qu'elle a perdue depuis l'époque carolingienne. Elle détruit, à Courtrai, la chevalerie française ; remporte les victoires suisses depuis 1315, fait la force de l'armée anglaise dont elle constitue les compagnies d'archers, et c'est sur elle que s'appuie la technique de Jean Ziska à la tête des Hussites. Ainsi le rôle de la noblesse et de la chevalerie, malgré les apparences, va diminuant sans cesse. Il est très caractéristique que la plus pure figure militaire du temps, Jeanne d'Arc, soit une paysanne. Et si au point de vue militaire, la noblesse est en recul, elle ne se distingue pas par ailleurs. Son rôle gouvernemental est nul. Elle ne se cultive pas plus que jadis. Évidemment les services qu'elle rend ne correspondent pas à la position qu'elle occupe. Et cela est d'autant plus frappant que cette situation est plus avantageuse que jamais. Le haut clergé, les chapitres, deviennent le monopole de cadets de famille. Le caractère démocratique de l'Église disparaît. Voyez des types de chanoine comme Jean le Bel et Froissart, des évêques comme Adolphe de la Marck ! Il s'ensuit une décadence énorme de la science et des mœurs dans le haut clergé, qui est devenu un clergé mondain au goût du jour.

A y regarder de près, ne trouverait-on pas chez la noblesse, dans son ensemble, une tendance analogue à celle que l'on constate chez le patriciat de la bourgeoisie ? Ni l'une ni l'autre ne se développent plus ; elles s'installent, pour ainsi dire, dans leur position acquise. Leur seul souci est de conserver leurs privilèges et leurs biens. Il n'y a plus chez elles d'idéalisme, et bien peu de désintéressement. Je pense aux grands exemples de dévouement de ce temps : les bourgeois de Calais, Étienne Marcel, van Artevelde : pas un noble parmi eux. Un Simon de Montfort (l'Anglais), un Villehardouin, un Joinville, ne se rencontrent plus au xive siècle. Les mœurs sont recouvertes d'un vernis d'élégance ; au fond, elles sont brutales. Il suffit de lire Froissart pour voir que ces nobles aiment surtout l'argent. Ce sont d'assez brutaux jouisseurs. Pas un d'eux ne se signale par sa piété ou par sa bienfaisance. Et je parle ici de ceux qui se mêlent au mouvement du monde. Les autres chassent, gèrent leurs biens et oppriment les paysans. Il est étonnant de constater à quel point cette noblesse si nombreuse du xive et du commencement du xve siècle est stérile.

Un flot nouveau commence pourtant à se répandre sur la vieille couche féodale et chevalière. Le xive siècle voit se former les premiers linéaments de ce que l'on pourrait appeler la noblesse de cour. Elle n'existe guère encore au xiiie siècle. Sans doute l'entourage du roi est alors, comme depuis toujours, composé de nobles. Mais leur position est indépendante de la cour. Ils y sont comme compagnons du roi. Ils ne forment pas sa maison. Il y avait une maison royale à l'époque franque, mélange assez confus de dignitaires et de serviteurs dont les noms s'étaient conservés dans ceux des grands officiers de la couronne. Mais dès que la monarchie est devenue forte, ils ont disparu ou se sont transformés en fonctionnaires ou en personnages d'apparat. L'hérédité de leurs charges qui les liait au roi s'en est allée. Leur évolution a été celle d'une domesticité royale de non libres, se muant en grands personnages héréditaires à l'époque féodale, pour disparaître lors de la reconstitution du pouvoir royal. Mais la royauté forte qui, depuis le xiie siècle a écrasé l'ancienne cour devait s'en créer une nouvelle.

Le noyau ne me paraît pas en être noble, mais roturier : conseillers, serviteurs pour l'argenterie, la garde-robe, etc. avec quelques clercs. Mais le roi peut-il être entouré de roturiers ? La cour est un séjour de noblesse. Le roi se met donc à anoblir ses officiers et fonctionnaires. Noblesse nouvelle tout à fait différente de l'ancienne chevalerie militaire. C'est maintenant le service civil et l'intelligence ou l'instruction qui la confèrent, plutôt que le service militaire et le courage. Et cette noblesse nouvelle dépend exclusivement des souverains. A l'origine, tout chevalier pouvait en « armer » un autre. Il n'en est plus ainsi au xive siècle. Le roi seul est la source de la noblesse et il le sera exclusivement jusqu'à la fin de l'ancien régime. Tout ce qui devient noble depuis la fin du xiiie siècle le devient par lui seul. Les nobles de robe se font leur place à côté des nobles d'épée, tels le chancelier Rolin, Jacques Cœur, tant d'autres.

C'est là un fait nouveau d'une importance sociale très grande. Il a, à mon sens, sauvé la noblesse qui déclinait comme caste militaire et ne pouvait s'enrichir parce qu'elle formait une caste juridique de plus en plus fermée. Par ces nouveaux venus lui arrivent des nouvelles recrues et des recrues en général très riches, grâce à leur participation au gouvernement. Elle les méprise, mais ce sont eux qui l'ont sauvée.

Ici encore, on retrouve l'influence de la tradition. Par sa formation et ses occupations, la noblesse de robe est une espèce de clergé laïque. Elle n'a rien de commun avec l'ancienne noblesse dans laquelle elle s'installe. Pourquoi y est-elle entrée ? Parce qu'il n'y avait pas d'autre place pour elle dans la société d'alors. Elle ne pouvait, venant à la cour, rester dans le sein de la bourgeoisie qui aurait continué à avoir barre sur elle et à la détacher du prince. Alors ? Entrer dans le clergé, quelques-uns l'ont fait et y ont trouvé des évêchés et des chapeaux de cardinaux pour récompense. Mais pour les autres, il n'y avait que la noblesse, dans cette société où la roture ne comprenait que les paysans. Ainsi, par un processus nécessaire mais non naturel, le haut personnel gouvernemental est venu s'adjoindre comme appoint à une classe sociale d'origine purement militaire. Ses habitudes sociales, ses intérêts se sont confondus avec les siens. Et de plus la noblesse a pris une situation plus large. Elle a renfermé désormais toute l'élite. On n'a été un homme convenable qu'en lui appartenant. Les conséquences s'en marquent peu encore au xive siècle et au commencement du xve siècle. Elles devaient être incalculables plus tard, et bien des États de nos jours n'en sont pas encore affranchis. La Renaissance a été impuissante à en désagréger le bloc. Il a fallu pour cela les démocraties modernes. Si profonde que soit dans l'État l'action de la bourgeoisie, c'est, pendant tout l'ancien régime, la noblesse qui conserve socialement le premier rang, et tout ce qui sort de la bourgeoisie cherche à y entrer.

II. — Le mouvement religieux

Le xiiie siècle a vu l'Église catholique atteindre son apogée. Elle fournit le spectacle grandiose d'un gouvernement pourvu de tous ses organes, si fort que non seulement il résiste victorieusement aux attaques dirigées contre lui, mais que chacune d'elles le laisse plus puissant. Par sa forme, ce gouvernement est une monarchie qui rappelle de très près l'Empire romain au milieu duquel il est né et dont il a conservé la capitale, la langue et, avec les modifications nécessaires, le droit et les traditions administratives. Et, comme dans l'Empire romain encore, son chef, le pape, est élevé au-dessus du reste des hommes, personnage sacré, dont les ordres sont des lois et qui ne peut être jugé par personne. Ce n'est point là cependant ce qui donne à la papauté son extraordinaire vitalité. Elle lui vient de la société religieuse dont l'adhésion enthousiaste lui est acquise, qui vit en communion avec elle par la foi et du sein de laquelle elle reçoit continuellement un afflux de forces fraîches, source perpétuelle de rajeunissement. Constamment la piété fait surgir du sein des masses de nouveaux ordres monastiques, adoptés aux besoins de chaque époque, qui, soumis à sa direction, lui fournissent l'armée spirituelle dont elle a besoin pour discipliner ou pour défendre l'Église : Clunisiens au xie siècle, Cisterciens et Prémontrés au xiie, Franciscains et Dominicains au xiiie. Contre l'hérésie, le pape a sa police, l'inquisition, et il suffit qu'il appelle les peuples à son aide pour qu'aussitôt des milliers de défenseurs de l'orthodoxie se ruent au massacre des infidèles. Enfin, tout l'enseignement dépend de lui ; la science des universités n'obéit pas moins à son impulsion que le zèle des religieux.

Mais il est visible que, vers le milieu du xiiiᵉ siècle, il a atteint le maximum de sa puissance. Elle s'arrête de croître et, bientôt, elle décline. La cause principale de ce déclin doit être attribuée, on l'a vu plus haut, à l'attitude prise par la société laïque vis-à-vis de l'Église. D'une part, les États nationaux, par besoin d'indépendance, secouent la tutelle de la papauté ; de l'autre, les peuples plus actifs, plus laborieux, plus absorbés par le souci de leurs intérêts économiques, en devenant inaccessibles à l'idéalisme naïf de la Croisade, commencent à se soustraire eux aussi à la direction exclusive de la religion. Évidemment l'Église cesse d'être, pour ses fidèles, la seule maîtresse ou, pour mieux dire, l'emprise qu'elle exerçait sur les âmes cesse d'être sans rival. Son autorité n'est plus toute puissante parce qu'elle ne s'impose plus spontanément à toute la vie politique et à toute la vie sociale. Il s'opère comme un glissement des âmes qui, sans le vouloir et sans s'en apercevoir, s'éloignent d'elle. Et elle ne s'en aperçoit pas non plus. Si sa force morale et son influence politique diminuent, elle n'abandonne aucune de ses prétentions, ni aucun de ses espoirs. Même après la catastrophe de Boniface VIII, même après l'exode du pape à Avignon, même pendant la lutte des papes avec les conciles elle reste obstinément fidèle à l'idée de la Croisade et continue à revendiquer la suprématie sur les peuples et sur les rois. Elle renouvelle même la vieille querelle avec l'Empire, et Jean XXII excommunie Louis de Bavière (1324) comme Innocent IV avait excommunié Frédéric II, mais quelle différence entre cette réplique et le drame grandiose du xiiiᵉ siècle. Les clameurs des deux partis ont retenti au milieu de l'indifférence de l'Europe. Ce sont des moines, des juristes et des théologiens qui s'agitent ; les États se désintéressent.

Les Frères mineurs spirituels, dont le pape a condamné la doctrine sur la pauvreté évangélique, se jettent du côté de Louis de Bavière qui subit par nécessité ces étranges auxiliaires et, tout bourrelé de scrupules, les laisse le compromettre dans les accusations d'hérésies qu'ils lancent contre Jean XXII. Cependant, au milieu de la mêlée des pamphlets, la toute puissance pontificale, âprement discutée a provoqué des paroles qui ne doivent pas toutes s'oublier. Le *Defensor Pacis* de Marcile de Padoue, bientôt traduit en français et en italien, expose des idées dont on peut surprendre les premières traces dans l'entourage de Frédéric II et de Philippe le Bel, mais qui reçoivent ici leur pleine portée et étonnent par leur hardiesse. Pour lui, les prétentions de la papauté ne sont qu'une usurpation intolérable, aussi incompatible avec l'interprétation des textes sacrés et les usages de l'Église primitive qu'elles sont funestes pour la paix du monde. Le pape n'est qu'un évêque comme un autre. Sa mission consiste tout entière dans la prédication de la foi et l'administration des sacrements. Toute immixtion dans le domaine temporel, toute juridiction sur les laïques doit lui être refusée. Et élargissant la question, Marcile définit l'Église : la communauté de tous ceux qui croient en Jésus-Christ. Avant Wiclef et avant Hus, il déclare que le laïque lui appartient comme le prêtre et revendique catégoriquement la soumission des clercs au pouvoir séculier dans toutes les relations temporelles. Sans doute, il ne faut pas exagérer l'influence de ces déclarations. On ne voit pas qu'elles aient exercé aucune action pratique. Elles n'ont encore que l'importance d'un symptôme et, en matière religieuse comme en matière sociale, les contemporains ne remarquent point, en général, les symptômes qui précèdent les crises.

Jusqu'à quel point les tendances religieuses contemporaines ont-elles pu agir sur Marcile de Padoue ? Il y a en tous cas entre le mysticisme de son temps et sa conception de l'Église renfermant les laïques comme les clercs, une concordance qu'il faut attribuer sans doute à cette mystérieuse harmonie qui, à la même époque, rattache les unes aux autres les manifestations diverses de la pensée. Dans ce qu'elle a de spontané et de plus profond, la piété du xive siècle fut essentiellement mystique. L'Église ne lui suffit plus pour arriver à Dieu. Elle s'élance directement vers lui, elle veut le contempler face à face dans l'intimité de la conscience, sans l'intermédiaire du prêtre. Et, nouveauté singulièrement caractéristique, ce n'est plus dans la langue de l'Église qu'elle s'exprime.

Presque tous les mystiques, Eckhardt († 1327), Tauler († 1365), Ruysbroek († 1381) écrivent dans la langue du peuple, laïcisant pour la première fois la pensée religieuse et ébranlant ainsi le prestige du clergé qui en avait été jusqu'alors l'unique détenteur[5]. Il est en tout cas très certain que l'influence du clergé, tant séculier que régulier, ne s'exerce plus sur les fidèles avec la même force que jadis. Sans doute l'idéal ascétique du monachisme attire encore quantité de novices dans les couvents, mais il n'apparaît plus à tous le monde comme la forme supérieure et parfaite de la vie chrétienne. Le mysticisme s'effarouche de ce qu'une règle conventuelle entraîne nécessairement des contraintes pour la liberté spirituelle. Il lui préfère soit la contemplation solitaire volontairement pratiquée, soit des congrégations exemptes de vœux perpétuels comme sont les béguinages ou la communauté de Frères de la Vie commune, fondée par Geert Groot († 1384). Là encore, la piété s'épanche si l'on peut ainsi dire en dehors des cadres créés dans l'Église pour la contenir. Car ni les Béguines, ni les Bégards, ni les Frères de la Vie commune, ne sont des ordres religieux. Ils n'ont point cru que la vie laïque fût incompatible avec la dévotion et que pour être en rapport avec Dieu, il fallût fuir le monde. Ainsi les manifestations les plus originales et les plus actives de la piété du xive siècle se rencontrent en dehors du monachisme. Quant à celui-ci, il ne fait plus de nouveaux progrès. Il ne se fonde plus d'ordres nouveaux, à moins que l'on ne veuille donner ce nom à quelques communautés apparentées de si près aux Franciscains qu'il est bien difficile de les en séparer et qui d'ailleurs n'ont joué qu'un rôle tout à fait secondaire[6].

Cette expansion du mysticisme parmi les laïques était doublement périlleuse pour l'Église. Elle l'était tout d'abord quant à l'orthodoxie. Sans le frein d'une règle et la tutelle permanente de l'autorité, la vie contemplative s'emporte aisément au delà des frontières du dogme. Le danger était d'autant plus grand que l'instruction théologique faisait défaut à ces zélateurs naïfs, sortis pour la plupart des rangs du peuple ou de la petite bourgeoisie. En fait, durant tout le siècle, ils attirent constamment l'attention des inquisiteurs et côtoient de très près les bords périlleux de l'hérésie. Le pape va jusqu'à condamner comme suspecte la religion des Béguines. Pendant la peste noire de 1347-1348, des bandes de pénitents poussés par une sorte de délire extatique, vont de ville en ville, ameutant le peuple, comme les fakirs d'Orient, par leurs chants, leurs danses ou leurs flagellations publiques. Des sectes mal connues chez lesquelles semblent s'être conservé quelque chose des doctrines et des rêveries des Albigeois, se rencontrent en Italie, en France et en Allemagne, sous le nom de « spirituels, apostoliques, amis de Dieu ». Tous ces mystiques, et ici apparaît pour l'Église le second danger, aspirent à ramener le monde à la pauvreté évangélique. Cette question de la pauvreté a agité tout le siècle. Chez les ouvriers des villes manufacturières, chez les révoltés anglais de 1384, elle a donné naissance à des aspirations communistes que le pouvoir séculier s'est chargé d'étouffer. Mais ce qu'elle a surtout répandu et ce qu'il était plus difficile de combattre, c'est la critique des autorités religieuses, à commencer par la plus haute de toutes, la papauté. Car plus le gouvernement de l'Église a adopté la forme monarchique, plus aussi il a entouré son chef de luxe et d'éclat. Par les artistes qu'elle attire et qu'elle occupe, par la pompe des cérémonies, par le nombre de ses employés, la hiérarchie savante de ses bureaux, l'abondance de ses revenus, la cour d'Avignon l'emporte de si loin sur les résidences royales, fût-ce celles de France et d'Angleterre, qu'il n'est même pas possible de les lui comparer. Et les cardinaux groupés autour du pape rivalisent entre eux de somptuosité et de magnificence. La fiscalité pontificale, déjà si développée au xiiie siècle, s'étend encore et s'ingénie à trouver des ressources nouvelles qui puissent suffire à tant de dépenses. A partir de Jean XXII, elle soumet la hiérarchie ecclésiastique à un système de taxes et de droits utiles dont il est bien difficile de persuader aux âmes pieuses qu'il n'est pas entaché de simonie. Par la création de *Reservationes* et de *Provisiones*, le pape dispose maintenant, dans toute la chrétienté, de quantité de bénéfices auxquels il nomme à sa guise moyennant finances. La conséquence en est naturellement que la curie se voit assiégée de solliciteurs, et que les dignités ecclésiastiques de plus en plus sont obtenues par la faveur ou à prix d'argent. On ne se préoccupe plus guère de la valeur des candidats, ni de savoir s'ils possèdent les qualités requises pour le poste qu'ils convoitent. Il suffit de parcourir au hasard les catalogues épiscopaux du xive et du xve siècles pour y faire des observations singulières. On y remarque tout d'abord combien les Italiens et les Français y dominent, puis combien peu de temps ils restent en fonction, enfin que presque tous appartiennent à la haute noblesse. Ce sont là les résultats inévitables du système. Non seulement il abandonne les postes les plus élevés de la hiérarchie à des cadets de grandes familles, non seulement il introduit dans une foule de diocèses des prélats étrangers aux mœurs et à la langue des fidèles, mais il a encore pour résultat de multiplier les translations d'un siège à un autre, chacune d'elles étant pour la curie la source de taxes proportionnées au revenu du siège vacant (annates). Rien d'étonnant si Sainte Brigitte adjure Grégoire XI († 1378) de détruire le « lupanar » qu'est devenue la Sainte-Église.

Au scandale que de telles pratiques donnaient aux âmes pieuses, s'ajoutait le mécontentement de tous ceux qu'elles lésaient, dans leurs intérêts ou dont elles froissaient l'amour propre national. Le haut clergé et les princes allemands s'indignaient de voir la curie favoriser systématiquement les Italiens et les Français et de ce que les lourdes taxes imposées à leurs diocèses profitassent surtout à des étrangers. Mais l'Allemagne morcelée et divisée était sans force et ses plaintes ne faisaient qu'attester son impuissance. Il en était autrement en Angleterre. Dès la fin du règne d'Édouard III, le Parlement entame une énergique campagne contre le droit que s'arroge la curie de taxer l'Église nationale et de ne pas en réserver toutes les dignités et bénéfices aux sujets du roi. L'hostilité que la guerre a soulevée contre la France s'en prend au pape dont la partialité pour cette puissance n'est que trop visible depuis qu'il a quitté Rome pour Avignon. En 1376, le « bon Parlement » exige la suppression des *Reservationes* et des *Provisiones*, l'expulsion des collecteurs pontificaux et la défense d'exporter de l'argent hors du royaume. Déjà, du sein des communes s'élèvent des voix réclamant la sécularisation des biens de l'Église anglaise.

C'est au milieu de cette agitation politique que commence le rôle de Wyclif. Il n'est guère possible qu'elle n'ait agi directement sur ses idées religieuses. On peut noter chez lui pour la première fois cette concordance, ou pour mieux dire, cette alliance inconsciente de la spéculation et de la pratique, de l'universalité des tendances et du souci pour le bien de la nation, qui devait dans la suite caractériser le génie de tant de penseurs anglais, et qui s'explique sans doute par la forte solidarité nationale dont leur peuple a été doué par les circonstances, bien avant tous les autres peuples de l'Europe.

Avec Wyclif s'ouvre, dans l'histoire religieuse, la voie qui aboutira à la Réforme. Il n'a plus rien de commun avec les hérétiques qui avant lui ont troublé l'Église et dont les doctrines se fondaient essentiellement, comme celle des Albigeois, sur le dualisme de l'esprit et de la chair. Bien différent d'eux, il n'apporte rien dans le christianisme qui n'y soit déjà. Ce n'est ni contre le dogme, ni contre la morale chrétienne qu'il s'insurge, mais tout simplement contre l'Église et, plus encore que contre l'Église, contre la papauté. Le seul chef de l'Église, enseigne-t-il, est le Christ. Sa parole, consignée dans la Bible, suffit au salut de celui qui a la foi. Or la Bible ignore cette puissante et opulente hiérarchie religieuse qu'est devenue l'Église. Son idéal est la pauvreté ; elle ne fait aucune différence entre le prêtre et le laïque et il en faut conclure que les prêtres sont soumis comme le reste des fidèles aux lois séculières et n'ont à revendiquer aucun privilège. L'Angleterre est absolument indépendante du pape, car le pouvoir temporel de son roi, de même que le pouvoir spirituel de l'Église, dérive directement de Dieu. Quant au pape, loin d'être le représentant du Christ sur la terre, il est proprement l'Antéchrist. Le peuple, pour pratiquer la vraie religion, doit en revenir à la Bible, qu'il ne connaît plus. Aussi, pour la lui faire connaître, le réformateur a-t-il entrepris de la traduire en langue vulgaire, inaugurant par ce grand travail l'histoire de la prose anglaise.

Jusqu'alors l'orthodoxie de l'Angleterre avait été telle que par une fortune singulière, il avait été inutile d'y introduire l'inquisition. Nul peuple n'avait été plus docile que le sien aux enseignements de l'Église quoique, depuis le règne d'Édouard I*er*, il eût clairement manifesté sa volonté de lui interdire toute influence dans le domaine politique. En unissant dans sa campagne contre la papauté la question religieuse à la question politique, Wyclif ne pouvait manquer d'intéresser à la première tous ceux que passionnait la seconde. En quelques années, il compte des partisans enthousiastes tant dans la noblesse que dans la bourgeoisie, cependant que de nombreux membres du bas clergé s'attachaient à ses doctrines et sous le nom de « simples prêtres »(*simple priests*), les répandaient parmi le peuple qu'étonnaient et attiraient à la fois la simplicité évangélique de leurs mœurs et de leur conviction. Et à mesure que grandissait son action, le réformateur devenait plus hardi et plus radical. Il allait, au nom de la Bible, jusqu'à nier la transsubstantiation du Christ dans la communion. Le chancelier de l'Université d'Oxford, l'archevêque de Canterbury, avaient beau le taxer d'hérésie, ses ennemis le rendre responsable du grand soulèvement agraire de 1381, l'attitude du Parlement lui était si visiblement favorable qu'on n'osa le poursuivre et qu'il mourut paisiblement en 1384 dans sa paroisse de Lutterworth. Ce ne fut qu'à partir de l'avènement de Henri de Lancastre (Henri IV), que le roi, désireux d'acquérir à sa dynastie nouvelle l'appui du pape, prit position contre le Wyclifisme ou, pour employer le terme dont se servaient les adversaires des réformateurs, contre la secte des Lollards[7]. Dès le début de son règne (1399), il portait la première loi qui, en Angleterre, ait condamné les hérétiques au supplice du feu, interdisait la traduction de la Bible en langue nationale et faisait monter sur le bûcher Lord Cobham, le protecteur des Lollards à la Chambre des Lords (1417). Ces violences entravèrent le mouvement sans l'étouffer. Jusqu'à l'apparition du protestantisme, les disciples de Wyclif ne cessèrent pas d'agiter la pensée religieuse de l'Angleterre et de la préparer à la grande transformation du xvie siècle. D'ailleurs, au moment où la persécution s'abattait sur eux dans leur patrie, des émules enthousiastes à l'autre bout de l'Europe se passionnaient pour leur doctrine. Transplantée en Bohême par Jean Hus, elle allait, s'y associant au déchaînement des passions nationales et des instincts démocratiques, y ébranler d'une formidable secousse l'Église et l'Allemagne.

Au moment où il semblerait que la papauté ait dû rassembler toutes ses forces pour résister à ses ennemis, elle se précipitait dans la crise fameuse que l'on désigne sous le nom de grand schisme et qui déchira durant quarante ans la chrétienté occidentale (1373-1417). Nulle cause religieuse à cette catastrophe. La double élection qui en a été le point de départ fut sans nul doute restée un incident sans grande portée si, par intérêt politique, les États européens, répartis en deux groupes hostiles subissant l'un l'action de la France, l'autre celle de l'Angleterre, ne s'étaient hâtés de l'envenimer et d'en tirer parti. Que l'on y prenne garde cependant : si la politique séculière a poussé au schisme, l'a exploité et l'a fait durer, elle aurait été incapable de le faire naître. La vieille conception carolingienne qui, associant au gouvernement de l'Église le pape et l'empereur, avait jadis permis à ce dernier de faire nommer des anti-papes, avait perdu avec Frédéric Barberousse son dernier représentant, l'Église avait si complètement triomphé de l'Empire, avait si bien secoué toute intervention temporelle dans son gouvernement, avait entouré les élections pontificales de tant de garanties d'indépendance, enfin et surtout les fidèles vénéraient si profondément en elle une autorité d'essence divine, que l'idée même de lui imposer un pape par la violence et en opposition avec les règles traditionnelles du conclave, eût été inconcevable. L'État avait pu, à la fin du xiiie siècle, au moins en

France et en Angleterre, repousser l'ingérence de l'Église dans ses affaires, mais il ne pouvait songer et il ne songea pas à soumettre l'Église à la sienne. Tout ce qu'il désirait, c'était se concilier la neutralité ou la bienveillance de l'Église ; c'était l'empêcher d'agir par la force énorme de la hiérarchie contre ses desseins ou ses intérêts ; c'était même, s'il se pouvait, s'en faire une alliée contre ses ennemis de l'extérieur. Les rois de France avaient habilement profité du séjour de la papauté à Avignon pour s'assurer ces avantages. Leur attitude à son égard avait été complètement différente de celle des empereurs, à l'époque où l'Empire signifiait encore quelque chose. Ne prétendant pas, à la différence de ceux-ci, posséder le moindre droit au gouvernement de l'Église universelle, ils n'avaient eu avec elle que des rapports purement extérieurs, de puissance à puissance. Entre le pape et l'empereur, la démarcation entre le pouvoir spirituel et le pouvoir temporel avait toujours été contestée parce qu'ils se trouvaient l'un et l'autre dans l'Empire. Pour le roi de France, qui était en dehors, elle était fort nette, tracée par l'indépendance du roi dans son royaume. Et le pape profitait trop avantageusement de la protection du roi pour penser à altérer les bons rapports qu'il entretenait avec lui en ressuscitant les vieilles querelles. S'il conservait à l'égard des rois d'Allemagne toutes ses prétentions, il n'en parlait plus à Paris. Il s'entourait de plus en plus de cardinaux français et, comme on l'a déjà vu, c'était à des Français encore qu'était réservée une bonne partie des bénéfices dont il disposait si largement. Ainsi l'harmonie régnait, en fait, entre l'Église et l'État, chacun évitant les conflits. En fait existe un concordat non écrit mais qui n'en est pas moins réel. Les rapports entre le roi et le pape sont encore facilités par le fait qu'en France la question du pouvoir temporel ne se pose pas, Avignon et le comtat Venaissin sont si peu importants que le roi ne songe pas à en contester la possession au pape. On a trop peu remarqué cela, me semble-t-il : il me paraît évident que le *modus vivendi* du pape et du roi de France pendant le séjour d'Avignon (1314-1377) est à bien des égards une anticipation sur les Temps Modernes et une accommodation réciproque de l'Église et de l'Etat.

Mais cette situation ne profite qu'à la France. On ne s'en aperçoit que trop à l'extérieur où l'on désigne cette période sous le nom de « captivité de Babylone ». L'idée que le pape ne réside plus auprès du tombeau des apôtres est intolérable aux âmes pieuses. Les États non français s'indignent de tous ces papes français qui se succèdent : Clément V (Bertrand de Goth), Jean XXII (Jacques d'Eux de Cahors, 1316-1334), Benoît XII (Jacob Fournier de Saverdun près Toulouse, 1334-1342), Clément VI (Pierre Roger, 1342-1352), Innocent VI (Jean Birel, 1352-1362), Urbain V (abbé de Saint-

Victor de Marseille, 1362-1370), Grégoire XI (de la famille Roger, 1370-1378)[8].

Naturellement, Avignon n'est qu'un pied-à-terre où l'on s'éternise. Mais on n'y peut rester toujours. Jean XXII ne fut élu en 1316 qu'après avoir promis de replacer le siège à Rome. Mais les circonstances sont très fâcheuses en Italie dont la papauté ne se désintéresse pas. Le roi Robert de Naples (1309-1343) qui a succédé à Charles II, a reçu à Avignon là couronne des mains du pape et fait échouer l'expédition de l'empereur Henri VII. Mais à Rome c'est bientôt l'anarchie. En 1347, Cola di Rienzo est nommé « tribun » et pendant les quelques mois de sa dictature rêve de nouveau la restauration de l'Empire romain. L'État de l'Église est en décomposition. Innocent VI y envoye pour le reconstituer le cardinal Albornoz, comme vicaire général (1353). Cola se joint à lui, mais cette fois est tué par le peuple. A Naples, après le règne de Robert, la lutte avait éclaté entre sa fille Jeanne et le roi Louis de Hongrie qui, appartenant à la maison d'Anjou, prétendait à la couronne ; elle devait durer jusqu'en 1350.

Urbain V (1362-1370), le meilleur des papes d'Avignon, qui réagit contre le luxe et les abus, aspire à retourner à Rome. Il y retourne en effet en 1367. La ville est à moitié dépeuplée ; quantité de monuments antiques sont tombés en ruines. Les « grandes compagnies » de mercenaires licenciés ravagent le pays. L'empereur Charles IV vient à Rome et reste en Italie jusqu'en 1369 sans rien faire qu'emplir sa bourse en punissant quelques villes. Au milieu de cette anarchie, l'empereur de Constantinople, Jean Paléologue vient implorer l'appui du pape contre les Turcs. La situation est si lamentable, que le pape retourne en 1370 à Avignon où il meurt l'année suivante.

Son successeur Grégoire XI (1370-1378) devait reprendre le chemin de la ville éternelle. La voix de Sainte Brigitte et celle de Sainte Catherine de Sienne s'élevaient trop haut et portaient trop loin pour qu'il pût feindre de ne pas entendre leurs objurgations. Mais la situation politique commandait plus impérieusement encore son retour. Bologne venait de se récolter. Les Florentins, jusqu'alors les plus constants alliés de Rome en Italie s'unissaient aux autres villes de la Toscane contre le gouvernement des « légats ». Le pape quitta Avignon en 1376. Il mourut en mars 1378, sans avoir pu mettre fin à l'anarchie. L'élection de son successeur, pour la première fois depuis celle de Boniface VIII, septante-cinq ans auparavant, allait se faire à Rome. Il était impossible que le peuple n'exigeât pas un pape romain. Les cardinaux réunis en conclave délibéraient au bruit de ses clameurs et du tocsin de Saint-Pierre. Le Vatican était entouré de bandes armées. C'était une « journée » révolutionnaire. Elle s'acheva par l'élection du cardinal Barthélemy Prignano archevêque de Bari, qui prit lors de son couronnement le nom d'Urbain VI (1378-1379). Mais les cardinaux français qui avaient collaboré à l'élection n'avaient agi que sous l'empire de la terreur. Quelques-uns avaient protesté. Les autres furent bientôt brouillés avec le pape qui annonçait des velléités de réformer le Sacré Collège et de couper court aux abus financiers qui faisaient sa fortune. A cela s'ajoutaient les instances du roi de France Charles V et la ruine de Naples. Il n'en fallait pas davantage pour leur faire déclarer nulle l'élection d'Urbain. Le 20 septembre ils se réunissaient à Fondi et donnaient leurs suffrages à Robert de Genève, évêque de Thérouanne. Le nom d'Urbain adopté par son compétiteur signifiait Rome : il en choisit un qui signifiât Avignon et se fit appeler Clément VII (1378-1394).

Jadis, chaque fois que deux papes s'étaient disputé la tiare, la question de légitimité n'avait pas été douteuse. L'un des deux, imposé par l'empereur, n'était visiblement qu'un intrus dont la chrétienté s'était résolument détournée. Cette fois, comment discerner le véritable successeur de Pierre ? Qui avait raison des cardinaux reconnaissant Urbain ou de ceux tenant pour Clément ? Les théologiens des universités disputaient entre eux ; les âmes pieuses, avec une égale conviction, priaient le ciel comme Catherine de Sienne pour le pape de Rome, ou comme Vincent Ferrier et Pierre de Luxembourg, pour celui d'Avignon. Mais comme dans tous les problèmes de droit qui touchent à la politique, c'étaient les intérêts qui devaient fournir la solution. La France et tous les États qui gravitaient autour d'elle, Naples, Écosse, Castille, Aragon, se prononcèrent pour Clément. Il n'en fallut pas davantage pour gagner l'Angleterre à Urbain. L'empereur Charles IV le reconnut aussi en vertu de la tradition qui rattachait l'Empire à Rome. Les États du nord, la Bohême, la Pologne agirent de même sans prendre grand intérêt à la question. Le roi de Hongrie ennemi de la reine de Naples qui était pour Clément, entra dans le parti opposé. Ainsi la chrétienté ne se laissa guider, dans un débat si grave pour l'Église, que par des considérations d'opportunité temporelle. La papauté, si triomphante un siècle auparavant, subit l'humiliation de voir subordonner l'obédience qu'on lui portait, aux convenances des gouvernements. Et non seulement elle accepta cette situation, mais elle la consacra pour ainsi dire par son attitude. Pour conserver sa clientèle politique, chacun des deux papes se montra à son égard d'une condescendance singulière. C'en fut fait des hautaines déclarations qui avaient jadis fait revendiquer par leurs devanciers, la disposition des royaumes. Ce fut à qui des deux pontifes en lutte se montrerait le plus accommodant pour ses partisans. Quant aux peuples, ils suivirent passivement l'attitude de leurs princes, sauf quand, en lutte avec eux, ils adhérèrent, par sentiment d'opposition, au pape du parti adverse.

Au milieu d'un tel désarroi, les abus dont l'Église souffrait de plus en plus visiblement depuis le commencement du xivᵉ siècle ne pouvaient que s'aggraver. La cour de Rome comme celle d'Avignon la soumirent à une exploitation d'autant plus intense qu'une moitié de la chrétienté devait maintenant fournir à chacune d'elles autant de revenus qu'avait fait jadis la chrétienté tout entière. Le système de *provisiones*, des *annates*, de *reservationes* se mit à fonctionner à outrance ; la simonie, le népotisme, le favoritisme prirent une extension déplorable. La hiérarchie fut de plus en plus à la merci de l'argent.

Une telle situation était intenable. Elle devait sans doute en se prolongeant aboutir à la ruine de l'Église. Le succès de Wyclif en Angleterre était significatif. Et en Bohême, Jean Hus, s'inspirant de lui, commence aussi à agiter le peuple (1403). Mais, vis-à-vis de ces réformateurs révolutionnaires, la vieille Université de Paris, ce conservatoire de la théologie, cherche ardemment une solution compatible avec l'orthodoxie. Pierre d'Ailly, Gerson et Clémangis d'une part, Wyclif et Hus de l'autre, voilà le grand conflit religieux du commencement du xvᵉ siècle. On pourrait être tenté encore ici, suivant une recette commode, de faire intervenir l'élément racique : latins pour l'Église, germains contre elle. Germains et Slaves alors ! Mais il est très simple d'expliquer les attitudes différentes. En Angleterre, on l'a vu, les difficultés croissantes du pays avec le pape ont orienté dans le sens qu'elle a pris la théologie wyclifienne, dont Hus ne fait que reprendre les thèses en les appuyant sur le nationalisme tchèque. Au contraire, en France, depuis que la papauté est à Avignon, l'État n'a qu'à s'en louer. Rien ne le pousse à rompre avec elle ; rien dans le peuple ne lui est hostile. On peut corriger les abus, rétablir la discipline, restaurer la piété sans tout ruiner, sans nier tout le passé et d'un bond retourner à la Bible et au christianisme primitif. Un concile œcuménique peut trancher la question et tout à la fois faire cesser le schisme et apporter à l'Église les réformes dont elle a besoin. Malheureusement, aucun des deux papes ne veut céder la place. Les États ne parviennent pas à s'entendre pour proclamer en face de l'un et de l'autre une « soustraction d'obédience » générale qui les obligerait à céder. La France pousse de toutes ses forces à la fin du schisme, mais elle est gênée par ses querelles intestines. L'assassinat du duc d'Orléans qui la fait passer sous l'influence du duc de Bourgogne, Jean sans Peur, lui fait prendre une attitude plus décidée. Car Jean, dont les Flamands sur lesquels il règne sont pour Rome, est très embarrassé par la querelle et pousse de toutes ses forces à une solution. Les cardinaux des deux partis se sentant soutenus s'enhardissent. En 1409, enfin, ils convoquent à Pise un concile général qui s'ouvre le 25 mars.

C'était dans l'Église une nouveauté inouïe qu'un concile se réunissant à l'appel des cardinaux. L'esprit révolutionnaire qui travaillait la société laïque se communiquait aussi à la société religieuse. Les deux papes, Grégoire XII (Rome) et Benoît XIII protestèrent également et s'agitèrent en vain pour faire échouer les travaux de l'assemblée. Mais elle était décidée à aller jusqu'au bout. Le 5 juin, elle déclarait solennellement Pierre de Luna (Benoît XIII) et Angelo Corrario (Grégoire XII) schismatiques notoires et hérétiques, les déposait l'un et l'autre, et prononçait la vacance du Saint-Siège. Dix jours plus tard, les cardinaux donnaient la tiare à Alexandre V (1409-1410). Puis ils se dispersèrent, remettant à un concile futur la réforme de l'Église. L'avenir paraissait plus sombre que jamais, car ni Grégoire, ni Benoît ne reconnaissaient comme valable la sentence qui les avait frappés. Il y avait désormais trois papes qui se disputaient le gouvernement de la chrétienté. Et comme s'il ne suffisait pas que l'Église fut ébranlée dans son gouvernement, elle était en même temps déchirée par l'hérésie, rappelant ainsi le spectacle de la décadence carolingienne à l'époque où les fils de Louis le Pieux se disputaient la couronne tandis que la féodalité grandissante faisait crouler la constitution politique de l'Empire.

Le Wyclifisme avait trouvé dans Jean Hus un apôtre bien plus ardent et que les circonstances devaient rendre autrement dangereux que le fondateur même de la doctrine. De même que les succès de Wyclif en Angleterre s'expliquent, on l'a vu, par le mécontentement politique que la papauté avait suscité dans ce pays, ceux de Hus sont dus à l'hostilité croissante qui, depuis le milieu du xive siècle, opposait les Tchèques de Bohême à l'Allemagne. Le sentiment national agit en faveur de chacun d'eux, mais d'une façon très différente et qu'explique naturellement la composition des deux peuples. En Angleterre, où la population était homogène, il valut à Wyclif le concours de tous ceux qui repoussaient dans la papauté l'immixtion d'une puissance étrangère. En Bohême, où les Tchèques vivaient à côté des immigrants que l'Allemagne avait déversés dans le pays depuis le xiie siècle, il lança vers Hus toute la partie slave de la nation qui salua en lui l'auteur de son affranchissement à l'égard d'une Église dans laquelle elle voyait surtout l'Église des Allemands. Dès le début, Hus ne s'appuya d'ailleurs que sur ses compatriotes de langue tchèque. Le zèle religieux dont il les enflamma par son éloquence et sa conviction s'augmenta de toute la force des passions nationales, et l'on assiste à ce spectacle singulier d'un théologien devenu à ce point l'apôtre de son peuple qu'aucune autorité n'eût osé songer à lui résister. L'excommunication fulminée contre lui, l'interdit lancé sur la ville de Prague (1412) ne ralentirent pas sa propagande qui déjà commençait à lui recruter des partisans en Pologne, en Hongrie, en Croatie.

L'œuvre de réforme ecclésiastique que le Concile de Pise avait ajournée paraissait seule pouvoir sauver la chrétienté. Jean XXIII (1410-1415) qui venait de succéder à Alexandre V, convoqua à Rome un nouveau concile (avril 1412), que l'invasion de la ville par le roi de Naples, Ladislas, obligea bientôt à se disperser. Sur la proposition du roi d'Allemagne Sigismond, heureux de prendre ici une importance que lui laissaient la France et l'Angleterre occupées par leur conflit, Constance fut désigné comme siège d'une nouvelle assemblée qui s'y ouvrit le 5 novembre 1414. Elle réussit, après trois ans de délibérations et de négociations, à mettre fin au schisme. Jean XXIII fut déposé, Grégoire XII amené à renoncer à la tiare, et Benoît XIII, qui s'y refusait, condamné comme hérétique et schismatique. Le 11 novembre 1417, Martin V fut élu, non par le conclave, mais par une commission de cardinaux et de délégués des nations représentées au Concile. L'unité du gouvernement catholique était enfin rétablie. Quant à la réforme de l'Église « dans son chef et dans ses membres » qu'appelaient de tous leurs vœux les meilleurs esprits, elle fut à peine commencée. Elle ne consista guère qu'en quelques tempéraments apportés au pouvoir que s'arrogeait la curie dans la répartition des bénéfices. En revanche, le Concile crut écraser l'hérésie de Bohême en condamnant au bûcher Jean Hus qui, muni d'un sauf-conduit de Sigismond, s'était rendu à Constance avec l'espoir de convertir les pères à sa doctrine (6 juillet 1415). Son disciple, Jérôme de Prague, fut quelques mois plus tard, également condamné et exécuté. L'un et l'autre moururent comme des martyrs, et leur supplice n'eut d'autre résultat que de servir la cause qui venait de leur coûter la vie. Il porta au paroxysme l'enthousiasme religieux et l'enthousiasme national des Tchèques. Leur haine contre l'Église et leur haine contre l'Allemagne se développèrent ensemble. Hus n'était-il pas, en effet, tout à la fois la victime du Concile et de Sigismond ? Comment auraient-ils pu voir dans le sauf-conduit qu'il avait reçu du roi, autre chose qu'une abominable perfidie ?

Jusqu'ici, les adeptes de Hus s'étaient bornés, comme leur maître, à professer les idées de Wyclif. Un certain nombre d'entre eux leur resteront fidèles : ce furent les Utraquistes, ainsi appelés de ce qu'ils communiaient sous les deux espèces. Mais la masse du peuple, sous l'aiguillon de la passion religieuse, poussa d'un coup la doctrine jusqu'à ses conséquences extrêmes. Puisque la Bible donnait la parole de Dieu, il fallait lui obéir en tout, non seulement dans ce qui regarde les âmes, mais aussi dans ce qui touche les corps.

Dès lors, l'organisation ecclésiastique aussi bien que l'organisation civile devaient disparaître. Il fallait établir en ce monde le royaume de Dieu, en reconstituant, d'après les saints livres, l'humanité tout entière. Rêve enthousiaste d'un peuple jeune et plein d'illusions, et dont la conduite n'a pas d'autre pendant dans l'histoire que celle des Bolcheviks russes de 1917. On se mit à l'œuvre aussitôt, avec la conviction que la nation tchèque était l'élue du Seigneur. Le clergé catholique fut dispersé, ses biens confisqués, les églises et les monastères détruits. Une constitution patriarcale, imitée de l'Ancien Testament, fut donnée au peuple, et l'on éleva sur l'emplacement du bourg de Kozihradek où Hus avait passé ses dernières années, la ville sainte de Tabor, de laquelle les nouveaux Hébreux reçurent le nom de Taborites. La mort subite du roi de Bohême Wenceslas (16 août 1419) leur laissait d'autant mieux le champ libre que son successeur était l'odieux Sigismond, le Judas du martyr de Constance. La révolution était donc maîtresse du pays. Les Allemands de Bohême, restés fidèles à l'Église, courbèrent la tête sous la tempête. Cependant, de toutes parts, les mystiques exaltés que recelaient les associations de Bogards ou le prolétariat des villes industrielles se hâtaient vers ce pays où venait d'être proclamé le règne de Dieu, et leurs aspirations communistes ou leurs visions paradisiaques suscitaient au milieu du rigorisme biblique des Taborites, des sectes singulières. Celle des Adamites, fondée par un tisserand belge, caractérise curieusement l'exaltation de leurs adeptes. Les disciples du nouvel Adam, établis dans une île de la rivière Nezarka, prétendaient y mener, dans le communisme le plus complet, une vie édénique. Comme les premiers hommes, ils avaient supprimé l'usage des vêtements et leur morale était aussi primitive que leur costume. Ils causèrent bientôt un tel scandale que Jean Ziska, en 1421, dut les faire massacrer.

La foi des Hussites était trop puissante pour ne pas les pousser à la répandre autour d'eux. Dès 1419, la Bohême est devenue un foyer d'ardente propagande, d'où une religion révolutionnaire déverse comme une lave ses doctrines brûlantes. Les régions slaves voisines, la Pologne, la Moravie, la Silésie, où la langue de ses apôtres est facilement comprise, et où les masses du peuple vivent misérables sous l'oppression de la noblesse, lui fournissent aussitôt des milliers d'adeptes. Elle s'infiltre même parmi les pauvres, dans les contrées allemandes d'Autriche. Et son prestige apparaît plus éclatant encore par les triomphes qu'elle remporte. Les victoires de Jean Ziska et de Procope sur la chevalerie allemande lancée contre eux par le pape et Sigismund, rappellent invinciblement aux fidèles celles de David ou de Gédéon sur les Amalécites.

Le péril hussite était invoqué par tous ceux qui, dans l'Église, réclamaient la réunion d'un nouveau concile. Martin V réussit à temporiser ; son successeur Eugène IV (1431-1437), maîtrisé par les circonstances et par l'opinion, s'exécuta. Le Concile s'ouvrit à Bâle en juillet 1431. Deux grandes questions s'imposaient à ses travaux. L'hérésie de Bohême et la réforme de l'Église. Les événements lui permirent de résoudre la première.

Le radicalisme religieux et social des Taborites avait fini par provoquer entre eux et les Utraquistes une rupture définitive. La noblesse, presque tout entière avait passé à ceux-ci et leur avait procuré à Lipan, le 30 mars 1434, une sanglante victoire. La Bohême, épuisée par la guerre, ne demandait plus que le repos et les négociations entamées entre le Concile et les Utraquistes aboutirent enfin à une solution assez obscure dont les deux parties se contentèrent (1436). Les difficultés furent tournées plutôt que résolues. Tant d'efforts, tant d'enthousiasme, tant de sang répandu ne profitèrent en somme qu'à la noblesse tchèque qui se partagea les biens des couvents. Au prix de la spoliation de l'Église, elle se réconcilia avec elle. La puissance qu'elle acquit ainsi devait rendre désormais peu dangereux les sectateurs découragés subsistant parmi le peuple. On compta sur le temps pour en finir.

Quant à la réforme de l'Église, on put croire tout d'abord qu'elle allait vraiment cette fois s'accomplir suivant le programme qu'avait jadis exposé à Constance les Pierre d'Ailly et les Gerson. La majorité des pères semblait décidée à remplacer la constitution monarchique du catholicisme par une constitution conciliaire. Plus énergiquement qu'à Constance, elle proclama la supériorité du concile sur le pape et déjoua énergiquement les efforts d'Eugène IV pour dissoudre l'assemblée. Non contente de supprimer les abus financiers de la curie, d'amender les mœurs du clergé, d'imposer la résidence aux dignitaires ecclésiastiques, de combattre la simonie et d'interdire l'accumulation de bénéfices, elle manifesta, à l'égard du pape, un esprit de défiance et de contrôle si révolutionnaire que la division finit par se glisser dans ses rangs. Eugène en profita utilement. L'empereur Jean VII Paléologue et le patriarche de Constantinople venaient d'arriver en Italie et, une fois de plus, cherchaient à obtenir le secours de l'Occident contre les Turcs en promettant l'union de l'Église grecque. Le pape convoqua aussitôt le Concile à Ferrare, puis à Florence, pour délibérer sur cette proposition, va-tout fallacieux du désespoir que l'on feignit ou que l'on se persuada de prendre au sérieux. Une partie des pères répondit à son appel et la proclamation de l'union, le 5 juillet 1439, lui valut momentanément (l'Église orientale devait le condamner quatre ans plus tard) un éclatant succès. L'opposition restée à Bâle était désormais discréditée. Elle chercha à cacher sa faiblesse par sa violence. Le 5 juin 1439, elle déposait Eugène IV et nommait à sa place Félix V que personne ne prit au sérieux en Europe et qui est le dernier des anti-papes. Obstiné dans une résistance désormais sans espoir, le Concile traîna encore dix ans une existence obscure, pour se dissoudre enfin le 25 avril 1439. Félix V abdiqua et reprit son rang parmi les cardinaux. La grande crise que la papauté venait de traverser était close, et elle se fermait par sa victoire. De l'œuvre du Concile rien ne subsistait. L'Église conservait sa forme monarchique. Après tant de travaux et d'espoirs, on en revenait au point de départ.

Quelque chose restait pourtant de toute cette agitation qui avait paru un instant devoir donner une forme nouvelle au catholicisme, quelque chose que personne n'avait voulu dans l'Église : l'indépendance croissante des États en matière ecclésiastique. Les différends des papes et du Concile avaient permis aux princes, que les deux parties avaient un égal intérêt à ménager, de limiter l'intervention de Rome dans leurs États et d'acquérir une part d'influence dans le recrutement et la discipline du clergé national. La pragmatique sanction proclamée par Charles VII en 1438 et dans laquelle on peut voir le point de départ des fameuses franchises gallicanes de l'Église de France, est le résultat le plus remarquable de ces conjonctures. La papauté restait maîtresse dans l'Église. Mais l'Église n'était plus ce qu'elle avait été au Moyen Age. Elle cessait d'étendre son autorité au domaine temporel comme au domaine spirituel. Elle se repliait en quelque sorte sur elle-même et, si l'on peut dire, se spécialisait dans son rôle religieux. Après l'empereur, le pape à son tour disparaissait comme pouvoir universel de la scène du monde. Depuis le milieu du XVe siècle, il n'y aura plus d'anti-pape. Mais aussi, après la déposition par Paul II du roi de Bohême, Georges Podiébrad, en 1466, on ne verra plus de papes soumettre à leur arbitrage les querelles des rois.

---

1. Ce n'est pas le capitalisme qui est opposé aux tendances de la nature humaine, c'est sa restriction. La liberté économique est spontanée. Le métier l'écrase parce qu'elle menace la majorité. Il suppose d'ailleurs que cette majorité détienne le pouvoir politique.
2. Nom des métiers inférieurs à Florence.
3. Le XIVe siècle voit commencer l'importance des financiers dans la politique.
4. On ne peut considérer la victoire des gens de Schwis, Uri et Unterwalden sur le duc Léopold d'Autriche en 1315 comme un soulèvement social. Il s'agit de paysans libres voulant conserver leur indépendance. Ce serait plutôt quelque chose d'analogue à la lutte des Frisons contre les comtes de Hollande, qui aboutit à la bataille de Stavoren (1345).
5. Cfr. Brigitte, Catherine de Sienne, Gerson, Vincent-Ferrier, Pierre de Luxembourg.
6. Tels, par exemple, les Chartreux.
7. « Lollium » signifie mauvaise herbe.
8. Ce sont tous des Provençaux, sans doute à cause des Angevins de Naples.

2
LA GUERRE DE CENT ANS

I. — Jusqu'à la mort d'Édouard III (1377)

La France n'exerce plus, depuis la fin du xiiie siècle, cette hégémonie dont elle a joui sans conteste de Philippe Auguste à Philippe le Bel. Pour qu'elle demeurât en possession de cette maîtrise de l'Europe, il eût fallu et que sa civilisation continuât à progresser et que sa puissance politique se maintînt. Or la première s'arrête et la seconde décline. Ni l'art, ni la littérature, ni la science, quelque intérêt qu'ils y présentent encore, n'apportent plus aucune nouveauté essentielle. Quant à la force et à la prospérité de la nation, elles sont compromises l'une et l'autre par la formidable crise de la Guerre de cent ans.

La portée de ce grand conflit dépasse d'ailleurs de beaucoup les bornes de l'Europe occidentale. Les deux États qu'il met aux prises étaient trop influents pour que leur querelle n'intéressât qu'eux-mêmes. En réalité, elle s'impose à tous les princes, et par les alliances qu'elle provoque parmi eux ou par l'action qu'elle exerce sur leur conduite, elle revêt une importance européenne. Dans l'Europe déséquilibrée par la disparition de la prépondérance politique de la papauté, elle est tant bien que mal un centre d'attraction, ou tout au moins l'événement cardinal qui confère à l'agitation confuse de la période qu'il domine, quelques directions communes.

Une guerre aussi longue et aussi acharnée n'était possible qu'entre la France et l'Angleterre. Seules, elles possédaient des gouvernements disposant d'assez de ressources et des peuples doués d'une unité nationale suffisante pour supporter sans périr une semblable épreuve. Mais l'on reste confondu quand on compare la grandeur des efforts dépensés à l'inanité des résultats obtenus. Au fond, il en est de la lutte de la France et de l'Angleterre comme de celle des papes et des conciles : c'est un avortement. Après tant de sang répandu, tant de misères et tant de ruines, les deux adversaires se retrouvent à très peu de choses près au point de départ, si bien que la Guerre de cent ans n'a été qu'une calamité formidable et stérile. Et il est trop facile de constater après coup qu'elle ne pouvait être autre chose. L'impossibilité où se trouvaient les rois d'Angleterre de conquérir la couronne de France apparaît avec la clarté de l'évidence. Et c'est pourtant bien là le but qu'ils se sont proposés. En dehors de cela, aucun motif pressant ne les poussait à la guerre. Aucun motif surtout n'y poussait le peuple anglais. Car la France ni ne menaçait, ni même ne gênait l'Angleterre. Ni l'une, ni l'autre n'était encore devenue une nation maritime. Leurs marchands ne se rencontraient nulle part en rivaux comme ils devaient le faire plus tard, ou comme, dès le xiiie siècle, le faisaient dans les ports du Levant ceux de Gênes et de Venise. La Guyenne qui, sur le continent, continuait d'appartenir aux rois d'Angleterre, ne présentait pas pour leur peuple plus d'importance que n'en devait présenter au xviiie siècle le royaume de Hanovre. On comprendrait sans peine que la France ait attaqué l'Angleterre pour lui reprendre cette province, dernier lambeau des possessions angevines qui faisait encore obstacle à l'unité du royaume, mais ce n'est pas la France, c'est l'Angleterre qui a provoqué la guerre. Le prétexte en a été la revendication par Édouard III de la couronne capétienne. Mais on ne voit pas l'intérêt national de l'Angleterre dans cette question, bien au contraire. L'alliance de la France avec l'Écosse n'explique pas mieux l'origine du conflit. Il est, en effet, trop évident qu'en compliquant la conquête de l'Écosse d'une guerre avec la France, on rendait cette conquête infiniment plus difficile, et même impossible. Bref, de quelque côté qu'on se tourne, la Guerre de cent ans apparaît comme une guerre inutile, en ce sens qu'elle ne fut provoquée par aucune nécessité vitale. Au vrai, il n'y faut voir qu'une guerre de prestige. Et c'est là justement ce qui explique la passion avec laquelle le peuple anglais y seconda ses rois.

La constitution parlementaire avait continué de s'affirmer sous Édouard Ier (1272-1307). En 1297, le roi avait reconnu formellement le droit du Parlement de consentir à l'impôt. Le retour de son successeur Édouard II (1307-1327) à la pratique du gouvernement personnel amena, comme sous Henri III, une révolte du peuple conduit par les barons. L'insuccès du roi en Écosse, contre David Bruce qui avait repris les armes et l'avait battu à Bannockburn (24 juin 1314), achevèrent de le rendre odieux. En 1326, les mécontents se groupaient autour de la reine et du prince royal. Le Parlement prononçait la déposition du roi (7 janvier 1327).

Le règne d'Édouard III (1327-1377) s'ouvrait donc comme celui d'Édouard Ier par une nouvelle victoire de la nation sur la couronne. Mais en reconnaissant comme son grand-père le fait accompli, en s'associant franchement au Parlement, Édouard III devait justement faire profiter la couronne de cette victoire de la nation. Plus il laisse le Parlement intervenir dans sa politique, plus cette politique devient populaire. L'approbation donnée par les Lords et les Communes (qui se distinguent justement en deux chambres sous le règne d'Édouard) aux entreprises du roi, les solidarise avec elles. Si cher qu'elles coûtent, l'honneur de la nation y est désormais engagé et s'y confond avec celui du roi. Sans doute le Parlement n'a rien fait pour pousser le roi à la guerre contre la France. Édouard semble même au début avoir été si peu sûr de ses dispositions qu'il a commencé par emprunter à des banquiers florentins l'argent nécessaire à ses préparatifs. Mais sa banqueroute en 1339 l'a obligé à s'adresser désormais et jusqu'au bout à son fidèle Parlement. Ainsi, sa querelle est devenue celle de son peuple. L'Angleterre s'est sentie engagée d'honneur dans la guerre de son roi ; elle s'est acharnée par sentiment d'orgueil national, le plus puissant de tous les sentiments. Personne naturellement n'a pu croire, en entreprenant cette guerre, où elle conduirait. Les Anglais ne se sont sûrement pas attendu à rencontrer en France un amour-propre et des passions nationales égales aux leurs. Ayant déchaîné une lutte qui ne tolérait pas de compromis puisqu'elle n'allait à rien moins qu'à donner à leur roi la couronne de France, ils ont dû aller jusqu'au bout, et ne déposer enfin les armes que quand l'épuisement les leur a fait tomber des mains.

Comment pourtant comprendre que la France n'ait pas réussi à repousser tout de suite et de façon décisive l'agression d'Édouard III ? Toutes les chances, en effet, semblaient être pour elle. Non seulement elle avait l'avantage de se défendre sur son propre sol, mais sa population était certainement deux ou trois fois plus élevée que celle d'Angleterre, et sa richesse était bien plus grande. Que l'on observe de plus que ses défaites de Crécy, de Poitiers, d'Azincourt, n'ont rien eu de décisif. Si graves qu'elles aient été, elles n'ont pas anéanti ses forces et ne l'ont pas empêchée de continuer à tenir la campagne. La cause de son impuissance est ailleurs. Il faut la chercher dans les troubles auxquels elle fut en proie à partir du milieu du XIVe siècle et qui s'expliquent eux-mêmes en grande partie du moins par la nature de l'État français, tel qu'il s'est constitué de Philippe Auguste à Philippe le Bel.

Cet État, on l'a vu suffisamment plus haut, est essentiellement monarchique. En dehors du roi, il n'y existe aucun pouvoir politique indépendant ; il n'y a que des fonctionnaires ou des conseils, dont aucun ne tire son origine, comme le Parlement d'Angleterre, d'une source distincte de la couronne. L'autorité royale qui, de règne en règne s'est plus largement épandue sur le pays et en a aggloméré les parties disjointes par la féodalité princière, se manifeste essentiellement par la protection et la justice. Le roi est l'avoué de son royaume, le premier justicier de sa terre, le gardien de ses sujets. C'est de là que lui vient son rôle social, et c'est de là qu'il tient sa popularité. L'État auquel il préside est essentiellement basé sur l'idée de droit. Ses fonctionnaires principaux sont les baillis, officiers de justice : son organe central le plus important, le Parlement de Paris, une cour de justice. Et le sentiment populaire qui conserve l'image de Saint Louis, rendant la justice sous les chênes de Vincennes, est ici parfaitement d'accord avec la réalité. Philippe le Bel a été jusqu'au bout de cette conception et son conflit avec le pape n'est au fond qu'une querelle sur la souveraineté juridique du roi.

Seulement l'État, pour se maintenir, a de plus en plus besoin de finances. Or, tout ce qui subsistait de l'ancienne fiscalité romaine, vieux impôts transformés en redevances, a passé dès le Xe siècle aux grands vassaux. Pour vivre, la cour n'a que ses domaines et leurs revenus. Elle y ajoute les revenus de la monnaie qu'elle reprend aux grands vassaux très largement depuis Philippe Auguste[1]. Elle a recours à l'emprunt. Cela ne suffit pas. Il faudrait un impôt, mais elle n'en dispose pas. De là des expédients d'altération monétaire sous Philippe le Bel, taxation du clergé qui fait partir le pape en guerre, suppression des Templiers qui constitue un scandale, tripotages avec des Italiens qui grugent le trésor. L'idée ne vient pas qu'on peut frapper un impôt sur les sujets, car ce n'est pas là une idée de droit. La notion de l'État étendant sa compétence jusqu'à puiser dans la fortune privée de ceux qu'il protège n'est pas encore née. Au point de vue financier, l'évolution est donc beaucoup plus arriérée qu'au point de vue juridique. On n'a pas dépassé en somme, à la fin du xiiie siècle, la conception qui confond les finances publiques avec les revenus du roi. De là, dès que la Guerre de cent ans éclatera, des embarras extrêmes.

Pour payer les armées, louer des mercenaires, subsidier des alliés, le roi s'endettera et le désordre sera bientôt si grand qu'il devra appeler à l'aide ces sujets qu'il n'ose taxer, convoquer les États généraux et leur demander l'argent qu'il n'a pas. Ce sera déchaîner une crise terrible. Ce sera ouvrir, en pleine guerre, une espèce de révolution qui fait penser à celle que l'Angleterre a traversée lors de la Grande Charte. Mais la situation en France est bien plus grave. Car la cohésion nationale que la conquête normande a donnée à l'Angleterre n'y existe pas. La royauté, qui a rejoint les *membra disjecta* du pays, en s'adressant au peuple, remet tout en question.

Ce sera le gâchis. Les ordres dont se composent les États généraux ne s'entendent pas. Le Tiers, appuyé sur les villes et qui a l'argent, voudra introduire des réformes que la royauté n'accepte pas. Les princes profiteront de l'occurrence pour reprendre une influence qu'ils ont perdue. Les luttes de partis susciteront les ambitions politiques des seigneurs du sang. Étienne Marcel prépare la lutte des Bourguignons et des Armagnacs. Sauf le règne réparateur de Charles V, on peut dire que, depuis les États généraux de 1355 jusqu'au règne de Louis XI, la France a été en proie à une double guerre intestine : du Tiers-État contre le roi, et des princes contre la couronne, tout cela au fond ayant sa source dans la crise fiscale rendue nécessaire par la constitution du royaume, crise de confiance, si l'on peut dire, nécessaire pour élever l'État de la conception capétienne à une conception plus complète, et dans laquelle, au milieu des désastres de la guerre étrangère, il semble qu'il soit sur le point de sombrer.

Rien n'indiquait encore, pendant les années qui précédèrent la grande guerre, que l'on dût en arriver là. Les trois fils de Philippe le Bel qui, faute d'enfants mâles, succèdent à tour de rôle à leur père : Louis X (1314-1316), Philippe V (1316-1322), Charles IV (1322-1328), profitent sans éclat de la situation qu'il leur a transmise. Aucune question nouvelle ne se pose. La papauté, établie à Avignon, est désormais pleine de prévenances pour la couronne ; on est en paix avec l'Angleterre dont le roi Édouard II, conformément aux stipulations du Traité de Montreuil, épouse Isabelle, la sœur des trois rois. Seule la guerre de Flandre se traîne durant quelques années pour aboutir enfin, sous Philippe V, au Traité de Paris (1320) qui cède au royaume les châtellenies de Lille, Douai et Orchies, et fait entrer par un mariage l'héritier du comté, Louis de Nevers, dans la famille royale.

Au moment où meurt Charles IV, le royaume jouit donc d'une tranquillité profonde. L'extinction même de la dynastie capétienne ne soulève aucune difficulté. Déjà, au décès de Louis X, sa fille avait été écartée de la couronne et, en montant sur le trône, Philippe de Valois ne faisait donc que profiter d'un principe proclamé douze ans plus tôt, conforme à l'ancien droit royal franc, admis sans conteste par toute la nation et si évidemment inattaquable qu'Édouard III, petit-fils par sa mère de Philippe le Bel, ne fit entendre au moment décisif aucune protestation. Même en ligne féminine ses droits étaient au surplus primés par ceux de Jeanne, fille de Louis X, épouse de Philippe d'Évreux, à laquelle le nouveau roi, par mesure de prudence, céda le royaume de Navarre, auquel ne s'appliquait pas aussi évidemment qu'à celui de France, la soi-disant « loi salique ».

Son règne s'ouvrit sous d'heureux auspices. Appelé à l'aide par le comte de Flandre contre le grand soulèvement des tisserands bourgeois et des paysans de la Flandre maritime qui, depuis 1325, avaient uni leurs efforts, ceux-ci contre la noblesse, ceux-là contre les patriciens, le roi remportait à Cassel, le 23 août 1328, une victoire qui mit fin à la révolte. L'année suivante, Édouard III lui prêtait serment de vassalité pour la Guyenne. Une guerre paraissait si peu probable que le roi préparait, d'accord avec le pape, une Croisade ou, pour mieux dire, une expédition française en Orient qui devait mettre à la voile en 1332.

Édouard III avait eu en Angleterre de moins heureux commencements. De nouveaux succès militaires des Écossais l'avaient forcé à reconnaître (1328) l'indépendance de leur pays, et leur roi Robert Bruce, rompait ainsi le lien de vassalité auquel Édouard Ier avait soumis ces tenaces adversaires. Heureusement pour lui, la révolte d'Édouard Baliol contre David Bruce, successeur de Robert (1331), lui permit de rétablir ce qu'il venait de défaire. Il se prononça pour Baliol, battit les troupes du roi légitime à Hallisdown Hill (1333) et le força à se réfugier en France où Philippe VI l'accueillit comme Louis XIV devait plus tard accueillir Jacques Stuart. Baliol s'empressa d'assurer sa situation en cédant au vainqueur le pays de Berwick et en reconnaissant la suzeraineté de l'Angleterre sur le royaume qu'elle lui avait procuré (février 1334).

La sympathie montrée à David Bruce par la cour de France fut ressentie par Édouard III comme un outrage. Il y répondit en prodiguant lui-même des marques de confiance à Robert d'Artois, mortel ennemi de Philippe VI, qu'il reçut à Londres à grand fracas. Les droits qu'il croyait ou prétendait avoir à la couronne de France durent bientôt l'incliner à l'idée de reprendre la guerre que son grand-père avait dû rompre si brusquement en 1297. Jeune, actif, populaire depuis sa victoire sur l'Écosse, il se laissa entraîner par l'ambition. Comme tous les grands ambitieux d'ailleurs, il était prudent et il ne voulut s'aventurer qu'après avoir mis de son côté toutes les chances de succès. S'inspirant de l'exemple d'Édouard Ier, il se mit tout d'abord en devoir de s'assurer l'alliance des princes des Pays-Bas. Le plus important d'entre eux, le comte de Flandre, Louis de Nevers, se montra aussi fidèle à Philippe VI, qui l'avait sauvé d'une révolte populaire, que Guy de Dampierre en 1297 était prêt à rompre avec Philippe le Bel, qui soutenait contre lui les patriciens. Mais, de l'autre côté de l'Escaut, dans cette ancienne Lotharingie aujourd'hui découpée en principautés florissantes qui, depuis le grand interrègne, jouissaient d'une indépendance complète sous la suzeraineté nominale de l'Empire, il devait être facile, en payant bien, de recruter des partenaires. Grâce aux banquiers florentins, qui lui ouvrirent le plus large crédit, Édouard pouvait dépenser sans compter. Il donna carte blanche au comte Guillaume II de Hainaut et de Hollande, dont il avait épousé en 1328 la fille Philippine, la protectrice de Froissart, et il ne fallut pas longtemps pour conclure à beaux deniers avec le duc de Brabant et quelques personnages de moindre envergure, comtes de Gueldre, de Clèves, de Juliers. De même qu'Édouard Ier avait en 1297 acheté l'appui du roi d'Allemagne Adolphe de Nassau, Édouard III crut utile de prendre à sa solde l'empereur Louis de Bavière. Il espérait sans doute que ce pauvre homme, récemment excommunié par Jean XXII, trouverait dans sa rancune contre la papauté d'Avignon, un motif de se venger sur la France.

A la coalition anglaise, Philippe VI opposa dans les Pays-Bas un ancien client de la France, l'évêque de Liège, et le roi de Bohême Jean l'Aveugle, allié de sa maison, qui n'amena d'ailleurs avec lui que quelques chevaliers de son comté de Luxembourg. En Écosse, il envoya des secours aux partisans de David Bruce qui reprirent les armes.

Les hostilités commencèrent en 1337. Les Français brûlèrent par surprise Guernsey et Portsmouth ; les Anglais attaquèrent un corps de troupes flamandes dans l'île de Cadzant. L'année suivante, le 22 juillet 1338, Édouard III débarquait à Anvers avec l'intention de porter de grands coups. Mais ses alliés manquaient complètement d'enthousiasme. Louis de Bavière se borna à lui décerner le titre de vicaire de l'Empire et ne bougea pas. Le duc de Brabant, le comte de Hainaut-Hollande Guillaume III, qui venait de succéder à son père, cherchaient visiblement à échapper à leurs engagements. Pour entraîner de tels auxiliaires dans une lutte qui n'était pour eux qu'une occasion de subsides, il eût fallu payer, payer toujours, et Édouard surchargé de dettes venait de faire banqueroute, entraînant dans la ruine ses prêteurs florentins ! Heureusement, pour obliger le comte de Flandre à se jeter de son côté, il venait, renouvelant une tactique qui avait déjà réussi dans les démêlés de l'Angleterre avec le comte, de prohiber l'exportation des laines indispensables à la draperie de Gand, de Bruges et d'Ypres. Malgré la crise provoquée par cette mesure, Louis de Nevers était resté inébranlable dans sa fidélité à la France. Mais les métiers et les marchands des villes n'entendaient pas se laisser ruiner ou affamer et puisque leur prince préférait à leur cause celle de son suzerain, ils se chargèrent eux-mêmes de leur salut. Gand, où dominaient depuis quelques années les métiers de la draperie, avait pris, sous la direction d'un riche bourgeois Jacques van Artevelde, la direction du comté. Artevelde se mit en rapports avec Édouard ; l'embargo sur les laines fut levé et, pour faire disparaître les scrupules qui eussent pu retenir les bourgeois d'abandonner Philippe VI, leur suzerain, Édouard vint à Gand et, sur le marché du Vendredi, se fit solennellement reconnaître lui-même comme roi de France. Ainsi, entre sa politique royale et dynastique et la politique bourgeoise et économique des villes flamandes, la solidarité des intérêts nouait une alliance à laquelle la Flandre devait se montrer inébranlablement fidèle. Dans ce pays essentiellement industriel, et où dominait la bourgeoisie, la politique, plus tôt que partout ailleurs dans le nord de l'Europe, se subordonnait aux considérations économiques.

L'entrée de la Flandre dans l'alliance anglaise assurait à Édouard une base solide dans le nord. Jusque-là, la guerre s'était traînée le long de la frontière de France, en escarmouches et en incendies de villages. Cependant que des cardinaux envoyés d'Avignon cherchaient vainement à négocier une paix dont on ne parlait avec eux que pour gagner du temps. Les opérations allaient enfin pouvoir prendre l'envergure rêvée par Édouard. Il courut en Angleterre demander au Parlement les subsides que sa banqueroute rendait indispensables et que l'état des affaires lui fit accorder. Le 23 juin 1340, sa flotte remportait devant l'Écluse une brillante victoire sur la flotte française, puis, en compagnie des milices flamandes et avec l'aide des princes que ce beau succès encourageait, il entreprit le siège de Tournai (22 juillet-septembre) qui échoua d'ailleurs et aboutit à la Trêve d'Esplechin, successivement prolongée durant les années suivantes.

Ainsi, malgré le concours de la Flandre, le plan d'attaque par le nord n'avait pas réussi. Van Artevelde périssait en 1345 dans une émeute fomentée contre lui par les tisserands gantois. La coalition des princes se défaisait. Louis de Bavière, sans rendre l'argent qu'il avait touché, passait même à Philippe VI, pour lequel il devait être d'ailleurs un allié aussi nul qu'il l'avait été pour Édouard. Des deux belligérants, la situation de France semblait la meilleure. Elle profitait de la trêve pour s'agrandir sur sa frontière orientale. En 1343, elle achetait à deniers comptants le Dauphiné au dauphin Humbert II, dont le titre resta depuis lors attaché à l'héritier de la couronne.

La trêve n'empêcha pas Édouard III de venir en Bretagne au secours de la comtesse de Montfort qui disputait le duché à Charles de Blois, soutenu par la France, et d'envoyer le comte de Derbi assaillir la Gascogne. En 1346, il débarquait subitement en Normandie. Ce fut le point de départ d'un revirement complet. Une tactique nouvelle, appuyée sur le rôle des archers durant la bataille, allait procurer aux Anglais une série de victoires éclatantes. La composition purement nationale de l'armée d'Édouard III doit aussi lui avoir valu, sur un adversaire employant largement des mercenaires étrangers, la même force qu'elle devait donner au xvie siècle aux armées espagnoles. La journée de Crécy (26 août) prouve ces qualités. Malgré l'avantage du nombre, les Français s'y virent infliger une défaite « moulte grande et moult horrible » (Froissart). Le roi de Bohême, le comte de Flandre et quantité d'autres grands seigneurs resteront parmi les morts.

Le vainqueur profita de ce succès inespéré pour assiéger Calais qui fut prise après un siège de onze mois et qui ne devait revenir à la France qu'en 1558. Quelques semaines après Crécy, David Bruce rentré en Écosse avait été battu et fait prisonnier à Nevil's Cross (17 octobre). Les Anglais triomphaient partout. Mais, de part et d'autre, on éprouvait également le besoin de respirer. A l'intervention du pape, une trêve fut conclue en septembre 1347, que l'apparition de la peste noire fit prolonger l'année suivante et qui, de renouvellement en renouvellement, dura jusqu'en 1355.

Des deux côtés on avait profité de ce repos pour préparer une action décisive. Grâce aux subsides du Parlement, les Anglais avaient rassemblé trois armées, l'une en Guyenne, l'autre en Bretagne, la troisième en Normandie. Le nouveau roi de France, Jean II le Bon[2] (1350-1364), s'était décidé à convoquer les États généraux qui lui avaient donné les moyens d'équiper 30.000 hommes. Il les conduisit à la rencontre du Prince Noir qui ravageait la Guyenne. La bataille qu'il lui livra à Maupertuis, près de Poitiers le 19 septembre 1356, s'acheva par une catastrophe plus éclatante encore que celle de Crécy. Jean lui-même fut fait prisonnier et envoyé captif en Angleterre.

Ce désastre déchaîna aussitôt en France la première des crises à laquelle la royauté allait depuis lors avoir à faire face jusqu'au milieu du xv{{]}e siècle. Les États généraux de 1355, dans lesquels dominaient l'influence de la bourgeoisie conduite par le prévôt des marchands de Paris, Étienne Marcel, n'avaient consenti aux impôts demandés par le roi qu'en exigeant une large part d'intervention dans le gouvernement. Ils avaient stipulé qu'ils percevraient eux-mêmes et administreraient les nouveaux impôts, et réclamé des garanties touchant leur droit de se réunir à l'avenir et l'introduction de réformes dans l'administration. Une grande victoire eût sans doute permis au roi d'étouffer une opposition que sa mauvaise fortune rendit irrésistible. Elle se montra d'autant plus hardie qu'elle était encouragée par le roi de Navarre, Charles le Mauvais, ambitieux sans scrupules et d'autant plus porté à embrouiller la situation qu'il ne pouvait compter que sur le désordre pour faire valoir, en qualité de fils de Jeanne d'Evreux, ses droits prétendus à la couronne de France.

Ainsi, la royauté française se voyait tout à coup, au milieu du xive siècle, obligée de compter avec cette bourgeoisie qui l'avait aidée jadis à combattre la féodalité et à faire l'unité du royaume. Incontesté et indiscuté depuis un siècle, le pouvoir monarchique était sommé d'associer la nation à son exercice. La France, après la bataille de Poitiers, présentait le même spectacle qu'avait donné l'Angleterre cent cinquante ans plus tôt après la bataille de Bouvines. Ici et là le désordre des finances et la déiaite aboutissaient à une révolution. Rien d'étonnant si cette révolution fut beaucoup plus tardive en France qu'en Angleterre. L'unité politique et nationale qui en est la condition nécessaire a été en effet imposé brusquement à celle-ci dès la fin du xie siècle, lors de la conquête normande, tandis que celle-là n'y est arrivée sous le règne de Philippe le Bel qu'à travers une longue série d'efforts. Mais la différence que présente en ce point l'histoire des deux pays n'est pas une simple différence chronologique. En Angleterre, la résistance à Jean sans Terre a été organisée et dirigée par les barons, c'est-à-dire par la classe militaire, derrière laquelle, se plaignant, des mêmes grief et réclamant les mêmes droits, s'est groupé le reste de la nation. Rien de tel en France sous Jean le Bon. Ici, c'est la bourgeoisie, c'est-à-dire la classe marchande et industrielle qui prend la tête du mouvement. Or, entre cette bourgeoisie et la noblesse, aucune entente n'est possible. Les privilèges de l'une s'opposent aux privilèges de l'autre, et ont suscité entre elles une hostilité que les désastres de Crécy et de Poitiers, dont les bourgeois rendent la chevalerie responsable, ont porté à son comble. Il est trop tard, au milieu du xive siècle, pour que du sein de la féodalité française puisse sortir un Simon de Montfort. Si quelques grands seigneurs secondent les efforts du Tiers-États, ce ne sera que par intérêt personnel, rancune ou ambition, et pour abandonner à la première occasion des alliés qu'ils méprisent. Et il en est du clergé comme de la noblesse. Ses représentants ne songent qu'à défendre ses prérogatives et ses exemptions. Bref, entre le Parlement d'Angleterre et les États généraux de France, le contraste est aussi éclatant qu'il est possible. Le premier unit en face du roi les diverses classes de la nation délibérant ensemble et arrêtant de commun accord l'expression de leur volonté ; les seconds, composés de trois ordres discutant et votant à part, constituent en réalité trois assemblées distinctes de privilégiés, incapables de s'entendre et dont les divergences et les conflits offrent à la couronne un moyen trop facile d'échapper à leur ingérence. D'ailleurs, au cours du xiiie siècle, la compétence et les attributions du Parlement se sont fixées par la coutume dans leurs points essentiels, il est devenu un organe indispensable du gouvernement. Les États généraux, au contraire, ne sont qu'une institution de circonstance, une *ultima ratio* à laquelle on ne recourt que dans un moment de détresse financière. Chacune de leurs convocations correspond à une crise du trésor ; on ne les réunit que pour leur demander de payer. Et c'est là précisément ce qui donne à la bourgeoisie le rôle prépondérant qu'elle y joue. Car, ne jouissant des immunités financières ni de la noblesse, ni du clergé, c'est elle surtout qui est appelée à payer, et il va de soi qu'en retour des impôts qu'elle vote, elle entend stipuler des garanties. Autant qu'on peut en juger par les soixante-sept articles remis au dauphin par Étienne Marcel, son idéal est d'imprégner l'administration du royaume du même esprit de contrôle et de légalité qui règne dans les administrations urbaines. Les agents du roi, les agents financiers surtout, doivent cesser d'être irresponsables à l'égard des contribuables. Le gouvernement doit accepter la collaboration permanente des États généraux et les associer à son action. Mais lorsque Marcel parle des États généraux, il pense avant tout à la bourgeoisie et spécialement à la bourgeoisie parisienne. Dès cette première rencontre du roi de France avec la nation, Paris prend, en effet, sans que personne songe à s'y opposer, la tête du mouvement. Son importance de capitale qu'il doit à la couronne, son peuple l'emploie maintenant contre la couronne. La ville royale est tellement « sans pair », elle l'emporte tellement sur toutes les autres villes du royaume par sa population, par ses richesses, par son activité et aussi par sa turbulence, elle est déjà si bien le centre du pays, le point de mire de l'attention universelle, que, dès le milieu du xive siècle, ses agitations ébranlent toute la France, que la voix de ses tribuns porte sur toute la nation et que ses émeutes sont des « journées historiques ». Le dauphin le comprit si bien qu'inaugurant une tactique qui devait être si souvent reprise après lui jusqu'au xixe siècle, il résolut d'éloigner les États généraux de cet ardent foyer et les réunit à Compiègne (1358). L'opposition parisienne n'en devint que plus acharnée. La guerre civile semblait sur le point d'éclater. Marcel traitait avec le roi de Navarre et le roi d'Angleterre, exhortait Gand et les villes flamandes à unir leurs efforts aux siens contre « les mauvaises et folles entreprises, par telle manière que nous tous puissions vivre en franche liberté », quand l'explosion de la Jacquerie amena le dénouement de la crise.

Le poids des nouveaux impôts, accompagné des excès des bandes de mercenaires licenciées après Poitiers et qui se répandaient pour vivre sur le pays, avait poussé à bout les paysans de la Champagne, de la Picardie et du Beauvaisis. Les défaites de la noblesse à Crécy et à Poitiers avaient dissipé la crainte qu'elle leur inspirait. Ils attribuaient leur détresse à la lâcheté. Ils sentaient confusément que ses privilèges ne se justifiaient que par son rôle militaire, et elle venait de se montrer incapable de le remplir. Le gentilhomme leur apparut tout à coup comme l'ennemi du peuple. Des bandes armées de bâtons ferrés se mirent à parcourir le pays et à attaquer les châteaux. Leurs premiers succès les enhardirent. Bientôt tous les paysans furent debout. Nul plan d'ensemble d'ailleurs dans cette révolte, nuls chefs reconnus, nulles revendications précises. C'est un sursaut de désespoir, une explosion de rage. Effrayée, la bourgeoisie, à l'abri de ses murailles, brave le mouvement sans y prendre part, se réservant sans doute d'en profiter s'il réussit. Mais comment aurait-il pu réussir ? Les lourds chevaliers qu'avaient pu enfoncer les archers anglais, devaient avoir raison de ces « villains, noirs et petits et mal armés » (Froissart, V,

105), qui tuaient leurs enfants, violaient leurs femmes et mettaient le feu à leurs manoirs. La disproportion était la même qu'entre des grévistes et des troupes régulières. Après le premier moment de désarroi, la noblesse se mit en campagne, et ce fut un massacre. Les « Jacques » décimés, rentrèrent dans leurs villages convaincus de leur impuissance. Il ne devait plus y avoir de soulèvement rural en France avant la grande Révolution !

Cette secousse rejeta la noblesse du côté du dauphin et rompit les liens très faibles qui, ça et là, rattachaient quelques-uns de ses membres au parti bourgeois des réformes. Les ennemis de Marcel s'enhardirent. Un complot fut tramé contre lui et, le 31 juillet 1358, il était assassiné, comme quinze ans plus tôt Jacques van Artevelde, avec lequel il présente par sa politique une ressemblance frappante. Sa mort ne mit pas fin à l'assemblée des États généraux. Le dauphin ne pouvait se passer de leur concours dans l'état d'épuisement où l'on se trouvait. Édouard III, en 1359-1360, venait assiéger Reims et s'avançait sans rencontrer de résistance jusqu'en Bourgogne. Il était indispensable de conclure la paix. Elle fut signée à Brétigny (près de Chartres) le 9 mai 1360. Édouard recevait la Gascogne, la Guyenne, le Poitou, Calais et le comté de Guines en toute souveraineté, plus trois millions d'or, moyennant quoi il renonçait à ses prétentions sur le reste de la France. L'Angleterre redevenait donc, au détriment de la France, une puissance continentale. On se retrouvait dans une situation qui rappelait singulièrement l'époque des premiers Plantagenêts. L'étendue du royaume rétrogradait au point où elle se trouvait à peu près au commencement du règne de Philippe Auguste.

Cette simple constatation suffit à montrer que les résultats de la Paix de Brétigny étaient intenables. L'État français n'était pas comme les possessions territoriales des maisons de Bavière, de Luxembourg et d'Autriche, une simple juxtaposition de pays et de peuples que des combinaisons dynastiques aggloméraient aussi facilement qu'elles les défaisaient. Il reposait aussi solidement sur l'unité géographique que sur celle de la nationalité et des intérêts. Arraché par les rois au morcellement féodal dès que la constitution économique agraire sur laquelle celui-ci était fondé avait disparu, il s'était de règne en règne groupé autour d'eux et l'action royale n'avait été si prompte et si féconde que parce qu'elle répondait à la nature des choses. Les annexions qu'il avait fallu consentir à Édouard III n'étaient évidemment qu'un sacrifice passager. Il était aussi impossible que l'Angleterre pût conserver ses nouvelles provinces françaises, qu'il l'eût été à la France de s'approprier le comté de Kent. La Paix de Brétigny n'était évidemment qu'une trêve. Quel espoir pouvait-il exister que la France admit comme durable une situation qui était pour elle une humiliation et une menace permanente ? Et comment l'Angleterre pourrait-elle conserver, malgré le vœu des populations, des conquêtes aussi étendues que son propre territoire ?

Charles V (1364-1380) qui succéda à son père Jean II en 1364, ne pouvait songer à rompre la paix à peine conclue. Le royaume était épuisé d'impôts et plus que jamais rançonné par les compagnies de mercenaires qui y vivaient sur l'habitant. Le roi réussit très habilement à en débarrasser ses sujets tout en les employant contre l'Angleterre. Henri de Transtamarre qui combattait en Castille Pierre le Cruel, allié d'Édouard III, avait fait appel à la France. Duguesclin reçut l'ordre de marcher à son secours à la tête des compagnies. Pierre le Cruel fut vaincu (1369) et un traité d'alliance conclu entre Charles V et Henri de Transtamarre, ennemi suscité au flan des possessions anglaises d'Aquitaine. Au nord, la diplomatie royale remportait en même temps un autre succès. Le comte de Flandre, Louis de Maele, fils de Louis de Nevers tué à Crécy, avait rompu avec la politique de son père et adopté une neutralité ambiguë qui, forçant à la fois la France et l'Angleterre à le ménager, lui avait procuré une situation d'autant plus avantageuse que n'ayant pas de descendant mâle, il tenait les deux belligérants en haleine en marchandant avec l'un et avec l'autre le mariage de sa fille Marguerite. Dans cette lutte à la surenchère, Charles V finit par l'emporter. Moyennant la restitution à la Flandre de Lille, de Douai et d'Orchies, cédées en 1320, Louis consentit à l'union de sa fille avec le frère du roi, Philippe le Hardi, qui avait reçu en 1361 le duché de Bourgogne en apanage (29 juin 1369). Il semblait que cette « question flamande » qui avait tant occupé la couronne depuis Philippe Auguste fut sur le point de se résoudre puisque la succession du puissant comté était assurée à un prince royal.

Charles V se sentait, maintenant assez fort pour attaquer l'Angleterre en face. Une révolte de la Guyenne contre le Prince Noir lui servit de prétexte pour dénoncer la Paix de Brétigny. Les États généraux s'empressèrent d'accorder les subsides nécessaires et la guerre, énergiquement conduite par Du Guesclin, se déroula en une série ininterrompue d'avantages. En 1372, la flotte de Castille battait celle d'Angleterre devant la Rochelle. Sur terre, les Anglais ne conservaient plus guère que Calais, Bordeaux et Bayonne quand Édouard III mourut en 1377, deux ans après le Prince Noir, laissant le royaume au fils de celui-ci, Richard II, un enfant de neuf ans. C'était un autre enfant, Charles VI, à qui la mort de Charles V, trois ans plus tard, abandonnait la France.

II. — La période bourguignonne (1432)

Les deux régences qui, sous ces rois mineurs, s'ouvrirent presque en même temps en Angleterre et en France, furent également orageuses. Ici et là, si différents que soient les événements, ils sont mus par les mêmes ressorts ; le mécontentement du peuple, provoqué par la lourdeur des impôts de guerre, et l'ambition de princes royaux chargés de la régence.

Le règne de Richard II est resté célèbre par le grand soulèvement rural de 1381. La cause essentielle en est, comme pour la Jacquerie, la misère du peuple des campagnes dont les souffrances n'attirent pas plus l'attention du Parlement qu'elles n'avaient attiré celles des États généraux. Comment les assemblées politiques s'occuperaient-elles de lui puisqu'il est en dehors des classes privilégiées qui seules y ont leurs représentants ? Il est pour elle ce que devait être au commencement du xixe siècle le prolétariat industriel pour les gouvernements censitaires, la masse sans droits sur laquelle repose l'édifice social et dont on ne s'occupe que quand ses mouvements secouent la société qui s'appuie sur elle.

Comme partout, la situation des paysans anglais s'était considérablement améliorée au xiiie siècle. Mais, durant la première moitié du xive le progrès s'était arrêté par l'effet de causes générales que l'on a indiquées plus haut. Le renchérissement de la vie et la hausse des salaires, provoqués par les ravages de la peste noire, avaient poussé la noblesse à demander au Parlement en 1350 une loi ramenant le salaire des ouvriers agricoles au taux de 1347 (*Statut of labourers*). Enhardie par ce succès, elle s'ingéniait depuis lors à rétablir d'anciens droits domaniaux, à exiger des corvées tombées en désuétude et à ramener les paysans au servage de la glèbe. Que l'on ajoute à cela le poids croissant des impôts et on comprendra quels ferments de haine devaient se développer dans les âmes. L'agitation religieuse déchaînée par Wyclif provoqua la catastrophe finale exactement comme au xvie siècle la propagande luthérienne devait faire éclater en Allemagne la guerre des paysans. Sans doute, ni Wyclif ni Luther n'ont poussé les masses à la révolte. Mais l'un et l'autre, en ébranlant chez elle le respect de l'autorité religieuse les amenèrent à s'insurger contre l'ordre social dont elles souffraient et que l'Église traditionnelle leur avait appris à respecter. C'est par là que les révoltés anglais de 1384 diffèrent des Jacques de France en 1357. Ceux-ci n'obéissent qu'à leur misère ; ceux-là sont d'autant plus redoutables qu'à l'aiguillon de la misère s'ajoute, pour les pousser en avant, le sentiment qu'ils sont les victimes d'une église et d'une société également corrompues par l'amour des richesses. Ils n'ont pas seulement à leur tête des journaliers comme Wat Tylor, mais aussi des pauvres prêtres comme John Ball dont les prédications lollardes ont alors enflammé tant de pauvres gens d'une espérance passionnée en un communisme naïf.

Mais les paysans ne pouvaient tenir devant cette gendarmerie cuirassée qu'était la noblesse. Comme la Jacquerie, leur soulèvement finit par un massacre et, pas plus qu'elle, il n'eût de lendemain.

Cependant la guerre contre la France continuait à n'amener que des échecs. L'Angleterre laissait écraser les Gantois à la bataille de Roosebeke et, l'année suivante, l'expédition qu'elle envoyait contre Ypres sous la direction de l'évêque de Norwich (1383) échouait piteusement. Il fallut se résigner en 1388 à accepter une trêve, renouvelée pour vingt ans en 1396. Ces revers accrurent le mécontentement de la nation contre le gouvernement du roi. Richard, à peine sorti de tutelle, avait voulu secouer l'autorité croissante prise par le Parlement durant le règne d'Édouard III. Il n'avait aboutit en 1384 qu'à l'humiliation de voir ses conseillers condamnés à mort. Son oncle Thomas de Glocester avait dirigé la résistance. Le roi s'unit contre lui à son autre oncle, Jean de Lancaster et parvient à faire accuser Glocester de haute trahison ; il réussit d'autre part à obtenir du Parlement un impôt permanent dont il s'empresse de profiter pour s'abstenir désormais de convoquer la redoutable assemblée. Ce nouvel essai, après les tentatives manquées de Henri III et d'Édouard II, de restaurer en Angleterre le pouvoir personnel de la couronne, ne devait pas avoir meilleur succès. Comment le roi eût-il pu venir à bout du Parlement, organe de la triple force de la noblesse, du clergé et de la bourgeoisie ? Il semble avoir vaguement songé à s'appuyer sur les Lollards et sur les masses populaires encore frémissantes de leur révolte. Pourtant lorsque Henri de Lancaster, après la mort de son père, eut appelé contre lui la noblesse aux armes, personne ne se leva pour le défendre. En 1399, le Parlement, usant pour la seconde fois du droit qu'il s'était arrogé sous Édouard II, le priva de la couronne et la donna, quoiqu'il n'en fût pas le plus proche héritier, à Henri de Lancaster (1399-1413).

Le nouveau roi se trouvait dans la situation qui devait être en 1689 celle de Guillaume d'Orange succédant à Jacques II. Le Parlement auquel il devait le trône attendait des garanties qu'il s'empressa de lui donner. Pour se concilier les lords spirituels, il rompit nettement avec les Lollards, introduisit l'inquisition en Angleterre et défendit de traduire la Bible en langue vulgaire.

Des guerres avec l'Écosse et avec le pays de Galles révolté l'empêchèrent de satisfaire les aspirations belliqueuses de la noblesse et de rompre la trêve conclue avec la France. Il devait être donné à son fils Henri V de rouvrir cette lutte stérile et d'y remporter de nouvelles victoires aussi éclatantes et aussi éphémères dans leurs résultats que l'avaient été celles de Crécy et de Poitiers.

Pendant que Richard II, Henri IV et Henri V se succédaient sur le trône d'Angleterre, la longue régence à laquelle le jeune âge puis, bientôt après, la folie de Charles VI (1380-1422) condamnèrent la France durant son règne, rouvrait pour ce pays l'ère des agitations et des compétitions que Charles V avait interrompues sans en supprimer la cause. Les oncles du roi, chargés du gouvernement pendant sa minorité, s'appliquaient surtout à exploiter le pouvoir au profit de leur intérêt personnel. Louis d'Anjou, que la reine Jeanne de Naples venait de nommer son héritier, s'occupait de préparer une expédition en Italie ; Philippe de Bourgogne tournait anxieusement ses regards vers la Flandre, son futur héritage.

Depuis la peste noire, le renchérissement de la vie que n'avait pas compensé la hausse des salaires, y entretenait parmi la population industrielle des villes une agitation des plus dangereuses. Les tisserands, les plus nombreux les mieux organisés et les plus hardis des ouvriers drapiers, prenaient partout une attitude menaçante et se posaient en défenseurs des pauvres gens contre les riches. L'antagonisme social allait croissant d'année en année, excité encore par ce mysticisme communiste dont les adhérents se rencontraient en grand nombre au sein du prolétariat. En 1379, les tisserands de Gand avaient réussi à s'emparer du pouvoir et aussitôt leurs camarades de Bruges et d'Ypres les avaient imités. Dans cette Flandre où la grande industrie dominait depuis si longtemps déjà la vie urbaine et réduisait la plupart des travailleurs à la condition de salariés, le conflit économique latent entre les employeurs et les employés éclatait en une véritable lutte de classes. C'était bien plus que des droits politiques qu'exigeaient les révoltés. Qu'était-ce donc ? Ils n'auraient pu le dire nettement eux-mêmes, car c'était cet état indéfinissable vers lequel tendent à la fois les appétits les plus grossiers et le plus pur amour de la justice, et dont l'idée tour à tour console ou exaspère les malheureux. Leur victoire dans les trois grandes villes eut pour effet immédiat de rassembler contre eux et de grouper autour du comte tous ceux « qui avaient à perdre », marchands, entrepreneurs, courtiers, artisans enrichis, défenseurs de l'ordre qui garantissait leurs biens contre la révolution qui les menaçait. Les tisserands de Bruges et d'Ypres ne purent résister à la coalition de leurs ennemis. Mais ceux de Gand restèrent indomptables. Leur ville, bloquée par la chevalerie de Louis de Maele qui n'ose l'attaquer de vive force, attire au loin l'attention passionnée de tous ceux qui souffrent du gouvernement des riches et des puissants. Les métiers de Liège lui envoient des vivres ; à son exemple, Malines s'insurge, tandis qu'en France le peuple de Paris et de Rouen se soulève au cri de « Vive Gand ». Une véritable contagion sociale se répand de l'héroïque cité. Affamée, elle ne songe pas à se rendre. Philippe van Artevelde qu'elle a mis à sa tête l'entraîne dans un suprême effort, vient offrir sous les murs de Bruges une bataille décisive à l'armée de Louis de Maele et, contre toute attente, la taille en pièces. De nouveau

Gand est maîtresse de la Flandre et partout, une fois de plus, les tisserands font la loi dans toutes les villes.

Philippe le Hardi n'eut pas de peine, en invoquant la nécessité d'étouffer en Flandre le foyer d'une révolte si contagieuse, à faire décider par la cour une expédition qui devait lui assurer son héritage. Les Gantois et leurs adhérents furent vaincus à Roosebeke et Louis de Maele reprit possession de son comté. Il venait d'hériter de sa mère l'Artois et la Franche-Comté de Bourgogne, si bien qu'à sa mort en 1384, Philippe le Hardi recueillit ces territoires en même temps que la Flandre. Joints à son duché de Bourgogne, ils lui procuraient une puissance qu'aucun vassal de la couronne n'avait jamais possédée avant lui. On ne vit pourtant dans cette éclatante fortune qu'un succès de la politique royale. Le résultat préparé par Charles V était atteint. La Flandre, passant au pouvoir d'un prince du sang, n'était-ce pas la rupture définitive avec l'alliance anglaise et le prélude sans doute d'une union plus intime dans l'avenir ?

Philippe ne manqua pas de profiter de la conjoncture qui rattachait son intérêt propre à l'intérêt du royaume. Depuis le commencement du xiiie siècle, la politique royale n'avait cessé de travailler à soumettre à son influence tous les princes des Pays-Bas. Nominalement vassaux de l'Empire, ils en étaient en fait depuis le grand interrègne complètement indépendants et tout à fait indifférents à ses querelles. De même que tout le mouvement économique de leurs territoires s'orientait vers les côtes flamandes, de même toute leur politique était occidentale. Tournant le dos à l'Empire, c'est entre Paris et Londres que, suivant le jeu de leurs intérêts, balançaient leurs sympathies. La civilisation avancée de ces pays, la diffusion générale des mœurs françaises, la parenté des institutions que des besoins économiques analogues et la prépondérance générale des bourgeoisies avaient répandue dans les diverses principautés, leur avaient épargné, malgré la différence de population entre lesquelles ils se partageaient, Wallons au sud et Flamands au nord, les luttes de races qui, à l'Orient de l'Europe, mettaient aux prises, avec toute la brutalité de l'instinct, les Slaves et les Allemands. Aussi les amalgames dynastiques qui, dans le courant du xiiie siècle, s'étaient accomplis entre divers territoires d'abord indépendants, étaient-ils restés durables. Depuis 1286, l'union des duchés de Brabant et de Limbourg, depuis 1250 celle des comtés de Hainaut, de Hollande et de Zélande, formaient comme le prodrome d'un mouvement d'unification qui devait par la suite se continuer. L'extinction des petites dynasties locales venait justement d'amener, au moment où Philippe le Hardi prenait pied en Flandre, deux des maisons qui luttaient pour la prépondérance en Allemagne, à hériter de ces territoires. La maison de Bavière avait hérité en 1345 des comtés de Hainaut, Hollande et Zélande, et en 1355 le mariage de Jeanne, héritière du Brabant et du Limbourg, avec Wenceslas, frère de l'empereur Charles IV, permettait à la maison de Luxembourg d'escompter dans l'avenir la possession de ces deux belles provinces. Mais, absorbées dans leurs querelles d'Allemagne, ni l'une ni l'autre de ces maisons n'étaient capables de soutenir efficacement la situation de leurs représentants dans les Pays-Bas. Philippe le Hardi, au contraire, disposant des ressources et des forces du gouvernement sous son neveu Charles VI, eut bientôt fait de l'emporter sur l'une et sur l'autre. En 1355, il unissait par un double mariage son fils Jean à Marguerite de Bavière, et Guillaume de Bavière, comte de Hainaut, à sa fille, tandis que pour assurer encore l'alliance qui était en réalité un protectorat, il faisait épouser par le roi Charles VI, Isabau de Bavière, fille du duc de Hainaut-Hollande. Trois ans plus tard, la duchesse de Brabant étant en guerre avec le duc de Gueldre, il persuada à Charles VI de conduire l'armée française contre cet allié de l'Angleterre. L'expédition n'eut d'autre résultat que de livrer le duché à Philippe. Wenceslas de Luxembourg étant mort peu avant, la duchesse de Brabant déchira la convention par laquelle elle reconnaissait les Luxembourgeois comme ses héritiers et assura sa succession à Philippe qui, lui-même, par scrupule de froisser le sentiment d'autonomie des Brabançons, la céda à son second fils Antoine. Ainsi, quand il mourut en 1404, l'influence de sa dynastie avait accompli d'immenses progrès dans les Pays-Bas. Mais la richesse de ces pays était telle, leur position politique si avantageuse, qu'elle allait bientôt s'y implanter et qu'oubliant son origine française, elle allait par une ambition qui devait nécessairement s'amalgamer avec les instincts de ses sujets du nord, se naturaliser chez eux. Charles V avait espéré ramener la Flandre à la couronne en l'assurant à son frère. L'ironie de l'histoire voulut que le mariage de 1369 fut le point de départ de cette puissance bourguignonne qui allait devenir bientôt la plus cruelle ennemie de la France.

Déjà sous Jean sans Peur (1404-1419), le successeur de Philippe le Hardi, on peut voir commencer l'évolution qui, du pur Valois qu'était encore son père, fait déjà de lui avant tout un prince bourguignon. Il n'est pas douteux que les intérêts de ses pays du nord, et en premier lieu de la Flandre, déterminent les principes de sa politique. L'industrie flamande l'oblige à ménager l'Angleterre dont il se rapproche dès le commencement de son règne, et, les Flamands reconnaissant le pape de Rome, il s'emploie de tout son pouvoir à amener la fin du schisme. En même temps, il s'applique à augmenter encore la situation de sa maison dans les Pays-Bas. Il fait épouser par son neveu Jean de Brabant, Jacqueline de Bavière, future héritière de Hainaut-Hollande. En 1408, il étend son influence jusqu'à la Meuse en venant au secours de l'évêque de Liège, Jean de Bavière, contre les Liégeois révoltés, qu'il taille en pièces à Othée.

Ces progrès de la puissance bourguignonne dans le nord menaçaient trop directement la France pour qu'elle pût y assister impassible. La folie du roi le mettant hors de cause, son frère, le duc d'Orléans, imprima au gouvernement une conduite entièrement hostile à Jean sans Peur. Le 23 novembre 1407, son rival le faisait assassiner. Ce fut le signal d'une guerre civile qui n'attendait que l'occasion d'éclater.

La défaite des Gantois à Roosebeke avait décidé, en 1382, du sort de l'insurrection parisienne. Rentrant victorieux dans sa capitale, le roi avait parlé en maître, supprimé les franchises de la ville, et mis fin à cette ère de réformes et de convocation des États généraux qui avait débuté avec Étienne Marcel. L'opposition vaincue n'en était que plus exaspérée. Il ne lui fallait qu'un chef pour qu'elle reprît les armes. Jean sans Peur, voyant se lever contre lui, sous la direction du comte d'Armagnac, les partisans du duc d'Orléans, lia aussitôt sa cause à celle de la démocratie urbaine. Il se posa en défenseur du peuple contre l'exploitation des nobles et de la cour, affecta des allures démagogiques et le cri de « Vive Bourgogne » remplaça dans Paris celui de « Vive Gand » qui y avait retenti vingt-cinq ans plus tôt. Ainsi, la politique dynastique qui, dans les Pays-Bas, faisait du duc l'ennemi des artisans liégeois, le mettait en France à la tête des artisans parisiens, lui faisait appuyer toutes leurs revendications, et marcher la main dans la main avec le boucher Caboche, laissant ses assommeurs massacrer les Armagnacs. Lorsque les États généraux qui n'avaient plus été réunis depuis trente ans, furent convoqués en 1413, il y soutint toutes les réformes exigées par les « Cabochiens », attentif avant tout à conserver la popularité des masses. Quant aux intérêts du royaume, on n'en trouve nulle trace dans sa politique. L'année suivante, lorsque Henri V reprend les armes contre la France, il se confine dans une neutralité si bienveillante qu'elle touche à l'alliance.

L'état de désorganisation où était tombée la France la rendait incapable d'une résistance énergique. Le roi fou, la bourgeoisie hostile, le duc de Bourgogne s'obstinant, le poids de la lutte pesait sur le parti Armagnac comme si la guerre étrangère n'eut été qu'un épisode de la guerre civile. Le désastre d'Azincourt (25 octobre 1414) livra aux Anglais la Normandie. On voulut traiter. Les prétentions du vainqueur furent tellement exorbitantes que Jean sans Peur, dont le but n'était que de neutraliser l'une par l'autre la France et l'Angleterre, se rapprocha du dauphin autour duquel se groupaient maintenant les Armagnacs. Mais les passions étaient trop déchaînées pour pouvoir se subordonner à l'intérêt national. Le 20 septembre

1419, un coup de hache lui faisait expier, à l'entrevue de Montereau, le meurtre du duc d'Orléans.

Au moment où la maison de Bourgogne revenait vers la France, ce crime la rejeta passionnément dans l'alliance anglaise. Pendant treize ans, le fils de Jean sans Peur, Philippe le Bon (1419-1467), allait s'acharner à l'abaissement du royaume avec une ardeur suscitée par la vengeance et dirigée par l'intérêt politique. Car, s'il mit ses forces à la disposition de l'Angleterre, ce fut à la condition que l'Angleterre lui laissât les mains libres au nord et l'aidât à conquérir les Pays-Bas comme il l'aidait lui-même à conquérir la France. La popularité dont son père avait joui parmi les bourgeois facilita sa tâche. Les États généraux n'hésitèrent pas à reconnaître Henri V comme successeur de Charles VI. Le dauphin, sans énergie, sans talents militaires, sans popularité et ne disposant que de troupes insuffisantes et sans confiance, fut bientôt obligé de se replier au delà de la Loire. La mort de Henri V et celle de Charles VI qui se suivirent à quelques mois d'intervalle en 1422, permirent aux Anglais et aux Bourguignons de faire proclamer à Paris Henri VI, un enfant de quelques mois, roi de France et d'Angleterre. Après soixante-dix ans de guerre, le but poursuivi par Édouard III et légué par lui à l'ambition de ses successeurs, était atteint ! Le duc de Bedford fut chargé de la régence et d'achever la conquête du royaume. L'avenir du dauphin, retiré à Bourges, et auquel la mort de Charles VI avait fait prendre aussitôt le nom royal de Charles VII, paraissait bien précaire.

Il l'était pourtant beaucoup moins en réalité qu'en apparence. Les progrès des Anglais dans le nord avaient été favorisés par l'alliance bourguignonne. Mais Philippe le Bon ne pouvait évidemment laisser ses troupes opérer trop loin des Pays-Bas où sa politique devenait plus active que jamais. D'autre part, entre Bedford et son frère Glocester, régent d'Angleterre, l'entente ne se maintenait qu'à grand'peine et il en résulta tout de suite une diminution de vigueur dans la conduite des opérations militaires. Enfin et surtout il fallait compter avec le sentiment national français. Sans doute, la proclamation d'Henri VI comme roi de France n'avait soulevé dans le peuple aucune indignation. On s'était borné a l'ignorer, ou à la considérer comme non avenue. En réalité, pour l'opinion française, il n'y avait pas deux rois en France, il n'y en avait qu'un seul légitime, seul possible, seul marqué par Dieu comme par la tradition : l'héritier du roi défunt, Charles VII. Ni les misères de la guerre, ni le poids des impôts, ni le mécontentement contre le gouvernement, ni la folie du dernier roi et les scandales provoqués par l'inconduite flagrante de la reine n'avaient affaibli au sein du peuple le sentiment dynastique. Il restait aussi universel et aussi profond que le sentiment religieux et jusque dans les campagnes les plus reculées, jusque parmi les descendants des pauvres Jacques massacrés en 1327, il entretenait pour le roi une vénération assez analogue à celle dont jouissaient les saints. Cette piété monarchique n'explique pas Jeanne d'Arc — le surhumain ne s'explique pas — mais elle en est pour ainsi dire le point de départ, la condition indispensable, comme la foi l'est au martyre. Sans elle, l'âme héroïque et visionnaire de la pastourelle de Domrémy n'aurait pas entendu ces voix qui ont fixé son destin. Sûrement elles ne lui eussent pas parlé si elle fût née dans la noblesse ou dans la bourgeoisie où l'idée du roi s'alliait à trop de considérations d'intérêt ou de politique. La conception haute, simple, pure et naïve qu'elle s'en faisait n'était possible que chez une enfant du peuple. Jeanne d'Arc n'est sans doute que l'expression sublime du sentiment national des paysans de France, sentiment national qui se confond avec la foi religieuse et que les souvenirs du bon roi Saint Louis ont indissolublement associé à la monarchie.

Par le contraste même qu'il présentait avec celui des Armagnacs de la cour, son royalisme populaire a dû contribuer grandement à lui donner cette influence extraordinaire qu'elle a exercée sur les meilleurs soldats de Charles VII, un La Hire ou un Dunois. Quant à la nation, découragée et désenchantée, la délivrance d'Orléans (1429) lui donne subitement le secours qui la redresse et lui rend l'énergie. La « pucelle » dissipe les vieux relents des querelles de partis. On se reprend à espérer, on se rappelle les vieilles prophéties annonçant qu'une vierge sauvera le royaume. Il a suffi de cette apparition si pure pour rendre la France à elle-même en face de l'Anglais et du Bourguignon. La carrière si courte de la « bonne Lorraine » a ranimé les forces latentes du peuple. Sa capture à Compiègne en 1431, son supplice à Rouen en 1432, n'arrêtent pas l'œuvre qu'elle a commencée. Si peu d'énergie que montre le roi, si mal qu'il profite des circonstances, il est certain maintenant qu'il a partie gagnée. D'ailleurs, Bedfort paralysé par Glocester, ne conduit pas la guerre avec vigueur. Et quand, en 1435, Philippe le Bon a conclu enfin avec Charles VII une paix qui désormais laisse les Anglais seuls en face de la France, le résultat final n'est plus qu'une question de peu de temps. En 1435, Paris ouvra ses portes aux troupes royales et « le roi de Bourges » vient enfin prendre possession de sa capitale. Puis, quand la guerre interrompue par une trêve recommence en 1445, elle n'est plus qu'une suite de succès. En 1449, Rouen est reprise ; en 1450, la victoire de Formigny donne aux Français toute la Normandie ; Bordeaux et Bayonne sont à eux en 1451 et enfin, en 1453, après la bataille de Châtillon, l'ennemi évacue les derniers postes qu'il occupait encore dans le sud du royaume. De toutes les conquêtes, il lui reste Calais et le vain titre de roi de France qui figurera sur ses monnaies jusqu'au xixe siècle.

Le seul résultat durable de la Guerre de cent ans a été la création sur la frontière nord du royaume d'un puissant État bourguignon. Philippe le Bon, en travaillant avec les Anglais, en réalité travaillait pour lui. Il profitait activement de la faiblesse de Charles VII pour recueillir les résultats de la politique entamée par son grand-père et son père et réunir sous son pouvoir les divers territoires des Pays-Bas. Il achète le comté de Namur en 1421, se fait reconnaître en 1428 par Jacqueline de Bavière comme héritier du Hainaut, de la Hollande et de la Zélande, succède en 1430 à son cousin Jean IV aux duchés de Brabant et de Limbourg, et ne conclut la Paix d'Arras que moyennant la cession par le roi de l'Artois et des villes de la Somme. Les années suivantes lui apporteront la possession du Luxembourg et le protectorat des principautés ecclésiastiques de Liége et d'Utrecht.

Il ne faut pas voir d'ailleurs dans cet État un de ces échafaudages de territoires comme ceux qu'élèvent à cette date les maisons de Luxembourg et de Habsbourg en Allemagne, et qui, ne tenant que par le lien fragile de l'union dynastique, s'écroulent aussi rapidement qu'ils s'élèvent. Si les populations y étaient différentes, la civilisation générale et les intérêts y étaient les mêmes. Rien n'eût été plus facile, si les peuples n'avaient pas tendu d'eux-mêmes à l'union, que de l'empêcher car les droits invoqués par Philippe à la succession du Hainaut, de la Hollande et du Brabant étaient au moins douteux. L'empereur Sigismond protestait rageusement contre cette annexion de fiefs impériaux à la puissance bourguignonne et excitait les États à la résistance. Ils ne l'ont pas écouté parce que l'ambition dynastique du prince était d'accord avec leur désir, si bien que, dans l'œuvre de l'unification des Pays-Bas, la nation a secondé d'elle-même les projets de la dynastie.

Par son admirable situation géographique, l'étendue de ses côtes, le nombre de ses villes, l'industrie et la richesse de ses habitants, l'État bourguignon n'avait d'égal en Europe que l'Italie. Mais sa création était pour la France l'échec des plans poursuivis par elle de règne en règne depuis le commencement du xiiie siècle, pour soumettre à son influence ces belles contrées qui couvraient sa frontière du nord. Il fallait s'attendre à ce que, remise de la crise terrible dont Philippe le Bon avait si bien profité, elle ne cessât plus de chercher à reprendre, dans les bassins de la Meuse et de l'Escaut, la prépondérance qui venait de lui échapper. Ses ennemis devaient s'acharner avec autant d'obstination à les lui disputer, si bien que la naissance de l'État bourguignon ouvre cette question des Pays-Bas qui, jusqu'au xixe siècle qui l'a enfin résolue, devait faire surgir tant de crises européennes et servir pour ainsi dire de manomètre dans les relations internationales des grandes puissances.

---

1. La taille n'est pas proprement un impôt, mais un droit permanent.
2. Jean Ier est le fils posthume de Louis X, qui mourut après quelques jours et à qui succéda Philippe V.

3
L'EMPIRE. — LES ÉTATS SLAVES ET LA HONGRIE

I. — L'Empire

L'Allemagne a pris, durant le grand interrègne, la forme politique qu'elle conservera jusque dans les Temps Modernes. Il est assez difficile de définir sa constitution où se rencontrent sans s'ajuster une monarchie à laquelle manquent tous les attributs de la souveraineté, une multitude de princes ecclésiastiques ou laïques, des républiques urbaines (villes libres), des nobles « immédiats » jouissant d'une indépendance complète, et une diète (*Reichstag*) dont les attributions sont aussi mal définies que la composition est bizarre. Une anarchie à forme monarchique, voilà peut-être le nom qui conviendrait le mieux à cet être politique extraordinaire à la fois dépourvu de législation commune, de finances et de fonctionnaires. Il est rigoureusement vrai de dire que c'est un ensemble composé de parties qui ne constituent pas un tout. Comparé à la France et à l'Angleterre, il apparaît comme quelque chose d'amorphe, d'illogique, de presque monstrueux. C'est que, dans cette étrange machine, le ressort central soumis trop tôt à une tension trop forte, s'est cassé. Dès la fin de la guerre des investitures, il est certain que la royauté, qui partout ailleurs a formé l'État, n'aura plus ici la force de remplir sa tâche. Ses ambitions impériales l'ont lancée dans des aventures d'où elle est sortie à moitié brisée, et si elle a rassemblé ce qui lui restait de forces pour essayer de prendre sa revanche sous les Hohenstaufen, ce n'a été que pour aboutir finalement à une catastrophe décisive. Depuis l'élection de Rodolphe de Habsbourg (1273) elle est tellement dénuée de prestige et d'autorité qu'on se demande pourquoi les électeurs se donnent encore la peine de nommer un roi. Peut-être, au fond, est-ce l'idée impériale, cause de sa chute, qui a maintenu son existence. La nécessité d'un empereur qui ne répondait plus à rien dans la réalité des choses, a été exigée par la tradition. Or le roi d'Allemagne étant l'empereur désigné, on eût supprimé l'Empire en le supprimant. Il a donc subsisté et le plus paradoxal des destins a voulu qu'il ne conservât son pouvoir royal illusoire que pour recueillir un pouvoir impérial devenu plus illusoire encore.

Car ce qui reste de l'Empire, depuis la mort de Frédéric II, ce ne sont plus que des formes vaines. La situation prise par la papauté depuis Innocent III et la formation d'États nationaux en France et en Angleterre lui ont définitivement enlevé tout moyen de faire accepter par l'Europe sa primauté temporelle. S'il en est encore question, c'est dans l'École, où les professeurs de droit romain continuent à voir, en théorie dans l'empereur le maître du monde. Elle peut aussi être invoquée, ça et là, contre un adversaire politique, comme Boniface VIII l'a fait dans son conflit avec Philippe le Bel. Ou bien, quelque idéaliste y voit, ainsi que Dante, un beau rêve démenti par la réalité. En fait, c'est une idée morte, un reste du passé qui serait majestueux si le plus souvent la faiblesse des empereurs ne contrastait trop violemment avec les souvenirs qu'ils évoquent. On reconnaît encore à l'empereur le pas sur les autres souverains, le droit de créer des nobles et d'instituer des notaires en tous pays. C'est là à peu près tout ce qu'il a conservé de son ancien pouvoir universel. Ce qui lui vaut encore quelque prestige, ce sont ses relations avec le pape, auquel il reste nécessairement lié. Elles provoqueront au xive siècle une épilogue sans portée des grands conflits du passé, et elles fourniront au xve siècle, à Sigismond, ce que l'on pourrait appeler avec une irrévérence que justifierait jusqu'à un certain point la prétention de ses allures, le rôle d'impresario du Concile de Constance.

Rodolphe de Habsbourg ne trouva pas le temps, durant son long règne (1273-1291), d'aller prendre à Rome la couronne impériale. L'Allemagne suffit à l'occuper. Il ne fallait pas être grand politique pour reconnaître qu'une restauration du pouvoir monarchique y était impossible. La première condition en eut été l'hérédité de la couronne. Il n'y fallait pas penser. Ni le pape, ni les électeurs, ni les princes n'eussent consenti. Rallier les villes à la cause monarchique était plus chimérique encore. Il eût fallu pour cela qu'elles sentissent le besoin d'un protecteur, et ce besoin elles ne l'éprouvaient pas. Les princes n'étaient pas assez puissants pour les mettre en péril et, en cas de danger, les ligues régionales qu'elles concluaient, suffisaient à garantir leur indépendance. Pouvait-on au moins espérer rallier la nation contre l'étranger et, profitant des empiétements de la

France sur la frontière occidentale, se mettre à la tête du pays et s'imposer à lui comme son défenseur ? Il eût fallu pour cela que l'Allemagne fût animée d'un sentiment national qui lui faisait totalement défaut. Chacun n'y songeait qu'à soi et la seule frontière qui l'occupât était celle de ses domaines. Au milieu de cet égoïsme universel, Rodolphe n'eût garde de se dévouer à une royauté qui n'intéressait personne. Besogneux et chargé de famille, il se contenta de profiter de la situation qui lui était échue pour faire ses propres affaires ou plutôt celles de sa maison. Totalement dénué d'idéalisme, il trouva que ce serait une duperie de se sacrifier et de quitter le pouvoir aussi pauvre qu'il l'avait reçu. Les circonstances le servirent à souhait. La victoire qu'avec l'aide du roi de Hongrie il remporta au début de son règne sur le roi de Bohême, Ottokar II (1278), laissait vacants les duchés d'Autriche et de Styrie. Il s'empressa de les donner en fief à son fils Albert. Ainsi un heureux hasard apportait tout à coup, à cette petite maison de Habsbourg, les beaux duchés danubiens. Ce fut le seul résultat de la politique de Rodolphe. S'il avait régné sans gouverner, du moins laissait-il à sa famille un bel établissement et un exemple dans l'art de profiter de la fortune dont elle ne devait que trop s'inspirer à l'avenir.

Les électeurs n'avaient nommé Rodolphe que parce qu'il était faible et pauvre. Quoiqu'il les eût déçus, ils le remplacèrent par un roi plus faible et plus pauvre encore et donnèrent la couronne à Adolphe de Nassau (1291-1298). Il était certain pourtant que le bonheur de son devancier allait l'engager dans la voie qu'il avait suivie. Mais il ne fut pas comme lui favorisé par la bonne chance. Faute de mieux, il se résolut à vendre en 1294 son alliance à Édouard Ier contre Philippe le Bel. Les empiétements de la France sur la frontière allemande servirent à colorer ce marché d'un prétexte honorable. Mais ces empiétements lui étaient aussi indifférents que la querelle d'Édouard. Il ne songeait qu'à s'emparer de la Thuringe et les livres sterling qu'il avait perçues ne servirent qu'à défrayer une guerre dont il espérait l'enrichissement de sa maison. Les électeurs n'étaient pas disposés à favoriser un second parvenu. Ils le déposèrent et mirent à sa place Albert, le fils de Rodolphe de Habsbourg (1298-1308). S'inspirant de la tradition léguée par son père, Albert espérait joindre le royaume de Bohême à l'Autriche quand son assassinat, en 1308, fit échouer un plan que la mémoire tenace de ses héritiers ne devait pas oublier.

Pour la troisième fois, un petit prince dont on se promettait de n'avoir rien à craindre, fut appelé au trône. Nommé grâce à l'influence de son frère, l'archevêque-électeur de Trèves, le comte Henri de Luxembourg (1308-1313) appartenait aux Pays-Bas qui, s'ils étaient compris dans les frontières de l'Empire, ne dépendaient plus de l'Allemagne que nominalement. Tout pénétré comme ses voisins de Liège, de Hainaut, de Brabant et de Flandre, de la civilisation et des mœurs de la France, et par surcroît d'origine wallonne, il apparut au delà du Rhin comme un pur étranger. Ce fut pourtant ce « Welche » qui renoua la tradition impériale que le souci de leurs propres affaires avait fait également abandonner par ses trois devanciers. Et son origine même explique assez bien cette initiative. Par là même qu'elle le rendait indifférent aux choses d'Allemagne, elle dut tourner son attention vers celles de l'Empire. Il rêva de la gloire de ceindre à Rome cette couronne que personne n'avait plus portée depuis Frédéric II et, réconciliant l'Empire avec la papauté, de lui rendre dans la paix une majesté nouvelle et bienfaisante.

La nouvelle de sa venue provoqua en Italie un frémissement d'espoir. L'anéantissement des Hohenstaufen n'avait pas rendu le calme aux ardentes cités de la Lombardie et de la Toscane. Sous les vieux noms de Guelfes et de Gibelins, les factions continuaient à les déchirer avec une âpreté à laquelle contribuaient à la fois la divergence des intérêts économiques, les conflits des artisans et des patriciens et les haines de la noblesse. Pise venait de succomber sous les forces de Gênes, et Florence profitait de sa défaite pour soumettre la Toscane à son gouvernement démocratique. En Lombardie, la plupart des villes, épuisées par leurs discordes, acceptaient la « seigneurie » d'un militaire heureux, ou d'un podestat et se résignaient à la tyrannie pour jouir du repos. Les della Torre dominaient à Milan, les della Scala à Vérone, les Este à Ferrare. A Rome, abandonnée par les papes, les Colonna et les Orsini se combattaient avec acharnement. Venise seule, sous sa puissante aristocratie, conservait un calme qui lui permettait de se consacrer avec d'autant plus d'énergie à la guerre maritime qu'elle entretenait contre Gênes.

Henri VII apparut au milieu de ce déchaînement de passions et d'appétits comme le restaurateur de l'ordre et de la paix. Il eut voulu sincèrement réconcilier les partis et se les rallier tous par la justice. Mais comment imposer la justice sans l'aide de la force ? Il n'amenait avec lui que trois à quatre mille chevaliers et l'espoir qui avait salué son arrivée fit place presque aussitôt à la déception. Il se vit, en dépit de ses intentions, obligé de se décider lui-même, pour pouvoir compter sur quelque appui, entre les adversaires qu'il avait rêvé de pacifier. Le roi Robert de Naples, inquiet de le voir substituer son influence à la sienne dans la Péninsule, prenait une attitude menaçante. Lorsque Henri arriva à Rome, les troupes de ses ennemis occupant la plus grande partie de la ville, il ne put pénétrer jusqu'à Saint-Pierre et dut se contenter de prendre presqu'en secret au Latran, de la main des cardinaux désignés par le pape, cette couronne impériale qu'il eût mieux valu sans doute ne pas recevoir que de la recevoir ainsi (juin 1312). De son projet de restaurer la majesté de l'Empire, il ne restait rien. Sans finances et presque sans armée, il en fut réduit à subordonner sa politique à celle des Napolitains et à solliciter contre eux l'appui du roi de Sicile. En Toscane, Florence lui fermait ses portes. Il lui fallut pour la combattre s'appuyer sur les Pisans. La chute était trop profonde après de si hautes et si courtes illusions. Henri épuisé par le chagrin succombait au mois d'août 1313 à Buonconvento. Il fut inhumé à Pise ; son sarcophage existe encore sous la galerie où les terribles fresques d'Orcagna représentent si cruellement la vanité des ambitions humaines.

Mais il avait rouvert la voie entre l'Italie et l'Allemagne et Louis de Bavière, son successeur, devait s'y engager après lui (1314-1347). A peine avait-il vaincu et fait prisonnier Frédéric de Habsbourg, que quelques-uns des électeurs lui avaient opposé, il songea à franchir les Alpes. Il allait se heurter aussitôt à l'opposition acharnée du pape. Le Saint-Siège, dont les prétentions avaient dû céder devant la France et l'Angleterre, ne pouvait capituler devant les rois d'Allemagne. En remettant à l'ordre du jour la question impériale oubliée depuis si longtemps, ils ranimaient l'odieux souvenir des Hohenstaufen et l'on pouvait craindre qu'ils ne groupassent autour d'eux en Italie tous les ennemis de la papauté et des rois de Naples, ses auxiliaires. La lutte était d'autant plus certaine que, leur puissance politique étant disproportionnée à leurs ambitions, on pouvait compter, en les attaquant, sur une victoire à peu près immanquable. Déjà la rupture de Henri VII avec Robert de Naples l'avait brouillé avec Clément V et sa mort prématurée avait seule empêché un éclat. Jean XXII était décidé à ne rien céder de la suprématie que ses grands prédécesseurs du xiie siècle avaient gagnée sur l'Empire. En montant sur le trône pontifical, il avait solennellement déclaré que le pape tenait de Saint Pierre l'empire spirituel comme l'empire temporel et qu'il lui appartenait de veiller sur celui-ci en l'absence d'empereur. Mettant aussitôt cette théorie en pratique, il avait nommé Robert de Naples vicaire impérial en Italie.

Excité par les adversaires des Napolitains, Louis de Bavière se crut assez fort pour accepter la lutte. Son excommunication et sa déposition prononcées par Jean XXII (1324) firent affluer vers lui les Frères Mineurs spirituels qui venaient comme lui d'être excommuniés, tandis que Marcile de Padoue prontait de sa querelle pour lancer contre le pape le *Defensor Pacis*. Étourdi, entraîné par cette opposition à la fois politique et théologique dont il était moins le centre que le prétexte, ne s'apercevant pas qu'elle ne cherchait qu'à se servir de lui sous couleur de le servir, il se laissa pousser dans une aventure qui devait le perdre. Son couronnement en 1327, au capitole, par deux évêques excommuniés et quatre syndics de la ville représentant le peuple, fut une mauvaise parodie où se combinèrent étrangement les souvenirs de l'anarchie du xe siècle avec ceux du républicanisme mystique d'Arnaud de Brescia. Après avoir ainsi accepté la couronne, Louis ne pouvait plus rien refuser ni au peuple romain en proie à l'une de ces crises d'orgueil qui le faisait se croire le maître du monde, ni aux ennemis de Jean XXII aveuglés par leurs rancunes et leurs rêves ou leurs illusions. Il laissa une assemblée populaire prononcer la déposition du pape, accusé d'hérésie et de lèse-majesté, et une commission d'ecclésiastiques et de laïcs nommer à sa place un moine mendiant qui prit le nom de Nicolas V. Le pauvre homme s'aperçut alors qu'il n'avait été qu'un figurant dans une comédie révolutionnaire. Épouvanté lui-même de ce qu'il avait fait, il prit piteusement le chemin du retour. Moins de deux ans après, les Romains suppliaient le pape de leur accorder l'absolution et Nicolas V, une corde au cou, venait se jeter à ses pieds à Avignon et implorer son pardon.

La mort de Jean XXII (1334), quelques jours après avoir prononcé dans une bulle solennelle la séparation de l'Italie d'avec l'Empire d'Allemagne, ne changea rien aux dispositions de la Curie à l'égard de Louis de Bavière. Benoît XII et Clément VI restèrent impitoyables, sans doute plus impitoyables que ne le méritait l'outrage inoffensif fait à la majesté du Saint-Siège. Pour lui, complètement désorienté, il s'épuisait à des essais de réconciliation hautainement repoussés. Un instant, il semble avoir espéré contraindre Avignon à la paix, en se liguant contre la France avec Édouard III. Ce fut une illusion de plus et elle ne dura pas longtemps. Complètement incapable de faire la guerre, non seulement il ne seconda pas Édouard, mais ne tarda pas à s'allier à Philippe de Valois. Si l'Allemagne avait été un État, c'eut été le moment pour elle d'imiter la conduite de la France et de l'Angleterre sous Boniface VIII et de mettre un terme aux humiliations dont la papauté abreuvait son roi. Les électeurs, appuyés par la Diète, se bornèrent à protester contre le droit que s'arrogeait le pape d'approuver le roi nommé par eux, et ce fut tout. Ils n'avaient vu dans la querelle qu'une occasion à exploiter pour renforcer le privilège injustifié qui les faisait disposer de la couronne. En somme, Louis de Bavière fut abandonné à lui-même. Sa brouille avec la maison de Luxembourg le perdit. Oubliant leurs déclarations d'indépendance, les électeurs, sommés par Clément VI de nommer un nouveau roi, vendirent leurs voix à Charles, marquis de Moravie, fils du roi de Bohême Jean l'Aveugle et petit-fils de Henri VII, qui prit le nom de Charles IV (1346).

Un heureux hasard avait permis à Henri VII, dès le début de son règne, de conclure le mariage de son fils Jean (l'Aveugle) avec l'héritière du royaume de Bohême. La maison de Luxembourg se trouvait ainsi transplantée de la frontière romane de l'Empire à sa frontière slave. Elle devait s'y maintenir pendant plus d'un siècle. Jean étant mort à Crécy peu de temps après l'élection de son fils, Charles IV se trouva donc réunir sur sa tête les couronnes d'Allemagne et de Bohême. En 1355, il y ajoutait la couronne impériale qu'il alla prendre à Rome en petit appareil et s'entourant de toutes les précautions nécessaires pour rester en bonne intelligence avec le pape. Il ne faut pas s'étonner qu'il se soit consacré avant tout à augmenter la situation de sa maison. Il avait ajouté à la Bohême et à la Moravie, la Silésie et la Lusace, et, en 1372, il y adjoignit la marche de Brandebourg. Une puissance compacte se formait ainsi à l'est de l'Allemagne mais ce n'était pas une puissance allemande. Le centre en était la Bohême où Charles s'appliqua à introduire une administration imitée de celle de la France.

La Bulle d'Or, par laquelle Charles IV avait décidément confirmé en 1356 les attributions et la composition du Collège des électeurs telles qu'elles devaient subsister jusqu'à la fin du xviiie siècle[1], lui avait concilié ces faiseurs de rois. Il parvint, sans devoir payer trop cher, à leur faire nommer de son vivant son fils Wenceslas à la dignité de roi des Romains (1376). C'était la première fois depuis Frédéric II qu'un fils succédait à son père sur le trône d'Allemagne.

Le règne de Wenceslas (1370-1400) fut à vrai dire pour l'Allemagne un interrègne. Uniquement occupé de la Bohême, le roi se désintéressa complètement de tout le reste. Il ne songea ni à prendre la couronne impériale ni à intervenir dans les querelles incessantes des villes et des princes allemands. Les quatre électeurs du Rhin s'arrogèrent en 1400 le droit de le déposer et l'on peut considérer peut-être leur conduite en cette circonstance comme une sorte de protestation contre un roi qui affectait trop de montrer qu'il était étranger. S'ils voulurent, en donnant la couronne au comte palatin Rupert, opposer à leur souverain bohémien un souverain vraiment national, l'expérience échoua lamentablement. Le nouveau roi ne fut guère reconnu que par ceux qui l'avaient mis en avant. Il crut faire un coup de maître en se risquant en Italie. La couronne impériale lui aurait procuré quelque prestige et il comptait, chemin faisant, s'emparer de Milan, dont le duc Jean Galeas Visconti entretenait les meilleures relations avec la maison de Luxembourg. La naïveté de ce projet en dit long sur le sérieux politique d'un tel roi et de ses électeurs. Sans argent, il comptait que, sitôt qu'il aurait passé les monts, les Florentins, ennemis du Milanais, mettraient bénévolement leurs troupes à sa disposition. Mais Florentins comme Milanais n'eurent pour lui qu'un égal dédain. Arrivé à Brescia avec quelques chevaliers, il lui fut impossible de pousser plus loin. Il dut revenir couvert de honte, se cacher dans le Palatinat où il mourut en 1410. Sa mort rappela qu'il avait porté la couronne. Les électeurs, instruits par l'expérience, en revinrent à la maison de Luxembourg. Wenceslas avait deux frères, le margrave Jean de Moravie et Sigismond, roi de Hongrie ; ils les nommèrent l'un et l'autre, ne parvenant pas à vendre tous ensemble leurs voix au même candidat. L'Allemagne avait donc trois rois, car Wenceslas continuait imperturbablement à porter son titre. Heureusement la mort de Jean dès 1416 réduisit le nombre à deux, et quand Wenceslas eut lui-même disparu en 1419, Sigismond se trouva seul.

L'activité de ce dernier Luxembourgeois (1410-1437) contraste étrangement avec l'apathie de Wenceslas. L'intérêt de son royaume de Hongrie, d'année en année plus menacé par l'avance des Turcs, lui faisait espérer le salut d'une croisade contre ces infidèles. Et comme une croisade était impossible aussi longtemps que durerait le schisme, il poussa de toutes ses forces, encore qu'avec un zèle assez indiscret, à la réunion puis au succès des travaux du Concile de Constance. Héritier, depuis la mort de son frère, du royaume de Bohême, la révolte des Hussites qui l'empêchait de prendre possession du pays lui était un autre motif de se passionner pour la réforme de l'Église. Son titre de roi des Romains était un excellent prétexte de se mêler des affaires de la papauté, tout en faisant les siennes. Les expéditions ordonnées par les papes et les conciles contre les Hussites échouèrent d'ailleurs sans exception à la confusion de la chevalerie allemande. Enfin en 1434, après la guerre contre les Taboristes et les Utraquistes, le *modus vivendi* des Compactats ayant été accepté, Sigismond put faire son entrée à Prague. Il mourut trois ans plus tard, le 9 décembre 1477, et ses royaumes de Bohême et de Hongrie passèrent à son gendre Albert d'Autriche. Ainsi, les vastes territoires de la maison de Luxembourg venaient s'adjoindre aux duchés d'Autriche et de Styrie. Le but visé par la maison de Habsbourg depuis son établissement dans la vallée du Danube était atteint. Une grande puissance dynastique, mélange hybride de pays allemands, slaves et magyars, se formait à l'Orient de l'Allemagne. Tous les efforts de tant de rois pour fonder le pouvoir de leurs familles aboutissaient finalement à faire monter les Habsbourg au rang des plus puissants souverains de l'Europe. Le hasard a sans doute joué un rôle dans leur fortune, comme il le joue dans celle de tous les riches héritiers. Une grossesse malheureuse, une union stérile, la mort prématurée d'un enfant, eût suffi pour tout compromettre. Il ne faut pourtant pas exagérer en ceci la part de l'imprévu. Ne se rencontre-t-il pas aussi bien dans les opérations de guerre que dans les arrangements matrimoniaux ? Il faut reconnaître que si le bonheur a favorisé les Habsbourg, c'est qu'ils l'ont aidé. Depuis la fin du xiiie siècle, toute leur politique a consisté à se créer, par d'habiles mariages, des droits à revendiquer sur la Bohême, la Hongrie et même la Pologne. Ils ont compté sur la force génératrice de leur race, comme d'autres comptent sur celle de leur épée, et le calcul s'est trouvé bon.

Appliqué à des pays de plus ancienne civilisation et doué d'une conscience nationale plus développée, il en eût, il est vrai, été autrement. Il suffit de rappeler ici les mesures prises en France au commencement du xive siècle pour écarter les rois d'Angleterre de la couronne. Mais ni en Hongrie, ni en Bohême, la royauté n'était encore assez intimement mêlée à la nation pour que celle-ci la refusât à un étranger. Il suffisait de s'entendre avec la haute noblesse, quelqu'odieux que lui fussent les Allemands, et de lui faire des concessions, pour être accepté. Ce qui n'eût pas été possible à l'Occident de l'Europe, l'était à l'Orient. Aucune des conditions qui firent surgir la Guerre de cent ans ne se rencontrait dans le bassin du Danube. La chance extraordinaire des Habsbourg est donc beaucoup moins qu'on ne pourrait le croire, l'effet du hasard. La politique matrimoniale elle-même ne suffit pas à l'expliquer. La condition indispensable et primordiale a été l'absence d'esprit politique chez les peuples qui en ont été les instruments ou les victimes.

Cette absence d'esprit politique, l'Allemagne, si on l'envisage dans son ensemble, en apparaît tout aussi complètement dépourvue. Le rapide aperçu qu'on vient de lire du règne de ses rois en est la preuve irréfutable. Que l'on compare son histoire à celle de la France et de l'Angleterre durant la même période. Là, non seulement les trois classes privilégiées, clergé, noblesse et bourgeoisie sont associées soit par l'impôt, soit par le service militaire, à l'action du roi, mais elles interviennent directement dans le gouvernement, et les crises que provoquent leurs revendications ou leurs conflits ne sont que les manifestations tumultueuses d'une vie publique incontestable. L'Allemagne, au contraire, ne possède ni impôts, ni rien qui ressemble à une organisation parlementaire. La Diète (*Reichstag*) n'est qu'une assemblée de prélats, de princes, de nobles et de villes dont la compétence se borne à paralyser l'action du souverain, mais qui ne se substitue pas à lui dans le gouvernement et ne fait qu'affaiblir celui-ci en le compliquant. La couronne ne possède pas plus d'administration que de finances. La majesté archaïque de son langage et de ses emblèmes contraste d'une manière presque comique avec sa force réelle. Sigismond qui, par pompe, a ajouté une seconde tête à l'aigle de l'Empire, est obligé de mettre sa couronne en gage et se débat au milieu de ses créanciers qui le poursuivent de ville en ville. Si l'Allemagne avait été un État, la Guerre de cent ans lui aurait fourni l'occasion excellente de s'affirmer. La France et l'Angleterre, neutralisées l'une par l'autre, elle pouvait s'imposer à l'Europe. Mais elle est incapable de rien faire. En Italie, elle perd ses dernières positions en fait. Les alliances d'Adolphe de Nassau et de Louis de Bavière avec Édouard III ne tournent qu'à la confusion de ces deux princes besogneux qui, s'étant fait payer leurs services à l'avance, n'en rendent aucun.

Aussi la France continue-t-elle à s'étendre sur sa frontière orientale sans même que les empereurs protestent. Le Dauphiné est acquis par la France en 1349. Si Charles IV, en 1365, s'est encore fait couronner à Arles pour maintenir son droit sur l'ancien royaume de Bourgogne, ce n'a été sans doute que pour pouvoir le vendre à meilleur prix. Car presqu'aussitôt, il nomme le dauphin vicaire de l'Empire en Arles. La Franche-Comté passe à Philippe le Hardi. En 1388 une armée française va combattre le duc de Gueldre sans que personne s'émeuve. Dans les Pays-Bas, on a vu comment la maison de Bourgogne s'étend, englobant Hainaut, Hollande, Zélande, Namur, Brabant, soumettant à son protectorat Liège et Utrecht, et finissant même par s'annexer le Luxembourg, berceau de l'une des maisons impériales. Philippe le Bon brave en face Sigismond. Mis par lui au ban de l'Empire en 1433, il lui répond par un manifeste insolent adressé aux princes et aux villes d'Allemagne. De toutes parts, il reçut l'assurance d'une neutralité sur laquelle il comptait. Quand enfin, en 1437, l'empereur poussé à bout voulut agir, il en fut réduit à envoyer Louis de Hesse avec 400 lances dans le Brabant, sur lequel il prétendait avoir des droits. Il suffit de paysans du Limbourg pour refouler l'exécuteur impérial dans Aix-la-Chapelle.

L'épisode est caractéristique. Il met en vive lumière la vraie nature de l'Empire : agglomération de princes et de villes ne s'intéressant au souverain que pour autant que sa politique tourne en leur faveur. L'Allemagne n'est pas un État, c'est un agrégat de souverainetés locales, principautés laïques ou ecclésiastiques et villes libres (soixante-dix environ). Encore les villes libres ne comptent-elles guère. Quelques-unes seulement, Cologne, Nuremberg, Augsbourg, ont par elles-même assez de force pour se défendre ; aucune n'en a assez pour avoir, comme les villes italiennes, une politique puissante. Leur politique est une politique de clocher. Certes la bourgeoisie allemande s'est largement développée au XIVe siècle. Mais ses progrès n'ont servi qu'à elle-même. Les princes ont cherché à entraver son action que le roi, d'autre part, n'a pas soutenue. Elle ne joue donc pas ici, le rôle si considérable qui lui est dévolu dans l'évolution générale en France et en Angleterre. La Hanse fait exception. Quoique faiblement liées les unes aux autres, l'intérêt commun de ces villes les unit contre leurs adversaires qui, par bonheur, sont très faibles. Le Danemark est le plus dangereux. Le roi Waldemar est battu en 1369 et la Baltique reste jusqu'au commencement du XVe siècle un lac allemand.

A l'intérieur, la lutte est continuelle entre les princes et les villes et, dans ce pays sans pouvoir central, elle maintient une insécurité dont profite avec joie la petite noblesse pour laquelle le pillage des marchands est un moyen d'existence normal. Le *Raubritter* qui ailleurs serait militaire ou fonctionnaire, est ici un détrousseur professionnel.

Quant aux principautés, à part la Bavière et les territoires des maisons de Luxembourg et de Habsbourg, aucune n'est très grande. Et elles sont bien moins solides que, par exemple, celles d'Italie. Il y a encore des partages continuels entre les enfants des princes. A l'intérieur, l'administration est rudimentaire. S'il y a des assemblées d'États, la bourgeoisie n'est nulle part assez puissante pour y contrebalancer la noblesse qui a tout à dire et s'impose au pays. Ces nobles sont en grande partie d'origine non libre. Ils sont encore nombreux au xive siècle. Le prince s'entoure d'eux et recrute dans leur groupe ses hommes de confiance. Il y a là un état de force brutale tout à fait inconnu ailleurs. Les paysans, depuis le milieu du xive siècle livrés à cette noblesse, commencent à se ravaler dans le servage². Car l'émigration n'est plus possible et il n'y a pas comme ailleurs un roi qui pourrait intervenir. Ce sera un des côtés les plus frappants de la vie allemande que cette régression du peuple dans la servitude sous une noblesse qui est elle-même en partie d'origine servile. Il y a eu des résistances. On peut y rattacher l'origine de la confédération suisse dont les trois cantons primitifs, Schwiz, Uri et Unterwalden, battent en 1315 Léopold d'Autriche, à Morgarten. C'est le point de départ d'une fédération à laquelle s'associèrent plus tard Lucerne (1332), Zurich (1351), Berne (1353) et que la bataille de Sempach contre Léopold III d'Autriche, en 1386, devait venir consolider.

Cette tendance centrifuge de l'Allemagne ne s'explique pas seulement par la faiblesse de la royauté. Il faut aussi tenir compte de ce que la vie économique du pays jusqu'au milieu du XVe siècle est peu développée. Elle n'a aucune unité. Au bord de la côte, la Hanse transporte les blés du nord vers la Flandre, et en ramène les produits d'Orient. Le Rhin gravite vers les Pays-Bas. Mais son importance diminue depuis que la navigation est directe entre la Flandre et l'Italie. Au sud, les villes entretiennent des rapports avec Venise, car le Danube n'est pas une voie commerciale à partir de Vienne. De plus, il n'y a guère d'industrie d'exportation en dehors des métaux de Bohême et du Tyrol.

Au centre, pas de villes importantes. En somme, le pays, pour la plus grande partie, est encore rural. Il a besoin de l'extérieur qui n'a pas besoin de lui. Les Pays-Bas se détournent vers l'ouest.

Quant aux villes maritimes du nord, elles ne prennent guère de part à la vie allemande de l'intérieur. Jusqu'au milieu du xive siècle, c'est le Rhin et le sud qui restent la vraie Allemagne. Mais il y a depuis un moment, et déjà sporadiquement avant, avec Rodolphe de Habsbourg, un balancement vers l'est. Il se manifeste en plein avec le Luxembourg. Les pays slaves se prêtent à une absorption politique. Il n'y a plus de colonisation, mais il y a orientation dynastique vers l'est, qui, au même moment, produit chez ces peuples un choc en retour contre l'Allemagne.

II. — Les États slaves et la Hongrie

Au moment où les peuples slaves apparaissent dans l'histoire, ils occupent la région qui s'étend de la Haute-Vistule et des Carpathes au Dniéper. Dans le courant du Ve siècle, à la suite du glissement général des Germains, leurs voisins de l'ouest vers l'Empire romain, ils s'avancèrent à leur suite et occupèrent les territoires délaissés par eux. Les Polonais s'installèrent dans le bassin de la Vistule ; les Wendes se répandirent de l'Elbe à la Mer Baltique ; tandis que les Tchèques prenaient possession de la Bohême et de la Moravie. D'autres, se dirigeant vers le sud-ouest, colonisèrent la vallée du Danube et pénétrèrent profondément en Thrace aux dépens de l'Empire grec : ce sont les Bulgares, les Serbes, les Croates et les Slovènes. Quant aux Slaves restés dans l'est, que leur position sur le Dniéper plaçait en travers de la route commerciale qui relie Byzance aux régions du nord, ils tombaient au ixe siècle, on l'a vu plus haut, sous la domination des Vikings Scandinaves mi-marchands et mi-guerriers dont ils reçurent leur nom de Russes. Kiev, où s'établit sous le nom de « Grand Prince », l'aîné de la dynastie de Rurik, devint le centre d'un groupement politique de principautés secondaires qui s'étendit du Novgorod aux bords de la Mer Noire.

L'organisation économique de ce pays présente un caractère qui ne se rencontre chez aucun autre peuple barbare. Elle fut essentiellement commerciale. Les Vikings, installés autour de leurs princes dans des enceintes fortifiées (*gorod*) établies le long du Dniéper et de ses affluents, soumirent la population slave à des tributs consistant surtout en miel, en cire et en fourrures que fournissaient amplement, dans cette région de forêts, la chasse et l'élevage des abeilles. Chaque année, au printemps, leurs barques réunies à Kiev, transportaient ces denrées à Constantinople, ainsi qu'un nombre considérable d'esclaves, et en ramenaient en échange du vin, des étoffes et des objets manufacturés. Lorsque, au commencement du xie siècle, les Scandinaves se furent slavisés, ces pratiques commerciales aussi bien que l'exploitation politique de la population rurale ne disparurent pas, leur aristocratie de boyards, à la fois militaire, marchande et urbaine, dominant le reste de la nation. Tel fut le trait saillant de l'État russe de cette époque.

En rapports constants, avec Byzance, les Russes ne pouvaient tarder à en recevoir le christianisme. Déjà, dans la première moitié du xe siècle, il commençait à s'infiltrer par le commerce parmi les habitants de Kiev. La princesse Olga le professa ouvertement dès 955-957. Cependant le paganisme se maintint comme religion dominante jusque sous le règne de son petit-fils Vladimir qui fit encore procéder à des sacrifices humains et dont la tradition ecclésiastique compare les 800 concubines, qu'elle lui attribue sans doute un peu généreusement, à celles de Salomon. Mais après son mariage avec une princesse grecque, l'événement inévitable s'accomplit (983). La conversion du prince entraîna aussitôt les boyards. Celle du peuple s'accomplit par des moyens dont la simplicité rappelle ceux de Charlemagne à l'égard des Saxons. Les habitants de Kiev furent baptisés en masse dans les eaux du Dniéper. On abattit les idoles, et le prince ordonna d'élever des églises sur l'emplacement des temples païens. Pour fournir au recrutement du clergé, il fit enlever leurs enfants aux familles principales et confia leur instruction aux prêtres grecs et bulgares envoyés de Byzance pour diriger les premiers pas de la jeune Église russe.

Si des causes extérieures n'étaient pas venues l'entraver, le développement historique de la Russie la destinait à s'orienter de plus en plus vers Constantinople. Cette grande ville n'était pas seulement pour elle, comme Rome pour les chrétiens d'Occident, le centre religieux par excellence, elle était encore le grand marché du commerce et, à ce double titre, son influence devait se faire sentir à la longue dans tous les domaines de la vie sociale. On sait que jusqu'à nos jours l'architecture ecclésiastique a conservé en Russie les formes byzantines qui se sont alors imposées à elle, et la *Ruskaja Pravda*, le plus ancien recueil du droit russe, est aussi toute pénétrée de l'esprit et de la législation de Byzance.

Mais la situation de la Russie l'expose au contre-coup de toutes les agitations des peuples de l'Asie dont le territoire se prolonge, par cette grande plaine, vers les montagnes et les mers intérieures de la vraie Europe. Les steppes des bords de la Mer Noire et des bassins du Don et de la Volga étaient le domaine de hordes nomades d'origine turque ou mongole, contre lesquelles les principautés russes eurent perpétuellement à combattre.

La victoire du grand prince Jaroslav sur le plus puissant de ces peuples, les Petchénègues, en 1036, fit disparaître le danger pour quelque temps. Il reparut plus terrible lors de l'arrivée des Coumans. En 1096, leur khan s'avançait jusque sous les murs de Kiev ; et depuis cette date, les attaques de ces barbares féroces ne s'arrêtèrent plus. A partir du milieu du xiie siècle, il devient impossible de leur résister. La région de Kiev, jusqu'alors florissante, commence à s'appauvrir et à se dépeupler. Les barbares occupant les bouches du Dniéper, le commerce avec Constantinople dépérit. Le vide se fait peu à peu dans le pays, dont les habitants émigrent, les uns en

Galicie et en Vollynie, les autres, en plus grand nombre, dans la direction du nord-est, vers le cours supérieur de la Volga (Sousdal).

Cette émigration du sud vers le nord détermina l'avenir du peuple russe. Non seulement elle lui imposa un nouveau genre de vie, mais elle changea même son caractère national. Les colons slaves de la Sousdalie s'y mélangèrent aux Finnois qui jusqu'alors avaient seuls habité ses immenses forêts et de ce croisement sortit le Russe moderne (Grand Russe). En même temps, une existence purement agricole se substitua à l'activité commerciale. Privés désormais de communications avec la mer, les Russes furent confinés pour de longs siècles dans une économie purement rurale et sans débouchés. Le voisinage de Constantinople leur avait fait pratiquer le commerce à une époque où il était encore inconnu dans l'Europe occidentale, et la fatalité des circonstances les en détournait au moment même où il y prenait son essor. A la différence du grand entrepôt international qu'avait été Kiev, les villes de la Russie du centre ne servirent — comme les châteaux de l'Occident au haut Moyen Age — qu'à la résidence de princes, de leurs boyards et des serviteurs nécessaires à leur entretien. Moscou, fondée en 1147, ne s'éleva au-dessus de ses voisines que pour des motifs purement politiques et dans la mesure même où son prince l'emporta sur les autres princes. Seul Novgorod que fréquentèrent assidûment depuis le commencement du xiiie siècle les marchands de la Hanse, présentait une importance commerciale qu'elle devait d'ailleurs tout entière à l'étranger. C'était un comptoir allemand en Russie beaucoup plus qu'un centre économique russe.

Novgorod était le seul point par lequel la civilisation occidentale eût pu se répandre en Russie. Malheureusement les rudes et rapaces marchands de la Hanse n'étaient capables de la montrer que sous ses formes les moins attrayantes ; leur contact avec les habitants n'eut guère d'autre résultats que de provoquer de part et d'autre la haine et le mépris. La différence des religions empoisonnait encore des relations si mal commencées. L'orthodoxie grecque que les Russes conservaient de leur séjour aux bords du Dniéper, les isolait de l'Europe, sans que l'influence civilisatrice de Byzance dont ils étaient désormais trop éloignés, pût compenser pour eux ce que cet isolement avait de funeste.

Pour comble de malheur, il fut rendu plus complet encore par la grande invasion mongole du xiiie siècle. En 1223, Dschudshi, fils de Gengiskhan, conquérait toute la région occupée par les Coumans entre le Don et la Volga. Son fils Batou poussa plus loin vers l'ouest, s'empara de Moscou en 1234, de Kiev en 1240 et étendit son pouvoir sur toute la Russie terrifiée et à moitié dépeuplée. Cependant les Mongols ne s'établissent pas au delà du Don. Leur khan se contente d'imposer sa seigneurie aux princes russes et de les soumettre au tribut. Ils n'en furent pas moins, aussi longtemps que l'Empire de la « horde d'or » conserva sa puissance, les humbles vassaux d'un despote asiatique, et s'ils ne s'asiatisèrent pas, c'en fut assez du moins pour les empêcher de s'européaniser. La décadence de la horde d'or après la mort d'Usbek (1313-1341) leur laissa une liberté d'allures dont les princes de Moscou profitèrent pour s'annexer les principautés voisines. Avec Ivan III (1462-1505), cette œuvre d'unification est accomplie. Ivan, allié au khan de Crimée, anéantit ce qui subsistait encore de la domination mongole. Une nouvelle période de l'histoire de Russie s'ouvre avec son règne.

Ce fut, comme pour les Russes, l'invasion d'un peuple asiatique, celle des Hongrois, qui détermina la destinée des Slaves du midi et de l'occident. Avant l'arrivée de ces barbares, ils se trouvaient en contact immédiat les uns avec les autres, de la Thrace jusqu'aux bords de la Mer Baltique. Si cet état de choses s'était perpétué, il est certain que l'Église grecque qui, dès le ixe siècle avait converti les Bulgares et les Serbes, eût continué son apostolat, favorisé par la communauté des mœurs et de la langue, chez leurs frères de Bohême et de Pologne et les eût rattachés à elle comme elle devait, au xe siècle, y rattacher les Russes. L'arrivée imprévue et soudaine des Hongrois disposa, l'avenir tout autrement. En pénétrant dans la vallée du Danube, ils s'interposèrent entre les Slaves et les répartirent en deux groupes qui ne devaient plus désormais avoir rien de commun. Séparés de Byzance en même temps qu'ils étaient séparés des Serbes et des Bulgares, les Tchèques et les Polonais, passèrent naturellement comme les Hongrois eux-mêmes à l'Église latine.

Leur conversion répondait tout ensemble au zèle religieux et à l'intérêt politique des souverains allemands. Othon Ier ne manqua pas de rattacher à la métropole germanique de Mayence les jeunes évêchés slaves en même temps qu'il soumettait les princes de Bohême et de Pologne à un protectorat assez mal défini. Ses successeurs embarrassés par leurs expéditions en Italie, puis absorbés par la guerre des investitures, bien loin de continuer ses efforts, ne purent pas même en sauvegarder les résultats. Prague en Bohême, Gnesen en Pologne, devinrent des archevêchés indépendants, tandis que les diocèses érigés chez les Wendes de la rive droite de l'Elbe disparaissaient, laissant le champ libre au paganisme.

On a vu plus haut comment la grande révolution économique du xiie siècle eut cette conséquence inattendue de provoquer un recul de la nationalité slave au profit de la nationalité germanique. L'excédent de la population rurale de l'Allemagne s'épancha sur les pays de la rive droite de l'Elbe où les chevaliers saxons massacrèrent, à mesure qu'elle avançait, les indigènes païens. L'Ordre teutonique continua au xiiie siècle, sous couleur d'évangélisation, et ce massacre et ce peuplement. La Prusse fut germanisée par eux comme venaient de l'être le Mecklembourg et la Marche de Brandebourg. Les rives de la Baltique, de Slaves qu'elles avaient été jusqu'alors, devinrent allemandes. Les Polonais qui cherchaient à s'étendre jusqu'à elles à travers la Poméranie, en étaient coupés.

La constitution politique de la Bohême et de la Pologne avait présenté jusqu'alors le développement naturel de ces institutions de tribus que l'on rencontre à peu près identiques chez tous les peuples agricoles à l'époque où ils deviennent sédentaires. Cela s'explique sans peine par l'absence de ce contact direct avec la civilisation romaine qui avait tiré les Germains de la barbarie. Le progrès d'une société est d'autant plus rapide qu'elle s'ouvre davantage aux influences extérieures. L'éloignement des Slaves occidentaux eut pour conséquence de les attarder longtemps dans l'étroitesse et l'indigence d'une vie à l'écart.

Il est inutile d'insister ici, en dépit de leur intérêt local, sur des mœurs et des institutions qui n'ont exercé aucune action sur l'Europe. Des princes entourés chacun d'une noblesse de fidèles dont ils dépendent plus encore qu'elle ne dépend d'eux, puis l'un de ces princes s'élevant peu à peu au-dessus de ses rivaux, s'emparant de leurs terres, et se ralliant leurs hommes, voilà en quelques mots ce que présentent d'essentiel les premiers siècles de l'histoire tant de la Bohême que la Pologne. L'introduction du christianisme qui ne fut point apporté dans ce pays par la conquête étrangère, ne changea rien à leur état politique. Le caractère religieux qu'il donna au pouvoir princier n'empêcha pas celui-ci de devoir compter avec une aristocratie foncière dont il lui était impossible de s'affranchir parce que, réunie, elle était plus puissante que lui. Rien d'ailleurs ne rappelle dans les États slaves la féodalité de l'Europe occidentale. Et cela se comprend aisément. Les grands vassaux de l'Occident ne sont que les descendants de fonctionnaires royaux qui ont profité de l'impuissance du roi à maintenir l'administration de l'État pour usurper les pouvoirs qu'ils auraient dû exercer en son nom. Mais ni en Bohême, ni en Pologne, on ne rencontre dès l'origine ce caractère administratif que la tradition romaine a imposée à l'Occident. Le prince n'y est qu'un chef militaire entouré de compagnons nobles qui l'assistent en temps de paix et le représentent comme starostes ou châtelains dans les diverses parties du pays. Ils ne sont pas ses serviteurs, mais ses auxiliaires naturels. Le gouvernement s'exerce en commun par eux et par le prince et aucun d'eux ne peut s'approprier le pouvoir qui lui est momentanément délégué dans sa circonscription. L'indigence même des attributions politiques du prince et le contrôle permanent exercé sur elles par l'aristocratie, a rendu impossible dans les États slaves ces principautés territoriales qui se forment partout depuis le xe siècle en France et en Allemagne. Le pouvoir de la grande noblesse foncière, tant en Bohême qu'en Pologne, s'est exercé dès le début par la participation de chacun de ses membres au gouvernement de tout le pays ; il n'a pas conduit au morcellement, et l'unité politique s'est conservée en même temps que l'unité nationale, par la faiblesse même d'une autorité centrale dépendant, de l'aristocratie. Ajoutons que ces peuples, coupés de la mer, n'auront de bourgeoisie que très tard.

Le voisinage immédiat de l'Allemagne ainsi que les droits qu'elle revendiquait sur la Bohême ont naturellement mêlé cette dernière à ses conflits. Ses princes profitèrent des troubles qui éclatèrent après la mort de Frédéric Barberousse pour augmenter leur indépendance. En lutte avec Othon III, Philippe de Souabe, pour s'assurer l'appui du duc Ottokar Ier, lui donna en 1198 le titre de roi. L'immixtion des rois de Bohême dans les affaires allemandes fut depuis lors assez pénétrante pour valoir à ces Slaves leur entrée dans le Collège des électeurs. Il put sembler d'ailleurs, à partir de l'avènement de Wenceslas II (1230-1253), que leur royaume fût destiné à se germaniser. Wenceslas poussa de tout son pouvoir à l'immigration allemande dans ses États encore tout agricoles. Il favorisa surtout l'arrivée des artisans et des commerçants qui s'établirent en masse, durant tout le cours du xiiie siècle, dans les « bourgs » du pays, où ils conservèrent leur droit et leur langue. Durant longtemps, la bourgeoisie fut, au milieu des Tchèques, dans toute la force du terme, une population étrangère. Elle n'en sentit que plus fortement le besoin de s'appuyer sur la royauté et la fidélité qu'elle lui témoigna augmenta singulièrement les ressources, le prestige et les forces de la dynastie. Ses progrès se révèlent d'une manière éclatante sous Ottokar II (1235-1278). Les nobles du duché d'Autriche, dont le duc vient de périr en combattant les Hongrois, l'appellent à l'aide et le reconnaissent comme leur seigneur ; il ajoute à l'Autriche le duché de Styrie d'où il expulse les Hongrois et se fait reconnaître comme son héritier par le duc de Carinthie. Des Monts des Géants, sa puissance s'étend dès lors jusqu'aux rives de la Mer Adriatique. Il semble que la couronne de Bohême soit sur le point de s'annexer toute l'Allemagne danubienne. Et, poussant hardiment plus oultre, Ottokar postula, à la mort de Richard de Cornouailles, le titre de roi des Romains. Ce fut Rodolphe de Habsbourg qui l'obtint et la lutte était désormais inévitable entre les deux rivaux. Rodolphe, livré à ses propres forces, n'eût pu venir à bout de son adversaire. Mais les Hongrois jouèrent ici, pour la première fois, ce rôle qu'ils devaient reprendre si souvent dans la suite, d'auxiliaires des Allemands contre les Tchèques. Ottokar fut défait et tué en 1278, à la bataille de Marchfeld. Les duchés du Danube passaient aux Habsbourg qui n'allaient plus cesser désormais de convoiter la Bohême. Les successeurs d'Ottokar ne cherchèrent plus à s'agrandir du côté de l'Allemagne. Ils jetèrent les yeux sur la Hongrie et la Pologne. Wenceslas II (1278-1305) parvint à procurer pendant quelques temps la couronne du premier de ces pays à son fils Ladislas et il obtint, en 1300, celle du second pour lui-même. Avec son fils Wenceslas III, assassiné en 1306, s'éteignait la vieille dynastie slave des Przemislides et s'ouvrait une succession dont le roi des Romains, Albert d'Autriche, s'empressa de disposer en faveur de son fils Rodolphe. Mais cette première tentative d'absorption habsbourgeoise ne devait pas réussir. Rodolphe mourut après quelques mois et l'aristocratie bohémienne élit comme roi le mari de la fille aînée de Wenceslas III, le duc Henri de Carinthie. Ce second Allemand ne régna guère plus longtemps que son prédécesseur. Profitant du mécontentement qu'il n'avait pas tardé à soulever contre lui, Élisabeth, fille cadette de Wenceslas IV, demanda comme époux Jean l'Aveugle, le fils de Henri de Luxembourg qui venait de succéder à Albert d'Autriche comme roi des Romains. Le mariage fut conclu en 1310. Il donnait à la Bohême une dynastie wallonne quelques années seulement après qu'une dynastie française, avec Robert d'Anjou, venait de s'introduire en Hongrie.

Jusqu'alors l'influence allemande n'avait cessé de croître en Bohême. Ses progrès s'arrêtèrent avec l'avènement de la maison de Luxembourg. Quoique Jean l'Aveugle ait passé la plus grande partie de son règne sur les grands chemins de l'Europe, occupé d'intrigues politiques ou d'entreprises militaires qui devaient finalement lui faire trouver la mort à cinquante ans sur le champ de bataille de Crécy, il ne laissa pas d'introduire dans son royaume quantité de gens des Pays-Bas qui, comme conseillers ou fonctionnaires, y firent connaître les pratiques perfectionnées de l'administration française. Son fils Charles IV, chargé depuis 1333 du gouvernement du pays, y continua et y perfectionna l'œuvre commencée. Français d'éducation, de goûts et de langue, ce roi de Bohême, qui fut en même temps roi des Romains et empereur, apparut pourtant à ses sujets tchèques comme un prince national. Il lui suffit pour cela non sans doute de combattre systématiquement l'influence allemande, mais de s'en affranchir. La Bohême étant le centre de sa puissance, il s'appliqua, à la rendre capable de se développer par elle-même. En 1348, il fondait à Prague, sur le modèle de celle de Paris, la première université de l'Europe centrale, et il se plut à orner cette ville de monuments qui lui donnèrent un aspect de capitale dont on aurait vainement cherché le pendant dans le reste de l'Empire. Son administration bienfaisante et intelligente, en favorisant l'essor économique du pays, y fit naître à côté de la bourgeoisie allemande, une bourgeoisie indigène. Tout cela explique la popularité de son gouvernement et que, de son règne, date l'éveil d'un sentiment national qui devait bientôt provoquer en Bohême une réaction contre les éléments germaniques qu'y avait introduits la colonisation du xiiie siècle.

Elle se manifesta fougueusement sous son fils Wenceslas (1378-1419) lors de l'explosion du hussitisme. Jean Hus est resté pour les Tchèques comme Luther pour les Allemands, un héros national. Dans un certain sens, il l'est même bien davantage. Car, tandis que tous les Allemands n'ont pas suivi Luther, tous les Tchèques ont suivi Hus. Le conflit religieux qu'il a déchaîné en Bohême, s'est doublé du conflit des nationalités en présence. Les Allemands ont tenu pour le catholicisme, les Tchèques pour l'hérésie et, à mesure que celle-ci s'est étendue parmi eux, ils ont persécuté les étrangers autant comme des intrus que comme des infidèles. La guerre qu'ils ont eue à soutenir pour défendre leur religion a achevé de répandre chez eux l'aversion pour l'Allemagne. Car c'est de l'Allemagne que venaient ces armées de chevaliers que Jean Ziska, puis Procope taillèrent si souvent en pièces. On ne peut s'empêcher de rapprocher l'état d'esprit des Hussites de celui des révolutionnaires français de la fin du xviiie siècle. Les uns et les autres luttent pour leur idéal contre l'étranger et, chez les uns comme chez les autres, le sentiment national se spiritualise par la conviction qui le soutient et qui l'excite.

La comparaison s'impose d'autant plus que le hussitisme prit bientôt des allures révolutionnaires. Les Taborites, on l'a vu plus haut, aspiraient à une rénovation complète, non seulement de l'Église, mais de la société. Abandonnés par les Utraquistes, puis vaincus par eux, ils durent se soumettre. Le « Compactat » (1434) négocié avec le Concile de Bâle fut un compromis assez ambigu qui, tout en réconciliant la Bohême avec l'Église, lui laissa une autonomie religieuse que personne ne jugea prudent de définir. D'ailleurs, une bonne partie de la noblesse, effrayée par la violence des Taborites, était revenue au catholicisme. Elle profita des circonstances pour augmenter ses domaines des biens ecclésiastiques confisqués et pour imposer la servitude aux masses rurales.

Sigismond, frère et successeur de Wenceslas, put enfin prendre possession de son royaume. Il n'avait pas d'enfant et, à sa mort en 1437, son gendre Albert d'Autriche lui succéda à la fois en Bohême et en Hongrie. Il ne fut reconnu toutefois que par les Catholiques et les Utraquistes. Ce qui restait des Taborites donna la couronne à Casimir de Pologne. Le moment de la réunion définitive de la Bohême aux domaines des Habsbourg n'était d'ailleurs pas encore arrivé. Albert fut tué en 1439 dans une campagne contre les Turcs et un noble tchèque, Georges Podiébrad, d'abord gouverneur au nom du fils posthume du roi, Ladislas, reçut la couronne au décès de celui-ci en 1457. Le pays se constituait ainsi en royaume national et indépendant. Ce ne devait être qu'un court intermède dans sa douloureuse histoire.

Vers le même temps où l'influence allemande recule en Bohême, elle recule aussi en Pologne, à la suite d'événements de nature toute différente. Tandis que la Bohême est nettement dessinée par les montagnes qui la bordent, la Pologne, jetée de l'Oder à la Vistule dans l'immense plaine par laquelle la Russie se prolonge sur le nord de l'Europe, est exposée de tous côtés, sauf vers le sud où elle est protégée par les Carpathes, aux oppressions de ses voisins. Aucun peuple n'a eu de frontières aussi flottantes. Comme un vêtement, elles suivent les mouvements de la nation ; elles s'étendent ou se rétrécissent suivant ses alternatives de vigueur ou de faiblesse, s'élargissant parfois jusqu'à englober toutes sortes de nationalités hétérogènes, ou se resserrant au point de ne plus suffire même à renfermer la nation tout entière.

Boleslas Chrobry (le Vaillant) qui, au xe siècle, avait pris le titre de roi, étendit son influence jusqu'aux principautés russes du Dniéper, ne laissant à ses successeurs qu'une puissance artificielle parce qu'elle ne reposait que sur la force même de celui qui l'avait créée. Aucun d'eux ne put la conserver. Le titre royal lui-même disparut à la fin du xie siècle et des ducs se partagèrent les contrées polonaises au milieu de luttes intestines qui ne présentent aucun intérêt pour l'histoire générale, si ce n'est celui d'expliquer comment l'Ordre Teutonique put, au xiiie siècle, s'emparer de la Prusse et séparer, sans rencontrer de résistance, la Pologne de la Mer Baltique. L'établissement des Teutoniques n'est d'ailleurs qu'un épisode de la puissante expansion allemande qui, à la même époque, se répandit en Pologne comme en Bohême. Ces émigrants y furent d'autant mieux accueillis que le pays venait d'être ravagé par l'invasion mongole qui, débordant de Russie, s'était étendue jusqu'à la Silésie pour s'y arrêter longuement et refluer à la nouvelle de la mort du grand khan Ogotaï (1241). Les Allemands ne s'établirent en grand nombre que dans la Silésie qui commença depuis lors à se germaniser. Ceux qui pénétrèrent dans l'intérieur, y introduisirent la vie urbaine et y constituèrent une bourgeoisie qui, protégée par des privilèges et pourvue du droit de Magdebourg, devait y conserver durant des siècles sa nationalité. Elle s'y juxtaposa aux Juifs que les persécutions de l'époque des Croisades avaient balayés, aux xie et xiie siècles, de l'Allemagne et de la Hongrie vers la Pologne.

L'introduction de la dynastie bohémienne de Pologne sous Wenceslas II et Wenceslas III (1300-1305) eut pour résultat d'y rétablir le titre royal. A la mort de Wenceslas III, les grands appelèrent au trône le duc Wladislas Ier. Son fils Casimir (le Grand) fut à peu près pour le pays ce que fut pour la Bohême son contemporain Charles IV (1333-1370) de la politique duquel il s'inspira incontestablement. Il voulut faire de Cracovie ce que Charles faisait de Prague et fonda à son exemple, une université (1364). Il s'efforça d'organiser une administration royale par l'institution d'une cour centrale de justice, d'un trésorier, d'un chancelier, et de modeler son gouvernement conformément au type occidental adopté par la Bohême. Mais une royauté forte ne peut s'imposer qu'en s'appuyant sur les services qu'elle rend au peuple et en l'intéressant ainsi à son maintien. Les rois de France avaient contre-balancé au xiie siècle le pouvoir de leurs grands vassaux en s'alliant à la bourgeoisie, et les rares bourgeoisies allemandes de Pologne ne pouvaient servir d'auxiliaires à la couronne. Dans ce pays tout agricole, la noblesse par sa puissance et son ascendant était, en plein xive siècle, aussi incompatible avec le gouvernement monarchique que l'avait été trois cents ans plus tôt celle de l'Empire franc. Ce n'est pas qu'elle ne fût très différente de celle-ci. Ce qui domine dans la noblesse d'Occident, c'est la fonction sociale, tandis que dans celle de Pologne, c'est le caractère juridique. Par suite de l'évolution historique beaucoup plus simple, la noblesse s'y rattache directement aux hommes libres de l'époque barbare, elle en conserve la fierté et elle revendique pour elle seule le droit de former la nation. Pour elle, il n'y a que des paysans serfs qu'elle exploite et qu'elle méprise. Au-dessus d'elle, il n'y a que le roi dont elle reconnaît l'autorité à condition qu'il ne règne que pour elle et avec elle. L'esprit qui l'anime, et qui n'a cessé de l'animer est un esprit de liberté, mais d'une liberté de caste et qui devait donner de plus en plus à l'État polonais, jusqu'à son effondrement final, le caractère paradoxal d'une démocratie aristocratique.

Ainsi l'œuvre rêvée par Casimir était inexécutable. Ses tentatives de centralisation royale devaient, qu'il le voulût ou non, amoindrir la noblesse. Elle l'a si bien compris qu'elle lui a donné le surnom de « roi des paysans » pendant que la misérable plèbe agraire qu'elle a dominé jusqu'à nos jours, a conservé pieusement à travers les siècles le souvenir de ce prince dont elle avait pu espérer un moment la fin de sa misère.

Avec Casimir s'éteignait en 1370 la dynastie des Piastes. Son successeur le roi Louis de Hongrie s'empressa de composer avec la noblesse. Les concessions qu'il lui fit furent le premier de ces *Pacta Conventa* qu'elle imposa si souvent depuis lors à la couronne et qui lui abandonnèrent de plus en plus le sort du pays. Le premier usage qu'elle fit d'ailleurs de ces prérogatives eut pour conséquence une augmentation extraordinaire de la puissance polonaise.

Casimir avait conquis la Galicie et la Volhynie et étendu par elles les frontières du royaume jusqu'au territoire lithuanien. Depuis le commencement du xive siècle, en effet, les Lithuaniens des bords de la Baltique, repoussés de la mer par l'Ordre teutonique, s'étaient tournés vers le sud ;

ils avaient étendu leur pouvoir sur les principautés de la Russie occidentale et atteint les bords de la Mer Noire. Restés païens, ils commençaient cependant, au contact de leurs sujets orthodoxes, à s'imprégner de leur religion et leur adhésion future à l'Église grecque paraissait certaine. Or, à la mort de Louis de Hongrie (1382), la noblesse polonaise, pour échapper à son frère Sigismond, offrit au prince Jagellon de Lithuanie la main de la fille cadette du roi, Élisabeth, à condition qu'il se fît baptiser et professât la foi catholique. Le marché fut accepté. Jagellon devint roi de Pologne, sous le nom de Wladislas II et son peuple adopta en même temps que lui la religion qu'il venait de prendre. La principauté lithuanienne s'adjoignait du même coup au royaume, quoique restant pour la forme principauté indépendante (1386)[3].

Depuis leur établissement en Prusse, les Teutoniques avaient mené contre les Lithuaniens, sous prétexte de paganisme, une guerre d'extermination. On vient de voir pourtant que ces barbares ne tenaient guère à leur culte. Mais il était plus profitable et, si extraordinaire que soit un tel mot, plus plaisant de leur faire la chasse car c'étaient de véritables chasses à l'homme que l'Ordre organisait contre eux. Le bruit s'en était répandu dans toute l'Europe, et les princes et seigneurs de l'Occident se rendaient, comme on se rend à une réunion sportive, à ces expéditions qui avaient lieu chaque hiver, quand la glace avait rendu praticables les marais du pays. Une telle dégradation du sentiment religieux et une telle brutalité de mœurs montre à quel point l'Ordre s'était dépouillé à la longue de l'esprit de prosélytisme chrétien et du mysticisme héroïque de ses premiers temps. Le monachisme militaire créé pour combattre l'Islam ne pouvait conserver ses traditions qu'en restant fidèle à sa mission primitive, comme ce fut le cas pour les chevaliers de Saint-Jean à Rhodes, ou pour ceux d'Alcantara et de Calatrava en Espagne. Au contraire, détournés de l'Orient, les Teutoniques comme les Templiers ne se distinguèrent plus que par l'énergie qu'ils appliquèrent, les uns comme les autres, à la poursuite de buts purement temporels. Leur règle, se retournant pour ainsi dire contre les sentiments qui l'avaient inspirée au début, n'utilisa plus la force qu'elle leur donnait que pour diriger leur énergie vers la recherche de la fortune et de la puissance. De même que les Templiers depuis le milieu du xiiie siècle devinrent une redoutable puissance financière, de même les Teutoniques, après avoir détruit les païens de Prusse, exploitèrent le pays en « économes consommés ». On peut dire qu'ils y furent les premiers des « agrariens ». Leurs vastes domaines administrés par des *grosschäfer* fournissaient de leurs blés un commerce d'exportation considérable dont Bruges était l'étape principale. Les sommes que l'on en retirait étaient employées en placements avantageux ou prêtées à intérêt. Mais l'Ordre ne formait qu'une oligarchie de chevaliers ; leur orgueil et leur égoïsme finirent par exaspérer la population dont ils se considéraient comme les maîtres. Les villes, depuis la fin du xive siècle, et la noblesse des campagnes ne supportaient plus leur joug qu'avec impatience.

Le nouveau roi de Pologne ne manqua pas de profiter de ces circonstances. Comme Lithuanien, il était un fougueux ennemi des Allemands. Son avènement rendait une guerre avec les Teutoniques inévitable. Elle éclata en 1409. L'année suivante l'armée polonaise infligeait à l'Ordre une terrible défaite à Tannenberg (15 juillet 1410). Ce fut pour celui-ci le commencement de la débâcle. Les villes et la noblesse ne tardèrent pas à se soulever contre lui. En 1454, elles se plaçaient sous la suzeraineté polonaise. Enfin, en 1466, le grand maître se résigna à céder à Casimir III la Prusse orientale avec Dantzig, Thorn, Marienburg et Elbing. Le reste de la Prusse conservait son autonomie politique mais faisait partie désormais de l'État polonais. Personne en Allemagne ne s'intéressa à ce recul de l'influence germanique. La population du pays, sauf les villes de la côte, se polonisa rapidement et la nationalité slave reprit possession de ces pays dont elle avait été expulsée au xiiie siècle. La Pologne possédait désormais une large frontière en bordure de la Mer Baltique. Elle touchait au sud à la Mer Noire. Un brillant avenir aurait pu lui être assuré si, à la même époque, la poussée turque n'avait fermé aux chrétiens le commerce de l'Asie. D'ailleurs, personne ne s'intéressait au développement économique. L'avènement de Jagellon avait été pour la noblesse l'occasion d'assurer définitivement sa position. Le nouveau roi lui avait promis entre autres privilèges l'affranchissement de l'impôt. L'État polonais devenait décidément, sous le sceptre de ses rois, une république nobiliaire.

Les Slaves du sud, Croates, Slovènes, Serbes et Bulgares présentent un spectacle bien différent de celui des Polonais et des Bohémiens. La faiblesse des premiers les fit passer de bonne heure sous la domination hongroise qui eut soin de leur refuser la moindre autonomie politique. Les Serbes et les Bulgares, en revanche, établis au sud du Danube sur le territoire de l'Empire grec et englobés dans son Église, profitèrent de sa faiblesse après le règne de Justinien pour pénétrer profondément dans la Macédoine et jusqu'en Grèce. S'ils s'hellénisèrent à la longue, ceux de Macédoine conservèrent leur langue et leurs mœurs, comme les Germains qui avaient occupé le nord de l'Empire. Au xe siècle, sous l'empereur Romain Lacapène (920-944), les Bulgares avaient menacé Constantinople et il avait fallu leur payer tribut. Nicéphore Phokas (963-969), puis Jean Tzimiskes et Basile II Bulgaroctone (976-1025) les mirent sous la dépendance de l'Empire. Mais ils se soulevèrent à la veille de la quatrième Croisade ; et de ce soulèvement sortit le nouvel Empire bulgare, celui des Asénides. Baudouin périt en leur faisant la guerre.

Quant aux Serbes, sous Étienne Nemanja, ils secouent la domination byzantine. Son fils Étienne Ier prend en 1221 le titre de roi. Ses successeurs s'agrandissent au détriment de l'Empire et des Bulgares dont Étienne III Ourosch détruit la puissance. Son fils Étienne IV Douschan conquiert toute la Macédoine, l'Albanie et s'étend même jusqu'au nord de la Save. Il prend le titre de tsar et se fait couronner empereur « des Serbes et des Romains » (1346). L'Empire, depuis la conquête latine, ne peut naturellement plus lutter et ne cherche qu'à conserver les côtes, laissant, se fonder sur sa frontière un Empire serbe dont on peut dire qu'il se serait installé sur le Bosphore, si l'arrivée des Turcs n'avait tout bouleversé dans les Balkans.

Enfoncés comme un coin dans la masse slave, les Hongrois ou Magyars, après avoir longtemps terrorisé l'Allemagne et même l'Italie du nord et la France occidentale par leurs terribles raids de cavalerie, avaient été enfin fixés par les victoires de Henri Ier et d'Othon dans la plaine du Danube. L'Église de leurs vainqueurs devait devenir la leur. Sous Sylvestre II, ils se rattachaient à Rome et l'érection de l'archevêché de Gran leur donnait une métropole religieuse.

Si l'on peut invoquer un exemple pour prouver l'insignifiance de la race dans le développement historique, c'est bien celui des Hongrois[4]. Par leur origine comme par leur langue, ces Finnois apparentés aux Turcs et aux Mongols, sont complètement étrangers au groupe ethnographique des peuples indo-européen. Pourtant, à peine ont-ils pris place au milieu d'eux et adopté le christianisme, qu'en dépit de la nature du sang qui coule dans leurs veines, de leur indice céphalique et des caractères linguistiques de leur idiome, leur vie sociale devient si conforme à celle de leurs voisins qu'il serait certainement impossible, si on ne le savait à l'avance, de les reconnaître pour des intrus. C'est qu'en réalité l'être physique des peuples se subordonne complètement à leur être moral. Encore barbares et dénués de civilisation propre, les Hongrois n'eussent pu conserver leur originalité finnoise qu'en conservant leur religion. Devenus chrétiens, ils devaient entrer dans la communauté européenne et prouver qu'ils possédaient eux aussi cette prétendue « faculté d'assimilation » que certaine école revendique pour la « race germanique » et qui appartient en réalité à tous les barbares.

Arrivés dans la plaine du Danube en conquérants, ils soumirent et réduisirent en servage la population slave du pays. Il n'y a là rien qui puisse être attribué à leur race. Les Lombards avaient agi exactement de même au viie siècle, dans la Gaule cisalpine. Seulement, moins civilisés que leurs vaincus, les Lombards furent rapidement latinisés par eux, tandis que les Hongrois, en contact avec des sujets qui n'étaient pas plus avancés qu'eux-mêmes, conservèrent sans peine leur nationalité et restèrent au milieu d'eux le peuple dominant. Comme chez toutes les nations agricoles, une noblesse de magnats ne tarda pas à se former. Du reste, et pour les mêmes motifs qu'en Bohême et en Pologne, le système féodal ne s'introduisit pas en Hongrie. Lorsque Étienne Ier (997-1038) eût réussi à faire disparaître les princes qui jusqu'alors s'étaient partagé le pays et eût pris, avec la couronne que lui envoya le pape Silvestre, le titre de roi, ces magnats furent nécessairement associés à l'exercice du pouvoir monarchique. En 1222, ils arrachaient au roi André II une Bulle d'Or qui consacrait leur situation politique et leur reconnaissait le droit de se réunir chaque aimée à Stuhlweissenburg avec les évêques, ainsi que celui de se révolter en cas de violation de leurs privilèges. Cette bulle d'or est presque contemporaine de la Grande Charte d'Angleterre. Combien le contraste que présentent les deux textes est instructif ! En Angleterre, derrière la noblesse se rangent le clergé et la bourgeoisie, et la loi que la couronne est obligée d'accepter est une loi vraiment nationale. En Hongrie, au contraire, c'est une caste qui stipule pour elle et qui, dans la mesure même où elle sauvegarde ses intérêts, leur sacrifie le reste du peuple.

Il en eût été autrement sans doute, si la Hongrie avait possédé une bourgeoisie. Mais comme ces autres tard venus, la Bohême et la Pologne, elle reste attardée dans un état économique purement agricole. De même que chez eux, les seuls bourgeois qu'elle possède depuis le xiie siècle sont des immigrés allemands qui demeurent étrangers au milieu de la nation et que les privilèges que les rois leur ont accordés achèvent de détacher d'elle. Peut-être la conquête de la Dalmatie, accomplie au commencement du xiie siècle, et qui assurait à la Hongrie un débouché sur l'Adriatique eut-elle pu a la longue, par Spalato et Zara, susciter à l'intérieur du pays un mouvement commercial qui y eût fait naître une population urbaine. Mais il eût fallu pour cela vivre en paix, or le contact du pays avec les nombreux voisins que touchaient ses frontières : Bohême, Pologne, Allemagne, Slaves du sud, et Empire byzantin, sans compter Venise, jalouse de conserver la maîtrise de l'Adriatique, la faisait vivre dans un état de guerre continuelle, tantôt sur un point, tantôt sur un autre. A l'est, la Hongrie s'ouvrait sur le domaine indéterminé de la barbarie asiatique et avait à repousser ou à soumettre des hordes de Petchenègues et plus tard de Coumans, venues de la Russie méridionale. Elle avait en outre à se garder contre ce peuple formé de Slaves et de Finnois mélangés avec les descendants des anciens colons romains de la Dacie dont ils finirent par adopter le dialecte roman et qui devait former, un jour, la Roumanie.

Cette société si cahotée faillit être détruite par l'invasion mongole.

Nulle part, si ce n'est en Russie, les ravages n'en furent aussi épouvantables que dans la plainte du Danube. Quand elle se fut retirée, il fallut pour ainsi dire recoloniser le pays à nouveau. Le roi Bila IV (1235-1270) s'y appliqua de son mieux, appelant des Italiens, faisant venir de nouveaux Allemands augmenter le nombre de ceux qui, déjà auparavant, s'étaient fixés en Transylvanie où ils sont encore. Bude fut fondée en 1245. Des Italiens introduisirent la culture de la vigne. Les Roumains se répandirent largement dans la plaine comme travailleurs agricoles. Une trentaine d'années plus tard, la Hongrie était redevenue assez forte pour pouvoir prêter son appui à Rodolphe de Habsbourg contre Ottokar de Bohême et arrêter, au profit de l'Allemagne, l'expansion menaçante des Tchèques.

Elle put s'apercevoir bientôt que les Habsbourg, devenus ses voisins, l'avaient fait entrer dans leurs plans dynastiques. A la mort du roi Ladislas IV sans enfants, Rodolphe de Habsbourg, disposant d'elle comme d'un fief d'empire, la donnait à son fils Albert. Mais depuis que le pape Sylvestre II avait envoyé la couronne à Étienne, les papes considéraient la Hongrie comme un fief du Saint-Siège, et Nicolas IV la revendiqua aussitôt pour Charles Martel, fils de Charles II de Naples et beau-frère de Ladislas. Pour échapper à ces étrangers, les magnats donnèrent la couronne à André III, descendant de la dynastie nationale, puis, à sa mort en 1301, reconnurent le fils de Charles Martel, Charles Robert (1308-1342). Ainsi, cette dynastie française des Anjou implantée à Naples par la papauté en opposition aux Hohenstaufen, l'était maintenant en Hongrie en opposition aux Habsbourg. Elle devait s'y maintenir jusqu'en 1382 et contribuer largement à « occidentaliser » le pays. Le grand roi de cette maison fut Louis (1342-1382) qui occupa la Moldavie abandonnée par les Mongols, soumit la Croatie, força les Vénitiens à lui céder les côtes et les îles de l'Adriatique jusqu'à Durazzo.

Sa politique indique les ressources et l'ambition d'un grand roi, mais elle est insensée par sa grandeur. Son frère André, mari de la reine Jeanne de Naples, ayant été assassiné, il fit deux expéditions contre ce royaume. À cette politique italienne s'en ajoute une au nord, car il fut comme on l'a vu roi de Pologne, si bien que son action s'étendait, de la Vistule à l'Adriatique et à la Mer Noire.

Lui aussi, et le rapprochement est curieux, contemporain de Charles IV et de Casimir de Pologne, agit comme eux. Il fonda une université à Fünfkirchen. Les mœurs polies de la cour commencèrent à se répandre parmi les magnats. Ce milieu du xive siècle est pour la Bohême, la Pologne et la Hongrie, une époque intéressante par l'influence, je ne dirai pas française, mais occidentale, qui succède à l'influence allemande du xiiie siècle.

La situation de Louis ne devait pas avoir de lendemain. Sans fils, il avait fondé une œuvre aussi immense que fragile. La Pologne passa à Jagellon. Un parent angevin, Charles de Durazzo fut assassiné en 1387, et Sigismond de Luxembourg, qui avait épousé Marie fille de Louis, fut enfin reconnu.

Ce fut un pauvre règne. Les Turcs commencent à apparaître. Toute politique vers l'Adriatique est maintenant impossible. Les titres de roi des Romains et d'empereur obtenus par le roi de Hongrie ne peuvent rien pour sauver le pays. Ils l'entraînent au contraire dans la guerre des Hussites. Les projets de concile, on l'a vu, s'expliquent par le péril turc, mais ne servent à rien.

À sa mort en 1437, Albert d'Autriche qui avait épousé sa fille Élisabeth, porta la couronne de Hongrie ; il mourut prématurément en 1439, sans avoir eu le temps d'assurer la domination habsbourgeoise sur ce pays dont l'histoire allait se confondre maintenant pour longtemps avec celle de la poussée turque.

L'impression d'ensemble qui se dégage de l'histoire des Slaves et des Hongrois jusqu'au milieu du xve siècle peut se formuler en disant que, s'ils sont entrés dans la communauté chrétienne, ils sont restés en revanche à peu près étrangers à la communauté européenne. Il leur a manqué cette initiation à la civilisation romaine que l'Empire carolingien a apportée aux Germains. Ils n'ont pas vécu comme eux, sous ce régime théocratique où l'alliance intime du pouvoir spirituel et du pouvoir temporel a fait de celui-ci le propagateur de tout ce que l'Église conservait encore de l'administration, du droit, de la science et des lettres de Rome. L'Empire des Othon, trop tôt et trop exclusivement orienté vers l'Italie, a renoncé à les soumettre à son influence et la pénétration occidentale ne s'est accomplie chez eux que par l'intermédiaire de leurs évêques et de leurs moines. Mais, livrés à leurs propres forces, dépouillés de puissance politique et situés trop loin des foyers de la vie religieuse, leur action est forcément demeurée très superficielle et n'a pas dépassé le domaine du culte et de la discipline. On ne rencontre chez ces peuples ni l'organisation domaniale, ni la féodalité ; ils ne participent ni à la guerre des investitures, ni à la Croisade. La seule conséquence pour eux de cette grande épopée a été le refuge cherché dans leurs régions par les Juifs que traquent au delà de l'Elbe les fidèles du Christ. Puis, quand la vie économique de l'Occident s'anime sous l'influence du commerce et que les bourgeoisies commencent à essaimer entre la Méditerranée et la Mer du Nord, c'est par l'afflux soudain de la colonisation allemande que ce grand mouvement leur est révélé. Attardés dans leurs vieilles institutions agricoles, ils cèdent à la poussée ; reculent le long de l'Elbe devant les envahisseurs, les laissant s'installer chez eux et fonder des villes qui, au milieu de leur masse nationale, restent des îlots étrangers. Avec l'arrivée de ces nouveaux venus qui les méprisent mais dont ils ont besoin, s'ouvre une époque de germanisation superficielle qui dure jusque vers le milieu du xive siècle. Alors commence à se marquer une réaction dont, à peu près à la même date, Charles IV en Bohême, Casimir Ier en Pologne et Louis Ier en Hongrie sont les instruments. La pénétration allemande cesse et, dans les trois pays, on assiste à un éveil de l'énergie nationale. Sous des formes très différentes, l'explosion du hussitisme en Bohême, la conquête de la Prusse par la Pologne, la poussée de la Hongrie vers l'Adriatique, en sont des manifestations évidentes. Il semble que le moment soit venu alors où Slaves occidentaux et Hongrois vont prendre une part active à la civilisation européenne. Mais les Turcs s'avancent à travers la Péninsule des Balkans et il va leur falloir en supporter le choc, se retourner vers l'est, et défendre cette civilisation occidentale au lieu de pouvoir se mettre à y collaborer.

---

1. Le Collège comprend trois électeurs ecclésiastiques : les prélats de Mayence, Trèves, Cologne, et quatre laïcs : le roi de Bohême, le comte Palatin du Rhin, le duc de Saxe, le marquis de Brandebourg.
2. En Flandre le servage disparaît au Xxiii{e} siècle. En France il s'efface grandement au xive siècle.
3. L'union perpétuelle de la Pologne et de la Lithuanie fut proclamée en 1499.
4. Il est amusant de constater qu'au commencement de 1917, la République finlandaise a envoyé une députation en Hongrie notifier sa naissance à ce peuple parent par son origine finnoise.

4
L'ESPAGNE. — LE PORTUGAL. — LES TURCS

I. — L'Espagne et le Portugal

Les Croisades avaient abordé l'Islam en son centre. Le monde mahométan entourait de toutes parts la Palestine et pour se maintenir et contre-balancer sa poussée sur cette côte étroite sans être jeté à la mer, il eut fallu pouvoir déployer une vigueur offensive qu'à cette distance et avec les ressources dont il disposait, l'Occident n'était pas capable de dépenser. Aussi, après avoir perdu les positions enlevées par l'élan de la première Croisade, s'efforça-t-il vainement de les reconquérir. Après Saint Louis, le Levant cessant d'être une base d'opérations militaires, devint et resta jusqu'à la découverte du Nouveau Monde l'étape du commerce européen avec celui de l'Orient.

La situation respective des Musulmans et des Chrétiens était toute autre en Espagne. Les chances des deux adversaires s'y trouvaient beaucoup moins inégales. Ils s'y rencontraient de front, sur un champ de bataille bien délimité et possédaient l'un et l'autre, en cas d'échec, la faculté de se replier en arrière et de s'y refaire en attendant de nouveaux combats. Dans ces conditions, la victoire devait finalement appartenir à celui qui conserverait le plus longtemps l'énergie agressive, c'est-à-dire aux plus pauvres, c'est-à-dire donc aux Espagnols. Car la foi toute seule ne les pousse pas à la guerre. L'âpre désir de posséder ces belles villes et ces belles campagnes que l'industrie et l'agriculture musulmanes font insolemment contraster avec l'âpreté de leurs montagnes, rend plus brûlante leur haine de l'infidèle. Leur poussée contre l'Islam fait penser à une invasion de barbares, du moins à ses débuts. Mais ces barbares sont chrétiens, et c'est ce qui les empêchera de se fondre avec les vaincus, comme les Germains l'ont fait jadis au milieu des populations romaines. La race n'y a été pour rien. Les Turcs, au xe et au xie siècle, se sont bien assimilés, malgré leur origine mongole, à la civilisation sémitique des Arabes de Bagdad. Rien ne prouve que si les Espagnols avaient été païens comme eux au moment de leur contact avec l'Islam, ils ne s'y fussent également convertis. La supériorité matérielle des civilisations supérieures est pour elles vis-à-vis des païens le plus puissant moyen de propagande religieuse. Vis-à-vis des adeptes d'une foi étrangère et exclusive au contraire, leur brillant même et leur richesse renforcent et exaspèrent jusqu'à la haine l'opposition confessionnelle parce qu'ils y prennent l'apparence d'une impiété, d'une offense au vrai Dieu. Et dès lors, la rafle et le pillage étant justifiés à l'avance, les instincts les plus brutaux peuvent se déchaîner librement sans inquiéter les consciences. Le devoir, le sentiment, l'intérêt s'allient chez les chrétiens d'Espagne pour les pousser à la guerre sainte. Guerre sainte dans toute la force du terme car son but n'est pas la conversion, mais le massacre ou l'expulsion des infidèles. Aucune trace chez les Espagnols de cette tolérance qui laisse aux sujets catholiques des Musulmans, aux Mozarabes, le libre exercice de leur culte. Leur exclusivisme religieux est si entier qu'il ne désarme pas même en face de l'abjuration et que les Moriscos (Musulmans baptisés) leur inspirent une insurmontable méfiance. Il ne suffit pas d'être chrétien il faut être « vieux chrétien », ce qui revient à dire « de vieille souche espagnole », si bien que la nationalité devient la preuve de l'orthodoxie et que le sentiment se confondant avec la foi s'imprègne de son intransigeance et de son ardeur.

On a vu plus haut que les Maures, incapables de résister depuis le milieu du xie siècle aux armes victorieuses des chrétiens, avaient appelé à la rescousse les Almoravides du Maroc. La bataille de Sabacca (1086) avait arrêté l'élan des Espagnols, mais ne l'avait pas brisé. Si pendant un siècle la guerre ne présente plus de grandes actions militaires, elle se signale par un acharnement ininterrompu. Les prouesses des héros alimentent les « romances » qui, vers la même époque où l'épopée féodale française s'exprime par la *Chanson de Roland*, exaltent la gloire du *Cid Campeador*, mort en 1099, l'année même de la prise de Jérusalem. Tandis que Roland devenait une grande figure de la littérature européenne, le Cid est demeuré une gloire locale. C'est que l'attention des contemporains, attirée par le spectacle plus retentissant des Croisades, a négligé au xiie siècle la guerre d'Espagne, comme elle devait le faire en 1812 au profit de la campagne de Russie. Pourtant de même que c'est en Espagne qu'a commencé le déclin de Napoléon, c'est également l'Espagne qui a procuré au catholicisme du

Moyen Age ses seules victoires durables sur l'Islam. Elles eussent été plus rapides et plus décisives si les chrétiens eussent uni leurs efforts contre l'ennemi commun. Malheureusement les rois de Castille et d'Aragon, sans cesse aux prises les uns avec les autres ou obligés de se défendre contre les prétentions de la noblesse, ne fournissaient à l'ennemi que trop de facilités pour se relever de leurs coups et prendre une revanche. En 1195, l'émir Iacub Almansor remportait à Alarcos, sur le roi Alphonse VIII de Castille, une si éclatante victoire que l'on put craindre un instant une catastrophe générale. Mais la papauté, dans ses plans de guerre sainte, n'avait jamais perdu du regard cette aile droite de la chrétienté que l'Espagne occupait. Innocent III intervint aussitôt. Il excita les fidèles à prendre la croix, envoya de l'argent et étendit sa protection sur les rois insulaires. Pierre II d'Aragon vint se faire couronner par lui et reconnut son royaume comme fief du Saint-Siège. Grâce aux exhortations de Rome, l'Aragon, la Castille, le Léon, le Portugal unirent cette fois leurs forces. En 1212, la bataille de Navas de Tolosa vengeait la défaite d'Alarcos et brisait la résistance musulmane.

Depuis lors, l'avance des chrétiens est irrésistible et définitive. Jayme II d'Aragon (1213-1276) prend pied aux Baléares et en 1238 s'empare de Valence. Fernand III de Castille se rend maître en 1236 de Cordoue, et de Séville en 1248. Cependant Alphonse III de Portugal annexe les Algarves et donne au royaume l'étendue qu'il a conservée jusqu'aujourd'hui. De toutes ses possessions d'Espagne il ne demeure à l'Islam que le territoire de Grenade, encore est-il soumis à la vassalité de la Castille.

A mesure qu'ils s'agrandissaient au détriment des Maures en s'étendant vers le sud, les États espagnols, si nombreux au début, devenaient plus compacts en s'agglomérant les uns aux autres. Ceux d'Asturies, de Galice, de Léon (1230) s'unissaient à la Castille ; la Catalogne s'adjoignait à l'Aragon. La Navarre, passée d'ailleurs à une dynastie française, et trop resserrée dans les montagnes pour pouvoir encore concourir avec ses voisins plus heureux, se confine dans une existence locale. Le Portugal, essentiellement orienté à l'ouest par le grand développement de ses côtes et le cours de ses fleuves, Douro et Tage, tourne pour ainsi dire le dos à la Péninsule que se partagent la Castille et l'Aragon. De ces deux royaumes, le premier est de beaucoup le plus considérable par son étendue, mais le second est le mieux situé et par cela même est entré bien plus tôt en contact avec le dehors. Je ne pense pas ici aux fiefs considérables que la dynastie aragonaise possède depuis longtemps au nord des Pyrénées. Ils ne pouvaient que l'entraîner dans des conflits perdus d'avance avec les rois de France, et Jayme II eut le bon sens de les céder à Saint Louis au prix du renoncement de ce dernier à la suzeraineté sur la Catalogne (1258). Ce qui entraîna l'Aragon vers l'Europe et lui donna, dès le xive siècle un caractère moins étroitement espagnol que celui de la Castille, c'est sa situation au bord de la Méditerranée. Par elle, il est sollicité à prendre sa place dans ce commerce du Levant qui est par excellence le grand commerce du Moyen Age. Barcelone ne tarda pas à s'engager dans la voie ouverte par Venise, Pise et Gênes, et ses marins du xiie siècle se rencontrent avec les marins italiens et provençaux dans les ports de Syrie et d'Égypte. C'est cette activité maritime, bien plus que la parenté de Pierre III (1276-1285) avec Manfred, qui a attiré l'Aragon dans les affaires de Sicile et a fait prendre place à l'Espagne, dès 1285, dans ce royaume, point sensible de la politique européenne, d'où elle devait plus tard se répandre sur le reste de l'Italie. Sous ses successeurs, l'expansion méditerranéenne du royaume continue. Alphonse III (1285-1291) conquiert tout l'archipel des Baléares qui, après avoir quelque temps formé un royaume vassal, devait être annexé sous Pierre IV (1336-1387) à la couronne. Alphonse IV (1327-1336) lutte avec Gênes pour la possession de la Corse et de la Sardaigne. Sous Alphonse V, en 1443, le royaume de Naples est conquis. Ainsi, l'Aragon est une puissance méditerranéenne. C'est lui qui a ouvert à l'Espagne, séparée de l'Europe par les Pyrénées, la seule voie par où elle puisse l'atteindre, la voie d'eau. Que l'on pense à ce qu'aurait été le règne de Charles-Quint s'il n'avait pas trouvé la Sicile dans son héritage.

Pourtant, la vraie Espagne, ce n'est pas l'Aragon, c'est la Castille. Elle a pris la part la plus grande et la plus glorieuse à la guerre contre les Maures ; elle en peut revendiquer les héros les plus populaires, le Cid au xie siècle, Perez de Castro au xiiie, et les « romances » qui chantent leurs exploits lui appartiennent aussi. La noblesse y est plus nombreuse et plus influente qu'ailleurs. C'est là que s'est formée et la langue et le caractère national. Sans doute, elle n'est pas sans entretenir quelques rapports avec l'étranger. Ses ports du Golfe de Gascogne pratiquent un cabotage assez actif vers les côtes de Flandre, et en 1280, ses marchands obtiennent à Bruges une charte de privilèges. Mais ni son commerce, ni sa flotte ne peuvent soutenir la comparaison avec ceux de Barcelone. Rien d'étonnant dès lors si ses rois ne sont pas entraînés comme ceux d'Aragon dans la grande politique européenne. On a vu plus haut qu'après s'être laissé induire par une ambition assez singulière à acheter le titre de roi des Romains, Alphonse X (1252-1284) n'a pu en tirer aucun avantage. Les querelles dynastiques qui marquent les règnes de Sanchez IV (1284-1295) attaqué par les infants de la Cerda, ont provoqué une intervention d'ailleurs malheureuse du roi de France ; plus tard, Pierre le Cruel (1360-1369) contre son compétiteur Henri de Transtamare secondé par Du Guesclin, fera alliance avec le Prince Noir. C'est là à peu près tout ce à quoi se réduit l'histoire extérieure de la Castille avant le moment où l'Espagne, devenue subitement une grande puissance, débordera sur le monde. Jusqu'à la fin du xvᵉ siècle, son action est très étroitement circonscrite par les limites de la Péninsule.

Elle ne s'est pas bornée à y combattre les Maures. Touchant à l'ouest le Portugal, à l'est l'Aragon, elle s'est trouvée constamment impliquée avec eux dans des conflits que la parenté des familles royales ne fournissait que trop d'occasions de faire naître, soit à l'occasion de la régence d'un prince mineur, soit à propos de la légitimité de l'héritier du trône. Ce sont ces querelles continuelles entre les États chrétiens qui permirent, malgré sa faiblesse, au royaume de Grenade de se maintenir. Il lui arriva même d'y prendre part et de prolonger ainsi des différends qui lui étaient si utiles.

En dépit de leurs luttes dynastiques, la Castille, l'Aragon et le Portugal n'en présentent pas moins une ressemblance frappante, un air de famille, qu'explique très facilement l'analogie de leur histoire. Sauf en Catalogne, que la prépondérance de Barcelone a marquée d'un caractère spécial resté frappant jusqu'à nos jours, ce sont partout les mêmes institutions et les mêmes groupements sociaux. La noblesse essentiellement militaire conserve longtemps vis-à-vis de la royauté une attitude hautaine et arrogante dont le droit des grands d'Espagne de se couvrir en présence du souverain est resté plus tard, sous le monarchie absolue, le souvenir inoffensif mais significatif. Pour résister à cette noblesse de *ricos hombres* et de *hidalgos*, les rois, depuis le commencement du xiiiᵉ siècle, s'appuient sur la bourgeoisie. L'intérêt politique leur a, en cela, dicté leur conduite comme il l'a fait aux rois de France depuis Louis VII. Mais l'alliance des villes et de la couronne a été bien plus intime et a duré bien plus longtemps en Espagne qu'en France. Pourquoi ? Peut-être en raison de l'arrogance plus grande de la noblesse. Ce que les bourgeois attendent du roi, c'est la paix, la sécurité sur les grandes routes. Pour y arriver, ils font eux-mêmes des ligues (*hermandades*) comme les villes allemandes, et ces ligues appuient en même temps le pouvoir justicier du roi, car il est frappant de voir combien domine chez ces rois le caractère justicier. Sous Alphonse X est rédigé pour la Castille le *Codigo de las siete pardidas*. Jayme II d'Aragon a conservé la réputation d'un législateur. Le roi Denis de Portugal (1279-1325) a laissé le surnom de *el justo*. Pierre Ier (1357-1367) est loué de sa sévérité impitoyable. Contre la noblesse militaire, la bourgeoisie a donc, de toutes ses forces, aidé la monarchie dans son rôle de gardienne du droit et de la paix publique. Les *hermandades* lui ont pour ainsi dire constitué une police volontaire contre les bandits et les malfaiteurs. Il va de soi que les villes, si intimement associées à l'exercice du pouvoir royal, obtinrent de très bonne heure leur entrée dans les *Cortes*. Dès le xiiiᵉ siècle, leurs députés y siègent à côté de ceux de la noblesse et du clergé. Les querelles dynastiques qui ont troublé l'Espagne au xivᵉ siècle ont fourni à ces *Cortes* une excellente occasion d'augmenter leur ingérence dans le gouvernement et d'imposer plus d'une fois aux rois, surtout en Aragon ou les villes sont plus influentes qu'ailleurs, des concessions qui rappellent d'assez près celles qui ont été arrachées aux princes des Pays-Bas à la même époque. Du reste, leur influence s'est arrêtée là. L'Espagne n'a pas plus que les autres États continentaux dépassé ce dualisme politique où le prince d'une part, les ordres privilégiés de l'autre, se trouvant en présence, s'arrangent par des compromis. Le parlementarisme, la collaboration des deux éléments à l'anglaise ne s'y est pas plus introduite qu'ailleurs. Les questions d'impôt ont joué comme partout leur rôle dans ces luttes constitutionnelles du xivᵉ siècle. L'impôt castillan par excellence, l'*alcalaba* — taxe sur les ventes et les achats — a été accordé pour la première fois par Burgos à Alphonse XI (1312-1350) à l'occasion d'une expédition contre Algésiras. Depuis lors, il s'est peu à peu répandu dans tout le pays.

Querelles dynastiques et contestations politiques ont si bien occupé les royaumes espagnols que, durant le xivᵉ siècle et la plus grande partie du xvᵉ siècle, ils se sont à peu près abstenus de reprendre la guerre contre les Maures de Grenade. En revanche, ils s'enrichissent et développent leur commerce. Les campagnes commencent à se couvrir de moutons et la laine espagnole devient, dans le commerce du nord, une rivale de la laine anglaise. L'exportation en augmente considérablement vers les Pays-Bas et l'élevage des moutons commence à donner son aspect caractéristique à la Castille dont il enrichit la noblesse. Le fer de Bilbao, l'huile d'olive, les oranges, les grenades font aussi l'objet d'un transit grandissant vers le nord. Bruges reste le centre d'attraction de ce commerce. Dans la première moitié du xvᵉ siècle, la nation espagnole y est presque aussi fortement, représentée que la Hanse. Il y a là une orientation économique vers le nord dont il faut tenir compte et dans laquelle on ne peut guère s'empêcher de voir une préparation de l'alliance dynastique qui devait, en 1494, rattacher les Pays-Bas à la Castille.

Mais en même temps, sur la côte portugaise de l'Atlantique, une autre expansion débute qui, celle-ci, changera l'avenir du monde. En face des Algarves s'étend la côte marocaine, et le zèle religieux pousse à y porter la lutte contre l'Islam. Le fils du roi Jean Iᵉʳ, Henri le Navigateur (1394-1460), chez lequel la curiosité se mêlait à l'esprit de propagande chrétienne, a consacré sa vie à équiper et à diriger des expéditions maritimes qui ouvrent l'histoire grandiose des découvertes. Il avait pris part en 1415 à l'expédition de son père contre Ceuta, et à la prise de cette ville. Qu'y avait-il au delà ? Quel monde inconnu se cachait derrière le Cap Bojador que personne n'avait encore doublé. La navigation était maintenant assez avancée pour pouvoir se risquer sur la haute mer. En 1420, un navire envoyé par lui découvrait les îles Madère, un autre en 1431 les Açores. En 1434, le Cap Bojador était doublé. Henri put encore apprendre avant sa mort, en 1460, la découverte des îles du Cap Vert et de la côte de Sénégambie. Le chemin du monde méridional était ouvert. Cette Mer Atlantique qui avait semblé jusqu'alors la fin de l'univers allait devenir le chemin d'un univers nouveau.

Ainsi, au milieu du XVe siècle, avant même le mariage de Ferdinand et d'Isabelle qui devait joindre pour toujours la Castille à l'Aragon, l'Espagne a pris dans le monde une position dont ni elle ni personne ne peut voir encore la possibilité d'avenir, mais qui la prépare au rôle qu'elle va jouer. Par Barcelone et la Sicile elle est mêlée aux affaires méditerranéennes, par les ports du Golfe de Gascogne elle touche le nord par son commerce, et elle vient de s'élancer sur l'Atlantique. Sa puissance morcelée n'est pas encore bien grande, mais nul autre État, pas même Venise, n'a une telle expansion. Et si l'on pense avec cela que le peuple est trempé par la guerre contre l'Islam, qu'il a en lui-même une confiance profonde, qu'il est militaire, qu'il est maritime, on peut deviner quel nouveau facteur de force est sur le point de prendre part à la vie européenne.

II. — Les Turcs

Le seul résultat de l'Empire latin improvisé à Constantinople par la quatrième Croisade avait été de hâter la décomposition de l'État byzantin. Dans la plupart des îles de la Mer Ionienne et le long des côtes s'étaient fondés des comptoirs vénitiens et génois. Des principautés féodales, duché d'Athènes, duché d'Achaïe, se partageaient la Grèce. Les Bulgares et les Serbes s'étaient emparés de la Thrace et de la Macédoine. Des possessions européennes de l'Empire, il ne restait plus guère que Constantinople, Salonique, Andrinople et Philippopoli, quand Michel VII Paléologue, en 1261, y rétablit la domination grecque. De l'autre côté du Bosphore, en Asie Mineure, où les Latins n'avaient pas pénétré, l'Empire conservait cependant l'Anatolie occidentale avec Brousse, Nicée, Nicomédie.

Cet Empire était évidemment destiné à tomber en pièces. Exploité par Venise et Gênes, il avait perdu toute vitalité économique et n'était plus capable de pourvoir aux immenses dépenses qu'en exigeait la défense. L'industrie et le commerce s'éteignant y avaient fait place à la prépondérance des grands propriétaires assez analogue à celle qui s'était constituée en Occident après la chute de l'Empire. Tel que les conjonctures le présentaient sous le règne de Michel VIII (1261-1282), il paraissait destiné à être prochainement l'objet d'un triple démembrement. De Sicile, Charles d'Anjou convoitait la Grèce et en préparait visiblement la conquête ; les Serbes s'agrandissant au nord, ne cachaient pas leur ambition de s'emparer de Constantinople, et enfin, en Asie Mineure, il y avait les Turcs ! La catastrophe des Vêpres Siciliennes, à laquelle les intrigues de Michel VIII ne furent pas étrangères, mit les Angevins hors de cause. Elle les obligea à se détourner de l'Orient pour faire face à leurs rivaux aragonais. Du point de vue européen, ce fut un grand malheur. La formation, au sud de l'Italie, d'un État assez puissant pour soumettre la Grèce à son influence eût été la meilleure des sauvegardes contre la poussée turque. Car il était certain que les Slaves des Balkans ne suffiraient pas à eux seuls à l'arrêter. Puisque, en tout état de cause, l'Empire grec n'était plus capable de se défendre lui-même, l'essentiel était d'empêcher qu'il ne fût arraché à la communauté européenne et chrétienne. Mais la politique d'un État ne s'inquiète presque toujours que des intérêts immédiats et actuels. Michel VIII considéra comme un triomphe pour Byzance, le désastre subi par Charles d'Anjou.

Les Turcs, barbares d'origine finnoise, avaient été, depuis le xe siècle, pour le khalifat de Bagdad, à peu près ce que les Germains, six siècles plus tôt, avaient été pour l'Empire romain. Ils l'avaient envahi et, naturellement, s'étaient tout de suite convertis à sa religion. La brillante civilisation de l'Islam était trop fragile pour supporter le contact de ces rudes néophytes. Ceux-ci n'en reçurent guère que quelques caractères tout extérieurs. Ils demeurèrent, au milieu d'elle, essentiellement paysans et soldats, mais moins ils se policèrent, plus ils s'éprirent pour leur foi nouvelle d'un zèle qui, les animant contre les infidèles, contribua nécessairement à entretenir chez eux l'esprit militaire. La grande invasion mongole du xiiie siècle qui dévasta si fougueusement l'Asie Antérieure les rejeta dans les montagnes de l'Arménie. Ils en descendirent bientôt, sous la conduite d'Omman, pour se répandre vers l'ouest, dans l'Asie Mineure, proie facile à arracher aux mains débiles des successeurs de Michel Paléologue. Brousse (1326), Nicomédie et Nicée (1330) tombèrent au pouvoir de l'envahisseur. De ses possessions asiatiques, il ne restait plus rien à l'Empire. Et son impuissance s'aggravait encore des intrigues politiques où il se débattait. Après la mort d'Andronique III (1341), le grand domestique Cantacuzène profitait de la minorité de Jean V pour revêtir la pourpre, et, afin de se maintenir contre les Bulgares et les Vénitiens que la cour appelait à la rescousse, il s'adressait aux Turcs et les faisait passer en deçà du Bosphore. La conquête d'Europe succéda tout de suite à la conquête d'Asie. Mourad Ier s'emparait d'Andrinople en 1352, de Philippopoli en 1363, battait les Serbes en 1371, les rejetait en Macédoine et entrait à Sofia en 1362. Confinés dans les murs de Constantinople, les Grecs abandonnaient aux Slaves la défense de la Thrace. Les Serbes remportaient en 1387 quelques succès en Bosnie, mais deux ans plus tard, perdaient la sanglante bataille de Kossovo (15 juin 1389), dans laquelle périssaient leur prince Lazar et le sultan vainqueur. La résistance paraissait brisée. Bajazet (1389-1403), le fils de Mourad, soumit la Bosnie, la Valachie, la Bulgarie, la Macédoine et la Thessalie. Jusqu'au Danube, la Péninsule des Balkans presque tout entière n'était plus qu'une annexe du monde musulman. La croix ne s'y élevait plus que sur les coupoles de Constantinople et de Salonique, dans les montagnes de l'Albanie. Les frontières de la Hongrie, et avec elles celles de l'Église latine, étaient menacées. Les appels désespérés des Paléologues furent enfin entendus. Boniface Ier prêcha la Croisade. Sigismond de Luxembourg appela aux armes les Hongrois et les Allemands. En France, le duc de Bourgogne, Philippe le Hardi, autant sans doute pour rehausser le prestige de sa maison que par esprit chrétien, envoya son fils Jean (sans Peur) à la tête d'une brillante chevalerie combattre l'infidèle. Tous ces efforts vinrent échouer à Nicopolis devant la tactique inconnue et l'élan des Turcs (12 septembre 1396). L'heure suprême semblait près de sonner pour Constantinople. Elle ne fut retardée d'une cinquantaine d'années que par l'imprévu d'une nouvelle invasion mongole.

Une fois de plus, et heureusement la dernière après Attila et Genghiakhan, un barbare de génie, Tamerlan, venait de déchaîner un torrent de hordes jaunes. Ses conquêtes avaient été aussi foudroyantes que celles des épouvantables destructeurs dont il était digne de rappeler le souvenir. Il s'était étendu jusqu'à la Volga, avait soumis par la terreur la Perse, l'Arménie et enfin ce berceau de tant de civilisations successives, la Mésopotamie, qui ne s'est pas relevée depuis lors de la dévastation qu'il y porta. L'Empire turc était menacé. Bajazet venait d'entreprendre le siège de Constantinople ; il le leva pour courir à la défense de l'Asie Mineure. Les deux barbares se rencontrèrent en 1402 à Angora, et celui contre lequel n'avait pu tenir les Européens fut vaincu par les Mongols (20 juillet 1402). Mais la puissance de Tamerlan fut aussi courte qu'elle avait été soudaine. Lui mort (1405), les peuples courbés sous le joug se relevèrent au milieu des ruines amoncelées. Soliman, le fils de Bajazet (1402-1410), put réorganiser les débris de la Turquie d'Asie. C'eut été le moment pour les chrétiens de prendre l'offensive. Mais l'empereur Manuel se contenta d'un traité qui lui rendait Salonique avec quelques îles et stipulait le mariage d'une de ses nièces avec le sultan. Le tribut exigé des Grecs et des Serbes était aboli. On se plut à croire que le péril avait disparu, comme si une défaite pouvait jamais chez un peuple barbare avoir des conséquences plus longues que le temps nécessaire pour remplacer par des guerriers nouveaux les guerriers tombés sur le champ de bataille. Il n'y aurait eu qu'un moyen d'arrêter les Turcs, c'eût été de les gagner à la civilisation occidentale et l'islamisme qu'ils professaient empêchait de pouvoir même y songer. Aussi, la catastrophe un moment écartée ne tarda-t-elle pas à se faire plus menaçante que jamais. Mourad II (1421-1451) reparut devant les murs de Constantinople, reprit Salonique, et malgré l'héroïsme de Georges Castriotis (Scanderberg) en Albanie, de Jean Hunyade sur les frontières hongroises, la domination turque, après la bataille de Varna (1444) fut rétablie dans toute la Péninsule des Balkans.

Cette fois, le sort de Constantinople était inévitable. Quel secours attendre de l'Europe où la France et l'Angleterre étaient épuisées par la Guerre de cent ans, l'Allemagne troublée par le hussitisme, l'Église en proie aux disputes du pape et des conciles ? L'union de l'Église grecque à l'Église latine, que l'empereur Manuel laissa proclamer par Eugène VI en 1439, attira à peine l'attention de l'Occident et n'eut d'autre résultat que d'exaspérer la populace byzantine et le clergé orthodoxe, résolus à être turcs plutôt que papistes. Dans les Pays-Bas, le duc Philippe le Bon parlait bien de Croisade, mais ne partait pas et quand même il fût parti !... Pour sauver Constantinople, ce n'était pas une expédition militaire, si puissante qu'elle fût, qui eût pu amener quelque résultat. En présence d'un ennemi comme le Turc, toujours capable d'amener d'Asie des réserves nouvelles et d'entretenir à peu de frais la guerre au moyen des masses robustes de toute une nation guerrière, ce qu'il eût fallu, c'eût été le long du Bosphore, dans les îles et sur le Danube, une puissante et permanente base militaire. Quel État dans les conditions politiques et économiques de ce temps, eût été capable de l'organiser, d'en supporter les dépenses et d'en assurer l'entretien ? Tout grossiers qu'ils fussent, les Turcs étaient au moins, en art militaire, les égaux des Occidentaux. Ils avaient des vaisseaux de guerre, de l'artillerie, une cavalerie incomparable, la fougue brutale et le fanatisme héroïque des primitifs. D'ailleurs, les États les plus intéressés à les combattre, quand même ils eussent été plus puissants, ou ne le voulaient pas, ou ne le pouvaient pas. Les Vénitiens ne songeaient qu'à la sauvegarde de leurs comptoirs. L'Allemagne morcelée était incapable de tout effort. Elle abandonna les Hongrois à eux-mêmes, et que pouvaient-ils sinon se borner à défendre leurs frontières ? Quant aux Serbes et aux Bulgares, ils étaient épuisés. Lorsque Mahomet II mit en 1452 le siège devant Constantinople, personne ne vint au secours de la ville. Sa chute était fatale. Et il ne faut pas reprocher à l'Europe de ne s'y être pas intéressée. L'effort qu'elle eût dû faire était trop grand. Elle le sentait bien. Du moment que l'Empire byzantin n'avait pu défendre l'Asie Mineure contre les Turcs, Constantinople était perdue. Qu'on ne s'étonne donc pas que les Occidentaux n'aient pas écouté Aeneas Sylvius (Pie II) et Nicolas V. Ils savaient bien qu'il fallait se résigner à l'inévitable. Du moins l'honneur fut-il sauf. Constantin XI termina dignement la longue série des empereurs qui se rattachaient directement aux empereurs romains dont ils continuaient à porter le titre. Au jour de l'assaut, le 29 mai 1453, il périt en combattant. Le lendemain, au milieu du pillage et du massacre, le vainqueur entrait dans la basilique de Sainte-Sophie et la transformait en mosquée, hommage inconscient d'un barbare à la civilisation supérieure dont il venait de triompher.

LA RENAISSANCE ET LA RÉFORME

La période qui s'écoule du commencement du xive siècle jusque vers le milieu du xive a fourni le spectacle d'une société agitée et tourmentée, se débattant contre la tradition qui l'oppresse et qu'elle ne parvient pas à secouer. La digue que le passé oppose à la poussée de l'avenir résiste ; elle paraît solide encore et pourtant, minée par des affouillements invisibles, tout à coup elle cède et les forces qu'elle retenait s'épanchent largement et donnent au paysage historique un aspect tout nouveau.

Jusqu'à la Renaissance l'histoire intellectuelle de l'Europe n'est qu'un chapitre de l'histoire de l'Église. Il y a si peu de pensée laïque que même ceux qui luttent contre l'Église sont entièrement dominés par elle et ne songent qu'à la transformer. Ce ne sont pas des penseurs libres, mais des hérétiques. Avec la Renaissance, la maîtrise de l'Église sur la pensée est mise en question. Le clerc perd le monopole de la science. La vie spirituelle à son tour se laïcise ; la philosophie cesse d'être la servante de la théologie, et l'art comme la littérature s'émancipent de la tutelle séculaire qui s'impose à eux depuis le viiie siècle. A l'idéal ascétique se substitue un idéal purement humain et cet idéal, on en trouve la plus haute expression dans l'Antiquité. L'humaniste prend la place du clerc comme la vertu (*virtus*) celle de la piété. Sans doute, si l'on peut dire avec assez d'exactitude que la Renaissance substitue l'homme au chrétien, elle n'est pas anti-religieuse. N'a-t-elle pas compté plusieurs papes parmi ses promoteurs les plus enthousiastes ? Mais il est très vrai de dire qu'elle est anti-cléricale. Non seulement pour les humanistes italiens, mais pour des chrétiens aussi convaincus qu'un Érasme ou un Thomas Morus, la prétention des théologiens de régenter la science, les lettres et même la morale, est aussi ridicule que malfaisante. Ils rêvent de concilier la religion avec le monde. Ils sont tolérants, peu dogmatiques, très hostiles au travail séculaire que la scolastique a superposé à la Bible. Ce qui les intéresse avant tout, ce sont les questions morales. Leur programme, que l'on trouve dans le *Miles Christianus* et dans l'*Utopie*, est celui d'un christianisme large, rationnel, tout à fait dépouillé de mysticisme et laissant subsister l'Église, non plus comme la fiancée de Jésus-Christ et la source de salut des âmes, mais comme une institution de moralisation et d'éducation dans le sens le plus élevé du mot. Ils sentent bien que pour l'amener à ce point, il faut la réformer. Mais ils sont optimistes et ils espèrent la pousser doucement à s'engager dans la voie nouvelle.

On peut donc dire que la Renaissance s'est posée à sa manière le problème religieux. Mais elle n'a fait qu'esquisser la solution modérée, prudente et aristocratique qu'elle lui préparait. La Réforme s'est jetée à la traverse avec la fougue, la violence, l'intolérance, mais aussi avec la foi profonde et le besoin passionné d'arriver à Dieu et au salut, qui devaient lui conquérir et lui subjuguer les âmes. Entre elle et la Renaissance, rien de commun. Elle en est, à proprement parler, l'opposé. Elle remet le chrétien à la place de l'homme, elle raille et humilie la raison, même quand elle rejette et condamne le dogmatisme ; Luther est beaucoup plus apparenté aux mystiques du Moyen Age qu'aux humanistes, ses contemporains. Il a même fait horreur à la plupart d'entre eux. Érasme et Morus se sont bientôt écartés, de ce révolutionnaire dont la brutalité et le radicalisme inquiétaient autant leur intelligent opportunisme qu'ils froissaient leurs goûts d'élégance et de pondération. Ils ont deviné la tragédie qui allait s'ouvrir, en ont frémi d'avance et ont compris que c'en était fait de leurs espoirs de conciliation.

Le luthéranisme ne déchaîne pas pourtant la catastrophe des guerres de religion. Après une première effervescence populaire caractérisée par le soulèvement des paysans allemands et l'insurrection des Anabaptistes, il se soumet docilement à la direction des princes. Il abandonne l'Église au pouvoir laïque si bien que, quand Charles-Quint se décide à agir contre lui, ce sont des princes qu'il doit combattre et que la lutte qui s'engage est beaucoup plus politique encore que religieuse. Quant à Rome, surprise des succès d'un événement dans lequel elle n'avait vu d'abord qu'une querelle de moines, tout occupée des intérêts temporels, ayant laissé la ferveur s'attiédir au sein des masses catholiques, elle ne peut opposer tout d'abord au flot montant de l'hérésie que d'impuissants ana-thèmes. Les royaumes du nord adoptent la confession nouvelle. Henri VIII fonde en Angleterre une Église d'État mi-schismatique mi-hérétique, qui est surtout l'Église nationale à laquelle déjà aspiraient les partisans de Wycliff. Tout cela s'opère sans grand trouble ; quelques bannissements, quelques supplices, mais pas de citoyens armés les uns contre les autres, beaucoup moins de sang versé, incomparablement moins que n'en ont fait couler la guerre des Albigeois et l'Inquisition.

Mais Calvin paraît et, avec lui, le cours jusqu'alors assez paisible que la Réforme a suivi sous la direction de l'État, se modifie brusquement. Une religion austère, exclusive, intolérante, prétend s'imposer aux gouvernements et les soumettre, fût-ce par la révolte, à la parole de Dieu. Le calvinisme ne se contente plus de l'existence nationale qui a suffi jusqu'alors au protestantisme. Sa propagande aspire à lui conquérir le monde. La foi qu'il inspire aux « élus » les pousse à l'action politique et avec lui s'ouvre l'époque tragique des guerres de religion.

Le succès de la Renaissance comme celui de la Réforme ont eu pour condition indispensable cet affaissement de l'Église catholique que nous avons vu s'accentuer sans cesse depuis le commencement du xive siècle. Lui seul a rendu possible l'affranchissement de la pensée et le renouvellement de la foi. La société européenne était trop vigoureuse pour ne pas faire sauter les liens qui la rattachaient encore au passé. Et ce n'est pas seulement dans le domaine de la foi et de la pensée que, depuis le milieu du xve siècle, se manifeste un mouvement de renouveau. On le constate partout. En même temps que les penseurs secouent le joug de la scolastique et les artistes celui du style gothique, on voit les industriels, les capitalistes, les politiques protester à leur tour et s'insurger contre le régime restrictif des corporations de métiers, les limitations économiques, les traditions et les préjugés qui grèvent la libre expansion de leur activité. Tout se transforme à la fois, le monde intellectuel comme le monde économique ; le capitalisme moderne naît à peu près en même temps que paraissent les premiers travaux scientifiques et collabore avec eux à la découverte des Indes orientales et de l'Amérique. La constitution des États subit de son côté l'influence des idées, des besoins, des appétits, des ambitions qui travaillent le corps social. A vrai dire, c'est trop peu de limiter le sens du mot « Renaissance » à l'orientation nouvelle de la pensée et de l'art ; il faut l'étendre à tout le champ de l'activité humaine, telle qu'elle se révèle dans ses manifestations les plus diverses depuis le milieu du xve siècle. Si l'on pense en même temps que cette vie exubérante s'épanche dans une Europe où vient de se former un État nouveau, la Bourgogne, où l'Espagne vient de monter au rang de « grande puissance » et où l'arrivée des Turcs pose en Orient des problèmes redoutables, on appréciera dans toute sa grandeur et son passionnant intérêt le spectacle que fournit l'histoire au moment où, vers 1450, elle se précipite et fait encore ressortir, par la vigueur de sa décision et la netteté de son élan, la confusion et les tâtonnements douloureux de la période précédente.

1

TRANSFORMATION DE LA VIE SOCIALE DEPUIS LE MILIEU DU XVE SIÈCLE

I. — L'Italie et son influence

La Renaissance, dans le sens le plus général de ce mot, ne paraît pas être un phénomène plus spécifiquement italien que ne l'a été, à la fin du xie siècle, l'expansion de la vie urbaine. Ni l'une ni l'autre n'auraient pu se répandre si rapidement si les conditions favorables à leur succès n'avaient existé au nord des Alpes. Mais il est vrai que ces conditions, pour l'une comme pour l'autre, ont été en Italie plus hâtives et plus favorables que partout ailleurs. De même que Florence l'a emporté sur toutes les villes du Moyen Age, de même aussi la Renaissance italienne témoigne d'une variété, d'une originalité, d'une vigueur qui n'a été atteinte nulle part et à qui elle doit l'influence étonnante qu'elle a exercée.

C'est que les autorités traditionnelles qui s'imposaient à la vie sociale comme à la vie intellectuelle s'affaiblissent ou disparaissent en Italie beaucoup plus tôt que dans le reste de l'Europe. Et cela est, en grande partie, une conséquence du développement extraordinaire de la vie urbaine. Tout d'abord, la noblesse habitant les villes, y est entraînée dans les conflits incessants de la bourgeoisie, mais aussi prend insensiblement l'habitude de s'intéresser au commerce, si bien que peu à peu la distinction si nette qui sépare ailleurs le noble du non-noble s'efface et rapproche dans une communauté de mœurs et d'intérêts, indépendamment de la naissance, les descendants des chevaliers et ceux des marchands arrivés à la fortune. La condition sociale l'emporte sur la condition juridique ; ajoutons à cela que la noblesse italienne, au cours du xive siècle, se détourne de la profession des armes, perdant ainsi la raison d'être de sa constitution en classe distincte et privilégiée. La guerre devient une profession abandonnée à des entrepreneurs spéciaux, les *condottiere*, gens de toute origine, parvenus heureux pour la plupart, et chez lesquels rien ne rappelle l'ancienne fidélité féodale. Et pendant que le noble se dépouille de ses caractères spécifiques de classe, une transformation analogue s'accomplit au sein de la bourgeoisie riche. Les progrès de l'organisation économique, le développement des sociétés commerciales, le perfectionnement des instruments de crédit ont pour résultat tout d'abord d'exiger du banquier ou de l'homme d'affaires une formation intellectuelle qui ne se rencontre pas au même point chez les marchands du nord, et ensuite de l'asservir beaucoup moins que ceux-ci à son genre de vie. Tout en dirigeant son commerce, il se réserve des loisirs, peut se livrer à des distractions intellectuelles, embellir sa demeure d'œuvres d'art et s'imprégner d'une élégance qui le font contraster singulièrement avec les « patriciens » de l'Allemagne, de la Flandre ou de la France. Dès lors, alimentée à la fois par la noblesse et la bourgeoisie, il se constitue entre tous ceux que rapproche leur genre de vie, leur instruction, leurs goûts et leurs plaisirs, une espèce d'aristocratie mondaine qui n'a d'analogue dans aucun pays. L'ancienne société se désagrège. Il se forme des groupements nouveaux, non plus déterminés par la convention et le préjugé, mais s'opérant librement en vertu des affinités et, disons le mot, dans lesquels l'esprit de classe cède à l'esprit d'humanité.

Le développement du capitalisme entraîne d'autres conséquences encore[1]. Il faut noter, comme un phénomène tout à fait extraordinaire la principauté effective que les Médicis exercent à Florence, et qui n'a d'autre origine que leur fortune.

Florence présente tous les genres de problèmes politiques et sociaux, tous les contrastes de fortune, et se prête à toutes les combinaisons de l'esprit politique qu'elle éveille. C'est la seule ville européenne que l'on puisse comparer à Athènes, et elle est comme elle, dans toute la force du terme, un État ayant autant de questions à régler au dehors qu'au dedans. Rien d'étonnant si les premiers théoriciens politiques dignes de ce nom, Machiavel (1469-1527) et Guichardin (1483-1540), sont nés sur ce sol si fécond. Avec eux, plus rien de doctrinal n'influence le jugement politique. Ils sont aussi indépendants des conceptions théologiques que des constructions juridiques qui ont jusqu'alors pesé sur l'appréciation de la politique. La vie urbaine déborde des cadres étroits du Moyen Age et devient vie civique[2].

Le spectacle des autres villes italiennes montre aussi complètement la rupture de la tradition en politique. Là, à la suite des rivalités intestines, on a fini par s'en remettre à des tyrans, tous parvenus, et qui exercent, sans aucun titre légitime, s'appuyant seulement sur la force, un gouvernement contre lequel il n'y a guère d'autre recours que l'assassinat. Aeneas Sylvius (qui fut pape sous le nom de Pie II) dit : « Dans notre Italie, amoureuse du changement, où rien ne dure et où n'existe aucune seigneurie ancienne, des valets peuvent facilement aspirer à devenir rois. » Ces tyrans, qui se font donner par les empereurs des titres que rien ne légitimait, tels les Visconti à Milan, établissent un pouvoir monarchique qui n'a rien de commun avec celui des rois ou même des princes ultramontains. On ne pourrait concevoir une Jeanne d'Arc en Italie ! A sa place, les souverains se servent de gens dont ils ne sont jamais sûrs et qu'il est bon de faire disparaître dès qu'ils deviennent puissants. Leur principe est la raison d'État. Ils sont en dehors de toute tradition, ne sont liés par rien, ni suzeraineté, ni chartes jurées, ni coutumes, ni privilèges quelconques, et moins encore par une pensée soit religieuse, soit juridique. Comme les anciens empereurs romains, ils peuvent tout se permettre. Il y a parmi eux des monstres comme Jean Marie Visconti (1412) qui nourrissait ses chiens de chair humaine, ou comme Jean Galeas Sforza que Cominnes décrit : « bâtisseur de la Chartreuse de Pavie, grand et mauvais tyran, mais honorable. (livre VII, chap. 7) »

L'absence d'unité politique de l'Italie que Machiavel regrette si fort, a été sans doute la condition de sa rupture avec le passé. N'ayant pas été enserrée dans un État unique, l'Italie a pu être alors vis-à-vis du reste de l'Europe un peu ce que la Grèce a été jadis pour Rome. Qu'on suppose la politique de Frédéric II ayant réussi à unifier l'Italie, et Florence était impossible[3].

Avec l'ébranlement des traditions sociales et politiques, va de pair la dissolution des mœurs et de la morale. Tout entière dominée par l'Église, la morale du Moyen Age avait été essentiellement ascétique. La perfection, elle la plaçait dans le renoncement. Elle faisait de la vie laïque quelque chose de secondaire, d'inférieur ; son idéal était le moine, et les laïques eux-mêmes l'admettaient. De là l'expansion extraordinaire des fondations pieuses, ces monastères, ces couvents, ces hôpitaux, élevés à l'envi par les princes, par la noblesse, par la bourgeoisie. Ceux qui ne vivent pas dans les cloîtres, veulent racheter leur infériorité en fondant des cloîtres, et assurer leur salut en s'attirant une partie de leurs mérites. De là aussi la vénération dont jouit, non pas le prêtre séculier, mais le clergé monastique ; ces princes se faisant ensevelir dans un froc de frère mineur, ces marchands et ces banquiers ordonnant à leurs exécuteurs testamentaires de restituer leurs biens mal acquis. Que de consciences bourrelées parmi eux, au dernier moment ! Car, à vrai dire, dans la rigueur de la règle théologique, tout profit commercial, toute spéculation heureuse, tout marché à terme est condamnable comme découlant du péché d'avarice ; la doctrine du juste prix limite le gain au minimum nécessaire à l'entretien du vendeur et de sa famille. Il faut lire des recueils comme ceux de Césaire de Heisterbach (1180-1240) ou de Thomas de Cantimpré (1201-1263), pour se faire une idée exacte de la mentalité précise du xiiie siècle à l'égard du commerce. Elle ne se représente guère le coffre-fort du marchand sans imaginer le diable accroupi sur le couvercle. Dès le début et jusqu'au bout, l'Église n'a cessé d'amplifier ce texte de Saint Jérôme : *Homo mercator vix aut nunquam potest Deo placere.*

L'ascétisme se rattache si intimement à la conception pessimiste de la vie qui est à la base du christianisme médiéval, qu'il est impossible de l'en séparer. Il lui arrive de reprendre son empire sous le choc d'une puissante excitation morale, ce qui explique le succès prodigieux de Savonarole dans la Florence si riche, si luxueuse, si libertine de la fin du xve siècle, et les *autodafe* de bijoux, de parures, d'instruments de musique, de livres et d'œuvres d'art, misérables vanités mondaines, que provoquèrent ses sermons. Mais ce n'est là qu'une flamme momentanée, arrachée à un foyer qui s'éteint sous ses cendres. La vie est désormais trop prenante, trop absorbante, trop passionnante pour que les esprits, même les plus nobles, puissent se sentir à l'aise dans une conception qui la condamne. Pour les autres, ils s'y abandonnent et cela d'autant plus facilement que le clergé, dans sa plus grande partie, leur en donne l'exemple. Car lui-même se laisse entraîner par le courant. La cour pontificale affiche le luxe le plus éclatant et rien n'est moins édifiant que la conduite des prêtres séculiers. Les moines eux-mêmes, dans l'Église tourmentée et ébranlée du xve siècle, les moines surtout peut-être, contribuent à l'attiédissement de la foi. Non sans doute que leurs mœurs justifient les attaques, les sarcasmes, le mépris que la littérature se met si largement à déverser sur eux. Les cloîtres restent encore l'asile de quantité d'âmes hautes et pures. Mais, dans l'ensemble, ils ne répondent plus à leur mission parce qu'ils ne sont plus adaptés aux besoins et aux exigences du moment. La formation scolastique et mystique des moines les rend trop étrangers aux idées régnantes pour qu'ils puissent encore agir sur elles. L'aristocratie lettrée les considère comme les représentants d'une époque dépassée ; ils lui font pitié, et entre la pitié et le dédain, la distance est bientôt franchie. Eux-mêmes le sentent et se résignent à n'exercer plus qu'un apostolat populaire qui les dégrade parce qu'il n'est pas volontairement consenti. Leur recrutement d'ailleurs ne se fait plus qu'au sein du peuple et de la petite bourgeoisie, et il est certain que quantité de leurs nouveaux confrères ne le sont devenus que pour mener une vie assurée à l'abri de la règle conventuelle. C'en est donc fait du prestige exercé si longtemps par les Franciscains et les Dominicains.

Les laïcs instruits n'en parlent plus que sur le ton du persiflage et les pieux récits que l'on se transmettait jadis à leur propos ont fait place à des histoires salées incessamment renouvelées par la chronique scandaleuse. Il faudra attendre, pour que les moines reprennent leur action sur le monde, qu'un nouvel ordre apparaisse, celui des Jésuites, chez lequel l'ascétisme s'emparera, pour en combattre les effets, de la culture moderne de l'esprit. Il ne faudrait pas croire d'ailleurs que les hommes du xve siècle aient perdu le sentiment de la sainteté. Loin de là. Il suffit pour le prouver de citer leur vénération pour les Chartreux. Un tyran tel que Jean Galeas Sforza n'a-t-il pas entouré la Chartreuse de Pavie du plus magnifique cadre architectural comme on sertit d'orfèvrerie une relique vénérée ? Mais les Chartreux sont de purs contemplatifs ne se mêlant pas à la vie, abandonnant à elle-même la société qui les admire et sur laquelle ils n'espèrent pas agir autrement que par la prière.

Si la Renaissance s'est affranchie de la morale ascétique du Moyen Age, elle ne l'a remplacée par aucune autre. Les âmes les plus hautes et les plus fortes se sont imposées un idéal de vertu et d'honneur ; la gloire a été pour d'autres le mobile dominant, mais le plus grand nombre ne paraît avoir obéi à d'autres règles qu'à celles de l'intérêt personnel ou s'est laissé conduire par ses penchants ou ses passions. Le relâchement des liens conjugaux, la fréquence des assassinats, des empoisonnements, des perfidies de tout genre et a tous les degrés de l'échelle sociale, attestent une crise morale incontestable. Et pourtant, on voit poindre, au milieu de ce désordre, le sentiment de la liberté individuelle, celui de la dignité de l'homme, de la beauté de l'énergie et de la responsabilité de chacun devant sa propre conscience. Est-ce aller trop loin que de faire honneur à la Renaissance d'avoir pressenti que la morale ne peut uniquement consister en un code de préceptes et que, pour être complète, il lui faut la libre adhésion de la personnalité ? C'est là une conception aristocratique sans doute, en ce sens du moins qu'il est donné à peu de gens d'y arriver. Mais l'œuvre tout entière de la Renaissance n'est-elle pas aristocratique ? N'est-ce pas par la formation d'une élite intellectuelle qu'elle se caractérise surtout et qu'elle s'oppose si complètement au Moyen Age avec sa caste sacerdotale possédant le monopole de l'instruction et de la science ? Et n'est-ce pas à cette élite intellectuelle qu'elle doit son trait le plus frappant et qui, en Italie surtout, achève de lui donner sa physionomie propre, le retour à l'Antiquité ?

On sait que, dans son acception première, le mot lui-même de Renaissance ne signifie pas autre chose que Renaissance de l'Antiquité. Il est certain pourtant qu'à l'employer dans ce sens, on en restreint singulièrement la portée. Le changement des idées, des mœurs et de la morale au xve siècle n'a pas été la conséquence, on vient de le voir, de la culture des auteurs classiques. Il découle naturellement de la vie sociale de l'Italie. Si la littérature antique avait eu la force de la provoquer, la Renaissance se serait produite dès le règne de Charlemagne. Car enfin, la plupart des écrivains latins étaient connus et étudiés dès cette époque, jusque vers la fin du xiie siècle ils n'ont cessé d'être recopiés et leur influence se décèle facilement dans le style de quantité de chroniqueurs. Virgile surtout était tenu en singulier honneur par les clercs du Moyen Age et si grand était le respect dont il jouissait qu'on le considérait comme un précurseur du christianisme. Dante se fait accompagner par lui dans l'autre monde, et l'hommage qu'il lui rend dans la *Divine Comédie* — *tu duca, tu signore e tu maestro* — est plus enthousiaste, plus sincère et plus éloquent que tous les panégyriques des humanistes en l'honneur du poète de Mantoue. Pourtant, entre l'*Eneide* et la *Divine Comédie*, il y a un abîme. Dante n'a pas compris Virgile, et il ne pouvait pas le comprendre. Il était pour cela trop hautement, trop profondément chrétien et mystique. De l'Antiquité, ce que le Moyen Age a pu sentir et goûter, ce sont quelques sentences, quelques histoires, quelques « moralités » prises dans un sens symbolique, ce n'en a été ni la forme, ni l'esprit. Et ce qui est vrai de la littérature l'est davantage encore de l'art. Les maîtres inconnus qui ont élevé les cathédrales romanes et les cathédrales gothiques avaient encore sous les yeux quantité de monuments antiques et ils ont vécu au milieu d'eux sans les voir. Leur conception du beau était exclusive, comme l'est celle de toutes les écoles puissantes et sincères. Il n'y a eu d'égale à leur incompréhension de l'art classique que l'incompréhension dont l'art du Moyen Age devait lui-même devenir l'objet après le triomphe de la Renaissance. En réalité, il en est un peu de l'influence exercée par l'Antiquité sur la Renaissance comme de l'influence exercée par le Moyen Age sur le Romantisme. Sans une orientation préalable des esprits et des sentiments, ni la première à la fin du xive siècle, ni le second au commencement du xixe, n'auraient suscité des adeptes si nombreux et si fervents. Pendant longtemps on avait regardé leurs œuvres sans les voir, on avait lu leurs livres sans les comprendre. Ce ne sont donc ni ces œuvres, ni ces livres qui se sont imposés par eux-mêmes. On est venu à eux, on les a admirés, on les a compris ou cru les comprendre quand est tombé le bandeau qu'on avait sur les yeux et que l'autorité qui dominait les intelligences a cessé de s'imposer à elles. De même que sans l'abandon de l'idéal classique rationaliste et cosmopolite du xvie siècle le Moyen Age n'aurait pas enthousiasmé les romantiques, de même sans l'affranchissement de la tradition théologique et ecclésiastique, les hommes de la Renaissance n'auraient pas trouvé dans l'Antiquité une source nouvelle de science et de beauté.

D'ailleurs, il faut reconnaître tout de suite que l'influence de l'Antiquité a été incomparablement plus profonde et plus féconde à l'époque de la Renaissance que celle du Moyen Age à l'époque du Romantisme. Le Moyen Age, en effet, n'apportait aux romantiques que du pittoresque et de la couleur locale. L'Antiquité offrait au contraire à la pensée laïque, au moment où elle s'éveillait, un trésor de science et d'humanité paré de tous les prestiges de la forme. Au moment même où l'Église ne suffisait plus aux besoins de l'esprit, il se trouva, par un bonheur extraordinaire, qu'un art et une littérature incomparables se présentaient pour les satisfaire. On sortait de la cathédrale et, en face, tout grand ouvert se trouvait le temple antique.

Rien d'étonnant si le culte de l'Antiquité a débuté par l'Italie. Il n'y avait jamais cessé tout à fait. Le souvenir de Rome restait vivant. Voyez déjà Arnaud de Brescia. Pétrarque considère les autres peuples comme des barbares. Dès que les yeux s'ouvrent et remarquent la beauté antique, on croit retrouver un lien de famille. L'art du Moyen Age est taxé de *gotico*. Le grec arrive de Byzance.

Il ne peut être question ici d'esquisser même à traits rapides la physionomie de l'humanisme italien du xve siècle. En dépit de ses exubérances et de ses outrecuidances, il n'en a pas moins agi de la manière la plus durable sur la pensée moderne. Tout d'abord, il a fait du latin, non plus du latin scolastique des universités et des juristes, langue d'école et d'affaires sacrifiant entièrement la forme à la clarté, mais du latin classique, correct et élégant, la langue internationale de tous les gens instruits jusqu'à nos jours. Il a créé ainsi à l'usage des laïcs une culture uniforme, assez semblable, par l'extérieur, à celle dont le clergé avait jusqu'alors conservé le monopole. Ce faisant, il a achevé la constitution de cette aristocratie intellectuelle que l'évolution sociale suscitait au sein de la nation. Mais il a fait plus encore et a aristocratisé en même temps le développement de toutes les littératures modernes. Les écrivains, formés par l'étude des classiques ont transporté aux langues nationales l'idéal de beauté qu'ils y avaient découvert. Écrire est devenu un art, un art qui, s'il s'inspire de l'Antiquité, ne s'y asservit pas et garde vis-à-vis d'elle la même liberté dont la sculpture et l'architecture de la Renaissance témoignent de leur côté à l'égard de leurs modèles grecs et romains. On s'assimile les formes et les pensées antiques sans se laisser dominer par elles. Les esprits sont assez affranchis pour conserver leur indépendance et ne point abdiquer leur personnalité et leur originalité. On imite, ou si l'on veut même, on pastiche les anciens lorsqu'on écrit en latin. Mais dès qu'on passe à la langue nationale, on cherche à rivaliser avec eux, librement, et l'imitation fait place à l'émulation. L'admiration de l'Antique et ses leçons n'ont servi qu'à susciter et à affiner sans l'étouffer le génie créateur. Cela est vrai d'un Donatello, d'un Andrea del Sarto, d'un Bramante, d'un Rafaël, comme d'un Arioste, d'un Tasse, d'un Guichardin ou d'un Machiavel.

Ces deux derniers noms rappellent combien, en même temps qu'elle s'élève en beauté, la littérature nationale s'étend et s'approfondit par la pensée. Sans doute, le latin restera longtemps encore la langue de la science. Mais il n'en a plus le monopole. Les langues modernes sont maintenant assez souples et assez riches pour se prêter à l'expression des idées les plus hautes, et celui qui s'en sert est sûr de trouver des lecteurs dans cette aristocratie intellectuelle chez laquelle s'est éveillé le besoin de penser. La curiosité est universelle. De la philosophie antique, on ne connaissait guère qu'Aristote, et l'image qu'en avaient fait les scolastiques l'a discrédité. On ne s'en porte qu'avec plus d'enthousiasme vers le Platonisme. La littérature grecque, que dès avant la prise de Constantinople par les Turcs, des réfugiés byzantins sont venus révéler à l'Italie, ouvre à l'esprit des horizons nouveaux. Déjà même, quelques précurseurs rêvent d'aller plus loin encore et abordent le domaine des études hébraïques et de la philologie orientale. Enfin, les sciences exactes commencent leur glorieuse carrière. La physique, l'astronomie, les mathématiques fleurissent dans ce printemps de la pensée moderne qui donne à l'Italie du xve siècle son charme incomparable. Il ne faut pas oublier que Copernic a étudié à Padoue et à Bologne, et que les travaux scientifiques de Toscanelli et de Luca Paccioli ont largement contribué à la découverte du Nouveau Monde.

II. — La Renaissance dans le reste de l'Europe

La Renaissance du nord est bien loin de n'être qu'une simple imitation de l'Italie. Si elle n'avait été que cela, elle serait un phénomène assez superficiel et sans très grande portée. Non. L'essentiel est qu'au moment où elle reçoit la Renaissance italienne, elle est, tout à fait indépendamment de l'Italie, dans une crise de transformation sociale et économique. Le milieu du xve siècle ouvre pour elle une époque de renouveau, un travail profond qui, sans la remanier aussi violemment dans sa constitution intime que l'a fait au xiie siècle le réveil du commerce et que devait le faire au xixe siècle la force de la vapeur, l'a cependant ébranlée tout entière et lui a donné la forme qu'elle devait conserver à peu près jusqu'à la fin de l'Ancien Régime. C'est ce sourd travail de 1450 à 1550 environ qu'il faut bien saisir pour comprendre et la Renaissance et la Réforme. Non point du tout qu'il en soit la cause, mais parce qu'il explique la manière dont elles ont agi, la force qu'elles ont mise en mouvement pour la résistance comme pour l'attaque.

La grande nouveauté qui apparaît alors, c'est le capitalisme. Ce n'est pas à vrai dire qu'il apparaisse pour la première fois. Il avait déjà pris des développements considérables au xiie et au xiiie siècles et le patriciat urbain est l'héritier des marchands enrichis de cette époque. Deux causes avaient arrêté cette première expansion. D'abord la concurrence irrésistible des capitaux italiens qui, dès le xiie siècle finissant, s'empare partout du commerce de l'argent. En second lieu, la réglementation des métiers en faveur de la petite bourgeoisie. A la libre expansion économique avait succédé — nous aurons l'occasion de le constater plus loin encore — une époque de réglementation.

Depuis lors, le capitalisme, au nord des Alpes, s'il n'a pas disparu tout à fait, est gêné, surveillé, ligotté. Il ne peut plus agir qu'en tournant les règlements et d'ailleurs il est faible, écrasé qu'il est par la concurrence italienne. Les lois ecclésiastiques et civiles sur le prêt à intérêts exercent aussi leur action. Bref, les patriciens se transforment en une classe de rentiers ne faisant plus d'affaires. On a pu prétendre que le grand marchand de profession n'avait pas existé au Moyen Age. C'est faux si l'on prend cette affirmation dans sa généralité ; c'est assez vrai si on la restreint au xive siècle. Les seuls individus qui fassent encore quelques affaires assez considérables, sont des gens intéressés dans des compagnies italiennes ou des courtiers. Un grand commerce, une grande banque n'existent pas au nord des Alpes. En Flandre même, le capital qui alimente l'industrie drapière, qui fournit la laine, est presqu'exclusivement un capital italien.

Or cette situation commence à se transformer dès la première moitié du xve siècle. Une nouvelle classe de capitalistes se manifeste un peu partout en Flandre, en France, en Angleterre, dans les villes de l'Allemagne du sud en relations avec Venise. Elle se compose d'hommes nouveaux. Elle n'est en rien la continuation du vieux patriciat. C'est un groupe d'aventuriers, de parvenus, comme tous les groupes qui entrent en scène à chaque transformation économique. Ils ne travaillent pas avec le vieux capital accumulé. Celui-ci ne vient à eux que plus tard. De même que les *mercatores* du xiie siècle, de même que les inventeurs et les industriels de la fin du xviiie et du xixe siècles, ces pionniers apportent comme simple mise du jeu de la fortune, leur énergie et leur intelligence ou leur entregent.

Ils ont une devise, l'éternelle devise des conquistadors de la richesse : liberté. C'est la liberté que leurs prédécesseurs du xiie siècle avaient réclamée contre les entraves de régime agricole et féodal qui empêchaient l'expansion du commerce. Eux, celle qu'ils réclament, c'est celle qui les affranchira de la réglementation urbaine des monopoles de métiers, des restrictions apportées à l'achat et à la vente, du contrôle des halles, de la violence des étapes, des salaires fixés par la loi, de l'apprentissage officiel, des privilèges qui, dans chaque ville, réservent le commerce aux bourgeois et réduisent l'étranger à la condition de paria. Pour eux, ils prétendent faire entrer l'industrie et le commerce dans le droit commun, les arracher à l'exclusivisme municipal, les débarrasser de ces privilèges qui étaient indispensables sans doute durant leur enfance, mais dont le poids les empêche maintenant de se développer. Ce qu'ils réclament, c'est la « naturelle liberté », la liberté tout court et non plus la liberté restrictive comprise à la bourgeoise et qui est aussi incompatible avec la liberté générale que la « liberté » de la noblesse l'était jadis avec celle des vilains. Ils veulent que les villes soient accessibles à tous, que chacun puisse participer à leur commerce, qu'elles cessent enfin de n'être des villes que « pour leurs bourgeois ». Mais ils veulent aussi pouvoir industrialiser la campagne ; puiser dans ce grand réservoir de forces de travail, occuper ces bras habitués à pousser la charrue, et par eux, grâce au bas prix des salaires, faire une concurrence d'autant plus victorieuse aux métiers des villes que, n'étant pas soumis à leurs règlements, ils pourront fabriquer à leur aise autant qu'ils voudront, employer les procédés qui leurs seront agréables ou utiles, suivre les mouvements de la mode, écouler leurs produits où il leur plaira et conclure les contrats qui leur conviendront.

Ces aventuriers, car ils le sont au même titre que les *mercatores* du xiie siècle, sont favorisés par les transformations politiques autant que par l'impuissance des villes à maintenir leurs privilèges au milieu des progrès de la civilisation. Les princes, dont les besoins d'argent croissent sans cesse avec le prix coûtant des guerres, ont besoin d'eux. Il est plus commode de se servir de ces hommes d'affaires que de parlementer pour l'impôt avec des États généraux. Jusqu'ici les hommes d'affaires auprès des cours de Philippe le Bel, d'Édouard III ont été des Italiens. Mais les nationaux commencent à les remplacer. En Autriche, les Fugger obtiennent l'exploitation des mines d'argent du Tyrol, de Bohême, de Hongrie, et préparent là, en dehors des villes, les bases de leur fortune. En France, l'histoire de Jacques Cœur (1466) est particulièrement intéressante. Parti de rien, il s'associe à un consortium, parmi lequel un marchand ruiné, pour la frappe de la monnaie que Charles VII leur donne à bail. Les profits ne manquent pas. Tous les maîtres des monnaies sont des voleurs qui croient légitimes les gains qu'ils font sur la frappe comme aujourd'hui ceux des banquiers sur les emprunts d'État. En 1432, au courant du commerce des métaux, il se met à exporter de l'argent en Orient et à en importer de l'or sur lequel il fait en France d'énormes bénéfices. On le voit dès lors constamment augmenter ses affaires. Il prend à ferme les mines de métaux de la couronne en Lyonnais et en Beaujolais, où il fait venir des mineurs allemands. Il devient « argentier », ce qui lui lui donne l'approvisionnement de la cour à laquelle il avance des sommes considérables au taux de 12 à 50 %. Cependant, il augmente constamment ses affaires, soit par lui-même, soit associé à d'autres capitalistes. On estime à 300 ses factoreries répandues de Famagouste à Bruges et en Angleterre. On l'accuse de « ruiner les marchands honnêtes » c'est-à-dire sans doute de spéculer et d'accaparer. Son existence n'a plus rien de commun avec celle de ces « marchands honnêtes » fidèles à la tradition du Moyen Age. Il se fait construire un palais à Bourges, des maisons à Paris, Tours, Montpellier. Il est annobli et conseiller du roi. On peut estimer sa fortune, au moment de sa chute en 1451, à plus de 22 millions de francs de nos jours.

Ces capitalistes nouveaux ne sont pas la conséquence d'une extension du marché car il n'est pas plus grand ni plus peuplé, mais des besoins nouveaux qui s'y manifestent par la formation d'États.

Si Cœur est une espèce de Rothschild du xve siècle, il n'est pas seul. Il n'est que le plus brillant spécimen d'un groupe d'hommes nouveaux qui commence à remplacer les Italiens comme les Rapondi qui jouent le même rôle auprès de Philippe le Bon. Les Laurin dans les Pays-Bas, un peu plus tard, s'enrichissent de même au service des princes. L'hôtel de Jean Laurin, seigneur de Watervliet à Malines est assez luxueux pour que la gouvernante Marguerite d'Autriche l'achète en 1507. En 1506, Jérôme Laurin construit dans son Philippus Polder la ville de Philippine. Lui aussi, par sa charge de trésorier est arrivé « de très grand povreté non ayant la valeur d'un denier à estre riche de 10000 marcs de rente ».

De même que l'intelligence avait, trois siècles auparavant, au milieu de la pesanteur agricole et féodale, créé les premiers capitaux de la bourgeoisie, de même ici, dans une société à cadres plus larges, elle sert d'instrument à des parvenus qui, découvrant de nouvelles issues, s'appuyant sur la faveur du prince, échappent au réseau dont les villes croient avoir emmailloté à leur profit le commerce et l'industrie. Les villes ne peuvent pas lutter à armes égales contre ces hommes nouveaux qui ont partout leurs agents, accaparent, monopolisent, et soutiennent les nouvelles forces politiques. Par leurs capitaux, de nouvelles industries s'établissent au plat pays. Nous avons déjà mentionné celle des mines. Citons encore la « nouvelle draperie » en Flandre, à Hondschoot et Armentières, auxquelles les villes opposent vainement leurs privilèges. Même phénomène en Angleterre où de nouveaux centres manufacturiers se forment. La tapisserie devient aussi une industrie rurale. Et dire industrie rurale, c'est dire industrie capitaliste. Un type tout nouveau de production apparaît. A la surveillance que les métiers faisaient peser sur les travailleurs et le débit se substitue la liberté. Le paysan transformé en tisserand contracte avec un « maître » sans que son salaire et son travail soient réglementés. Les maîtres eux-mêmes sont en rapports avec un entrepreneur en grand de qui ils reçoivent la matière première et qui écoule leurs produits au dehors. Le petit atelier subsiste, mais il se dégrade si l'on peut dire, perd son indépendance en se subordonnant à un système nouveau qui est celui de la manufacture. L'industrie urbaine, entourée comme d'un rempart de ses privilèges contre le capital, arrive à se maintenir dans le domaine de la production destinée au marché local. Ses métiers persisteront jusqu'à la fin de l'Ancien Régime. Partout ailleurs, à moins qu'il ne s'agisse de quelques industries spéciales d'art, elle est forcée d'abandonner la lutte. Tout le développement industriel nouveau depuis le xve siècle se fait contre elle et en dehors d'elle. La draperie flamande urbaine, la grande industrie d'exportation du Moyen Age, tombe en décadence depuis le milieu du xive siècle. Elle ne peut pas lutter, à cause de ses prix trop élevés et de son conservatisme, contre la concurrence que lui fait la nouvelle draperie anglaise et celle de la draperie rurale. L'industrie de la toile qui la remplacera jusqu'à l'âge des fabriques, est toute rurale.

Naturellement l'organisation du commerce a sauté comme celle de l'industrie sous la pression du capitalisme et de la liberté. Toutes les restrictions dont on l'a entourée, halles, courtiers, obligations de ne faire de transactions que par l'intermédiaire des bourgeois, ne sont plus pour le commerce que des entraves qui le gênent. L'exemple de Bruges est caractéristique. Dès le milieu du xve siècle, sa clientèle cosmopolite se met à la quitter pour se diriger vers le jeune port d'Anvers. Ici, la tradition ne pèse pas sur les affaires. Le commerce peut s'organiser du premier coup suivant l'esprit nouveau. C'est la ville qui convient à l'avenir, car on remarque bien en histoire économique qu'à des besoins nouveaux correspond un déplacement de classes sociales comme de centres des affaires. En Angleterre apparaissent les *Merchant adventurers* pendant que la marine hollandaise commence à se substituer à celle de la Hanse. Au moment où cette évolution est déjà largement dessinée, s'ouvrent des champs illimités par la découverte du Nouveau Monde. Elle a tellement modifié la surface du globe qu'elle apparaît presque comme une catastrophe planétaire. On ne peut lui comparer, comme ayant eu des résultats analogues aux siens, quoique dans des proportions beaucoup moindres, que l'expansion de l'Islam. Elle aussi avait bouleversé la surface de la terre, transformé les populations, changé les langues, acclimaté sous des cieux étrangers de nouvelles cultures ; elle avait, dans une certaine mesure, orientalisé l'Occident. Mais combien tout cela le cède en grandeur à la transformation de l'Atlantique en une mer intérieure, à la découverte du Pacifique, à l'expansion du christianisme au delà de l'Équateur, à la diffusion de l'espagnol, du portugais, bientôt du français et de l'anglais en Amérique, à la transformation de tant de peuples ou métissés ou anéantis, à l'apparition de tant de productions nouvelles changent les conditions de la vie, thé, café, tabac s'emparant de l'Europe, et à la projection sur l'Amérique du coton, de nos animaux domestiques, à ces travaux gigantesques enfin qui ouvriront des voies nouvelles à la circulation du monde, Suez, Panama. Sans doute, tout cela ne s'est pas accompli tout de suite, et surtout les immortels marins qui « ont vu sortir des flots des étoiles nouvelles » n'ont ni souhaité ni pu deviner l'avenir qu'ils ouvraient à l'Europe. Le mobile économique n'a même influé que très faiblement sur leurs desseins. L'Europe du xve siècle n'était pas surpeuplée ; elle n'avait aucun besoin de coloniser et précisément le Portugal, dont est partie l'initiation, n'éprouvait pas la moindre nécessité d'étendre son commerce. Henri le Navigateur n'a rien d'un prince mercantiliste. Ce qui le domine, c'est la curiosité scientifique et la propagation de la foi. Ce sont des aspirations purement spirituelles qui ont été le point de départ de la découverte des pays de l'or et des épices. On ne peut en rien comparer ces expéditions à celle des Phéniciens de l'Antiquité. Mais il faut reconnaître tout de suite que, sans l'état de développement qu'avait pris la navigation méditerranéenne au commencement du xve siècle, ces découvertes eussent été impossibles. Elle a fourni les bateaux et les capitaines. Comme pour les Croisades, d'ailleurs, il y avait des excitatoria, c'étaient les vieux récits sur l'Inde, les souvenirs de voyages de du Plan Carpin et de Marco-Polo, et tout ce qui se racontait dans les ports du Levant.

Ce n'est pas ici le lieu de retracer cette admirable histoire. Il suffit d'en rappeler les dates principales, la découverte des îles Madère en 1419, des Açores en 1431, puis, peu avant la mort de Henri le Navigateur (1460) qui put l'apprendre encore, celle des îles du Cap Vert et de la Côte de Sénégambie. Dès lors, les progrès s'accélèrent après les tâtonnements du début. En 1482, Diego Cam s'avance jusqu'à l'embouchure du Congo ; en 1486, Bartholomeo Diaz aboutit au Cap de Bonne Espérance et voit s'ouvrir devant lui l'Océan Indien. En 1497, Vasco de Gama s'y lançait et atteignait en 1498 Calicut. Le Cap avait justifié le nom que lui avait donné le roi Jean II. On abordait enfin à ces Indes merveilleuses ; les caravelles occidentales, après une si longue navigation sur des mers désertes le long de côtes sauvages, rencontraient les bateaux arabes, touchaient enfin cette source de richesses dont l'Europe n'avait connu jusqu'alors que l'embouchure dans le Levant.

Les Portugais avaient été les premiers pionniers des mers inconnues. Ils avaient procédé lentement, sans perdre les côtes de vue tout d'abord, puis se renseignant à mesure qu'ils avançaient, ils franchissaient le Cap, touchaient Zanzibar, et cinglaient vers l'est : en somme, leur plan consistait, à force de patience et d'énergie, à doubler, en tournant autour de l'Afrique, la Syrie et l'Égypte, derrière laquelle on savait bien que l'on devait trouver les Indes. Ils avaient pour se guider des indications suffisantes. Partant d'un ensemble de données empiriques, ils sentaient que chacun des pas faits en avant les rapprochait du but. Les Portugais n'avaient besoin pour réussir que des progrès de la technique marine, c'est-à-dire de vaisseaux assez solides, assez grands et assez bons manœuvriers pour pouvoir tenir la mer pendant plusieurs mois.

Les voyages de Christophe Colomb, au contraire, sans la science de la Renaissance, seraient inconcevables. Avec moins d'héroïque confiance dans les travaux de Toscanelli et des géographes italiens du xve siècle, comment eut-il résolu de cingler droit à travers l'Atlantique et d'arriver aux Indes en encerclant le globe dans le sillon de ses vaisseaux ? Ses projets trop hardis effrayèrent la cour de Portugal. Celle d'Espagne se laissa persuader. Le 3 août 1492, les caravelles disparaissaient derrière l'horizon ; le 12 octobre, elles abordaient aux Antilles. Il s'en fallait de la longueur de plus d'une hémisphère que l'on ne fût aux Indes ! Le monde était bien plus grand que ne l'avait supposé Toscanelli ; tous ses calculs étaient faux, mais, comme il arrive si souvent, l'erreur de la science était féconde ; elle venait de faire découvrir l'Amérique. Les voyages suivants de Colomb (1492-1502) et celui de son compatriote Sébastien Cabot, entré au service de Henri VII d'Angleterre, firent apparaître l'immensité de la découverte en aboutissant au territoire américain, ceux-là à l'Orénoque et au Panama, celui-ci au Labrador. En 1500, Cabral y était jeté par les vents sur un autre point de son immense étendue, au Brésil. Ce n'est qu'en 1513, que l'Océan Pacifique fut aperçu du haut des montagnes de l'Isthme de Panama. En 1520, Magellan doublait le Cap Horne, se lançait sur le désert de cette immensité nouvelle et découvrait les Philippines. Ses compagnons revinrent en Espagne par les îles Moluques et l'Océan Indien. Le tour du monde était accompli.

Dès les premières années du xvie siècle, les conséquences de ces merveilleuses découvertes se manifestent dans la vie économique de l'Europe. La première fut de déplacer le centre du commerce oriental des ports italiens de la Méditerranée aux côtes de l'Océan Atlantique. Les épices que les caravanes apportaient des échelles du Levant aux bateaux de Gênes et de Venise, ne purent bientôt plus soutenir la concurrence, ni pour la quantité, ni pour le prix, avec celles que les navires portugais et espagnols allaient chercher directement aux lieux de productions par delà l'Équateur.

L'Italie qui avait été jusqu'alors l'intermédiaire de l'Europe avec ces Indes si longtemps mystérieuses, vit se tarir pour longtemps la source de sa prospérité. La Méditerranée perdit, jusqu'au jour où le percement du canal de Suez (1869) devait en faire le passage vers l'Océan Indien, ce caractère de berceau du grand commerce dont elle avait joui sans interruption depuis l'aurore de la civilisation. Ce n'est pas d'ailleurs que l'Espagne et le Portugal aient occupé la place qu'elle abandonnait. Ni Cadix, ni Lisbonne ne furent les héritières de Venise et de Gênes. L'hégémonie commerciale dont elles avaient joui jusqu'alors échut en partage à Anvers.

On voit à cela deux raisons. Tout d'abord, l'importance internationale d'un port dépend à la fois de l'importation et de l'exportation. Il ne suffit pas que les navires viennent y apporter des marchandises ; il faut qu'ils puissent en prendre en échange. Venise et Gênes dans le sud, comme Bruges dans le nord, avaient durant le Moyen Age répondu à ces conditions, les premières grâce à l'industrie des villes italiennes, la seconde grâce à celles des villes des Pays-Bas. De plus leur situation géographique les mettaient en rapports avec l'Europe intérieure dont les routes se dirigeaient vers elles et y déversaient facilement les produits de l'hinterland. Ni à l'un ni à l'autre point de vue, les ports hibériques ne se trouvaient dans une situation aussi favorable. Leur position excentrique aussi bien que le peu de développement de l'industrie nationale les mettaient hors d'état d'attirer vers eux une puissante importation. Enfin, la manière dont le commerce des épices et des métaux précieux était pratiquée en Portugal et en Espagne y empêcha la naissance de puissantes maisons d'affaires. La couronne qui possédait les comptoirs et les colonies d'outre-mer en excluait les étrangers, et se réservait, à titre de monopole, la plus grande partie des arrivages. Ses agents étaient chargés de la vente mais afin de rendre celle-ci plus prompte et plus facile, on se garda d'en écarter ces mêmes étrangers auxquels on interdisait l'abord des lieux de production. Aussi, dès le début du xvie siècle, les marchands capitalistes d'Anvers entretiennent-ils à Cadix et surtout à Lisbonne des « facteurs » chargés d'acquérir les précieuses denrées. Le port de l'Escaut devient ainsi le grand entrepôt international des épices. C'est là seulement qu'elles deviennent matières de transactions commerciales et entrent dans la circulation. L'importance économique d'Anvers, on l'a vu plus haut, est antérieure à la période des découvertes. Mais l'afflux des richesses des Indes et du Nouveau Monde marque pour elle le point de départ d'une prospérité extraordinaire et qui dépasse bientôt celle de Venise à l'époque de sa plus grande splendeur. Jamais aucun port, à aucune époque, n'a joui d'une importance aussi universelle, parce qu'aucun n'a jamais été aussi ouvert à tous et, dans le sens complet du mot, aussi cosmopolite. Anvers reste fidèle à la liberté qui, au xv⁰ siècle déjà, avait fait le succès de ses foires. De toutes parts, elle attire et accueille les capitalistes auxquels elle offre, à mesure que leur nombre augmente, plus de facilités de faire fortune. Allemands, Anglais, Français, Portugais, Espagnols, Italiens, tous s'y précipitent et il n'est pas une grande maison de banque ou de commerce qui n'y soit représentée. La plus grande puissance financière du xvi⁰ siècle, celle des Fugger, a son siège à Augsburg, mais c'est sa succursale d'Anvers qui lui fait réaliser les bénéfices les plus brillants. Ce rendez-vous d'entrepreneurs, de marchands, de marins et d'aventuriers, devient le centre du monde des affaires. On ne peut imaginer de contraste plus frappant et plus complet avec l'organisation économique du Moyen Age. A Venise, les « forains » ne pouvaient acheter qu'aux Vénitiens ; à Bruges, ils devaient se servir d'un courtier appartenant à la bourgeoisie. Ici, rien de tel. Aucune surveillance, aucun contrôle : les étrangers trafiquent aussi librement entre eux qu'avec les bourgeois et les gens du pays. Dans leurs assemblées quotidiennes, l'offre et la demande se cherchent et se joignent sans intermédiaire. Les prix s'établissent, les procédés de crédit des compagnies commerciales se fondent en même temps que la spéculation commence à faire ses premières victimes. Depuis 1531, tout ce mouvement se concentre et se déploie à l'aise sous les galeries d'un bâtiment spécial construit aux frais de la ville, la Bourse, précurseur et modèle des bourses futures de Londres et d'Amsterdam.

Les grandes guerres du commencement du xvi⁰ siècle donnèrent un nouvel aliment à l'esprit capitaliste. Charles-Quint surtout, à, qui ses immenses États ne fournissaient que des ressources singulièrement disproportionnées à sa puissance, fut pour les financiers un client extraordinaire. Sans l'essor pris par le capitalisme, on peut affirmer que son règne, qui a mis en mouvement tant d'armées et tant de flottes, aurait été impossible. Les banquiers en ont d'ailleurs retiré autant de profits qu'ils lui ont rendu de services. La prospérité des Pays-Bas soutint, en grande partie le crédit de l'empereur et lui permit de rembourser ses créanciers en dépit d'un taux d'intérêt variant de 12 à 50 %. C'est aux avances qu'ils lui ont faites que les Fugger doivent, pour une large part, leur fortune. Au reste, la facilité d'emprunter chez les princes et l'appât du bénéfice chez les banquiers ne tardèrent pas à les entraîner au delà des bornes de la prudence. Les banqueroutes de Philippe II en 1575 et en 1596 mirent fin à l'alliance du capitalisme privé et de la politique monarchique.

A ce moment d'ailleurs, une autre source de gains venait de s'offrir à la soif des financiers. Vers 1550 environ, les mines d'argent du Pérou et du Mexique commencèrent à fournir l'Espagne de lingots qui ruisselèrent bientôt sur toute l'Europe en forme de monnaies. Cette inondation de métaux précieux diminuant la valeur d'achat du numéraire eut pour conséquence une hausse générale des prix. Le commerce et surtout l'industrie en reçurent une puissante impulsion et un motif de plus de s'affranchir du contrôle insupportable des corporations de métiers. La manufacture, c'est-à-dire cette forme de production où le travail à domicile est salarié et dirigé par un entrepreneur, devint, depuis le milieu du xvie siècle, la forme par excellence de l'organisation industrielle jusqu'à l'apparition de la fabrique moderne, dont on peut d'ailleurs déjà trouver, çà et là, vers cette époque quelques exemplaires hâtifs.

Si puissant qu'ait été le développement du capitalisme, il n'en faut pourtant pas exagérer la portée. Il se superposa à la vieille organisation économique des villes privilégiées ; il ne la fit pas disparaître. La petite bourgeoisie continua de vivre à l'abri des corporations de métiers et conserva partout l'approvisionnement du marché local. Boulangers, bouchers, menuisiers, cordonniers, etc. restèrent fidèles jusqu'à la fin de l'Ancien Régime au protectionnisme qui leur assurait l'exploitation de leur clientèle municipale. Nulle part, les gouvernements ne crurent prudent ou sage de les ramener au droit commun. Ils connaissaient bien les défauts du système qui devenaient de plus en plus apparents avec le temps : routine des procédés, élévation des prix, restriction de plus en plus grande de chaque profession aux mains d'un petit nombre de maîtres, mais leur crainte de la démocratie les leur fit tolérer comme le meilleur moyen de maintenir les « compagnons » dans l'obéissance. Ils se contentèrent de supprimer petit à petit les entraves que les règlements municipaux apportaient à l'essor du commerce et de la circulation : étapes, halles, courtages, etc. Ils s'appliquèrent surtout à abolir les privilèges politiques des métiers, à s'assurer la haute main, ou tout au moins le contrôle, sur les administrations urbaines, et malgré des résistances qui se manifestèrent en France pendant les troubles de la Ligue, et dont les dernières se rencontreront encore au xviiie siècle, ils y réussirent partout. Les villes n'auraient pu conserver intacte leur autonomie politique et économique qu'en conservant leur force militaire. Or que pouvaient encore leurs métiers contre les armées régulières, leurs vieilles murailles contre l'artillerie ? Elles ne se maintinrent que là où, comme en Allemagne, l'État était impuissant. Partout ailleurs elles se courbèrent. Les quelques essais de résistance qu'elles essayèrent çà et là comme les Liégeois contre les ducs de Bourgogne, les Gantois contre Charles-Quint, les Rochellois contre François Ier, montrèrent que leurs revendications ne s'inspiraient plus que d'un passé disparu sans retour. La politique démocratique dont la petite bourgeoisie s'était faite si ardemment la protagoniste au xive siècle, est désormais une cause perdue. De même que le capitalisme l'emporte dans le grand commerce, l'État l'emporte en politique.

Sous l'influence des conditions nouvelles qui s'imposent à la vie sociale, la conception de la bourgeoisie se transforme. Les caractères politiques et juridiques qui lui avaient assigné sa place spéciale dans la société du Moyen Age, à côté du clergé et de la noblesse, vont s'atténuant de plus en plus. A partir du commencement du xvie siècle, la bourgeoisie apparaît surtout comme une classe d'hommes vivant de l'exploitation ou des revenus de leur fortune. Le simple travailleur manuel, d'après les idées régnantes, cesse de lui appartenir. Elle repousse d'elle les artisans en qui la force avait résidé jadis. Elle affecte des allures nettement ploutocratiques qui, par en bas, l'opposent aux petites gens tandis que, par en haut, elles la rapprochent de la noblesse. Sans doute, elle présente dans chaque pays des nuances spéciales et il est impossible d'en faire une description qui soit à la fois applicable aux Pays-Bas, à la France, à l'Angleterre. Mais il suffit de constater que partout c'est désormais la richesse qui en est le signe par excellence. Le bourgeois du Moyen Age avait été privilégié en droit ; le bourgeois des Temps Modernes est privilégié en fait par sa situation économique.

Mais une autre différence encore sépare celui-ci de celui-là. Au Moyen Age, le bourgeois n'existe que par sa ville et pour sa ville ; la commune dont il est tenant est la garantie indispensable de sa personne et de ses intérêts ; son existence comme ses idées sont également dominées par le groupe municipal auquel il appartient. Plus rien de tel désormais. Pour le bourgeois moderne, la ville n'est plus qu'une résidence et un centre d'affaires ; elle cesse de concentrer sur elle-même ses affections, ses idées et ses intérêts. Les sources de sa fortune sont dispersées de toutes parts bien loin des limites de la banlieue communale. S'il est manufacturier, les ateliers qui dépendent de lui se trouvent à la campagne ; s'il est commerçant, ses correspondants et ses marchandises sont éparpillés dans les ports et les marchés lointains ; s'il est rentier, son argent est engagé à grande distance dans des emprunts ou des compagnies de toute espèce. Sa vie dépend maintenant de multiples conjonctures ; elle est mêlée à toute l'existence de la nation, et aux rapports de celle-ci avec les nations étrangères. Il doit être tenu au courant de ce qui se passe par le monde. De là le développement de la poste et bientôt celui de la presse qui, à ses débuts, n'a d'autre but que de mettre à la portée de tous les nouvelles qui jusqu'alors ne s'étaient transmises que par les correspondances privées.

La liberté économique, indissolublement liée au développement du capitalisme, a tout de suite imposé ses conséquences au monde des travailleurs. Si la législation corporative du Moyen Age n'empêchait pas le maître artisan de dominer la campagne, elle imposait pourtant une limite à l'exploitation de celui-ci. Les règlements de métier fixaient les droits de l'ouvrier, protégeaient son salaire, le garantissaient contre des abus trop criants, lui fournissaient souvent des secours en cas de maladie ou de vieillesse et lui permettaient même parfois une certaine intervention dans la nomination ou le contrôle des chefs de la corporation. D'ailleurs les compagnonnages qui se formèrent depuis le xve siècle entre les compagnons d'une même profession non seulement dans leur ville mais même dans tout un ensemble de villes ou un pays tout entier, créèrent des liens d'assistance mutuelle que l'on peut considérer comme un rudiment d'organisation ouvrière. Mais de tout cela, nulle trace dans le système nouveau de la manufacture. Ici, conformément au « droit commun », l'employeur et l'employé contractent directement. Entre eux ne s'interpose aucune autorité, aucune association. L'un vend son travail, l'autre l'achète et le prix ne relève que de leur « libre » volonté. Cela revient à dire qu'il est, en fait, imposé au plus faible par le plus fort. Privés de toute organisation, soit en ville, soit à la campagne, les ouvriers des nouvelles industries doivent se courber sous la loi du capitaliste. Le travail à façon qui découle de la nature même de l'industrie à domicile, se prête particulièrement bien, grâce aux conventions de tout genre dont on peut l'entourer, à l'exploitation des travailleurs. En fait, depuis le commencement du xvie siècle, les preuves abondent de la misère de leur condition et de leur mécontentement. La hausse des prix au milieu du siècle l'exaspère encore et contribuera pour une grande part au succès que la propagande mi-sociale, mi-religieuse des Anabaptistes rencontrera parmi eux. Quant au gouvernement, il les abandonne et les ignore aussi longtemps qu'ils ne troublent pas l'ordre publie. Si un précurseur comme Thomas Morus a pu rêver dans son Utopie (1516) d'une législation du travail à forme communiste, l'État et les pouvoirs publics n'envisagent et n'envisageront encore durant de longs siècles ce que l'on appellerait aujourd'hui la question ouvrière, que sous le rapport de la police. De là leur intervention depuis la fin du xve siècle contre les abus de la mendicité et, un peu plus tard, leurs réformes dans le domaine de la bienfaisance.

Ici encore, et d'une manière frappante, on peut observer combien les transformations sociales ont affaibli l'influence de l'Église. Le magnifique élan de charité chrétienne qu'elle avait provoqué au Moyen Age ne répond plus ni aux besoins, ni à l'esprit du temps. Car, d'accord avec son idéal mystique, les innombrables fondations charitables qu'elle a provoquées se bornent à secourir le pauvre, à l'entretenir dans sa condition sans chercher à l'en faire sortir. Il a sa place marquée dans la société et les âmes les plus pieuses lui vouent même une vénération qu'explique suffisamment le sentiment ascétique de l'époque. Mais à mesure que ce sentiment décline, l'auréole de sainteté qui entourait le mendiant se dissipe. On commence à le considérer comme un vagabond dangereux pour l'ordre public, comme un fainéant professionnel. D'autre part, la législation de plus en plus restrictive des métiers urbains qui empêche quantité de gens de trouver un emploi, le licenciement de bandes de mercenaires qui enlève le leur à d'anciens soldats, multiplient, vers le commencement du xve siècle, le nombre des être errants n'ayant d'autres ressources que l'aumône, au point d'en faire une véritable plaie sociale. Aussi commence-t-on à les poursuivre impitoyablement, dans l'espoir de forcer au travail ceux d'entre eux au moins qui sont valides. Les premiers règlements administratifs dirigés contre la mendicité ne l'autorisent que pour les enfants, les vieillards et les infirmes, et cherchent à en détourner les autres par la terreur de châtiments corporels. Ce n'était là évidemment qu'un palliatif. On comprit, depuis le commencement du xvie siècle, qu'il fallait attaquer le mal dans sa racine et faire disparaître la mendicité en en prévenant la cause. De là, par exemple, la réforme yproise de la bienfaisance en 1525 sous l'influence de Vivès qui, par la concentration des ressources de tous les établissements charitables de la ville, l'institution de visiteurs des pauvres et l'envoi des enfants assistés à l'école ou leur mise en apprentissage, cherche à éteindre le paupérisme en mettant le pauvre à même de gagner sa vie. Dans tous les pays, on trouve depuis lors des essais du même genre. Et il est intéressant de constater qu'ils sont surtout nombreux et prospères là où le développement du capitalisme et de la manufacture permet aux œuvres de charité le placement de leurs pupilles. L'exemple de la Hollande et surtout de l'Angleterre est à cet égard tout à fait significatif. Les lois anglaises de 1551 et de 1562 sur le travail des pauvres sont les précurseurs du fameux *Act for the relief of the poor* de 1601, si admirablement adapté aux nécessités de l'industrie moderne qu'il a subsisté jusqu'à nos jours dans ses traits essentiels.

A l'organisation de la bienfaisance se réduit d'ailleurs l'apport de la société nouvelle en matière de législation sociale. Elle s'est bornée à forcer le pauvre au travail, elle n'a pas cherché, comme l'auraient fait les villes du Moyen Age, à réglementer le travail lui-même. Jusqu'au xixe siècle, elle l'a abandonné à la liberté, et cela dénote bien le caractère capitaliste dont s'imprègne désormais le monde économique.

On ne peut donc s'étonner que, depuis la seconde moitié du xve siècle, apparaisse en même temps que l'industrie libre et grandissant avec elle, un prolétariat dont l'histoire est encore à écrire. Le Moyen Age avait connu à vrai dire, dans les ouvriers de la draperie d'exportation en Flandre et à Florence, une classe de salariés qui se rapprochait fort de la condition des prolétaires. Elle en différait pourtant par l'organisation que lui donnait le régime corporatif. Placé en dehors de celui-ci, le prolétaire moderne est complètement à la merci de son employeur. Nul recours contre lui, ni celui de l'autorité publique, puisqu'elle s'abstient, ni celui que pourrait spontanément, à son défaut, fournir l'association. Car l'association des travailleurs est interdite. D'ailleurs les ouvriers sont trop misérables et trop incultes pour s'organiser et le pouvoir qui se désintéresse d'eux protège au contraire le patron et a bien soin d'intervenir quand, poussés à bout, ils se mettent en grève. Au surplus, il ne faut pas oublier que le travail à domicile, forme générale de l'organisation industrielle jusqu'à la fin du xviiie siècle, est aussi favorable à l'exploitation des travailleurs qu'il se prête mal à leur entente et à leur coopération. Il faut se garder pourtant d'exagérer et l'importance du prolétariat et celle de l'industrie libre pendant les trois cents ans qui s'écoulent depuis 1450 environ. Malgré sa forme nettement capitaliste et ses progrès continuels, la manufacture, même dans les pays où elle est la plus avancée, n'occupe encore, dans l'activité nationale, qu'une place assez restreinte. L'industrie urbaine des métiers qui, à côté d'elle, continue à pourvoir la plupart des villes, restreint singulièrement son marché. Elle le cède de beaucoup au commerce et surtout à l'agriculture qui partout demeure la branche essentielle de la production.

Mais dans l'agriculture elle-même quel bouleversement ! Ici aussi la poussée capitaliste se fait profondément sentir. Suivant les pays, elle a eu pour résultat, soif d'affranchir le paysan, soit de le replonger dans un servage beaucoup plus complet et surtout beaucoup plus dur que celui du haut Moyen Age. Rien ne se comprend plus facilement que ces conséquences contradictoires. Dans les pays économiquement les plus avancés, comme l'Italie et les Pays-Bas, les propriétaires comme les manufacturiers, et pour les mêmes raisons, favorisent systématiquement le travail libre.

De même que les corporations de métiers gênent l'expansion du capitalisme industriel, de même les vieux liens héréditaires qui attachent le paysan à la terre et lui donnent un droit sur elle, gênent celle du capitalisme foncier. Au xive siècle, les seigneurs avaient espéré augmenter leurs revenus en accentuant leurs droits sur les vilains. Ils s'aperçoivent maintenant qu'ils ont fait fausse route. Si rigoureusement qu'on les exige et les perçoive, les droits de corvée, de champart, de meilleur catel, de formariage, etc. ne fourniront jamais que des revenus médiocres et tout à fait disproportionnés à la valeur de terres qui augmente grâce aux progrès du commerce et de la circulation. Le vrai moyen de bénéficier de cette plus-value est dans le fermage libre ou dans le faire valoir direct au moyen de travailleurs libres et salariés. Aussi, dès le commencement du xve siècle, voit-on en Italie, ce qui reste de l'ancienne servitude rurale des paysans faire place à la liberté personnelle. En 1415 déjà, un statut florentin édicte la suppression obligatoire de la servitude de corps et des cens personnels, de l'attachement de l'homme à la glèbe, de toutes espèces de corvées, de toute condition juridique incompatible avec la liberté personnelle, de toute subordination féodale ou judiciaire pesant sur les individus au profit d'un autre. Dans les Pays-Bas, depuis 1515, le prince multiplie les édits en vue d'affranchir à la fois les hommes et les terres. Défense est faite aux seigneurs, en 1531, d'exiger de leurs tenanciers « dons gratuits, services, journées, secours de noces » sous peine de rendre le double et d'être punis arbitrairement. En 1520, on interdit l'établissement de nouvelle dîmes et l'on abolit tous les droits fonciers existant depuis moins de quarante ans. Partout le fermage libre se substitue aux anciennes tenures féodales et héréditaires. L'affranchissement des paysans est en réalité l'affranchissement du propriétaire qui, se trouvant désormais en face d'hommes libres détachés de sa terre, peut disposer de celle-ci par de simples contrats révocables et que leur courte durée lui permet d'adapter facilement aux progrès de la rente du sol. Sans doute, ici encore, il ne faut pas exagérer la portée de cette nouveauté. Le capitalisme n'a pas plus fait disparaître la servitude personnelle à la campagne qu'il n'a supprimé à la ville les corporations de métiers. Leur abolition à tous deux ne devait être proclamée que par la Révolution française. Mais de même que les métiers cessent de se développer et végètent depuis le xvie siècle, de même ce qui subsiste du servage n'est plus qu'un archaïsme, une survivance, un témoin d'une époque dépassée, qui se conserve sur quelques terres d'abbayes ou au fond de provinces reculées. Partout où s'épanche la vie nouvelle, il disparaît, il est emporté comme une entrave gênante.

Et aussi bien, en même temps que disparaît le servage et dans la même mesure, voit-on la technique agricole se perfectionner et progresser. La culture du riz est introduite, au xve siècle, dans la plaine lombarde ; l'élevage du vers à soie se répand dans le midi de la France sous le règne de Louis XI. En Flandre, la pratique de l'assolement triennal est abandonnée ; l'ensemencement des jachères en trèfles permet de ne plus laisser reposer les terres. Ailleurs, le développement général du commerce pousse les propriétaires à spécialiser leur production. L'Espagne et l'Angleterre sacrifient à l'élevage du mouton, en vue de l'exportation de la laine, la culture des céréales. Ce sont les troupeaux qui ont peu à peu fait de la Castille le désert pierreux et sans arbres qu'elle est devenue, et c'est à cause d'eux que les prairies ont de plus en plus recouvert le sol anglais en l'enlevant à la charrue et au paysan. Depuis le règne de Henri VI, le Parlement édite sans cesse des actes d'*enclosure* qui autorisent la conversion du sol arable en pâturages et poussent les tenanciers évincés dans ce prolétariat au sein duquel se recrutent les ouvriers de la manufacture.

Pendant que l'évolution capitaliste tend à faire du paysan, dans l'Europe occidentale, un fermier ou un salarié, elle crée pour lui en Allemagne une forme nouvelle de servage. La cause essentielle d'un phénomène si surprenant à première vue doit être cherchée dans la toute puissance et la brutalité de la noblesse à laquelle les princes territoriaux n'osent résister. Dès que, vers la fin du xiiie siècle, la colonisation de terres slaves d'au delà de l'Elbe a cessé, les nobles ont profité du malaise causé par l'excédent de population pour opprimer la classe rurale. Si l'agriculture avait été plus perfectionnée ou l'industrie plus avancée, il eût été possible aux paysans de trouver sur place de nouvelles ressources. Mais le faible développement économique de l'Allemagne les livra sans défense à leurs seigneurs. La situation depuis lors ne cesse d'empirer. A l'ouest de l'Elbe, elle ne se manifeste guère que par une recrudescence des corvées, des prestations, de l'arbitraire sous toutes ses formes. Au delà du fleuve, en Brandebourg, en Prusse, en Silésie, en Autriche, en Bohême et en Hongrie, elle fut impitoyablement poussée jusqu'à ses dernières conséquences. Les descendants des colons libres du xiiie siècle furent systématiquement dépouillés de leurs terres et réduits à la condition de serfs de corps (*leibeigene*). La grande exploitation dévora leurs tenures et les ravala à une condition servile si rapprochée de l'esclavage qu'il fut permis de vendre la personne du serf indépendamment du sol. Dès le milieu du xvie siècle, toute la région à l'est de l'Elbe et des monts Sudètes se couvre de *Rittergüter* exploités par des *Junkers* que le genre d'humanité qu'ils montrent à leurs esclaves blancs permet de comparer aux planteurs des Antilles. Le nègre dans le Nouveau Monde, le paysan allemand dans l'Ancien ont été par excellence les victimes du capitalisme moderne, et les uns comme les autres ont dû attendre jusqu'au xixe siècle l'heure de l'affranchissement. C'est là un fait qu'il ne faut jamais perdre de vue en étudiant l'histoire moderne de l'Allemagne et de l'Autriche. L'esclavage du paysan sous le noble y explique bien des choses.

L'expansion du capitalisme et le développement commercial et industriel ont été le point de départ d'un accroissement général de population analogue à celui qui a caractérisé le xiie et le xiiie siècle. Il le faut attribuer et au champ nouveau que l'industrie ouvrit au travail et aux progrès du commerce qui firent disparaître ces crises alimentaires dont le xive siècle encore avait si cruellement souffert. Il y eut encore des disettes ; il n'y eut plus de famines. Il est malheureusement impossible d'évaluer avec quelque précision le chiffre des habitants de l'Europe du xvie siècle. Il semble que l'on puisse le porter avec assez de vraisemblance à quarante habitants par kilomètre carré pour les deux régions les plus peuplées d'alors : l'Italie et les Pays-Bas. La France, vers 1550, semble avoir compté 18.000.000 d'âmes. A la même date, la métropole commerciale de l'Occident, Anvers, arrivée à son apogée, ne dépassait pas le chiffre de 100.000 habitants.

Quant à sa composition sociale, cette population offre des contrastes beaucoup plus accentués que celle du Moyen Age. L'ensemble de la fortune s'est accru, mais son accroissement s'est réparti d'une manière très inégale. Il ne profite guère qu'aux grands propriétaires fonciers, noblesse et Église, aux marchands en gros et aux manufacturiers. Cette classe moyenne composée de petits producteurs indépendants qui s'était si largement répandue au xiiie siècle, et dont les agitations donnent au xive siècle un caractère si turbulent, est en régression évidente. Dans les villes, une législation protectionniste et surannée lui permet de se maintenir sans progresser ; à la campagne, la grande exploitation, le fermage libre ou le servage se substituent à sa place. En revanche, la démarcation juridique est moins tranchée que jadis. Si la noblesse des Temps Modernes paraît à bien des égards plus orgueilleuse que celle du Moyen Age, c'est qu'elle éprouve le besoin de conserver ainsi à l'égard des « nouveaux riches » une distance que la ressemblance des fortunes, de l'instruction et des intérêts, pourrait leur faire aisément oublier. Rien de plus facile pour eux d'ailleurs que d'obtenir les lettres patentes qui leur permettent de pénétrer dans son sein et de participer à l'éclat qu'elle doit à la tradition et qu'entretient la richesse. Aristocratie et ploutocratie, voilà peut-être en fin de compte les deux mots qui caractérisent le mieux la transformation sociale qui s'est accomplie à l'époque de la Renaissance.

III. — Les idées et les mœurs

Il y a, semble-t-il, entre l'évolution intellectuelle de l'Italie et celle des pays au nord des Alpes, à l'époque de la Renaissance, une différence assez frappante. En Italie, l'orientation nouvelle des idées, des mœurs, du sentiment artistique débute au moment même où le développement économique de la nation est arrivé à son apogée. Elle ne se manifeste point en même temps que lui, mais après lui, et il commence même déjà à décliner qu'elle progresse encore. Elle est la fleur merveilleuse de toute la civilisation antérieure, l'œuvre de pensée et de beauté succédant à l'œuvre de force. Il en est d'elle comme il en a été, dans la Grèce antique du siècle de Périclès ; Athènes au ive siècle, Florence au milieu du xve siècle rayonnent d'une gloire qui ne correspond plus à leur vigueur réelle ; l'éclat éblouissant qu'elles jettent sur le monde, avant de céder la place à des successeurs plus robustes, a la splendeur mais aussi la brièveté d'un coucher de soleil. C'est au moment même où s'épanouit le génie de Machiavel, de Guichardin, de Raphaël et de Léonard de Vinci que la découverte du Nouveau Monde détourne de la Méditerranée le courant de la vie européenne.

Il en va tout autrement au nord des Alpes. Ici, la Renaissance n'est pas un coucher de soleil, mais une aurore. Avec elle commence, à tous les égards et dans tous les domaines de l'activité sociale, une vie nouvelle dont les phénomènes économiques que l'on vient d'esquisser ne donnent qu'une face et dont il faut montrer maintenant la physionomie morale. L'historien est malheureusement obligé d'exposer à part ce qui s'est passé ensemble. Mais on ne doit pas croire que le capitalisme ait provoqué le renouveau d'idées qui se manifeste en même temps que lui. L'un et l'autre sont les symptômes différents d'une même crise de croissance. Et il est curieux de constater que, pour l'un comme pour l'autre, cette crise se divise en deux périodes correspondantes. Ce que la découverte du Nouveau Monde a été pour le capitalisme, la Renaissance italienne l'a été pour le mouvement intellectuel. Il commence indépendamment d'elle, mais il ne se précipite et ne s'impose qu'en se soumettant à sa direction.

Sans doute, les symptômes d'une orientation nouvelle des esprits au nord des Alpes vers le milieu du xve siècle ne sont encore ni très nombreux, ni très accusés. La scolastique dans la science, le style gothique dans les arts, les genres traditionnels dans la littérature en langue vulgaire conservent une domination incontestable. Le mysticisme du xive siècle se prolonge et trouve dans l'*Imitation de Jesus-Christ*, son expression la plus complète. Les grands peintres flamands ou wallons des Pays-Bas, les Van Eyck, les de la Pasture, les Memling ne sont que les continuateurs géniaux d'une école déjà ancienne. Enfin, quand vers 1450 apparaît, cette formidable invention de l'imprimerie, personne ne prévoit son avenir. Gutenberg ne s'est fait aucune idée de la puissance future de la presse. Il n'a eu en vue que de fournir aux clercs et aux étudiants des manuscrits à meilleur marché. Son point de vue est celui d'un simple industriel, et cela est si vrai que les humanistes d'Italie, au début, n'ont témoigné que du dédain à une découverte qui leur semblait ravaler par le bon marché et le caractère mécanique de ses produits, la majesté et le charme des œuvres de la pensée.

Ainsi même dans ce que l'époque présente de plus durable et de plus remarquable, dans ce qu'elle a de plus beau et dans ce qu'elle a de plus puissant, on ne voit pas qu'elle s'oppose au passé. Et, pourtant, s'il est bien évident qu'elle le continue en grande partie, il n'en est pas moins vrai qu'en partie aussi elle s'en écarte. Comme en Italie, et avant que l'influence de l'Italie ne se soit fait sentir, la vie commence à échapper à l'emprise de la tradition. La morale ascétique du Moyen Age, ici comme là-bas, perd son empire sur les âmes. Le relâchement des mœurs et la prédominance des intérêts temporels ne sont pas moins frappants au xve siècle dans l'Europe du nord qu'en Italie. Plus la civilisation est avancée, plus l'observation est frappante. Les Pays-Bas sous les ducs de Bourgogne, entre la France et l'Angleterre, l'une épuisée par la guerre, l'autre en proie aux discordes civiles, présentent au milieu de la paix et de la richesse, un spectacle qui présente des analogies curieuses avec celui de l'Italie. On peut y observer à la cour, chez la haute noblesse, parmi les fonctionnaires et les capitalistes, propriétaires fonciers ou marchands, un genre de vie dont les traits principaux sont précisément ceux par lesquels on a coutume de caractériser les débuts de la Renaissance en Toscane ou en Lombardie : relâchement général de la moralité, amour du luxe et des fêtes, recherche de l'élégance et du confort dans les habitations privées, goût prononcé pour la toilette et pour les jouissances plus nobles de l'art, diffusion de l'instruction et de la politesse. On y distingue très clairement, au sein de l'aristocratie de naissance comme de l'aristocratie de l'argent, un genre d'existence mondaine qui n'a plus rien de commun avec la courtoisie conventionnelle du Moyen Age. Philippe le Bon, Charles le Téméraire protègent des artistes, s'entourent de peintres et de musiciens, fondent une bibliothèque dont les débris qui nous sont conservés attestent la splendeur. Le sire de la Gruuthuse se fait construire en 1465, à Bruges, un hôtel spacieux, avenant, habitation commode et large d'un grand seigneur qui est en même temps un amateur passionné de livres et le protecteur de Colard Mansion qui vient d'introduire dans la ville l'art de l'imprimerie. Le chancelier Rolin, le trésorier Bladelin commandent des tableaux à Van Eyck, à de la Pasture. Et il suffit de se rappeler les adorables paysages qui ont sûrement contribué au succès de l'école belge de peinture au xve siècle, pour se persuader que la découverte de la nature n'est pas du tout, à cette époque, une découverte purement italienne. On peut en dire autant de celle de l'homme. Le portrait individuel apparaît avec autant de vérité et est traité avec autant de conscience par le pinceau de Van Eyck et de la Pasture que par la plume de Chastellain et de Cominnes. Et avec ces deux derniers commence, je crois bien, la presse moderne, s'efforçant chez celui-là de se parer, encore qu'assez maladroitement, des prestiges du style, et nourrie chez celui-ci d'une pensée si forte que l'on ne peut guère trouver de pendant à ses *Mémoires* que *Le Prince* de Machiavel.

Cette « mondanité » de mœurs et de pensées qui s'observe autour de la cour de Bourgogne, se rencontre aussi, quoiqu'à un moindre degré, en France et en Angleterre. N'est-il pas frappant que la première maîtresse d'un roi de France dont l'histoire ait conservé le nom, soit Agnès Sorel ?

On ne croira pas sans doute que les rois du Moyen Age n'aient pas eu de maîtresses. Édouard Ier donne un fief à charge de *custodiendi Domino Regi sex damisellas scil. meretrices ad usum Domini Regis.* Mais avec Agnès, la favorite du roi se montre en public et est devenue autre chose qu'une *meretrix.* Je veux bien que ce ne soit pas la marque d'un progrès des mœurs, mais c'est la preuve justement que leur relâchement va avec leur affinement. En Angleterre, le duc de Glocester (le mari de Jacqueline) fait scandale par la galanterie de ses mœurs, mais s'attire aussi l'admiration des lettrés par sa bibliothèque qu'il a léguée à Beford. Il y a là un commencement de « galanterie » qui est tout ce qu'il y a de plus opposé à la courtoisie du Moyen Age. Il ne faut pas oublier non plus le développement du luxe de la cour qui explique en partie la fortune de Jacques Cœur. Remarquez de plus que les hôtels privés, Gruuthuse à Bruges, hôtel Cœur à Bourges, hôtel Bourgtheroulde à Rouen, sont du xve siècle, et qu'il ne s'en trouve pas auparavant. L'amour du luxe a contribué sans doute à répandre cette vénalité qui apparaît si frappante dans les mœurs politiques et dont il suffit de lire Cominnes pour se convaincre. Mais ce luxe, on l'a vu par les tableaux, n'est pas purement matériel. Il s'étend à l'art et à la littérature. Je crois que le xve siècle peut être considéré comme le moment où les laïques ont commencé à lire. Il est intéressant de se demander ce qu'ils ont lu. De quoi se compose la littérature en langue vulgaire ? Quels sont les premiers livres imprimés ? Quand Caxton ouvre son imprimerie à Londres, sa clientèle, qui se compose surtout de nobles mais parmi laquelle se rencontre aussi un mercier de la cité, lui demande des traductions du français et du latin. Lui-même traduit l'*Eneide.* Il pense surtout à fournir des lectures aux *noble men*. Naturellement l'Antiquité ne fournit qu'une partie des lectures du temps. On lit tout, sans choix, mais avec avidité. L'ancienne littérature héroïque se mue en simples romans. On dévore pêle-mêle des *Moralités*, la *Légende dorée*, les *Dits* des philosophes, l'*Ordre de Chevalerie*, etc. L'imprimerie n'a pas créé le goût de la lecture qui lui est antérieur mais a hâté sa diffusion. Serait-ce trop de dire que, pour la première fois depuis Charlemagne, l'aristocratie se remet à lire ? Mais la grande différence d'avec l'époque de Charlemagne et le Moyen Age, c'est que la culture qu'ils acquièrent ainsi est purement laïque. L'Église n'y a aucune part. Évidemment, l'intérêt pour les choses intellectuelles s'éveille dans le monde. Édouard IV s'intéresse à la traduction de Cicéron par Caxton, et celle de l'*Ordre de Chevalerie* est dédiée à Richard III. Louis XI protège en France les commencements de l'imprimerie. Les ducs de Bourgogne et Marguerite d'York, comme le comte Rivers, la duchesse Marguerite de Somerset, bien d'autres, sont de véritables mécènes.

On ne peut douter qu'il n'y ait là une soif d'apprendre qui cherche à s'étancher, un éveil, inconscient je le veux bien, mais un éveil tout de même de la curiosité qui veut voir par delà les limites trop étroites où les traditions de caste et de religion l'ont jusque-là enserrées. Au xive siècle, Maerlant n'avait trouvées bonnes à donner aux laïcs que les œuvres de la « clergie ». Maintenant on s'en détourne. Toute cette littérature laïque se tient en dehors de l'Église. Elle est d'ailleurs plus féconde que belle. Seuls les rhétoriqueurs recherchent l'art.

L'essentiel me paraît être qu'il se forme un public pour la littérature comme pour l'art. Les artistes qui le fournissent sont de grands artistes. Les écrivains en revanche sont presque tous de troisième ordre. Je crois qu'on peut l'expliquer pour autant que l'on puisse expliquer les choses littéraires. C'est que tous les genres traditionnels sont morts. On se trouve en présence d'une littérature desséchée, comme à la fin du xviiie siècle, d'une littérature qui se survit. Se serait-elle renouvelée d'elle-même ? Qui le dira ? En tous cas, l'impulsion est venue du dehors, puissante, irrésistible, par l'Italie. Tout a été emporté, et l'art lui-même qui s'est plié à la mode et s'est mis à s'italianiser. Phénomène semblable au Romantisme au commencement du xixe siècle.

La Renaissance commence à s'imposer à la fin du xve siècle. Dans tous les arts tout d'abord, sauf en musique, et elle y apparaît comme essentiellement italienne et non antique : comme l'invasion du Gothique en Europe avait été essentiellement française. Mais qu'on remarque un fait symptomatique. Le Gothique s'est répandu hors de France, par l'Église. Ici au contraire, l'art italien de la Renaissance se répand par les arts profanes et c'est dans l'Église qu'il pénétrera en dernier lieu. Ce sont les grands et les rois qui le favorisent. François Ier fait venir Léonard de Vinci à sa cour. Guillaume de Clèves, Marguerite d'Autriche le mettent à la mode dans les Pays-Bas. Les premières constructions du style nouveau ne sont-elles pas en France les châteaux de la Loire ? En somme, la nouvelle orientation du goût est toute profane et mondaine dans ses origines.

Il n'en va pas de même pour l'influence intellectuelle qui ne pouvait s'exercer que par l'intermédiaire du latin, et qui, à la différence de la première, est plus antique qu'italienne. Le *New learning*, comme disent les Anglais, est un retour direct à l'antique, provoqué évidemment par l'exemple des humanistes, mais qui ne se subordonne pas à eux. Évidemment il y a eu dans le nord des humanistes, poètes surtout, comme Pierre Gilles et l'auteur des *Basia*, Jean Second, et dont le *Certamen poeticum Haftianum* d'Amsterdam continue jusqu'aujourd'hui la lignée directe. Longolius, de Malines, appartient à la même école. Mais les grands n'en sont pas. Ni Roechlin en Allemagne, ni Colet et Morus en Angleterre, ni le plus grand de tous Érasme. L'Antiquité agit moins sur eux par sa forme qu'elle ne dégage leur pensée. Elle l'affranchit de la tradition scolastique non seulement par la langue classique que tout de suite ils adoptent, mais par le point de vue nouveau auquel ils se placent. Le *Miles Christianus* d'Érasme peut être cité ici comme leur programme. Et qu'y apparaît-il encore ? L'esprit laïque ! Pas du tout l'esprit anti-religieux, au contraire. Mais la religion est envisagée comme une exhortation à la morale pour l'honnête homme. L'idéal n'est plus l'ascétisme, mais la vie civile avec tous ses devoirs. Elle était considérée comme un accessoire, presque comme une tolérance ; elle devient l'essentiel. De là, la lutte de sarcasmes chez Érasme, d'injures chez Ulrich de Hutten contre les moines et les *magistri nostri* (*Epistolae obscurorum virorum*, 1515). Mais de là aussi tout un plan de réformes en vue de l'avenir et notamment de réformes pédagogiques qui substitueront de nouvelles écoles aux écoles du clergé, où les enfants seront élevés dans le culte des belles lettres et où la « politesse » trouvera sa place dans une éducation qui ne doit pas préparer au cloître, mais à la vie. Les *Adagia* d'Érasme, parus en 1500, exercent une influence pédagogique qu'on ne peut comparer qu'à celle de l'*Émile* de Jean-Jacques Rousseau. Pour la première fois, avec la Renaissance, l'école apparaît comme destinée à la culture de l'esprit. On peut dire que c'est à la conception que s'en sont fait les humanistes du nord que se rattache toute l'organisation de l'instruction jusqu'à nos jours. Le but, c'est le libre développement de la personnalité. Et de là évidemment la lutte contre les méthodes et l'ascétisme de l'Église qui doit finalement aboutir logiquement au « fais ce que vouldras » de l'abbaye de Thélème. Morus, comme Érasme, se prononce contre le monachisme, l'ascétisme, le célibat des prêtres, le culte des reliques, et il faut bien dire le mot, tendent à transformer le christianisme en une *philosophia evangelica*. Mais ils vont plus loin, ce n'est pas seulement la tradition ecclésiastique, mais toute la tradition sociale qu'ils veulent changer et, si l'on peut comparer les *Adagia* à l'*Émile*, on peut comparer le *Moriae enconium* (Éloge de la Folie), et l'*Utopie* au *Contrat social*. Évidemment l'esprit de la Renaissance dans le nord est révolutionnaire, mais il l'est purement de titre et se contente de se manifester par des frictions dont le *Gargantua* de Rabelais est comme la synthèse. Il ne part en guerre que contre l'Église. Il ménage l'État, attendant le succès de ses vues du progrès des lumières.

Aussi bien toutes les puissances sociales choyent-elles les humanistes comme elles ont choyé les philosophes avant la Révolution française. Elles ne voient sans doute que des jeux d'esprit dans l'*Utopie* (1516) où Morus leur montre une société fondée sur la tolérance religieuse, avec instruction générale, communauté des biens et travail obligatoire. Elles ne retiennent que les traits lancés contre les moines et les scolastiques. Ce sont eux qui font le prodigieux succès du *Moriae encomium* (1509), le livre le plus lu du temps. Et quoi d'étonnant. Morus comme Érasme ne proclament-ils pas la supériorité de la vie du siècle sur celle du cloître ? Leur optimisme les fait croire en une transformation du monde. Vivès ne veut-il pas que l'on mette dans les mains des écoliers l'*Utopie* en même temps que les *Colloquia* ? Si les gouvernements, bien plus, les papes, les rois, y applaudissent de même que tous les hauts fonctionnaires, c'est qu'ils se gardent de parler politique. Leur attitude est tout à fait celle de Voltaire. Pour le triomphe des lumières, ils ont besoin d'un gouvernement fort, d'une autorité supérieure aux partis comme à l'Église. Ils sont, sans le dire, comme tous les intellectuels, pour le « despote intelligent ». La révolution qu'ils rêvent doit se faire par en haut, parce qu'ils l'attendent essentiellement de la science, de la raison. Sans doute, ils veulent en étendre les bienfaits à tous les hommes, mais il faut commencer par le sommet, et, dans les moyens d'exécution, ils s'appuient sur l'aristocratie sociale pour arriver à la constitution d'une aristocratie intellectuelle. En 1517, Jérôme Busleyden, sur les conseils d'Érasme, fonde à Louvain le « Collège des Trois Langues », dont le but est d'appliquer, par la connaissance des trois langues courantes, (latin, grec, hébreu), la méthode philologique aux Écritures Saintes en dehors de toute théologie positive. Un peu après, François Ier installe et dote à Paris le « Collège de France ». Wolsey établit dans le même but à Oxford le « Cardinal College » (plus tard « Christ Church »). Henri VIII protège autant les hellénistes et les novateurs que le fait en France François Ier. Quand, en 1514, éclate le conflit de Rœchlin avec l'Université de Cologne, à propos de l'opinion émise par Rome sur les livres sacrés des Juifs, l'empereur, le cardinal-évêque de Gurk, l'électeur de Saxe, le duc de Bavière, le marquis de Bade, sont pour Rœchlin, et le pape qui impose silence à Cologne laisse assez voir par là sa tendance. Les Dominicains ont beau s'agiter et crier à l'hérésie, on ne leur répond que par le dédain. L'immense édifice scolastique paraît sur le point d'être jeté bas comme tant de châteaux gothiques que l'on reconstruit en style du jour. Ce n'est qu'en Espagne qu'il tient bon, la Renaissance n'y affecte que la forme mais laisse subsister l'esprit catholique.

Partout ailleurs, dans les vingt années qui s'écoulent de la fin du XVe siècle à l'apparition du protestantisme[4], il semble qu'un nouveau monde soit sur le point de naître. Tout ce qui est fort et jeune et vigoureux se retourne contre le passé. Jamais peut-être les autorités sociales n'ont aussi unanimement secondé un mouvement d'idées. Il semble qu'il n'y ait plus parmi elles de conservateurs. Tout pousse dans le même sens : le pouvoir, le monde, la mode, les hommes politiques, les femmes, les artistes, les humanistes. C'est une fièvre, une joie, une confiance sans bornes. C'est l'affranchissement de l'autorité, le vagabondage au grand air, la disparition du monopole de la science et sa dispensation à la société. Et cette science qui s'écoule de la pure Antiquité est d'autant plus séduisante qu'elle se présente avec la beauté, qu'elle se confond pour ainsi dire avec elle.

Cet espèce de patriotisme romain qui a contribué pour sa part au succès de la Renaissance en Italie, n'existe pas dans le nord. L'Antiquité y est plus purement considérée en elle-même, comme source de beauté et de sagesse. Peut-être, avec moins d'affection, y inspire-t-elle plus de respect. Et puis, on sent mieux sa force libératrice, car la scolastique n'avait pas eu en Italie une prédominance aussi grande qu'en deçà des Alpes. Aussi est-elle en France, en Angleterre, en Allemagne beaucoup plus agressive qu'en Italie. En s'appropriant le latin classique, les humanistes du sud veulent seulement continuer les anciens ; ceux du nord sont heureux d'indiquer par là leur rupture avec les *magistri nostri*. La barbarie qu'ils reprochent bien à tort au latin universitaire et scolastique — oubliant qu'il est une langue scientifique artificielle et parfaitement appropriée à son but — leur paraît trahir la barbarie, la grossièreté, l'absurdité des idées qu'il exprime. Ils n'entreprennent pas d'ailleurs d'attaquer la philosophie du Moyen Age ; ils se bornent à la mépriser. Pour eux, tout est à refaire. Il faut reconstruire la théologie en partant de l'étude des textes sacrés. La grande œuvre d'Érasme est une édition grecque du Nouveau Testament avec traduction latine et paraphrase. Quant à la morale, sur la base chrétienne, elle doit être refaite et appropriée aux nécessités de la vie laïque.

Quand on parle du rationalisme de la Renaissance, il faut s'entendre. Elle n'a pas poussé au delà des limites du bon sens. La liberté de pensée qu'elle revendique pour l'homme s'arrête devant les grands problèmes religieux et philosophiques. Son point de vue est tout humain et terrestre. La question de la destinée, celle de l'origine du monde, elle ne se les pose pas et accepte les idées chrétiennes. Sa philosophie ne dépasse pas le domaine de la morale pratique et de la politique, et les lieux communs des anciens en ces matières lui paraissent le dernier mot de la sagesse. Par delà le monde visible, elle est toute prête à admettre l'existence de forces mystérieuses et démoniaques. Il est assez curieux de constater qu'elle coïncide avec une recrudescence des pratiques de la magie, et elle a vu débuter sans protestations ces abominables procès de sorcellerie qu'il ne faut jamais perdre de vue si l'on veut apprécier exactement la mentalité des Temps Modernes.

Ce qu'elle apporte, ce n'est donc pas la libre pensée dans le sens actuel du mot, mais ce que l'on pourrait appeler un libéralisme intellectuel et moral. Or qui dit libéralisme, dit individualisme, et sûrement l'une des conséquences les plus certaines de la Renaissance, c'est d'avoir substitué à la conception sociale du Moyen Age, où le monde apparaît comme une hiérarchie de classes nettement distinctes ayant chacune sa fonction propre, ses droits et ses devoirs, l'idée que la valeur et la considération sont choses purement personnelles appartenant à chaque homme non en vertu de son rang, mais en vertu de son mérite. Il est très intéressant d'observer qu'en ceci la Renaissance place sur la terre ce que l'Église avait réservé au ciel. Car si l'Église reconnaissait et approuvait l'inégalité, résultat des rapports terrestres, elle ne fait, en revanche, dépendre le salut que du mérite personnel, si bien que l'individu, quelque soit le rang qu'il ait occupé ici bas, trouvera, devant la justice divine et dans la vie éternelle, celui dont il est digne. La remarque valait peut-être d'être faite. Ne prouve-t-elle pas d'une manière frappante l'inspiration essentiellement laïque et mondaine qui anime la Renaissance ?

Mais remarquons aussitôt que le libéralisme de la Renaissance est un libéralisme aristocratique. Ce qu'il proclame, ce ne sont pas du tout les droits de l'homme, mais seulement les droits des hommes, comme dit Rabelais, « libères, bien nayz, bien instruictz, conversans en compeignies honnestes ». Bref, son idéal, c'est le *vir bonus dicendi peritus* de l'Antiquité ; ce sera l'« honnête homme », le *gentleman* des Temps Modernes. Les privilèges de la naissance lui paraissent absurdes, mais elle n'en revendique qu'avec plus d'énergie les privilèges de la culture de l'esprit. Son point de vue se rapproche assez sensiblement en ceci du point de vue antique. Dans ce sens, le discours de Rousseau sur les arts et les lettres détruisant l'égalité, est une protestation contre la société telle que l'a faite la Renaissance. L'opposition de l'homme libre et de l'esclave, elle la rétablit entre le lettré et l'illettré. Elle n'a que mépris pour les « professions mécaniques », et c'est d'elle que date le préjugé, encore vivant aujourd'hui, en faveur des professions libérales. Sans doute, elle est responsable en grande partie de l'indifférence pour le sort des classes populaires qui caractérise les Temps Modernes. Les idées morales y ont eu sûrement autant de part que les intérêts économiques des propriétaires fonciers et des capitalistes.

A envisager les choses de haut, il est certain que la société, telle qu'elle s'est développée depuis les débuts du xvie siècle sous l'influence de la Renaissance, présente un spectacle moins grandiose que celle du Moyen Age, dominée, instruite, inspirée par l'Église, avec sa hiérarchie de classes se répartissant le travail social, subordonnant l'individu à la communauté dont il est membre, s'inspirant chacune de la même foi religieuse et du même idéal chrétien. Mais quoi ? L'incessant travail de la vie avait miné les assises du majestueux édifice ; il penchait de tous côtés dès la fin du xive siècle, et la Renaissance n'a fait qu'en hâter l'inévitable ruine. L'unité organique qui fera défaut au monde moderne, sera compensée d'ailleurs par le mouvement prodigieux que provoque et qu'entretient l'affranchissement de la pensée et de l'action. Pour apprécier équitablement la Renaissance, il ne faut pas oublier que, durant trois siècles, l'art et la littérature de tous les peuples se sont développés dans la direction où elle s'est engagée. C'est à elle qu'on arrive en en remontant le cours. On pourrait comparer notre civilisation à un fleuve navigable seulement depuis le point où l'affluent de l'Antiquité est venu mêler ses eaux aux siennes. Sans doute le fleuve vient de beaucoup plus haut mais ses régions supérieures ne nous sont que difficilement accessibles ; il faut faire effort pour s'y engager et s'accoutumer à leur aspect pour le comprendre. Ce n'est guère que depuis un siècle que le Moyen Age a cessé d'être un objet de dédain. Mais en dépit de la réaction qui s'est opérée en sa faveur, il est trop éloigné de nous pour que nous puissions le mêler à notre vie d'une manière vraiment intime. Le néo-gothique[5] n'est le plus souvent que la forme affectée par des idées et des tendances qui sont en réalité très modernes. La Renaissance au contraire nous entoure encore de toutes parts. Ce n'est que d'hier que son mobilier commence à disparaître de nos appartements. Malgré l'admirable vigueur de l'art contemporain, les États continuent à entretenir des écoles de Rome, et nos athénées, nos lycées, nos gymnases ne sont que la continuation des écoles latines du xvie siècle. C'est de la Renaissance encore que date le développement des sciences ; longtemps sans action sur l'histoire, elles ont accumulé en silence ces connaissances nouvelles dont la fin du xviiie siècle devait voir se précipiter les découvertes qui devaient renouveler la pensée par la connaissance de la nature et centupler, par le progrès de la technique, le rendement de l'effort humain.

Au reste, la Renaissance est bien loin d'avoir agi sur la civilisation aussi efficacement que ses premières années semblaient l'annoncer. Une autre force, plus puissante qu'elle-même, la Réforme religieuse est venue la heurter au moment même où elle commençait à déterminer la direction des esprits, et c'est leur double action, parfois combinée, plus souvent opposée, qui détermina les destinées du monde moderne.

---

1. Ici, il me faudrait mes livres et mes notes pour arriver à quelque précision.
2. Cf. au contraire le passage de Cominnes décrivant les bourgeois des villes de Flandre : « Ce n'estoient que bestes et gens de villes, la plupart. » Cf. aussi les Gantois qui, sous Charles-Quint, ne trouvent rien de mieux que de reprendre leur constitution du xive siècle.
3. Il faut aussi tenir compte de ce fait que si les États italiens — comme Milan ou Florence — sont petits, ils ont cependant par suite de leur situation politique, une action universelle.
4. Affichage des thèses de Luther en 1517.
5. Ceci fait allusion à l'architecture « néo-gothique » qui fleurissait, notamment en Belgique, avant la guerre.

2
LA RÉFORME

I. — Le Luthéranisme

La victoire du pape sur les conciles avait conservé à l'Église sa constitution monarchique, mais elle ne pouvait pas rendre et n'avait pas rendu au Saint-Siège l'hégémonie européenne qu'il avait perdue depuis Boniface VIII. Pie II eut beau rappeler solennellement (1460) aux princes catholiques leur subordination au souverain pontife, les princes savaient trop bien que cette prétention ne correspondait plus à la réalité pour croire utile de protester contre elle. S'il obtint de Louis XI le retrait de la Pragmatique Sanction, ce ne fut là qu'une satisfaction d'amour-propre. Le roi, auquel cette complaisance valut le titre de « roi très chrétien », fut heureux d'être débarrassé des garanties dont la Pragmatique entourait les élections épiscopales, et se hâta de profiter de leur disparition pour se soumettre plus étroitement le clergé de France. En Angleterre, en Espagne, dans les États bourguignons, bref partout où le pouvoir monarchique est puissant, Rome ne peut l'empêcher de disposer à son gré des plus hautes dignités ecclésiastiques et se contente des marques de déférence qu'il lui prodigue à condition qu'elle le laisse agir à sa guise. Son prestige est si fort en déclin que l'on écoute à peine ses exhortations à s'armer contre les Turcs. Et sans doute la déplorable impuissance dont l'Europe a fait preuve en face de ces barbares s'explique surtout par les rivalités, les jalousies, les intérêts divergents des États, mais on ne peut s'empêcher tout de même d'y voir aussi le résultat de son indifférence pour le chef de l'Église. A la voix d'Urbain VI, la chrétienté s'était soulevée avec enthousiasme contre les Musulmans de Syrie qui ne la menaçait pas ; à celle de Pie II, malgré l'imminence du péril, elle est restée impassible ; elle a vu sans s'émouvoir le successeur de Pierre réduit à prendre lui-même la croix et expirer de douleur et de fatigue à Ancône au moment de s'embarquer pour la guerre sainte (1463) sur la flotte vénitienne qui s'empressa de rebrousser chemin à la nouvelle de sa mort.

La papauté n'est plus désormais une puissance politique qu'en Italie, et là même elle le cède de beaucoup à Venise, au roi de Naples, aux Médicis et aux Sforza. Pour se maintenir, elle est obligée de détourner au profit de son pouvoir temporel une bonne partie des ressources qu'elle tire de la chrétienté ; si bien que sa primauté spirituelle sur le monde catholique paraît parfois se subordonner à ses intérêts territoriaux. Le prince semble souvent l'emporter chez le pape sur le souverain pontife, et cela d'autant mieux que la tiare n'est plus accordée qu'à des Italiens ; Adrien V (1521-1523) sera le dernier des papes ultramontains. En s'italianisant la papauté échappe en quelque mesure à l'ingérence des grandes puissances, mais aussi elle leur devient plus étrangère en même temps qu'elle s'imprègne d'un caractère national qui correspond assez mal à sa mission œcuménique. Rien d'étonnant si, dans de telles circonstances, le népotisme fait d'effrayants progrès au sein de la Curie. Chaque pape profite de son élévation pour assurer l'avenir de sa famille et celui de sa politique en introduisant, sans autrement s'inquiéter de leur capacité ou de leurs mœurs, le plus grand nombre possible de ses parents dans le Sacré Collège. Déjà les cardinaux d'Avignon avaient affligé bien de pieuses âmes. Que dire de ceux du xve siècle ! Au milieu même de ce monde de la Renaissance accoutumé à l'extrême licence de la vie des cours, ils ont fait scandale. Il faut remonter jusqu'au xe siècle, jusqu'à l'époque de Théodore, de Marosia et de Jean XII, pour retrouver un désordre moral comparable à celui dont Rome offre le spectacle sous le pontificat d'Alexandre VI (1492-1503) et même sous ceux de Jules II et de Léon X. Et encore la brutalité féodale lui fournissait-elle au xe siècle une excuse qu'on ne peut alléguer en sa faveur à la fin du xve siècle. Que l'on pense à l'impression qu'un croyant devait emporter de la capitale du monde chrétien à une époque où on y comptait (1490) 6.800 courtisanes, où les papes et les cardinaux affichaient leurs maîtresses, y reconnaissaient leurs bâtards et les enrichissaient aux frais de l'Église. C'est vraiment trop qu'un Borgia ait pu s'asseoir dans la chaire de Saint-Pierre. On souffre de la discordance excessive entre ce qu'est la papauté et ce qu'elle devrait être, et l'on voudrait trouver plus de sincérité religieuse dans les protecteurs des Bramante, de Rafaël et de Michel-Ange.

Si admirable que soit la Renaissance à Rome, elle y a quelque chose de choquant ; la parure qu'elle a imposée à la métropole du monde catholique la rend trop étrangère à la Rome des grands papes du Moyen Age. Les successeurs des Innocent III et des Boniface VIII sont si imprégnés de l'esprit nouveau qu'ils ne respectent plus la tradition à laquelle ils doivent pourtant ce qui leur reste d'ascendant sur le monde. Il semble presque que l'Église ne soit plus pour eux qu'un moyen d'affirmer leur grandeur personnelle et que ce soit beaucoup plus leur gloire que celle du Christ que tant de monuments et d'œuvres d'art soient destinés à magnifier.

L'Église ne répond guère mieux que la papauté à sa mission religieuse. Mécontente ou découragée de l'échec des conciles, elle se laisse aller à l'apathie et s'accommode des abus et du relâchement que leur persistance semble justifier. Le haut clergé, à peu près entièrement recruté parmi les protégés soit de la Curie, soit des cours princières, est tout mondain. Quantité d'évêques ne reçoivent la prêtrise, s'ils la reçoivent, qu'au moment d'occuper leur siège, et ce n'est visiblement là qu'une formalité dont les mœurs de la plupart d'entre eux attestent qu'ils ne s'embarrassent guère. Les uns, gagnés aux goûts du jour, se piquent d'humanisme, et se font honneur de protéger les arts. D'autres, occupés de politique, résident plus à la cour que dans leurs diocèses. Presque tous mènent large et joyeuse vie, chassent, boivent et se divertissent. Naturellement, les chapitres ne valent pas mieux. En règle générale, leurs prébendes sont réservées à des cadets de famille dont plusieurs ne prennent pas même les ordres, ne portent pas le costume ecclésiastique, assistent à peine aux offices et entretiennent publiquement des concubines. Les curés de paroisses se contentent le plus souvent de percevoir les revenus de leur cure qu'ils font administrer par un desservant réduit à la portion congrue, ayant à peine de quoi subsister, méprisé de ses paroissiens à cause de sa misère et obligé pour vivre de faire argent de tout et d'exploiter âprement naissances, mariages et décès. Quant aux monastères, leur décadence est d'autant plus lamentable que l'on est en droit d'exiger d'eux plus de ferveur, plus d'austérité ou plus de science. Au commencement du xvie siècle, on peut affirmer qu'ils végètent tous dans la routine et l'application machinale de leurs règles. Les âmes vraiment pieuses qui y cherchent encore un refuge, s'y trouvent mal à l'aise au milieu de compagnons complètement dépourvus d'idéal et ne demandant au cloître qu'une vie tranquille, commode et assurée. Seuls les Dominicains développent encore une certaine activité. Mais l'œuvre de la scolastique étant achevée, il ne leur reste que le domaine inquisitorial à exploiter et, faute d'hérésies à combattre, ils cultivent avec ardeur la démonologie. Deux d'entre eux, publient à Strasbourg en 1487 le Malleus Maleficarum, traité abominable des méfaits et des turpitudes des sorcières.

Un tel clergé devait révolter l'opinion. Le contraste était trop éclatant entre sa conduite et la considération qu'il réclamait, les privilèges dont il jouissait et les revenus dont il disposait. L'aristocratie le méprisa pour sa grossièreté et son ignorance ; les bourgeois s'indignèrent de ses immunités financières ou judiciaires. Déjà les gouvernements commencent à prendre des mesures contre l'augmentation des terres de mainmorte et l'intervention des tribunaux d'Église en matière civile.

Pourtant la foi reste intacte. Depuis le xiie siècle, il semble bien qu'il n'y ait jamais eu aussi peu d'hérétiques que durant les cinquante années qui ont précédé le protestantisme. Le wyclifisme en Angleterre, le hussitisme en Bohême sont presque éteints. Mais cela justement est une preuve de la tiédeur religieuse des âmes.

Personne ne sort de l'Église, ni ne songe à en sortir, mais la religion est devenue surtout une habitude, une règle de vie dont on observe les rites beaucoup plus que l'esprit. De là le succès des indulgences dont la papauté, toujours à court d'argent, se laisse aller à autoriser à tout propos de nouvelles émissions. Sûrement ceux qui les achètent, oublient que la contrition est indispensable à leur efficacité et se figurent bonnement prendre une assurance contre les risques de la vie future. Naturellement tout le monde n'en est pas là. Il existe encore des âmes ferventes et religieuses pour lesquelles la foi est un besoin. Mais c'est le plus souvent en dehors de l'Église, dans le mysticisme individuel qu'elles en cherchent la satisfaction.

Et encore, au commencement du xvie siècle, le mysticisme est-il bien moins répandu qu'au milieu du siècle précédent. Le mouvement général des idées lui est trop opposé. A mesure que se répandent les tendances de la Renaissance, les meilleurs esprits envisagent la religion beaucoup moins comme une introduction à la vie divine que comme une doctrine morale. L'idéal de l'humanité que conçoivent Érasme, Morus, Vivès, est sans doute tout pénétré de christianisme mais d'un christianisme, si l'on peut ainsi dire, adapté aux nécessités de l'existence terrestre. De là leur antipathie à l'égard de l'ascétisme et de la théologie traditionnelle. Ils s'embarrassent assez peu du dogme et la vertu leur paraît certainement la forme suprême de la piété. Du reste, s'ils attaquent énergiquement les moines et ne cachent pas leur dédain pour la morale de la scolastique, ils se gardent soigneusement de rompre en visière avec l'Église. Ce sont des catholiques assez inquiétants, mais ce sont des catholiques ; le haut clergé, les cours, le pape lui-même ne leur cachent par leur sympathie ; ils espèrent sans éclat, sans crise, par la simple influence des progrès des idées, du bon sens, de l'instruction et grâce à l'appui des autorités sociales, amener une réforme religieuse pleine de mesure, de largeur et de tolérance.

Ce beau rêve ne dura qu'un moment ; il était au surplus irréalisable car le christianisme anti-ascétique des humanistes n'avait rien de commun avec celui de l'Église et la rupture se serait fatalement opérée entre celle-ci et celui-là si le temps l'avait permis. Les théologiens ameutés contre Érasme le voyaient très bien et, si le pape leur imposa silence, c'est que l'engouement pour la Renaissance était si grand qu'il empêcha tout d'abord d'apercevoir le péril. Le haut clergé courtisait les Érasmiens comme à la fin du xviiie siècle la noblesse française devait courtiser les « philosophes ». Le premier ne s'attendait pas plus à une révolution religieuse que le second à une révolution politique. Rien ne pouvait faire prévoir, en effet, l'explosion du luthéranisme. Sans doute, depuis la fin lamentable du Concile de Bâle, l'Allemagne était travaillée par un sourd mécontentement contre la papauté. On lui reprochait de disposer souverainement des plus hautes dignités ecclésiastiques, sans songer que c'était là une conséquence directe non de son mauvais vouloir pour la nation, mais de la constitution anarchique de l'Empire qui excluait toute possibilité d'y soumettre l'Église comme en France, en Angleterre ou en Espagne, au pouvoir de l'État. Les humanistes excitaient de leur côté cette mauvaise humeur. Ils enrageaient d'entendre les Italiens traiter de barbares les peuples du nord et par amour-propre se faisaient gloire, en latin classique, de descendre de ces Germains qui avaient jadis tenu tête victorieusement à l'ambition de Rome. Sous leur plume, sous celle de Ulrich de Hutten surtout, se rencontre pour la première fois, de façon naïve, cette opposition du germanisme et du romanisme dont on serait tenté de sourire si les passions politiques du xixe siècle ne l'avaient exploitée avec tant d'aveugle fureur au détriment de la civilisation. Leurs déclamations ne dépassaient pas un petit clan de lettrés, mais elles n'en contribuaient pas moins à entretenir à leur manière une tournure d'esprit anti-romaine. Les empereurs du Moyen Age n'avaient-ils pas d'ailleurs rencontré dans les papes leurs constants adversaires ? Sous sa forme païenne comme sous sa forme catholique, Rome apparaissait ainsi comme l'ennemie constante du peuple allemand.

À ces griefs d'amour-propre, la bourgeoisie en ajoutait de plus concrets. Comme partout, elle souffrait avec impatience les franchises du clergé, et se montrait assez brutalement anti-cléricale lorsque quelque incident lui en fournissait l'occasion. Mais nulle part ne se manifestait le besoin d'une réforme religieuse. Les âmes étaient habituées à la tradition et elles l'acceptaient. Il serait faux de croire que l'Allemagne était dévorée d'une soif spirituelle que l'Église ne parvenait plus à étancher, qu'elle se sentait à l'étroit dans le catholicisme et cherchait à s'unir plus intimement à Dieu. Il est trop facile de construire sur le terrain de la religiosité une opposition entre l'âme germanique et l'âme latine. La réalité ne montre rien de tel. Si le protestantisme est né en Allemagne, si la première forme qu'il a prise et les premiers progrès qu'il a faits ne s'expliquent que par le milieu allemand dans lequel il est né, cela ne prouve rien pour son prétendu caractère germanique. À l'Allemand Luther, il serait trop facile d'opposer ici le Français Calvin. La Réforme est un phénomène religieux ; elle n'est pas un phénomène national, et s'il est vrai qu'elle s'est répandue surtout chez les peuples de langues germaniques, ce n'est pas qu'elle y ait trouvé des esprits mieux faits pour la comprendre, mais qu'elle y a été favorisée par des conditions politiques et sociales qu'elle n'a pas rencontrées ailleurs.

Luther appartient au nombre de ces hommes qui, dans tous les pays et à toutes les époques, sont troublés jusqu'au plus intime de leur conscience par ces problèmes religieux qu'il est plus facile de sentir que de définir. Né en 1483, fils d'un mineur d'Eisleben (en Saxe), il avait, comme tant d'autres enfants du peuple, après s'être distingué à l'école, été destiné par son père à la carrière de juriste. Il fréquentait l'Université d'Erfurt depuis 1501 quand, en 1505, épouvanté par l'idée de la mort qui avait failli le frapper pendant un orage, il renonça à sa carrière et prit l'habit dans un monastère d'Augustins. Comme tant d'autres aussi, il ne trouva pas le repos de l'âme dans la vie ascétique et, en 1508, il fut heureux d'être désigné par le général de son ordre pour occuper une chaire à la Faculté de Théologie de l'Université de Wittenberg. C'est là qu'en 1517, la fameuse thèse qu'il afficha contre la vente des indulgences le fit brusquement sortir de l'obscurité et marqua le point de départ de la Réforme.

Luther était-il dès lors décidé à rompre avec l'Église ? il est difficile de le dire. Mais son tempérament volontaire et fougueux excité par la contradiction l'emporta bientôt aux extrêmes. Il se sentait encouragé d'ailleurs par l'opinion. Les protestations de la Diète d'Augsbourg en 1518 contre les exactions de la fiscalité pontificale durent fortifier sa résolution. Il était sûr de lui-même, il aimait la lutte et il avait à la fois pour la soutenir la fougue de l'orateur et celle du pamphlétaire. De même que Wyclif, de même que Hus, il veut s'adresser à la nation et c'est dans sa langue qu'il écrit. Rien de mieux fait que son style plein d'humour, de passion, de colère, pour remuer les âmes et les conquérir. Ajoutez à cela que de sa petite Université de Wittenberg, l'imprimerie porte sa puissante parole à travers toute l'Allemagne. À peine la querelle est-elle entamée, elle retentit partout. Pour la première fois, une question religieuse est débattue devant le peuple, mise à sa portée, soumise à son jugement. La *Lettre à la noblesse allemande*, les petits traités intitulés *La captivité de Babylone de l'Église* et *La liberté du chrétien*, tous publiés en 1520, sont, si l'on peut ainsi dire, des brochures de propagande et le succès en fut prodigieux. Jusqu'alors c'est par la prédication et l'apostolat que les doctrines des adversaires de l'Église s'étaient répandues dans les masses. Le luthéranisme s'est imposé par la lettre moulée et l'on peut voir dans la rapidité de sa diffusion la première manifestation de la puissance de la presse.

A mesure que Luther combat, sa pensée se précise et s'enhardit. Le débat sur les indulgences se transforme presque tout de suite en une attaque contre la papauté, puis contre toute l'organisation traditionnelle de l'Église. En 1518, il n'est encore question que d'en appeler du pape au concile. Mais déjà l'année suivante la papauté est proclamée d'origine purement humaine, le concile lui-même capable d'erreur et l'écriture seule infaillible. En 1520, le pas décisif est fait : la justification du chrétien se trouve dans la foi, non dans les œuvres ; la croyance au Christ fait de tout chrétien un prêtre ; la messe ainsi que les sacrements, sauf le baptême, l'eucharistie et la pénitence, sont rejetés ; le clergé n'a aucun droit que ne possède point la société laïque ; il est comme celle-ci soumis au pouvoir du glaive séculier dont l'autorité s'étend sur l'Église comme sur l'État.

Luther ne fait que s'avancer plus loin dans la voie qu'avaient ouverte avant lui Wyclif et Jean Hus. Sa théologie continue la théologie dissidente du Moyen Age : ses ancêtres sont les grands hérétiques du xive siècle ; il n'est en rien influencé par l'esprit de la Renaissance. Sa doctrine de la justification par la foi est apparentée au mysticisme, et si, comme les humanistes encore que pour des motifs bien différents des leurs, il condamne le célibat et la vie ascétique, il se place en opposition complète avec eux en sacrifiant complètement à la foi le libre arbitre et la raison.

Pourtant, les humanistes n'ont pas laissé d'applaudir ses bruyants débuts, applaudissements discrets, il est vrai, de gens désireux de ne pas se compromettre, un peu inquiets d'ailleurs de tant de violence, mais enchantés des rudes coups portés aux moines et aux scolastiques et comptant bien qu'après ces grands éclats on écoutera plus volontiers leur modération et leur sagesse. Partout où leur esprit domine, le luthéranisme naissant ne rencontre que sympathie : il en est ainsi dans les Pays-Bas à la cour de Marguerite d'Autriche, en France à celle de François Ier. Quant à l'Allemagne, ce n'est pas de la sympathie, c'est de l'enthousiasme qu'elle manifeste. La bourgeoisie des villes libres du sud surtout, plus remuante, plus active que celle du nord, adhère aussitôt aux tendances nouvelles. A vrai dire, les idées religieuses du réformateur ne sont comprises que d'un très petit nombre d'âmes vraiment pieuses. Pour la masse elle est entraînée surtout par les attaques contre le clergé et contre Rome. La doctrine de la justification par la foi leur échappe et personne encore ne songe à une rupture dogmatique avec l'Église, mais elle est profondément remuée par les déclamations enflammées contre le trafic des choses saintes et des sacrements, contre les abus de la vie monastique, contre l'arrogance enfin de ces prêtres qui se proclament l'Église alors que l'Église appartient à tous les chrétiens. Déjà nombre de moines abandonnent leurs couvents ; des curés, du haut de la chaire, se prononcent pour le mouvement. On se met à lire et à interpréter la Bible. Une ferveur naïve s'exhale contre ce clergé qui, durant si longtemps, a trompé le peuple en lui cachant la vraie religion contenue dans le livre saint. Une partie de la noblesse ne témoigne pas moins d'ardeur. Le patriotisme allemand, la haine de Rome, l'espoir confus d'une régénération de l'Empire, aussi bien politique que religieuse, animent les chevaliers qui se groupent autour d'Ulrich de Hutten et de Frans von Sickingen. Cependant, les princes réfléchissent. Quelles perspectives ne leur offre pas l'espoir de séculariser les biens ecclésiastiques ? De quel attrait ne relève-t-il pas la parole de Dieu, et combien séduisante apparaît la tâche de faire triompher la cause de l'Évangile en réalisant la plus profitable des affaires ! En somme, chez la très grande majorité de ses premiers adhérents, le luthéranisme est beaucoup plus une révolte contre la papauté qu'un soulèvement du sentiment religieux.

Et ses progrès sont d'autant plus faciles que l'Église n'est défendue par personne. Ni le peuple, ni les princes ne lui viennent en aide. Elle même fait preuve d'une étonnante apathie. Quelques théologiens polémisent bien contre Luther, mais elle renonce à agir sur ces masses qui, après lui avoir obéi si longtemps, tout à coup se tournent contre elle. On dirait qu'elle doute de ses propres forces et son impuissance au milieu d'un tel conflit augmente naturellement l'audace de ses adversaires. Luther ne craint pas de brûler sur le marché de Wittenberg la bulle qui le condamne (10 décembre 1520).

L'empereur Maximilien était mort le 12 janvier 1519, au moment même où la crise allait prendre toute sa gravité. Elle n'exerça pas la moindre influence sur la décision des électeurs. Entre François Ier et Charles-Quint, ce ne fut pas la question religieuse mais uniquement la question d'argent qui les fit se prononcer pour ce dernier.

L'attitude qu'il allait prendre à l'égard de la Réforme n'était pas douteuse. Quand bien même il eût éprouvé pour elle quelque sympathie, la politique lui eût interdit de la montrer. Sa puissance reposait avant tout sur l'Espagne, et quelle apparence qu'un roi d'Espagne pactisât avec l'hérésie ? Comment, au surplus, eût-il songé à se brouiller avec la papauté, au moment même où son appui lui était indispensable pour résister en Italie aux entreprises de la France ? Ses intérêts les plus évidents s'alliaient donc à ses convictions personnelles pour faire de lui le défenseur de l'Église. Ce n'est pas d'ailleurs qu'il s'en dissimulât les abus ; il appelait de tous ses vœux un concile général, et les prétentions temporelles de la papauté trouvèrent en lui un adversaire énergique. Mais catholique autant que conservateur, il vécut dans la croyance traditionnelle que l'Église est la condition, la base même de l'ordre social et que son maintien est aussi indispensable au salut des âmes qu'à l'existence de toute autorité terrestre.

Si l'Allemagne eût été un État, les destinées de la Réforme se fussent trouvées singulièrement compromises sous le gouvernement d'un prince ainsi disposé. En France ou en Angleterre, il lui eût fallu aussitôt soit céder à la couronne, soit la combattre. Les historiens protestants ont tort de déplorer le manque d'unité politique de l'Allemagne au commencement du xvie siècle ; ce sont la faiblesse de son pouvoir monarchique et le caractère rétrograde et particulariste de ses institutions, qui ont sauvé le luthéranisme, ou du moins qui lui ont assuré cette diffusion rapide et facile si on la compare aux luttes formidables que le calvinisme, dans des États plus avancés et plus puissants, eût à soutenir dès sa naissance.

A peine arrivé dans l'Empire, Charles s'empressa de soumettre la question religieuse à la Diète convoquée à Worms au mois d'avril 1521. Luther, cité devant l'assemblée, dont une grande partie lui était favorable et jusqu'aux portes de laquelle il s'avança au milieu des acclamations de la foule, n'avait pas à redouter le sort de Jean Hus au Concile de Constance. Il refusa de se rétracter et on le laissa librement sortir de la ville (17 avril 1521). Quelques semaines plus tard (8 mai), un édit impérial le mettait ainsi que ses adhérents au ban de l'Empire. Mais personne ne pouvait se faire illusion sur la portée de cette mesure. L'Empire manquait de tous moyens d'en imposer l'observation et, en réalité, elle ne fut appliquée nulle part. Elle n'entrava pas plus la diffusion des idées qu'elle condamnait, qu'elle ne mit en péril la sécurité de ceux qui continuèrent à les répandre.

Charles dut se résigner à cet échec. En guerre avec François Ier, il lui était impossible de déchaîner en Allemagne une lutte religieuse qui eût doublé les chances de son adversaire. Mais ce qu'il ne pouvait faire dans l'Empire, il le pouvait dans les Pays-Bas, et il se hâta d'y organiser la répression de l'hérésie avec une rigueur impitoyable. Dès 1520, il y avait promulgué contre elle un premier « placard » et l'année suivante, il y ordonnait la stricte observation de l'édit de Worms. Ce n'était là que le prélude de ce qu'il méditait. Il eût voulu imposer à ses provinces bourguignonnes l'inquisition d'Espagne et s'il y renonça devant l'opposition unanime de ses conseillers, du moins y organisa-t-il un système répressif aussi exactement calqué sur le Saint-Office espagnol qu'il fut possible de le faire sans soulever l'opinion publique. En 1522, il chargeait un membre du Conseil du Brabant de la poursuite des hérétiques. Les protestations du pape contre cette inquisition laïque ne dépendant que de l'État la firent abandonner l'année suivante. En 1524, des instituteurs apostoliques mais désignés par le gouvernement fonctionnèrent à sa place. A cela s'ajoutent jusqu'à la fin du règne, une série de « placards » de plus en plus violents et impitoyables allant jusqu'à forcer les tribunaux laïques à poursuivre et à frapper de mort ceux qui n'étant pas théologiens auront discuté de la foi ou qui, connaissant des hérétiques, ne les auront pas dénoncés.

Il en fut de cette persécution religieuse comme de toutes celles qui l'ont précédée. Elle haussa jusqu'à l'héroïsme les âmes les plus nobles et les plus sincères. Il était réservé aux Pays-Bas de fournir à la Réforme ses premiers martyrs. Le Ier juillet 1523, deux Augustins d'Anvers, Henri Voes et Jean van Essen étaient livrés aux flammes sur le grand marché de Bruxelles. Luther les chanta dans un de ses plus beaux cantiques et, dès l'année suivante, Érasme constate « que leur mort a fait beaucoup de luthériens ».

On peut se demander ce qu'il serait advenu du luthéranisme en Allemagne s'il n'eût été possible, de l'y professer qu'au péril de sa vie. A tout le moins peut-on assurer que l'expansion en eût été singulièrement ralentie et que sa rapidité s'explique surtout par le peu de risques que couraient les novateurs. Rien n'est moins héroïque que son histoire, et il est permis de penser que la souplesse dont l'Église luthérienne devait faire preuve dans la suite à l'égard de l'autorité temporelle n'eût pas été aussi prononcée si elle s'était trouvée obligée, à ses débuts, de sacrifier à sa foi le sang de ses fidèles. Le moment n'était pas éloigné d'ailleurs ou, bien loin d'avoir à résister aux princes, elle allait se placer sous leur égide.

L'Église était depuis des siècles tellement mêlée à la société qu'on n'avait jamais attaqué la première sans ébranler en même temps la seconde. L'hérésie des Albigeois au xiie siècle avait provoqué des aspirations communistes. Wyclif a contribué sans le vouloir au soulèvement agraire de 1381 et l'on sait que le hussitisme est tout pénétré de revendications sociales. La propagande luthérienne ne devait pas faire exception à la règle. Personne, sans doute, n'était, au point de vue temporel, plus conservateur que Luther. Bien différent des humanistes et bien moins moderne, il acceptait l'ordre de choses traditionnellement établi ; il n'était révolutionnaire qu'en matière religieuse et ses attaques furibondes contre l'autorité de Rome contrastent singulièrement avec sa docilité à l'égard des autorités laïques. Mais en pénétrant au sein des masses, sa propagande devait arriver bientôt à y émouvoir ces sentiments confus que l'extrême misère accumule en leurs fonds, force redoutable qui, une fois déchaînée, échappe à toute direction et n'obéit qu'à elle-même.

On se rappelle que, depuis la fin du xive siècle, la condition des paysans allemands n'avait cessé d'empirer. Les tendances capitalistes du siècle suivant avaient encore favorisé l'exploitation à laquelle les soumettait une noblesse brutale et sans pitié. Dans la littérature allemande comme dans l'art allemand du xvie siècle, le *bauer* est traité avec un mépris extraordinaire. Il semble qu'on ne voie en lui qu'une brute dégoûtante ou ridicule à l'égard de laquelle tout est permis. Et en fait, les seigneurs se permettaient tout au détriment de ces malheureux : rétablissement du servage, renforcement des corvées, confiscation des biens communaux, diminution des tenures, augmentation de toutes les prestations utiles, des droits de justice, des services de toute espèce. Contre le *burg* féodal qui les opprimait, les pauvres gens de chaque seigneurie étaient sans défense. Ils acceptaient leur sort et se résignaient, lorsque l'agitation religieuse qui troublait les villes, commença à se répandre parmi eux. La religion était la plus vieille et la plus sacrée des habitudes, la forme nécessaire et le fondement même de l'existence, et ils la voyaient impunément attaquée, raillée, bravée en face. La crainte et le respect du clergé disparaissaient. Comment auraient-ils pu conserver le respect et la crainte des seigneurs ? Les abus que l'on reprochait à l'Église leur apparaissaient bien moins clairement que les injustices dont ils avaient à souffrir de la part des nobles. Et à mesure que l'agitation se répandait parmi eux, elle les rapprochait les uns des autres dans la communauté d'une même colère. Leur faiblesse était venue de leur isolement. Émus par les mêmes passions, ils se sentaient forts et, en 1528, les premières émeutes révélèrent soudain la grandeur d'un péril qu'on méprisait trop pour avoir pu le prévoir.

Le mouvement se répandit rapidement dans toute l'Allemagne du sud, du Luxembourg aux montagnes de Bohême. Ça et là même, le peuple des villes se joignit aux révoltés. Leurs revendications inscrites dans les « douze articles des paysans » sont beaucoup plus sociales que religieuses. Ils réclament le retour à l'Évangile, mais surtout à la liberté, et à la liberté telle qu'ils la comprennent c'est-à-dire la liberté de pouvoir jouir librement des bois et des prairies, puis d'être débarrassés des corvées illégales et de la tyrannie arbitraire des hobereaux. Leurs bandes se répandent irrésistibles et la terreur qu'elles provoquent sur leur passage paralyse toute résistance. A la brutalité dont ils ont si longtemps souffert, elles répondent par la brutalité. Des châteaux, des monastères sont livrés aux flammes. La crainte est si générale, l'explosion si soudaine que des comtes, des princes, des électeurs s'humilient à traiter avec les masses soulevées et à adhérer aux « douze articles ». Mais déjà ceux-ci ne suffisent plus aux espoirs qu'a excités le succès et aux passions qu'il attise. Les vieilles rêveries mystiques et communistes qui, depuis le Moyen Age, restent diffuses dans le peuple, s'emparent de nouveau des esprits. Thomas Münzer en Thuringe fanatise les paysans par la promesse d'un monde de justice et d'amour conforme à la volonté divine et dont la réalisation exige le massacre des méchants. L'effet de ces prédications sur des âmes simples et violentes fut de transformer la révolte agraire en une espèce de terreur mystique. Ses excès hâtèrent l'organisation d'une résistance que la soudaineté de ses premiers succès avait d'abord retardée, mais qui était inévitable. La noblesse unit ses forces contre celles des paysans. Ils acceptèrent le combat. Le 15 mai 1526, ils étaient taillés en pièces à Frankenhausen. Les vainqueurs furent d'autant plus impitoyables qu'ils avaient été plus épouvantés. Ils assouvirent longuement leur haine sur ce peuple qui venait de les braver. Le joug retomba sur les paysans, plus lourd que jamais. Ils devaient le porter désormais avec une docilité résignée jusqu'au commencement du xixe siècle.

La crise de l'anabaptisme marque mieux encore le désarroi religieux auquel la disparition trop brusque de l'autorité ecclésiastique abandonna les âmes populaires. Prenant à la lettre la prédication luthérienne, les premiers anabaptistes qui apparaissent en Suisse dès avant 1525, prétendirent soumettre, non seulement leur foi, mais la société même aux enseignements du livre saint. Puisqu'il contenait la parole de Dieu, il fallait s'y conformer rigoureusement. Qu'était-il besoin d'Église et d'État ? L'observation de la Bible devait suffire au salut des âmes comme aux rapports entre les hommes. Les vieilles hérésies du Moyen Age ne pouvaient manquer de mêler leurs doctrines à l'interprétation de l'écriture. Le manichéisme populaire, fondé sur l'opposition de la chair et de l'esprit, n'avait jamais complètement disparu depuis les Albigeois. Il se ranima, mêlé à des visions apocalyptiques et à des tendances mystiques qui s'étaient si largement répandues depuis le xive siècle. Les justes se croient appelés à faire un monde nouveau où tout sera fraternellement mis en commun, les biens comme les femmes. Ces rêverie trouvèrent accès très facilement dans les couches inférieures des populations urbaines, parmi les compagnons des métiers et les ouvriers salariés de l'industrie capitaliste à ses débuts. Se propageant de proche en proche parmi les travailleurs manuels, elles atteignirent rapidement les Pays-Bas où l'industrie plus active que partout ailleurs lui préparait admirablement le terrain. On ne s'étonnera point que ses adeptes aient été traqués férocement par les pouvoirs publics. Catholiques et luthériens rivalisèrent de férocité contre cette hérésie si révolutionnaire. La persécution ne fit d'ailleurs qu'aggraver le péril. D'utopique qu'il avait été jusqu'alors, l'anabaptisme devint une doctrine de haine et de combat. Les pauvres gens n'attendent plus seulement de lui la délivrance, mais la vengeance. Beaucoup d'entre eux paraissent avoir été de véritables hallucinés aussi prêts à mourir pour leur foi qu'à y sacrifier sans pitié le reste du monde. Vers 1530, une espèce de délire mystico-social semble s'être emparé de la Hollande. Presque tout le bas peuple des villes y est en proie. Dans certaines d'entre elles on estime que les deux tiers des habitants sont infectés et les massacres, les condamnations sommaires, les noyades, la mise hors la loi de tous ceux qui adhèrent à la secte ne parviennent pas à en arrêter les progrès. C'est d'Amsterdam et de ses environs que partent en 1534 les prophètes qui, profitant d'une révolte de la ville de Munster contre son évêque, vont y établir le « Royaume de Dieu ». A aucun autre moment de l'histoire peut-être ne s'est révélé d'une manière aussi frappante jusqu'où la passion, l'illusion religieuse et l'espoir de réaliser la justice sociale peuvent entraîner les masses populaires. Pendant douze mois, bloqués par les troupes des princes du voisinage, protestants et catholiques, les anabaptistes de Munster organisèrent avec une espèce de folie leur « Nouvelle Jérusalem ». La polygamie et le communisme y furent institués et pratiqués par toute la population. Une utopie mystique et socialiste devint pour un moment une réalité. L'assaut donné à la ville le 24 juin 1535 termina par un bain de sang cet accès de folie collective. Ce n'est que de nos jours qu'ont été descendues de la tour de la cathédrale les cages de fer qui ont longtemps balancé au souffle du vent les os calcinés du prophète Jean de Leyde et du bourgmestre Knipperdalling. La prise de Munster mit fin à la crise violente de l'anabaptisme, mais elle ne le fit pas disparaître. Jusque vers la fin du xvie siècle, ses tendances révolutionnaires se conservèrent au sein du peuple comme le catharisme s'y était conservé après la grande persécution du xiiie siècle. Mais chez la plupart de ses adhérents, il en revint à la simplicité évangélique de ses débuts, et c'est dans cet esprit qu'il s'est perpétué jusqu'à nos jours au sein du monde protestant d'Europe et d'Amérique.

La guerre des paysans et l'anabaptisme eurent pour résultat de détourner de Luther les humanistes et les érasmiens qui, épouvantés de tant de violences, se rejetèrent vers l'Église. Luther n'était pas moins effrayé. Il avait violemment attaqué les révoltés et applaudi sans pitié à leurs défaites. C'en fut fait désormais des tendances populaires qu'il avait montrées au début. Le seul moyen d'assurer le salut de la Réforme lui parut être de la placer sous la protection et la direction des princes. Les connaissant, il ne pouvait ignorer que la tiédeur religieuse était générale parmi eux. Sauf les ducs de Bavière aussi fermement catholiques que les Habsbourg, les -autres étaient tout disposés à conformer leur foi à leurs intérêts. On ne rencontre chez aucun d'entre eux la moindre trace d'idéalisme, le plus faible accent de conviction sincère ou désintéressée. Sans doute, ils étaient mécontents de l'Église, mais sans doute aussi, ils n'eussent pas rompu avec elle si cette rupture ne leur avait donné l'occasion de séculariser ses biens, de confisquer ses revenus et, en se proclamant chacun chez soi chef de l'Église territoriale, de doubler leur autorité et leur influence sur leurs sujets. Ce sont des considérations tout à fait terrestres qui déterminèrent la conduite de ces défenseurs de la foi nouvelle. Parmi toutes les confessions religieuses, le luthéranisme est la seule qui, au lieu d'exhorter ses protecteurs à lui sacrifier leur vie et leur fortune, se soit présentée à eux comme une bonne affaire.

L'électeur de Saxe et le Landgrave de Hesse ouvrirent la voie où d'autres devaient bientôt les suivre. En 1525, le grand maître des chevaliers Teutoniques, Albert de Brandebourg, adoptait la Réforme afin de pouvoir séculariser l'ordre et le transformer, à son profit, en principauté laïque. Les ducs d'Anhalt, de Lunebourg, de Frise, les margraves de Brandebourg, de Bayreuth, se prononcèrent également pour l'Évangile. Après avoir débuté au milieu de la bourgeoisie du sud de l'Allemagne, le luthéranisme devient ainsi, par l'adhésion des princes, la religion du nord. Car la confession des princes détermine celle de leurs sujets, comme jadis, durant le grand schisme, elle avait déterminé leur obéissance au pape de Rome ou à celui d'Avignon. La question de conscience est donc traitée comme une question de discipline. On ne se serait pas attendu à cela dans une religion qui proclame la justification par la foi et reconnaît un prêtre dans chaque chrétien. Il y a là sûrement une contradiction que l'on ne peut expliquer que par le besoin de plus en plus fortement ressenti par Luther de sauvegarder l'avenir de ses fidèles par la protection du pouvoir temporel. Quant aux peuples, ils se laissèrent imposer leur religion par l'autorité temporelle avec une docilité qui suffit à prouver la valeur du vieux cliché littéraire sur l'individualisme germanique. Les convictions les plus sacrées de chacun étaient en jeu et pourtant il n'y eut ni révoltes, ni résistance. Les catholiques allemands paraissent avoir adopté aussi facilement le luthéranisme sur l'ordre de leurs princes que les Francs du Ve siècle renoncèrent à leurs dieux après le baptême de Clovis. Il faut en conclure sans doute que leur foi n'était pas très vive, mais la raison de leur attitude se trouve aussi dans la stagnation complète de la vie politique en Allemagne. Personne ne songeait à y contester les droits des princes ; on était accoutumé à se laisser gouverner par eux ; nulle part n'y existaient de ces privilèges qui, comme dans les Pays-Bas ou en Espagne, limitaient leurs prérogatives. On les laissa donc sans protester se substituer aux évêques, nommer des superintendants du clergé, supprimer les fondations ecclésiastiques, fermer les monastères, séculariser leurs biens, organiser des écoles, bref, chacun chez soi substituer à l'Église universelle soumise au pape, une Église territoriale (*Landeskirche*) soumise au pouvoir séculier.

Et pourtant, l'édit de Worms n'était pas abrogé : Luther et ses adhérents restaient au ban de l'Empire et, dans les Pays-Bas, Charles-Quint promulguait contre eux des « placards » de plus en plus sanguinaires. Mais la guerre contre François Ier le retenait loin de l'Allemagne et l'obligeait à patienter. Son frère Ferdinand, auquel il avait cédé les domaines héréditaires de la maison des Habsbourg, et qui le représentait en son absence, était lui-même trop occupé par les attaques des Turcs dans la vallée du Danube et par le soin de se faire reconnaître par les Hongrois comme successeur de leur roi Louis qui venait de périr à la bataille de Mohacz (1526), pour songer à entraver les progrès de la Réforme. Ce furent donc les Français et les Turcs qui permirent à cette idée de gagner le temps indispensable pour s'assurer ses positions. En 1526, la Diète de Spire arrêtait qu'en attendant l'arrivée de l'empereur, chacun pourrait agir librement dans les matières condamnées par l'édit de Worms. Lorsque trois ans plus tard, Charles voulut la faire revenir sur cette décision, cinq princes et quelques villes formulèrent aussitôt la protestation d'où est resté depuis lors aux partisans de la foi nouvelle, le nom de protestants.

C'est seulement en 1530, à la Diète convoquée à Augsbourg par Charles après son couronnement impérial, que se produisit la rupture inévitable. Le débat théologique, au cours duquel Mélanchton donna lecture de la « confession d'Augsbourg », ne pouvait aboutir qu'à renforcer chaque parti dans sa croyance. Il était trop tard pour espérer une conciliation qui n'eût peut-être pas été impossible dix ans plus tôt. Les princes protestants quittèrent l'assemblée, dont la majorité encouragée par l'empereur, ratifia solennellement l'édit de Worms, condamna toutes les nouveautés religieuses et ordonna un retour général à l'Église.

Les princes protestants se préparèrent dès lors à une lutte qu'ils jugeaient inévitable. En 1531, ils se confédéraient à Smalkalde, avec un certain nombre de villes. Ils n'ignoraient pas que l'empereur, toujours impliqué dans la guerre de France, céderait devant une attitude énergique. L'année suivante, en effet, il proclamait la Paix de religion de Nuremberg, interdisant toute guerre religieuse jusqu'à la réunion d'un concile ou de la prochaine diète. Cet aveu d'impuissance augmenta naturellement la confiance des protestants. Philippe de Hesse, le plus remuant d'entre eux, profita de la situation pour affaiblir autant qu'il se pouvait la puissance de la maison de Habsbourg. Secondé par des subsides du roi de France, il remit le duc de Wurtenberg en possession de son duché que Ferdinand avait réuni à l'Autriche, et le protestantisme y fut aussitôt introduit (1534). Un peu plus tard, le dernier prince laïc de l'Allemagne du nord qui fût resté fidèle au catholicisme était expulsé de ses domaines (1542). Déjà l'archevêque de Cologne manifestait l'intention de passer à la Réforme. L'archevêché de Magdebourg et celui de Halberstadt étaient sécularisés.

Enfin, la paix conclue à Crespy avec la France (1544) permit à Charles-Quint de s'occuper des affaires d'Allemagne. Le pape venait de décider la réunion d'un concile général et ainsi de le délier de ses engagements de Nuremberg. Le moment d'attaquer la Ligue de Smalkalde était arrivé.

Si les intérêts de la foi l'avaient emporté chez les princes protestants sur les intérêts personnels, tous se fussent unis les uns aux autres pour affronter le choc. Cependant, il n'y eut rien de plus facile que de gagner par des promesses d'agrandissement la neutralité ou même la coopération de plusieurs d'entre eux contre leurs coréligionnaires. Le luthérien Maurice de Saxe se distingua particulièrement comme l'allié du souverain catholique dans cette lutte contre les luthériens. Les bandes espagnoles du duc d'Albe firent le reste. La bataille de Muhlberg anéantit la Ligue de Smalkalde (24 avril 1547). L'électorat de Jean-Frédéric de Saxe fut donné à Maurice. Philippe de Hesse se soumit. L'année même, Charles faisait accepter à la Diète d'Augsbourg un intérim qui, en attendant la décision du Concile, établissait la situation religieuse des pays réformés.

Ce ne fut pas le triomphe du catholicisme. Ce fut le triomphe de l'empereur qui épouvanta les vaincus. Ils redoutaient bien plus de tomber sous le joug de Charles et de perdre leur autonomie princière, que de repasser sous l'obédience de Rome. Maurice de Saxe, qui ne voulait pas plus qu'eux la suprématie des Habsbourg dans l'Empire, se rejeta de leur côté. Le manque d'idéalisme national était encore plus grand chez eux que le manque d'idéalisme religieux. Allemands et luthériens, ils n'hésitèrent pas à acheter le secours du roi catholique de France, Henri II, en lui livrant une partie de ce que, partout ailleurs que dans l'Empire, on eût appelé la patrie ou du moins l'État. Par le Traité de Chambord (1552), ils lui reconnurent le droit de s'annexer les trois évêchés de l'ouest, Metz, Toul et Verdun. Feignant de craindre que Charles leur imposât la « servitude espagnole », ils saluèrent Henri du nom de protecteur de la liberté allemande. Ils ne voyaient en lui bien entendu que le protecteur de leur particularisme politique que renforçait si à propos le particularisme religieux.

Une fois de plus, le luthéranisme fut donc sauvé par la France. Charles, obligé de courir à la frontière lorraine, lui abandonnait le terrain et il n'eut plus, jusqu'à son abdication, l'occasion de revenir à la charge. Aussi catholique que lui, son frère et successeur Ferdinand, toujours menacé par les

Turcs en Hongrie, s'empressa de pacifier l'Allemagne. La paix de religion conclue par la Diète d'Augsbourg le 25 septembre 1555 trancha la question. Elle reconnut aux princes le *jus reformandi*, c'est-à-dire le droit d'embrasser la Réforme, soit qu'ils l'eussent fait déjà, soit qu'ils voulussent le faire dans l'avenir. Les sujets étaient tenus de professer la religion des princes, sauf la faculté d'émigrer après avoir vendu leurs biens. Une exception était établie en faveur des principautés ecclésiastiques qui devaient en tous cas rester catholiques. Le changement de confession par le prince ne devait y avoir pour conséquence que son abdication.

Ainsi faite, la Paix d'Augsbourg apparaît beaucoup moins comme une paix de religion que comme un simple compromis politique. Il est impossible de se désintéresser plus complètement de la liberté de conscience. La religion du peuple y est abandonnée à l'arbitraire du prince, comme une simple question d'administration interne. Le droit de professer librement la croyance n'est reconnu qu'aux têtes couronnées : la masse n'a que celui d'obéir. Sans doute, il faut voir en cela une conséquence du principe de la religion d'État qui, appliqué jusqu'alors au profit de l'Église seule, est étendu maintenant au luthéranisme. L'intolérance est égale de part et d'autre et la nouvelle religion ne souffre pas plus que l'ancienne de dissidents parmi elle. La Paix d'Augsbourg n'introduit d'ailleurs rien de nouveau. L'état de choses qu'elle ratifie est celui qui existait déjà en fait, on l'a vu, dans toutes les principautés réformées.

Mais avec elle, le fait devient le droit ; le protestantisme obtient sa place au soleil et son avenir est assuré. La majestueuse unité chrétienne est officiellement rompue. L'Église, pour ne s'être pas réformée assez tôt, voit s'élever une Église rivale. Elle avait jusqu'ici impitoyablement écrasé l'hérésie, et la voici forcée d'en souffrir la présence. C'est que le pouvoir séculier, cessant de combattre pour elle, a passé lui-même à l'hérésie. Non seulement il la reconnaît comme la vérité religieuse, mais il profite encore du besoin qu'elle a de sa protection pour lui imposer une organisation ecclésiastique dont il est le maître. Avec le luthéranisme, c'est bien plus en effet que la religion d'État, c'est l'Église d'État qui apparaît. L'État qui nomme, qui forme, et qui surveille le clergé, bénéficie désormais de la force immense qu'il exerce sur les âmes. Par lui, il possédera et donnera l'enseignement qui lui avait jusqu'alors échappé. Dès le XVIIe siècle, il rendra l'école obligatoire et ses attributions s'étendront, on devine avec quel profit pour lui, à la formation et à la direction des idées.

L'obéissance au prince sera enseignée aussi efficacement par les pasteurs que l'obéissance au pape par les Jésuites. La puissance civile bénéficiera de tous les progrès que fera la foi nouvelle à mesure qu'elle imprégnera davantage les esprits. La discipline, le respect de l'autorité, la confiance dans le pouvoir sont autant de caractères qu'elle a transmis à l'Allemagne moderne. C'est elle finalement qui devait rendre possible un État tel que la Prusse, c'est-à-dire un État où se rencontrent les vertus du sujet, du fonctionnaire et du militaire mais où l'on cherche vainement celles du citoyen.

II. — Extension de la Réforme. Le Calvinisme

On ne pourrait peut-être pas trouver d'exemple plus propre à faire apprécier à sa valeur exacte le rôle des « héros »historiques, que celui de Luther. Si grande qu'il faille faire sa part dans le succès de la Réforme, ce succès s'explique avant tout par la situation morale et politique de l'Allemagne au commencement du XVIe siècle. C'est parce que les temps étaient révolus que la dispute sur les indulgences s'est transformée presque tout de suite en une révolution religieuse. Cinquante ans plus tôt, le même homme, avec la même conviction, la même fougue, la même éloquence y eût tout au plus intéressé quelques théologiens de sa province et le silence se serait fait sur lui comme sur tant d'autres de ses précurseurs. Mais il y a plus, et l'on peut constater facilement que les idées fondamentales elles-mêmes du luthéranisme n'appartiennent point en propre à Luther. Dans les Pays-Bas, Wessel Gansfort, mort ignoré en 1489 et dont les œuvres ne furent publiées qu'en 1522, en avait déjà formulé la plupart et on les retrouve en France parmi les membres du petit cercle qui se groupait vers 1515 autour de Lefèvre d'Étaples. Elles attendaient pour ainsi dire au seuil de l'Église, le moment de l'envahir. Luther les a poussées en avant puis en a pris la direction. Il a été un grand « meneur » moral, mais on sait que les meneurs, s'ils sont indispensables aux révolutions, n'en sont pas les auteurs.

Il est aussi dans la nature des révolutions d'être contagieuses ; celle-ci ne devait pas faire exception à la règle. Cependant, la forme que le luthéranisme prit de si bonne heure en Allemagne par son alliance intime avec les princes, devait l'empêcher, après avoir déchaîné la Réforme, d'en diriger la destinée et d'en conserver la direction. Wittenberg, qui avait semblé un moment devenir le centre commun des fidèles de l'Évangile, déçut bientôt leurs espoirs. Étroitement soumises au pouvoir séculier, les *Landeskirchen* manquaient de la liberté d'allures et de l'indépendance qu'eût exige une propagande fructueuse au dehors. Elles s'étaient trop entièrement conformées au milieu politique allemand pour pouvoir s'adapter à d'autres milieux. Leur nationalisme, si l'on peut ainsi dire, leur interdisait à l'avance d'exercer une influence universelle. La seule conquête du luthéranisme est celle des pays Scandinaves parce que les rois s'y prononcèrent pour lui. En Suède, Gustave Wasa, d'accord avec la noblesse qui convoitait les biens ecclésiastiques, l'imposa au peuple en 1527. Les soulèvements catholiques, assez nombreux jusqu'en 1543, furent rigoureusement réprimés et n'eurent d'autres conséquences que d'affirmer le pouvoir royal et de donner au pays une solide constitution monarchique qui devait lui permettre bientôt d'intervenir dans les affaires de Europe. En Danemark, Christian II (1503-1523) avait favorisé la Réforme afin d'augmenter son autorité en l'imposant à l'Église. La noblesse et la bourgeoisie de Copenhague s'y rallièrent l'une par intérêt, l'autre par hostilité au clergé. Sous Christian III, en 1536, elle fut proclamée la religion de l'État. La Norvège et l'Islande, dépendance du Danemark, avaient jusqu'alors conservé leur autonomie. Le roi profita, pour la leur enlever, de leur résistance à l'Église danoise.

Le luthéranisme leur fut imposé car la force. L'évêque islandais Jan Areson mourut sur l'échafaud.

Le luthéranisme ne l'emporta donc que là où les princes ou les rois se solidarisèrent avec lui. La conviction religieuse a été pour peu de chose dans son expansion. Ses adeptes vraiment sincères et désintéressés apparaissent au début très peu nombreux. Promulgué d'autorité et accepté par obéissance, il a procédé, si l'on peut ainsi dire, par annexion. La conversion des âmes ne s'est faite qu'à la suite et à la longue ainsi que se fait l'assimilation d'un peuple conquis à la nation conquérante.

L'harmonie entre le gouvernement monarchique et le luthéranisme était si complète que la Réforme, même chez les populations de langue allemande, s'est détournée de celui-ci lorsqu'il n'était pas appuyé par celui-là. Il est très curieux de constater que les cantons démocratiques de la Suisse se sont donnés, sous l'influence de Zwingle, une constitution religieuse indépendante, à laquelle ont adhéré au début nombre de villes libres de l'Allemagne du sud.

Il est trop évident que, dans les pays dont les princes demeurèrent fidèles à Rome, l'Église n'eut rien à craindre des luthériens. Respectueux du pouvoir, ils ne songèrent pas un instant à lui résister, pas même à lui désobéir. Ils observèrent les « placards » promulgués contre eux, s'abstenant de prêcher leur foi en public ; la seule propagande qu'ils se permirent fut celle du martyr. On s'aperçut bientôt qu'ils n'étaient pas très dangereux et, même dans les Pays-Bas, l'inquisition de Charles-Quint, si féroce à l'égard des anabaptistes, ne les poursuivit qu'avec une certaine mollesse.

Il paraît certain, pourtant, que l'ébranlement religieux de l'Allemagne n'a pas été sans influence sur la rupture de l'Angleterre avec la papauté. Mais ce ne fut là qu'une influence indirecte et si l'on peut ainsi dire un encouragement à des mesures qui, en elles-mêmes, sont tout à fait étrangères au luthéranisme. Henri VIII, qui se piquait de théologie, considérait Luther comme un simple hérétique dans son *Traité sur les Sept Sacrements* qui lui a valu, de la part de Léon X, le titre de « Défenseur de la foi ». Il a persécuté Tyndale et interdit sa traduction de la Bible. Les motifs de son opposition à Rome et de la constitution de l'Église anglicane se trouvent en dehors du domaine de la foi. Ni lui, ni surtout le peuple n'éprouvaient le moindre besoin de rejeter les croyances traditionnelles du catholicisme.

Attribuer simplement la conduite de Henri VIII à sa passion pour Anne Boleyn, c'est confondre l'occasion des événements avec leur cause. L'opposition du pape au divorce du roi avec Catherine d'Aragon le poussa bien à se faire proclamer par l'assemblée du clergé the *chief protector of the church and clergy of England* (1531) afin de pouvoir faire casser son mariage (1533). Mais on pouvait s'arrêter là, et si on l'eût fait, la situation de l'Angleterre à l'égard de Rome n'eût certainement pas été irrémédiablement compromise. L'élévation de Thomas Morus au poste de chancelier, après la condamnation du cardinal Wolsey (1530), prouve que le gouvernement ne songeait pas à s'écarter du catholicisme. Le Parlement, qui soutint de toutes ses forces la cause du roi, voulait profiter de la situation pour constituer une Église nationale. Mais personne n'y pensait à un schisme, moins encore à une hérésie.

En acceptant le poste de chancelier, Morus se proposait sans doute d'amener l'Église anglaise, sans éclat ni violence, à ces réformes modérées rêvées par les humanistes. Comme Érasme, il voulait conserver la foi traditionnelle en l'épurant. S'il comptait sur le gouvernement pour l'aider dans cette tâche, c'était à la condition qu'il ne s'inspirât que de motifs aussi purement religieux et désintéressés que les siens. Mais le gouvernement était alors dirigé par un homme qui consacrait ses forces et son génie à faire de l'Angleterre une monarchie absolue. Formé à l'école des politiques italiens, Thomas Cromwell ne concevait l'État que dans la toute puissance de la couronne. Pour lui, l'Église (comme pour Machiavel) n'était qu'un facteur de la politique, mais un facteur d'autant plus considérable que son influence sur les hommes était plus grande. La mettre au service du prince, c'était donc faire remonter vers lui la force et l'ascendant qu'elle tirait de son caractère sacré. En 1534, profitant de l'obéissance du Parlement et de son hostilité à la cour de Rome, il lui faisait voter l'« acte de suprématie », reconnaissant le roi comme le seul chef suprême sur cette terre de l'Église d'Angleterre, avec tous les honneurs, juridictions, autorités, immunités, profits et avantages appartenant à cette dignité, et plein pouvoir de visiter, redresser, réprimer, réformer et amender toutes erreurs, hérésies, abus, désordres et énormités qui pourraient ou peuvent être légalement réformés par toute espèce d'autorité ou de juridiction spirituelle. L'année suivante, Cromwell était proclamé par le roi son vicaire général en matière ecclésiastique. L'Église anglaise était ainsi courbée aux pieds du trône et le souverain qui siégeait sur ce trône, désormais, pour elle, se substituait au pape.

C'était le schisme, ce n'était pas encore l'hérésie, mais celle-ci, ne devait pas tarder à sortir de celui-là.

Il ne fallut pas longtemps à Cromwell pour faire de l'Église un simple instrument de la royauté. Les chapitres furent tenus de n'élever à l'épiscopat que les personnes désignées par le roi. On alla jusqu'à exiger des prédicateurs l'obtention d'une licence royale ! En même temps, tous les monastères furent soumis à une « visite » dont le résultat n'était pas douteux. Le tout puissant ministre avait résolu de confisquer leurs biens en partie au profit de la couronne, en partie au profit de la noblesse afin que l'intérêt des lords et de la *gentry* fût désormais solidaire du maintien de la nouvelle constitution ecclésiastique, comme l'intérêt des acheteurs de biens nationaux devait l'être plus tard en France, de celui du régime révolutionnaire. La noblesse dominant au Parlement, il ne fut pas difficile d'obtenir les actes qui, de 1536 à 1545, décrétèrent la suppression de toutes les communautés monastiques du pays. Les « articles de religion » que l'assemblée du clergé reçut sans protester en 1536 tranchèrent le dernier lien qui, par la communauté de la foi, attachait encore l'Église anglaise à l'Église universelle. Ils n'acceptaient comme fondements du dogme que la Bible et les trois premiers conciles œcuméniques (*the Bible and the three creeds*) et ne laissaient subsister comme sacrements que le baptême, la pénitence et l'eucharistie. Aucune modification n'était introduite ni dans le rituel, ni dans l'organisation de la hiérarchie. Entre le protestantisme et le catholicisme, on adoptait, une situation intermédiaire assez voisine, semble-t-il, de celle où les humanistes eussent voulu insensiblement amener la papauté.

Et pourtant le meilleur et le plus célèbre d'entre eux, Thomas Morus avait renoncé dès 1532 à ses fonctions de chancelier et deux ans plus tard sa tête était tombée sur l'échafaud. Les esprits les plus pieux et les plus éclairés qui aspiraient à la réforme de l'Église, étaient révoltés par la violence qu'on lui imposait. Le système du gouvernement leur apparaissait, et était en effet, un despotisme moral imposé par la terreur. La police de Cromwell exerçait une véritable inquisition et des victimes, choisies pour l'exemple parmi ce que le pays comptait de plus illustre, furent impitoyablement sacrifiées au but visé par le terrible ministre. Vainement la noblesse du nord se souleva, au nom du catholicisme et de la liberté ; ses efforts n'eurent pour résultat que de nouveaux supplices.

La rigueur déployée contre les catholiques contraste singulièrement avec les fluctuations du roi en matière dogmatique. Après 1536, effrayé par les manifestations d'un groupe d'ailleurs peu nombreux de protestants, il cherche visiblement à se rapprocher de la tradition et les six articles qu'il fait approuver par le clergé en 1539 marquèrent un retour assez marqué vers la foi catholique. La chute retentissante et la mort de Cromwell en 1540 s'expliquent en partie par ses tentatives d'entraîner l'Angleterre dans une alliance avec les luthériens d'Allemagne. Un instant, il semble que Henri VIII ait même songé à se réconcilier avec Rome, ou du moins à se rallier à l'idée d'une réforme de l'Église par un concile général. L'attitude du Concile de Trente le fit d'ailleurs renoncer à ces velléités. Lorsqu'il mourut en 1547, il songeait à conclure une « ligue chrétienne » avec les princes allemands, et à remplacer la messe par un simple *communion service*.

Après lui, ce fut le chaos. La minorité d'Édouard VI (1547-1553) permit aux « protecteurs », le duc de Somerset puis le comte de Warwick, de favoriser ouvertement le protestantisme. La messe fut supprimée, les images enlevées des églises, le célibat des prêtres aboli, un *prayer-book* adopté, et de nouveaux articles de religion constituèrent la doctrine à laquelle l'Église anglicane est demeurée fidèle jusqu'à nos jours. Tout cela fut imposé par la violence, au milieu d'une véritable anarchie religieuse. Tandis que de tous côtés les catholiques exaspérés excitaient des révoltes, un nouveau parti venait d'apparaître exigeant une réforme radicale de la foi et de l'Église. Le calvinisme était entré en scène.

Une génération sépare la naissance de Calvin (1509) de celle de Luther. La crise religieuse que personne ne pouvait prévoir encore au moment où s'ouvrit la carrière du réformateur allemand, occupait tous les esprits quand débuta celle du réformateur français. Luther avait été jeté comme tous ses contemporains dans le monde de la théologie scolastique. Calvin se forma dans un milieu qu'agitait passionnément la question de l'autorité de l'écriture, de la grâce, de la justification par la foi, de la validité des sacrements, du célibat des prêtres, de la primauté du siège de Rome. Le premier fut poussé par sa conscience et par les événements à sortir de l'Église dans laquelle il avait vainement cherché la paix de l'âme. Le second, à vrai dire, n'a jamais appartenu à cette Église. Il n'a eu aucun effort à faire pour rompre avec elle. Dès le premier jour, il l'a considérée comme un monument d'erreur et d'imposture. Les drames intimes de la conscience lui ont été épargnés. Il n'a pas dû chercher Dieu. Il était sûr d'en posséder la parole dans la Bible, rien que dans la Bible. Il devait consacrer sa vie à la comprendre et à imposer aux hommes les enseignements qu'il y avait trouvés. Le cœur et le sentiment ne jouent chez lui aucun rôle. Il est tout à fait étranger au mysticisme luthérien. La réflexion, le raisonnement, la logique, voilà ses moyen de conviction.

Et sans doute, sa personnalité est pour beaucoup dans cela. Mais qu'on observe pourtant que ce dont la Réforme avait besoin après sa première explosion, c'était d'une doctrine cohérente, claire, rigide ; c'était d'une dogmatique, si l'on peut dire, à opposer à la dogmatique ancienne, et d'une Église propre à combattre l'Église. Elle en avait d'autant plus besoin que le catholicisme désemparé se reprenait, retrempait ses forces au Concile de Trente et préparait une puissante contre-attaque à laquelle elle n'eût certainement pas résisté sans le secours du calvinisme.

Calvin n'avait rien de la nature combative et impulsive de Luther. C'est par le travail de l'esprit qu'il assouvissait ses besoins religieux et il est à peu près certain que, sans les événements qui ont déterminé sa destinée, il n'aurait agi sur le monde que par la plume. Il arrivait à l'âge d'homme comme la royauté française était amenée à prendre parti vis-à-vis de la Réforme.

Elle lui avait témoigné tout d'abord les mêmes sympathies qu'à la Renaissance avec laquelle elle semble l'avoir confondue. François Ier ressentait pour Érasme, à qui il offrit une chaire au Collège de France, une estime qui inquiétait et irritait les théologiens de la Sorbonne. Louis de Berquin, un des disciples de Lefèvre d'Étaples, prêchait à sa cour. Sa sœur, Marguerite professait un christianisme très libre, mélangé de tendances platoniciennes et d'un mysticisme évangélique très voisin du protestantisme. Elle protégeait ouvertement les novateurs, et c'est dans son petit royaume de Navarre que Lefèvre vint achever paisiblement sa carrière. Diane de Poitiers elle-même passait pour incliner aux doctrines luthériennes. Et il est certain que le roi retint assez longtemps l'Université et les Parlements de déployer leur zèle contre l'hérésie. Mais il n'est pas moins certain qu'il ne songea pas et qu'il ne pouvait songer à se brouiller avec la papauté. Le Concordat conclu en 1516 avec Léon X lui assurait sur l'Église française, par le droit qu'il lui reconnaissait de nommer les évêques et les abbés des monastères et par les restrictions qu'il apportait aux appels en cour de Rome, une influence trop avantageuse pour qu'il pût être tenté d'y renoncer. Depuis Philippe le Bel, la Curie s'était toujours abstenue par prudence ou par reconnaissance d'entraver l'exercice de prérogatives que la couronne s'attribuait sur le clergé. Le gouvernement se trouvait très bien de la situation qui lui était faite. Aucun des motifs qui poussaient les princes en Allemagne ou Henri VIII en Angleterre à rompre avec Rome pour lui substituer des Églises nationales n'existaient en France. Les intérêts politiques, qui ailleurs favorisèrent si largement la Réforme, poussaient ici, au contraire, à lui résister. Il devait donc arriver et il arriva que le roi ne pût prolonger sa tolérance pour un mouvement dont l'hostilité de Rome s'affichait de plus en plus ouvertement, sans encourir, aux yeux de la nation, le reproche d'en être le complice. Depuis 1530 environ il cessa de résister aux demandes de poursuites, et, sans aller jusqu'à créer contre l'hérésie, à l'exemple de l'Espagne, une inquisition d'État, il laissa les autorités religieuses et civiles la traquer à leur convenance, c'est-à-dire avec furie.

Calvin avait vingt-cinq ans lorsque la persécution, en 1534, le poussa à l'exil. Les Pays-Bas qui avaient déjà été et devaient être encore si souvent dans la suite le refuge des exilés français, étant inaccessible par suite des lois de Charles-Quint contre l'hérésie, il s'achemina vers la Suisse romande. Depuis quelques années, Genève y était en pleine fermentation politique et religieuse. Pour résister à son ennemi héréditaire, le duc de Savoie, la bourgeoisie avait sollicité et obtenu le secours de Berne. Dès 1526, les Eiguenots (*Eidgenossen*) chassaient de la ville les partisans du duc. Mais Berne était protestante et l'alliance conclue avec elle avait bientôt familiarisé les Genevois avec la Réforme. Un réfugié français, l'ardent Guillaume Farel, menait pour elle une propagande passionnée. Comme partout, l'Église désorientée ne résistait pas ou résistait mal, et la foi nouvelle, favorisée par l'amour de l'autonomie et la haine de la Savoie, dont les partisans bloquaient la ville (1534-1535), eut bientôt partie gagnée. Le 10 août 1535, la messe était suspendue par ordre du Conseil ; le peuple brisait les images, la plus grande partie du clergé prenait la fuite. La victoire remportée sur la Savoie l'année suivante faisait de Genève une république indépendante. Un régime politique nouveau s'y introduisait donc en même temps qu'une fois religieuse nouvelle : l'un et l'autre devaient désormais y rester unis indissolublement.

C'est au cours de ces événements que Calvin passant par Genève y fut retenu par Farel. Sa pensée était sûre d'elle-même : il venait de publier en 1536 l'*Institution chrétienne*. L'occasion s'offrait à lui d'en appliquer les principes au sein de la jeune république toute frémissante de sa victoire. Couverte sur ses derrières par les cantons suisses, protégée contre un retour offensif de la Savoie par la politique française, Genève n'avait rien à craindre pour son indépendance et pouvait en sécurité instituer dans ses murs le gouvernement théocratique qui devait être la plus haute ou, pour mieux dire, la seule application du calvinisme pur, et contribuer si puissamment à le répandre par le monde. Elle fut pour lui la « ville sainte » que les anabaptistes, dix ans plus tôt, dans leurs rêveries mystiques, avaient espéré un moment de fonder à Munster.

On sait suffisamment que le dogme cardinal du calvinisme consiste dans la prédestination. Le salut dépend uniquement de la volonté divine et les élus, de toute éternité, sont désignés par elle. L'Église consiste dans la réunion de ces élus. Mais comme il est impossible de savoir si on a été choisi par la grâce, le devoir de chacun est, si l'on peut ainsi dire, de se le prouver à soi-même en se dévouant de toutes ses forces au service de Dieu. La prédestination calviniste, au lieu de pousser au quiétisme, pousse donc à l'action. Elle y pousse d'autant plus que Dieu n'est pas conçu comme un père, mais comme un maître dont la parole, révélée par l'écriture, est la loi suprême. Toute la vie doit lui être soumise et l'État n'est légitime que pour autant qu'il la respecte. Tandis que Luther renferme la religion dans le domaine de la conscience et laisse le pouvoir temporel organiser l'Église et régler à sa guise les intérêts politiques, Calvin soumet à la théologie toutes les actions humaines. Il est aussi universel, aussi absolu que l'Église catholique. Je dirais volontiers qu'il l'est davantage. Car enfin l'Église reconnaît au « glaive temporel » sa mission propre à côté de celle qui est dévolue au « glaive spirituel ». L'un régit les corps, l'autre les âmes, et le premier n'est subordonné au second que dans les questions de foi. Pour Calvin, au contraire, l'État, voulu par Dieu, doit être transformé en instrument de la volonté divine. Il n'est pas subordonné au clergé, en ce sens qu'il existe indépendamment de lui, qu'il ne tient pas de lui son pouvoir, mais il n'agit conformément au but pour lequel il est créé qu'en s'associant intimement au clergé pour faire triompher ici-bas les ordres du Très Haut, pour combattre tout ce qui s'y oppose ou tout ce qui insulte à sa Majesté : le vice, l'hérésie, l'idolâtrie, et plus particulièrement l'idolâtrie romaine, la plus abominable de toutes. Un tel système d'idées, s'il est appliqué jusqu'au bout, conduit forcément à la théocratie, et c'est en effet une théocratie qu'a constituée, sous l'inspiration de Calvin, le gouvernement de Genève.

Le Consistoire, assemblée de pasteurs et de laïcs, exerce, si l'on peut ainsi dire, la surintendance morale de la république. Il ne gouverne pas, mais il surveille et contrôle les « conseils » de la commune et les maintient dans le droit chemin. Les « ordonnances ecclésiastiques » sont appliquées par l'autorité civile. La peine de mort, la torture, le bannissement, la prison frappent, suivant leur gravité, mais toujours avec une sévérité exemplaire, les contraventions à la règle ecclésiastique on à celle des mœurs. La fréquentation du temple est obligatoire ; l'adultère entraîne la peine capitale ; chanter une chanson profane, une pénitence publique. La conduite de chacun est soumise à une inquisition permanente qui le poursuit jusque dans son domicile et s'étend aux moindres actes de la vie privée. L'hérésie est impitoyablement réprimée ; il suffit de rappeler le supplice de Michel Servet en 1553.

En même temps que le modèle de l'État chrétien, Genève devint un centre ardent de propagande religieuse. Les réfugiés français, que les persécutions du règne de Henri II y faisaient affluer, fournirent à Calvin les premiers disciples qui s'inspirèrent de son esprit. Le plus célèbre d'entre eux, Théodore de Bèze, fut pour lui ce que Mélanchton fut pour Luther, l'organisateur de l'enseignement sans lequel il n'est point d'Église possible. En 1559 était fondée l'Académie de Genève, essentiellement destinée à la formation des « ministres », on pourrait presque dire des missionnaires calvinistes. Car la formation qu'ils reçoivent les prépare avant tout à répandre la doctrine. L'apostolat, que Luther a complètement négligé, est pour Calvin la condition indispensable de la propagation de la foi. Ce n'est pas qu'il eût repoussé la collaboration des princes ; mais il arrivait trop tard pour pouvoir compter sur eux. Ils avaient pris déjà position. En Allemagne, seul l'électeur palatin adopta et par conséquent imposa chez lui le calvinisme. En dehors d'Allemagne, les rois du continent prenaient partout le parti de Rome et celui d'Angleterre venait d'imposer à ses sujets une Église nationale. Il fallait donc se préparer à la lutte pour faire triompher la parole de Dieu. Partout l'État se montrait hostile. Bien plus ! L'Église romaine, un moment désorientée par l'attaque subite qui l'avait prise au dépourvu, se ressaisissait et se montrait prête non seulement à se défendre, mais à reconquérir les positions qu'elle avait perdues. Paul III, en 1542, renouvelait l'inquisition, et en 1545, convoquait le Concile de Trente. Déjà la jeune Compagnie de Jésus commençait à mener campagne contre l'hérésie, à réveiller les âmes de leur engourdissement, à stimuler la piété catholique, à fonder ses premiers collèges. La situation était donc infiniment plus difficile pour Calvin qu'elle ne l'avait été pour Luther. Celui-ci avait profité de la surprise de l'ennemi ; celui-là le trouvait partout sur le qui-vive et en armes. Pour entreprendre contre lui une offensive efficace, il allait falloir déployer avec toutes les ressources de l'énergie, toutes celles de l'organisation.

Au reste, si les chances de la défense catholique vers le milieu du XVIe siècle étaient bien plus grandes qu'en 1517, celles de l'attaque protestante de leur côté avaient augmenté. Partout la question religieuse se posait maintenant avec une netteté redoutable. Les convulsions de la guerre des paysans et de l'anabaptisme qui l'avaient tout d'abord voilée de revendications sociales, avaient cessé. Et on ne pouvait plus espérer d'autre part, qu'une conciliation fût encore possible avec l'Église. Il fallait donc se prononcer entre la foi ancienne et la nouvelle. Toutes deux réclamaient les âmes, les appelaient à elle, mais par cela même les obligeaient à un examen de conscience qui, chez beaucoup d'entre elles, amenait ce que les uns appelaient une apostasie, les autres une conversion. C'en était fait de cette religion d'habitude où l'on s'était endormi au XVe siècle. Il s'agissait de se prononcer dans un débat où la question du salut éternel était en jeu et, suivant sa décision, chacun se classait dans un des deux camps en présence et devait se préparer à la lutte. La conviction personnelle, on l'a vu plus haut, avait joué un rôle très secondaire dans la diffusion autoritaire du luthéranisme ; elle en joue un immense dans celle du calvinisme qui ne peut compter pour vaincre que sur l'adhésion de ses fidèles.

La constitution sociale du xvie siècle n'a pas laissé de lui venir en aide. Le capitalisme, que gênaient les restrictions mises par l'Église au commerce de l'argent et à la spéculation, lui a sûrement fourni l'adhésion inconsciente de bon nombre d'entrepreneurs et de gens d'affaires. Il ne faut pas oublier ici que Calvin a reconnu la légitimité du prêt à intérêt, que Luther, fidèle en cela comme en tant d'autres choses à la théologie traditionnelle, condamnait encore. Les premières ressources mises à la disposition de l'Église nouvelle pour couvrir ses frais de propagande, si l'on peut employer ici une expression très moderne mais qui répond parfaitement à la nature des choses, lui furent avancées par des commerçants enrichis. Vers 1550, sur la place d'Anvers, le nombre est déjà considérable des nouveaux convertis parmi le monde de la Bourse. Les catholiques se plaignent de ce qu'ils profitent de leur action sur leurs ouvriers pour les obliger, au moins en apparence, à adhérer à leur foi. La noblesse fournit aussi, dès l'origine, un nombreux contingent d'adeptes. Il suffit pour l'expliquer de se rappeler que l'instruction s'est répandue parmi elle, que sous l'influence des humanistes, les fondements de l'ancienne croyance ont été minés et que le goût de la discussion, l'amour des nouveautés s'est éveillé. Les nobles de langue française ont lu aussi passionnément l'*Institution chrétienne* que les nobles allemands avaient lu les pamphlets de Luther. Et que l'on songe à l'impression que devait produire la logique forcenée de ce petit livre sur des esprits que la lecture de Rabelais, paru presqu'en même temps, ne disposait déjà que trop à railler l'Église et à la considérer comme une institution surannée. Enfin le prolétariat industriel, au sein duquel la persécution qui n'avait pas étouffé l'anabaptisme, avait laissé des rancunes tenaces, ne pouvait manquer de fournir aussi son appoint, plus considérable il est vrai, du moins au début, par sa turbulence que par sa sincérité.

La constitution démocratique et autoritaire donnée par Calvin à son Église en favorisa étonnamment les progrès. Elle appelle, en effet, les fidèles à collaborer directement à l'organisation de chaque communauté religieuse. Si le ministre en est le chef spirituel, le Consistoire qui fonctionne à côté de lui, se recrute parmi les laïcs. Le dévouement de chacun est tenu en haleine dans ce petit groupe d'élus entouré d'ennemis et forcé de ne compter que sur lui-même pour se maintenir. Le zèle, la conviction, le courage, le fanatisme même des « ministres » leur assurent, partout où ils pénètrent, un ascendant contagieux. Et leur nombre n'atteste pas moins que leur énergie la vigueur de la jeune Église. Vers 1540, on en rencontre déjà de toutes parts en France, dans les Pays-Bas, en Angleterre. Formés à Genève, puis bientôt après à Lausanne, à Strasbourg, à Heidelberg, ils se présentent avec tous les caractères d'un véritable clergé, mais d'un clergé aussi actif, aussi instruit, que le clergé catholique est encore, en général, ignorant et apathique. Pourvus d'instruction, agissant de concert, se tenant en rapports les uns avec les autres, ils se dévouent corps et âme à leur tâche. Ils pénètrent dans les villes sous des déguisements, ou sous des noms d'emprunts, évangélisent le soir, à portes closes, dans une hôtellerie, au fond d'une cour, dans quelque endroit écarté de la banlieue. Parfois, c'est au milieu d'un repas dans une maison amie qu'ils exercent leur mission, cherchant à convertir les convives par des conversations édifiantes, et leur distribuant des livres et des cantiques. S'ils sont surpris, ils n'ont point de pardon à attendre, et ils le savent. Mais leur voix qui s'élève encore du milieu des flammes et de la fumée du bûcher répand dans les âmes cette foi pour laquelle ils meurent. Bientôt les bourreaux effrayés leur mettront un bâillon dans la bouche en les conduisant au supplice. Il faut remonter jusqu'aux origines du christianisme pour retrouver une telle constance et un tel courage. Et comme aux commencements du christianisme, les derniers moments de ces martyrs sont pieusement racontés dans des récits populaires qui, propagés par l'imprimerie, deviennent aussitôt le plus efficace des moyens de propagande. D'autre part, en traquant les fidèles, la persécution répand au loin l'incendie qu'elle veut éteindre. En France, dans les Pays-Bas, les réfugiés le transportent de province en province. D'autres émigrent en Angleterre et en Écosse. A l'Orient de l'Europe, la Pologne et la Hongrie sont aussi travaillées par les ministres et en peu de temps des communautés réformées s'y constituent dans presque toutes les villes.

Ainsi le calvinisme se distingue par le caractère international de son expansion. Ni la diversité des langues, ni celle des mœurs ou des régimes politiques ne lui font obstacle. L'organisation ecclésiastique dont il dispose lui communique une force de pénétration et une indépendance d'allures que l'on chercherait vainement chez le luthéranisme. Au lieu de se soumettre comme celui-ci à la tutelle et au patronage des princes, il ne compte que sur lui-même. Il ne demande pas plus de protection qu'il ne craint la lutte. Partout où il paraît, il affirme hautement ses dogmes, prend hardiment l'offensive, et son radicalisme ne tolère aucun compromis. Entre lui et les sectateurs de l'« idolâtrie romaine », de la « prostituée de Babylone », il n'est point de conciliation possible. Il faut être pour lui ou contre lui. A l'intolérance catholique, il répond par une intolérance égale. A la persécution, il répondra bientôt par des révoltes, et la violence de ses allures, l'audace de ses provocations, l'outrance et l'aigreur de sa polémique irritent et blessent ceux-là mêmes que leur tiédeur religieuse n'aurait pas soulevés contre lui. La querelle qu'il déchaîne prend pour chacun un caractère personnel ; elle fomente la haine au fond des cœurs et doit aboutir finalement à la guerre civile.

3
LES ÉTATS EUROPÉENS DEPUIS LE MILIEU DU XVE SIÈCLE JUSQU'AU MILIEU DU XVIE SIÈCLE

I. — La politique internationale

Ni les grandes transformations sociales, ni les grandes crises de la pensée ne coïncident nécessairement avec les modifications de la politique internationale. La Renaissance, la Réforme, le capitalisme ont sans doute exercé une influence profonde sur la vie des divers États ; ils n'en ont exercé aucune sur les conditions toutes nouvelles qui, depuis le milieu du xve siècle, déterminèrent la situation de ces États à l'égard les uns des autres. C'est au jeu des conjonctures que l'Europe a dû, au même moment où elle subissait tant de changements intellectuels, religieux et économiques, d'assister aussi à une perturbation radicale dans le système des forces qui, depuis le commencement du xiiie siècle, s'y trouvaient en présence.

Les cinquante années qui s'écoulent depuis la fin de la Guerre de cent ans ont suffi à bouleverser l'ordre traditionnel de la politique. La grande lutte de la France et de l'Angleterre n'a pris fin que pour placer la communauté européenne devant des problèmes inattendus. Tandis qu'en Occident, des nouvelles puissances entrent en scène : l'État bourguignon le long des côtes de la Mer du Nord, et au sud des Pyrénées l'État espagnol englobant désormais en un seul bloc monarchique la Castille et l'Aragon, à l'Orient l'Empire turc menace le monde chrétien d'une nouvelle invasion de l'Islam. Le hasard, cette force mystérieuse qui se plaît continuellement à déjouer les calculs des hommes, a donc fait que dans le même temps où une période critique débute dans l'histoire interne de l'Europe, celle-ci est obligée de faire face au péril extérieur.

L'invasion turque est sans doute le plus grand malheur qui, depuis la fin de l'Empire romain, ait affligé l'Europe. Partout où elle s'est avancée, elle a apporté la ruine économique et la décadence morale. Tout les peuples qui ont été soumis au joug, Bulgares, Serbes, Roumains, Albanais, Grecs, sont retombés dans un état voisin de la barbarie dont ils ne devaient sortir qu'au commencement du xixe siècle. Les Germains, qui avaient envahi l'Occident au ve siècle, n'étaient pas moins brutaux que les Turcs. Mais ils s'assimilèrent tout de suite à sa civilisation supérieure en se convertissant au christianisme, et furent bientôt absorbés par les populations conquises. Entre l'islamisme des Turcs, au contraire, et le christianisme de leurs sujets, aucune conciliation n'était possible. La différence des religions devait les rendre impénétrables les uns aux autres et perpétuer parmi eux le régime abominable d'un État ne reposant que sur la force, ne se maintenant que par l'exploitation et n'existant qu'au prix d'entretenir sans cesse chez les conquérants le mépris du vaincu et chez le vaincu la haine du conquérant. Sauf une partie du peuple albanais, aucune des nations soumises au sultan ne s'est convertie à l'islamisme et les Turcs n'ont fait d'ailleurs aucun effort pour les convertir. Au point de vue religieux, il suffisait à la gloire d'Allah que ses fidèles régnassent sur les *giaours* ; au point de vue politique, il ne fallait, pour maintenir cet État qui ne s'éleva jamais au-dessus de la conception primitive d'un régime purement militaire, que réduire les chrétiens au rôle de contribuables. Ainsi leur religion, en les privant de toute espèce de droits, assurait mieux leur servitude. Depuis Selim Ier (1512-1520) leur sang même fut soumis à l'impôt. Périodiquement les plus beaux enfants étaient arrachés à leurs parents, les filles pour servir aux plaisirs des hommes, les garçons pour être versés dans le corps des janissaires, après avoir été initiés à l'Islam.

L'Europe qui n'avait pu empêcher la prise de Constantinople, ne put empêcher davantage les progrès de la puissance turque sur le continent et dans le bassin de la Méditerranée. Les papes cherchèrent vainement à ranimer en elle l'esprit des Croisades. Leur propagande — dont le moine Campistan fut l'agent le plus remarquable — réussit bien à susciter des bandes de volontaires, mi-enthousiastes, mi-aventuriers, mais ce qu'il eût fallu, c'eût été une coopération des divers État à la défense commune, et une telle coopération était impossible. Les historiens qui en rendent responsable le prétendu égoïsme national des États modernes, oublient que les États du Moyen Age ne s'associèrent jamais en commun contre les Musulmans. Le caractère universel des Croisades leur vient de la participation des peuples, mais non de celles des gouvernements. Leur échec, contre des adversaires bien moins redoutables que les Turcs, prouve d'ailleurs que l'on n'eût rien pu en attendre quand bien même les conditions morales et sociales qui les avaient favorisées n'eussent pas disparu sans retour. Le seul moyen de résister avec succès à l'offensive turque eût été une ligue générale de toute l'Europe, unissant en un seul faisceau les ressources financières et militaires durant plusieurs années. Les coalitions du XVIIe siècle contre Louis XIV, celle du XIXe contre Napoléon, celle de 1914 contre l'Allemagne donnent une idée du genre d'effort qui eût pu réussir. Mais les États du XVe siècle en étaient matériellement incapables. Le péril n'apparaissait d'ailleurs aux plus puissants d'entre eux que comme une menace trop lointaine pour exiger leur intervention. Ils abandonnèrent le poids de la lutte à ceux qu'elle touchait directement.

Or les voisins immédiats des Turcs se trouvaient malheureusement hors d'état de leur tenir tête. Rien n'est plus lamentable que l'incapacité dont ils firent preuve et qui rendit inutile tant d'héroïques dévouements. En unissant leurs forces, la république de Venise, les Habsbourg d'Autriche, les rois de Bohême, de Hongrie et de Pologne auraient élevé devant l'ennemi une puissante barrière. Au lieu de cela, chacun ne se laissa guider que par ses ambitions ou ses intérêts et jamais ils n'agirent de commun accord. Venise ne se résigna qu'à des tentatives décousues, entreprises sans élan et terminées par les paix désastreuses de 1479 et de 1502 qui, de son magnifique domaine d'îles et de ports levantins, ne lui laissèrent que la seule Candie. Quant aux Habsbourg, qui avec quelque grandeur d'âme auraient pu devenir les sauveurs, au moins les champions de l'Europe, ils ne parvinrent pas à se hausser au-dessus d'une politique avide et tâtillonne. Frédéric III (1440-1493) et Maximilien (1493-1519) restèrent prudemment loin des batailles et n'envisagèrent les événements dont ils étaient incapables de comprendre la portée, que sous le point de vue dynastique, épiant l'occasion de s'approprier les couronnes de Bohême et de Hongrie, but suprême des louches intrigues de leurs ancêtres.

Après la mort d'Albert d'Autriche en 1439, sa veuve appuyée par Frédéric III, avait essayé de conserver la Bohême et la Hongrie à son fils Ladislas, enfant posthume dont la longue minorité promettait d'être aussi fatale pour les peuples qu'avantageuse aux desseins habsbourgeois. La noblesse hongroise déjoua cette machination en offrant la couronne au roi de Pologne Vladislav III, tandis que les Tchèques reconnaissaient comme régent Georges Podiébrad. Vladislav périt en 1444, les armes à la main à la bataille de Varna, en combattant les Turcs. Ladislas avait cinq ans. Les magnats hongrois le réclamèrent à Frédéric III qui refusa de le leur livrer ; alors ils confièrent au plus vaillant d'entre eux, Jean Hunniade, le gouvernement et la défense du pays. Hunniade mourut en 1456, après avoir sauvé Belgrade, et Ladislas étant mort lui-même l'année suivante, Frédéric III s'empressa de réclamer pour sa maison la Bohême et la Hongrie. D'ailleurs, aussi avide que poltron, il ne se hasarda pas à agir et, sans tenir compte de ses prétentions, les Tchèques élurent roi Georges Podiébrad, et les Hongrois, Mathias Corvin, le fils de Hunniade (1458). Ce fils d'un héros fut un politique. Au lieu de tourner ses armes contre les Turcs, qui s'emparaient de la Serbie en 1458, subjuguaient la résistance de l'Albanie (1479) après la mort de Georges Castriot (Scanderberg, 1468), prenaient possession de la Bosnie et de l'Herzégovine et forçaient les principautés de Moldavie et de Valachie à leur payer tribut, il préféra chercher son agrandissement au détriment de ses voisins chrétiens. Le pape ayant excommunié Georges Podiébrad qui s'appuyait sur les utraquistes tchèques, et ayant prononcé sa déposition, il en profita pour l'attaquer et se faire proclamer roi de Bohême (1469) par les catholiques. Puis il se tourna contre Frédéric III qui cherchait à miner sournoisement sa puissance, marcha contre lui et l'expulsa de Vienne en 1485. Il mourut cinq ans plus tard après avoir donné à la Hongrie un éclat passager et des succès stériles. Il ne laissait pas d'héritier, et aussitôt les Habsbourg toujours aux aguets, revendiquèrent sa succession. Elle leur échappa de nouveau sans lasser leur patience. Les Hongrois reconnurent pour roi le prince polonais Vladislas, auquel les utraquistes tchèques avaient déjà donné la couronne du vivant de Mathias Corvin. Maximilien d'Autriche s'arrangea avec lui par un de ces traités matrimoniaux, dans l'art desquels sa maison excellait. Un double mariage unit Louis, fils de Vladislas, à Marie d'Autriche, petite fille de Maximilien, et Ferdinand, son petit-fils, à Anne de Hongrie. Après la mort de son père (1516), le jeune Louis II dut marcher contre Soliman II qui, ayant achevé la conquête de la Péninsule balkanique, se tournait maintenant vers la Hongrie et venait d'entrer dans Belgrade (1521). Il fut battu et tué à Mobacz en 1526. Cette défaite fut un des plus beaux triomphes de l'Autriche qu'elle mettait en possession des couronnes de Bohême et de Hongrie depuis si longtemps convoitées et que la victoire du Turc lui assurait enfin. Ferdinand se contenta du reste de succéder aux droits de son beau-frère. C'eut été le moment d'appeler l'Allemagne à la défense de ses frontières menacées. Mais l'Allemagne, troublée par la crise de la Réforme, était plus incapable que jamais de tout effort collectif. Les princes protestants voyaient dans les Turcs des alliés providentiels ; les princes catholiques n'entendaient pas, en luttant contre eux, assurer aux Habsbourg un accroissement de force qui les emplissait de jalousie. Soliman s'avança donc sans peine jusqu'à Pesth et parvint en 1529 sous les murs de Vienne que la mauvaise saison et les maladies de son armée l'empêchèrent de prendre. Du moins conserva-t-il toute la Hongrie jusqu'à l'Enns et Ferdinand consentit à lui payer tribut, lors de la paix qu'il fut contraint de conclure en 1547. La Hongrie fut divisée en *sandjaks*, sauf une étroite bande de territoire au nord et à l'ouest, ainsi que quelques parties de la Croatie et de la Slavonie qui restèrent aux Habsbourg. La Transylvanie et la partie orientale du pays formèrent des principautés particulières sous la vassalité de la Porte. Soliman lui-même transforma en mosquée la principale église de Pesth.

L'Empire turc parvient sous son règne (1520-1566) à la plus grande étendue qu'il ait jamais atteinte. Déjà sous Selim Ier (1512-1520), les bords de la Mer Noire avaient été occupés et les Tartares de la Crimée soumis au tribut. Dans la Mer Égée, Rhodes était conquise en 1522 et les chevaliers de Saint-Jean qui l'avaient héroïquement défendue, se transportaient à Malte où Charles-Quint les appela, et qu'ils devaient conserver jusqu'à la Révolution française[1]. La Mésopotamie, la Syrie, l'Égypte étaient annexées (1512-1520). Alger et Tunis, conquises par le corsaire renégat Barberousse, devenaient des postes avancés du Grand Seigneur dans la Méditerranée orientale. Ainsi, au milieu du xvie siècle, l'Islam possédait en Europe une situation bien plus formidable que celle qu'il y avait jamais eue à l'époque de sa grande expansion. Mais il devait en être de cette seconde poussée comme de la première. Le moment de son apogée fut aussi celui de son déclin. Ce n'est pas d'ailleurs que les Turcs, comme les Musulmans du xe et du xie siècle, aient compensé par leur civilisation ce qu'ils perdirent depuis lors en vigueur guerrière. Barbares ils étaient, barbares ils sont restés. Il n'y a rien là d'ailleurs, à mon sentiment, qui tienne à la race. Les Turcs ne se sont trouvés en contact, tant en Asie qu'en Europe, qu'avec les civilisations décadentes du khalifat de Bagdad et de l'Empire byzantin trop faibles pour s'imposer à leurs vainqueurs. D'autre part, l'organisation purement militaire de l'État a empêché chez eux le progrès social. Mais comme un tel État est improductif, il ne peut se maintenir que par la conquête. Il s'épuise dès que la guerre cesse de lui procurer les ressources qu'il est incapable de produire lui-même. Il doit s'agrandir toujours, se soumettre toujours de nouveaux tributaires pour pouvoir subvenir à son entretien. Le désordre des finances, l'oppression fiscale avec toutes leurs conséquences politiques, économiques et morales, se sont abattus sur la Turquie depuis que son expansion s'est arrêtée. Sans doute, elle a eu encore par instant des sursauts de vigueur. Mais à l'envisager d'ensemble, son histoire depuis la mort de Soliman II est celle d'un incurable déclin. Elle aurait depuis longtemps disparu du nombre des États si les puissances européennes n'avaient sauvegardé son existence faute d'entente sur le partage de ses dépouilles. L'admirable situation qu'elle occupe sur les détroits lui a donné une importance internationale qui l'à préservée du sort de la Pologne. L'Europe a toléré l'attentat commis contre un peuple chrétien ; elle n'a pas encore réussi à expulser les envahisseurs musulmans dont la présence sur son sol est un malheur et une honte pour la civilisation. Il est étonnant de penser que les Maures industrieux et inoffensifs du royaume de Grenade ont été refoulés en Afrique à la fin du xve siècle et que les Turcs sont encore à Constantinople en 1918. Faute de pouvoir les expulser, on s'est peu à peu accoutumé à leur présence et sans cesser de les considérer comme des intrus, on a fini par leur faire place dans la communauté européenne. Bien plus ! on a été de bonne heure jusqu'à les mêler à des querelles. François Ier n'a-t-il pas recherché contre Charles-Quint l'appui de Soliman II ?

Cette alliance, si monstrueuse à première vue, n'est qu'une des conséquences du bouleversement politique de la chrétienté depuis le milieu du xve siècle.

La Guerre de cent ans, en prenant fin, avait laissé la France et l'Angleterre dans des situations bien différentes. En Angleterre, la lutte éclata presque tout de suite entre les maisons d'York et de Lancastre, et pendant que la noblesse se massacrait sur les champs de bataille et qu'à travers des perfidies, des crimes et des meurtres abominables, Edouard IV, Henri VI, Édouard V et Richard III arrivaient au trône ou en étaient précipités, le pays dut renoncer, jusqu'au jour où l'avènement du premier Tudor, Henri VII, en 1485, lui rendit le repos, à toute intervention active dans les affaires du continent. La France, au contraire, jouit sous Charles VII d'un calme réparateur. On eut pu la croire épuisée par l'épouvantable crise dont elle sortait. Il suffit de quelques années pour en faire disparaître les traces. Pour la première fois, la nation fit preuve de ce ressort et de cette nerveuse énergie qu'elle a toujours montrés après les grandes catastrophes de son histoire. Lorsque Louis XI succéda à son père en 1461, elle était redevenue sans conteste la plus grande puissance de l'Occident. Mais elle se trouvait aussi dans une position internationale toute nouvelle et qui allait modifier radicalement le cours de sa politique extérieure.

On peut dire que, depuis la fin du xie siècle, celle-ci n'avait cessé d'être déterminée par la nécessité vitale de repousser l'Angleterre du sol français. Ses interventions dans les Pays-Bas comme ses rapports avec l'Empire ou avec la Péninsule hibérique se ramènent presque sans exception à cette grande lutte. L'Angleterre était non seulement l'ennemie essentielle ; elle était la seule ennemie de la France. Elle n'en avait pas sur le continent où elle n'y eut que ceux qui lui furent suscités par l'Angleterre, Othon IV en Allemagne et les comtes de Flandre aux xiiie et xive siècles. A part cela, elle était en repos sur ses derrières et pouvait consacrer toutes ses forces à faire face à l'ouest. Or, au moment où s'achève la Guerre de cent ans, cet état de choses disparaît pour toujours. C'en est fait de l'antique sécurité continentale du royaume. C'est sur ses frontières de terre ferme qu'il va désormais avoir à lutter et, par un renversement complet de la tradition, l'Angleterre ne l'attaquera plus à l'avenir qu'en se coalisant avec ses adversaires d'Europe.

La formation de l'État bourguignon marque le point de départ de ce tournant dans l'histoire politique. On a vu plus haut comment Philippe le Bon avait profité de sa participation à la Guerre de cent ans pour grouper sous son pouvoir, à côté de la Flandre et de l'Artois, la plus grande partie des principautés territoriales nominalement dépendantes de l'Empire, qui s'étendaient des Ardennes au Zuiderzée, duchés de Luxembourg et de Brabant, comtés de Hainaut, Namur, Hollande et Zélande.

À ce bloc de possessions, Charles VII, en concluant la Paix d'Arras avec le duc (1439), avait annexé les villes de la Somme. Le duché et la Franche-Comté de Bourgogne s'ajoutaient à ce magnifique domaine dont ils n'étaient séparés que par la Lorraine et l'Alsace qu'ils menaçaient d'absorber. Ainsi, en quelques années, s'était constitué au nord et à l'est du royaume une puissance nouvelle qui occupait approximativement la place prise jadis, au ixe et au xe siècle, par l'éphémère royaume de Lotharingie. Les Pays-Bas sortaient du morcellement féodal pour s'unir sous une même dynastie en un seul État, commun ancêtre de la Belgique et de la Hollande moderne. Un sol fertile, une situation géographique incomparable au bord de la Mer du Nord, des fleuves profonds, des ports excellents, une population laborieuse et plus dense qu'en aucune autre partie de l'Europe au nord des Alpes, des villes florissantes, célèbres dans le monde entier par leur draperie ou par leur commerce, dont l'une, Bruges, était depuis trois siècles le grand port international de l'Occident et dont une autre, Anvers, préludait à une prospérité plus étonnante encore, la navigation entreprenante de la Hollande et de la Zélande qui commençait dès lors à se substituer à celle de la Hanse en décadence, enfin dans les régions agricoles de la Wallonnie, un peuple robuste et guerrier, tout cela semblait s'être réuni par miracle pour faire du jeune État une « terre de promission » et assurer à ses souverains le prestige extraordinaire qui a entouré Philippe le Bon et son fils Charles le Téméraire.

Mais plus ce nouveau voisin était riche et puissant, plus il était dangereux pour la France. Qu'il le voulût ou non, il était pour elle une menace permanente. D'Amiens ses troupes pouvaient, en deux jours de marche, paraître sous les murs de Paris. Et surtout, il s'imposait à l'Angleterre comme un allié naturel par la situation qu'il occupait. Il fallait craindre qu'à la première guerre il ne jouât de nouveau le rôle que les comtes de Flandre avaient joué si souvent au Moyen Age, mais cette fois avec des forces décuplées. En somme, la France semblait n'avoir expulsé les Anglais de son territoire que pour se voir exposée maintenant, sur sa frontière du nord, partout ouverte et sans défenses naturelles, aux entreprises de la Bourgogne.

Le conflit, déjà latent entre Charles VII et Philippe le Bon, devait éclater sous leurs successeurs, Louis XI et Charles le Téméraire. La crise fut violente, mais elle fut courte. Les troubles civils de l'Angleterre l'empêchèrent d'y prendre part au moment opportun. Charles ne put compter au début que sur le duc de Berry, le frère du roi, sur le duc de Bretagne, le dernier grand vassal de la couronne, et sur quelques seigneurs ligués avec lui sous prétexte du « bien public » du royaume. Mais les coalisés ne s'entendaient pas entre eux. Après sa défaite à Montléry, le roi traita tout de suite et n'eut pas de peine à les détacher les uns des autres. Il restait seul en face du Bourguignon et pouvait se consacrer tout entier à sa perte. Il excitait contre lui les Liégeois qu'il devait désavouer au moment du péril, intriguait en Allemagne, en Angleterre, en Suisse, en Savoie, à Milan et à Venise, subtil, insaisissable et enserrant peu à peu dans les rets de la plus rusée des diplomaties, son fougueux adversaire. On a souvent caractérisé Charles en face de Louis XI, comme le dernier représentant de la féodalité aux prises avec le premier souverain moderne. Rien n'est moins exact. A part la différence des génies personnels, aussi prudent et aussi habile chez le roi qu'il était emporté et aventureux chez le duc, la différence de leur politique vient de la différence même de leurs États. Celle du prince français le rattache à une tradition séculaire et vise à ce même but de défense et d'unité nationale auquel ont tendu depuis le xiie siècle, avec plus ou moins de bonheur ou de talent, tous les prédécesseurs dont il tient sa couronne. La puissance bourguignonne, au contraire, est trop récente, elle a été échafaudée trop rapidement, elle est encore trop peu solide, trop mal liée entre ses parties, pour pouvoir imposer à celui qui la dirige des vues fermes et précises. Formée par la conquête, elle le pousse d'autant plus à de nouvelles conquêtes que les ressources qu'elle lui procure sont plus considérables et peuvent facilement le tromper sur ses forces réelles. La conduite de Charles justifie le mot de Machiavel, qu'un État se soutient par les mêmes forces qui l'ont créé. Il faut reconnaître d'ailleurs que beaucoup de ses entreprises s'imposaient à lui comme l'achèvement de l'œuvre de Philippe le Bon. L'annexion de la Gueldre et celle du pays de Liège complétaient au nord le bloc des Pays-Bas, et ses tentatives pour s'approprier l'Alsace et la Lorraine s'expliquent par la nécessité de relier à ceux-ci la Franche-Comté et le duché de Bourgogne. Mais on s'arrête difficilement dans la voie des conquêtes. Aveuglé par le succès et l'amour de la gloire, Charles a bientôt perdu de vue le possible et le réel et oublié les intérêts de ses peuples. Il rêve de se faire couronner roi des Romains, de se faire céder par le vieux René d'Anjou ses prétentions au royaume de Naples. Son expédition contre Neuss (1474-1475) où il s'obstine avec une passion maladive pour humilier l'empereur et l'Empire, lui fait manquer le moment de rallier Édouard IV d'Angleterre qui vient de débarquer à Calais pour marcher contre Louis XI et qui s'empresse de conclure la paix avec le roi en se voyant abandonné par son allié. L'occupation de la Lorraine entraîna le duc l'année suivante dans une guerre contre les Suisses. Vaincu coup sur coup à Granson, puis à Morat (1476), c'en est fait de son prestige militaire qui en imposait encore à l'Europe. Louis XI se prépare à prendre l'offensive. René de Lorraine rentre dans Nancy. La catastrophe de Charles était certaine. Elle fut plus rapide, plus tragique et plus profonde que ne l'espéraient ses ennemis. Attaqué par les Suisses pendant qu'il assiégeait Nancy, avec une armée réduite par la trahison de ses mercenaires italiens à quelques milliers d'hommes, il se jeta en désespéré dans la mêlée. Deux jours plus tard (7 janvier 1477), on retrouva sur la glace d'un étang son cadavre à demi dévoré par les loups et percé de trois blessures mortelles.

S'il n'avait tenu qu'à Louis XI, l'État bourguignon eût disparu en même temps que lui. Pendant qu'il s'emparait des villes de la Somme et envahissait l'Artois et la Bourgogne, le roi combinait un plan de partage des Pays-Bas qui, lui en donnant une partie et attribuant le reste à des seigneurs français ou à des princes allemands, les eût fait retomber dans le morcellement et l'impuissance. La réaction particulariste provoquée par la mort du duc dans toutes les provinces irritées par son despotisme secondait admirablement ses projets. Il était trop fin diplomate pour ne pas mener où il voulait les naïfs ambassadeurs bourgeois, députés élus par les États généraux précipitamment réunis à Gand et qu'aveuglait le désir de la paix et du rétablissement des franchises et des privilèges urbains. Mais le hasard généalogique, facteur mystérieux dont dépendirent surtout les destinées des États aux temps de la politique monarchique, allait le placer en face d'un péril bien plus grand pour la France que ne l'avait été le péril bourguignon qu'il se flattait d'écarter. Charles le Téméraire, en effet, ne laissait qu'une fille, Marie de Bourgogne dont le mariage déciderait du sort de ses domaines. Les Habsbourg n'avaient pas manqué naturellement de jeter les yeux de bonne heure sur une aussi riche héritière. Sept fois fiancée au gré des entreprises et des alliances de son père, elle avait été promise en dernier lieu à Maximilien d'Autriche. Cette promesse n'eût sans doute pas été plus valable que les autres si le duc avait vécu. Elle devenait pour Marie de Bourgogne le seul espoir de salut dans sa détresse. Pour échapper aux tentatives de Louis XI, elle offrit sa main à l'Autrichien. L'occasion était trop belle pour n'en pas profiter. Maximilien se hâta d'accourir et l'union fut conclue à Bruges, le 28 août 1477.

C'était un expédient bâclé sous la pression de la nécessité. Et pourtant jamais mariage politique n'a exercé une telle influence sur l'avenir de l'Europe. En faisant entrer le jeune État bourguignon dans l'ensemble hybride des domaines habsbourgeois, non seulement il le condamnait à subir désormais le contre-coup des combinaisons de la plus ambitieuse et de la plus avide des dynasties, mais il ouvrait en même temps entre la France et la maison des Habsbourg le long conflit qui ne devait se terminer qu'au xixe siècle. Brusquement, l'Autriche que tout semblait orienter vers les pays danubiens, prenait pied au bord de la Mer du Nord, entre les deux grandes monarchies de l'Occident. Rien, si ce n'est l'appétit territorial ne l'y appelait. Elle n'avait aucune mission à y remplir, aucun intérêt à y défendre, si ce n'est celui de ses princes. Sa politique purement dynastique s'y trouva dès les premiers jours en conflit avec les besoins et les aspirations des peuples. Encore si son but avait été de rétablir sur les Pays-Bas la suzeraineté désuète de l'Empire ! Mais tout au contraire elle entend bien ne les conserver que pour soi et ses efforts ont toujours tendu à les séparer de l'Allemagne. La situation qu'elle y occupe, à l'envisager au point de vue de la communauté européenne, apparaît donc aussi absurde qu'artificielle. Et de là les catastrophes qu'elle devait amener. Ce n'est pas impunément qu'à aucune époque les intérêts des princes et ceux des peuples se sont trouvés divergents. L'histoire de la maison de Habsbourg en est la démonstration saisissante. En acquérant les Pays-Bas, elle s'est trouvée entraînée dans cette voie de domination universelle, dans cette politique d'agrandissement pour l'agrandissement où les nations ne comptent que comme des héritages, les pays comme des domaines, et qui devait faire d'elle jusqu'à nos jours, l'ennemie jurée de toutes les aspirations nationales et de toutes les libertés publiques.

On ne peut s'étonner que les Pays-Bas aient laissé s'accomplir en silence un acte aussi fatal pour eux-mêmes. Leur fusion en un seul corps d'État était encore trop récente pour avoir pu y provoquer le sentiment de l'indépendance nationale. D'ailleurs, en pleine révolution particulariste, chaque province ne songeait qu'à soi-même et les bourgeois de Gand, qui menaient le mouvement, ne se préoccupaient que de rétablir les vieux privilèges municipaux et ne regardaient pas au delà du cercle étroit de leur politique locale. Quand ils se trouvèrent devant le fait accompli, il était trop tard. Le mariage de leur « princesse naturelle » avait fait d'eux des sujets de la maison d'Autriche pendant qu'ils discutaient sur leurs franchises.

Les intrigues de la France ne manquèrent pas d'attiser et d'entretenir dans les Pays-Bas, sous Louis XI comme sous Charles VIII, le mécontentement général, d'agiter les Liégeois, de soulever la Gueldre et de paralyser ainsi les forces de Maximilien. Après la mort de Marie de Bourgogne (1482), la plus grande partie des villes et de la noblesse ne le considérèrent plus que comme un intrus et lui disputèrent la tutelle de son fils Philippe le Beau. Les Liégeois, soumis par Charles le Téméraire, reprirent leur indépendance, ainsi que la Gueldre. Maximilien, dont l'Empire se désintéressa complètement, se débattait impuissant au milieu de ce chaos. Il dut même souffrir l'humiliation, en 1488, d'être retenu pendant plusieurs semaines prisonnier des Brugeois. Malgré son alliance avec le roi d'Angleterre et le duc de Bretagne, la guerre entrecoupée qu'il fit à la France ne pouvait mener à rien de définitif. Elle fut provisoirement interrompue en 1493 par la Paix de Senlis.

A l'altération introduite dans la politique internationale par la naissance de l'État bourguignon, l'unification de l'Espagne, résultat du mariage d'Isabelle de Castille avec Ferdinand d'Aragon (1469), fit succéder bientôt une perturbation complète. Jusqu'alors les royaumes espagnols s'étaient trouvés trop faibles pour pouvoir intervenir activement dans les destinées de l'Europe. La guerre contre les Maures avait d'abord absorbé toutes leurs forces jusqu'au milieu du xiiie siècle. Puis, au moment où l'œuvre allait être achevée, des rivalités dynastiques, les querelles des rois avec la noblesse, et de la noblesse avec les villes, l'avaient interrompue, sauvegardant l'existence précaire du royaume musulman de Grenade. Favorisé par sa situation maritime, l'Aragon avait bien employé son activité au dehors, expulsé les Anjous de Sicile au profit d'une ligne collatérale de sa dynastie, conquis les Baléares, pris pied en Corse et en Sardaigne. Mais cette vigoureuse poussée s'était arrêtée dès le milieu du xive siècle à la suite de luttes avec la Castille, de dissensions dans la famille royale, de révoltes de Barcelone et de la Catalogne. La Castille était plus travaillée encore et plus affaiblie par les prétentions et l'insubordination de sa noblesse. Aucune force ne parvenait à s'imposer à une société vigoureuse, mais anarchique, quand l'union doublement nationale de Ferdinand et d'Isabelle, non seulement mit fin au long coflnit qui épuisait leurs royaumes, mais leur permit d'en rallier, puis d'en subordonner les peuples à leur pouvoir et de leur en imposer si profondément l'empreinte, de les soumettre si complètement à leur direction, dans tous les domaines de l'activité, que sans doute dans aucun pays ni à aucune époque, souverains n'ont exercé une action plus profonde.

Dans l'État espagnol, tel qu'ils l'ont fondé, le sentiment catholique et le sentiment politique s'associent si complètement l'un à l'autre qu'ils se confondent. La monarchie appelle à son aide le vieux fanatisme religieux de ses sujets, et sa cause s'identifie à leurs yeux avec celle de la foi. Son zèle pour l'orthodoxie l'a rendue profondément nationale et au milieu du plus intolérant des peuples, son intolérance a été l'instrument de son succès. Dès 1480, l'inquisition chargée de surveiller les Juifs convertis (*maranos*), devient, sans perdre son caractère ecclésiastique, une institution de l'État puisque l'État nomme le grand inquisiteur et que les jugements qu'il rend ne peuvent être portés en appel à Rome. La figure de Torquémada est inséparable de celles de Ferdinand et d'Isabelle. Tous trois sont sincères dans leur haine de l'hérésie, et si la couronne confisquant à son profit les biens des condamnés morts sur le bûcher, s'enrichit de leurs supplices, elle n'en profite que pour aborder de nouvelles entreprises aussi avantageuses pour elle-même que pour l'Église. La guerre sainte, depuis longtemps interrompue, est reprise contre les Maures, si bien que la constitution définitive du territoire national apparaît comme le résultat d'une Croisade. Mais il ne suffit pas de combattre les Musulmans. Les Juifs ne sont pas moins qu'eux les ennemis du Christ. En 1492, l'année même de la conquête de Grenade, ils étaient expulsés du royaume. Cette conquête et cette expulsion firent regorger le trésor et fournirent les ressources nécessaires aux progrès de l'expansion politique et religieuse. Pendant que Christophe Colomb s'élançait à la découverte d'un monde nouveau à soumettre et à convertir, les expéditions dirigées contre les côtes du Maroc, de l'Algérie, de la Tunisie, semblaient annoncer que toutes les forces de l'Espagne allaient entrer en lice contre l'Islam. Rien ne paraissait mieux répondre à son caractère, à son rôle historique, à ses intérêts mêmes de peuple méditerranéen. Rien n'aurait pu en tous cas lui procurer une gloire plus belle et un plus grand ascendant que de se faire, en face du Turc, le champion de l'Église et de l'Europe. Rien enfin n'aurait plus hautement justifié ce titre de « rois catholiques » que Ferdinand et Isabelle venaient de recevoir d'Alexandre VI. Mais, arrivée à ce moment décisif de son histoire, l'Espagne dévie. Elle se détourne de la guerre sainte pour se laisser entraîner par les ambitions dynastiques de ses princes. Sans s'apercevoir qu'elle renonce à sa mission, elle va concentrer toutes les énergies qu'elle a acquises dans ses conflits séculaires avec le Croissant, à leur soumettre le continent chrétien, pour retomber enfin sur elle-même, ruinée, épuisée, par deux cents ans d'efforts, et presque aussi stérile que les côtes voisines du Maroc dont elle a sacrifié la conquête certaine et profitable aux rêves de domination universelle de ses souverains.

Pour trouver le point de départ d'une évolution aussi considérable, il faut remonter à la lointaine intervention de l'Aragon dans les affaires de Sicile. Depuis lors, les Anjou possédant sur la terre ferme le royaume de Naples, et les princes aragonais régnant dans l'île, n'avaient cessé de se trouver en conflit. La mort de la reine Jeanne de Naples (1435) qui, après avoir reconnu comme son successeur Alphonse d'Aragon, avait plus tard légué sa couronne à René d'Anjou, aurait certainement fait éclater une guerre si l'indolence et la faiblesse de René s'y étaient prêtées. Mais en mourant (1480), il avait légué ses prétentions à la maison de France. Charles VIII, l'héritier de Louis XI, brûlait de les faire valoir. Après avoir, par la Paix de Senlis (1493), mis provisoirement la frontière du nord à l'abri des entreprises habsbourgeoises, il passait les monts (1494) et, traversant l'Italie étonnée, venait prendre la couronne de Naples. Ce ne devait être que la courte aventure d'un jeune prince amoureux de gloire. Dès l'année suivante, le pape réunissait contre l'envahisseur Milan et Venise. Ferdinand et Isabelle, par solidarité pour leurs parents de Sicile, se joignirent à la coalition. Charles n'eut que le temps de battre en retraite et de rentrer en France où il mourut en 1498. Son successeur Louis XII devait malheureusement reprendre ses traces. Outre Naples, il revendiquait encore Milan, comme descendant de Valentine Visconti et, dès 1499, il s'en emparait presque sans coup férir. Un traité avec Ferdinand d'Aragon, stipulant le partage du royaume de Naples, lui permit sans plus de difficultés d'en prendre la part qu'il lui reconnaît. Mais Ferdinand rompit bientôt la convention. La guerre éclata, les Français furent vaincus et Louis XII, en 1505, renonça à toutes ses prétentions sur Naples qui devait depuis lors jusqu'aux Temps Modernes n'être plus qu'une possession espagnole. Il ne conserva pas Milan beaucoup plus longtemps. Le pape Jules II unissait contre lui en 1511 Venise, Ferdinand, puis bientôt après Maximilien et Henri VIII d'Angleterre. Louis dut quitter l'Italie pour courir au nord tenir tête aux Anglais qui, après l'avoir battu à Guinegat, se rembarquèrent, mécontents de Maximilien et faisant la paix.

A les envisager dans l'ensemble de l'histoire de France, les expéditions de Charles VIII et de Louis XII en Italie apparaissent comme de simples hors-d'œuvre. Elles ne se rattachent à aucune nécessité nationale. Provoquées uniquement par l'ambition dynastique, ce furent des «guerres de magnificence», c'est-à-dire des guerres inutiles. Elles contribuèrent sans doute à accélérer dans le royaume le goût et la passion de la Renaissance. Mais la politique qu'elles inaugurèrent, et qui ne devait être décidément abandonnée que sous Henri II (Paix de Cateau Cambrésis), n'aboutit qu'à un vain gaspillage d'hommes et de finances. Leur seul résultat durable fut d'orienter l'Espagne vers l'Italie et, par une conséquence inévitable, de la rapprocher de la maison de Habsbourg.

Il était évident, en effet, qu'entre Maximilien luttant contre la France dans les Pays-Bas, et les rois catholiques luttant contre elle dans le royaume de Naples, l'alliance politique et sa suite obligée, l'alliance dynastique, allaient s'imposer à bref délai. Dès 1496, le double mariage de don Juan, l'héritier de Ferdinand et d'Isabelle, avec Marguerite, fille de Maximilien, et de Philippe le Beau, son fils, avec l'infante Jeanne, attachait étroitement les deux familles. Rien ne pouvait faire prévoir en ce moment que leurs héritages dussent jamais se confondre en un seul. Mais une fois de plus la nature travailla pour les Habsbourg. La mort faucha le chemin devant eux. Les décès successifs de don Juan (1497), de sa sœur aînée Isabelle (1498) et du fils de celle-ci, don Miguel (1500), appelèrent Jeanne et Philippe le Beau à recueillir la succession des royaumes espagnols. Six ans plus tard, Philippe était enlevé inopinément par une fluxion de poitrine, léguant ses droits à son fils Charles, à peine âgé de sept ans. Ferdinand vécut assez longtemps pour épargner au frère orphelin le danger de lui succéder avant d'être sorti de l'enfance. Quand le vieux roi mourut en 1516, son petit-fils venait d'être proclamé majeur.

Charles-Quint est un des très rares personnages depuis l'Antiquité dont le nom jouit d'une audience universelle. Il s'en faut de peu qu'il ne soit aussi célèbre que Charlemagne ou que Napoléon. Pourtant ce n'est pas à son génie, c'est à ses héritages qu'il doit sa grandeur. Avec des aptitudes médiocres, il s'est trouvé porté par les circonstances à une telle fortune qu'avant lui le seul Charlemagne et après lui le seul Napoléon ont exercé sur l'Europe une action aussi étendue. En lui viennent aboutir trois dynasties et confluer trois histoires : celles d'Autriche, de Bourgogne et d'Espagne. Petit-fils de Maximilien de Habsbourg et de Marie de Bourgogne en même temps que de Ferdinand d'Aragon et d'Isabelle de Castille, il se trouve posséder à la fois tant de parties de l'Europe, qu'elle semble promise tout entière à son pouvoir. Il a, en Allemagne les duchés autrichiens, le long de la Mer du Nord les Pays-Bas, sur la côte de l'Atlantique l'Espagne, au centre de la Méditerranée le royaume de Sicile. Et avec ces héritages, il a naturellement recueilli les prétentions qui s'y rattachent : celles de l'Autriche sur l'Empire, sur la Bohême et sur la Hongrie ; celles des Pays-Bas sur la Bourgogne, celles de l'Espagne sur l'Italie et les côtes barbaresques. A cela s'ajoute enfin le Nouveau Monde que les conquistadors lui soumettent. Fernand Cortez s'empare du Mexique de 1519 à 1527. François Pizare du Pérou de 1531 à 1541. L'étonnante conquête de l'Amérique du Sud est achevée avant la mort de Charles. Toutefois, trop récente encore sous son règne, elle n'a ni contribué à augmenter sa puissance, ni influé sur sa politique. Les conséquences ne s'en manifesteront que sous son fils. Pour lui, tous ses projets, comme toutes ses ressources, sont encore déterminés par la vieille Europe. Son titre de « dominateur des îles de la Mer Océane » et sa devise « plus oultre » ne sont que les présages d'un avenir qu'il a tout au plus pu pressentir.

Au moment où l'Espagne lui échut par la mort de Ferdinand (23 janvier 1516), puis l'Autriche par celle de Maximilien (12 janvier 1519), il était aussi complètement étranger à la première qu'à la seconde. Élevé dans les Pays-Bas par des seigneurs belges qui, ne voyant en lui que « leur prince naturel » n'avaient pas même pensé à lui faire apprendre ni l'allemand — qu'il ne sut jamais — ni l'espagnol, il choqua tellement les Castillans lorsqu'il apparut au milieu d'eux en 1517, ne parlant que le français et entouré de favoris flamands et wallons, qu'ils l'accueillirent par la révolte des Comuneros. Mais il ne lui fallut pas longtemps pour se composer l'attitude distante, froide et impersonnelle qui s'imposait à un prince destiné à régner sur des populations et sur des pays si divers.

S'il conserva, toute sa vie, par souvenir de jeunesse, quelque prédilection pour les Belges, il n'appartenait en réalité à aucun des peuples dont il hérita les couronnes et il lui fut facile de leur montrer à tous une impartialité qui provenait de son indifférence. Insensible à tout sentiment national, il n'eut en vue que la grandeur de sa maison. Il régna sur les pays que le hasard groupa sous son sceptre, sans s'intéresser à aucun d'entre eux ou, pour mieux dire, en ne s'y intéressant que dans la mesure où il répondait à ses desseins. Le contraste éclate entre lui et ses contemporains François Ier, ou Henri VIII, dans lesquels semblent s'incarner la France et l'Angleterre. Comparé à eux, il n'est qu'un souverain sans caractère propre, parce qu'il est sans patrie, et auquel la popularité ne s'est attachée nulle part.

Déjà Ferdinand et Isabelle, par leur politique italienne, avaient commencé à détourner l'Espagne de la lutte contre l'Islam pour la mêler aux conflits de l'Europe. Charles-Quint l'y engagea définitivement. Sans doute il ne renonça pas tout à fait à la conquête des côtes barbaresques. Ses expéditions de 1535 contre Tunis et de 1541 contre Alger se rattachent encore à la tradition. Mais ce ne furent là que de courts intermèdes, des entreprises sans lendemain. Il fallait choisir entre la guerre d'Afrique et la guerre d'Europe, et comment Charles aurait-il pu renoncer à celle-ci sans renoncer en même temps à ses héritages ? Sa politique ne fut pas et ne pouvait pas être celle d'un roi d'Espagne ; elle fut et elle devait être celle d'un Habsbourg, et l'Espagne, sous sa direction, consacra ses forces à la réalisation de desseins qui étaient non seulement étrangers mais opposés à ses vrais intérêts.

À ces desseins, la France devait nécessairement résister de toute son énergie. Le long duel de Charles-Quint et de François Ier ne s'explique nullement par l'opposition de leurs caractères ou de leurs ambitions. La cause profonde en est l'incompatibilité de la politique dynastique du premier avec la politique nationale du second. On pourrait le caractériser en disant que c'est le conflit d'une maison, la maison des Habsbourg, avec une nation, la nation française. Enserrée en effet de toutes parts par les domaines de Charles, au sud par l'Espagne et par l'Italie, à l'est par la Bourgogne, au nord par les Pays-Bas, la France se voyait menacée d'être étouffée par un adversaire qui, ayant triomphé d'elle, jouirait en Europe de la domination universelle. Ce n'était pas seulement son prestige en Europe, c'était sa sécurité qui se trouvait mise en péril par un véritable encerclement. Et à cela s'ajoutait le danger couru par son expansion en Italie, où François Ier venait de reconquérir le Milanais sur le champ de bataille de Marignan (septembre 1515).

La mort de Maximilien en 1519 rendait la situation encore plus redoutable. Charles ne pouvait manquer en effet de poser sa candidature à l'Empire qui, depuis Albert d'Autriche, n'était plus sorti de la maison de Habsbourg. François mit tout en œuvre pour détourner les électeurs de ce trop puissant rival et les amener à donner leurs voix soit à lui-même, soit au moins à Frédéric de Saxe. Mais les Médicis ne purent lui fournir autant d'argent que les Fugger en avancèrent à Charles. Les électeurs étant à l'enchère se vendirent au plus offrant. Le 28 juin 1519, la banque allemande ayant acheté tous leurs suffrages, ils accomplirent le marché et passèrent livraison de la couronne d'Allemagne au roi d'Espagne.

Dès lors, la guerre était certaine. Elle éclata en 1521, sur les frontières des Pays-Bas tout d'abord, où Henri VIII vint joindre ses troupes à celles de Charles, puis elle se transporta en Italie et ne s'interrompit que par l'éclatante défaite du roi de France à Pavie (25 février 1525). Tombé aux mains de son ennemi, François finit par consentir à la Paix de Madrid (14 janvier 1526). Mais il était bien décidé à ne pas en tenir compte et à reprendre les armes. Sa défaite avait rendu sa situation beaucoup meilleure. La victoire de Charles épouvantait tout le monde et la France apparaissait maintenant comme le champion de la liberté de l'Europe. Le pape Clément VII, pour affranchir l'Italie du joug espagnol se rapprochait d'elle et, après le sac de Rome par les bandes allemandes de l'empereur, entrait formellement dans son alliance. Henri VIII agissait de même s'apercevant trop tard qu'il n'avait été dans la campagne précédente qu'un instrument de l'hégémonie habsbourgeoise. Enfin l'explosion du protestantisme en Allemagne et l'invasion des Turcs en Hongrie assuraient la neutralité de l'Empire. L'équilibre était rétabli. En 1529, la Paix de Cambrai rendait la Bourgogne à la France, qui renonçait de son côté à sa suzeraineté périmée sur la Flandre et l'Artois ainsi qu'à ses prétentions sur l'Italie. Les deux adversaires n'attendaient d'ailleurs qu'une nouvelle occasion de recommencer la lutte. L'attitude des princes luthériens y encourageait le roi de France ; il n'hésita même pas à conclure en 1546 un traité avec Soliman II. Ainsi, contre le roi catholique qui venait de violer Rome, le roi très chrétien s'unissait aux hérétiques et aux Musulmans ! La Paix de Crespy, après des campagnes indécises (1544) laissa les choses dans le statu quo. Elle permit du moins à l'empereur de se porter enfin contre les princes protestants d'Allemagne. Sa victoire de Muhlberg ne manqua pas de les jeter épouvantés dans les bras de la France. Pour se procurer le secours du successeur de François Ier, Henri II, qui chez lui poursuivait cruellement les hérétiques, ils lui offrirent les trois évêchés, Metz, Toul et Verdun, (1552). C'était amener enfin la politique française à l'un des buts qu'elle visait dans la patiente campagne menée par elle depuis le xiiie siècle afin de redresser la frontière tracée en 843 par le Traité de Verdun. Charles dut aussitôt faire face à l'ouest et se détourner des protestants. Tous ses efforts échouèrent devant Metz obstinément défendu par le duc de Guise. Avant d'abdiquer, il conclut avec son adversaire la Trêve de Vaucelles (1556).

Il laissait l'Europe dans l'état le plus menaçant et grosse de guerres inévitables. La succession qu'il transmettait à son fils Philippe II comprenait outre l'Espagne, le royaume de Naples, le Milanais, la Franche-Comté de Bourgogne et les Pays-Bas, sans parler des immenses possessions du Nouveau Monde. L'Italie, subjuguée au sud et au nord, voyait s'évanouir les rêves d'affranchissement qui avaient inspiré les génies si différents de Guichardin, de Machiavel, de Jules II et de Clément VII. Elle ne devait plus être, jusqu'aux Temps Modernes, qu'une expression géographique et la lourde domination espagnole allait achever d'y écraser ce qui y subsistait encore de la civilisation de la Renaissance. Les États du pape et ceux de la république de Venise y conservaient seuls une indépendance que garantissait aux premiers la tradition catholique et que la seconde devait à sa situation maritime. Quant aux Pays-Bas, agrandis par l'annexion définitive du duché de Gueldre et des provinces frisonnes, ils allaient désormais constituer au nord une « citadelle d'acier » aux rois d'Espagne. Par la pragmatique sanction (1549) Charles avait eu soin d'y régler le droit successoral de manière qu'ils ne pussent échapper à ses descendants et, en les constituant par la convention d'Augsbourg (1548) en cercle de Bourgogne, il avait réglé leurs rapports avec l'Empire de telle sorte que celui-ci n'avait plus en réalité d'autre droit sur eux que celui de les défendre. La dignité impériale ne lui avait servi qu'à assurer l'avenir de sa maison. Il n'avait pas seulement enlevé les Pays-Bas à l'Allemagne, il avait même fait obtenir à son frère Ferdinand, en 1531, la couronne de roi des Romains, et lui avait cédé les duchés patrimoniaux d'Autriche qui, s'ajoutant à la possession des couronnes de Bohèmes et de Hongrie échues à Ferdinand en 1526, garantissaient définitivement au centre de l'Europe la puissance habsbourgeoise. Divisée en deux branches, la famille n'en devait pas moins rester unies par l'intérêt dynastique. Par l'Italie, l'Espagne correspondait avec l'Autriche ; par les Pays-Bas, elle lui permettait de dominer plus facilement l'Allemagne, et, grâce aux services qu'elle pouvait lui rendre, elle était assurée à l'avance de sa docilité.

Ainsi le continent était écrasé par le colosse habsbourgeois campé sur l'Autriche et sur l'Espagne. A côté de lui, la France et l'Angleterre paraissaient bien faibles et bien menacées. Mais, c'était David devant Goliath. Elles avaient ce qui manquait à la monstrueuse puissance dynastique qui les affrontait. Au lieu d'être comme elle une juxtaposition de peuples et de pays agglomérés les uns aux autres par le hasard des héritages, que rien, sauf les droits de propriété des souverains, n'unissait entre eux, elles possédaient cette conscience collective que donne la communauté des destinées, la constance des efforts, l'harmonie de la politique des rois avec les tendances nationales. C'est de là que venait leur force et c'est là ce qui leur permit non seulement d'échapper au péril, mais d'en triompher, à travers des péripéties auxquelles la question religieuse déchaînée par la Réforme, allait donner le poignant intérêt des luttes pour la foi.

II. — La politique interne

Ce qui frappe tout d'abord si l'on jette un coup d'œil d'ensemble sur la constitution des États européens de 1540 à 1560, c'est l'augmentation du pouvoir monarchique. Avec Louis XI en France, avec Henri VII en Angleterre, avec Ferdinand et Isabelle en Espagne, il atteint à une force et à un prestige qu'il n'a jamais possédé auparavant, et qui se développera encore sous leurs successeurs. En Hongrie, sous Mathias Corvin, en Suède sous Gustave Waza, il réalise de tels progrès que toute l'organisation politique en est transformée. Il s'impose au jeune État bourguignon sous Philippe le Bon et Charles le Téméraire. Il n'est pas jusqu'à l'Allemagne qui ne s'en ressente. Car si les rois des Romains et les empereurs y demeurent réduits à une autorité nominale, les princes particuliers, dans leurs territoires, y prennent de plus en plus l'apparence de souverains locaux, et l'Autriche, la Bavière, la Saxe, le Brandebourg voient s'imposer à eux des institutions qui, en fait, sont des institutions monarchiques.

Un phénomène aussi général suppose des causes aussi générales que lui-même. L'individualité des princes, la tradition, les circonstances ont évidemment imprimé dans chaque pays un caractère particulier à la monarchie. Mais si grandes que soient les différences locales, la ressemblance des traits essentiels y témoigne que l'évolution correspond partout à des tendances irrésistibles de la société. On se trouve en présence d'une poussée analogue à celle qui, au xe siècle, a produit le régime féodal, et au xiie siècle le régime urbain. Et comme pour ceux-ci, il est permis, sans tenir compte des détails et des nuances, d'esquisser dans ses grandes lignes, un mouvement qui s'est manifesté dans toute l'Europe occidentale[2].

Le pouvoir royal était en rapports trop étroits avec la constitution sociale pour n'être point affecté par la grande transformation économique et intellectuelle à laquelle celle-ci est soumise depuis le milieu du XVe siècle. Le capitalisme, la Renaissance, le luthéranisme ne pouvaient point ne pas agir sur lui, et il est facile de voir qu'ils ont tous collaboré pour leur part à le doter d'une vigueur nouvelle. Chacune de ces grandes forces en lutte contre le passé devait nécessairement rechercher et obtenir l'alliance de l'autorité monarchique. Leur hostilité aux vieux privilèges, aux vieilles institutions, aux vieilles idées qui limitaient cette autorité leur en assurait le concours. Elle prit à leur égard la même attitude qu'elle avait prise en France et en Espagne à l'égard des bourgeoisies, lorsque celles-ci avaient jadis sollicité son appui contre la féodalité. Aujourd'hui comme alors son propre développement dépendait du développement général de la société. En agissant en sa faveur, elle agissait pour elle-même. Son intérêt le plus évident était d'être moderne et de combattre les tendances conservatrices qui s'opposaient autant à ses propres progrès qu'au progrès social. Ne travaillait-elle pas à son profit en aidant le capitalisme à ruiner le particularisme municipal, en favorisant la propagande des humanistes contre les préjugés moraux ou politiques, en protégeant les luthériens qui lui soumettaient la direction et les biens de l'Église ? Tous les droits qui s'opposaient à la puissance de la couronne s'appuyaient sur les traditions. Il n'en fallait pas davantage pour qu'elle approuvât de bonne foi toute critique de cette même tradition et qu'elle considérât comme sa mission d'en affranchir ses sujets et de s'en affranchir elle-même.

Les faits répondent à la question avec une netteté parfaite. Dans tous les pays où le capitalisme se développe, on voit les princes lui prodiguer les preuves de leur bienveillance. Dans les Pays-Bas, ils se prononcent régulièrement en sa faveur contre la politique réactionnaire des métiers urbains, et poussent de toutes leurs forces au développement d'Anvers, la ville de la liberté commerciale. En Angleterre, depuis le règne de Henri VII, la couronne seconde les entreprises des *Merchant adventurers* et s'intéresse à tous les projets d'expansion maritime. En Espagne, c'est son intervention qui rend possible la découverte du Nouveau Monde. En France, Louis XI acclimate le ver à soie dans le midi, fait exploiter des mines, suscite de toutes manières l'initiative économique, et François Ier s'efforce d'introduire dans le royaume des industries italiennes. Protégé par les souverains, le capital met en revanche ses ressources et son crédit à leur disposition. Grâce à lui, ils sont dispensés de recourir aux assemblées d'États pour se procurer les moyens de faire la guerre. Leurs banquiers les affranchissent du contrôle gênant de leurs sujets. La longue lutte de Charles-Quint et de François Ier serait incompréhensible sans le concours de la haute finance. Les Fugger et quantité d'autres maisons d'Anvers n'ont cessé, durant tout le règne de l'empereur, de lui avancer les sommes colossales qu'il dévorait.

La faveur des princes ne s'atteste pas moins clairement pour la liberté intellectuelle que pour la liberté économique. A l'exception des rois d'Espagne, tous affichent leurs sympathies pour les idées que répandent les hommes de la Renaissance, sans s'inquiéter des protestations des théologiens. Érasme est protégé par Charles-Quint et par François Ier ; Thomas Morus est fait chancelier d'Angleterre par Henri VIII. Gattinara et Granvelle, les deux principaux ministres de l'empereur, sont des adhérents convaincus de l'orientation nouvelle des esprits. Il est trop évident, en effet, qu'elle est tout à l'avantage de l'État, car les humanistes ne pouvant attendre que des princes les réformes qu'ils espèrent, le gouvernement des princes leur apparaît par cela même l'instrument essentiel du progrès. Leur mépris du passé leur fait tout attendre de la monarchie et ils lui apportent l'adhésion de cette aristocratie intellectuelle qui, dans chaque nation, se trouve désormais jouir du monopole de représenter l'opinion publique.

La Réforme enfin, du moins à ses débuts, n'a pas moins participé que la Renaissance à cette conspiration de toutes les grandes forces sociales en faveur du pouvoir souverain. Que les princes l'aient protégée ou combattue, ils en ont également profité.

Ici se termine le manuscrit.

---

1. Malte fut prise par Napoléon en 1798 pendant sa traversée vers l'Égypte.
2. En Russie aussi l'expansion de la principauté de Moscou et la croissance du pouvoir de ses princes commencent à la fin du XVe siècle, mais les causes en sont dans l'effondrement de la domination tartare et n'ont rien de commun avec le développement de l'Europe. La Pologne aussi reste en dehors du mouvement.

Copyright © 2024 par Alicia Editions

Couverture : Canva.com

Illustration de la couverture : « Philippe-Auguste à Bouvines », Le petit journal, 1914

Liste des illustrations :

- G. Rochegrosse : *Attila et les Huns*
- Louis le Pieux (à droite) bénissant la division de l'Empire carolingien ; extrait des *Chroniques des rois de France*, XVe siècle.
- G. de Bouillon couronné des signes de la Passion, v. 1870.
- Jean-Victor Schnetz : *Charlemagne et Alcuin*
- Les Petchénègues poursuivent l'armée de Sviatoslav (miniature de la *Chronique de Skylitzès*, xiie siècle).
- Frédéric *Barberousse* lors de la troisième croisade, xve siècle.
- H. Grobet, *La Bataille des Bouvines*, 1902
- J. Froissart, *La bataille de l'Écluse*, xve siècle.
- Martin Luther et ses livres. Gravure d'un auteur inconnu.

ISBN Livre relié : 9782384552924

ISBN Ebook : 9782384552917

Tous droits réservés

www.ingramcontent.com/pod-product-compliance
Lightning Source LLC
LaVergne TN
LVHW032202070526
838202LV00007B/283